Ulrike Dulinski

Sensationsjournalismus in Deutschland

Ulrike Dulinski

Sensationsjournalismus in Deutschland

UVK Verlagsgesellschaft mbH

Meinen Eltern

In memoriam Erna und Wilhelm Griesel

Diese Publikation wurde gefördert durch
die Stiftung Presse-Haus NRZ in Essen

Bibliografische Information der Deutschen Nationalbibliothek
Die Deutsche Nationalbibliothek verzeichnet diese Publikation in der Deutschen Nationalbibliografie; detaillierte bibliografische Daten sind im Internet über http://dnb.d-nb.de abrufbar.

ISBN 978-3-89669-386-0

Einbandgestaltung: Susanne Fuellhaas, Konstanz
Printed in Germany

UVK Verlagsgesellschaft mbH
Schützenstr. 24 · 78462 Konstanz
Tel.: 07531-9053-0 · Fax: 07531-9053-98
www.uvk.de

Inhalt

Vorwort

Diese Arbeit ist entstanden als Dissertationsprojekt während meiner Zeit als wissenschaftliche Mitarbeiterin am Institut für Publizistik der Johannes Gutenberg-Universität Mainz in den Jahren 1996-2002. Sie stellt eine aus publizistik- und kommunikationswissenschaftlicher Perspektive vorgenommene ganzheitliche Phänomenanalyse des äußersten Randes des populären Journalismus – nämlich des Sensationsjournalismus – dar.

Mein tief empfundener Dank gilt Prof. Dr. Christina Holtz-Bacha, die ich seit meiner Studienzeit in Bochum kenne, und die sowohl meine Magisterarbeit als auch diese Dissertation begleitet hat. Sie stand mir stets in kritischer und konstruktiver Weise beratend zur Seite und gewährte mir durch ihre Offenheit und Toleranz gedankliche und auch zeitliche Freiräume, ohne die diese Arbeit in der vorliegenden Version nicht möglich gewesen wäre. Durch den gemeinsamen Wechsel von der Ruhr-Universität Bochum zur Johannes Gutenberg-Universität Mainz verdanke ich ihr die Möglichkeit, Erfahrungen in zwei sehr unterschiedlichen theoretischen und methodischen Traditionen des Faches Publizistik gemacht zu haben; so konnte sowohl die geisteswissenschaftlich-hermeneutische als auch die sozialwissenschaftlich-empirische Art zu denken in diese Arbeit einfließen.

Mein besonderer Dank gilt auch meinen Wegbegleitern, Freunden und allen Kollegen und Kolleginnen des Instituts für Publizistik der Universität Mainz, die mir in zahlreichen Gesprächen wertvolle Anregungen gaben. Besonders bedanken möchte ich mich bei meinem langjährigen Kollegen Dr. Wolfram Peiser. Ihm ist es immer wieder gelungen, mir in diversen Diskussionen in sehr konstruktiver Weise »den Kopf zurecht zu rücken«.

Für seine Geduld, seine Ideen, seine moralische Unterstützung in Freud und Leid sowie seine unschätzbare Hilfe bei der graphischen Umsetzung und Formatierung dieser Arbeit danke ich meinem Mann Steffen tausendmal.

Zu großem Dank verpflichtet bin ich außerdem der Stiftung Presse-Haus NRZ in Essen, die die Drucklegung dieser Arbeit mit einem großzügigen Druckkostenzuschuss unterstützt hat.

Mainz, im März 2003 Ulrike Dulinski (geb. Klein)

1. Einleitung

»Die Sensation bewegt die Massen – aber nur wenig die Wissenschaft« (Lippert, 1953, Vorwort).

SENSATION!!! – Wer würde bei einer Nachricht, die mit einem solchen Ausruf beginnt, nicht hellhörig werden? Wer würde nicht etwas Außergewöhnliches und emotional Aufwühlendes erwarten? Konsequenterweise betrachtete Dorsch-Jungsberger in ihrem Aufsatz »Sensationsjournalismus und Lebensweltparadigma« diese Form des Journalismus sehr allgemein als eine »Unterform von Gefühlskommunikation« (Dorsch-Jungsberger, 1993, 391), und sie verwies auf den Widerspruch zwischen Sensationslust als quasi »anthropologischer Konstante« und der seit Platon »kultivierten Ablehnung« gegenüber der Beschäftigung mit Kommunikationsformen, die die Gefühle stimulieren, was sich auch im wissenschaftlichen Bereich an einer »Unterschlagung dieses quantitativ bedeutsamen journalistischen Feldes« zeige. Es sei daher höchste Zeit, Gefühlskommunikation auch interdisziplinär zu untersuchen und »nicht länger ihren Ausschluß aus der gesellschaftlichen Kommunikation ex cathedra zu propagieren« (ebd.).

Mit dieser Einschätzung hat die Autorin nicht unrecht; die Präferenz der Ratio gegenüber der Emotion hat sich spätestens seit der Aufklärung hartnäckig behauptet und in einer alle sozialwissenschaftlichen Disziplinen umfassenden Abstinenz niedergeschlagen. Der Mensch wurde fast ausschließlich als vernunftbegabtes und primär zweckrational handelndes Wesen betrachtet, und der Wissenschaftsbereich galt geradezu als prototypischer Ort dominant sachlicher, emotionsloser Weltsicht und -erfassung. »Die Stilisierung als strikt rational agierender Mensch gehört zur Berufsrolle des Wissenschaftlers« (Fiehler, 1990, 22). Die Beschäftigung mit massenkulturellen Produkten, denen man in erster Linie eine »nur« die Emotionen ansprechende, seicht unterhaltende Funktion zuwies, galt daher lange Zeit als nicht »s. c.« (scientifically correct). »Die Agnosie gegenüber populärkulturellen Medienformen kommt dabei nicht von ungefähr, denn das Prestige der Analyseobjekte ist offensichtlich direkt ausschlaggebend für das Ansehen des Wissenschaftlers selbst« (Renger, 2000a, 15).

Der Zivilisationstheoretiker Norbert Elias schrieb demgegenüber 1969: »Aber jede Art von Forschung, die allein das Bewußtsein der Menschen, ihre ›Ratio‹ oder ihre ›Ideen‹ ins Auge faßt, die nicht zugleich auch den Aufbau der Triebe, Richtung und Gestalt der menschlichen Affekte und Leidenschaften mit in Betracht zieht, ist von vornherein in ihrer Fruchtbarkeit beschränkt. Vieles von dem, was für das Verständnis der Menschen unentbehrlich ist, entzieht sich ihrem Zugriff« (Elias, 1969, 389). Erst in den letzten rund 20 Jahren scheint »das Emotionale« als Forschungsgegenstand in Deutschland stärker ernst genommen zu werden. Es begann mit einem sprunghaft ansteigenden Interesse in den Disziplinen Psychologie und Soziologie, so dass seit Beginn der 80er Jahre gar von einer »emotionalen Revolution« gesprochen wurde (Fiehler, 1990, 12; vgl. hierzu beispielsweise Schmidt-Atzert, 1981 sowie Gerhards, 1988). »Das Emotionale« fand zunehmend Eingang auch in andere Wissenschaften, so beispielsweise in die politische Soziologie (vgl. Klein & Nullmeier, 1999), in die Wirtschaftswissenschaften (vgl. Schreyögg & Sydow, 2001) sowie die Neurowissenschaften (vgl. Damasio, 2001), und die populärwissenschaftlich aufbereitete Literatur zur »Emotionalen Intelligenz (EQ)« erlebte einen Boom (vgl. Goleman, 1997). Gerade die Neurowissenschaften förderten Ergebnisse zutage, die das traditionelle Denkmuster der »Überlegenheit« der menschlichen Ratio stark in Frage stellten. Der Neurologe Antonio Damasio begründete auf der Basis zahlreicher Befunde an Patienten mit Hirnverletzungen die Ansicht, dass das Gefühl als integraler Bestandteil des Verstandesmechanismus anzusehen sei, da Menschen, deren Gefühlszentren im Gehirn ausfallen, nicht in der Lage sind, Entscheidungen zu treffen, obwohl sie denkfähig sind.

Die 90er Jahre waren schließlich auch das Geburtsjahrzehnt einer verstärkten publizistik- und kommunikationswissenschaftlichen Auseinandersetzung mit unterhaltenden, eher die Emotionen ansprechenden Journalismusformen. Exemplarisch seien an dieser Stelle die Arbeiten zur Mediengefühlskultur der Regenbogenpresse (Saxer & Märki-Koepp, 1993), zum Infotainment (Wittwen, 1995; Früh & Wirth, 1997), zum Affekt-Fernsehen (Bente & Fromm, 1997), zur Trivialliteratur (Nutz, 1999), zum populären Journalismus (Renger, 2000b) sowie zum Emotainment (Jogschies, 2001) genannt. Doch je stärker der »populäre Journalismus« die Ressentiments-Hemmschwellen der Wissenschaftler überwinden, desto notwendiger wird eine Differenzierung dieses Feldes: Tagesaktueller Boulevardjournalismus ist nicht zu vergleichen mit unterhaltenden People's Magazines wie Gala oder anderen unterhaltenden Wochenzeitschriften. Das hieße Äpfel mit Zitronen oder Erdbeeren zu vergleichen: Alle fallen zwar unter die Gattung Obst, aber ihre pflanzlichen Wachstums- und Verzehrumstände gestalten sich sehr unterschiedlich, was ebenso auf die Produktions- und Rezeptionsbedingungen innerhalb des populären Journalismus zutrifft. »There is an obvious need for distinctions within the field of popular journalism« (Gripsrud, 2000, 290). Nicht-boulevardjournalistische Formate könnten sehr populär sein, und auf der anderen Seite gebe es durchaus qualitativ hochwertigen populären Journalismus, und die amerikanische Variante des »trash-journalism« (Brüll-Talkshows und interaktive Publikumsbeschimpfungen) sei nicht gleichzusetzen mit normalem Boulevardjournalismus. Die vorliegende Arbeit versteht sich als ein Schritt in diese geforderte Richtung: Sie setzt an bei den extremen Rändern des »populären Journalismus«, nämlich beim sogenannten Sensationsjournalismus, der als diskursive journalistische Strategie definiert werden kann, die in prototypischer Reinausprägung im Boulevardjournalismus zu finden ist. Die Beschäftigung mit dem Extrempol eines imaginären Kontinuums, das von extrem boulevardesk bis elitär seriös reicht, kann desweiteren analytische Klarheit bei der Analyse der Veränderungen auf diesem Kontinuum bringen: Ausgelöst durch die Dualisierung des Rundfunksystems in Deutschland Mitte der 80er Jahre änderten sich die Kommunikationsgepflogenheiten fast aller Medien aufgrund der neuen intra- und intermedialen Konkurrenzsituation in Richtung Massenattraktivität, was besorgte Medienkritiker auf den Plan rief und die Beschäftigung mit dem Konzept einer Boulevardisierung bzw. Sensationalisierung provozierte. Das Konzept beinhaltet die Vorstellung einer dynamischen »Wanderungsbewegung« auf dem erwähnten Kontinuum; doch nur, wenn der Extrempol in all seinen typischen Ausprägungen bekannt ist, können auch valide Antworten auf die Frage nach einer Boulevardisierung/Sensationalisierung gegeben werden.

Im Fernsehen führten die Vielzahl an Programmanbietern, die erhöhte Frequenz der Nachrichten- und Informations-Sendungen und die rigide bis ausschließliche Ausrichtung an Zuschauerquoten zu einer »publizistischen Ausbeutung aller Lebens- und Sterbensbereiche« (Teichert, 1993, 25f.). »Blutrünstig«, »gewalttätig« und »voyeuristisch« – so das Urteil besorgter Pädagogen und Jugendschützer über die TV-Boulevardmagazine (Schnatmeyer, 2000, 93). In seinem Einführungsreferat zu der internationalen Tagung »Selbstkontrolle und Persönlichkeitsschutz in den Medien« klagte Mestmäcker: »Und die Allgegenwärtigkeit der Medien, ihre Unersättlichkeit in der Suche nach dem Neuen und der Sensation wecken die Sorge, daß auch die letzten Reservate der Privatheit der Öffentlichkeit geopfert werden« (Mestmäcker, 1990, 9). Nicht nur in Amerika, sondern auch in Deutschland sei »der Trend von der Information zur Sensation, Emotion und Dramatisierung« festzustellen (Wegener, 1994, 146).

Spektakuläre Journalismus-Skandale, in denen sich dieser Trend manifestierte und die ein zutiefst unethisches und teilweise illegales journalistisches Verhalten zutage förderten, untermauerten diese Einschätzungen nachhaltig in der Öffentlichkeit: so z. B. das Gladbecker Geiseldrama, die gefälschten Hitlertagebücher, der Tod von Lady Diana bis hin zum Massaker in einem Erfurter Gymnasium Ende April 2002. »Warum laßt ihr uns nicht in Frieden trauern?« fragte eine Schülerin über Lautsprecher vor mehr als tausend Bürgern und einer Heerschar von Journalisten auf dem Erfurter Domplatz. Die Hinterbliebenen und Zeugen des Blutbades in Erfurt wurden nach eigenen Aussagen seit dem Massaker von Kameraobjektiven verfolgt und von Mikrofonen genötigt. Katastrophenschutzhelfer beklagten sich über Behinderung der Rettungsarbeiten von seiten der Journalisten; Reporter wurden von der Polizei abtransportiert. Der Deutsche Presserat, das Selbstkontrollorgan der gedruckten Presse, hat bereits fünf Beschwerden wegen »unangemessen sensationeller Darstellung« vorliegen.[1]

---

[1] Pressesprecherin Ella Wassink rechnet mit weiteren Beschwerden (vgl. dpa abgedruckt in http://www.newsroom.de, 6.5.02).

Dass systematisierende, übergreifende Darstellungen zum populären Journalismus im Allgemeinen bzw. zu seinen extremen Rändern im Speziellen wissenschaftliche Mangelware sind, hängt auch mit der spezifischen forschungshistorischen Entwicklung des Faches Publizistik in der Nachkriegszeit zusammen. Wagner macht hierfür in erster Linie die sozialwissenschaftliche Wende verantwortlich: »Das Postulat, verfahren zu wollen wie die Sozialwissenschaftler, hieß damals gerade nicht, sozialwissenschaftlich zu verfahren, sondern ganz im Gegenteil naturwissenschaftlich, nämlich analytisch zerlegend, nicht mehr ganzheitlich interpretierend; quantifizierend, nicht länger mehr qualitativ-deskriptiv; erklärend und hypothesenprüfend, aber nicht mehr verstehend« (Wagner, 1993, 492f.). Daher seien Themen und Erscheinungen, die sich mit einem »empiristischen Instrumentarium« nicht messen ließen, ins Abseits gerückt: »Das widerfuhr etwa dem Unterhaltungsphänomen, das man als wichtigen ›neuen‹ Gegenstand reklamierte, schließlich aber in der Schublade für empirisch schwer faßbare, letztlich nur subjektiv konstruierte Bewußtseinsakte ablegte« (ebd., 495).

Auch die Konzeption des Faches als »Publizistikwissenschaft«, als »einer Wissenschaft von jeglicher Art öffentlich oder politisch relevanter Beeinflussung« habe die Beschäftigung mit populärkulturellen und unterhaltenden massenmedialen Angeboten ins Abseits gedrängt (Wagner, 1993, 497). Die natur-/sozialwissenschaftlich geprägte Methodologie des Faches habe verstehende ganzheitliche Betrachtungsweisen systematisch verdrängt; Begriffe wie »Wesen« oder »Phänomen« (Essentialismus und Ontologie) hätten lange Zeit gar als Begriffs-»Pranger« fungiert, die quasi einer »Exkommunikation« gleichgekommen seien (ebd., 509). Wagner ist zuzustimmen, dass dabei eine wesentliche Funktion ganzheitlich verstehender Ansätze übersehen wurde, denn gerade phänomenologisch beschreibende Verfahren dienen letztlich dem Aufzeigen invarianter Strukturen, immer wiederkehrender Merkmals-Koinzidenzen, die die Grundlage für eine Typenbildung darstellen und idealtypische Phänomenvergleiche erst ermöglichen – dabei handelt es sich um eine geradezu als klassisch zu bezeichnende Vorgehensweise im Sinne der Verstehenden Soziologie nach Max Weber. Idealtypen sind gedankliche Abstraktionen der Realität; sie stellen quasi die reine Essenz bestimmter Handlungsmuster dar, der sich reales Handeln annähert. »Denn Zweck der idealtypischen Begriffsbildung ist es überall, nicht das Gattungsmäßige, sondern umgekehrt die Eigenart von Kulturerscheinungen scharf zum Bewußtsein zu bringen« (Weber, 1904, 76). Gattungsbegriffe könnten »durch Abstraktion und Steigerung bestimmter ihnen begriffswesentlicher Elemente als Idealtypen geformt werden« (ebd., 75). In diesem Sinne soll der Sensationsjournalismus als Idealtypus des äußersten Randes des populären Journalismus konzeptionalisiert werden. Die literatur- und datengestützte Arbeit ist desweiteren in methodologischer Hinsicht einem ganzheitlich interpretierenden, diskurstheoretischen Verständnis des Untersuchungsobjektes verpflichtet. Es gibt sehr viele verschiedene diskursanalytische Ansätze[2] – allen gemeinsam ist jedoch der Anspruch einer möglichst ganzheitlichen Erfassung kommunikativer Zusammenhänge (vgl. hierzu auch Westerbarkey, 1994). Die Analyse eines Diskurses ist i. d. R. nicht nur auf einen bestimmten Text oder auf ein bestimmtes (mediales) Angebot bezogen, sondern kann nur durch die Analyse mehrerer (diskursspezifischer) Kommunikationsangebote samt ihrer Produktion und Rezeption sowie Wirkungen erfasst werden. Idealerweise werden also bei einer ganzheitlich angelegten diskursanalytischen Untersuchung die wesentlichen Elemente des Kommunikationsprozesses abgefragt, also wer den Diskurs anwendet, wie dieser zustande kommt, welche Medien dazu verwendet werden, welche Zielgruppen damit angesprochen werden, wer tatsächlich rezipiert und welche Wirkungen wahrscheinlich sind. Mit einer solchen Vorgehensweise werden daher auch sämtliche publizistikwissenschaftlich relevanten Forschungsbereiche abgedeckt. Unter Diskursen können »spezifische, regelhafte Kommunikationsweisen« verstanden werden, »die Realität nicht widerspiegeln, sondern wertgeladen und interessenabhängig konstruieren« (Dörner, 2000, 125). Um die Regelhaftigkeit und Interessenabhängigkeit des sensationsjournalistischen Diskurses begrifflich noch schärfer zu konturieren, wird in der Arbeit auch von »diskursiver Strategie« gesprochen.

In Kapitel 3 wird eine semantische Begriffsfeldanalyse des Untersuchungsobjektes vorgenommen, um die stets wiederkehrenden Merkmale in abstrakter und gesteigerter Form als Idealtypus zu beschreiben und realdefinitorisch zu bündeln. Zu klären wird hier sein, was genau unter Sensation, Sensationalismus und schließlich Sensationsjournalismus – auch in Abgrenzung zu anderen Journalismen – zu verstehen ist. Zu einer ganzheitlichen Erfassung des sensationsjournalistischen Diskurses gehört auch der historische Kontext.

In Kapitel 4 werden die Ursprünge und die historische Entwicklung des Sensationsjournalismus in Deutschland nachgezeichnet. Es spricht viel dafür, die Einblattdrucke des 16. und 17. Jahrhunderts als Frühform der »Sensationspresse« anzusehen, dennoch sollen in diesem Zusammenhang neuere und historisch relativierende Befunde zu einem differenzierteren Bild beitragen. Was den Straßenverkauf von gedruckten Sensationen in Deutschland anbelangt, so kann man dann in der Folge tatsächlich von einer sehr langen historischen Latenzphase sprechen: Nur vereinzelt tauchen im 18. und frühen 19. Jahrhundert »Skandalblätter« mit sensationellen Inhalten auf. Die Zeit der Weimarer Republik entpuppt sich als Hochphase des gedruckten Boulevardjournalismus. Eine derartige Dichte dieser Pressegattung, die in Sensationen – vor allem in Verbrechen – schwelgte und auf den großen Boulevards der Reichshauptstadt Berlin florierte, hat es in der Bundesrepublik nicht mehr gegeben. Bis es zu dieser Entwicklung kam, hinkte Deutschland allerdings im internationalen Vergleich um ca. 30 Jahre hinterher. Daraus lässt sich die These eines deutschen Sonderwegs

[2] Gute Überblicke bieten z. B. Titscher, 1998, 178-198 oder Großmann, 1999, 62-70.

der Boulevardisierung ableiten, und die vielschichtigen Gründe, die die These untermauern, werden aufgezeigt werden. Die Abschaffung der sog. »Skandalpresse« durch die nationalsozialistischen Machthaber bedeutete keineswegs, dass es keinen Sensationsjournalismus mehr gegeben hätte. Dieser ist allerdings nicht mehr ökonomisch, sondern ideologisch-propagandistisch motiviert und kehrt in Form der sogenannten Greuelpropaganda wieder.

Wer sind nun eigentlich die Sensationsjournalisten, und welche Befunde hat die publizistikwissenschaftliche Kommunikatorforschung der Nachkriegszeit zu dieser Gruppe bis heute zutage gefördert? Was wissen wir über den Arbeitsalltag und die damit zusammenhängenden strukturellen Zwänge, über Demographie und Sozialisation, über Berufsmotivation und Einstellungen von »Sensationsjournalisten«? Zur Strukturierung der Darstellung dieser Befunde in Kapitel 5 dient das von Weischenberg entwickelte »Modell zur Identifikation von Journalismus-Systemen« (Scholl & Weischenberg, 1998, 21), das als »Zwiebel-Modell« bekannt wurde. Danach zählen zu den wichtigsten Einflusssphären auf das journalistische Handeln die kommunikationspolitischen und normativen Rahmenbedingungen (Normenkontext), das redaktionelle Organisationsprogramm (Strukturkontext), das konkrete Arbeitsprogramm (Funktionskontext) sowie die individualjournalistische Ebene (Rollenkontext). Das aus systemtheoretischer Perspektive entworfene Modell, das eigentlich für das gesellschaftliche System Journalismus als Ganzes konzipiert wurde, lässt sich auch auf einzelne, klar abgrenzbare Subsysteme innerhalb des deutschen Journalismus anwenden, denn es könne auch als »Angebot eines heuristischen Zwecken dienenden Analyserasters« (Scholl & Weischenberg, 1998, 22) betrachtet werden. Als ein solches klar abgrenzbares Subsystem wird der Boulevardjournalismus und damit der prototypische Sensationsjournalismus erkannt. Dem gesamten Kapitel liegt auf der Basis dieser subsystemisch ganzheitlichen Sichtweise folgende These zugrunde: Der ökonomische Imperativ des Strukturkontextes – und hier v. a. die Verfolgung einer Kostenführerschaftsstrategie – beeinflusst in dominierender Weise die Strukturen, Prozesse und das Entscheidungshandeln der Akteure innerhalb aller vier Kontexte. Die Einhaltung professioneller rechtlicher und ethischer Normen unterliegt einem Kosten-/Nutzenkalkül, organisatorische und technologische Strukturen sind ökonomisch zweckorientiert ausgerichtet (»structure follows function«), und diese haben wiederum Auswirkungen auf die Ebene der Medienaussagen (Funktionskontext) und der Medienakteure selbst (Rollenkontext). Eine stark standardisierte sensationsjournalistische diskursive Strategie ist im Boulevardjournalismus eben auch als Folge der Organisationsziele und einer konsequent darauf ausgerichteten Organisationsstruktur anzusehen und nicht nur auf individualethische Verfehlungen einzelner Journalisten zurückzuführen. Auf der Grundlage der geschilderten Zusammenhänge des Kapitels 5 kann das Konzept einer Boulevardisierung bzw. Sensationalisierung auch aus struktureller Sicht im Sinne einer Angleichung an typische Strukturmerkmale des Boulevardjournalismus verstanden und operationalisiert werden. Wie sieht nun die standardisierte sensationsjournalistische diskursive Strategie konkret aus bzw. wie ist sie beschrieben und gemessen worden? Das Kapitel 6 liefert hierzu ein kritisches Review der einschlägigen quantitativen und qualitativen inhaltsanalytischen Forschung. Die Strukturierung dieses Kapitels orientiert sich an den in Kapitel 3 herausgearbeiteten konstituierenden Merkmalen der Strategie, die sich thematisch auf die Bereiche Sex & Crime & Tragedy fixiert und Sensationalismus betreibt, womit eine spezifische formal-gestalterische, syntaktische und semantische Aufbereitungsweise eines Beitrags gemeint ist. Letzteres betrifft die Orientierung an Narrationsfaktoren, d. h., dass Sensationsjournalisten Themen und Ereignisse in erster Linie gemäß ihrer melodramatischen, an Trivialmythen angelehnten Human-Interest-Qualität selektieren und bearbeiten. Diese prototypisch in Boulevardformaten eingesetzte und weitestgehend standardisierte Strategie, die nur als Kombination aus Thema plus Form plus Narrativität adäquat zu erfassen ist, wurde in toto bei der Analyse von medialen Aussagen nie gemessen. Allerdings sind die drei Teilkomponenten (vereinzelt auch in Kombination) sowohl in Querschnitt- als auch in Längsschnittstudien untersucht worden. Ziel des sechsten Kapitels ist es, die Art der Erfassung dieser Teilkomponenten (Themengewichtung, formale Aufmachung und Erzählstruktur) aufzuzeigen und kritisch zu begutachten.

Die sensationsjournalistische diskursive Strategie ist – wie die hohen Auflagen und Quoten boulevardformatiger Angebote verraten – höchst massenattraktiv; sie entspricht scheinbar sehr effektiv einer angenommenen Sensationsgier des Publikums, das sich vermeintlich in erster Linie aus eskapistischen Unterhaltungsmotiven hemmungslos dem »Verrat am Geist«, dem »die Wahrheit verfälschenden Schund« hingebe, bis diese Gier »alle unbedarften Lieschen Müller vollends entpolitisiert und entmoralisiert und sie am Ende ihren primitiven Trieben und Instinkten ausliefert« – wie Starkulla (1993, 54) in pointierter Weise die einseitige kulturkritische Position zusammenfasst. Ziel des siebten Kapitels ist demgegenüber eine differenzierte Zusammenstellung der Erklärungsfaktoren für unterschiedlich »sensationsgierige« Medien- und Inhaltszuwendungsmotive. Auf der Grundlage eines adaptierten Uses&Gratifications-Modells, einschlägiger Rezeptionsstudien und aktueller Nutzungsdaten der als prototypisch erachteten sensationalistischen Medienangebote (Kaufzeitungen, TV-Boulevardmagazine und klassisches Reality-TV) werden hier psychologische Erklärungsansätze und intrinsische sowie extrinsische Rezeptionsmotive ermittelt werden, die in der Lage sind, den weitverbreiteten Eskapismus-Vorwurf weitestgehend zu relativieren.

Über die schädlichen Auswirkungen sensationsjournalistischer Angebote auf die Rezipienten, über die vermeintlich entsittlichenden, verrohenden, entmoralisierenden, entpolitisierenden oder volksverdummenden Effekte wurde seit dem Aufkommen solcher massenattraktiver Darstellungsformen meistens wild spekuliert, aber eher selten auf der Basis abgesicherter empirischer Daten diskutiert. In den letzten beiden Kapiteln dieser Arbeit sollen daher kommunikationswissenschaftliche Befunde zusammengetragen werden, die einer differenzierteren Betrachtungsweise und Versachlichung dienlich sind. Einer gängigen Unterscheidung innerhalb der Medienwirkungsforschung folgend wird hierbei eine analytische Trennung zwischen Mikro- und Makroperspektive, zwischen individuellen Wirkungen auf den einzelnen Rezipienten und gesamtgesellschaftlichen Funktionen bzw. Dysfunktionen vorgenommen. Diese analytische Zweiteilung liegt auch darin begründet, dass für individuelle Wirkungen konkretere empirische Befunde aus Experimentalstudien vorliegen, während die wissenschaftliche Auseinandersetzung mit gesamtgesellschaftlichen Leistungen und Defiziten sensationsjournalistischer Angebote i. d. R. auf der Basis einer bestimmten normativen Werthaltung erfolgt. Eine Darstellung der makroanalytischen Perspektiven ist daher besser in einem abschließenden Diskussionskapitel aufgehoben.

Da die Wirkung der sensationsjournalistischen Strategie in ihrer Gesamtheit bislang nicht untersucht worden ist, bleibt in Kapitel 8 nur die Möglichkeit, eine Differenzierung nach den Wirkungen der einzelnen konstituierenden Elemente dieser diskursiven Strategie vorzunehmen. Dementsprechend wird hier nach zentralen Befunden zu den individuellen emotionalen, kognitiven und conativen (verhaltenswirksamen) Effekten 1. des reinen Vorkommens typisch sensationeller Themen wie Sex & Crime, 2. einer sensationalistischen formalen Aufmachung und 3. der für boulevard- und damit sensationsjournalistische Angebote typischen (Human Interest) Erzählstruktur unterschieden. Diese Unterteilung korrespondiert mit der internen Strukturierung des Inhaltskapitels (Kapitel 6). Als individuelle Medienwirkungen sind auch solche zu betrachten, die bei Personen zu beobachten sind, über die sensationsjournalistisch berichtet wurde. Diese Betrachtungsweise fällt zwar eigentlich nicht in den Bereich der klassischen Medienwirkungsforschung, dennoch ist diese Perspektivenerweiterung angesichts der Folgenschwere für die Berichterstattungsopfer sowie der eindeutigen Beziehung zwischen (medialer) Ursache und (individueller) Wirkung gerade im Falle sensationsjournalistischer Berichterstattung legitim und sogar notwendig. Daher sollen als Abschluss des achten Kapitels das sog. »Medienopfersyndrom« und die damit zusammenhängenden rechtlichen Sanktionsmöglichkeiten diskutiert werden.

Welche gesellschaftlichen Funktionen und Dysfunktionen, Leistungen und Defizite, Chancen und Risiken einer massenattraktiven sensationsjournalistischen Strategie innerhalb westlich geprägter (Medien-)Demokratien zugewiesen werden, steht im Fokus des letzten Kapitels der Arbeit. Die Begriffe »Funktionen« oder »Leistungen« implizieren zweierlei: einerseits hypothetische oder empirisch beobachtete gesellschaftliche Makrowirkungen und andererseits die Bewertungen dieser Makrowirkungen vor dem Hintergrund spezifischer Wertmaßstäbe und bestimmter normativer Vorstellungen von Öffentlichkeit und Journalismus, die jeweils eigene Formen einer »Ethik der Public Sphere« begründen. Idealtypisch lassen sich hierzu zwei Beurteilungsperspektiven ausmachen, die – in Anlehnung an Jürgen Gerhards – polarisierend mit »republikanisch-diskursivem Modell von Öffentlichkeit« einerseits und mit »liberalem Modell von Öffentlichkeit« andererseits betitelt werden können und die in diesem Kapitel antithetisch gegenübergestellt werden sollen. Die Geister scheiden sich vorrangig an der Beurteilung massenattraktiver Darstellungsweisen: Während die einen vor den demokratietheoretischen Gefahren, einer drohenden Überökonomisierung und schleichenden Deprofessionalisierung des Journalismus durch übertriebene Anbiederung an den Massengeschmack warnen, machen die anderen auf die durchaus funktionalen demokratisierenden Effekte einer die Masse ansprechenden Darstellungsweise aufmerksam und betonen die integrativen Leistungen, die sensationsjournalistische Grenzüberschreitungen mit sich bringen können. Beide Positionen sind jedoch nicht unbedingt als absolut unvereinbar anzusehen: Wie »guter« Sensationsjournalismus aussehen könnte, der schließlich beiden Beurteilungsperspektiven gerecht wird, ist Gegenstand einer abschließenden synthetischen Position.

Egal, aus welcher Perspektive der Sensationsjournalismus beurteilt wird – sei es aus medienökonomischer oder aus öffentlichkeitstheoretischer – Dreh- und Angelpunkt ist stets der Begriffsfetisch »Masse«, der im Zentrum des Einstiegskapitels dieser Arbeit steht. Mit fortschreitender gesellschaftlicher Modernisierung hat dieser Begriff einen starken Bedeutungswandel mitgemacht. Lange Zeit herrschten ausschließlich negative Konnotationen vor, bis schließlich die kulturtheoretische Wende von der Vorherrschaft elitär hochkultureller Ideale hin zur Postmoderne der Massenkultur zum gleichberechtigten Durchbruch verholfen hat. Die öffentlichkeitstheoretische Zweiteilung in ein »diskursiv-republikanisches« und ein »liberales« Modell von Öffentlichkeit ist letztlich auch auf diese kulturtheoretische Wende zurückzuführen, weshalb das erste und letzte Kapitel der Arbeit aufeinander bezogen sind. Sie stellen quasi die theoretische Klammer, den Interpretationsrahmen der ganzheitlichen Phänomenanalyse dar. Das nun folgende zweite Kapitel liefert die begriffshistorischen Hintergründe, ohne die ein Verständnis der normativen Bewertungen des Sensationsjournalismus unvollständig bliebe.

2. Der Begriff »Masse« und die Diskurskontexte seiner Verwendung

Dem Psychologen Gerhard Maletzke verdankt die Publizistik- und Kommunikationswissenschaft eine zu Beginn der 60er Jahre formulierte und bis heute gültige und operationalisierbare Definition des direkt aus dem Amerikanischen übersetzten Begriffs »Massenkommunikation« (mass communication). Hierunter wird jene Form der Kommunikation verstanden, bei der Aussagen öffentlich (also ohne begrenzte und personell definierte Empfängerschaft), durch technische Verbreitungsmittel (Medien), indirekt (also bei räumlicher oder zeitlicher oder raumzeitlicher Distanz zwischen den Kommunikationspartnern) und einseitig (also ohne Rollenwechsel zwischen Aussagendem und Aufnehmenden) an ein disperses Publikum vermittelt werden (vgl. Maletzke, 1963, 32). Der Adressat öffentlicher Aussagen ist also nicht »die Masse«, sondern ein »disperses Publikum«.

Damit schien zumindest teilweise die Forderung des Publizistikwissenschaftlers Walter Hagemann eingelöst, der 1951 in seinem Buch »Vom Mythos der Masse« dafür plädierte, »den letzten und entscheidenden Schritt zu tun und diesen so schwer diskreditierten Begriff kurzer Hand aus dem Vokabular auszumerzen«, da es sich dabei um «ein in allen Farben schillerndes und daher wissenschaftlich unbrauchbares Schlagwort« handele. Weder Besitz noch Bildung noch Macht seien zuverlässige Kriterien für die Abgrenzung des Massebegriffs, der daher einer präzisen soziologischen Analyse nicht zugänglich sei (vgl. Hagemann, 1951, 102ff.). Dies hinderte Hagemann allerdings nicht daran, 15 Jahre später in dem Lehrbuch »Grundzüge der Publizistik« an diversen Stellen von Masse zu sprechen: »Unter den Stilmitteln der öffentlichen Massenaussage ist das Schlagwort eines der gefährlichsten und wirksamsten, denn es appelliert an Masseninstinkte und Massendenken und ist unlenkbar, unwiderrufbar, wenn es einmal die Schwelle der öffentlichen Aussage überschritten hat« (Hagemann, 1966, 153). Paradoxerweise bewirkt der Autor genau das, wovor er warnt.

Der Begriff ist zum Schlagwort geworden und hat hartnäckig Bestand – und das nicht nur in alltagssprachlichen Kontexten. Er taucht vor allem in medienpolitischen, medien- und kulturkritischen Zusammenhängen immer wieder auf (»Massenprogramm«, »massenwirksam«, die »breite Masse«, »Massenattraktivität«, »Quote = die Masse der Zuschauer« etc.) und enthält – abgesehen von rein medienökonomischen Analysen – stets einen geringschätzigen Unterton. Ein Plädoyer für die Stärkung öffentlich-rechtlicher Rundfunkanstalten als Mittel zur medialen Vielfaltsicherung wird häufig mit dem Slogan: »Klasse statt Masse!« versehen (Sanftenberg, 1998; vgl. auch Hallenberger, 1993; Rüttgers, 2000). Die denotative und vor allem konnotative Bedeutung von Begriffen unterliegt stets einem historischen Wandel. Doch trotz aller semantischen Verengung bzw. Erweiterung bleiben bei bestimmten Begriffen gewisse konnotative Bedeutungselemente bestehen, die mitgeschleppt werden, die sich tradieren. Dies trifft vermutlich besonders auf solche Begriffe zu, die aufgrund ihrer Abstraktheit und »Schwammigkeit« in diversen Kontexten sehr variabel verwendbar und je nach Sichtweise strategisch oder legitimierend einsetzbar sind. Das sei gerade bei dem Begriff »Masse« der Fall: »Ein unklar formuliertes Zerrbild bringt zudem noch die Annehmlichkeit mit sich, daß es den meisten Versuchen der Entzerrung zu trotzen vermag. Handelt es sich doch um einen Begriff, der gar nicht richtig festgelegt ist, der sich – indem mit ihm operiert wird – verwandelt, so daß mit ihm schließlich alles und nichts ausgesagt werden kann« (Hofstätter, 1993, 13f.). Aus soziologischer Sicht gibt es schärfere und besser operationalisierbare Begriffe, die unterschiedliche Menschenmengen beschreiben (Gruppe, Volk, Klasse, Schicht etc.). Im vorliegenden Kontext erscheint es daher nicht sinnvoll, einen neuen Definitionsversuch von »Masse« zu unternehmen. Zweckmäßig ist demgegenüber vor dem Hintergrund einer verbreiteten Annahme einer Sensationsgier der Masse die Frage nach den Wurzeln für das Unbehagen, die Arroganz und die Machtgefühle, die bei denjenigen spürbar am Tonfall zu erkennen sind, die den Begriff benutzen. In diesem Kapitel sollen daher die konnotativen Bedeutungskerne des Terminus »Masse« transparent gemacht werden. Wann kommt er auf? Wann ist die Hochphase seiner Verwendung? Warum schwingt nach wie vor ein so pejorativer Unterton mit, wenn von Masse oder Masse als Teil eines Kompositums die Rede ist? Die Diskreditierung bzw. Geringschätzung des Individuums als Mitglied eines wie auch immer gearteten Kollektivs mit Namen »Masse« hat eine nahezu 2000 Jahre alte Tradition. Schon im 2. vorchristlichen Jahrhundert spricht der Historiker Polybios davon, dass »jede Masse als wankelmütig und von gesetzwidrigen Wünschen, blindem Zorn und unbändiger Wut erfüllt« sei; es bedürfe »der Furcht vor dem Unsichtbaren«, um sie zu zügeln (aus: Historien VI, zitiert bei Hofstätter, 1993, 26). Die negative Besetzung dürfte nicht zuletzt auf die nachhaltige Wirkung der Lehre des Augustinus (354-430 n. C.) zurückzuführen sein, der mit den Begriffen »massa perditionis« und »massa damnata« den zweifellos stark nachwirkenden Zusammenhang zwischen dem Terminus »Masse« und der Verlorenheit und Verworfenheit des ganzen, von der Sünde befallenen Menschengeschlechtes herstellte (vgl. Papalekas, 1961, 220).

Während heute im allgemeinen Sprachgebrauch die Begriffe »Menge« und »Masse« oft weitgehend synonym verwendet werden, zeigt ein ethymologischer Rückgriff auf die Ursprungsbedeutung der beiden Wörter, dass ersterer vollkommen neutral gebraucht wurde. Das mittelhochdeutsche Wort Menge meint »Vielheit, große Zahl, Schar«. Demgegenüber beinhaltet Masse von Beginn an eine Wertung, eine Objektqualität. Masse im Mittelhochdeutschen meint »ungestalteter Stoff, Metallklumpen; spätalthochdeutsch massa, aus dem Lateinischen Massa = Teig, Klumpen, was wiederum auf das Griechische maza = Brotteig bzw. massein = kneten zurückgeht. Das Wort bezeichnet zunächst den Brotteig, der durch Hefe aufgeht, dann das Metall, das durch Zusatz echten Materials sein Volumen vergrößert. Zum Substantiv gehört das Adjektiv massiv (= eine geschlossene Masse bildend), das sich um 1650 aus dem gleichbedeutenden französischen massif entlehnt (vgl. zur Ethymologie Blättler, 1995, 16; Hofstätter, 1993, 18f., auch Sturm, 1968, 14f.). Zu seiner Ursprungssemantik gehört demnach primär die Vorstellung des Ungeordneten, Ungeformten und Undifferenzierten, des Passiven und nur von außen Formbaren. Die Masse ist dumpfe Materie (s. auch physikalisch: die Trägheit der Masse), die sich jede Form aufprägen lässt. Auch in anderen europäischen Sprachen findet man diese ursprüngliche Bedeutung: »La foule« leitet sich ebenso wie sein italienisches Pendant, die »folla«, vom lateinischen »fullo« ab, dem »Tuchmacher« oder »Walker«, der ein Ungeformtes durch äußeren Druck gestaltet. Ähnlich verhält es sich mit dem englischen »crowd«, das dem mittelhochdeutschen »kroten« stammverwandt ist und »pressen« bedeutet.

Die Bedeutungsübertragung auf Menschenmengen erfolgt in Deutschland vor allem im 19. Jahrhundert, dem »Zeitalter der Massen« (Blättler, 1995, 229). Als aufschlussreiches Präludium des Massediskurses im 19. Jahrhundert können die zivilisationstheoretischen Überlegungen einiger geistiger Väter der Aufklärung angesehen werden, die sich Gedanken darüber gemacht haben, wie zusammengewürfelte Menschenmassen in eine zivilisierte Gesellschaft verwandelt werden können und sollen. Der Soziologe Elias beschreibt Zivilisation als den Prozess, in dem die menschlichen Leidenschaften einer zunehmend strengeren Kontrolle unterworfen werden. Die Zivilisationstheorie versucht die »Zähmung« der Menschen als umfassenden gesellschaftlichen, rechtlichen, ökonomischen und politischen Prozess zu erklären. Ohne Zähmungsinstanz sei der Mensch in seinen Trieben und Emotionen unberechenbar: »Keine Gesellschaft kann bestehen ohne eine Kanalisierung der individuellen Triebe und Affekte, ohne eine ganz bestimmte Regelung des individuellen Verhaltens. Keine solche Regelung ist möglich, ohne daß die Menschen aufeinander Zwang ausüben und jeder Zwang setzt sich bei dem Gezwungenen in Angst der einen oder anderen Art um« (Elias, 1969, 448). Ebenso wie Elias bringt auch die frühmoderne politische und ökonomische Theorie die Staatsgründung und die Freisetzung der bürgerlichen Marktgesellschaft mit dem Zivilisationsargument in Zusammenhang. Das politische wie auch das ökonomische Modell der Zivilisation im Sinne von Hobbes und Smith klammern aber zunächst grundsätzlich Klassenunterschiede, also eine soziale Differenzierung, aus, da alle Menschen in ihren Leidenschaften und Interessen annähernd gleich betrachtet werden könnten. In den staats- und gesellschaftstheoretischen Abhandlungen einflussreicher Aufklärer tritt dann zunehmend der Eigentumsvorbehalt, der sich im übrigen in allen westlichen revolutionären Verfassungen bis ins 19. Jahrhundert niederschlug (vgl. Blättler, 1995, 8ff.; König, 1992, 46-50), und – vor allem in Deutschland – der Bildungsvorbehalt hervor, wie Helmut König in seiner Auseinandersetzung mit den Schriften von Locke, Sieyès, Kant sowie Schiller schlüssig belegt (König, 1992, 44-56). König kommt zu dem begründeten Fazit:

> »Die Ausgegrenzten, die der Zivilisierung weder für fähig noch für bedürftig erachtet werden, tauchen unter dem Titel ›Masse‹ in der Sozial- und Zivilisationsgeschichte des 19. Jahrhunderts wieder auf. (...) ›Masse‹ heißen nicht nur die Besitzlosen, die aus dem politischen Körper und der Gesellschaft der ›mündigen Bürger‹ ausgeschlossen werden, sondern ›Masse‹ wird zugleich zum Inbegriff und zur Verkörperung der verdrängten Leidenschaften. In dieser Form wird sie zu dem bedrohlichen Schatten, der die bürgerliche Epoche seit ihrem Beginn unablässig begleitet« (König, 1992, 55f.).

Massenhaftigkeit kann daher als das Phänomen beschrieben werden, das den Aufstieg der bürgerlichen Gesellschaft nicht nur begleitet hat, sondern das sie selbst erzeugt hat und das von ihr gleichzeitig als Bedrohung empfunden wurde. Der Begriff »Masse« wird vorrangig seit Mitte des 19. Jahrhunderts zum Diskursgegenstand in sehr unterschiedlichen Reflexionskontexten. Im wesentlichen lassen sich hier (aus analytischen Gründen) vier Kontexte unterscheiden, nämlich ein sozialhistorischer, ein massenpsychologischer, machttheoretischer sowie ein kulturtheoretischer. Das zentrale Unterscheidungskriterium zur analytischen Differenzierung dieser vier Ansätze ist das soziale Subjekt, auf den der Begriff »Masse« angewendet wird. Während aus sozialhistorischer Perspektive »Masse« vornehmlich mit den besitzlosen, ungebildeten Bevölkerungsschichten in Verbindung gebracht wird, ist eine soziale Differenzierung in den anderen drei Reflexionskontexten viel weniger transparent. Masse wird hier zum Gegenpart eines einzelnen (Führers) oder einiger weniger (der Elite). Das verbindende Element der Kontexte sind die negativen Attribute, die dem sozialen Subjekt »Masse« zugesprochen werden und die stets mit der gleichen Herablassung und Geringschätzung beschrieben werden. Konnotative Begriffsbedeutungen können nur dann adäquat verstanden werden, wenn man sie in Verbindung mit den Erfahrungen der Zeitgenossen bringt, die sie hervorbringen. Im folgenden sollen diese Erfahrungen, die die jeweiligen Diskurse prägten, aufgezeigt werden.

Mit fortschreitender gesellschaftlicher Modernisierung und der damit zusammenhängenden Veränderung der massenmedialen Kultur kam jedoch eine positive Bedeutungsdimension des Begriffs »Masse« hinzu, da gerade in der zweiten Hälfte des 20. Jahrhunderts eine kulturtheoretische Wende einsetzte. Diese Wende, die als Postmoderne bezeichnet wird, beendete die Hegemonie elitär hochkultureller Ideale und verhalf der Massenkultur zu einem gleichberechtigten Durchbruch.

2.1 Der sozialhistorische Kontext

Die Wahrnehmungsformen, die aus sozial- und wirtschaftshistorischer Perspektive den Massediskurs des 19. Jahrhunderts prägten, das wie kein anderes gekennzeichnet ist durch einen tiefgreifenden politischen und wirtschaftlichen

Wandel, der mit den Stichworten 1848er Revolution, Entstehung der Bürgerlichen Gesellschaft, Industrielle Revolution und Pauperismus, Mobilität und Verstädterung gekennzeichnet werden kann, lassen sich zusammenfassend als aufständische Masse, wimmelnde Masse in den (Groß-)Städten sowie als umherziehende, eigentumslose, proletarische Masse charakterisieren. Alle diese Vorstellungen schürten bürgerliche Ängste vor ihrer Unberechenbarkeit. Dieser folgenreiche, gegen Ende des 19. Jahrhunderts durch massenpsychologische Abhandlungen pseudo-wissenschaftlich untermauerte Massediskurs lieferte schließlich das theoretische Rüstzeug für die Wende zur »Massenpolitik«, die zur Jahrhundertwende das bürgerliche Zeitalter ablösen und in verhängnisvoller Weise das Schicksal Deutschlands im 20. Jahrhundert bestimmen wird.

Die Volksaufstände der französischen Revolution hatten schlagartig das neuartige Phänomen der (politisch) mobilisierbaren Massen in die Welt und ins Bewusstsein gebracht. In die deutsche Auseinandersetzung gelangte der Begriff durch Edmund Burkes Kampfschrift »Reflections on the Revolution in France« aus dem Jahre 1790, die in der 1793 erschienenen Übertragung von Friedrich Gentz (s. Burke, 1967) zu einer der wirkungsvollsten Grundlagen konservativer Revolutionskritik wurde und in ganz Europa rezipiert wurde (vgl. König, 1992, 123; Blättler, 1995, 12). Unter dem Eindruck von Nachrichten über blutige Massenaktionen, etwa bei den Ereignissen vom 14. Juli oder 5./6. Oktober 1789, die als abscheuliche Spektakel angesehen wurden, spricht Burke von »einer elenden Rotte ausschweifender, frecher, listiger, unruhiger, schmeichlerischer Buben«, der es durch verbrecherische Agitation gelungen sei, »eine große Masse« aus der natürlichen Ordnung ihres friedvollen Untertanendaseins herauszureißen und in Aufruhr zu versetzen (Burke, 1967, 250, 220).

Die Volksmasse selbst bleibt in diesen Äußerungen kontur- und motivlos. Von einem Bemühen, die soziale Realität der Aufständischen zu erfassen, fehlt in Burkes Darstellung jede Spur.[3] Stattdessen wird ein Gemälde eines wahnhaften Tumults entfesselter Triebe und Begierden gemalt. Die alte Ständeordnung werde untergehen in »thebanischen und thrazischen Bacchanalien (...), mitten unter dem schmetternden Gejauchze und dem gellenden Zetergeschrei und den scheußlichen Tänzen und den niedrigsten Schmähworten und den wütendsten Verwünschungen höllischer Furien, die die lügenhafte Gestalt der verworfensten Weiber angenommen hatten« (Burke, 1967, 125). Gleichbedeutend mit dem Begriff Masse treten in der konservativen Revolutionskritik die Begriffe »Pöbel«, »Horden«, »Gesindel« auf, deren revolutionäre Aktionen gänzlich auf irrationale Impulse wie »Unwissenheit, Sensations- und Zerstö-

[3] Gegen die auch durch die spätere bürgerliche Geschichtsschreibung verfestigte Vorstellung einer entweder kriminellen oder aber abstrakten, geschichts- und gesichtslosen Masse vgl. z. B. die sozialhistorischen Untersuchungen von George Rudé (1977), der anhand von Polizeiprotokollen, Geburts- und Sterbelisten, Gerichtsakten, Prozessberichten u. ä. zu einer soziologischen Differenzierung gelangt, die der weitverbreiteten Ansicht widerspricht, die revolutionäre Volksmasse setze sich zur Hauptsache aus kriminellen Elementen, Gesindel, Landstreichern oder gesellschaftlichen Versagern zusammen.

rungslust, Verführbarkeit durch die Gunst und Vorteile des Augenblicks« zurückgeführt werden (vgl. König, 1992, 123). Das dem Französischen entlehnte Wort Pöbel existiert im deutschen Sprachgebrauch seit etwa 1200 und bot die Entsprechung zum lateinischen vulgus. Obwohl der Begriff des Pöbels vielfältige Bedeutungsvarianten aufwies, bezeichnete er meist ein mehr oder weniger gleichbleibendes soziales Substrat, das moralische und kulturelle Werturteile nach sich zog. Zum Pöbel gehörten – so Werner Conze in seinem nach wie vor einschlägigen Aufsatz von 1954 – die Männer und Frauen der sozialen Schichten unterhalb der ständischen Geltung, die an der Grenze des Existenzminimums lebten und stets als erste von Versorgungskrisen bedroht waren. Vom System der Bildung ausgeschlossen, blieben sie bis Ende des 18. Jahrhunderts meist illiterat und damit auch von den Bereichen der offiziellen Kultur ausgegrenzt. Die damit gegebenen pejorativen intellektuellen, moralisch-religiösen und politischen Beurteilungen traten verstärkt in den Vordergrund, als das sich emanzipierende Bürgertum die ständisch-obrigkeitliche Ordnung sukzessive ablöste. Sah sich die aufsteigende bürgerliche Geselschaft einerseits vor die Aufgabe gestellt, den Pöbel möglichst effizient in die neue kapitalistische Produktion einzubinden, so musste sie andererseits, da sie ihre Herrschaft im Zeichen der naturrechtstheoretisch begründeten Gleichheitsforderung angetreten hatte, verschärft Abgrenzung und Abwehr nach unten mobilisieren, wollte sie den Pöbel dem politischen System auch weiterhin fernhalten. Der Pöbel wurde folglich zum forcierten Gegenbegriff des über Besitz, Bildung, Ehre, Verantwortungsbewusstsein, wahre Religiosität, Moral und nicht zuletzt über ein aufgeklärtes Gedankengut verfügenden Bürgers.

2.1.1 Die aufständische Masse 1848

»Achtzehnhundertachtundvierzig« war eine Kettenreaktion revolutionärer Vorgänge, die, 1847 in der Schweiz beginnend, Teile Italiens, ganz Frankreich, fast alle Teile Deutschlands und die Länder des Vielvölker-Kaiserreichs Österreich erfasste. Die Vorfälle in den vielen Zentren wirkten während des ganzen Ablaufs wechselweise beschleunigend und hemmend aufeinander ein. Man kann daher streng genommen nicht von einer »deutschen Revolution 1848« sprechen. Außerdem war das »Deutschland«, in dem im März 1848 revolutionäre Erhebungen langfristig angewachsene soziale und politische Spannungen zur Entladung brachten, kein geschlossener Flächenstaat mit einer zentralen Regierung, sondern ein Staatenbund aus 34 souveränen Fürstenstaaten und vier Freien Städten. In den ersten drei Monaten des Jahres 1848 erschallten in sehr heterogen zusammengesetzten Volksansammlungen, Aufläufen und Demonstrationszügen überall die gleichen »Märzforderungen«: Weg mit Feudallasten und Pressezensur, her mit Selbstverwaltung, Schwurgerichten, Volksheer, Volksvertretung! (vgl. Lukis 1982, 72). Im Odenwald und im Schwarzwald zogen die Bauern umher und holten Grundherrschaftspapiere aus den Gutsverwaltungen der Standesherren. Vielerorts schwangen Arbeiter die Fäuste vor Fabriken und Fabrikantenvillen. In Berlin kam es vom 13. bis 18. März des Jahres zu Zusammenstößen mit den dort massierten Truppen.

Helmut König liefert in seinem Buch »Zivilisation und Leidenschaften – Die Masse im bürgerlichen Zeitalter« aufschlussreiche Belege dafür, dass gerade die Irrationalität und Blindwütigkeit der aufständischen Massenaktionen im Zuge der 1848er Revolution in den damaligen deutsch(sprachig)en Territorien von Augenzeugen, Zeitgenossen und Historikern bis in unsere Tage betont werden. In den Beschreibungen komme eine Fasssungslosigkeit, Ohnmacht gegenüber dem eruptiven, leidenschaftlichen Element zum Ausdruck: »Die Masse in Aktion erscheint den Beobachtern und Historikern als unkalkulierbare und elementare Naturkraft, deren Sog so stark ist, daß sie auch gesittete und friedliche Menschen in ihren Bann zieht und mitreißt« (König, 1992, 97f.). Der radikale Demokrat Adolf Streckfuß beschrieb die Barrikadenkämpfe des 18. März in Berlin wie eine Naturkatastrophe. König fasst dessen Charakterisierung der Ereignisse wie folgt zusammen: Die Masse sei roh, endlos, gärend, leicht beweglich und veränderungslustig, ihre Bewegungsform sei das Auf-und-nieder-Wogen und das Tummeln, sie tobe, sei aufgeregt, ordnungslos, urteilslos, chaotisch und wild, sie lärme und schreie, sie handele im Rausche des Entzückens, sie glaube fast jedes Gerücht, sie neige stets den Extremen zu, sie handele fieberhaft, sei widersetzlich, zerfahren, verantwortungslos und unberechenbar (vgl. König, 1992, 100). Im Märzaufstand in Berlin fiel jedoch – entgegen vorherigen Aufständeerfahrungen – die Trennung zwischen aufrührerischen Vorstädtern und gesitteten Stadtbürgern weg. Das Sozialprofil der Barrikadenkämpfer konnte aus den sog. Märzgefallenen-Verzeichnissen ermittelt werden. Die Berufsangaben belegen, dass der Barrikadenkampf keinesfalls ein Aufstand der Berliner Unterschichten war. Viele kamen aus bürgerlichen Berufen wie Handwerksmeister, Kaufleute, Fabrikanten, Beamte, usw. (vgl. Richter, 1987, 622). Nachdem der preußische König bereits einen Tag nach den Barrikadenkämpfen weitgehende Zugeständnisse gemacht hatte, ebbte das Revolutionsfieber der Bevölkerung recht schnell wieder ab.

Die konservativen Kräfte gewannen wieder die Oberhand; auch liberale Kreise favorisierten unter dem Eindruck unberechenbarer, revolutionärer Bedrohung fast einhellig die Revolution von oben. Heinrich Laube, einer der Wortführer des Jungen Deutschland und Mitglied der Nationalversammlung von 1849-1867, warnte davor, dass man sich schon mit dem allgemeinen und gleichen Wahlrecht »der unberechenbaren, links und rechts verführbaren Masse« in die Hände gäbe, andere sprachen von »dem zügellosen Drang« und der »blinden, fieberhaften Exaltation der Massen« (zit. bei König, 1992, 108). In der Zuflucht beim Alten lag in den Augen vieler Zeitgenossen die Rettung. Theoretisch untermauert wurde diese Sichtweise durch Ludwig August von Rochau, der in seinen »Grundsätzen der Realpolitik« von 1853 den liberalen Traum vom

Contrat Social (Rousseau) unter dem Eindruck der revolutionären Eruptionen eher als Alptraum darstellt. Die Frage nach der richtigen Gesellschaft(sform) reduziert sich für Rochau auf die Frage der starken staatlichen Macht. König resümiert diese Entwicklung folgendermaßen: »Die treibende Kraft für diese Wendung zu theoretischem Pragmatismus und praktischem Opportunismus ist die Angst vor dem Aufstand der Massen« (ebd., 109). Zusätzlich wurde das im Volk befindliche revolutionäre Potential durch die gezielte Streuung einer Rädelsführertheorie in gemäßigte Bahnen gelenkt bzw. dergestalt gedanklich rationalisiert, dass eine Erklärung des Königs, in dem dieser seine »lieben Berliner« als Opfer einer Rotte fremder Bösewichter darstellte, von zeitgenössischen konservativen Intellektuellen und Historikern aufgegriffen und untermauert wurde (vgl. hierzu König, 1992, 103-105). König vertritt abschließend die prägnante These, dass die Verschwörungs-theorie die doppelte Funktion gehabt habe, einerseits das Phantasma des guten Volks und andererseits das Phantasma der guten Herrschaft wiederherzustellen und zu sichern. So zahlenmäßig, räumlich und vor allem zeitlich begrenzt die revolutionären Aufstände in den deutschn Einzelstaaten auch gewesen sein mögen, die Furcht vor einer Wiederholung wirkte unablässig weiter und floss als irrationales Entscheidungs- und Handlungsmotiv in der Vorstellungswelt des 19. Jahrhunderts stets mit ein. Der Name, der dieser abstrakten Revolutionsfurcht, diesem Schreckgespenst gegeben wird, ist »Masse«.

2.1.2 Die wimmelnde Masse der wachsenden Städte

Die Stadt wird zum Ort der Massen im 19. Jahrhundert. Die Masse tritt auf als ein indifferenter Strom von Menschen, eine sich schnell bewegende, anonyme Menge von Passanten, deren flutende Bewegungen von den Zeitgenossen mit einer Mischung aus Faszination, Schrecken und Abwehr wahrgenommen werden. In einer ständischen Gesellschaft kann es Masse in diesem Sinn nicht geben. Jeder einzelne hat dort seinen festen Platz in einem fixen, durch Tradition und Religion gestützten Netz von sozialen Rollen und Beziehungen. Die vorbürgerliche Gesellschaft war gekennzeichnet durch ein streng geregeltes soziales Gruppenbeziehungssystem. Die Eingliederung und Zuordnung zu einer Gruppe erfolgte über spezifische Kleider- und Verhaltenskodizes, die eine sichere soziale Orientierung ermöglichten. Erst die Anonymität und Versachlichung der Beziehungen der Menschen auf den Straßen der Großstadt erlaubte es beispielsweise der Prostituierten, nach außen ihr Privatleben von ihrem Berufsleben abzutrennen. In der mittelalterlichen Stadt war die Dirne durch ihr Gewerbe und die zugehörige Art der Kleidung als solche erkennbar; sie wurde darum in der entsprechenden Weise behandelt. Rein äußerlich hob sich die freie Prostituierte in der Großstadt des 19. Jahrhunderts nicht mehr durch standesgemäße Tracht von der »anständigen« Frau ab (vgl. Schulte, 1984, 25f.). In ihrer Arbeit über die Anfänge des deutschen Bildungsbürgertums zitiert Pia Schmid die aufschlussreichen Eindrücke eines zeitgenössischen Reisenden in Berlin um ca. 1820: »Kommen Sie einmal des Sonntags auf eine der hiesigen Promenaden – ich will alles verloren haben, wenn Sie den Kaufmannsdiener vom Kammerherrn, den Schneider vom Hofrath, und den Friseur von seinen Kunden unterscheiden können, alle Unterschiedszeichen [verschwimmen], und man tappt im Finstern« (Schmid, 1985, 18). Die Erfahrung der Fremdheit, der Anonymität wird zum entscheidenen Element der städtischen Lebensform im bürgerlichen Zeitalter. Gepaart mit den Eindrücken riesiger, in den Großstädten zusammengeballter Menschenmengen, enstand bei den beobachtenden Zeitgenossen ein Gefühl von Bedrohung und diffusem Unbehagen.

Vor 1850 waren London und Paris die einzigen Städte mit mehr als eine Million Einwohnern (Swanson, 1990, 15). Der große Verstädterungsschub setzte in Deutschland erst im letzten Viertel des 19. Jahrhunderts ein, daher ist es nicht verwunderlich, dass z. B. Berlin vor 1850 von Zeitzeugen noch als ländlich und beschaulich empfunden wird; das bunte Gewimmel auf dem Markt und in den Straßen wurde eher als pittoresk, jedoch nicht als bedrohlich empfunden, was u. a. auch mit der starken Militärpräsenz zusammengehangen haben mag (vgl. König, 1992, 80-84). Der Beginn der Industriestadt Berlin ist zwar bereits um 1826 zu verorten, als in raschem Tempo im Berliner Norden eine Reihe von Maschinenfabriken entstehen. Diese räumliche Aufteilung zwischen dem Gebiet im Norden (dem sog. Vogtland) und dem eigentlichen Kerngebiet der alten Stadt verstärkt die soziale Gliederung und die damit zusammenhängenden sozialen Konfliktlinien. Im Norden wohnten um diese Zeit etwa 2000 mittellose Landarbeiter, freigesetzte Bauern und arbeitssuchende Handwerker in vier Häuserblöcken. Aus der Sorge darum, dass sich die Masse nicht an die Grenze halte, heißt es in einem städtischen Bericht an den König 1824, dass man sich davor schützen müsse, dass die Vogtländer mit ihrem »Zunder... zu ansteckenden Krankheiten« und ihrer »Immoralität«, »Lasterhaftigkeit« und »Unsittlichkeit« über die Mauern in das Stadtinnere vordringen (zit. bei ebd., 91). Daher werden die industriellen Veränderungen in der Stadt selbst weniger stark wahrgenommen.

Das änderte sich jedoch schnell, da Berlin im 19. Jahrhundert die am schnellsten wachsende Stadt Europas war. Um 1850 zählte sie rund 415.000 Einwohner; 1870 waren es bereits 825.000, und nur 30 Jahre später lebten in Berlin 1.889.000 Einwohner (Kuczynski, o. J., IV, 182). Zwischen 1871 und 1910 steigt die Zahl der Städte mit über 100.000 Einwohnern von 8 auf 48, der Anteil der Großstädter an der Gesamtbevölkerung des Deutschen Reichs von 4,8 auf 21,3 % (Kaschuba, 1994, 74). Das Bevölkerungswachstum Berlins ist vor allem seit Mitte des 19. Jahrhunderts auf einen beachtlichen Wanderungsüberschuss, also dem positiven Saldo zwischen Zuzügen und Abzügen aus der Stadt, zurückzuführen (vgl. Kuczynski, o. J., IV, 196). Der Direktor des statistischen Büros der Stadt Berlin, Hermann Schwabe, hat 1874 für die Jahre 1861 bis 1872 eine Statistik der Umzüge in der Stadt berechnet, aus der die enorme Umzugshäufigkeit, die in Berlin an der Tagesordnung war, hervorgeht (s. Tab. 1). In diesem Jahrzehnt tauschten durchschnittlich p. a. nahezu 50 % der Wohnungen die Mieter tauschten. Aus dem Statistischen Jahrbuch deutscher Städte ist ersichtlich, dass Berlin für das Jahr 1900 mit 1,9 Mio. Einwohnern 715.000 Umzüge zu verzeichnen hatte. Hamburg mit 705.000 Einwohnern meldete 213.246 umziehende Familien (Kuczynski, o. J., IV, 202). Der Historiker Thomas Nipperdey spricht für das darauffolgende Jahrzehnt in Berlin von einem Drittel aller Haushalte, in der Stadt Essen sei es noch um 1900 im Verlauf von zwei Jahren die Hälfte gewesen. Als Hauptgründe für die regen Umzugsaktivitäten gibt er raschen Arbeitsplatzwechsel bei noch unvollkommenem Nahverkehr und wirtschaftliche Schwierigkeiten an (Nipperdey, 1998, 145).

Tab. 1: Umzüge in der Stadt Berlin 1865-1872

Jahr	Zahl der Wohnungen (inkl. Gelasse)	Zahl der Umzüge	Wohnungswechsel (in Prozent)
1865	138.356	70.679	51,1
1867	153.433	82.497	53,7
1869	163.057	72.044	44,7
1870	166.144	66.678	40,1
1871	168.541	63.763	38,0
1872	173.001	74.568	43,1

Quelle: Kuczynski, o. J., IV, 200.

Der wahrgenommene Charakter einer Großstadt wird sicherlich durch viele Faktoren bestimmt. Doch gerade diese enorme Fluktuation der Bevölkerung, die sowohl in der großen Anzahl der Zu- und Umzüge zum Ausdruck kommt, dürfte in herausragender Weise den Eindruck der wimmelnden Masse Mensch verstärkt haben. Der Statistiker Schwabe untersuchte auch die Umzüge nach dem Mietwert der Wohnungen und kommt zu dem Resultat: »Je tiefer die sociale und wirthschaftliche Stellung einer bestimmten Gruppe der Berliner Bevölkerung ist, desto intensiver verfällt sie dem Nomadenthum« (zit. bei Kuczynski, o. J., IV, 201). Die geographisch und sozial entwurzelten »modernen Nomaden« werden auch als im sozialen Sinn halt- und orientierungslos, ohne sittliche Normen, festen Stil des Denkens und Handelns wahrgenommen. Wo aber die sittlichen Normen der Gemeinschaft und der Religion nicht mehr tragen, da werde der Mensch zur »Bestie« (Riehl 1854, 293). Der Nationalökonom und Wirtschaftshistoriker Werner Sombart resümiert in seiner Abhandlung zum proletarischen Sozialismus: »Man nennt Masse die zusammenhanglosen, amorphen Bevölkerungshaufen namentlich in den modernen Großstädten, die aller inneren Gliederung bar, vom Geist, das heißt von Gott verlassen, eine tote Menge von lauter Einsen bilden« (Sombart, 1924 [1897], 99). Der Soziologe Emil Stutzer schreibt rückblickend in seiner Abhandlung »Die deutschen Großstädte Einst und Jetzt« aus dem Jahre 1917: »Das jetzige Großstadtgetriebe mit seinem unablässigen Wechsel und seiner äußeren Unruhe macht in der Regel die Großstadtmenschen auch innerlich unruhig und verflacht das ganze Leben. (...) Masse und Wechsel rufen das Bedürfnis nach Masse und Wechsel stets von neuem hervor« (Stutzer, 1917, 75f.). Die Erfahrung der Fremdheit, der Anonymität wird zum entscheidenen Element der städtischen Lebensform im bürgerlichen Zeitalter. Gepaart mit den Eindrücken riesiger, in den Großstädten zusammengeballter wimmelnder Menschenmengen enstand bei den beobachtenden Zeitgenossen ein Gefühl von Bedrohung und diffusem Unbehagen.

2.1.3 Die eigentumslose, proletarische Masse

Die von England seit dem letzten Drittel des 18. Jahrhunderts ausgehende industrielle Revolution erzeugte eine bis dahin unvorstellbare Mobilisierung der Bevölkerung, die Hobsbawm für die »größte Völkerwanderung in der Geschichte« hält (1975, 240). Kuczynski (o. J., IV, 176) vertritt die Ansicht, dass die deutsche Binnenwanderungsbewegung in der Epoche der Industrialisierung die größte Massenbewegung der deutschen Geschichte gewesen sei. 1907 lebte bereits die Hälfte aller Deutschen nicht mehr in der Gemeinde, in der sie geboren waren; daher hatte also jeder zweite Deutsche in irgendeiner Form an der Binnenwanderung Anteil (vgl. ebd., 177). Die Mobilität, die für weite Teile der Bevölkerung zur zentralen Erfahrung wurde, war durch den Wegfall traditioneller Beschränkungen der Freizügigkeit durch die politischen Revolutionen in Amerika und Frankreich möglich geworden. Zur Notwendigkeit wurde sie aus Gründen der Existenzsicherung, weil die neuen kapitalistischen Produktionsformen das Anbieten der eigenen Arbeitskraft ohne Rücksicht auf familiäre oder heimatliche Verwurzelungen und Traditionen erforderte. Ausgelöst wurde der Industrialisierungsprozess durch technische Innovationen gegen Ende des 18. Jahrhunderts (neue Arbeits- und Kraftmaschinen sowie neue Verfahren der Verkokung und Verhüttung). Diese Innovationen bedingten die Entwicklung einer neuen Produktionsstätte, die zum ökonomischen Zentrum industrieller Gütererzeugung wurde – die Fabrik. Deutschland bot bis in die zweite Hälfte des 19. Jahrhunderts überwiegend ein Bild relativer wirtschaftlicher Rückständigkeit und zunehmender Pauperisierung (Massenverarmung) der Bevölkerung aus folgenden Ursachen: a) einer jahrzehntelangen technischen Rückständigkeit gegenüber England durch die verzögerte Aufnahme neuer Techniken und durch betriebswirtschaftliche Probleme der neuen Produktionsstätte Fabrik, b) dem Fehlen eines überregionalen, einheitlichen Binnenmarktes, der seine ersten

Ausbaustufen erst in dem preußischen Zoll- und Handelsgesetz von 1818 und dem Inkrafttreten des Deutschen Zollvereins 1834 fand, c) einer Krise des Handwerks und Hausgewerbes in der ersten Hälfte des 19. Jahrhunderts sowie d) einer Übervölkerungsproblematik[4] mit der Folge einer Massenverelendung (Pauperismus), die aus der mangelnden Aufnahmefähigkeit der noch jungen Industrie resultierte. Mindestens 50 bis 60 % der Bevölkerung lebten in den 40er Jahren des 19. Jahrhunderts in ärmlichen Verhältnissen, in Krisenzeiten elend und existentiell gefährdet (vgl. Gladen, 1974, 4).

Im Zuge der Pauperismusdiskussion trat eine soziale Differenzierung in den Massediskurs ein. Nach König verbinden sich in der Pauperismus-Literatur vorrangig drei Bedeutungsgehalte. Masse wird vor allem als Folgewirkung des Zerfalls des ständisch gebundenen Gesellschaftssystems angesehen, der zu Entwurzelung, Vereinzelung, Schutzlosigkeit, Entsittlichung und Verarmung geführt habe. Masse sei darüber hinaus ein Begriff, der den quantitativen Sprung vom Pöbel zum Proletariat markiere. Das sei überall dort der Fall, wo von »Massenverarmung«, »Massenverderbnis« oder »Arbeitermassen« die Rede sei. Und schließlich handele es sich um die sinnlich erfahrbare Konzentration oder Anhäufung einer Masse von selbständigen Arbeitern an bestimmten Punkten, die von zeitgenössischen Beobachtern als unkalkulierbar und irrational, triebhaft und der Übertreibung zugänglich angesehen wurden (vgl. König, 1992, 127ff.). Marx und Engels reden demgegenüber nicht mehr von Masse, sondern von Arbeiterklasse bzw. Proletariat. Die Affekt- und Triebseite, die im Begriff der Masse mitschwingt, wird beim Übergang zum Klassenbegriff aufgegeben. Das Proletariat, dem über die Theorie des Historischen Materialismus eine heilsgeschichtliche Bedeutung zugesprochen wird, ist aus marxistischer Sicht die bereits zivilisierte Ausgabe der eigentumslosen, rebellischen Masse.

2.2 Der massenpsychologische Kontext und seine Folgen

> »Jeder, sieht man ihn einzeln, ist klug und verständig; sind sie in corpore, gleich wird Euch ein Dummkopf daraus.«
> (Friedrich Schiller)

Als Gründervater des in den 1890er Jahren in Frankreich veröffentlichten massenpsychologischen Konzepts gilt Gustave LeBon, der sich anregen ließ von einem aristokratisch-konservativen Zeugen der Pariser Kommune-Zeit, Hippolyte Taine, sowie den Kriminologen Scipio Sighele und Gabriel Tarde. In seinem Buch »Psychologie des Foules« (1895) (Psychologie der Massen, LeBon,

[4] Die Bevölkerung des Deutschen Reichs (Grenzen von 1871) verdoppelte sich von 1816 (24,8 Mio.) bis 1895 (52,3 Mio.) (amtliche Statistik vgl. Kuczynski, o. J., IV, 175). Die Zunahme entwickelte sich fast exponentiell: 1865-1880: 5,6 Mio.; 1880-1895: 7,0 Mio.; 1895-1910: 12,5 Mio.

1964), das in zehn Sprachen übersetzt und in zahlreichen, hohen Auflagen verbreitet wurde und als das wahrscheinlich einflussreichste Buch der Sozialpsychologie (Allport, 1968, 41) gilt, vertritt LeBon die These, dass die Masse in der Lage sei, aus dem zivilisierten Menschen der Moderne ein barbarisches Untier zu machen. Die Verwissenschaftlichung des Themas, das LeBon für sich in Anspruch nimmt, besteht im Grunde nur darin, dass er sich nicht mit der puren Beschreibung des Massenverhaltens begnügt, sondern mit Hilfe des aus der Medizin bzw. Psychatrie übernommenen Modells der Hypnose eine wissenschaftliche Erklärung liefern will.[5] Das Zustandekommen des neuen »Wesens« der Masse vergleicht er ferner mit (bio)-chemischen Prozessen, da dort die Kombination von bestimmten Elementen sich zu einem Stoff mit ganz neuen Eigenschaften verändere; es entstehe »unter dem Einfluß gewisser heftiger Gemütsbewegungen« ein kollektives Subjekt, eine »Gemeinschaftsseele«, die triebhaft, reizbar, unzivilisiert und beeinflussbar, aber auch begeisterungsfähig und heroisch sei; im Zustand der Masse erfolge eine »geistige Ansteckung« (»contagion mentale«) (LeBon, 1964 [1895], 10ff.)

> »Allein durch die Tatsache, Glied einer Masse zu sein, steigt der Mensch also mehrere Stufen von der Leiter der Kultur hinab. Als einzelner war er vielleicht ein gebildetes Individuum, in der Masse ist er ein Triebwesen, also ein Barbar. Er hat die Unberechenbarkeit, die Heftigkeit, die Wildheit aber auch die Begeisterung und den Heldenmut ursprünglicher Wesen, denen er auch durch die Leichtigkeit ähnelt, mit der er sich von Worten und Vorstellungen beeinflussen und zu Handlungen verführen läßt, die seine augenscheinlichen Interessen verletzen« (LeBon, 1964 [1895], 17).

LeBon sieht in jeder Vielzahl von Menschen eine potentielle Masse, in der jegliche Individualunterschiede vereinheitlicht werden: »In dem Augenblick, in dem sie zu einer Masse gehören, werden der Ungebildete und der Gelehrte gleich unfähig zur Beobachtung« (ebd., 24). Es finden sich bei LeBon Urteile, die an Geringschätzung und Überheblichkeit sowie an apodiktischer Pauschalisierung kaum zu überbieten sind, dies trifft vor allem auf die Teile seiner Ausführungen zu, in denen er darauf eingeht, womit und in welcher Form sich die Masse am effektivsten ansprechen und beeinflussen lässt. Die folgenden Zitatpassagen sollen verdeutlichen, dass sich diese Äußerungen mit einem modernen Schlagwort zusammenfassen lassen, nämlich dem der Sensationsgier der Massen:

> »Für die Massen, die weder zur Überlegung noch zum logischen Denken fähig sind, gibt es nichts Unwahrscheinliches. [...] Daher werden die Massen stets durch die wunderbaren und legendären Seiten der Ereig-

[5] »Sorgfältige Beobachtungen scheinen nun zu beweisen, daß ein einzelner, der lange Zeit im Schoße einer wirkenden Masse eingebettet war, sich alsbald (...) in einem besonderen Zustand befindet, der sich sehr der Verzauberung nähert, die den Hypnotisierten unter dem Einfluß des Hypnotiseurs überkommt« (LeBon, 1964 [1895], 16).

> nisse am stärksten ergriffen« [...] »Alles, was die Phantasie der Massen erregt, erscheint in der Form eines packenden, klaren Bildes, das frei ist von jedem Deutungszubehör und nur durch einige wunderbare Tatsachen gestützt: einen großen Sieg, ein großes Wunder, ein großes Verbrechen, eine große Hoffnung. [...] Hundert kleine Verbrechen oder hundert kleine Unfälle werden auf die Phantasie der Massen oft nicht die geringste Wirkung ausüben; wohl aber wird sie durch ein einziges unerhörtes Verbrechen, ein einziges großes Unglück tief erschüttert, wenn es auch viel weniger blutig ist als die hundert kleinen Unfälle zusammengenommen« (LeBon, 1964 [1895], 43 u. 45).

Zur Leitung und Bewegung der Masse bedarf es eines Hypnotiseurs, eines Helden der Masse, eines mit »Nimbus«, Willensstärke und Energie ausgestatteten Führers (vgl. ebd., 92-101). Die Massen seien jedoch auch eines sehr hohen Maßes an »Sittlichkeit« im Sinne von »Entsagung, Ergebenheit, Uneigennützigkeit, Selbstaufopferung« fähig. Daher wirke man in besonderer Weise auf den einzelnen in der Masse, wenn man sich auf die Gefühle für Ruhm und Ehre, Religion und Vaterland berufe (vgl. LeBon, 1964 [1895], 35f.). LeBon verfällt also nicht in fatalistische Resignation, sondern sieht eher die Chance einer Funktionalisierung der Masse als Herrschaftswerkzeug und entwirft damit ein Programm massenverachtender Massengefolgschaft, was ihm den Titel »Machiavelli der Massengesellschaften« einbrachte (Moscovici, 1984, 79).

Durchaus ähnliche Gedanken wie LeBon vertrat der englische Psychologe William McDougall, dessen Buch »The Group Mind. A Sketch of Principles of Collective Psychology« 1920 erschienen war. McDougall ging davon aus, dass das menschliche Verhalten durch zentrale Instinkte wie Geltungsbedürfnis, Streitsucht und elterliche Fürsorge und den dazu gehörigen Primäremotionen wie Stolz, Ärger und Zärtlichkeit bestimmt werde. Mit LeBon teilte er dessen Massenverachtung und die Überzeugung, dass die Masse leicht zu lenken und zu beeinflussen sei. Auch der im deutschsprachigen Raum nicht nur zu Beginn dieses Jahrhunderts sehr einflussreiche Psychoanalytiker Sigmund Freud greift in seiner Schrift »Massenpsychologie und Ich-Analyse« (1978) auf die Prämissen LeBons zurück. Mit seiner These, dass im Massenerlebnis die »Urhorde« wieder zum Durchbruch gelange, teilt Freud die Grundauffassung LeBons, dass in der Mehrzahl der Mensch seine Individualität verliere und sich durch das Unbewusste beherrschen lasse. Freud arbeitet mit Definitionen, die das Unbewusste bzw. das ES mit Masse und Leidenschaften analogisieren. Die Mitglieder einer Masse seien deswegen affektiv so eng miteinander verbunden, weil sie sich alle dem gleichen Oberhaupt (Führer) unterwerfen und sich aufgrund dieser Gemeinsamkeit miteinander identifizieren können (vgl. Freud, 1978, 56-67).

2.2.1 Massenpsychologie und Machtpolitik

Seit den 1890er Jahren nahm zeitgleich zur Entwicklung der Massenpsychologie ein aus den Verfallserscheinungen des Liberalismus entstandenes neues Zeitalter Gestalt an, das Zeitalter der Massenpolitik. König führt diese Agonie auf zwei Faktoren zurück: Einerseits habe der Liberalismus auf die neuen ökonomischen Strukturen und die mit ihnen verknüpften Veränderungen der Rolle des Staates keine Antworten gewusst, denn an die Stelle der kleinen und mittelgroßen Betriebe, die am Anfang der Industrialisierung gestanden hatten und auf die die liberale Wettbewerbstheorie vielleicht einmal zugetroffen haben mochte, tritt ein System von Banken und Industriegroßunternehmen, die miteinander verbunden sind und den Markt im vorhinein unter sich aufteilen. Andererseits wurde die liberale Auffassung von der zurückhaltenden Rolle des Staates konterkariert durch das Anwachsen staatlich-bürokratischer Apparate, die Stärkung des monarchischen Prinzips und der Ministerien sowie den Ausbau von Polizei und Heer (vgl. König, 1992, 180). Politisch bekämpft wird der Liberalismus von zwei Seiten: von der sozialistischen Arbeiterbewegung und von konservativen Kreisen, die das Bürgertum für unfähig halten, Ordnung zu schaffen, die auseinanderstrebenden gesellschaftlichen Kräfte zu integrieren und die Massen im Zaum zu halten. Um gesellschaftlichen Einfluss wiederzugewinnen, schließen sich diese Kreise bedingungslos dem neuen aggressiven Nationalismus an, der die europäischen Völker seit Anfang der 1880er Jahre zu erfassen beginnt. Wolfgang J. Mommsen (1969, 15) schreibt in »Das Zeitalter des Imperialismus«, dass der Konservatismus das Ziel verfolgt habe, »durch [sein] Eintreten für eine kraftvolle nationale Machtpolitik das Schwinden ihres Einflusses auf die breiten Massen aufzuhalten.« Nach Ansicht des damals einflussreichen, konservativen Nationalökonomen und Wirtschaftshistorikers Werner Sombart seien die Deutschen im Grunde ihrer Seele immer dem kriegerischen und männlichen Ideal des vor- und frühkapitalistischen Heldentums verpflichtet geblieben, und das Militär sei das Mittel, um das »Schreckbild der Verameisung« und des Massengewimmels in das Ideal

Abb. 1: Masse als Gefolgschaft

Quelle: Dröge & Müller, 1995, 310 (Reichsparteitag 1934)

geschlossener Kolonnen in Reih und Glied zu verwandeln: »Wie segnen wir, die wir über das Gewimmel in unseren Landen, über die Kaninchenstallhaftigkeit vieler unserer Provinzen gar oft die Nase gerümpft haben, jetzt dieses viele Volk, da es sich in unabsehbaren dichten Kolonnen gegen die Grenze wälzt, um das Vaterland gegen übermütige Feinde zu verteidigen« (Sombart, 1915, 120). Am Ende dieser historisch-massenpolitischen Entwicklung steht die deutsche Katastrophe in der Gestalt des Nationalsozialismus, der als fataler Höhepunkt der Verwandlung der Masse in Gefolgschaft angesehen werden muss.

2.2.2 Massenpsychologie und Massenmedien

Der dem behavioristischen Verhaltenskonzept verhaftete Wirkungsansatz einer Allmacht der Medien (auch magic-bullet-, hypodermic-needle-, transmission-belt- oder Reiz-Reaktions-Schema genannt), der wie Renckstorf zu Recht betont, »nirgendwo wirklich verbindlich formuliert und formalisiert wurde« (1973, 184; s. auch Brosius & Esser, 1998), aber dennoch als Wirkungsannahme in der ersten Hälfte dieses Jahrhunderts kursierte, räumte den Massenmedien ein omnipotentes Wirkpotential ein, das sich u. a. auch aus der ehedem gängigen Sicht moderner Gesellschaften als »Massengesellschaften« ergeben habe, die von absichts- und willenlosen »Massen« bewohnt würden und entsprechend beliebig und gleichermaßen beeinflussbar seien.

Gerade zu Beginn des Jahrhunderts hatten sich – neben den neuen Massenkommunikationsmitteln Film, Radio und ab 1940 Fernsehen – die neuen persuasiven Kommunikationsformen Werbung, Public Relations und Propaganda entwickelt. Nach der geltenden Medien-Geschichtsschreibung ging gerade die frühe Propagandaforschung nicht nur von einer naiven Wirkungsvorstellung im Sinne des Stimulus-Response-Modells aus, sondern behauptete starke Effekte, ohne diese tatsächlich empirisch nachzuweisen (vgl. Severin & Tankard 1992, 104f.; McQuail 1994, 328), und die maßlose Überbewertung der Medieneffekte wurde durch eine durchaus zweifelhafte Interpretation der damaligen psychologischen und soziologischen Theorien unterstützt (vgl. hierzu Schenk, 1987, 23-27). Hierzu zählen neben der Massenpsychologie die Instinktpsychologie und die Theorie der Massengesellschaft, in der sich ein typisches »Massenverhalten« herausprägt, das z. B. von Blumer (1967; s. auch Bell, 1961) analysiert wurde. Unter den Bedingungen der modernen Industriegesellschaft hat nach Blumers Meinung das Massenverhalten an Bedeutung zugenommen. Mangelnde lokale Gruppenbindungen und fehlende kulturelle Werte führten dazu, dass die einzelnen Individuen atomisiert, anonym und isoliert seien. Bezogen auf die Massenkommunikation heißt das, dass die Individuen der Massengesellschaft den Medien und ihren Stimuli willkürlich ausgeliefert sind. Nur Gruppenbindungen und kulturelle Werte könnten die Individuen vor dem Einfluss der »omnipotenten« Medien schützen.

Die Herstellung eines Zusammenhangs zwischen Massenpsychologie und der These einer medialen Allmacht greift aber wesentlich zu kurz. LeBon geht nur in sehr wenigen Passagen seiner Hauptschrift auf die Masse im Sinne von Massenpublikum ein. An keiner Stelle wird den Massenmedien eine starke Wirkung, geschweige denn Allmacht zugeschrieben, eher verhält es sich umgekehrt:

> »Die Presse, die einstige Leiterin der öffentlichen Meinung, hat wie die Regierungen gleichfalls der Macht der Massen weichen müssen. Gewiß besitzt sie noch eine bedeutende Macht, aber doch nur, weil sie lediglich die Widerspiegelung der öffentlichen Meinung und ihrer unaufhörlichen Schwankungen ist. [...] Die alten, ehrwürdigen und einflußreichen Blätter von ehedem, deren Aussprüche von der vergangenen Generation noch ehrfurchtsvoll wie Weissagungen angehört wurden, sind verschwunden oder zu Nachrichtenvermittlungen geworden, die von unterhaltenden Neuigkeiten, Gesellschaftsklatsch und geschäftlichen Anzeigen umrahmt sind« (LeBon, 1964 [1895], 109).

Der Massenpsychologe Tarde geht in weitaus differenzierterer Weise auf die Masse in ihrer Rolle als Massenpublikum ein und hat das Thema Masse als erster auf die Wirkung von Massenmedien bezogen. Tarde widerspricht LeBon direkt: Nicht das Zeitalter der Massen, sondern der Öffentlichkeit(en) sei angebrochen. Er nimmt eine Differenzierung in »la foule« und »le public« vor und unterscheidet für beide vier Handlungsformen: erwartend (expectante), aufmerksam (attentive), demonstrierend (manifestante) und handelnd (agissante). In »le public« sei eine geistige Kollektivität physisch getrennter Individuen vorhanden, die aus dem Bewusstsein resultiere, Mitglied eines Massenpublikums zu sein. Nur in einem fanatischen und überreizten (surexcité) Zustand könne »le public« zu einer »foule virtuelle« werden (vgl. Tarde, 1910, 11-13).

Auch das Publikum habe zwar ebenso wie die Masse immer einen »inspirateur«, einen »créateur«, und dessen Einfluss könne durch die größere publizistische Kontinuität sogar größer sein als bei der Masse. Aber dieser publizistische Führer gehe jedoch nur auf Stimmungen ein, die schon vorhanden seien. Journalisten sind aus dieser Sicht keine Führer, sondern im Gegenteil Handlanger ihrer Publika (vgl. ebd. 14f., 20). Tarde wird in seinen Ausführungen sogar noch schärfer, wenn er in seinen Worten vom dynamischen Wechselspiel zwischen Journalisten und (sensationsgierigem) Publikum schreibt[6]:

[6] Im Original: «Les publics, eux aussi, parvenus à un certain point d'excitation, deviennent manifestants. Ils ne le sont point seulement d'une manière indirecte, par les foules qui naissent d'eux, mais avant tout, et directement, par l'influence entraînante qu'ils font subir à ceux mêmes qui les ont mis en mouvement et qui ne peuvent plus les retenir, par les torrents de lyrisme ou d'injures, d'adulation ou de diffamation, de délire utopique ou de fureur sanguinaire, qu'ils font couler de la plume de leurs publicistes obéissants, de maîtres devenus serfs« (Tarde, 1910, 43).

> »Auch die Publika, die sich in einem bestimmten Erregungszustand befinden, werden demonstrierende Masse. Sie werden es nicht nur mittelbar durch die Masse, die sich aus ihnen heraus entwickeln kann, sondern vor allem auch in direkter Weise durch den mitreißenden Einfluß, den sie auf jene ausüben, die sie selbst in Bewegung gesetzt haben und nun nicht mehr zurückhalten können aufgrund der Fluten von Erdichtetem und Beleidigungen, von Speichelleckerei oder Diffamierung, von utopischem Delirium oder blutrünstigen Ausbrüchen, die sie aus der Feder ihnen gehorchender Schreiberlinge fließen lassen und somit aus Meistern Sklaven machen« (ebd., 43; Übersetzung UK).

Die Vorstellung einer Allmacht der Medien kann aus solchen Äußerungen nicht abgeleitet werden. Tarde verweist im Gegensatz zu LeBon auch auf die positiven gesellschaftlichen Funktionen von Massenzusammenkünften (in Form von Volksfesten oder Nationalfeiern) und die »stimulierenden Energien für das soziale Leben« (Tarde, 1910, 46). Die Transformation von Massen in Publika habe einen wichtigen Sublimierungseffekt, ja quasi »Ruhigstellungseffekt«, und die menschliche Affekt- und Triebseite werde durch die Presse »pazifiziert«: »[M]an sollte der frivolen, ich sage nicht pornographischen, Presse danken, da sie die Öffentlichkeit bei Laune hält, was wiederum günstig für den Frieden ist« (ebd., 48; Übersetzung UK). Im Gegensatz zur Masse, in der vergleichsweise hohe kollektive Schamgrenzen bestünden, könnten Journalisten für ihre Publika frivole Schamgrenzen überschreiten (vgl. Tarde, 1910, 58). Leider gibt Tarde für diese Art der Presse keinerlei Beispiele an.

Die Vorstellung von der geistigen Massenführung und einer Allmacht der Medien durch publizistische Führungspersönlichkeiten wurde Jahrzehnte später durch die Propagandamaschinerie-Erfahrungen zweier Weltkriege, die die Massenpsychologen nicht mehr erlebten, wesentlich untermauert. Von diesen Erfahrungen geprägt[7], entwickelte der einflussreiche deutsche Publizistikwissenschaftler Emil Dovifat seinen Ansatz der »Normativen Publizistik«, der sich noch im Handbuch der Publizistik aus dem Jahre 1968 niederschlug. Dovifat beginnt dort sein mehr als 60 Seiten umfassendes Kapitel IV »Die Publizistik der Massenführung« mit dem eindeutig gegen Hagemann gerichteten Satz: »Die Masse ist kein Mythos« (Dovifat, 1968, 101). Da Dovifat LeBon zwar als längst überholt, aber dennoch als »klassisch« betrachtet, sind in seinen Ausführungen eine gewisse geistige Nähe, eine gedankliche Affinität zu ihm nicht zu übersehen. So definiert er Masse wie folgt: »Masse ist eine nicht organisch und nicht bleibend gebundene Vielheit von Menschen, die, meist vorübergehend und begrenzt, von gleichen Neigungen, Strebungen und Trieben geleitet sind. Weil sie ihre Lage als vorübergehend, als verbesserungsfähig oder gefährdet empfindet, ist Masse leicht in dynamische Bewegung zu bringen« (Dovifat, 1968, 106). Dovifat betont an mehreren Stellen, dass auch die »Masse im Abstand« (par distan-

---

[7] Dies gilt sehr stark auch für Elias Canetti und sein Werk «Masse und Macht« (vgl. Kuhnau, 1996).

ce), das »disperse Publikum«, das früher nur durch das geschriebene oder gedruckte Wort oder den Lauf des Gerüchts erreichbar gewesen sei, heute hingegen durch die massenhaft verbreiteten (wenn auch individuell empfangenen) Sendungen der elektronischen Mittel als ein »Publikum unbegrenzter Weite«, als Masse zu führen sei; daher stehe im Vordergrund seines Interesses, »die Masse in ihrer publizistischen Bewegung zu schildern, wie sie in dynamische Fahrt zu bringen und wie diese Fahrt zu beeinflussen« sei (ebd., 103, s. auch 113f.). Passivität, Verführbarkeit, Emotionalität, Triebhaftigkeit, Aggressivität etc. sieht auch Dovifat als charakteristische Merkmale der Masse an, und da jede umfassende Publizistik heute Massenpublizistik sei oder werden möchte, erfolge eine effektive (allerdings auch als negativ anzusehende) Ansprache nur bei Einhaltung der »Grundgesetze der Massenführung« (Dovifat, 1968, 114-164). Zu diesen »Grundgesetzen«, die er mit diversen, auch historischen Beispielen belegt, rechnet Dovifat: die geistige Vereinfachung, die hämmernde Wiederholung sowie sieben Spielarten der gefühlsmäßigen Steigerung (der Hass, das Mitleid, das Sexuelle, die eher in totalitären Systemen mögliche Ansprache eines massenüberhöhenden Geltungsbedürfnisses Einzelner, der Appell an den moralischen Grundwillen der Masse sowie das publizistische Aufpeitschen zum Massenwahn bis hin zur publizistischen Ausbeutung einer »psycho-chemischen Überwältigung« in Form von Schauprozessen z. B.). Doch anders als LeBon spricht Dovifat an keiner Stelle in herabwürdigender Art und Weise von »Masse«. Er nimmt diese als gegeben und grundsätzlich hin; kein Mensch ist besser oder schlechter, alle können Masse sein: Der durch Gemeinschaftszerfall und soziale Entwurzelung isolierte und vereinsamte Mensch verspüre eine gewisse Sehnsucht nach Anpassung und festeren Bindungen: »Diese Sehnsucht ist in allen Schichten lebendig. So rekrutieren die Massen sich heute nicht aus besonderen Ständen oder aus einer Klasse (etwa der des ›Proletariats‹)« (Dovifat, 1968, 106). Aus dieser liberalen Menschensicht heraus formuliert Dovifat eine weitsichtige und ernst zu nehmende Erkenntnis: »Nur aus der Anerkennung der Würde des Einzelmenschen in der Masse ist die menschenwürdige Überwindung des Phänomens Masse überhaupt möglich. Von dieser Einsicht her bestimmen sich generell auch die moralischen Grenzen aller publizistischen Einwirkungen auf die Massen« (ebd., 105). Diese hierin zum Ausdruck kommende anti-elitäre Haltung gegenüber dem »Massenmenschen« ist eher ungewöhnlich.

Wie Dieter Prokop (1995) in seinem Buch »Medien-Macht und Massenwirkung« an diversen historischen Beispielen belegt, wurde in Deutschland gerade zu Beginn des Jahrhunderts nach Aufkommen des ersten audiovisuellen Massenmediums Film überall und immer wieder mittels massenpsychologischer Theorie und dem daraus abgeleiteten Glauben an die manipulierende, ja hypnotisierende Kraft des Mediums der Ruf nach Zensur legitimiert. Der vehement für staatliche Zensurmaßnahmen eintretende Tübinger Kunsthistoriker Konrad Lange beispielsweise bemerkte um 1920: »Der großen Masse der Kinobesucher ist natürlich nichts willkommener als eine Schilderung, bei der sexuelle Vergehen als etwas Selbstverständliches, Gewöhnliches erscheinen, wovon vernünftige Menschen nicht viel Aufhebens machen. Sie entnimmt daraus die Lehre: Gehet hin und tuet desgleichen« (Lange, 1920, 129). Ohne staatliche Zensur, so Lange, »werden wir ein Kino haben, in dem die wilden, ungezügelten Massen Nahrung für ihren Zerstörungstrieb finden werden. Dieses Kino der Zukunft wird im Dienste des Terrors stehen« (ebd., 129f.).

Immer wieder wurde ein angeblich schädliches Eskapismusmotiv bei den Kinogängern konstatiert, und – wie Prokop den zeitgenössischen Kritikern und Wissenschaftlern vorwirft – rationale Argumentationen durch »Poetisierungen« ersetzt. Er zitiert beispielsweise den Filmtheoretiker Gilbert Cohen-Séat: »Vom Leben isoliert, von Dunkelheit umgeben, in Träumen sich wiegend, gegenwärtig mit Auge und Ohr, mit der ganzen Aufnahmefähigkeit und selbst mit dem Unbewußten ist diese Massenansammlung Sklave einer mechanischen Intervention« (zit. bei Prokop, 1995, 222). Reduktion der Ich-Leistung des Bewusstseins, mystische Partizipation, temporäre Infantilisierung des Subjekts, emotional-regressive Perzeptionsdisposition – das sind die Schlagworte, die von wissenschaftlicher Seite zur Beschreibung des (massenhaften) Kinoerlebnisses herangezogen wurden (vgl. ebd., 222f.).

2.3 Der kulturtheoretische Kontext

Obwohl die Lehren der Massenpsychologie mittlerweile als empirisch unbeweisbar oder längst widerlegt nahezu einstimmig abgelehnt werden, fielen sie gegen Ende des letzten Jahrhunderts in Deutschland gerade in jenen Schichten auf fruchtbaren Boden, deren Bildungsmonopol, die darauf beruhende Führungsstellung und das damit verbundene Prestige infolge tiefgreifender sozialer Wandlungen erschüttert worden war. Indem die bürgerlichen Schichten ihre soziale und geistige Existenz bedroht sahen und die neuen Erscheinungen als Auswüchse einer minderwertigen Massenkultur und orientierungslosen Massengesellschaft deuteten, suchten sie ihr eigenes beschädigtes Selbstwertgefühl wieder herzustellen, indem sie ihr Augenmerk auf den angeblichen Kulturverfall, auf den Untergang des Abendlandes im Zeichen der Massen richteten. Hofstätter betrachtet die sich auf LeBon beziehende Literatur als ein kultursoziologisches Phänomen, dessen Paradoxie darin liege, dass der Verdammung der Massen von den Massen selbst zugestimmt werde. Das verächtliche Bild der Massen, erlaube dem Leser – einem third-person-effect gleich [Anm. UK] – eine bequeme Distanzierung (Hofstätter, 1993, 13). Daher beinhalte LeBons Erfolg ein demagogisches Kunststück ersten Ranges, da es um eine »säkularisierte Absolution« gehe: »Ich bin nicht Masse, weil ich die Massenhaftigkeit der anderen durchschaue« (ebd., 15). Das LeBonsche Rezept habe den Intellektuellen der Jahrhundertwende eine Antwort auf die bohrende Frage nach der eigenen Vereinsamung geben können. Dieser sage sich, dass dies nicht an ihm läge, sondern an der Zeit, deren Vermassung daran die Schuld trage. Diese Stimmung im Fin de Siècle des vergangenen Jahrhunderts stand also ganz im Zeichen der sich entwickelnden »Massengesellschaft«.

Kennzeichen der Massengesellschaft ist es, die Integration der Masse in die Gesellschaft über eine Verteilung gewisser Funktionen aus dem Zentrum heraus an solche Schichten der Gesellschaft zu bewirken, die vorher mehr am Rande lagen (Peripherie). Das Zentrum einer Gesellschaft bilden die Autorität ausübenden Institutionen, die das System kultureller Werte, die diese Ordnung legitimieren, der Bevölkerung nahebringen (Erziehungssystem, Medien, Universitäten, Kirche etc.), wobei eine Elite (traditionelle Großgrundbesitzer, Gebildete und die Elite der wirtschaftlichen, politischen, religiösen und kulturellen Bereiche) i. d. R. die zentralen institutionellen und Wertsysteme kontrolliert oder lenkt. Unter der Masse versteht man demgegenüber die Teile der Bevölkerung, die bei ungleicher Verteilung des Privateigentums und des Einkommens zur Mehrheit der kleinen Eigentümer oder der Besitzlosen gehören bzw. deren Einkommen unterhalb der Kategorien der Reichen liegt; in einer Gesellschaft mit ungleich verteiltem Bildungsgut sind sie die geringer Gebildeten. Eine Gesellschaft wird zur Massengesellschaft unter folgenden Bedingungen: 1. Die Masse erhält einen gewissen Einfluss auf den Inhalt politischer Entscheidungen und auf die Auswahl der Personen, die diese Entscheidungen treffen, 2. die Geschmacksnormen, die in der Masse der Bevölkerung vorherrschen, werden zu einem großen Teil zur Geschmacksnorm der Gesamtbevölkerung, 3. die Geschmacksnorm und die Kauf-kraft der Masse der Bevölkerung werden zu wichtigen Kriterien für die Art und den Stil der in der Wirtschaft produzierten Verbrauchs- und Gebrauchsgüter sowie 4. der artikulierte Geschmack der Masse stellt einen wesentlichen Faktor bei Entscheidungen der Elite dar, wie Macht und Gerechtigkeit ausgeübt werden sollen. Shils resümiert in seinem Lexikonartikel zur Massengesellschaft zusammenfassend (1969, 672):

> »Im Grunde besteht die Entwicklung der M[assengesellschaft] aus der Streuung des Charisma vom Zentrum zur Peripherie hin, so daß die Kluft zwischen beiden reduziert wird und das Zentrum Anteil an den Eigenschaften der Peripherie hat, während die Peripherie in den Genuß einiger Funktionen kommt, die historisch dem Zentrum eigen waren.«

Natürlich habe der Prozess eines aufwärts strebenden kulturellen und schöpferischen Einflusses immer bestanden, da die Elite stets zu einem gewissen Grad aufnahmefähig für das »niedrige Leben« und die Vergnügungen der Masse (Sportarten und Spiele, populäre Themen, Literatur, Kunst und Musik) gewesen sei. In einer typischen »Massengesellschaft« sei dieser Prozess jedoch deutlicher und sichtbarer (ebd.). Das, was in den obigen Erörterungen mit dem neutralen Begriff der »Integration« gemeint ist, wurde von seiten der Intellektuellen im Deutschland der Jahrhundertwende eher abwertend mit Begriffen wie Durchschnittlichkeit, Mittelmäßigkeit, Nivellierung, Verflachung, Gleichmacherei oder einfach Kulturverfall belegt. Damit ergab sich ein zusätzlicher Diskurskontext für den Begriff »Masse«, deren exponiertester Vertreter vor allem der wohl bedeutendste deutsche Philosoph des ausgehenden 19. Jahrhunderts, Friedrich Nietzsche (1844-1900), war.

In der jungen Weimarer Republik dominierten trotz zahlreicher Versuche, die überkommenen Grenzziehungen zwischen Hoch- und Massenkultur aufzubrechen, die Klagen konservativer Kulturkritiker, die ihre Position durch regelrechte »Schund- und Schmutz«-Feldzüge durchsetzten. Auch nach dem Zweiten Weltkrieg blieb lange Zeit eine grundlegende Massenkulturskepsis erhalten. Durch die einflussreichen sozialphilosophischen Erörterungen der Massenkulturkritiker der Frankfurter Schule wurde zwar der Schwerpunkt der Semantik des Begriffes »Masse« von einer Täter- zu einer Opferperspektive verlagert, doch die negativen Konnotationen wurden damit nicht relativiert. Eine grundsätzliche Wahrnehmungsveränderung setzte schließlich erst durch die gesellschafts- und kulturtheoretische Wende zur sog. Postmoderne ein, die die Gleichberechtigung der Massenkultur und eine Toleranz gegenüber dem Massengeschmack propagiert.

2.3.1 Das Elitekonzept Friedrich Nietzsches: Masse und Persönlichkeit

Der Altphilologe und Philosoph Friedrich Nietzsche[8] wurde zeitgeschichtlich geprägt von solchen epocheverändernden Ereignissen, die den Prozess fortschreitender Demokratisierung beschleunigten und der »Geschichtsträchtigkeit des Plebejischen« Recht gaben: die französischen Revolutionen von 1789 und 1830, die revolutionären Erhebungen 1848/49, der Deutsch-Französische Krieg, die Deutsche Reichsgründung unter der Regie Preußens 1871 oder der Aufstand der Pariser Kommunarden im gleichen Jahr. Nietzsche nennt das Jahrhundert bewusst das »Jahrhundert der Masse« (Colli & Montinari,1980, NW VI[9], 428). »Eine gemeinere Gattung von Menschen bekommt das Regiment...: erst die Kaufleute, nachher die Arbeiter. Die Masse tritt auf als Herrscher: das Individuum muß sich zur Masse lügen« (ebd., NF IX[10], 200f.). Die Auffassung von der Gleichheit aller Menschen hielt er für ein gefährliches kulturelles Gift, und die großangelegte Zerstörung kultureller Grundwerte der Gesellschaft sei durch die Verkehrung sozialer Hierarchien vorprogrammiert. Als wesentlichen Motor für die geistige »Trümmerwelt« (Colli & Montinari, 1980, FW III[11], 602) sah Nietzsche das moderne Maschinenzeitalter an: »Die Fabrik herrscht. Der

---

[8] Für eine akribische und kenntnisreiche Auseinandersetzung zur kulturpessimistischen Haltung Nietzsches s. die Aufsätze von Renate Reschke (1989, 1992), auf die ich mich in meinen Ausführungen stütze.

[9] Nietzsche contra Wagner VI.

[10] Nachgelassene Fragmente IX

[11] Die fröhliche Wissenschaft III.

Mensch wird Schraube« (ebd., NF VII[12], 298). Die Lebensqualität, der Lebensrhythmus und das allgemeine Kulturverhalten würden in allen sozialen Schichten den Gesetzen der Technisierung, der Industriekultur angepasst und subsumiert.

Im Sinne exakter Begriffsbestimmungen finden sich bei Nietzsche weder Aussagen zur Masse noch zur Massenkultur. Letzterer Terminus wäre ihm eher ein Unding, eine contradictio eo ipso gewesen, denn wo Masse herrscht, da ist Kultur – im Sinne des Philosophen – nicht möglich bzw. im Prozess ihres Niederganges. So sind es eher schlagwortartige Charakterisierungen, die Masse als weitestgehend schichtunabhängiges negatives kulturelles Phänomen kennzeichnen. »Die Massen scheinen mir nur in dreierlei Hinsicht einen Blick zu verdienen: einmal als verschwimmende Copien der grossen Männer, auf schlechtem Papier und mit abgenutzten Platten hergestellt, sodann als Widerstand gegen die Grossen und endlich als Werkzeuge der Grossen; im Uebrigen hole sie der Teufel und die Statistik!« (Colli & Montinari, 1980, HL I[13], 320). Kulturzerstörerische Gewalt und Manipulierbarkeit markieren den Unterschied zwischen Masse und »großen Männern«, zwischen »Nicht-Kultur« (ebd., DS I[14], 166) und Kultur. Mit dem Phänomen der Masse korrespondieren also aus der Sicht von Nietzsche drei kulturelle Verfallssymptome der Gesellschaft: die Aufhebung der individuellen Subjektivität des Einzelnen und damit die Vermittelmäßigung und Nivellierung kultureller Bedürfnisse, Vandalismus gegen die geistigen Zeugnisse der herrschenden Kultur sowie ein Humanitätsverlust durch eine »Heerdenthier-Moral« (Colli & Montinari, 1980, JGB V[15], 125). Materieller (Massen-) Konsum, die Kunst vor allem in Form des Theaters sowie die Massenmedien sind die vorrangigen Bereiche einer »abgeirrte[n] Cultur« (ebd., NF VII[16], 813), die dem Bedürfnis nach Entlastung, Aufreizung und Verdrängung nachkommen. »Für drei gute Dinge in der Kunst haben ›Massen‹ niemals Sinn gehabt, für Vornehmheit, für Logik und für Schönheit« (Colli & Montinari, 1980, NF XI[17], 673). Es bedürfe der »gewaltsamsten Erregungsmittel, bei denen selbst der Halbtodte noch zusammenschrecken muss; sie haben Betäubungen, Berauschungen, Erschütterungen, Thränenkrämpfe: mit diesen überwältigen sie den Ermüdeten und bringen ihn in eine übernächtige Ueberlebendigkeit, in ein Ausser-sich-sein des Entzückens und des Schreckens« (ebd., WB I[18], 463). Nietzsche beschreibt hier nichts anderes als Eskapismus und Sensationsgier.

---

[12] Nachgelassene Fragmente VII.

[13] Unzeitgemäße Betrachtungen II (Vom Nutzen und Nachteil der Historie für das Leben I).

[14] Unzeitgemäße Betrachtungen I (David Strauss der Bekenner und Schriftsteller).

[15] Jenseits von Gut und Böse V.

[16] Nachgelassene Fragmente VII.

[17] Nachgelassene Fragmente XI.

[18] Unzeitgemäße Betrachtungen IV (Richard Wagner in Bayreuth).

Die größten Feinde des Geistes, gegen die Nietzsche lebenslang opponierte, waren die Journalisten, die mit ihrer zunehmenden Orientierung auf Tagesereignisse das Bedürfnis nach oberflächlicher, müheloser und folgenloser Information bedienten. »Noch ist der Krieg nicht beendet, und schon ist er in bedrucktes Papier hunderttausendfach umgesetzt, schon wird er als neuestes Reizmittel dem ermüdeten Gaumen (...) der Gierigen vorgesetzt« (Colli & Montinari, 1980, HL I[19], 279f.). Die Massenmedien (die Presse) als Faktoren der öffentlichen Meinungsbildung werden von Nietzsche mit den Worten abgekanzelt: »... das Journal tritt geradezu an die Stelle der Bildung, und wer (...) jetzt noch Bildungsansprüche macht, pflegt sich an jene klebrige Vermittlungsschicht anzulehnen, die zwischen allen Lebensformen, allen Ständen, allen Künsten, allen Wissenschaften die Fugen verkittet und die so fest und zuverlässig ist wie eben Journalpapier zu sein pflegt. Im Journal kulminirt die eigentümliche Bildungsabsicht der Gegenwart« (ebd., BA I[20], 671). »Die Freiheit der Presse richtet den Stil zu Grunde und schließlich den Geist (...). Die ›Freiheit des Gedankens‹ richtet die Denker zu Grunde« (Colli & Montinari, 1980, NF XI[21], 440).

Ein Motiv, das bei Nietzsche häufiger zur Beschreibung des Kulturverfalls herangezogen wird, ist der Gedanke vom Distanzverlust als Zeichen massenhaften, bzw. pöbelhaften Kulturverhaltens. Er sieht eine »Allgegenwart einer schmutzigen unersättlichen Begehrlichkeit und einer überallhin spähenden Neugierde bei Jedermann« (ebd., WB I[22], 462). »Das Offenstehn mit allen Thüren, das unterthänige Auf-dem-Bauch-Liegen vor jeder kleinen Thatsache, das allzeit sprungbereite Sich-hinein-Setzen, Sich-hinein-Stürzen in Andere und Anderes, kurz die berühmte moderne ›Objektivität‹ ist schlechter Geschmack, ist unvornehm par excellence« (Colli & Montinari, 1980, GD VI[23], 109). Den einzigen Ausweg aus Vermassung und Un-Kultur sieht Nietzsche in der Utopie vom aristokratischen Elitemenschen und der Solidarität der großen Einzelnen: »Je individueller der Einzelne wird, um so produktiver für die Cultur wird sein Glück sein« (ebd., NF IX[24], 99). Dieser Einzelne braucht die Masse, auf der er und zu der er in Gegnerschaft steht und von der er sich distanzieren kann, denn die »Machinalisirung der Menschheit [ist] eine Daseins-Vorausbedingung, als ein Untergestell, auf dem er seine höhere Form zu sein sich erfinden kann« (ebd., NF XII[25], 463). Es handelt sich bei Nietzsches Ideal also um eine avangardistische, bildungselitäre Distanzierung, und keineswegs um Massenführerschaft, da

[19] Unzeitgemäße Betrachtungen II (Vom Nutzen und Nachteil der Historie für das Leben I).

[20] Über die Zukunft unserer Bildungsanstalten I.

[21] Nachgelassene Fragmente XI.

[22] Unzeitgemäße Betrachtungen IV (Richard Wagner in Bayreuth I).

[23] Götzen-Dämmerung VI.

[24] Nachgelassene Fragmente IX.

[25] Nachgelassene Fragmente XII.

ein Massenführer alle Eigenschaften der Masse habe: »[U]m so weniger schämt sie sich vor ihm, um so mehr ist er populär. Also: er sei gewaltthätig, neidisch, ausbeuterisch, intrigant, schmeichlerisch, kriechend, aufgeblasen, je nach Umständen alles« (ebd., MA-1 II[26], 298). Mit solchen Äußerungen lässt sich Nietzsche in eine Reihe mit den massenpsychologischen Denkern am Jahrhundertende stellen. Die von Nietzsche für die Kultur von Massengesellschaften vorgenommene Dichotomisierung in Masse und Elite, Durchschnittsmensch und echte Persönlichkeit sollte nicht nur die in Deutschland stark verbreiteten kulturkritischen Auseinandersetzungen bei Oswald Spengler[27] oder José Ortega y Gasset[28] beeinflussen. Friedrich Nietzsche steht als Stellvertreter für eine geistesgeschichtliche Tradition, die die wahrgenommene Kluft zwischen Massen- und Elite- bzw. zwischen der sogenannten Hochkultur und der Populärkultur argumentativ vorbereitete bzw. verstärkte. Dass diese Tradition auch zum Ende des 20. Jahrhunderts noch konnotative Nachwirkungen hat, verdeutlicht der Psychologe Peter R. Hofstätter, der Mitte der 1980er Jahre mit Hilfe eines siebenstufigen Polaritätenprofils die Begriffe »Masse« und »Persönlichkeit« von 100 Versuchspersonen bewerten ließ. Die Ergebnisse sind sehr aufschlussreich und vermögen die nach wie vor vorhandene Stellung und die Wertung der beiden Begriffe im System unseres Denkens verdeutlichen. Aus ihnen geht hervor, dass verglichen mit »Persönlichkeit« die Bedeutung von »Masse« viel stärker mit »verschwommen«, »passiv«, »zerfahren«, »egoistisch«, »laut«, »redselig«, »aggressiv«, »wild«, aber auch »unterwürfig« und »krank« konnotiert wird. Desweiteren konnte Hofstätter anhand einer Affinitäts-Analyse[29] zeigen (s. Tab. 2), dass zwischen Masse und den Begriffen »Lärm«, »Wut«, »Triebhaftigkeit« und »Zorn« eine hohe Affinität besteht, während »Persönlichkeit« ähnlich wie »Intelligenz«, »Humor«, »Liebe« und »Ordnung« bewertet wird. Darüber hinaus

26 Menschliches Allzumenschliches 1 II.

27 Die noch vor dem Ersten Weltkrieg beendete universalistische, fortschrittspessimistische Analyse Spenglers, »Der Untergang des Abendlandes«, gilt als eines der kulturphilosophischen Hauptwerke des 20. Jahrhunderts. «Diesen Begriff [des Bürgertums; Anm. UK] findet die Zivilisation vor und vernichtet ihn durch den Begriff des vierten Standes, der Masse, der die Kultur mit ihren gewachsenen Formen grundsätzlich ablehnt. (...) Die Masse ist das Ende, das radikale Nichts« (Spengler, 1959, 347f.).

28 Ortega y Gasset schreibt in seinem 1930 erschienenen Werk »Der Aufstand der Massen«: »Die Gesellschaft ist immer eine dynamische Einheit zweier Faktoren, der Eliten und der Massen. Die Eliten sind Individuen oder Individuengruppen von spezieller Qualifikation; die Masse ist die Gesamtheit der nicht besonders Qualifizierten. Man verstehe darum unter Masse nicht nur und nicht in erster Linie die ›Arbeitermassen‹. Masse ist der Durchschnittsmensch« (Ortega y Gasset, 1958 [1934], 72). Anfang der 30er Jahre muss »Der Aufstand der Massen« in Deutschland sehr stark rezipiert worden sein, denn Ortega schreibt 1934 in seinem Wort an die deutschen Leser: «Das geht zu weit... Was ich damit meine, ist die Tatsache, daß meine Bücher in Deutschland immer neue Auflagen erreichen« (ebd., 7).

29 Hierzu wird eine Reihe anderer Begriffe anhand derselben Skalen bewertet und mittels Korrelationskoeffizienten das Ausmaß bestimmt, in dem ihre Profile denen von »Masse« und »Persönlichkeit« ähneln. +1,00 = maximale Ähnlichkeit und -1,00 = minimale Ähnlichkeit in der konnotativen Bedeutungszuweisung.

weist »Persönlichkeit« eine nahezu maximale Affinität zu Männlichkeit über die Begriffe »Vater« und »Mann« auf, während das Polaritätenprofil von »Frau« und »Persönlichkeit« eine sehr geringe Ähnlichkeit aufweisen. Immerhin findet keine Bedeutungsgleichsetzung zwischen »Masse« und »Frau« statt. Die Bedeutungszuweisungen sind hier sogar leicht gegenläufig.

Tab. 2: Affinitäten der Begriffe »Masse« und »Persönlichkeit« (Korrelationen)

Affinität	Masse	Persönlichk.	Affinität	Masse	Persönlichk.
Lärm	0,63	0,34	Vater	-0,20	0,96
Wut	0,61	0,22	Intelligenz	-0,21	0,91
Triebhaftigkeit	0,56	0,28	Mann	0,17	0,78
Zorn	0,54	0,26	Humor	0,05	0,73
Krieg	0,51	0,10	Mutter	-0,37	0,68
Zerstörung	0,41	0,23	Liebe	-0,26	0,66
Ekel	0,33	-0,17	Ordnung	-0,32	0,63
Haß	0,33	0,19	Frau	-0,12	0,14

Quelle: Hofstätter, 1993, 22.

2.3.2 Massenkultur und Elitenkultur um die Jahrhundertwende in Deutschland

Zählt man zu den zentralen Strukturmerkmalen moderner Industriegesellschaften die arbeitsteiligen Großorganisationen und die Entstehung von Massenpublika, so ergibt sich daraus eine besondere Form der Produktion und Vermittlung kultureller Leistungen: die »Massenkultur«. Sie ist dadurch gekennzeichnet, dass ihre Inhalte quasi industriell, also arbeitsteilig und verwertungsorientiert produziert, über anonyme Märkte verteilt und als Massenprodukte konsumiert werden. Massenkultur führt zu Standardisierung, weil sie darauf abzielt, dem Durchschnittsgeschmack eines undifferenzierten Publikums zu gefallen (vgl. Hunziker, 1996, 13; Wilensky, 1973, 119). Durch die industrielle Produktionsform unterscheidet sich die Massenkultur von der seit jeher bestehenden populären Volkskultur, die auf der Grundlage traditioneller handwerklicher Produktionsformen geschaffen und im Rahmen des Brauchtums von der breiten Bevölkerung rezipiert wird (z. B. Maibäume, Kirchweihfeste, Volksliedgut, handgefertigte Trachten, Volkstänze etc.). Die Entfaltung der Massenkultur wird in erster Linie gewährleistet durch ein funktionierendes System der Massenkommunikation, also in technischer Hinsicht durch die Möglichkeit zur Vervielfältigung und zur massenhaften Verbreitung der Inhalte sowie in sozialer Hinsicht durch die Existenz großer Kollektive, die bereit und in der Lage sind, die angebotenen Inhalte zu konsumieren. Doch von einer Bereitschaft ist erst dann zu sprechen, wenn die Lebenswelt großer Kollektive bestimmt wird vom Nebeneinander von Arbeit und Freizeit. In vorindustrieller Zeit, noch bis zur Mitte des 19. Jahrhunderts bestand dieses (gedankliche) Nebeneinander in Deutschland allerdings nicht. Der Einfluss des Protestantismus und Calvinismus der frühen Neuzeit reichte bis in deutsche Wohnzimmerstuben des 19. Jahrhunderts durch gestickte Wandbilder mit dem Sprichwort: »Müßiggang ist aller Laster Anfang«. Und so sah es auch Kaiser Wilhelm II., der 1890 warnte, dass die »Beschränkung der Arbeitszeit (...) die Gefahr der Förderung des Müßiggangs« beinhalte (zit. in Reulecke, 1980, 143).

Arbeit war bis ins 19. Jahrhundert hinein selbstverständlicher Hauptteil des Daseins. Freizeitvergnügungen waren nur möglich an Sonn- und Feiertagen. Vergnügungs-Highlights des Jahres stellten die seltenen Kirchweih- und Schützenfeste, Jahrmärkte und Kirmessen dar, die in der zweiten Hälfte des 19. Jahrhunderts zunehmend als Testmärkte für neue kommerzielle Unterhaltungsangebote anzusehen sind. Doch diese Vergnügungen fanden nicht etwa in einem obrigkeitsfreien Raum statt, sie waren strengstens reglementiert. Schaustellungen, denen man allerdings eine bildende Wirkung zusprach (z. B. Menagerien oder Wachsfigurenkabinette) durften kontinuierlich angeboten werden (vgl. Maase, 1997, 55). Zu speziellen Anlässen stattfindende Tanzveranstaltungen versuchte man von behördlicher Seite aus Furcht vor Ausschweifungen und Verletzung der Sexualmoral einzudämmen. 1860 wurde im preußischen Regierungsbezirk Düsseldorf daher die Anzahl der Tanztage pro Jahr für Gemeinden und Städte unter 10.000 Einwohner auf sieben festgesetzt. Wirte brauchten eine polizeiliche Genehmigung (ebd., 65).

In der zweiten Hälfte des 19. Jahrhunderts verstärkte sich das kollektive Drängen auf kürzere Arbeitszeiten. Schon 1850-1870 wurde bei 10-15 % der Streiks in Deutschland eine Herabsetzung gefordert, und 1889 beschloss der Gründungskongress der II. Sozialistischen Internationale, jeweils am 1. Mai für den 8-Stunden-Tag zu demonstrieren (Maase, 1997, 71). Um die Jahrhundertwende beginnt der tatsächliche Übergang zum zehn- bis zwölf-stündigen, vereinzelt sogar bereits zum neunstündigen Arbeitstag (vgl. Kaschuba, 1994, 84). Damit wurden tägliche Freizeitaktivitäten möglich. Sich entwickelnde Bereiche populärer Massenkultur waren vor dem 1. Weltkrieg die populäre Literatur, Kitschprodukte (vgl. Giesz, 1971), die Unterhaltungsmusik und der Schausport. Neben und zunehmend vor das traditionelle Muster einer Volksliteratur aus religiösen Schriften und Ratgeber-Sammlungen (Kalender) trat Unterhaltsames: Penny-Erzählungen, Zeitungsromane, aber auch das neue Genre der angeblich authentischen Gerichts- und Kriminalberichte. Laut Maase (1997, 57) wurde ein besonderer Typ von Fortsetzungsromanen zum Experimentierfeld fast aller Methoden industrieller Kunstproduktion und -verbreitung: die sogenannten

Kolportageromane, die auch als »Hintertreppenromane« bezeichnet wurden, da sie vorzugsweise von denen gelesen wurden, denen das Eintreten in ein herrschaftliches Haus nur über die Hintertreppe gestattet war. Die ersten Nummern wurden kostenlos verteilt, in Auflagen bis zu einer Million. Danach sammelten die Kolporteure Abonnements ein. Häufig lieferten aktuelle Ereignisse wie rätselhafte Selbstmorde und Liebesaffären in einem europäischen Fürstenhaus den Aufhänger oder Hintergrund der Geschichten. Die Autoren schrieben gewissermaßen im Akkord, bezahlt nach der gelieferten Menge. Leichte Musik aller Genres hatte seit den späten 1890er Jahren Konjunktur. Revuen der Variétés, Operetten, Musical Comedies lieferten Schlager und »Gassenhauer«, die durch die Anzüglichkeit der Texte die Behörden auf den Plan riefen: 1901 sorgte der »Pflaumenwalzer«[30] in Deutschland für große Aufregung. Zum Text wurden illustrierende Postkarten von Straßenhändlern mit frivolen Anpreisungen vertrieben, bis sich die Staatsanwaltschaft einschaltete (vgl. Maase, 1997, 94). Boxkämpfe, Sechstagerennen oder als sensationell empfundene Spektakel wie Autorennen und Flugtage lösten Massenbegeisterung aus (vgl. ebd., 94-103). Mit Ballhausbetreibern und Musikhallenleitern, Kolportageverlegern, Organisatoren von Radrennen, Schaubudenbesitzern, Reiseveranstaltern und Theaterdirektoren war eine Schicht von Unternehmern entstanden, die die Gewohnheiten breiter Schichten zu bedienen und ihre Bedürfnisse anzuheizen wussten. Populäre Lesestoffe oder Melodien konnten zwar schon nach 1850 Hunderttausende erreichen, aber die Verbreitung zog sich über längere Zeit hin und erreichte nur kleinere Gruppen der Unterschichten.

Mit dem Film wird das Massenpublikum zur Norm. Der Soziologe und Kulturwissenschaftler Kaspar Maase verortet daher die endgültige Etablierung der eigentlich modernen Massenkultur im Jahrzehnt vor dem Ersten Weltkrieg. Bereits 1915 gab es in Europa über 10.000 Kinos. 1914 kamen in Deutschland auf 18.000 Einwohner ein Kino. In der Stadt Mannheim zählte man 1912 pro Woche mehr als 50.000 Besucher bei 200.000 Einwohnern. Der Kinobesuch, der im »Kintopp« der Arbeiterviertel wenige Pfennige kostete, wurde in der deutschen und englischen Arbeiterschaft zur regelmäßigen Freizeittätigkeit (vgl. Maase, 1997, 108-114). »Das Gezeigte entsprach, das wußten alle, nicht den Bildungsnormen der Eliten, sondern ästhetischen Gewohnheiten der einfachen Leute. Ihre Eintrittsgroschen und ihre Zahl gaben ihnen erstmals kulturellen Einfluß« (ebd., 113).

Im bürgerlichen 19. Jahrhundert diente Hochkultur zur Schaffung einer kleinen, homogenen Führungsgruppe; humanistische Bildung garantierte den Zugang zu höchsten Stellungen. Doch Massenkultur wurde schon 1914 keineswegs nur von den städtischen Unterschichten genutzt, obwohl Zeitgenossen

30 Der Refrain lautete: »Denn an dem Baume, da hängt 'ne Pflaume, die möcht ich gerne hab'n. Am andern Baume hängt noch 'ne Pflaume, die möcht ich auch gern hab'n. So nimm se, Du se Dir se, so nimm se, Dir se doch. Die eine hat 'ne Made, die Andre hat ein Loch!«

das neue Phänomen hauptsächlich diesen zuordneten. Freilich verhalfen gerade sie der kommerziellen Populärkultur zum Durchbruch. Dennoch war die neue Massenkultur gerade darin modern, weil sie keine Klassenkultur darstellte. Klassenübergreifende Züge hätten sich besonders früh in Deutschland herausgebildet (vgl. Kaschuba, 1994, 85). Arme und Reiche, Mächtige und Abhängige begannen, sich bei Radrennen und Flugvorführungen, in Music Halls und vor der Kinoleinwand zu begegnen, und sie nahmen wahr, dass sie gemeinsame Interessen hatten und dass sie auf Spannendes, Rührendes und Komisches übereinstimmend reagierten. Es gibt zahlreiche Belege dafür, dass sich bürgerliche Herrschaften in die (zum Teil vulgären) Niederungen der Populärkultur herabließen: Schundromane wurden von Adligen gelesen, vielfach belegt ist die Anziehungskraft der sog. Pétomanen (Furzkünstler), das Berliner Sechstagerennen sorgte stets für unterschiedslose Begeisterungsausbrüche (vgl. Maase, 1997, 59, 63, 102f.).

Auf der anderen Seite spricht viel dafür, diese »Ausflüge« als eher heimliche Grenzgänge oder gar »Doppelmoral« zu charakterisieren, an der Tagesordnung waren eher ausgeprägte Distinktionsstrategien, die auf eine grundsätzlich andere Aneignungs- bzw. Rezeptionsweise schließen lassen. Im ausgehenden 19. Jahrhundert wurden soziale Unterschiede demonstrativ inszeniert, sie schlugen sich in Adresse, Architektur, Bekleidungsvorschriften, Personal, Bekanntschaftskreisen und Urlaubsorten (Sommerfrische in Seebädern) nieder. Die städtische Wirklichkeit sei hinter der Fassade der Zerstreuungskultur zerrissen gewesen, scharf getrennt in soziale Milieus und in politische Lager. »Jenes Eigenleben, das in den gutbürgerlichen Vierteln wie in proletarischen Quartieren zu beobachten ist – es bedeutet keineswegs nur ein inneres Zusammenwachsen, sondern es signalisiert mindestens ebensosehr ein wachsendes Bedürfnis nach sozialer Abgrenzung und Distanz gegen das jeweils Andere« (Kaschuba, 1994, 76f.). Die bürgerliche Turnbewegung – die »Deutsche Turnerschaft« wuchs von 1880 bis 1914 um mehr als das Sechsfache auf 1,25 Millionen Mitglieder an – schlug zunehmend herablassend chauvinistische Töne gegenüber anderen Massensportarten an: Fußball und Rugby förderten vulgäre, ungebändigte Körperlichkeit, verbunden mit den schlimmsten Auswüchsen des Geschäftsgeistes und dem unkontrollierten Überschwang von Massen (vgl. Maase, 1997, 97). Zu einer Zeit, zu der die Arbeiter massenhaft in die Städte strömen, wählten die Kinder des Bildungsbürgertums als romantisierende Zivilisationskritik den Slogan: »Heraus aus den Städten, zurück zur Natur« (vgl. Kaschuba, 1994, 75). In der zweiten Hälfte des 19. Jahrhunderts ging man dazu über, bürgerliche Theater- und Opernhäuser zu verdunkeln. Kunstaneignung sollte hier zur ästhetisch-emotionslosen Weihestunde werden – im Gegensatz zu Volkstheatern, in denen gegessen, gesprochen und zwischengerufen sowie geraucht wurde (vgl. Maase, 1997, 60f.). Bürgerliche Exklusivität schlug sich in den Eintrittspreisen nieder, um 1910 entstanden in Deutschland aufwendigere, luxuriöse Filmpaläste, die Theaterarchitektur imitierten (vgl. ebd., 110f.; auch Prokop, 1995, 87f.).

Der populäre Unterhaltungssektor wurde in der Zwischenkriegszeit zum Kampffeld zwischen den Kräften der Demokratisierung und der Gegenmoderne. Die bürgerliche intellektuelle Elite hatte an Einfluss und Ansehen verloren; infolge der Inflation lebten Teile des Bürgertums in Armut (vgl. Maase, 1997, 147). Bürgerliche Lebensideale schienen an Gültigkeit zu verlieren: »Arbeits- und Pflichtethik, Idealismus, Bildungsorientierung, patriarchalische Familienordnung, Gehorsam und Triebunterdrückung – das alles schien in weiten Bereichen nicht mehr zu gelten« (ebd., 152). Im »Sündenbabel« Berlin herrschte vor allem in den Augen der Provinzbewohner ein scheinbar grenzenloses Vergnügungsleben. Steine des Anstoßes waren Liebesfilm, erotischer Tanz, schwarze Künstler, Detektivliteratur, zweideutige Schlager, selbständiges Auftreten von Frauen in wenig verhüllender Kleidung. Das Schimpfwort des »Amerikanismus« ging um. 1927 erschien »Amerika und der Amerikanismus« von Adolf Halfeld und machte als Kampfschrift Furore. Unbegründet war diese Einstellung nicht: Mitte der 20er Jahre beherrschten US-Konzerne den europäischen Filmmarkt, musikalische Importe aus den USA begründeten ein »Tanzfieber«, das sich in physischer Verausgabung, Exzentrik, ausgefallenen Bewegungen und sexuell erregenden Körperempfindungen als Gegenentwurf zum klassischen Gesellschaftstanz darstellte. 1926 entrüsteten sich Kammermusiker in der »Deutschen Tonkünstlerzeitung«: »Das tanzende und sensationslüsterne Publikum (...) fördert und kultiviert blödsinnige exotische Negermusik« (Schröder, 1990, 351).

Linke Intellektuelle, die die bildungsbürgerliche Abneigung überwunden hatten, sich mit dem Kommerz einzulassen, befürworteten die Leitideen eines progressiven Amerikanismus wie Tempo, Professionalität, Rationalität und Funktionalität, Bejahung moderner Technik sowie Abwehr bürgerlicher Bildungsreligion, was sich in der »Neuen Sachlichkeit« der Weimarer Republik niederschlug. Die neuen städtebaulichen Programme sollten eine »klassenversöhnliche« Atmosphäre schaffen; die seit 1907 im »Deutschen Werkbund« zusammengeschlossenen Architekten, Künstler und Designer wollten das Lebensnotwendige auch für die unterbürgerlichen Schichten funktional und ästhetisch gestalten (vgl. Kaschuba, 1994, 76). »Dada und Volksbildung, Arbeiterkultur und Bauhaus hatten profitiert von und mitgewirkt an einer Atmosphäre, in der überkommene Grenzziehungen zwischen Kunst und Vergnügen, Bildung und Alltagskompetenz, Intellektuellen und einfachen Leuten in Bewegung geraten waren« (Maase, 1997, 151). Diese Demokratisierungsversuche blieben aber ohne politischen Rückhalt. Der massenkulturelle Diskurs wurde von den »Apokalyptikern« (vgl. Eco, 1984) geprägt, die die öffentliche Rede beherrschten und von vornherein die Bezeichnungen entwarfen, die die neuen Phänomene mit Minderwertigkeit und kulturellem Niedergang verknüpften: Schmutz und Schund, Hintertreppenroman, Kitsch, Gassenhauer, Traumfabrik. Im Deutschen Reichstag sagten die Abgeordneten der bürgerlichen Parteien der »moralischen Entartung«, dem »beinahe krankhaften Trieb, sich ausleben zu müssen« und einer »die sittliche Volkskraft zerstörende[n] undeutsche[n] Betriebsamkeit«

den Kampf an (Saldern, 1993, 27, 38). Feldzüge gegen den sog. »Schmutz und Schund« stigmatisierten die Massenkultur, die als Äußerungen einer bedrohlichen Moderne angesehen wurden. Maase verweist auf zwei deutsche Besonderheiten des Schundkampfes. Erstens auf den Kunstvorbehalt: einzelne Meisterwerke konnten im ausgewählten Kreis der Kenner keinen Schaden anrichten; als gefährlich wurde nur behandelt, was auf weite Verbreitung zielte, und zweitens verweist er auf den konsequenten Eingriff der staatlichen Obrigkeit, angefangen bei polizeilich verfolgten Einkaufsverboten für Kinder und Jugendliche in Papiergeschäften, die »Schund« führten bis hin zum Lichtspielgesetz von 1920, das eine zentrale Zensurbehörde vorsah sowie das »Gesetz zur Bewahrung der Jugend vor Schund- und Schmutzschriften« von 1926 (vgl. hierzu Fischer, Niemann & Stodiek, 1996, 62-68). Politisch brisant wurde der Schundkampf durch die Demagogen, denen es nicht in erster Linie um Kunst und Moral ging, sondern um die Diskreditierung der jungen Republik – für die verachtenswürdige Massenkultur wurde die Massendemokratie verantwortlich gemacht: »[J]e größer die Masse, desto dümmer ist sie als solche. Darum also – beispielsweise – je verbreiteter die Zeitung, desto tiefer ihr Niveau; je demokratischer das Wahlrecht, desto niedriger der Geistesstand der Vertreterschaft.« So äußerte sich z. B. der einflussreiche Wirtschaftshistoriker Werner Sombart (1924, 173), der 1933 die Machtergreifung der Nationalsozialisten begrüßte.

Die Arbeiterbewegung selbst, deren Aufgabe es hätte sein können, die Freizeitgewohnheiten und ästhetischen Bedürfnisse der einfachen Leute zu verteidigen und die Verdammung als pöbelhaft und kulturfeindlich zu relativieren, hielt an Bildungs- und Aufklärungsidealen fest und brandmarkte die Massenkultur als Ausfluss eines profitgierigen Kapitalismus. »Der Feind, den wir am meisten hassen, das ist der Unverstand der Massen«, sangen die deutschen Sozialdemokraten (zit. in Maase, 1997, 166). Manche Debatten – so der Sozialhistoriker Kaschuba – hätten ein aussagekräftiges Bild von den Legitimationsnöten geboten, in denen sich die sozialdemokratischen Kulturfunktionäre damals befanden, weil sie sich durch ihre Massenkulturklagen in einer »antimodernistischen« Koalition mit bürgerlich-konservativen Bildungspolitikern befanden. Denn vor allem für die jüngeren Arbeiterinnen und Arbeiter waren die modernen Vergnügungsangebote offenbar weit attraktiver als die »eher altfränkische und schwergewichtige ›rote‹ Bildungskultur« (Kaschuba, 1994, 86). Massenkultur wurde in Deutschland im Gegensatz zur Hochkultur von Anbeginn an in der Öffentlichkeit und durch staatliche Maßnahmen mit Verbrechen und Gewalt, Triebhaftigkeit, Unzucht und Jugendgefährdung, Kulturlosigkeit und Verdummung in Verbindung gebracht. Die Nationalsozialisten unterwarfen die klassischen Kunst- und Bildungseinrichtungen ebenso wie die Massenmedien einer totalitären Kontrolle; kommerzielle Massenkultur- und Vergnügungsunternehmen vom Verlag bis zur Tanzkapelle wurden politisch gesäubert, gleichgeschaltet, vom Propagandaministerium und der Reichskulturkammer reglementiert und von der Gestapo überwacht.

2.3.3 Die »einsame Masse« und die »passive« Vermassung durch die Kulturindustrie

Die politische Herrschafts- und Gesellschaftsform, die nach dem Zweiten Weltkrieg in der Bundesrepublik der Angst vor den Massen und damit auch dem sozialhistorischen und machtpolitischen Massediskurs ein Ende setzte, war die wohlfahrtstaatliche Demokratie. Der Eigentumsvorbehalt für die Teilhabe an staatsbürgerlichen Rechten gehörte der Vergangenheit an, und politisch musste man vor der aufständischen, revolutionären Masse keine Angst mehr haben. An die Stelle der Ausschließung der Besitzlosen war ihre Integration getreten. Der Staat gewährte umfangreiche Sozialleistungen, die Freizeitkapazitäten wuchsen, und die stete Einkommensentwicklung führte zu zunächst bescheidenem Wohlstand. Im Zeitraum von 1955 bis 1960 erfolgte eine erhebliche Verbreiterung der mittleren Einkommensschichten. In Westdeutschland erhöhte sich in diesem Zeitraum der Anteil der Familien mit einem Jahreseinkommen von 7200 bis 12000 DM von 10 % auf 29 % und von 12000 und darüber von 2 % auf 11 % (Katona, 1965, 34f.). Die wohlfahrtstaatliche Massenintegration hat allerdings nicht zum Aussterben der Masseterminologie geführt, sondern eher im Gegenteil durch die Wandlung zu einer echten industriellen »Massengesellschaft« zu neuem Aufschwung verholfen. »Masse« wird zum Standardattribut vieler Begriffe, mit denen die moderne Gesellschaft beschrieben wird: Massenverkehr, Massenkonsum, Massenmedien, Massentourismus, Massenproduktion etc. »Masse« wird zum Konsumbegriff.

Das Phänomen der Massenkultur, das sich auf eine ganze Reihe populärer Aktivitäten und Kunsterzeugnisse bezieht, wurde allerdings mit der Ausbreitung der modernen Massenkommunikationsmittel Hörfunk und Fernsehen mehr und mehr mit typischen Inhalten der Massenmedien gleichgesetzt, besonders mit den von ihnen angebotenen und verbreiteten fiktiven, dramatischen und unterhaltsamen Produkten (vgl. Silbermann, 1982, 293), die nicht die Merkmale »echter Kunst« aufwiesen, sondern eben typische massenkulturelle wie Standardisierung, Stereotypisierung, Kritiklosigkeit, Kommerzialisierung und Konformismus. Die modernen Mittel der Massenkommunikation und deren fortschreitende Perfektionierung erzeugten den »außen-geleiteten« Menschentypus und begründeten die »außen-geleitete Lebensweise«. Propagiert hatte diesen Typus der amerikanische Soziologe David Riesman in den 50er Jahren, der in seinem in Deutschland erstmals 1958 erschienenen, interessiert aufgenommenen Buch »Die einsame Masse – Eine Untersuchung der Wandlungen des amerikanischen Charakters« die These aufstellte, dass eine Epoche angebrochen sei, in der die Menschen eher die Wünsche anderer Menschen zum Maßstab erheben und darauf verzichteten, eine »Persönlichkeit« zu sein. Riesman unterscheidet in seiner Analyse der sozialbedingten Verhaltenskonformität im historischen Verlauf drei Typen: den eher »traditions-geleiteten«, den »innen-geleiteten« (der einzelne findet moralische Verantwortung in prinzipiellen Grundsätzen des eigenen Inneren und Gewissens) und den »außen-geleiteten«: »Das gemeinsame Merkmal der außengeleiteten Menschen besteht darin, daß das Verhalten des einzelnen durch die Zeitgenossen gesteuert wird; entweder von denjenigen, die er persönlich kennt, oder von jenen anderen, mit denen er indirekt durch Freunde oder durch die Massenunterhaltungsmittel bekannt ist« (Riesman, Denney & Glazer, 1968, 38). Die Verbindungen mit der Außenwelt und mit dem eigenen Ich würden in zunehmendem Maße durch Massenkommunikationsmittel hergestellt. Außensteuerung ist für Riesman ein schichtübergreifendes Phänomen, und am Ende des Buches schimmert durch, was der Autor mit »einsamer Masse« meint:

> »Wenn die außen-geleiteten Menschen entdecken würden, wieviel unnötige Arbeit sie sich machen und daß ihre eigenen Gedanken und ihr eigenes Leben mindestens ebenso interessant wie die der anderen Menschen sind und sie ihre *Einsamkeit mit dem Untertauchen in der Masse* [Hervorh. UK] der Zeitgenossen in Wirklichkeit ebensowenig mildern können, wie man seinen Durst mit Meerwasser stillen kann, dann steht zu erwarten, daß sie auch ihren eigenen Gefühlen und Ansprüchen mehr Beachtung schenken« (Riesman, Denney & Glazer, 1968, 319).

Das, was Riesman nicht als Ankläger, sondern eher als aufmerksamer Beobachter seiner eigenen Gesellschaft beschreibt, lässt sich in dem Begriff der »Medienzivilisation« bündeln. Der amerikanische Soziologe Harold D. Wilensky hat die These von der kulturellen Uniformierung durch Massenmedien zu Beginn der 60er Jahre aufgegriffen und empirisch untermauert. Auch er ging davon aus, dass der Einfluss der Massenmedien auf die kulturellen Wertvorstellungen und auf die Freizeitaktivität auf die Dauer stärker sein würden als der Einfluss struktureller Faktoren wie Arbeit, Religion, Alter und Wohnort (vgl. Wilensky, 1973, 124). Zwei Hauptfragen interessierten ihn besonders: 1. welche Bevölkerungsgruppen Massencharakter annehmen und 2. ob Heterogenität der Kultur einer kulturellen Homogenität weichen werde. Seinen umfangreichen Analysen lagen die Daten von 1.354 Personen aus unterschiedlichen sozialen Schichten im Raum Chicago zugrunde, die Auskunft über ihre beliebtesten TV-Sendungen, regelmäßig gelesenen Zeitungen/Zeitschriften und alle gelesenen Bücher der letzten zwei Monate geben sollten. Die Medienrezeptionsqualität wurde erfasst über drei von Experten validierten Kategorien: Hochkultur, Durchschnitt und »Schund«. Jede der 1.354 Personen wählte in irgendeinem Bereich Produkte mittlerer oder niedriger Qualität aus. Wilensky konnte lediglich 19 Personen isolieren, »die ziemlich heroische Anstrengungen machen, das Beste aus den Medien auszuwählen« (Wilensky, 1973, 143). Von diesen 19 Befragten waren 16 Hochschulprofessoren und drei wohlhabende Syndizi. Laut Wilensky bedürfe es eines so ungewöhnlichen Musters von Erfahrungen in Familie, Schule und Beruf, dass es sie praktisch nicht gäbe (ebd., 144). Die Merkmale dieser 19 Individuen machten deutlich, dass man »schon ein wunderlicher

Mensch sein muß, um sich in Amerika von der Massenkultur distanzieren zu können« (Wilensky, 1973, 143). Die Beschäftigung mit der Massenkultur war nicht allein Sache der amerikanischen Intellektuellen. In den 30er Jahren begann eine Gruppe von aus Europa geflohenen Schriftstellern und Wissenschaftlern des Frankfurter Instituts für Sozialforschung die Wechselbeziehung zwischen populärer Kultur und dem Entstehen moderner Massengesellschaften zu untersuchen. Besonders Horkheimers und Adornos (1969) geschichtsphilosophische Studie »Dialektik der Aufklärung« aus dem Jahre 1944, in der sich die Autoren vor allem in dem Kapitel »Kulturindustrie. Aufklärung als Massenbetrug« mit den Massenmedien beschäftigen, kann als Klassiker der kulturpessimistischen Diskussionen in den 60er Jahren in Deutschland angesehen werden. Das Kulturverständnis der beiden im abendländischen Bildungsbürgertum groß gewordenen Autoren erhielt im US-amerikanischen Exil einen nachhaltigen Schock – in den Vereinigten Staaten war Rundfunk von Beginn an kommerziell organisiert[31]. In besagtem Kapitel wird die Regression der Aufklärung in den nivellierenden Produkten des Films und des Rundfunks diskutiert. Die Angebote seien standardisiert, auf bloßes Amüsement reduziert, systemgerecht eingerichtet und nur von ihrem Warencharakter geprägt.

> »Technisch so gut wie ökonomisch verschmelzen Reklame und Kulturindustrie. Hier wie dort erscheint das Gleiche an zahllosen Orten, und die mechanische Repetition desselben Kulturprodukts ist schon die desselben Propaganda-Schlagworts. Hier wie dort wird unterm Gebot von Wirksamkeit Technik zur Psychotechnik, zum Verfahren der Menschenbehandlung. Hier wie dort gelten die Normen des Auffälligen und doch Vertrauten, des Leichten und doch Einprägsamen, des Versierten und doch Simplen; um die Überwältigung des als zerstreut oder widerstrebend vorgestellten Kunden ist es zu tun« (Horkheimer & Adorno, 1969, 172f.).

Sie bediene nur den Markt, den sie selbst geschaffen habe. Selbst das Tragische werde zur bloßen Routine. Alles diene dem kurzfristigen Eskapismus, der als Paradies am Ende nur den Alltag anböte. Es gehe um ›fun‹ und Zerstreuung, um die Lust auf forwährenden Konsum, nicht um die Erfüllung von Träumen. Einige Phänomenbeschreibungen in ihrer Analyse sind zwar auch heute noch von hoher Aktualität, wenn z. B. die gesamte Kulturindustrie als voneinander abhängig und als untereinander ökonomisch verfilzt beschrieben wird, oder wenn die zentrale Bedeutung der Werbung thematisiert wird. Dennoch sind ih

[31] Eco schreibt im Vorwort zu «Apokalyptiker und Integrierte«: «Ich erinnere mich an ein Gespräch mit Adorno, ebenfalls in den sechziger Jahren, in dessen Verlauf er mir sagte, wenn die Dialektik der Aufklärung nicht in den USA der vierziger Jahre geschrieben worden wäre [...], sondern im Nachkriegsdeutschland und anläßlich einer Analyse des Fernsehens, dann wären seine Urteile minder pessimistisch, weniger radikal ausgefallen« (1984, 10).

re Ausführungen geprägt von einem tiefverwurzelten Kulturpessimismus[32]. Massenmedien sind für Horkheimer und Adorno Instanzen des Massenbetrugs. Massenmedien beförderten einzig den Konsum, die gesellschaftliche Sedierung und die Entfremdung der Konsumierenden, deren Sehnsüchte und Träume nie Erfüllung erlangten. Sie betrieben eine Entindividualisierung, eine Reduzierung der Individuen auf Subjekte des Konsums, indem sie schematisierten, einebneten und bestimmte Verhaltensweisen einübten. »Zu gewiß könnte man ohne die ganze Kulturindustrie leben, zu viel Übersättigung und Apathie muß sie unter den Konsumenten erzeugen. (...) Da aber ihr Produkt unablässig den Genuß, den es als Ware verheißt, auf die bloße Verheißung reduziert, so fällt es selber schließlich mit der Reklame zusammen« (Horkheimer & Adorno, 1969, 171).

Was die Semantik des Begriffs »Masse« anbelangt, verlagert sich in diesen Ausführungen der Schwerpunkt von einer Täterperspektive in eine Opferperspektive. Die Masse sei medial außengeleitet, werde betrogen, manipuliert; ihre Wünsche und Bedürfnisse würden künstlich erzeugt von einer riesigen Industrie, die das Reich des Bösen darstelle, in dem alle Kreativität unterdrückt werde. Die Masse selbst sei passiv und ließe sich berieseln. Sie werde zum Opfer einer allmächtigen Medienindustrie. Dieser Massenkulturpessimismus, der neomarxistisch mit einem Appell an die Massen verbunden war, sich aus den (kultur-)kapitalistischen Fesseln zu befreien, wich erst gegen Ende des 20. Jahrhunderts einer optimistischeren, liberaleren Position gegenüber massenkulturellen Produkten und ihrer massenhaften Rezeption.

2.3.4 Massenkultur, Postmoderne und Erlebnisgesellschaft

Der Zusammenhang zwischen »Massenkultur« und »Postmoderne« gehört zu den Themen, die seit Jahrzehnten diskutiert werden. Der Literaturwissenschaftler Krenzlin vertritt sogar die These, dass es die Massenkultur gewesen sei, die nicht nur die Postmoderne-Diskussion überhaupt vom Zaun gebrochen habe, sondern dass sie darüber hinaus einer ihrer bevorzugten Gegenstände, wenn nicht sogar ihr Hauptgegenstand sei, so dass die Massenkultur als »agent provocateur« der Postmoderne schlechthin gelten könne (vgl. Krenzlin, 1992, 151, 149). In der Tat stand am Beginn einer internationalen und im weiteren kontinuierlich geführten Postmoderne-Diskussion die Auseinandersetzung zweier amerikanischer Intellektueller, Irving Howe (1959) und Harry Levin (1960), mit den zeitgenössischen, von ihnen als »postmodern« bezeichneten Romanen im Nachkriegsamerika, in der sie ihre Besorgnis um den Bestand der Hochkultur äußerten und sich mit den Konsequenzen, die sich aus den Bedingungen der Massengesellschaft für die seriöse Literatur ergeben, beschäftigten. Die »postmoderne« Literatur zeichne sich im Gegensatz zur großen Literatur

[32] Gerade Adorno und Löwenthal könnten – unausgesprochen – den Geist Oswald Spenglers nicht verleugnen (vgl. Nutz, 1999, 302).

der Moderne (von Eliot, Pound, Joyce) durch Erschlaffung und Nivellierung aus. Auf diese eher resignativ-kultur-pessimistische Einschätzung eines literarischen Postmodernismus folgte alsbald eine positive Sichtweise, eine Verteidigung der innovativen Qualitäten der neuen Literatur. Zu diesen Protagonisten zählten z. B. die Literaturkritiker Leslie A. Fiedler, Susan Sontag, später natürlich Umberto Eco, die die entscheidenden Leistungen der neuen Autoren gerade in der neuartigen Verbindung von Elite- und Massenkultur sahen. Idealiter berücksichtige postmoderne Literatur alle Sphären der Wirklichkeit und spreche alle sozialen Schichten an. Mehrsprachigkeit sei ihr Königsweg, und soziologisch sei sie durch die Kopplung von elitärem und populärem Geschmack gekennzeichnet. In seinem Schlüsseltext der Postmoderne-Diskussion: »Überquert die Grenze, schließt den Graben! Über die Postmoderne« schreibt Fiedler:

> »Die Vorstellung von einer Kunst für die ›Gebildeten‹ und einer Subkunst für die ›Ungebildeten‹ bezeugt den letzten Überrest einer ärgerlichen Unterscheidung innerhalb der industrialisierten Massengesellschaft, die nur einer Klassengesellschaft zustünde. (...) Daß der Pop in die Zitadellen der Hohen Kunst eingedrungen ist, bringt dem Kritiker schließlich die erfreuliche neue Möglichkeit, darüber zu urteilen, ob ein Kunstwerk gut oder schlecht ist, ohne sich der Distinktion zwischen hoch und niedrig unterwerfen zu müssen, dem verschleierten Klassenvorurteil« (Fiedler, 1988 [1969], 68).

Der amerikanische Literaturwissenschaftler Fredric Jameson sah als Hauptmerkmal der Postmoderne die Aufhebung der traditionellen Trennung zwischen hoher Kultur und sogenannter Massen- oder kommerzieller Kultur an; in Erscheinung träten neue Textsorten, »die mit den Formen, Kategorien und Inhalten gerade jener Kulturindustrie durchsetzt sind, die von allen Verfechtern der Moderne ((...) bis zu Adorno und der Frankfurter Schule) so leidenschaftlich verurteilt wurde« (Jameson, 1986, 46). Als gute Beispiele einer gelungenen Kopplung von Elite- und Massenkultur in der Literatur können sicherlich Umberto Ecos »Der Name der Rose« sowie Patrick Süskinds »Das Parfum« angesehen werden, in denen Bildungswissen und spannende Kriminalgeschichte ineinanderfließen. Die sich herausbildende Grundformel, dass postmoderne Phänomene dort vorliegen, wo ein grundsätzlicher Pluralismus von Sprachen, Modellen und Verfahrensweisen praktiziert wird, und zwar nicht bloß in verschiedenen Werken nebeneinander, sondern in ein und demselben Werk, bestätigte sich im folgenden auch in anderen sozio-kulturellen Bereichen bzw. Diskursen, z. B. in der Architektur durch Charles Jencks, der postmoderne Architektur als eine Sprache definiert, die sowohl die Elite als auch den Mann auf der Straße anzusprechen vermag (Jencks, 1988), in der Soziologie durch Amitai Etzioni (1968), der als Kennzeichen einer postmodernen Gesellschaft ihre Dynamik und ihre Pluralität ansieht (vgl. auch Daniel Bells frühe Konzeption der postindustriellen Gesellschaft (1961)) sowie in der Philosophie, vornehmlich durch

Jean-François Lyotard und seine Schrift »La condition postmoderne« (dt. Das postmoderne Wissen, 1982), die wohl als bekannteste Veröffentlichung der Postmoderne angesehen werden kann, und in der er Postmoderne als das Ende der einheitsstiftenden großen »Meta-Erzählungen«[33] definiert, und für den die Wertmaßstäbe Wahrheit, Gerechtigkeit und Menschlichkeit im Plural stehen.

Aber was sind nun eigentlich die charakteristischen Merkmale der Postmoderne, die das Neuartige in der sozio-kulturellen Gesellschaftsentwicklung kennzeichnen und damit das Präfix »Post« rechtfertigen? An dieser Stelle soll nicht die vorrangig in akademischen Zirkeln geführte Diskussion um die Frage, ob durch die Postmoderne eine grundsätzlich neue Epoche angebrochen sei, die das Ende »des altehrwürdigen Projekts der Moderne« bedeute, aufgegriffen werden (vgl. hierzu Müller, 1992, Beck, 1986, Berger, 1986, Habermas, 1981, 1985a, 1985b). Diejenigen Autoren, die mit der Postmoderne keine grundsätzlich neue Ära anbrechen sehen, sehr wohl aber gesellschaftliche Makrotrends wahrnehmen und durchdenken, sprechen daher eher von Postmoderne als »Sammelname für Netzwerke von Tendenzen (...), die eine Richtung soziokulturellen Wandels bezeichnen, die durch co-evolutive Ereignisse bestimmt wird« (Schmidt & Spieß, 1997, 96), als »Gemüts- oder Geisteszustand«, der jenseits von Einheitsobsessionen der Vielfalt der Sprach-, Denk- und Lebensformen Rechnung trägt und mit ihr umzugehen weiß (Lyotard, 1986, 97) oder als kulturelle Transformation bzw. als »radikalisierte« Moderne (Welsch, 1988, 14). Die beobachteten Makrotrends sind von philosophischer Seite aus gebündelt worden in dem »Kampfruf« der Postmoderne, nämlich *Pluralität.* Die entscheidende Neuerung liegt für den Postmoderne-Theoretiker und Philosophen Wolfgang Welsch darin, dass Pluralität radikal wird bzw. gegenwärtig in ihrer Radikalität erstmals wirklich wahrgenommen werde, wobei Radikalität rückhaltlose Akzeptanz und Bejahung bedeute. Aus seiner Sicht sei es ein Missverständnis, wenn man meinte, die postmoderne Option für Vielheit gebe Einheit und Ganzheit einfach preis.

> »Postmodern gilt es gerade nicht, irgendeine Realwerdung von Einheit zu betreiben, sondern dafür Sorge zu tragen, daß nicht eine einzelne Konzeption mit ihrer Partikularität (...) die Position des Ganzen für sich beansprucht (...) Ganzheit – die nur offene Ganzheit sein kann – vermag aus Strukturgründen einzig durch ein plurales Denken gewahrt zu werden«, denn »[n]icht mehr die unbedingte Richtigkeit des Eigenen, sondern das prinzipielle Recht des Differenten – von dem das Eigene nur ein Fall ist – bildet die Basis der Weltsicht und des Handelns« (Welsch, 1988, 16f., 37).

---

[33] Als »Meta-Erzählungen« der Moderne sieht Lyotard alle Leitideen an, die alle Wissensanstrengungen und Lebenspraktiken einer Zeit bündelten und auf ein Ziel hin ausgerichtet waren: z. B. Aufklärung (Emanzipation der Menschheit), Idealismus (Teleologie des Geistes), Historismus (Hermeneutik des Sinns), Liberaler Kapitalismus (Beglückung aller Menschen durch Reichtum) oder Marxismus (Befreiung der Menschheit zur Autonomie) (vgl. Welsch, 1988, 12).

Konkret beobachtbar und damit empirisch belegbar wurde dieses theoretische Konzept einer radikalen Pluralisierung anhand bestimmter sozio-kultureller Trends, die sich seit Beginn der 80er Jahre zunehmend durchsetzten und mit den Labels: Indifferenz, Hybridisierung, Individualisierung und Erlebnisorientierung sowie Fragmentierung bzw. Fraktalisierung versehen werden können.

1. Indifferenz: Hierunter ist zu verstehen, dass Zeichen zunehmend von ihrer Referenzpflicht befreit werden und vor allem als ästhetische Zeichen in jeden beliebigen Kontext passen (vgl. Schütze, 1994, 58ff).

2. Hybridisierung (= Bastardisierung, Kreuzung): Mit diesem Begriff soll der Abbau der traditionellen Gegensätze zwischen männlich/weiblich, Stadt/Land, vornehm/gewöhnlich (ordinär), sakral/säkular (etwa in der Architektur des Kirchenbaus), Geistes-/Naturwissenschaft, Hoch-/Trivialkultur, Original/ Kopie oder gar Wirklichkeit/Fiktion erfasst werden. Schneider (1994) vertritt die weitgehende Auffassung, dass wir in einer Kultur leben, die zunehmend Hybridisierungen aufweist (Vermischung von Lebensformen in den unterschiedlichen Formen des Zusammenlebens, Durchmischung männlicher und weiblicher Berufe, Vermischung von öffentlich und privat, Kombination unterschiedlicher Kommunikationsstile und -formate). »Die Konzeption der Übergänge (...) thematisiert bewußt Verknüpfungsformen des Pluralen. Avancierte postmoderne Gestaltung ist in besonderer Weise auf Komplexionseffekte des Pluralen gerichtet. Hybridbildung ist ihr Strukturmerkmal, die dabei entstehende Irritation ihr Ziel« (Welsch, 1988, 323).

3. Individualisierung und Erlebnisorientierung: Der Soziologe Helmut Klages geht von einer Verschiebung von Werten auf verschiedenen Dimensionen aus. Die Tendenz seit den 70er Jahren geht seiner Ansicht nach vom puritanischen Ethos zur Genussmentalität, die auf sensualistische Reize, Exotismus und Eskapismus, Konsum- und Beschaffungslust fixiert sei. Das Erregungsprinzip ersetze das Sättigungsprinzip (vgl. Klages, 1988 sowie die Übersicht zur gesamten Wertewandeldiskussion bei Wiswede, 1998, 227-235). Ebenso geht der Soziologe Gerhard Schulze in seiner vielbeachteten Kultursoziologie der Gegenwart »Die Erlebnisgesellschaft« von der Grundhypothese aus, dass das Verhältnis zwischen Subjekt und Welt seit den 1980er Jahren grundlegend subjektzentriert geworden sei. Als moderne Basismotivation postuliert er Erlebnisorientierung: »Das Leben schlechthin ist zum Erlebnisprojekt geworden (...). Der Begriff des Erlebnisses ist mehr als ein Terminus der Freizeitsoziologie. Er macht die moderne Art zu leben insgesamt zum Thema« (Schulze, 1992, 13f.). Schulze führte Mitte der 80er Jahre eine großangelegte Befragung einer Repräsentativstichprobe im Raum Nürnberg mit 1.014 Befragten durch. Auf der Basis dieses umfangreichen Datenmaterials entwickelte der Autor ein Tableau der wesentlichen Charakteristika dreier, von ihm (idealtypisch) identifizierter kultureller Übergangsstadien in Deutschland seit dem Zweiten Weltkrieg. Er unterscheidet die Phase der »Restauration der Industriegesellschaft« (Ende 40er bis Mitte 60er Jahre), die Phase des »Kulturkonfliktes« (Mitte 60er bis Ende 70er Jahre) sowie die Phase der »Erlebnisgesellschaft« (ab Anfang der 80er Jahre) [34]. In der Nachkriegsphase bis Mitte der 60er Jahre war die Stellung im Produktionsprozess zentrales Kriterium der Definition von Milieuzugehörigkeit und Milieugrenzen; Wahrnehmungsmuster orientierten sich an ökonomischen Erfahrungen von »oben« und »unten«, »mehr« oder »weniger«. Es dominierten hierarchische Wirklichkeitsmodelle und eine dazu parallele Alltagsästhetik, die mit Rangordnungsbegriffen beschrieben wurde, eindimensional und bipolar angelegt war und die alten Gegensatzpaare: »Kunst und Kitsch, Kultiviertheit und Unbildung, Niveau und Primitivität, Apollo und Gartenzwerg, Klavierkonzert und Schlager« wiederbelebte (Schulze, 1992, 533). »Masse und Elite beendeten ihren ästhetischen Annäherungsversuch und kehrten auf die Plätze zurück, die ihnen das 19. Jahrhundert zugewiesen hatte. (...). Für die Bildungsbürger gab es das Kultivierte und das Geschmacklose, für die «einfachen» Menschen die heile Welt und die Frostregion der Hochgestochenheit« (ebd., 533f). Noch bis in die 60er Jahre hinein, bestand Konsens darüber, dass Kulturpolitik Hochkulturpolitik zu sein habe. Die Konsummotivation war außenorientiert und an intersubjektiv gültigen Erfolgskriterien wie Einkommen und Güterausstattung ausgerichtet. Erlebnisangebot und -nachfrage waren wenig entwickelt.

In der Phase des Kulturkonfliktes bis Ende der 70er Jahre seien die jungen Gebildeten das Milieu der Zeit gewesen, und die ökonomische Hierarchisierung von sozialen Milieus wurde konterkariert durch eine altersbezogene Hierarchisierung. Hinter den verblassenden Kategorien der ökonomischen Semantik zeichneten sich die Konturen der psychophysischen Semantik[35] vor allem in der Kategorie Spontaneität ab. Zum signifikanten Ausdrucksmittel für die neue altersbezogene Relation zwischen sozialen Milieus wurde das Spannungsschema: Action, antikonventionelle Distinktion, Narzissmus. Mit diesem Differenzierungsschub im dimensionalen Raum alltagsästhetischer Stile erweiterte sich das ästhetische Repertoire von jedermann. Es wurde möglich, verschiedene Schemata gleichzeitig zu praktizieren z. B. die Verbindung von Hochkultur- und Spannungsschema im sog. »Selbstverwirklichungsmilieu« (vgl. Schulze, 1992, 538). Kulturpolitik wurde als Gegenpol empfunden und war in einer doppelten Konfliktstellung: einerseits wurde die Ablehnung der Hochkultur quasi ›intel-

---

[34] Messinstrumente waren neben einem schriftlichen Testbogen mit 180 Items zur Erfassung der Persönlichkeitsstruktur, und einem Interviewerfragebogen, der das Ambiente, den sprachlichen Habitus, das persönliche Auftreten der Befragten festhalten sollte, ein Hauptfragebogen zur Erfassung der alltagsästhetischen Maßstäbe der Befragten (Musik- und Medienrezeption, häusliche und außerhäusliche Tätigkeiten, Besuch von Einrichtungen, Veranstaltungen, Stadtteilzentren), ihrer Sozialkontakte, des Berufs o. a. Tätigkeit, der Arbeitssituation, Gesundheit, Haushaltsstruktur, politischer Einstellungen, Grundüberzeugungen sowie der ökologischen Situation (vgl. Schulze, 1992, 90f. und Anhang seiner Arbeit).

[35] Die psychophysische Semantik – im Gegensatz zur ökonomischen Semantik – beruht auf erlebten Erfahrungen. Der psychophysischen Semantik liegt eine radikal vereinfachte intersubjektive Beschreibung von Erlebnissen zugrunde: Sie werden kategorisiert nach Denkstilen (einfach oder komplex) und nach Handlungsstilen (Ordnung oder Spontaneität) (vgl. Schulze, 1992, 743).

lektualisiert‹, indem sie als bürgerliche Ideologie entlarvt wurde, andererseits wurde gegen die kommerzialisierte Freizeitgesellschaft, die »Kulturindustrie«, opponiert. Die innenorientierte (i. S. v. erlebnisorientierte) Konsummotivation trat ihren Siegeszug an, da die Konsumenten – ausgestattet mit immer höheren Potentialen der Erlebnisnachfrage (Zeit, Geld, Mobilität, Technik) – die Ästhetisierbarkeit des gesamten Alltagslebens entdeckten.

In der Phase der Erlebnisgesellschaft konstituieren sich soziale Milieus überregional durch freie Beziehungswahl, die sich orientiert an Merkmalen wie Alter, Bildung und Stil. Wo Erlebnisse zum beherrschenden Thema werden, beginnt man, sich vor allem mit sich selbst zu beschäftigen. Der Raum der Alltagsästhetiken wird multidimensional mit vielfältigen Kombinationsmöglichkeiten, was sich in einem unübersichtlich diversifizierten Erlebnisangebot niederschlägt und Unsicherheit und Orientierungsbedarf provoziert. Distinktion und Lebensphilosophie, die mit bestimmten, abgegrenzten ästhetischen Alltagsschemata verbunden waren, verlieren an Bedeutung; dies gilt vor allem für das Hochkulturschema. Schulze bemerkt dazu etwas zynisch:

> »Allenfalls Gegenstand von Interpretationsspielen nach dem Theaterbesuch in der Pizzeria, tangiert der Inhalt das Publikum viel weniger als die Darstellung. Mehr und mehr überlagern Nebenattribute und Oberflächenreize inhaltliche Tiefenstrukturen« (...) »Es zählt die raffinierte formale Idee, der prickelnde kleine Schock noch unverbrauchter Stilbrüche, die Eindrücklichkeit der Aufmachung, die gut in Szene gesetzte Enttabuisierung, auch wenn die Tabus nur noch sozialhistorische Erinnerung sind« (Schulze, 1992, 546).

4. Fragmentierung: Trotz aller Individualität und subjektiven Erlebnisorientierung suchen Menschen als soziale Wesen nach bestimmten Gruppenerkennungsmerkmalen, nach kollektiven Bedeutungskomponenten der Alltagsästhetik zum Aufbau von Stiltypen, an denen sie sich in ihren Beziehungen orientieren können. Daher bilden sich trotz oder gerade wegen starker Individualisierung neue soziale Gruppen nach neuen Prinzipien, neue soziale Milieus mit erhöhter Binnenkommunikation, die als sehr heterogene und randunscharfe Erlebnisgemeinschaften fungieren. Szallies brachte diesen (Konsumenten-)Wandel auf die griffige Formel: vom »Otto Normalverbraucher« zum »Markus Möglich« (1991, 53). Aus ehedem berechenbaren Verbrauchern werden »Identitätsbricoleure« (Schmidt & Spieß, 1997, 326). Welsch spricht aus theoretischer Perspektive von der »Subjektverflüssigung« (die aber nicht Subjektauflösung bedeute) als spezifischer postmoderner Lebensform. Es könne als Leitlinie gelten, dass Individuen in Zukunft verstärkt nicht mehr bloß eine Existenzform verfolgten, sondern mehrere erproben würden (vgl. Welsch, 1988, 40), was sich – soziologisch gesehen – mit der Milieukonstituierung der Erlebnisgesellschaft deckt.

In der öffentlichen massenmedialen Kommunikation lassen sich postmoderne Züge in Inhalten und Formaten seit Ende der 70er/Anfang der 80er Jahre verstärkt beobachten. Schmidt & Spieß stellen als generelle Tendenz fest: »In der Kommunikation dominieren Ironie und Intertextualität, Pastiche und Sampling. Die audiovisuellen Medien sind zunehmend fasziniert von Simulation und Hyperrealität; Oberfläche und Repräsentation setzen sich gegen Referenz und hermeneutische Sinn- und Wirklichkeitsverständnisse durch« (1997, 75). Das Musikvideo mit seiner Ästhetik der schnellen Schnitte und chaotischen Bildmontagen wirkte sich stilbildend auch auf andere Formen der Audiovision aus. Die Unterhaltungsmusik der 80er Jahre war geprägt von einer eklektischen Freiheit aller Musikrichtungen und dem Fehlen stilprägender Leitfiguren. Der sog. »Crossover«, die Zusammenarbeit von Rockmusikern und Symphonikern, wurde populär. In ihrer fundierten Analyse zur Entwicklung der Werbekommunikation in Deutschland von 1956 bis 1989 stellen Schmidt & Spieß für die 80er Jahre fest, dass sich in der stark ausdifferenzierten Fernsehwerbung eine Funktionalisierung faktisch aller Kommunikationsformen beobachten ließe: der lehrhafte Vortrag mit Pseudo-Experimenten, der experimentelle Kurzfilm, Oper und Actionfilm, Science Fiction und Cartoon, Slapstick, Volkstheater, Melodram und Sandalenoper, Puppenspiel und Kabarett, Computeranimation, Trickgrafik etc. (1997, 325). Der Werbespot der 80er habe ungescheut Anleihen bei künstlerischen, filmischen, musikalischen und auch literarischen Vorbildern der Hochkultur genommen (ebd., 329). Kommunikations-Hybridisierungen wie Reality-TV, Infotainment-Sendungen und Doku-Soaps entstehen. Generelle Problemaufrisse werden ersetzt durch eine Pluralität von Mikro-Erzählungen (Autobiographien, Zeitzeugenberichten, O-Töne, Familiengeschichten und Einzelfalldarstellungen), in denen Expressivität und Emotionen dominieren.

Doch welche Rolle kommt den Massenmedien als Protagonisten von Massenkultur in der Postmoderne zu? Sie sind postmoderne Weltbildapparate und (Zerr-)Spiegel zugleich: Sie kultivieren und konstruieren postmoderne Hybrid-Formate, haben die Grenzen zwischen Realität und Fiktion verschwimmen lassen, forcieren eine unterhaltungsorientierte Popularisierung von Hochkultur und Ernst und wirken aber gleichzeitig mit bei der Normierung wie bei der Veränderung kultureller und sozialer Ordnungen, indem sie Geltung wie Nichtgeltung von Werten und Zuständen publik und damit beobachtbar und öffentlich kommunikationsfähig machen. Winfried Schulz zog 1994 folgende Bilanz:

> »Die Vielfalt der Medien mit ihrer ganzen Bandbreite von avantgardistischer Kunst über konventionelle oder sensationelle Unterhaltung bis hin zu trivialer oder gar roher und obszöner Zerstreuung ist zweifellos eine Bereicherung unserer Hoch- und Populärkultur. Sie begünstigt die Geschmacksdifferenzierung, (...), die Pluralisierung der Lebensstile(...). Sie bietet eine historisch bisher nie gekannte Fülle von Möglichkeiten der Erbauung, der Ablenkung und der Wirklichkeitsflucht« (Schulz, 1994, 135).

Die Ausdifferenzierung der Medien und die Entwicklung hin zur Pluralisierung der Lebenswelten haben dazu geführt, dass im Prinzip jeder Teilbereich (Personen, Ereignisse, Schauplätze, Szenen usw.) beobachtbar und (mit oder ohne Zustimmung der Betroffenen) auch tatsächlich beobachtet wird (vgl. Schmidt & Spieß, 1997, 91).

Positiv gedeutet sind die Medien insofern (Sozialisations-)Agenten der Postmoderne, als sie der Massenkultur zum – postmodern – gleichberechtigten Durchbruch verholfen, die Beobachtung von Pluralität radikalisiert haben und damit eine radikale Vielfalt an Orientierung bieten. Negativ gedeutet ist jedoch aus dieser »Hoffähigkeit« der Massenkultur vor dem Hintergrund einer zunehmenden Segmentierung/Fragmentierung des Publikums ein »Hofieren« der Masse geworden. In Zeiten, in denen massenhafte Aufmerksamkeit zum knappen und wertvollen ökonomischen »Gut« geworden ist, sind die massenmedialen »Kulturindustriellen« auf der verzweifelten Suche nach der Masse, und sie aktivieren dazu alle negativen, klischeebesetzten und stereotypen Attribute der »Masse«, von denen in diesem gesamten zweiten Kapitel die Rede war. Der undifferenzierte, negative Begriffsfetisch »Masse« hat sich zum Legitimationsmuster für inhaltliche und formale Angebotsveränderungen entwickelt, die häufig auch als Entertainisierung, Boulevardisierung und Sensationalisierung bezeichnet werden. Im Bereich des Journalismus hat vor allem der Sensationsjournalismus den Ruf einer extremen Ausrichtung auf einen vermeintlichen Massengeschmack. Die in diesem Kapitel dargelegten massenkulturkritischen und postmodern liberalen Positionen spiegeln sich besonders in den Bewertungen der Chancen und Risiken dieser Journalismusspielart wider. Doch bevor diese funktionalen Bewertungen abschließend zusammengefasst werden können, bedarf es zunächst einer tiefergehenden ganzheitlich ausgerichteten Diskursanalyse des Untersuchungsgegenstandes, die in den nun folgenden Kapiteln vorgenommen wird.

3. Idealtypische Merkmale des Sensationsjournalismus

Die methodische Vorgehensweise dieses Kapitels ist als semantische Dekonstruktion und Rekonstruktion zu bezeichnen, d. h. es erfolgt eine semantisch-zergliedernde Begriffsfeldanalyse und eine kumulative Merkmalszusammenführung, die das Ziel einer Typenbildung verfolgt. Ein Typus nimmt zwischen dem übergeordnet Allgemeinen und dem spezifisch Individuellen eine Zwischenposition ein: Alle Menschen sind Individuen, die sich z. B. in der Psychologie gemäß der Typenlehre nach Eysenck als Extrovertierte und Introvertierte mit bestimmten als typisch für diese Gruppen angesehen Merkmalen typologisieren lassen. Die Vorgehensweise zur Generierung eines im weitesten Sinne kulturwissenschaftlichen Idealtypus erläuterte der Soziologe Max Weber folgendermaßen:

> »Er wird gewonnen durch einseitige Steigerung eines oder einiger Gesichtspunkte und durch Zusammenschluß einer Fülle von diffus und diskret, hier mehr, dort weniger, stellenweise gar nicht, vorhandenen Einzelerscheinungen, die sich jenen einseitig herausgehobenene Gesichtspunkten fügen, zu einem in sich einheitlichen Gedankenbilde.« (...) »Jene die Menschen einer Epoche beherrschenden, d. h. diffus in ihnen wirksamen ›Ideen‹ selbst können wir, sobald es sich dabei um irgend kompliziertere Gedankengebilde handelt, mit begrifflicher Schärfe wiederum nur in Gestalt eines Idealtypus erfassen, weil sie empirisch ja in den Köpfen einer unbestimmten und wechselnden Vielzahl von Individuen leben und in ihnen die mannigfachsten Abschattierungen nach Form und Inhalt, Klarheit und Sinn erfahren« (Weber, 1904, 65 u. 70).

Auf der Basis dieses Ansatzes soll Sensationsjournalismus als Idealtypus des äußersten Randes des populären Journalismus beschrieben werden. Um die in den Köpfen der Menschen »wirksamen Ideen« von Sensationsjournalismus zu erfassen, wird in diesem Kapitel zunächst eine rein literaturgestützte semantische Begriffsfeldanalyse vorgenommen. Die Literaturlage erweist sich allerdings als äußerst disparat: Es existieren – mit Ausnahme des zu Beginn der Arbeit erwähnten Aufsatzes von Dorsch-Jungsberger (1993) – nur sehr wenige einschlägige monothematische Auseinandersetzungen mit medialvermittelten Sensationen. In Deutschland handelt es sich dabei um eine Schrift von Emil Dovifat aus dem Jahr 1930 mit dem Titel »Auswüchse der Sensationsberichterstattung«, um die am Klinischen Institut der Deutschen Forschungsanstalt für Psychiatrie der Medizinischen Fakultät der Universität München 1953 entstandenen Dissertation von Herbert Lippert »Die Sensation. Eine kulturpsychopathologische Studie«, um die wiederum bei Emil Dovifat entstandene Dissertation an der Philosophischen Fakultät der Freien Universität Berlin aus dem Jahr 1955 von Jürgen Molkenthin-Böhme mit dem Titel »Die Verzerrung und Verfälschung des Lebens in der Sensationspresse« sowie um die in marxistisch-leninistischer

Denktradition stehende Dissertation von Herbert Schröder (1969) »Die Sensation im sozialistischen Journalismus«, die an der Sektion Journalistik der Karl-Marx-Universität Leipzig entstanden ist. Zusätzlich zu diesen Monographien werden Lexika, Handwörterbücher, zeitungs- bzw. publizistikwissenschaftliche Überblickswerke, einzelne, den Untersuchungsgegenstand häufig nur streifende Aufsätze sowie Erörterungen von Journalismusexperten und Medienkritikern, die den Verfall journalistischer Kultur vorzugsweise anhand von Einzelfallbeispielen beklagen, konsultiert. Der spezielle Topic des »sensationalism« wird auch in einzelnen Kapiteln einschlägiger Monographien zur Journalismusforschung des anglo-amerikanischen Bereichs behandelt; auch diese Literatur wird an geeigneter Stelle zu Rate gezogen. Ziel dieses Kapitels ist die idealtypische Beschreibung zentraler in dieser Literatur beschriebener Wesensmerkmale des Sensationsjournalismus. Eine Abgrenzung zum verwandten Typus des Boulevardjournalismus erfolgt auf der Basis der Ergebnisse eines explorativen Assoziationstests, der 1998 mit rund 224 Studierenden der Johannes Gutenberg-Universität Mainz durchgeführt wurde, und der vor allem die aktuelle Alltagswahrnehmung der beiden Typen erfassen soll. Aus den Literaturessenzen sowie den Auswertungen der konnotativen Bedeutungszuweisungen soll abschließend eine Realdefinition des Untersuchungsgegenstandes erarbeitet werden, die als Grundlage für die darauf folgenden Kapitel dient.

3.1 Sensation – Sensationsnachricht – die »echte Sensation«

Ein Blick in die Sprachgeschichte zeigt, dass der Begriff Sensation eine interessante Entwicklung durchgemacht hat. Seine Bedeutung ist in der zweiten Hälfte des 17. Jahrhunderts zunächst »Sinneseindruck«, »Empfindung« als Entlehnung vom englischen sowie französischen Begriff »sensation«, die wiederum auf das spätlateinische sensation (Verständnis, Gedanke) bzw. sensatus (mit Verstand begabt, verständig) sowie lat. sensus (das Wahrnehmen, die Wahrnehmung, der Verstand, der Sinn) als Abstraktum von sentire (sensum) (fühlen, empfinden, Einsicht haben, meinen, denken) zurückgeht. Lippert (1953, 15) verweist darauf, dass die Philosophen der Aufklärung, z. B. Locke und die englischen Empiristen, die Sensation als äußere Sinnesempfindung oder -wahrnehmung der Reflexion (der inneren, eher kognitiven Wahrnehmung) gegenüberstellten. Auf eine emotional-kognitive Kopplung (Aktivierung) verwies demgegenüber Kant: »Eine Vorstellung durch den Sinn, deren man sich als einer solchen bewußt ist, heißt besondere Sensation, wenn die Empfindung zugleich Aufmerksamkeit auf den Zustand des Subjekts erregt« (aus: Kant, Anthropologie in pragmatischer Hinsicht I §15, zit. bei Lippert, 1953, 15). Im 18. Jahrhundert trat der Begriff im Zuge der weitverbreiteten Frankophonisierung der deutschen Sprache erstmalig in Deutschland auf; hier wird die Fügung »Sensation machen« im Sinne von »Aufsehen erregen«, »einen starken Eindruck hervorrufen« üblich. Der Schriftsteller Wieland (1794, 147) versuchte Sensation als unnötiges Fremdwort mit »Aufsehen« zu verdeutschen. Der Bedeutungswandel ist leicht nachzuvollziehen: Aus der Sensation als einfacher Sinneswahrnehmung wird eine solche, die besonders stark beeindruckt. Im Deutschen Wörterbuch der Gebrüder Grimm (1905) findet sich unter dem Begriff Sensation folgender Eintrag: »in der gemeinen deutsch-französischen Sprechart für aufsehen, bewegung, geräusch und gährung genommen. so sagt man z. B. von einer schrift: sie habe viel sensation gemacht, und von einem unruhigen volke, es werde grosze sensation unter demselben wahrgenommen.« Die heute im Deutschen geläufige, im Französischen jedoch fehlende Bedeutung »aufsehenerregendes Ereignis«, also die Hinwendung zur Kennzeichnung einer bestimmten Ereignisqualität, entwickelt sich im frühen 20. Jahrhundert wohl unter dem Einfluss des nunmehr auch gleichbedeutenden englischen »sensation« aus der 2. Hälfte des 19. Jahrhunderts. Bereits im 19. Jahrhundert, dem Zeitalter der Massen, kamen in Deutschland allerdings die Zusammensetzungen »Sensationsblatt, -nachricht, -presse« oder die häufig meist abwertend gebrauchten Syntagmen »etwas als Sensation aufbauschen«, »nach Sensation riechen«, »Sensationshascherei«, »sensationslüstern« auf (s. hierzu konkrete Beispiele und Fundstellen in: Deutsches Fremdwörterbuch, 1978; Etymologisches Wörterbuch des Deutschen, 1989; sowie Kluge – Etymologisches Wörterbuch der deutschen Sprache, 1995).

Als Fazit dieses Ausflugs in die Etymologie lässt sich festhalten, dass der Begriff Sensation zwei Bedeutungskerne enthält, die nicht voneinander unabhängig sind, also in funktionaler Beziehung zueinander stehen: Unter Sensation wird eine bestimmte Ereignisqualität verstanden, die nur aufgrund einer spezifischen Wahrnehmungsqualität zustande kommt, oder anders ausgedrückt: Sensation ist stets eine Wechselbeziehung zwischen Publikum und Ereignis. Daher sieht Schröder die Sensation als gesellschaftliche Erscheinung, die »mit dem Bewußtsein des Menschen, und zwar des konkret-historischen, sozialen Menschen, verbunden« ist, an. Die Sensation sei »nicht materieller, sondern ideeller Natur« (Schröder, 1969, 3f.). Das Sensationelle eines Ereignisses ist ein subjektives Beurteilungsphänomen: »Das Agens der durch journalistische Medien hervorgerufenen Sensation ist immer zugleich auch ein aktuelles Ereignis. Aktualität kann dem Ereignis eigen sein, aber nicht Sensation; die Sensation realisiert sich im Subjekt« (ebd., 13).

Von daher stellt sich die Frage, was denn nun eigentlich als sensationelles Ereignis empfunden wird. Was macht ein Ereignis und die Nachricht darüber in den Augen der jeweiligen Zeitgenossen zur Sensation? Oder ist die Sensation doch ein relativ kultur- und zeitunabhängiges Wahrnehmungsattribut, das aufgrund bestimmter anthropologischer Konstanten, also allgemein menschlicher Prädispositionen, zustande kommt? Der Mensch ist auf Außenreize, auf Wahrnehmungsstimuli angewiesen. Dieses Argument wird unmittelbar einsichtig, wenn man sich die Tatsache vor Augen hält, dass eine totale Reizdeprivation zu schweren Störungen des psychophysischen Gleichgewichtes führt (z. B. durch

Isolationsfolter). Ein wesentlicher Außenreiz stellt das Hören oder Sehen von Neuigkeiten dar. Der Wunsch, Nachrichten in mündlicher oder schriftlicher Form auszutauschen, ist so alt wie die Menschen selbst. In seiner »Geschichte der Nachrichten« liefert Mitchell Stephens (1997) zahlreiche überlieferte Beispiele für den (auch oft beklagten) unersättlichen Appetit nach Nachrichten in früheren Jahrhunderten und in sehr unterschiedlichen Kulturen (vgl. ausführlich Stephens, 1997, 7-30, auch Schulz, 1995, 307ff.). Stephens geht sogar so weit, von einem weiteren Wahrnehmungssinn zu sprechen: »And perhaps the news is best seen as one of our senses – as a sense that leaps over the synapses between people, a social sense« (1997, 11). Für ihn steht abschließend fest, dass »Nachrichtenhunger« eine anthropologische Konstante darstellt, und dass in erster Linie das Außergewöhnliche als Nachricht begehrt ist: »At the heart of modern journalism is the search for the last item on this list – the unusual. Our news is very much about these events that manage to distinguish themselves from the clip-clop of ordinary experience. Oral societies had no less a taste for the unusual« (ebd., 26).

Der Journalist und Verfasser mehrerer umfangreicher zeitungswissenschaftlicher Abhandlungen Otto Groth bezeichnete diese universell menschliche Eigenschaft schlicht als Neugier, die immerhin ein zentrales historisches Verdienst um die Zeitung habe, da sie dieser zur Entstehung erst verholfen habe und auch heute noch ihr unentbehrliches Lebenselement sei (Groth, 1961, 284f.; ähnlich auch Streuli, 1964/65, 211). Sensationelle Neuigkeiten aus der Zeitung zu verbannen, hieße nichts anderes, als das Ungewöhnliche und Unerwartete von der Zeitungsberichterstattung auszuschließen. Eine solche Zeitung wäre nicht nur langweilig, sondern verfehle völlig ihre Aufgabe (Groth, 1961, 286). Sogar von katholischer Seite sei in einer Abhandlung zu Ethik und Ethos der Presse Anfang der 30er Jahre zu lesen gewesen: »Denn aus dem Wesen der Presse ist klar zu erkennen, daß beides zu ihr gehört, Gesinnung und Sensation (...). Auch die katholische Presse muß Gesinnungs- und Sensationspresse zugleich sein« (zit. in ebd., 290). In der Neuheit und Nichtalltäglichkeit eines berichteten Ereignisses besteht also die Verbindung zwischen Nachricht und Sensation. Jede Sensation ist eine aktuelle Nachricht, aber nicht jede Nachricht ist eine Sensation. Es müssen also zusätzliche Attribute hinzukommen, die aus einer Nachricht eine Sensationsnachricht machen. Als typische Merkmale sind vor allem das Superlative und Extreme anzusehen. Die Sensationsnachricht ist also erstens nicht nur aktuell und neu, sie ist brandneu und topaktuell, sie ist die sensationelle Erstmeldung zu einem Ereignis, sie ist der »scoop« (Teichert, 1997, 31). Seit 1955 ist im Deutschen der Begriff »Sensationsknüller« gebräuchlich, wobei Knüller eine »sehr wirksame Neuheit (...) in der Zeitung, im Kino oder auf dem Buchmarkt« bedeutet. »Knüller« wiederum soll um 1920 in Berlin vom Redakteur Dupont der Berliner Zeitung geprägt worden sein. Knüller ist eine ablautende Nebenform von »Knaller« und »Kneller«, die beide analog zu »Schlager« sind (vgl. Küpper, 1984, 1553 und 2629). »Der einmalige Tagesschlager ist die Sensation«

(Hagemann, 1966, 154). Aktualität und Sensation werden daher oft im gleichen Atemzug verwendet: »Viele publizistische Aussagen werden allein um ihres Aktualitäts- und Sensationscharakters willen von den Menschen begehrt und geschätzt« (ebd., 37). Gerade die hyperaktiven Zuschauer seien »ein gefundenes Fressen für den Gierschlund des Molochs Fernsehen in seiner ständigen Jagd nach Sensation und Aktualität.« Dort gedeihten die »inzwischen manchmal wild wuchernden Pflanzen des Sensations- und Aktualitätsjournalismus« (Mikos, 1989, 49). Doch Aktualität nutzt sich ab, sie ist spätestens am nächsten Tag verflogen; sie verflacht umso schneller, je dichter und vielfältiger das Nachrichtenangebot ist. »Die Sensation läßt keine Spur im Menschen zurück. Unverweilen und Aufenthaltslosigkeit gehören zu ihrem Charakter. So muß jeder Tag neue Sensationen bringen« (Lippert, 1955, 75). Daher kenne die Sensationspresse nur Aktualität und keine Kontinuität (Bitter, 1951, 96). In der Akkumulation von immer neuen Sensationen liege aber auch die Gefahr der Abstumpfung durch Informationsüberflutung. Die jahrhundertelange Wissensanhäufung habe die europäische Zivilisation auf einen Neugierkurs gebracht, der sich vor allem im 19. Jahrhundert und im 20. mit dem Triumph der Funk- und Elektronikmedien zur »unwiderstehlich reißenden Strömung« verwandelt habe. Dies alles habe scheinbar ganz harmlos angefangen mit dem Auftauchen von Novellisten, Neuigkeitenerzählern und Unterhaltungskünstlern des späten Mittelalters, die in ihren Erzählungen immer stärker übergingen »auf das Anekdotisch-Merkwürdige, Besondere, Außergewöhnliche, Pikante und Pikarische, das Andersartige und Singuläre, das Ereignishaft-Amüsante, Erschreckende oder nachdenklich Stimmende« (Sloterdijk, 1983, 565).

Was also die zweite typische Bedeutung der Sensationsnachricht anbelangt, so ist diese nicht nur neu und nichtalltäglich, sondern sie thematisiert das stark Ungewöhnliche und von der Norm Abweichende. »Eine Sensation entsteht durch die Weite der Kluft zwischen dem Sachverhalt eines aktuellen Geschehens oder Zustandes und dem gewohnten Sein, dem erwarteten Verlauf der Dinge« (Groth, 1961, 285f.). Es finden sich in der Literatur unzählige Synonyme für das der Sensation ureigene Außergewöhnliche und Nichtalltägliche: Streuli spricht vom »Andersartigen, Neuartigen, Einzigartigen, Nochniedagewesenen« (1964/65, 211); sie ist das »Unerwartete«, das »von der Norm Abweichende« (Handwörterbuch der deutschen Gegenwartssprache, 1984; Lippert, 1953, 32); sie verletzt »das Maß des Alltäglichen, des Gewohnten« (Schröder, 1969, 7); sie schaffe den Zwang, das »Auffällige, Abweichende, Ungewöhnliche zu suchen« (Teichert, 1989, 32); sie ist »der Superlativ, das Ausnahmehafte, das Extreme, das Skurrile, das Extravagante, das Exzentrische, das Krankhafte, das Seltene, das Absonderliche, das Verblüffende, das Fremde« (Molkenthin-Böhme, 1955, 41); sie beinhalte auch die extremste Form des Nichtalltäglichen, nämlich den Tabubruch (Wagner, 1991, 108). Demgegenüber fokussiert Emmerich (1984, 47) eher den der Sensation anhaftenden Superlativ. Er versteht unter einem sensationellen Ereignis ein Ereignis, das »in Ablauf oder Resultat eine absolute Neuheit oder einen absoluten Höhepunkt bereits bekannter Ereignisse« darstelle. Ist also die Sensationsnachricht nur die ins Außergewöhnliche und Superlative gesteigerte Form einer Nachricht? Besteht zwischen beiden nur ein gradueller, kein kategorialer Unterschied? Wenn die beiden eben erläuterten Bedeutungsdimensionen der Sensationsnachricht, nämlich Topaktualität und absolute Außergewöhnlichkeit der Information zusammenkommen, wird von »echter Sensation« gesprochen – so z. B. Dorsch-Jungsberger in Anlehnung an Wagner: »Was nun die Frage nach der Natur der Botschaften anbetrifft, so lassen sich zunächst die ›informatorischen‹ ausgliedern, zu denen auch die gehören, die zwar sensationellen Charakter haben, bei denen es sich aber um ›echte Sensationen‹ (...) handelt: ›Vorgänge also, die aufgrund ihrer objektiven Kriterien auffällig sind, nicht zu übersehen oder zu überhören, unerhört also und einmalig‹« (Dorsch-Jungsberger, 1993, 401). In der frühen Literatur wird desöfteren die Forderung Karl d'Esters aufgegriffen, den Außergewöhnlichkeitswert der Nachricht mit dem Maßstab der ausschließlichen »Sensation des Guten« zu messen (Lippert, 1953, 80; Bitter, 1951, 98; auch Groth, 1961, 603): »Leider denken viele Redaktionen weniger eifrig daran, daß es in der Welt auch Gutes, Edles, Verdienstliches gibt, das auch ›sensationell‹ ist und das gerade durch den Gegensatz Eindruck macht und die Leser anzieht.« Da das außergewöhnlich Gute zwar auch nichtalltäglich, aber weniger exzentrisch, absonderlich oder normverletzend sei, würden in den Medien eher negative Sensationen präsentiert: »Es ist nun einmal so, daß das Böse in der Welt mehr auffällt, vielleicht weil es ungewöhnlicher ist als das Gute, das Ungewöhnliche aber als das Wichtigere, vielleicht individuell und sozial Gefährlichere, stärker beachtet wird« (Groth, 1961, 604).

Die »objektiven Kriterien« der echten Sensationen werden also bereits durch den Negativitätsbias in der Nachrichtenselektion gebrochen. Zudem ist nicht klar, welche auffälligen, unerhörten und einmaligen Ereignisse als »echte Sensationen« auch in der gebührenden Form mediale Verbreitung finden bzw. finden sollen, da unter Sensation eben auch eine Wahrnehmungs- und nicht nur ausschließlich eine Ereignisqualität zu verstehen ist. Es ist insofern nicht verwunderlich, dass diejenigen Wissenschaftler, die die »echten Sensationen« thematisieren, dies von einem subjektiv geprägten, normativ-ideologischen Standpunkt aus tun. Als prägnanteste Vertreter können hier die Publizistikwissenschaftler Emil Dovifat und Herbert Schröder genannt werden. Beide wollen die »echte Sensation« in den Dienst der Gemeinschaft stellen, der eine in der Vorkriegszeit im Westen Deutschlands, der andere Ende der 60er Jahre in der DDR.

Aus der Sicht Dovifats ist die »echte Sensation« eine Nachricht, die Aufsehen erregen soll, um der Gemeinschaft zu dienen. Sie gehört zu den legitimen Mitteln der Publizistik, deren Ziel es sein soll, »mit Gesinnungskräften durch

Überzeugung zu Tun und Handeln« zu führen.[36] Dovifat nennt die echte Sensation »Sensation im öffentlichen Interesse«, für die eine »Front aller anständig Gesinnten« kämpfen müsse (1930, 7, 9). Vor dem Hintergrund der gesetzlich verankerten Funktion und Pflicht der Presse sei dort Halt zu machen, »wo weit über das ›öffentliche Interesse‹ hinaus in die Sphäre des privaten Lebens rücksichtslos eingebrochen wird« (Dovifat, 1930, 6). Es gelte also zunächst die Grenzlinie zu finden zwischen den Sensationsfällen, die im öffentlichen Interesse verbreitet und einem möglichst großen Publikum präsentiert werden sollten, und jenen anderen Fällen, die nichts seien als plumpe, oft erbarmungslose Eingriffe in private Verhältnisse. Zu den echten Sensationen zählt Dovifat (1903, 7-9) 1. die Aufdeckung von Korruption, 2. die Gerichtsberichterstattung: diese müsse, »soweit es sich um bemerkenswerte, für die Zeit typische oder für die Fortentwicklung des Rechtsgefühls wichtige Fälle handelt« sensationell sein, 3. Berichte über Jugendprozesse und über die »sich häufenden Fälle von Sittlichkeits- und Rohheitsdelikten«: hier sei es die Aufgabe der Sensation, »allgemeine und bedenkliche Zeichen der Zeitentwicklung aufzuzeigen und ihre öffentliche Besprechung anzuregen«, 4. Berichte über Verbrechen und die »moderne großstädtische Kriminalpolizei« – sensationelle Berichte könnten hier in wertvoller Weise Hilfe und Warnung werden – sowie 5. die Sensation als Mittel des politischen Kampfes: Selbst eine sehr ernste und verantwortungsbewusste Partei könne sich, wenn sie wirklich Massenpartei sein wolle, im Kampf um ihre Ziele nicht nur der nüchternen Sachlichkeit bedienen. Gewisse markante und werbekräftige Dinge müsse sie sensationell aufziehen. Bei diesem letzten Punkt verwischt Dovifat allerdings die Grenzen zwischen sensationellen Themen und sensationeller Aufmachung eines Themas.

Der gerechtfertigte Einsatz der »echten« Sensation zu Propagandazwecken steht auch im Zentrum der Erörterungen von Schröder zur »Sensation im sozialistischen Journalismus« (1969). Zum Kriterium der Außergewöhnlichkeit müsse das der gesellschaftlichen Bedeutsamkeit hinzukommen, insofern manifestiere sich in der echten Sensation der Fortschritt der Menschheit als Ergebnis des Handelns der Volksmassen (ebd., 11). Sensationelle Ereignisse sind laut Schröder solche, »in denen der Sozialismus seine bedeutenden Normsetzungen vollzieht«, sie seien daher stets sozial und historisch forschrittlich (Schröder, 1969, 17). Als Beispiele für echte Sensationen gibt Schröder an: die Maßnahmen der DDR-Regierung »zur Verhinderung des Mißbrauchs der nach Westberlin führenden Straßen der DDR«, der »Vorsprung der sowjetischen Raumfahrt«, die Landung der Sonde Venus 4 auf dem Mond, die Abwertung des britischen Pfundes (vgl. Schröder, 1969, 11, 19, 54), Katastrophen und Verbrechen, wenn sie den geforderten gesellschaftlichen Erkenntnisgewinn brächten – das Gru-

[36] Diese Äußerung umschreibt in aller Kürze den von Dovifat entwickelten Ansatz der sog. »Normativen Publizistik«, der innerhalb der wissenschaftshistorischen Entwicklung des Faches als erster Theorieansatz diskutiert wird (vgl. Pürer, 1990, 127f.).

benunglück von Lengede war solch ein sensationelles Ereignis, weil es das kapitalistische Profitstreben und seine gesellschaftlichen Auswirkungen aufgezeigt habe, die Sicherung der Grenzen der DDR am 13. August 1961, die als »Weltsensation« anzusehen sei (Schröder, 1969, 53f., 77). Zusätzlich sei die echte Sensation in besonderem Maße geeignet, beim Rezipienten gesellschaftliche Moralanschauungen und -normen zu etablieren, was am augenfälligsten bei solchen Ereignissen sei, in denen einige wenige handelnde Personen hervortreten, und zwar »Menschen, die sich sozial in Übereinstimmung mit den Erfordernissen der wissenschaftlich-technischen Revolution befinden« und sich durch »Kühnheit, Selbstbeherrschung, Entscheidungsfreudigkeit, Kollektivgeist, Zähigkeit und unermüdlichen Fleiß bei der Aneignung von wissenschaftlich-technischen Kenntnissen« auszeichneten wie z. B. Juri Gagarin (ebd., 80).

Bei der Sensation handelt es sich aus der Sicht Schröders »um eine besondere Erkenntnisqualität«. Mit dieser Sichtweise erfährt der Begriff eine vollkommen neue Deutung: Sensation wird als kognitive Leistung verstanden. In ihr erwerbe der Mensch Kenntnisse von großem Wert unter gleichzeitigem tiefem Erleben, das Primat des intellektuellen Gewinns sei das Kriterium für die wirkliche Sensation (vgl. Schröder, 1969, 30f.). Dabei sei allerdings zu beachten, dass sich der sozialistische Rezipient qualitativ von dem in der kapitalistischen Gesellschaft unterscheide, denn »[i]n der DDR ist es der die sozialistische Gesellschaft schaffende, die wissenschaftlich-technische Revolution meisternde Mensch, der staunt« (ebd., 41), und je mehr die Massen ein sensationelles Ereignis in ein marxistisch-leninistisches Weltbild einzuordnen vermögen, desto kräftiger sei die Wirkung der Sensation bei der Formung einer den sozialistischen Aufbau vorantreibenden öffentlichen Meinung (vgl. Schröder, 1969, 67). Der Sozialistische Journalismus habe daher über das sensationelle Ereignis gesellschaftlich erkennend, tief, vielseitig, umfassend zu berichten (vgl. ebd., 21) und »[d]ie äußeren Wirkungsmittel des Sensationellen dürfen nur für das wirklich Sensationelle eingesetzt werden. Der Inhalt bestimmt die Form« (ebd., 46). Auf dem 8. Kongress des Verbandes der Deutschen Journalisten 1967 sei daher zu Recht vertreten worden: »Wir brauchen eine Atmosphäre in unseren Redaktionen, in der im besten Sinne des Wortes nach unseren Sensationen gesucht wird, in der täglich um höchsten ideologischen Effekt durch bestmögliche Aufbereitung, Aufmachung und Plazierung der wichtigsten Nachrichten gerungen wird« (ebd., 74). Das Sensationelle als Führungsmittel einzusetzen zähle daher zu seinen politischen Aufgaben. Schröder kommt abschließend zu folgender Definition: »Die journalistische Sensation ist eine von Massenmedien vermittelte, aus einem außergewöhnlich aktuellen Ereignis resultierende Erkenntnis von hohem intellektuellen Gewinn und starker Erlebniskraft, die zu einer sprunghaften Modifikation des Bewußtseins von Lesern, Hörern und Zuschauern (ihres internen Modells der Außenwelt) führt« (Schröder, 1969, 98). »Streng und in des Wortes wahrer Bedeutung genommen, gebührt nur dem sozialistischen Journalismus die Bezeichnung ›Sensationsjournalismus‹, denn nur er vermittelt die Sensationen vollen Erkenntniswertes« (ebd., 85). Sowohl Dovifat als auch Schröder sehen in der »echten Sensation« Themen bzw. Ereignise, die als gesellschaftlich relevant und bedeutsam anzusehen sind. Wie stark die Zuweisung von gesellschaftlicher Relevanz jedoch vom Standpunkt des Betrachters abhängt, dürfte durch die Gegenüberstellung beider normativer Positionen deutlich geworden sein. Auch bei der »echten Sensation« handelt es sich stärker um eine subjektive Wahrnehmungsqualität denn um eine objektiv vorliegende Ereignisqualität.

3.2 Sensationsgier und Inhaltstypik des Sensationellen

Da unter Sensation eine bestimmte Ereignisqualität verstanden wird, die nur aufgrund einer spezifischen Wahrnehmungsqualität zustande kommt, handelt es sich bei der Sensation um ein Ereignis oder einen Sachverhalt, der eben nicht nur brandaktuell und spektakulär außergewöhnlich ist, sondern in hervorragender Weise eine angenommene Sensationsgier der Menschen befriedigen kann. Die Sensationsgier wird von Groth im Gegensatz zur Wissbegier nicht weiter differenziert; unter Sensationsgier sei eine »speziell affektive Erlebnisneugier« zu verstehen, die nur solches sucht, »das ihr die möglichst starke, die stärkste Gefühlsbewegung, eben Sensation verspricht« (Groth, 1961, 287). Diese besonders aufwühlende, emotional erregende Wirkung wurde solchen Themen nachgesagt, die die »dunkle Seite« des Menschlichen zum Gegenstand haben: das existentiell bedrohlich Tragische, Katastrophische und sexuell Aufreizende und Unsittliche, mit anderen Worten: sex & crime & tragedy. Groth verwies früh auf diese semantische Verengung der Sensation:

> »Besonders sensationell, gefühlserregend, vor allem auf die ungebildeteren Schichten, wirkt schon wegen seiner Allgemeinheit alles, was die ›human side‹ betrifft. Daher kommt, daß man häufig dem Begriff der Sensation eine engere Bedeutung gibt, darunter nur das begreift, was in allgemeinmenschlichen Dingen Ungewöhnliches, von dem Normalen, Alltäglichen Abweichendes, was Abenteuerliches und Verwunderliches und darum Aufregendes geschieht. Und man verengt diese Bedeutung schließlich noch dahin, daß man unter Sensationen nur das Schlimme, Dunkle der ›human side‹, wie Verbrechen, Skandale aller Art, besonders aber auf sexuellem Gebiete, dann überhaupt das ›Gräßliche und Furchtbare‹, das Grausige und Schauerliche, versteht, gerade das, was in den Massen die stärksten Gefühlserregungen hervorrufen muß« (ebd., 286).

Bei der Bestimmung der Inhaltstypik des Sensationellen findet diese Art der Sensationsgier immer wieder Berücksichtigung – und zwar geschieht dies in konsistenter Art und Weise. Egal, ob es sich um Veröffentlichungen der 30er Jahre oder um solche jüngsten Datums handelt – stets schlägt sich der Rekurs auf die emotionale »dunkle« Triebbestimmtheit, auf Angstlust und wohliges

Schaudern bei der kategorialen Bestimmung typischer sensationeller Inhalte nieder. Dovifat verweist diesbezüglich als erster auf eine Reporteranweisung des amerikanischen Pressebarons Hearst aus dem Jahre 1927: »Der Leser ist vor allem an Ereignissen interessiert, die Elemente seiner eigenen primitiven Natur enthalten« (Dovifat, 1930, 10). Daher seien solche stories »first-class« sensationelles Nachrichtenmaterial, die sich vor allem 1. auf Selbsterhaltung (Mord, Selbstmord, Unfälle, Verbrechen, aber auch Medizinthemen) und 2. auf Liebe und Fortpflanzung (Sexualskandale, Scheidungen, Dreiecksverhältnisse, »außerordentliche aus Liebesgründen vollbrachte Leistungen«, Eifersuchtsdramen) bezögen. Lippert (1953, 30f.) zählt zu den »Hauptgebieten der Sensation«: Verbrechen, Unfälle, Krieg, Sexualität; auch religiöse Wunder, geheimnisvolle Vorgänge, Naturkatastrophen sowie medizinische Themen und gibt aufschlussreiche und seiner Ansicht nach typische Schlagzeilenbeispiele eines Münchener Sensationsblattes[37] an: »Schülertragödie. 15-Jährige erhängte sich« / »Blutiges Neujahr. Unfälle, Morde, Brände, Schlägereien« / »Tragödie einer Künstlerehe« / »U-Boot-Katastrophe in der Themsemündung« / »Hunde zerfleischen ihre eigene Herrin« / »Hellseher enthüllt Giftmord« (ebd., 30).

Auf die Tatsache, dass medizinische Themen zu Gesundheit und Krankheit oft sensationellen Stoff par excellence bieten, verweist auch Molkenthin-Böhme (1955, 55-57), da der menschliche Wunsch nach Sicherheit und Gesundheit dem »Selbsterhaltungstrieb (oder -streben)« entsprängen (ebd., 55). Er illustriert dies anhand eines Berichts der Zeitschrift Stern über einen Kaiserschnitt; Bilder und Texte könnten deshalb eine sensationelle Wirkung auslösen, da sie »dem medizinischen Laien einen Gruselschauer einjagen« (ebd., 47). Auf den Fotos ist eine junge Frau mit allen Anzeichen heftigsten Schmerzes zu sehen. Der Mund ist weit aufgerissen. Auf dem Operationsfoto sind blutüberströmte Gummihandschuhe und Dutzende von blitzenden ärztlichen Instrumenten zu sehen. Eine Bildunterzeile lautet: »Unter großem Druck spritzt das Fruchtwasser bei der Öffnung des Uterus aus der Fruchtblase. Der Operateur muß vorsichtig sein, um Infektionen zu vermeiden« (Molkenthin-Böhme, 1955, 47).

Danielson hebt in seiner Zusammenfassung der US-amerikanischen Definitionsversuche die morbid-schockierenden emotionalen Aspekte ebenso hervor: »Many definitions discuss the ›emotion arousing‹ aspects of sensationalism. It provides thrills. It is fascinating in a morbid way. It is shocking to our moral or aesthetic sensibilities. It creates suspense. It arouses ›unwholesome emotional response‹. It appeals to man's ›insatiable appetite‹ to hear of horrors, crimes, disasters, sex scandals, etc« (Danielson in einem unveröffentlichten Konferenzpapier zit. bei Tannenbaum & Lynch, 1960, 382). Die Themen Unglücke, Unfälle, Krankheiten, Katastrophen, Verbrechen – möglichst mit Todesfolge – sowie Sexualität (auch als Appell an die sexuelle Fantasie) oder beides am besten in Kombination als sogenannte »Psychopatia Sexualis« dominieren klar die er-

[37] Lippert gibt nicht an, um welches es sich handelt.

mittelten Sensations-Themen-Kataloge auch neueren Datums (Mikos, 1989, 50; Dorsch-Jungsberger, 1993, 405; Awad, 1995, 167-193; Graham, 1998, 162). Zur Themenselektion der Boulevardmagazine des Vorabendprogramms vermerkt Gangloff (1996a, 4f.): »In ›Explosiv‹ und ›Taff‹ aber regieren Mord und Totschlag. Hier ist die Welt ein Fegefeuer, das es zu überleben gilt. (...) Tränen sind das Nonplusultra.« Die »Explosiv«-Moderatorin Barbara Eligmann wurde von Festenberg & Klassen (1996, 256f.) als »Quotenkönigin des Elends«, als »eiskalter blonder Info-Engel, der nur sein Geschäft mit den Tragödien anderer treibt« bezeichnet. Kriminalität – so Hoffmann (1992, 58) – errege »wie die klassische Tragödie Furcht und Mitleid, sie handelt vom Scheitern menschlicher Existenz, vom Archaischen der körperlichen Gewalt, vom Leiden der Opfer, vom Einbruch des Irrationalen in die Alltagsrationalität«. Explizite Definitionsansätze finden sich kaum in der neueren deutschen Literatur; vereinzelt tauchen sie in Studien zur Journalismusforschung des anglo-amerikanischen Bereichs auf. So z. B. bei Davis & Owen (1998, 94): »Sensational news subjects include coverage of unexpected events containing some inherent entertainment value. Common topics are wars; sex; crimes, especially murders and violent acts; trials; natural disasters such as fires, floods, and earthquakes; accidents; family problems; and other tragedies. Psychic tales and stories focusing on the occult also feature prominently.« Chalaby (1998, 98) unterscheidet in seiner explorativen Definition der Sensation als Nachrichtenkategorie im wesentlichen zwei Arten von »sensationellen« Ereignissen: außergewöhnliche und gewalthaltige. Außergewöhnlich bedeute unüblich, selten, bizarr, atypisch, routine- oder traditionsbrechend. Gewalthaltig bedeute vor allem Kriminalität.

Die Themenverengung auf Sex & Crime & Tragedy macht aus der Sensation eine profitable Massenware, die medienökonomisch ausgeschlachtet werden kann. Ein Blick in die Ursprungsländer der Massenpresse soll diese Zusammenhänge verdeutlichen.

3.3 Die Sensation als (Massen-)Ware und Sensationalismus

> »Tickle the public, make 'em grin,
> The more you tickle, the more you'll win
> Teach the public, you'll never get rich,
> You'll live like a beggar and die in a ditch.«
> (19. Jh., anonym, Fleet-Street-Motto)

Im Verlauf des 19. Jahrhunderts, des Zeitalters der Massen, setzte in den sich langsam entwickelnden westlichen Industrienationen, vornehmlich in den USA, Großbritannien und Frankreich, ein Wandel vom klassischen Meinungs- zum reinen Nachrichtenjournalismus ein. Die Gründe hierfür sind vielfältig. So trugen neben der Entwicklung der Nachrichten- und Drucktechnik, der Urbanisierung und zunehmenden Lesefähigkeit der Bevölkerung, auch die Bildung einer demokratischen Gesellschaftsformation im Zeitalter der Gleichheit (»Age of Egalitarianism«) dazu bei, dass der Ruf nach erschwinglichen »Nachrichten für alle« lauter wurde. In den USA war es vor allem das aufstrebende mittlere Bürgertum, die Schicht der Händler und Kaufleute, die die Einstellung vertraten, dass Wissen, genau wie materielles Eigentum, nicht monopolisiert oder nur bestimmten Interessen dienen, sondern für alle in möglichst objektiver, wertneutraler Form zugänglich sein solle (vgl. Schiller, 1981, 10). Die Geburtsstunde des »modernen« Nachrichtenjournalismus fiel daher sowohl mit der Entstehung der Massenpresse als auch dem Aufkommen einer journalistischen Objektivitätsnorm zusammen, denn Objektivität im Sinne von Faktenorientierung, Sachlichkeit und Ausgewogenheit konnte dazu genutzt werden, politisch heterogene Publika ohne Vernachlässigung irgendeiner wichtigen Gruppe zusammenzuführen und gleichzeitig Kosten einzusparen, da mit ein und derselben Nachricht vielen Kunden gedient war (Gans, 1980, 186). Amerikanische Pressehistoriker sehen diese Geburtsstunde in der Entstehung der kommerziellen Penny Press um 1830, die erstmalig eine fortschrittliche Drucktechnik mit Distribution im Straßenverkauf kombinierte, um neue und größere Publika anzusprechen. »The great change in that public occasioned by the advent of cheap dailies inevitably caused a shift in the news concept« – so der Pressehistoriker Frank L. Mott (1962, 243). Nichts geringeres als eine »revolution in news« sei im Gange gewesen. Denn die penny papers, die auf Lokalnachrichten und Kriminalität setzten, vertraten von Anfang an den Anspruch, unabhängig von politischen oder wirtschaftlichen Gruppen zu sein: »The cheap commercial papers in their turn brazenly asserted their independence from party politics, their advocacy of laissez-faire, their reliance on advertisements, their low price and high circulation, and their emphasis on news from any and all social spheres« (Schiller, 1981, 8; vgl. auch Schudson 1978).

Lange vor der eigentlichen Zeit des »Yellow«-Journalism in den USA gegen Ende des 19. Jahrhunderts begannen sich die Zeitungsmacher auf ein Massenpublikum einzustellen: »They discovered, for one big thing, that the average man is a good deal more interested in news than in opinion« (Park, 1927, 6). 1833 gründete Benjamin Day das erste Penny-Paper, die *New York Sun* »for mechanics and the masses generally«, das Erfolge wohl vor allem aufgrund seiner Polizeiberichte erzielte (ebd., 7). Die Zeit der billigen Nachrichten-Massenblätter begann in Frankreich um 1863 mit dem *Petit Journal*, gefolgt von *Le Petit Parisien, Le Matin* und *Le Journal.* Diese vier Titel dominierten schnell den französischen Pressemarkt. 1890 erreichte *Le Petit Journal* seinen Auflagenrekord von etwas über eine Million Exemplaren (vgl. Bollinger, 1996, 26). Von nun an war Information nichts Exklusives für politische und bürgerliche Kreise mehr: »Il y a un changement de nature du secteur de l'information et de la communication: la presse commence avec les quatre grands à occuper le nouveau terrain de l'opinion publique. Celle-ci naît dans sa forme démocratique moderne en même temps que les masses, appellées foules au dix-neuvième siècle« (Awad,

1995, 46). Mit diesen vier Zeitungen begann gleichzeitg die professionelle Recherche nach sensationellen Themen für ein Massenpublikum: 1869 konnte *Le Petit Journal* seine Auflage um 100.000 Exemplare innerhalb nur einer Woche steigern, in der das Blatt jeden Tag drei ganze Seiten einem Familienmassaker in der Pariser Banlieue widmete (vgl. ebd.). Die neuen Massenblätter konnten mit solcherlei Themensetzungen die unperiodischen Nachrichtenblätter aus früheren Zeiten, die sog. »Canards« vollständig vom Markt verdrängen, die sich auf Sensationsthemen spezialisiert hatten (Schlachten, Verbrechen, Epidemien, Feuersbrünste, Überschwemmungen; vgl. hierzu Séguin, 1959).

Im Zusammenhang mit der Entwicklung der frühen Massenpresse äußert sich der britische Pressehistoriker Chalaby allerdings kritisch gegenüber all jenen Autoren, die die Sensationsgier des neuen Massenpublikums betonen und das Inhaltsspektrum der frühen populären Massenblätter der ersten Hälfte des 19. Jahrhunderts darauf beziehen (vgl. 1998, 148f.). Zwischen 1819 und 1836 seien in Großbritannien von den 242 periodischen Schriften, die sich an die Masse der arbeitenden Bevölkerung richteten, nur fünf auf Verbrechensberichterstattung spezialisiert gewesen, von denen zwei direkt nach Ersterscheinen und die anderen nur wenige Monate später eingingen. Die frühen, nicht der Stempelsteuer unterliegenden Blätter (im ersten Drittel des 19. Jahrhunderts) hätten zwar eine Polizeiinformations-Spalte gehabt, die allerdings unregelmäßig erschien und in sehr nüchternem, sachlichen Nachrichtenstil verfasst gewesen wäre (vgl. hierzu das aufschlussreiche Beispiel einer Mordnachricht aus dem *Poor Man's Guardian* vom Dezember 1833, das vom Stil her einer Nachricht in der *FAZ* gleicht in: Chalaby, 1998, 150). Zwar hätten auch die vor 1836 erschienen Sonntagsblätter wie *Bell's Life in London* oder der *Weekly Dispatch* Gerichts-, Polizei- und Exekutionsberichterstattung enthalten, doch wären viele aufgegriffene Rechtsfälle kaum im herkömmlichen Sinn sensationell gewesen, da es sich vornehmlich eher um zivilrechtliche, nicht um strafrechtliche Fälle gehandelt habe. Außerdem hätten sich die Zeitungen durch ein hohes Maß an innen- sowie außenpolitischer Berichterstattung ausgezeichnet. Zu Recht verweist Chalaby darauf, dass die Diskussion um die frühen Wurzeln der Sensationsberichterstattung an einer mangelnden analytischen Trennung kranke, dass zwischen Sensationsthemen als Inhaltskategorie und »sensationalism« als journalistischer diskursiver Strategie – oder anders ausgedrückt – einer formal-publizistischen Aufbereitungstechnik oftmals nicht unterschieden bzw. diese Unterscheidung gar nicht vorab getroffen werde. »Part of the controversy stems from what is being defined as ›sensationalism‹. (...) [A] distinction should be made between sensational material as a news category and sensationalism as a discursive strategy. Sensationalism refers in this case to the nature of considerations made by editors during the process of news selection and to the set of discursive practices journalists employ to write a story« (Chalaby, 1998, 149). Zu diesen diskursiven Strategien sind z. B. Schreibstil, Wortwahl, Storyperspektive, Hervorhebungen gewisser Erzählelemente etc. und andere journalistische Dramatisierungstechniken zu zählen. Wenn man diese Unterscheidung berücksichtige, sei die frühe Massenpresse nur in sehr beschränkter Weise als Sensationspresse zu bezeichnen gewesen, da die Technik der Sensationalisierung nicht verbreitet und nicht notwendig gewesen wäre (ebd.).

Das Vordrängen populärer billiger Massenblätter auf dem amerikanischen und den europäischen Pressemärkten des 19. Jahrhunderts verstärkte den Warencharakter von Information und ließ aus ursprünglichen Anbietermärkten Käufermärkte werden, mit der Konsequenz, dass professionelles Zeitungmachen zunehmend als Dienstleistung für den Leser verstanden und damit das Eingehen auf die angenommenen Leserbedürfnisse zur ultima ratio im Zeitungswettbewerb wurde. Das Objektivitätsziel des neuen Nachrichtenjournalismus für die Masse wurde quasi durch den Kampf um die Masse unterminiert. Die Zusammenhänge zwischen Wettbewerb und Sensationalisierung sind besonders detailliert und eingängig von Chalaby (1998) am Beispiel des britischen Pressemarktes in der zweiten Hälfte des 19. Jahrhunderts beschrieben worden. Seine zentralen Erkenntnisse sollen an dieser Stelle kurz zusammengefasst werden. Eine erste einschneidende presseökonomische Veränderung in Großbritannien sieht Chalaby in der Abschaffung der sog. Stempelsteuer 1855-1861. Hierbei handelte es sich um eine Sammelbezeichnung für verschiedene Steuern und Gebühren, deren Entrichtung durch Abstempeln oder Bekleben mit Marken belegt wurde. Die Stempelsteuer für Zeitungen wurde nach der Druckauflage erhoben und verteuerte die einzelnen Exemplare erheblich (vgl. Stöber, 2000, 322). Die Abschaffung dieser Steuer zog die Möglichkeit zur Preissenkung und damit Marktausweitung nach sich. Zeitungsverbilligung führte zu einem Nachfrageanstieg, der mit Einkommensverbesserungen durch die Größenvorteile für die Verlage einherging und neue Investoren ins lukrative Zeitungsgeschäft zog. »The 1855 abolition [der Stempelsteuer, Anm. UK] created a new dynamic in the press, economic competition making of newspaper production a frantic and feverish activity« (Chalaby, 1998, 38). Doch nach dem Erreichen einer gewissen Marktdurchdringung und einer presseökonomisch noch zu verantwortenden Preisuntergrenze sind neue ökonomische Überlebensstrategien notwendig wie z. B. kosteneffiziente Produktion, geschäftstüchtiges Management und ein diskursives Verhalten, das noch höhere Auflagen ermöglicht.

Der Wettbewerb initiierte nicht nur die drei presseökonomischen Prozesse der Industrialisierung, der Konzentration und der Kapitalisierung, sondern diese Prozesse trugen ihrerseits dazu bei, die Wettbewerbssituation weiterhin zu verschärfen. Mit Industrialisierung sind Verbesserung der Drucktechnik, rationellere Arbeitsabläufe, Illustrationstechniken etc. gemeint, die – so Chalabys interessante These – entgegen weitverbreiteter technizistischer Ansätze zur Erklärung der professionellen Weiterentwicklung im Journalismus (z. B. bei McLuhan) nicht Ursache, sondern vielmehr Folge des medienökonomischen Wettbewerbs gewesen sei: »The industrialization of the field would never have progressed at this pace if stiff economic competition did not force newspaper proprietors to keep up with technological progress« (Chalaby, 1998, 43). Die Erfindung einer neuen Drucktechnik gewährleiste noch lange nicht eine sofortige weitverbreitete Anwendung der neuen Technik im Zeitungsgeschäft. Demgegenüber sei aber bei steigendem ökonomischen Wettbewerbsdruck z. B. eine Maschine, die billiger, schneller und besser produziert, notwendig (ebd., 42).

Eine Folge des Überlebenskampfes in einer verschärften Wettbewerbssituation ist desweiteren die horizontale Konzentration, also der Zusammenschluss z. B. mehrerer Presseverlage zwecks Kosteneinsparung und Marktbeherrschung. 1910 kontrollierten in Großbritannien drei große Gruppen 66,9 % des nationalen Marktes der Morgen- und 82,6 % der Abendblätter (Chalaby, 1998, 47). Die stetig gestiegenen finanziellen Anforderungen im Zeitungsgewerbe (Recherche-, Redaktions- sowie first copy Produktions-, Druck-, Vertriebs-, und Verwaltungskosten) führten schließlich zum dritten Wettbewerbsprozess, dem der Kapitalisierung. Die Kapitalisierung des Pressemarktes am Ende des 19. Jahrhunderts markiert den Wechsel zu einem neuen Verlagsbesitzertypus, dem des sogenannten »Presse-Barons«, der sich in ökonomischer Hinsicht auszeichnet durch den Willen, viel Geld zu investieren, und durch die Fähigkeit, profitorientiert zu handeln und Presse-Imperien zu gründen. In Großbritannien ist dieser Prozess mit den Namen Newnes, Pearson, Lord Northcliff und Camrose verbunden, in den USA maßgeblich mit Hearst und Pulitzer, in Frankreich mit de Girardin und in Deutschland mit Mosse, Ullstein und Scherl.

Für Großbritannien können drei wettbewerbsinduzierte redaktionelle Strategien unterschieden werden: 1. »sensationalism« als Tendenz, die heißesten Skandale zu serialisieren und die schlimmsten Verbrechen in brutalen Details zu schildern, 2. »jingoism« (national-imperialistische Propaganda) sowie 3. »crusadism« (Kampagnenjournalismus zur Propagierung einer Reform[38]). Gerade die »Sensationalisierung« wird als direkteste und unausweichliche Diskursstrategie zur Ansprache eines Massenpublikums in einer fortgeschrittenen Wettbewerbssituation angesehen: »Sensationalism, originating from the urgent necessity for editors to attract readers and to divert them from rivals, constitutes the most direct reflection of economic competition on journalism« (Chalaby, 1998, 148). Chalaby beobachtet bezogen auf die pressehistorische Entwicklung in Großbritannien zwei Phasen des »sensationalism«. Die erste Phase begann nach dem Fall der Stempelsteuer in den späten 50er Jahren des 19. Jahrhunderts. Der *Daily Telegraph* erhöhte schlagartig seine Anzahl an Sensationsberichten über Verbrechen und Katastrophen. Ab Oktober 1859 enthielt das Blatt regelmäßig eine lange 4-spaltige Polizei- und Verbrechenskolumne, und der Sprachstil wur-

---

38 Hierbei können wiederum drei Formen unterschieden werden: a) die »social crusade« zur Verbesserung der Lage der Armen und Unterdrückten, z. B. Pressekampagnen gegen Prostitution; b) die »jingo crusade«, die aus imperialistischer Haltung die Sorge um die nationale Sicherheit proklamierte und c) die »stunt crusade«, die aus puren Unterhaltungsgründen ausgerufen wurde, in der Regel nur wenige Tage andauerte und häufig bizarr witzig daherkam: z. B. Ausrufung einer Reform für neue Hutformen, bessere Rosen oder reinere Milch (vgl. hierzu die zahlreichen pressehistorischen Beispiele in Chalaby, 1998, 141-144).

de detailreicher, reißerischer und dramatisch-emotionalisierend. Ein weiteres Kennzeichen der Entwicklung ist die Sensationalisierung des Themas Armut und Elend, das zuerst von der *Pall Mall Gazette* 1866 aufgegriffen wurde, diese vor dem Konkurs rettete und vom *Daily Telegraph* in Serienform erweitert wurde. Mit dramatischem Pathos wurde hier die Londoner East-End-Armut zum voyeuristischen Spektakel für zu Tränen gerührte Mittelständler (Chalaby, 1998, 158f.). Eine neue Entwicklungsstufe setzte schließlich ein mit dem Verleger William Stead, der als »Vater des britischen Sensationalism« angesehen wird und der diese Diskursstrategie für moralische Kampagnen in seiner *Pall Mall Gazette* ab Mitte der 1880er Jahre nutzte. Seine berühmte Serie »Maiden Tribute to Modern Babylon« über Kinderprostitution in London brachte auf einen Schlag 80.000 neue Leser und erreichte als Zwei-Penny-Reprint eine Auflage von 1,5 Mio. Exemplaren (vgl. ebd., 159ff.). Die Konvergenz mehrerer Faktoren beschleunigte die Entwicklung und führte zum modernen Sensationalismus in großem Stil: so z. B. die Mordtaten des Serienkillers Jack the Ripper ab 1888, das Aufkommen der halfpenny-Abendzeitungen sowie das Geschäftsgebahren der neuen Pressebarone. In der Phase des härtesten Verdrängungswettbewerbs zwischen 1890 und 1900 ist vor allem Lord Northcliff's *Daily Mail* ein Paradebeispiel für die Sensationalisierung fast jedes Ressorts (vgl. Chalaby, 1998, 163f.).

Eine ganz ähnliche Entwicklung ist in den USA in der Phase des sogenannten »Yellow Journalism«[39] beobachtet worden, in der sich die Pressebarone Joseph Pulitzer und William Randolph Hearst erbitterte Zweikämpfe im »Sensationalisieren« lieferten. Aus Nachrichten werden Stories, die auf die »fundamental passions« der Leser abzielten (Park, 1927, 9f.) und einfachste Lektüre ermöglichten. In der Periode von 1880 bis 1921 stieg die Zeitungsauflage in den USA von rund 3,6 auf 33,7 Mio. Exemplaren (ebd., 11). »Yellow Journalism« erfand die größten, ganze Seiten füllenden Schlagzeilen und – in den Augen der zeitgenössischen Medienkritiker – die übelste »Schreibe« aller Zeiten mit skrupellos erfunden Geschichten (vgl. Hughes, 1981 [1940], 218). Nachdem Pulitzer's *World* nach und nach seriöser wurde, blieben noch die Hearst-Blätter zusammen mit den zahlreichen neuen, stark bebilderten tabloids, wie z. B. die *New York Daily News* oder die *Illustrated Daily News*, New Yorks profitabelstes erstes Boulevardblatt, die gemeinsam den »Yellow Journalism« repräsentierten. Im Editorial dieser Zeitung war zu lesen: »This newspaper, we suppose, is an example of what happens when masses which can read find something they like to read« (zit. in ebd., 225). Doch Sensationalismus als diskursive Wettbewerbs-

[39] Pulitzer's *New York World* hatte durch seinen farbigen Comic-Strip »Hogan's Alley« großes Aufsehen erregt. Daraufhin warb Hearst den Erfinder des Comics für seine eigene Zeitung, das *New York Journal*, ab, um einen eigenen Comic-Strip aufzuziehen. Das »Yellow Kid«, Held der Strips, erschien auf allen großen Reklameflächen New Yorks, um in extravaganter und ausgeflippter Form für beide Zeitungen zu werben. »Yellow« wurde ab da als Ausdruck für einen marktschreierischen lärmenden Sensationsjournalismus benutzt (vgl. Hughes, 1981 [1940], 218).

strategie hat auch seine Grenzen, wie Hughes am Beispiel des *New York Evening Graphic* von 1924, einem tabloid paper, das nicht erfolgreich war, aufzeigt. Die Zeitung trieb alles auf die Spitze. In der »Sprache der Massen« geschrieben (»Never print anything that a scrubwoman in a skyscraper cannot understand« stand als Wahlspruch in der Redaktion), ohne Auslands-, Wirtschafts- oder Schiffsnachrichten, setzte sie pur auf Sensationen mit Geständnissen von Mörderinnen in Serienform, mit gefälschten Fotocollagen und Extraausgaben in Pink, Grün und Gelb mit ganzseitigen Bildern und größtmöglichen Überschriften. Ein Poster im Redaktionsraum verkündete: »Any man who cannot be yellow has no place on the staff.« Die Zeitung wurde zunehmend zum Witzblatt New Yorks (vgl. zur Geschichte des *Evening Graphic* Hughes, 1981 [1940], 226-235).

Die Frage nach dem Einfluss des Wettbewerbs auf die Sensationalisierung des Inhalts und/oder der Form hat in der medienökonomischen Auseinandersetzung geringe Beachtung gefunden. Hierzu liegen nur wenige amerikanische Studien vor (z. B. Rarick & Hartman, 1966; Pasadeos, 1984; Ehrlich, 1995; Coulson & Lacy, 1996), die diese These bejahen. In der deutschen Fachliteratur wird ein ursächlicher Zusammenhang zwischen Sensationalismus und rein medienökonomischen bzw. Wettbewerbsmotiven der journalistisch und verlegerisch Handelnden einhellig als »publizistische Geschäftemacherei«, als »marktorientierte Aufbereitung publizistischer Inhalte« oder einfach als verlegerische »Profitgier« entweder allgemein konstatiert oder meist an spektakulären Einzelfallbeispielen illustriert (vgl. z. B. Dovifat, 1930, 5; Molkenthin-Böhme, 1955, 153; Streuli, 1964/65, 213; Hagemann, 1966, 97; Schröder, 1969, 100; Dorsch-Jungsberger, 1993, 407; Meyn, 1995, 247f.; Hunziker, 1996, 132; Teichert, 1997, 32; Pöttker, 1999, 29), aber eher selten – vor allem bezogen auf die Presse – in systematischer Art und Weise empirisch untermauert.[40] Die historische Entwicklung der diskursiven Strategie des Sensationalismus in Deutschland wird Gegenstand des vierten Kapitels dieser Arbeit sein.

Als allgemeines Zwischenfazit lässt sich festhalten, dass das Hauptziel der sich im 19. Jahrhundert entwickelnden, immer stärker konkurrierenden Massenblätter eine größtmögliche Verbreitung war, was den direkten Verkauf auf der Straße, einen besonders niedrigen Bezugspreis und eine weitestgehende Anpassung an die Wünsche der ›breiten Masse‹ bedingte. Massenattraktiv zu sein, heißt in den Augen vieler Medien(marketing)experten, damals wie heute einer angenommenen »Sensationsgier« des Publikums entsprechen zu müssen (s. hierzu Lippmann, 1922; De Rochemont, 1926; Schuyler, 1926; Boulard, 1991;

[40] Zu nennen wäre hier die Dissertation von Markus Mende (1996), der »Sensationalismus als Produktgestaltungsmittel« in der deutschen Presse zwischen 1914 und 1933 inhaltsanalytisch untersucht hat und als eine wesentliche Ursache die Unternehmens- und Wettbewerbssituation der damaligen Verlage ansieht. Die Arbeit krankt allerdings an der nicht vorhandenen Definition bzw. expliziten Operationalisierung von »Sensationalismus« und der mangelnden Detailliertheit in der Zusammenführung von medienökomischen Ursachen und dem Sensationalismusgrad der untersuchten Printprodukte.

Gannon, 1994). Aus Information wird Massenware, die Redaktion einer Zeitung wird reine Dienstleistung. Der Medienökonom Ulrich Nußberger hat dieser Presseart aufgrund dieser eindeutigen Ausrichtung die Bezeichnung »Marktpresse« gegeben, die in der Praxis gleichbedeutend als »Boulevard-«, »Kauf-«, »Massen-«, »Sensations-« und »Geschäftspresse« betitelt werde (Nußberger, 1984, 18f.). Der Absicht des Verlegers, bei der Masse der Leser den stärksten Eindruck zu bewirken, entsprechen Darstellung und Aufmachung. Bei der Marktpresse entscheide die »Intensität der Apperzeption« (ebd., 29), das vor allem affektorientierte Eindrückliche soll dem Leser unmittelbar in die Augen stechen. Die Suche gilt demgemäß den quasi »niederen«, allgemein menschlichen »Instinkten«, die fast reflexhaft die Kombination Aktivierung + Aufmerksamkeit + Emotionen zu bewirken in der Lage sind. Die Marktpresse muss sich daher – und dies trifft wohl besonders in einer fortgeschrittenen Wettbewerbssituation zu – der formal-publizistischen Technik der Sensationalisierung bedienen, die auch als »gewaltsames Interessantmachen« (Dovifat, 1930, 10), als »publizistische Aufmerkaktion« (Dovifat, 1968, 206), als »emotional-aktionistische Publizistik (Gmür, 2002, 42) oder schlicht als »Sensationsmache« (Küpper, 1984, 2629) zusammenfassend charakterisiert wird und im wesentlichen fünf Indikatoren umfasst:

1. den Aspekt des Layouts/der Präsentation (reißerische Aufmachung, Platzierung)
2. den Aspekt der Verzerrung (Auschmückung, Übertreibung, Verfälschung)
3. den Aspekt der Dekontextualisierung (Hintergrundlosigkeit, Detailbetonung und Spotlight-Charakter des Beitrages)
4. den Aspekt der Serialisierung (Ereignisstreckung)
5. den Aspekt des »Human Interest« (personalisierte Narration)

Sensationalismus kann prinzipiell in allen Medien angewendet, allerdings aufgrund der medienspezifischen vermittlungstechnischen Besonderheiten verschiedenartig umgesetzt werden. Zu einer ersten Verdeutlichung der Aspekte wird im folgenden die Presse betrachtet.

- zu 1.) Präsentation

Jedes Presseorgan besitzt seinen eigenen optischen Stil, der beim Umbruch sorgsam gewahrt wird. Zeitungskopf, Satzbild, Schlagzeilen, Titelwahl, Bildanordnung, Raum- und Farbverteilung bestimmen den Stil eines Blattes. Ein reißerisches Layout entsteht durch starken Farbeinsatz (vor allem mit Rot), überdimensionierte, kurze, knallige Titel, viele Schriftgrade, »Fettgedrucktes, Spationiertes, Eingezogenes« (Streuli, 1964/65, 215), großzügigen Einsatz von Bildmaterial, wenig Text. Die Aufmachung richte sich allein nach dem »Kontaktwert« und dem erwarteten »Leserklima« (Flach, 1967, 119). Diese typographischen, auf stärkste Eindringlichkeit angelegten Hilfsmittel kommen vorzugsweise auf der Titelseite zum Einsatz, die quasi als »Werbefläche in eigener Sache« (Nußberger, 1984, 29) angesehen werden kann.

- zu 2.) Verzerrung

Molkenthin-Böhme (1955, 41f.) beschrieb diesen Sensationalisierungsaspekt plakativ über die Analogie zu einer Nuss: »Will man den Kern einer sensationellen Mitteilung erfahren, so muß die Schale der Sekundärteile, die den Kern verborgen hält, entfernt werden. Hat man den Kern freigelegt, so zeigt sich, daß er oft ein klägliches, uninteressantes Etwas ist, dessen Dürfigkeit man von außen nicht ahnen konnte. Die Anhäufung von Sekundärteilen muß die innere Leere von unwichtigen Meldungen vertuschen.« Mit anderen Worten: Dort, wo kein sensationelles Ereignis oder ein sensationeller Sachverhalt im inhaltlich beschriebenen Sinne mit den Kriterien: Brandaktualität, Außergewöhnlichkeit, Sexualität, Katastrophe, Kriminalität vorhanden ist, können auch »normale« Ereignisse und Sachverhalte zu einer Sensation hochstilisiert bzw. konstruiert werden. Die dafür notwendige Darstellungs- und Schreibtechnik wird in der Literatur recht allgemein mit Aufbauschen, Übertreiben, Verfälschen, Dramatisieren beschrieben (vgl. z. B. Groth, 1963, 286f.; Flach, 1964/65, 120; Sloterdijk, 1983, 560-562; Meyn, 1995, 248; Fach, 1999, 27). Laut Illustriertem Lexikon der deutschen Umgangssprache (Küpper, 1984, 2629) wird unter dem seit 1950 geläufigen Begriff der »Sensationsmache« die »übertriebene (unwahre) Darstellung eines Sachverhalts, um Aufsehen zu erregen«, verstanden. »Die unwichtige Meldung muß sich sozusagen wichtig machen« (Gmür, 2002, 50). Sensationalismus kann also als publizistische Technik verstanden werden, mit deren Hilfe ganz normale Informationen in Sensationsverpackung gehüllt werden oder gar Pseudo-Sensationen extra für die Medien produziert werden (vgl. Dorsch-Jungsberger, 1993, 401; Leims[41], 1993, 366-368; Fach, 1999, 27); die Grenzen zur Lüge, Fälschung und reiner Fiktion werden dann fließend. Doch wie »macht« man eine Sensation, wo eigentlich keine ist? In logischer Folgerung aus der Inhaltstypik des Sensationellen können dafür folgende Strategien – auch in ihrem Zusammenspiel – eingesetzt werden:

a) (Brand-)Aktualisierung/Spektakularisierung: Einem Ereignis wird ein Neuigkeitswert und eine Bedeutsamkeit zugewiesen, die aufgrund seines Datums und seiner Tragweite nicht gerechtfertigt sind.
b) Devianzierung: Ein Sachverhalt wird als außergewöhnlich, bizarr, unnormal dargestellt, obwohl er im Kern diese Merkmale nicht enthält.
c) Sexualisierung: Sexuell pikante Details eines Sachverhaltes werden vor allem unter Verwendung des entsprechenden Bildmaterials aufgebauscht.
d) Katastrophierung/Tragödisierung: Katastrophen, Unfälle, Krankheit, Tod werden in ihrer Dramatik und Leidensinszenierung überzeichnet, um Entsetzen, Gruselschauer oder Angstlust zu bewirken.

---

[41] Leims liefert in seinem Aufsatz eine aufschlussreiche Sammlung an Beispielen für die für das japanische Fernsehen manipulierten Pseudosensationen extremster Form, für die sogar ein Spezialausdruck existiert: Man spricht von »Yarase«.

e) Kriminalisierung: Straftäter werden in der Berichterstattung vorverurteilt, an den Pranger gestellt, die Straftat als besonders gesellschaftsbedrohlich oder bestialisch dargestellt oder Nicht-Straftatbestände als Verbrechen propagiert. Kriminalisierung und auch Sexualisierung können einhergehen bzw. stilistisch gekoppelt werden mit öffentlichkeitswirksamer moralischer Entrüstung.

- zu 3.) Dekontextualisierung,

Dieser Punkt hängt eng mit dem Verzerrungsaspekt zusammen – z. B. in Form einer künstlichen Einbeziehung sexueller Dinge. Dovifat verdeutlicht das anhand eines Brudermordprozesses, der in den 20er Jahren für Aufsehen sorgte:

> »Vor Beginn des Prozesses wurde versucht, den Prozeß mit Absicht in das sexuelle Fahrwasser einzulenken. Die Sensationspresse brachte nämlich ein Bild der Lisa R., eines Mädchens, das zu Manasse Friedländer [des Straftäters, Anm. UK] in Beziehungen gestanden haben soll. Die Aufmachung, die dem Bilde des Mädchens gegeben wurde (›Eine Frühlingstragödie, Lisa R., das umstrittene junge Mädchen‹), beweist deutlich den Willen, eine sexuelle Sensation zu schaffen. Wie wenig Veranlassung dafür vorlag, zeigt einwandfrei die Tatsache, daß Lisa R. und ihre Beziehungen zu MF in den Verhandlungen nicht mit einem Wort erwähnt worden sind, weder durch den Verteidiger, noch durch das Gericht« (Dovifat, 1930, 12f.).

Besonders abstoßend sei – so Dovifat kritisch – die Wiedergabe von Bildern schuldiger oder solcher Personen, gegen die Verdachtsmomente bestünden, wenn diese Bilder nicht irgendwie mit der Tat zusammenhingen, sondern in früheren Zeiten aufgenommen worden seien. »Der Amerikaner photographiert die Verbrecher hinter dem Gefängnisgitter, die Verwundeten oder Überfallenen mit blutigen Binden und verlangt: ›Show it in action‹. Alles geschmacklos, aber doch wenigstens in einer Beziehung zum Ereignis, die allein den journalistischen Wert des Bildes ausmacht. Es verrät einen bedauerlichen Mangel an Talent, wenn der deutsche Sensationsjournalismus glaubt, auf diese Beziehung verzichten zu können« (ebd., 14f.). Der Sensationalismus zerstöre die Struktur des Ereignisses, reiße Phasen aus dem Zusammenhang, überbetone einzelne Elemente, lasse andere gänzlich verschwinden und befasse sich äußerst selten – in verfälschender Art und Weise – mit den gesellschaftlichen Bedingungen des Ereignisses (vgl. Schröder, 1969, 111); »Bild geht vor Bearbeitung, Reiz vor Einordnung und Analyse, Schnelligkeit vor Auswahl und Sorgfalt« (Teichert, 1997, 32); Bilder stünden im Vordergrund und verdrängten vertiefende Analysen und Recherchen (vgl. Hunziker, 1996, 132). Die Sensationspresse kenne nur Aktualität, keine Kontinuität. Für sie komme es nicht darauf an, dass der Gesamtinhalt einer Ausgabe irgendeinen kontinuierlichen Zusammenhang hat. Ebensowenig bestehe Kontinuität hinsichtlich eines inhaltlichen Zusammenhangs zwischen einander folgenden Nummern. In dem Fehlen der Kontinuität liege ein Gesetz der Massenpresse (Bitter, 1951, 96). Beide angesprochenen Unteraspekte, Dekontextualisierung und Diskontinuität (pointiert charakterisiert als »Stichflammenjournalismus« – Teichert, 1997, 32), geben dem berichteten Ereignis die Note des Herausragenden und verstärken damit seinen sensationellen Effekt: »One method journalists use to sensationalize an event is to present it out of its context. Since the context of an event contributes much to its understanding, any event related out of its context will appear much more sensational than it really is to an unaware audience« (Chalaby, 1998, 153). Beide letztgenannten Aspekte, also die Verzerrung und inhaltliche Dekontextualisierung in der Berichterstattung, kann mit verschiedenen sprachlichen Mitteln über »framing«-Techniken erfolgen: a) in syntaktischer Hinsicht mit Hilfe einer bestimmten Wort- und Bildwahl, die z. B. Emotionalität und Wertung enthält, einer bestimmten Syntax bzw. Grammatik, die sich auf (massenverständlichen) einfachen Satzbau beschränkt und einer bestimmten Interpunktion, die den Aussagen den entsprechenden Nachdruck verleihen (z. B. Ausrufezeichen); b) in semantischer Hinsicht über eine bestimmte Anordnung, Hierarchisierung der Aussagen, denen eine bestimmte (Story-)Perspektive und narrative Struktur zugrundeliegt.

- zu 4.) Serialisierung (Ereignisstreckung)

Dieser Sensationalismusaspekt scheint auf den ersten Blick dem der Dekontexualisierung zu widersprechen, da er das genaue Gegenteil impliziert. Beide Aspekte können jedoch auch gleichzeitig auftreten. Serialisierung dient dazu, die Aufmerksamkeit eines flüchtigen »Kauf-Lesers« längerfristig über die Publikation ständig neuer Enthüllungen und spektakulärer Ereignisdetails wach zu halten und zu binden. Dovifat verweist darauf, dass auch dies einer bekannten amerikanischen Reporterregel entspreche: »Ist ein ›Fall‹ da, so wird alles angesetzt, ihn am nächsten Tage nachrichtenmäßig zu steigern und weiter zu entwickeln, auch wenn sachlich dazu keinerlei Anlaß besteht. Der Verkaufseffekt von Zeitungen, die solchen ›second day lead‹ enthalten ist besonders groß« (Dovifat, 1930, 18). Auf anglo-amerikanische pressehistorische Beispiele für die Serialisierung als Verkaufsförderungsstrategie, die z. T. auch als »moral crusade« fungierte, wurde weiter oben bereits hingewiesen (s. Chalaby, 1998, 155-166). Die Serialisierung bietet sich dort geradezu an, wo es sich um Ereignisse handelt, die selbst seriellen Charakter aufweisen. Das ist vor allem der Fall bei Serienverbrechern oder längeren Gerichtsprozessen. Doch selbst nach Prozessende kann das Thema weiter – auch in Serienform – ausgeschlachtet und ausgereizt werden z. B. als »Geständnisse einer Mörderin« (vgl. Hughes, 1981 [1940], 234f. u. 240).

- zu 5.) Human Interest

Als sensationalistische diskursive Teilstrategie kann auch eine ganz spezielle Erzählperspektive, ein ganz bestimmter narrativer Rahmen verstanden werden, der in der Literatur unter dem Label »Human Interest« beschrieben wird und als signifikantes Phänomen im Übergang zur Massenpresse auftrat. Laut Chalaby wurde 1870 in der *New York Sun* zum ersten Mal die Bezeichnung »Human Interest Story« verwendet (1998, 101). Diese neue Art des »framing«, die soziales Leben in personalisierter Form darbot, galt schnell als Unterhaltungs- und Aufmerksamkeitsgarant für breitere Lesermassen. Human Interest Stories sind thematisch schwer einzugrenzen; es handelt sich bei ihnen vorzugsweise um amüsante, bewegende oder außergewöhnliche Episoden, Vorfälle oder Erfahrungen von ganz normalen Menschen. Häufig geht es in ihnen um die kleinen Ironien des menschlichen Alltags, um Erlebnisse mit Tieren, auch um dramatische Schicksalsschläge oder romantische Abenteuer (Gans, 1980, 156; Hughes, 1981 [1940], 184-216). Auch kann keine eindeutige Genrebeschreibung vorgenommen werden. Human Interest Stories können als Nachrichten-Einspalter oder ganzseitige Reportage erscheinen. Dennoch lassen sich drei prototypische Elemente aufzeigen (vgl. Chalaby, 1998, 101f):

a) Die ihnen unterliegenden Themen sind universell und allgemeinverständlich. Stets geht es vor allem um menschliche Gefühle wie Liebe, Verlust, Überraschung.
b) Es wird eine bestimmte Erzählstruktur verwendet, die mit einer spannenden oder schmerzhaften Situation beginnt, die durch menschliche oder Natureinwirkung zustande kam und mit der Lösung der problematischen Situation endet. Sind die Akteure erfolgreich gewesen, wird gerade das happy end in gebührender Art herausgestellt.
c) In ihrem Bedeutungsgehalt findet eine Verschränkung von Mikro- und Makroperspektive statt, das Partikulare wird mit dem Generellen verbunden, da im Handeln des einzelnen allgemeinmenschliche, archetypische Prinzipien und Gefühle unter Verwendung von Symbolen und Allegorien herausgestellt werden. Dieser Schreibstil rückt die Human Interest Story in die Nähe zur populären Volkskultur und ist daher in der Lage, breite Leserschichten anzusprechen.

»Without narrative appeal and human interest, it is unlikely that news would be widely disseminated or have the same value as a commodity in the news market« (McQuail, 1995, 189). Die starke Personalisierung und damit Subjektivität, die der Human Interest Story-Tradition innewohnt, wird häufig als purer Sensationalismus abgetan, weil es den Prinzipien der Neutralität, Allgemeingültigkeit und Faktenorientierung widerspreche (vgl. ebd.) und überdies den Nährboden für das Eindringen in die Privat- und Intimsphäre des »Berichterstattungsopfers« bildet. »Das immer wieder zugkräftige Mittel, mit der ›human side‹ zu den Massen zu sprechen, wird mächtig hergenommen, Entgleisungen ins Allerpersönlichste treten hinzu. Der immer ergiebige ›Background des Menschlichen‹ wird mit allen Lampen angestrahlt« (Dovifat, 1968, 91). In diesem Zusammenhang ist das Hereinziehen vollkommen Unbeteiligter und die Ausschlachtung von Privatangelegenheiten bei der Strafprozessberichterstattung (vgl. die zahlreichen Beispiele in Dovifat 1930, 9-17), das sogenannte »Witwenschütteln« von

Sensationsreportern nach Unglücksfällen oder auch die Hetzjagd auf Prominente und die möglichst pikanten Details ihres Privatlebens zu sehen. Auch die Tratsch- und Klatschgeschichten über das Leben der Fürstenhäuser oder anderer Prominenter und Stars wie sie vorzugsweise in der »Regenbogenpresse« oder den sog. »people's magazines« vorkommen, stehen in der Tradition des Human Interest.

Die genannten Sensationalismuskriterien für sich genommen kennzeichnen jedoch nicht in hinreichender Weise das Wesen des Sensationsjournalismus i. e. S., denn diese formal-publizistischen Techniken sind themenunabhängig, da sie prinzipiell zur Berichterstattung jedwedes Sachverhaltes oder Ereignisses herangezogen werden können. Darauf verwies bereits Einar Östgaard in seinem klassischen Aufsatz »Factors influencing the flow of news« (1965, 48): »We feel however, that ›sensationalism‹, in whatever reasonable way it is defined, can make its impact on all categories of news, and that therefore more subtle distinctions are necessary.«[42] Als Fazit seines Reviews diverser Studien zu den journalistischen Selektions- und Bearbeitungskriterien in der Auslandsberichterstattung formuliert er: »Also practically all of the sources cited said or implied that sensationalism, in the broad sense, made its impact on what many call ›serious‹ news, political, economic, etc. and not only on more frivolous news such as crime reporting, sports, social news, etc.« (Östgaard, 1965, 50, 51). Auch Dorsch-Jungsberger (1993, 401) geht in ihrem einschlägigen Aufsatz von einem sehr weiten Verständnis von Sensationsjournalismus aus, wenn sie schreibt: »Wenn hier von Sensationsjournalismus die Rede ist, so ist damit derjenige gemeint, der Sensationalismus betreibt.« Eine präzisere Definition müsste sowohl den Inhalt (die Themenwahl) als auch die Form (Aufbereitung) der Berichterstattung berücksichtigen. Sinnvoll ist daher eine Unterscheidung nach sensationsjournalistischer Berichterstattung im engeren und weiteren Sinn. Nur wenn die typisch sensationellen Themen Sex & Crime & Tragedy auch sensationalistisch aufbereitet werden mittels Layout, Syntax und Framing, kann von sensationsjournalistischer Berichterstattung im engeren Sinn geredet werden. Die Zusammenhänge verdeutlicht die Abb. 2.

[42] Östgaard selbst nimmt keinen Definitionsversuch vor. Aus seiner Literaturzusammenstellung geht allerdings hervor, was er im wesentlichen darunter versteht, nämlich Emotionalisierung, Personalisierung, Dramatisierung, »oversimplified headlines« und »bad news«, also die Hervorhebung von Konflikt und Katastrophe (Östgaard, 1965, 48f.). Diese Vorstellungen dekken sich weitestgehend mit o. g. Aspekten.

Abb. 2: Die diskursive Strategie des Sensationsjournalismus

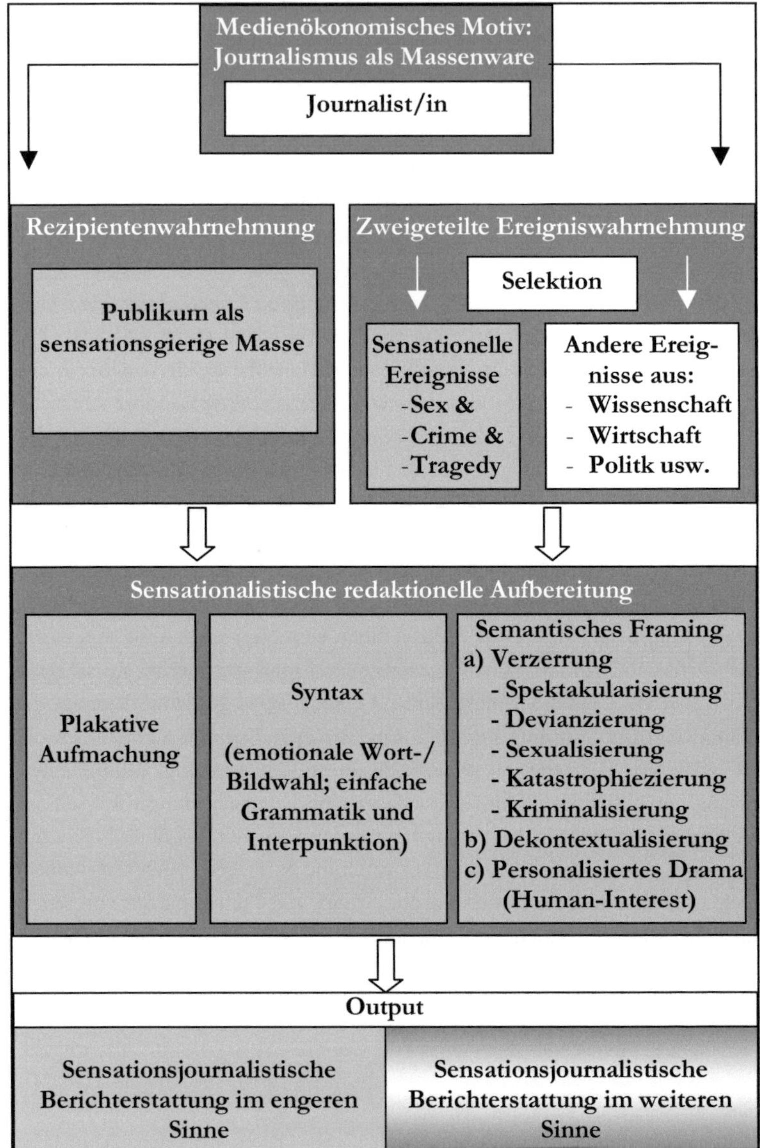

3.4 Sensationsjournalistische Recherchemethoden

Ethische Norm- und Rechtsverstöße bei der Informationsbeschaffung, also bei journalistischen Arbeitsweisen im Vorfeld der Berichterstattung, wurden in Deutschland anlässlich einiger weniger spektakulärer Vorfälle öffentlich heiß diskutiert, als regelrechte Medien-skandale beurteilt, und sie boten Anlass zu breiter Selbstkritik in der publizistischen Branche. Zu diesen Vorfällen zählten vor allem die Barschel-Affäre im September 1987, das Grubenunglück in Borken im Juni 1988, das Gladbecker Geiseldrama im August 1988, die Umstände des Todes von Lady Diana Spencer 1997, die Landung des Sportpiloten Matthias Rust auf dem Roten Platz in Moskau 1987, die Veröffentlichung der gefälschten Hitlertagebücher in der Zeitschrift *Stern* 1983 oder die Videofälschungen des Filmemachers Michael Born 1990-1996. Bei den anlässlich dieser Vorfälle aus Gründen der Aktualität und Exklusivität angewandten journalistischen Informationsbeschaffungsmaßnahmen, die als Zeichen einer »Verlotterung der Massenpublizistik« (Buchwald, 1989, 39), als »Distanz-Verlust« und »Besinnungslosigkeit« (Weischenberg, 1988b, 8, 10), als »Sittenverluderung« (Meyn, 1995) und »Verfallserscheinungen« betitelt wurden, handelte es sich um: Hausfriedensbruch, Ehr- und Persönlichkeitsrechtsverletzungen, »Menschenjagd«, Behinderung der Polizeiarbeit durch Gaffertum, Verfolgungsjagden bis hin zur Mittäterschaft, Scheckbuchjournalismus sowie Fälschung und Lüge.

Reporter der Zeitschrift *Stern* waren nach der sog. »Waterkantgate«-Affäre dem CDU Ministerpräsidenten von Schleswig-Holstein, Uwe Barschel, in den Urlaub nach Teneriffa nachgereist, verfolgten seine Spur in Genf, bis schließlich der Reporter Stefan Knauer in Barschels Hotelzimmer im Genfer »Beau Rivage« eindrang, Notizen fotografierte und – wie er später eingestand – »reflexartig« auf die Kamera drückte, als er den toten Barschel in der Badewanne fand. An Hilfestellung habe er nicht gleich gedacht (vgl. Stuiber, 1991a, 122). Im Anschluss an das Borkener Grubenunglück, bei dem 51 Bergleute verschüttet und sechs gerettet werden konnten, haben Journalisten rückblickend mit Abscheu beschrieben, »wie Kollegen zum ›Witwenschütteln‹ bei den Hinterbliebenen ausschwärmten (›30 Köpfe haben wir schon‹)« (Weischenberg, 1988b, 11). Journalisten verfolgten die Geretteten und ihre Angehörigen, verkleideten sich als Ärzte und Feuerwehrleute, um Zutritt zum Grubengelände zu erhalten, produzierten aus Konkurrenzneid Falschmeldungen und zückten für Exklusivstories das Scheckbuch, Kameraleute und Fotografen balgten sich um die besten Standorte. Zum Gladbecker Geiseldrama waren z. B. folgende Szenenbeschreibungen in der Presse zu lesen (abgedruckt in Weischenberg, 1988b, 13): »Ich habe mir erzählen lassen, daß diejenigen, die sich über den tödlich verletzten Jungen beugten, um ihm zu helfen, aufgefordert wurden, zur Seite zu gehen, denn sie störten die Photographen (*SZ*).« »Das Fluchtfahrzeug war von Journalisten umringt, die über Rundfunkmikrofone und Fernsehkameras mit Tätern und Geiseln ununterbrochen Gespräche führten (*FAZ*).« »Die Polizei hält, so heißt es in einem Augenzeugenbericht..., die anwesenden Journalisten mit gezückter Waffe von einer Verfolgung der Täter ab (*SZ*).« Das Geiseldrama markierte in den Augen vieler Medienkritiker »den Tiefpunkt journalistischen Fehlverhaltens« (Stuiber, 1991a, 122).

Im Falle des Todes von Lady Di wurde vor allem der menschenunwürdige Distanz-Verlust der Paparazzi begeklagt, denen aufgrund der Verfolgungsjagd im Auto eine Mitschuld am tragischen Unfall der Prinzessin gegeben wurde. Der »Friedensflieger« Matthias Rust umkreiste am 28. Mai 1987 in einer Cessna 172 dreimal den Kreml, um dann auf der Moskworezki-Brücke nahe dem Roten Platz zu landen. Nach 432 Tagen Haft kehrte er nach Deutschland zurück und verkaufte seine Story exklusiv an die Zeitschrift *Stern*, die ihm ein sechsstelliges Honorar bezahlte (vgl. Graeff & Kaupp, 1998, 88ff.; auch Füllgrabe, 1992). Der Skandal um die gefälschten Hitlertagebücher 1983 entlarvte nicht nur das nach wie vor belastete Verhältnis der Deutschen zur eigenen Geschichte, sondern auch »einen Journalismus, dem es mehr um Sensationen denn um deren Wahrheitsgehalt geht« (Graeff & Kaupp, 1998, 218). Der Journalist Gerd Heidemann schloss mit dem damaligen Vorstandsvorsitzenden von Gruner + Jahr, Manfred Fischer, einen Vertrag zur Lieferung der »Hitler-Tagebücher« ab; die ersten drei der von dem Militariahändler Konrad Kujau gefälschten Bücher wurden für 85.000 DM abgegeben. Die Ausgaben sollten sich zuletzt auf 9,34 Millionen Mark summieren. Nach der ersten Folge der Tagebücher im April 1983 im *Stern* entlarvten Mitarbeiter des Bundesarchivs und des Bundeskriminalamtes die Dokumente als »unglaublich oberflächliche, plumpe Fälschungen« (Graeff & Kaupp, 1998, 220).

Der Verkauf von Fälschungen machte auch vor dem Fernsehen nicht halt. Der ehemalige Kriegsreporter Michael Born wurde bekannt durch seine Video-Fakes (es handelte sich um fast zwei Dutzend Filmbeiträge, die mit Laienschauspielern inszeniert wurden, über z. B. Kröten als Drogenkuriere, die Umtriebe des Ku-Klux-Klans in Deutschland oder Kinderarbeit in Indien für Ikea). Die zur Anklage gekommenen und an private Fernsehsender verkauften Fälschungsfälle reichten von 1990 bis 1995, umfassten also einen Zeitraum von sechs Jahren, in denen bei den letztverantwortlichen Redakteuren mancher Zweifel aufkam, Borns zum Teil dilettantische Darstellungen aber nie wirklich konsequent nachgeprüft wurden. Im Born-Prozess ist die Kammer unter dem von der Staatsanwaltschaft beantragten Strafmaß von fünf Jahren geblieben, da der Aufwand an krimineller Energie – so der Richter des Landgerichts in Koblenz – sich aufgrund der fehlenden Kontrollmechanismen bei den Redaktionen in Grenzen halten konnte. Deren »süßer Irrglaube« sei so weit gegangen, dass sie die »Augen geschlossen« hätten (Born, 1997, 10, 193f.). Der Stoffbedarf zahlloser Magazinsendungen sollte befriedigt werden, und das möglichst spektakulär. Aktuellere Beispiele sind der Skandal um den ehemaligen Mitarbeiter des *SZ*-Magazins Tom Kummer, der mit gefälschten Prominenteninterviews auffiel und sich selbst aufgrund seiner Collagentechnik (Zusammenstellung von

Versatzstücken aus früheren Interviews) und der »künstlerischen« Fiktionalisierung als »Borderline«-Journalist rechtfertigte (vgl. Ott & Ramelsberger, 2000) oder auch die Diskussion um »Gaffer-Journalisten« anlässlich eines Verkehrsunfalls am 17. Mai 2000, bei dem elf Menschen getötet und sieben schwer verletzt wurden. Tief fliegende Hubschrauber mit Medienvertretern hatten die Rettungsmaßnahmen erheblich behindert (Die Lehre vom 17. Mai, 2000, 23).

Die genannten standeswidrigen und zum Teil skrupellosen Informationsbeschaffungsmethoden, die nur die Spitze eines Eisbergs darstellen, werden wiederum einhellig auf Konkurrenzdruck und ökonomische Motive zurückgeführt (vgl. Stuiber, 1991, 124). Der Druck eines »hypertrophierenden« Mediensystems wirke sich auf die Journalisten als Zwang zur Kommunikation aus (Baum, 1996, 242). Im Kampf um die Aufmerksamkeit und bei der »Jagd nach Sensationen« komme es »zu journalistischen Grenzüberschreitungen, die durch voyeurhaftes Zeigen auch die Würde von Opfern verletzen« (Meyn, 1995, 251). Zur Behebung der Knappheit sensationeller Ereignisse müssten zunehmend »auch Beschaffungsmethoden eingesetzt werden (...), die früher nur an den Boulevardblättern des Springer-Konzerns kritisiert wurden« (Baum, 1996, 247). Ein »perfider Voyeurismus«, der »immer weniger Tabus« kenne, mache sich breit, »weil der Konkurrenzkampf um die Schlagzeilen jede Hemmschwelle beseitigt« (Herzog, 1996, 62). Scheckbuchjournalismus, also der exklusive Ankauf von sensationellen Informationen, ist nur die konsequente und logische Verhaltensfolge bei der Anwendung der Marktgesetze auf die gesellschaftliche Kommunikation (vgl. Buchwald, 1989, 40). Bei dieser »besonderen Degenerationserscheinung« würden »abenteuerliche Summen« bezahlt, um Rechte an besonders massenattraktiven Stories zu bekommen. Falls man einem Täter Beihilfe leiste, indem man ihm zusätzlich die geldträchtige Vermarktung seiner Geschichte ermöglicht, werde es obszön. Es sei dann nur noch ein kleiner Schritt dahin, gleich die Tat in Auftrag zu geben, damit man die Story hat (Herzog, 1996, 62).

Ob mediale Konkurrenz die Hauptursache für unlautere Recherchemethoden ist, wird von einigen Autoren in Frage gestellt. So behaupten Coulson & Lacy, dass aggressives Reporterverhalten gegenüber Mitkonkurrenten um die beste Story Teil eines alten Mythos über die Printindustrie sei; sie räumen allerdings ein, dass es für diese Behauptung keine empirischen Belege gäbe (1993, 355). Zumindest im Bereich des Fotojournalismus sind »aggressive« Beschaffungsmethoden hinlänglich bekannt, und für die Tatsache, dass erhöhter Konkurrenzdruck zu einer Kommerzialisierung der Informationsbeschaffungsmethoden geführt hat, lassen sich diverse Beispiele angeben (Exklusivrechteverkauf, Stichwort »Scheckbuchjournalismus«). Die Kommerzialisierung der Recherche scheint vor allem in den USA recht eigentümliche Blüten zu treiben, wie es aus einem Bericht über *The National Enquirer* hervorgeht: »Es ist schon vorgekommen, daß eine Titelgeschichte 200.000 $ gekostet hat. Flugzeuge, Hubschrauber – sogar ein U-Boot war mal im Gespräch für eine Recherche. Das Redaktionsbudget ist 16 Millionen Dollar hoch. Und tatsächlich melden sich viele Informanten von selbst, ermuntert von einem kleinen Kasten im Impressum: ›Got news for us? We've got 500 $ for you!‹« (Casati, 1997, 19; s. auch Krill, 1993). Auch professionelle Hilfe bei der Suche nach Sensationellem i. e. S. kann mittlerweile in einem mehrere Hundert Dollar teuren Abonnement von Spezialagenturen für »hard-to-find tabloid-type stories of the violent and bizarre« angefordert werden (Freeman, 1993, 40). Scheckbuchjournalismus mit astronomischen Summen ist im amerikanischem Boulevardjournalismus ein weit verbreitetes Phänomen (vgl. hierzu die Beispielsammlung bei Davis & Owen, 1998, 95f., 195ff.).

Zu den deutschen Medienskandalen resümiert Stuiber: »Die spektakulären Fälle zeigen: Der Sensationsjournalismus erreicht neue Dimensionen« (1991a, 123). Auch in semantischer Hinsicht bekam der Begriff eine neue Dimension: Gerade die unlauteren Recherchepraktiken wurden als hervorstechender Wesenszug des Phänomens Sensationsjournalismus wahrgenommen, mit diesem vorrangig konnotiert bzw. seine Bedeutung sogar darauf beschränkt. Im *SZ-Magazin* vom 11. Juli 1997, dessen Inhaltsverzeichnis überschrieben ist mit: »Wie wär's mit einem Ausflug in den Sensationsjournalismus?« finden sich ausschließlich komplett von A-Z erfundene Beiträge. Der Begriff Sensationsjournalismus wurde also von professioneller Kommunikatorseite ausschließlich mit Fälschung und Lüge in Verbindung gebracht, was die *SZ*-Redakteure auch expressis verbis gleich zu Beginn eines das Magazin beschließenden und erläuternden Interviews mit dem Prominentenanwalt Mathias Prinz formulierten (S. 46): »Herr Prinz, wir haben Sensationsjournalismus betrieben. Wir haben Briefe gefälscht, Zitate erfunden und uns Interviews ausgedacht.« Ähnlich äußerte sich dort auch Prinz selbst: »Wir führen fast vierhundert Presserechtsverfahren im Jahr, da geht es um Journalisten, denen gefälschtes Material geliefert wurde, die unsauber recherchiert haben oder sich Geschichten aus den Fingern gesogen haben – kurz: die Sensationsjournalismus betreiben.« Interessanterweise sind die Informationsbeschaffungsmethoden gerade der Bereich, in dem es starke Übereinstimmungen zu einer anderen Journalismusform gibt, der im Gegensatz zum Sensationsjournalismus allerdings hohe Wertschätzung entgegengebracht wird. Es handelt sich um den sogenannten Investigativjournalismus, bei dem professioneller Konsens in der Einschätzung seiner drei Hauptmerkmale besteht. Investigativer Journalismus ist demnach gekennzeichnet:

- durch eine aktive Reporterrolle, die im Regelfall mit Vor-Ort-Recherche verbunden ist
- durch Rechercheaktivitäten, die sich oft nur gegen Widerstände betreiben lassen und
- durch die thematische Relevanz (vgl. Redelfs, 1996, 28f.).

Das Kriterium der thematischen Relevanz bezieht sich vorrangig auf die politische Bedeutung des Investigativen Journalismus, der damit der demokratietheoretisch begründeten Kritik- und Kontrollfunktion der Medien nachkommt. Im Vordergrund stehen meist Korruptionsfälle und insbesondere der Machtmissbrauch staatlicher Einrichtungen. Diese thematische Ausrichtung, mit der häufig unlautere Informationsbeschaffungsmethoden gerechtfertigt werden (das Ziel heiligt die Mittel), unterscheidet letztlich die beiden »Journalismen«: »Das Definitionskriterium der politischen Relevanz läßt die (...) Abgrenzung zum ›Klatsch- und Sensationsjournalismus‹ zu, der sich unter Umständen typischer Recherchemethoden des IR [Investigativen Reporting; Anm. UK] bedient, um das Privatleben von Stars zu untersuchen« (Redelfs, 1996, 29). In den journalistischen Arbeitsweisen und der angelsächsischen Redaktionsorganisation ähneln sich beide Journalismen allerdings (vgl. Esser, 1999b, 25). Das Nachrichtenmagazin *Der Spiegel* und die *Bild*-Zeitung arbeiten mit Rechercheuren und mehrstufigen Verarbeitungsprozessen, in deren Verlauf die Roh-Artikel teilweise stark verändert werden. In beiden Blättern wird mehr recherchiert als bei den meisten anderen deutschen Zeitungen (vgl. ebd.; s. hierzu auch den kurzen Erfahrungsbericht von Neumann, 2000, Redakteurin beim *Kölner Express*). Eine Abgrenzung zwischen Sensationsjournalismus und Boulevardjournalismus ist weniger offensichtlich. Sie wird Gegenstand des nun folgenden Kapitels sein.

3.5 Sensationsjournalismus = Boulevardjournalismus?

Mit dem Aufkommen der Massenpresse entwickelte sich immer mehr der Typ der echten Straßenverkaufszeitung, die aufgrund dieser Vertriebsart als »Boulevardpresse« bezeichnet wird. Koszyk & Pruys (1970, 61) definieren in ihrem »Wörterbuch zur Publizistik« die Boulevardpresse als »jene Periodika, die vorwiegend auf der Straße zum Kauf angeboten werden, eine betont populärsensationelle Aufmachung (...) haben, den Leser durch schockierende Stories ansprechen wollen (sex, crime, war) und sich häufig bewußt einer sehr direkten Ausdrucksweise bedienen, die nicht selten die Vulgärsprache zu übertreffen sucht, um Neugier, Sensationshunger und Nervenkitzel einer bei der Lektüre kaum verharrenden Leserschaft permanent zu wecken und zu befriedigen.« Dieser Pressetyp, der seit Mitte des 19. Jahrhundert auf den großen Boulevards der sich entwickelnden pulsierenden Metropolen, auf denen die Massen städtebaulich quasi »kanalisiert« worden waren, verkauft wurde, bediente sich stets auch der diskursiven Strategien des Sensationalismus, weshalb Boulevardjournalismus und Sensationsjournalismus in der Literatur oft gleichgesetzt werden (Bitter, 1951, 94; Lippert, 1953, 27; Nußberger, 1984, 28; Pfeifer, 1993, 162; vgl. auch Davis & Owen, 1998, 94). Der Terminus Boulevardjournalismus wird vorrangig produktbezogen benutzt und findet daher seit den 90er Jahren auch auf die Boulevardmagazine des Fernsehens Anwendung (vgl. Gangloff, 1996b).

Innerhalb der Kommunikator- bzw. Journalismusforschung können verschiedene Journalismustypologien unterschieden werden: a) nach der Art des Mediums (Agentur-, Zeitungs-, Zeitschriften-, Hörfunk-, Fernseh-, Bildjournalismus; vgl. Breunig, Rosenberger & Bartel, 1993); b) nach thematischen

Schwerpunkten (z. B. Politik-, Wirtschafts-, Feuilleton- bzw. Kultur-, Sport-, Wissenschafts-, Special Interest Journalismus; vgl. z. B. Ruß-Mohl, 1986; Ruß-Mohl & Stuckmann, 1991; Kohring, 1997, Reus, 1995); c) nach dem eigenen Berufs- und Selbstverständnis (objektiver vs. Meinungsjournalismus (Kritiker, Kontrolleur), anwaltlicher, investigativer, Ratgeber-/Berater-, Unterhaltungs- oder pädagogischer Journalismus (vgl Mast, 1999, 32-35) sowie Präzisionsjournalismus oder new journalism (literarischer Jounalismus) (vgl. Haas & Pürer, 1991, 71-83); d) nach bestimmten journalistischen Zielen und Handlungsweisen, meist pejorativ bzw. anklagend verwendet (Kampagnen-, Hofberichterstattungs-, Sensations-, Katastrophen-, Scheckbuch-, Verlautbarungs-, Parteibuchjournalismus) (vgl. Mast, 1999, 32) sowie inquisitorischer, spekulativer, staatsgefährdender oder Hinrichtungsjournalismus (vgl. Pürer, 1992, 304f.). Diese Liste ließe sich endlos fortsetzen. Der Boulevardjournalismus lässt sich keiner dieser Typologien eindeutig bzw. mehreren gleichzeitig zuordnen. Er stellt eine ganz besondere, in der Regel auf bestimmte Produkte bezogene Art journalistischen Handelns dar, die nach ganz eigenen Redaktionsprinzipien und Spielregeln funktioniert und den einen Extrempol auf einer imaginären Qualitätsachse markiert, die von »seriösem« (Eliten-)Journalismus auf der einen Seite bis vulgär-populärem (Massen-)Journalismus auf der anderen Seite reicht (vgl. Sparks, 2000, 12-16; Gripsrud, 2000, 292-294).

Die Charakteristika des Boulevardjournalismus bzw. des sog. »Boulevardformates«[43] wurde erstmals in systematischer Form von Bruck & Stocker (1991, 9-33) herausgearbeitet. Der Begriff »Boulevardformat« erfasst für die Autoren Aspekte des materiellen und formal-sprachlichen Erscheinungsbildes des massenkommunizierten Textes, der wiederum nach einer bestimmten Produktionsorganisation, spezifischen journalistischen Routinen und Nachrichtenwertorientierungen verlange (ebd., 15). Handlichkeit und visuelle Auffälligkeit mit Hilfe großformatiger, oft farbiger Fotos, fetten überdimensionierten Schlagzeilen und eingefärbten Kästen kennzeichnen die äußere Erscheinungsform. Der Aufbau boulevardformatiger Zeitungen ist gekennzeichnet durch das Nichtvorhandensein einer Ressorteinteilung, einen hohen Anteil an Kolumnen und einem großen Unterhaltungs- und Serviceteil mit Cartoons, Witzen, Ratgeberspalten, Kochrezepten, Horoskopen, Rätseln etc. und das Fehlen von Reportagen und längeren Berichten. Als herausragendes und typisches Element gilt das der gängigen Schönheitsnorm entsprechende Bild eines halbnackten oder nackten Mädchens. Der einfache, häufig wertend-emotionale, appellative und alltagsnahe Sprachstil, oft gespickt mit Wortspielen und Metaphern, dient der schnellen Verständlichkeit und Lebendigkeit, Identifikationsmöglichkeiten werden durch

[43] Alltagssprachlich wird mit dem Begriff Format zunächst nur die physische Größe einer Zeitung bezeichnet; im anglo-amerikanischen Bereich spricht man vom »tabloid format«, im Gegensatz zum »broadsheet paper«. Der Größenunterschied wurde zum Qualitätsunterscheidungskriterium und daher der Begriff »tabloid« mit dem Pressetypus insgesamt gleichgesetzt (vgl. kritisch dazu Sparks, 2000, 10).

die Verwendung von Abkürzungen und Spitznamen geschaffen. Das Themenspektrum ist gekennzeichnet von wenig Politik (vgl. auch Hummel, 1991, 192) und viel »sex and crime« (Bruck & Stocker, 1996, 23). Geschichten von Gewalt, Verbrechen und Katastrophen nehmen weitaus mehr Platz ein als politische und wirtschaftliche Nachrichten. Darüber hinaus wird Prominenten und Stars viel Aufmerksamkeit gewidmet, Sport findet breite Berücksichtigung. Bezogen auf ein gedachtes Koordinatensystem ist der Boulevardjournalismus im Gegensatz zum »seriösen« Journalismus in thematischer Hinsicht laut Sparks (2000, 12) folgendermaßen positioniert: »Serious journalism scores high on the ›public‹ axis and high on the ›politics, economics, and society‹ axis. Tabloid journalism scores high on the ›private‹ axis and high on the ›scandal, sports, and entertainment‹ axis.« In ihrer Titelschlagzeilenanalyse der vier bedeutendsten US-amerikanischen »tabloids« ermittelte Schaffer die Themenkategorien: Sex, Skandal, Tragödie, übernatürliche Phänomene, abweichendes (empörendes) Verhalten, Service/Tips und Prominente, wobei es in der Regel zu einer Themenvermischung komme: »...the topics are by no means mutually exclusive – many celebrity features concern outragious behavior involving sex, and so on« (Schaffer, 1995, 30). Für das typische Boulevardformat entscheidend ist die Art und Weise der Sinnkonstruktion, also die narrative Inszenierungspraxis. Bruck & Stocker (1996, 24-27) identifizieren als typische Stilkomponenten:

- Familiarisierung/Personalisierung: Nähe zur privaten Erfahrungswelt der Rezipienten wird durch die Schilderung persönlicher Erlebnisse von Prominenten und »normalen« Menschen erzielt und lexikalisch durch Umgangssprache, Spitznamen etc. verstärkt. Die häufig auftauchenden Tier- und Kindergeschichten gehören dazu.
- Simplifizierung: Simplifizierung kommt zustande durch die Konstruktion von übersichtlichen Weltbildern und die Reduktion komplexer gesellschaftlicher Vorgänge auf Personen und Einzelfakten.
- Melodramatisierung: Die diskursive Zuspitzung persönlicher Tragödien soll Angstlust beim Leser verstärken. Die gesellschaftliche Verantwortung an Katastrophen wird an eine übergeordnete Schicksalsinstanz übertragen.
- Visualisierung: Diese erfolgt durch Bild und im Text durch detaillierte optische Beschreibung eines Tatortes z. B. oder plakative Metaphern. Die Auswahl des Bildmaterials orientiert sich nach den »Kriterien von Schock und Kitzel« (ebd., 27). Visualisierung dient der Verstärkung des Eindrucks von Unmittelbarkeit und Authentizität.

Diese Zusammenschau der zentralen Kennzeichen des Boulevardformates verdeutlicht folgendes: Die in Kapitel 3.3 herausgearbeiteten Sensationalismusstrategien (vgl. Abb. 2) sind weitestgehend deckungsgleich mit den Stilkomponenten des Boulevardformates, wobei Sensationalismus als seine Extremausprägung angesehen werden kann: Sensationalisierung – so Bruck & Stocker (1996, 27) – ließe sich am unmittelbarsten in den Schlagzeilen, in der Verwendung stark wertender Charakterisierungen, in detaillierten Beschreibungen und in der permanenten Übertreibung (vor allem bei Zahlenangaben) beobachten. Im Zusammenspiel mit der Auswahl von Themen wie Verbrechen und Katastrophen [und Sexualität; Anm. UK] werde »der Effekt des Sensationellen« erzeugt (vgl. ebd.). Mit anderen Worten: Sensationsjournalistische Berichterstattung i. e. S. ist in Reinkultur im Boulevardformat enthalten. Da das Themenspektrum boulevardformatiger Medien allerdings weiter gestreut ist (Prominenz, Sport, Ratgeber, Tiergeschichten, Spiele, Horoskop etc.) sind beide Journalismen nicht als deckungsgleich zu betrachten (der eine ist Teilmenge des anderen). »In der allgemeinen Verarmung an Spannung und Intensität des Erlebens ist eine neue kompensatorische Aufgeregtheit entstanden, die in den Medien als Sensationsjournalismus daherkommt. (...) Vor allem in der Boulevardpresse, welche diese Art von Emotionspublizistik am hemmungslosesten praktiziert, scheinen die Journalisten charakterlos einen Sport zu betreiben, den man mit dem Ausdruck ›Gefühlssurfen‹ bezeichnen könnte« (Gmür, 2002, 46).

Um die Unterschiede zwischen Boulevard- und Sensationsjournalismus nicht nur rein literaturgestützt herauszuarbeiten, sondern auch mittels aktueller empirischer Daten zur Alltagswahrnehmung untermauern zu können, wurden im April 1998 insgesamt 224 Studierende der Johannes Gutenberg-Universität Mainz (94 Studenten und 130 Studentinnen) nach ihren spontanen Assoziationen zur Wahrnehmung beider Journalismen befragt. Bei Assoziationstests handelt es sich um ein indirektes, projektives Befragungsverfahren, das eingesetzt wird, wenn Personen sich eines bestimmten Sachverhalts nicht genau bewusst sind, wenn die Befragungspersonen aufgrund sozialer (Un-)Erwünschtheit keine genauen Angaben machen wollen oder wenn, wie beispielsweise in der Konsumentenforschung, sachliche oder emotionale Vorstellungen und »innere Bilder« zu bestimmten Begriffen erhoben werden sollen, um neue Produktpositionierungskonzepte zu entwickeln (vgl. Sies & Mahlau, 1997; Kroeber-Riel, 1992). Assoziationen können sehr verschieden sein, da hierunter alle Eindrücke verstanden werden, die zu dem Gesuchten in einem Verhältnis der Ähnlichkeit, des Gegensatzes oder der räumlichen und zeitlichen Nähe stehen. Unter einem Assoziationstest wird daher ein Messinstrument verstanden, bei dem durch bewusst eingesetzte Reize (Begriffsvorgaben) die im Gedächtnis gespeicherten Eindrücke aufgedeckt werden und somit die subjektive Wahrnehmung eines Objektes sowie Einstellungen und Gefühle diesem gegenüber ermittelt werden.

Bei den Befragten handelte es sich jeweils ungefähr zur Hälfte um Studierende der Publizistikwissenschaft (N=109) und um Studierende anderer geistes- bzw. sozialwissenschaftlicher Fächer (N=115). Das Durchschnittsalter betrug 23,4 Jahre, die durchschnittliche Semesterzahl lag bei 3,7. Die Befragten wurden gebeten, in jeweils 1 Minute 30 Sekunden ihre spontanen Assoziationen zu den Begriffen »Boulevardjournalismus« sowie »Sensationsjournalismus« zu notieren. Als »Neutralisierung« wurde zwischen diese beiden Begriffe die Assoziationsabfrage zum Wort »Unterhaltung« gestellt. Um die Spontaneität der Antworten, die bei Assoziationstests von größter Bedeutung ist, zu gewährleisten, wurde den Befragten erläutert, dass es keine richtigen oder falschen Antworten gäbe, sondern dass sie vielmehr schnell und ohne langes Überlegen sagen sollten, was ihnen nach Vorgabe des Reizes in den Sinn kommt. Zu dem Begriff »Boulevardjournalismus« wurden 1.295 Assoziationen niedergeschrieben, was einer durchschnittlichen Anzahl von 5,8 pro Person entspricht. Beim »Sensationsjournalismus« waren es etwas weniger Nennungen, nämlich 1.107, also durchschnittlich 4,9 Nennungen. Ein Müdigkeitseffekt ist hier nicht auszuschließen. Als Assoziationen wurden nicht unbedingt einzelne Wörter gezählt, sondern Sinneinheiten (diese waren in der Regel von den Befragten selbst durch Komma abgetrennt worden: z. B. »bei anderen Menschen im privaten Leid wühlen« oder »weit weg von der Realität« oder »eine schlechte Nachricht ist eine gute Nachricht«). Anhand einer Auflistung aller Assoziationen für beide Begriffe wurde ein inhaltsanalytisches Kategoriensystem entwickelt (s. Anhang), das eine eindeutige Zuordnung jedes assoziierten Wortes bzw. jeder Sinneinheit ermöglichte.

Die Ergebnisse sind aus zwei Perspektiven zu interpretieren: Zum einen gibt die Anzahl der Nennungen Aufschluss über die Intensität der Assoziationen, die für eine bestimmte Kategorie zutrifft. Die reine Anzahl der Assoziationen sagt aber nicht zwingend etwas aus über die Verbreitung der konnotierten Kategorie, da einige wenige Personen sehr viele Assoziationen zu dieser Kategorie haben können (und daher die Häufigkeiten »in die Höhe treiben«). Will man aber andererseits etwas über die Verbreitungsintensität bestimmter (Denk)-Kategorien erfahren, muss die Anzahl bzw. der Anteil der Personen betrachtet werden, die eine oder mehrere Assoziationen in den jeweiligen Kategorien hatten. Die Ergebnisdarstellung erfolgt daher auf Personenbasis. Zum besseren Verständnis der Kodierungen sind jedoch zunächst einige Assoziationsbeispiele angegeben.

Tab. 3: Hauptkategorien und Assoziationsbeispiele

Hauptkategorie	Beispiel-Assoziationen
Printmedien	Bunte, Kölner Express
Fernsehsender	Pro7, RTL2
Sendungstypen	taff, Notruf, Talkshow
Fotojournalismus	Paparazzi, verwackelte Fotos
Recherchepraktiken	»die halten voll drauf«, »alles gelogen«
Darstellungsweisen	Reißerisch, unpräzise
Inhalte, Themen	Mord, Lady Diana, Barschel
Adjektivische Beurteilungen	Widerlich, lästig, unterhaltsam
Sensationsgier	Voyeure, Gaffer-Journalisten
Folgen und Forderungen	Verdummung, »sollte verboten werden«
Ökonomische Motive	Profitgier, »geldgeil«
Synonyme Verwendung	= Gleichsetzung der beiden Journalismen
Rezipienten/ Rezeptionsweise	Hausfrauen, Wartezimmerlektüre

Abb. 3 gibt einen Überblick über die Verteilung nach Hauptkategorien. Danach wird Boulevardjournalismus (BJ) stärker mit Darstellungsweisen, Printmedien und Inhalten konnotiert. Mit Sensationsjournalismus (SJ) werden demgegenüber bestimmte Recherchepraktiken und ökonomische Motive verbunden.

Abb. 3: Anteil Personen mit mind. einer Assoziation in den Hauptkategorien

	Sensationsjournalismus	Boulevardjournalismus
Inhalte / Themen	49%	58%
Darstellungsweisen	46%	60%
Recherchepraktiken	34%	23%
Printmedien	34%	60%
Sensationsgier	26%	27%
Sendungstypen	25%	23%
unspezif. adjektiv. Beurt.	24%	31%
Fotojournalismus	21%	25%
sonstiges	19%	25%
Ökonomische Motive	18%	11%
Synonyme Verwendung	17%	29%
Fernsehsender	9%	9%
Folgen u. Forderungen	7%	7%
Rezipienten / Rez.weise		6%

Basis: N=224; Mehrfachnennungen möglich

Wo liegen jedoch die Schwerpunkte innerhalb der einzelnen Hauptkategorien? Die Printmedienkategorie wird dominiert von der *Bild*-Zeitung. Bei dem Begriff Boulevardjournalismus dachte jeder zweite sofort an diese Zeitung; immerhin dachte auch noch jeder sechste an die Regenbogenpresse, also an jene Klatschblättchen (*Neue Post, Frau im Spiegel*), die gefüllt sind mit Geschichten von Adligen und Prominenten. Sensationsjournalismus wird von 26 % der Befragten mit der *Bild*-Zeitung assoziiert, alle anderen Printmedien spielen anscheinend gedanklich keine so große Rolle. Fernsehsender kommen den Befragten bei beiden Begriffen kaum in den Sinn. Es wurden, wenn das der Fall war, nur Privatsender genannt. Anders verhält es sich mit bestimmten Sendungstypen. Abgesehen von den klassischen Boulevardmagazinen wie »taff«, »explosiv« oder »Brisant«, die bei Boulevard- und Sensationsjournalismus gleichermaßen stark assoziiert wurden, werden Talkshows ausschließlich als Boulevardprodukt genannt, während klassisches Reality-TV (z. B. »Notruf«) als typisch für Sensationsjournalismus angesehen wird.

Abb. 4: Anteil Personen mit mindestens einer Assoziation zu Sendungstyp

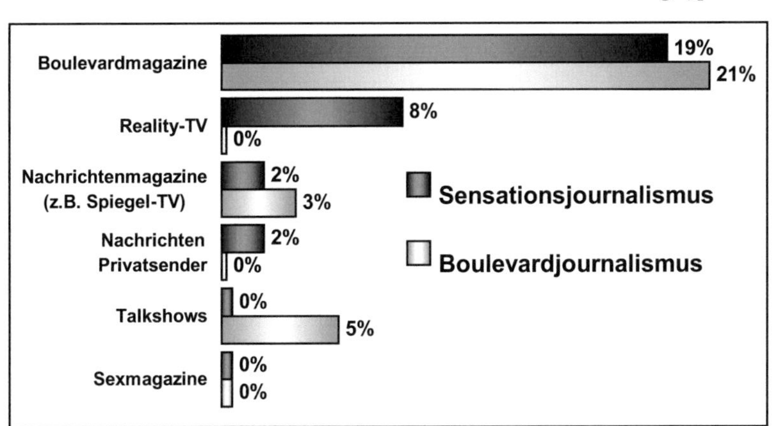

Basis: N=224; Mehrfachnennungen möglich

Die Recherchepraxis war eine der Hauptkategorien, die verbreiteter mit Sensations- als mit Boulevardjournalismus gedanklich verbunden war. Allerdings ist dieses Ergebnis maßgeblich auf jene Assoziationen zurückzuführen, die den journalistischen Distanzverlust bei der Recherche thematisieren (z. B. »Aasgeier«, »rücksichtslos«, »Ausnutzen von Schwächen«). An dieser Kategorie ist auch gut der Unterschied zwischen Intensität und Verbreitung abzulesen, da 94 Assoziationen von 64 Personen genannt wurden. Grenzüberschreitungen bei der Recherche in Form von Schamlosigkeit und Einbruch in die Privat- und Intimsphäre werden im Falle von Sensationsjournalismus nicht nur in weit höherer Anzahl genannt, sondern auch von wesentlich mehr Befragten:

Tab. 4: Assoziationen zur Recherchepraxis

	Nennungen		**Personen**		**Personen (%)**	
Recherchepraxis	**BJ**	**SJ**	**BJ**	**SJ**	**BJ**	**SJ**
Distanzverlust	44	**94**	37	64	16,5	**28,6**
Oberflächlichkeit	24	14	23	14	10,3	6,3
Fälschung, Lüge	29	30	26	22	11,6	9,8

Basis: N=224

Deutliche Unterschiede ergaben sich bei den inhaltlichen/thematischen Assoziationen zu beiden Journalismen. Wie aus den beiden folgenden Diagrammen hervorgeht, nehmen die thematischen Assoziationen, die um Sex & Crime & Tragedy[44] ranken (oder, wie es einer der Befragten treffend ausdrückte: »Blut,

[44] Zusammenfassung der Unterkategorien: Sex, Gewalt, Verbrechen, Krankheit, Tod, Katastrophe, Unfall.

Sperma, Tränen«) im Falle von Sensationsjournalismus einen viel breiteren Raum ein, als das beim Boulevardjournalismus der Fall war. Hier dominieren die Gedanken an Klatsch und Prominenz. Die »positiven« Sensationen, also Rekorde oder herausragende Leistungen, kommen so gut wie überhaupt nicht vor, ebenso wird auch der Sport, der normalerweise in der Boulevardpresse breiten Raum einnimmt, nicht als typisch für Boulevard- oder Sensationsjournalismus wahrgenommen. Der Tod von Lady Diana im September 1997 wird als einzelnes Ereignis noch sehr gut erinnert und dementsprechend häufig zu beiden Begriffen genannt.

Abb. 5: Inhaltliche Assoziationen zu Boulevard- und Sensationsjournalismus

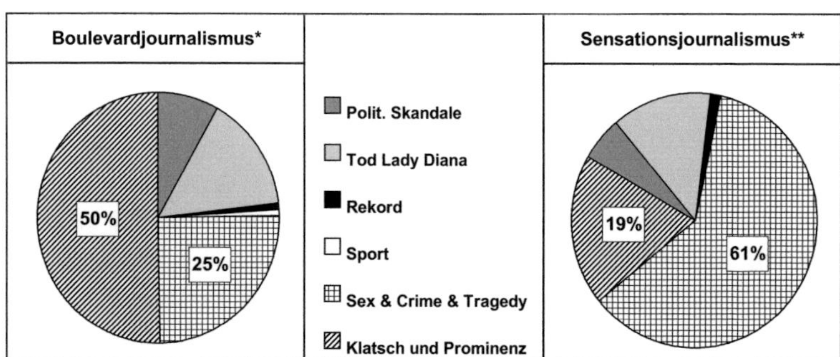

* Basis: N=251 Assoziationen

** Basis: N=246 Assoziationen

Die beiden Inhaltskategorien, in denen die größten Unterschiede zwischen den Journalismen festzustellen sind, nämlich Klatsch & Prominenz als dominante Kategorie für Boulevardjournalismus einerseits und Sex & Crime & Tragedy als Hauptinhaltskategorie für Sensationsjournalismus andererseits, werden von ca. jedem dritten Befragten[45] gedanklich aktiviert. Ein substantieller Anteil der Befragten ging gedanklich auf Ursachensuche für beide Journalismen. Zwei wesentliche Ursachenbündel wurden assoziativ erfasst: ökonomische Motive sowie Sensationsgier. Mit Sensationsjournalismus wurde stärker die Sensationsgier bzw. der Voyeurismus der Zuschauer/Leser assoziativ verknüpft (17 % vs. 9 %). Auch ökonomische Motive wie Wettbewerbsdruck oder Profitgier kamen mehr Personen zum Sensationsjournalismus in den Sinn (18 % vs. 11 %).

Ein abschließendes Kategorien-Ranking gibt einen Überblick über die verbreitetsten Assoziationsfelder der beiden Journalismen im Vergleich. Die meisten Personen dachten beim Boulevardjournalismus an die *Bild*-Zeitung, während beim Sensationsjournalismus die verbreitetste Assoziation der journalistische Distanzverlust bei der Recherche war.

---

[45] BJ – Klatsch & Prominenz: N=87 (38,8 %) und SJ – Sex & Crime & Tragedy: N=70 (31,3 %)

Tab. 5: Rangplatzvergleich der verbreitetsten Assoziationskategorien

Sensationsjournalismus*			Boulevardjournalismus*		
Nr.	Kategorie	Pers. (%)	Nr.	Kategorie	Pers. (%)
1	Distanzverlust	64 (29)	10	Distanzverlust	37 (17)
2	Verzerrung	60 (27)	3	Verzerrung	59 (26)
3	Bild-Zeitung	58 (26)	1	Bild-Zeitung	115 (51)
4	Fotojournalismus	46 (21)	4	Fotojournalismus	56 (25)
5	Boulev.mag. TV	42 (19)	6	Boulev.mag. TV	46 (21)
6	*Krankheit/Tod*	*41 (18)*	24	Krankheit/Tod	10 (5)
7	Negativwertungen	41 (18)	9	Negativwertungen	38 (17)
8	*Ökonomische Motive*	*41 (18)*	15	Ökonom. Motive	24 (11)
9	*Gewalt/Verbrechen*	*38 (17)*	19	Gewalt/Verbrechen	17 (8)
10	*Sens.gier Publikum*	*37 (17)*	17	Sens.gier Publikum	21 (9)
11	Klatsch/Prominenz	37 (17)	2	*Klatsch/Prominenz*	*87 (39)*
13	Layout	24 (11)	*5*	*Layout*	*50 (22)*
16	Sens.gier (allg.)	18 (8)	*7*	*Sens.gier (allg.)*	*39 (17)*
29	Einfachheit	7 (3)	*8*	*Einfachheit*	*39 (17)*

Basis: N=224; Mehrfachnennungen möglich
* Kursiv: Kategorien, die nur bei einem der beiden Begriffe unter den ersten zehn vorkamen

Boulevardjournalismus wird überdies gedanklich verbunden mit Klatsch und Prominenten, einer grellen Aufmachung, einer einfachen Sprache und Sensationsgier allgemein; beim Sensationsjournalismus denken übereinstimmend viele Menschen eher als beim Boulevardjournalismus an Krankheit, Tod, Profitgier, Gewalt, Verbrechen und ein sensationslüsternes Publikum.

3.6 Realdefinition »Sensationsjournalismus«

Definitorische Aussagen werden dazu verwendet, den wissenschaftlichen Sprachgebrauch festzulegen. Die Gesamtheit der Ausdrücke der Wissenschaftssprache (Termini) stellt die spezifische »Terminologie« einer wissenschaftlichen Disziplin dar, sie ist deren Handwerkszeug. Intersubjektive Überprüfbarkeit des Forschungsprozesses setzt präzise Definitionen voraus. Diese haben üblicherweise die Form von Nominaldefinitionen, bei denen die Bedeutung eines Begriffes (des Definiendums) durch einen bereits bekannten Begriff oder durch mehrere bereits bekannte andere Begriffe (Definiens) festgelegt wird. Eine Nominaldefinition ist also zunächst formal nichts anderes als eine tautologische Umformung; das Definiendum ist bedeutungsgleich, identisch mit dem Definiens. Eine Eigenschaft von Nominaldefinitionen ist die, dass sie niemals falsch sein können, denn sie machen keine Aussagen über die Eigenschaften der Realität. Sie legen lediglich fest, welche Eigenschaften ein empirischer Gegenstand oder Sachverhalt aufweisen muss, um unter die Menge der Gegenstände oder Sachverhalte zu fallen, die mit der Definition begrifflich abzugrenzen sind. Aus dem gleichen Grund kann eine Nominaldefinition auch niemals richtig sein. Es kann lediglich nach ihrer Zweckmäßigkeit gefragt werden. Nominaldefinitionen werden daher auch als »festsetzende Definitionen« bezeichnet (vgl. Kromrey, 1986, 70).

Grundsätzlich anders als die Auffassung des Begriffsnominalismus ist die Auffassung des Begriffsrealismus (Kromrey, 1986, 65ff.). Aus dieser Sicht ist es nicht in das Belieben des einzelnen Definierers gestellt, welche Facetten des Gegenstandes mit welchen Begriffen hervorgehoben und welche außer Acht gelassen werden. Die Realdefinition ist eine Aussage über Eigenschaften eines Gegenstands oder Sachverhalts, die im Hinblick auf diesen Gegenstand für wesentlich gehalten werden (und nicht eher pragmatisch wie bei der Nominaldcfinition im Hinblick auf eine an den Gegenstand herangetragene Fragestellung). Realdefinitionen sind also Behauptungen über die Beschaffenheit oder über das »Wesen« eines Phänomens und haben damit den gleichen Status wie empirische Hypothesen: Sie müssen sich an der Realität des bezeichneten Phänomens bewähren. Der sprachlogische Unterschied von Real- und Nominaldefinitionen drückt sich bereits in den Formulierungen aus, die im Zusammenhang mit den beiden Definitionstypen gewählt werden. (Beispiel Nominaldefinition: »Unter x ..soll verstanden werden...«; »Wenn im folgenden von X die Rede ist, dann ist damit ..... gemeint.« Beispiel Realdefinition: »Als das Besondere von X sind die folgenden Merkmale anzusehen:.....« »Wesentlich für X sind die Merkmale.....«). Realdefinitionen können praktisch niemals vollständig sein. Man kann unmöglich sämtliche Eigenschaften, die ein bereits bekannter Gegenstand hat, in die Definition aufnehmen. Anspruch und Ziel von Realdefinitionen ist es ja gerade, nur »das Wesentliche« hervorzuheben. Aber das, was wirklich wesentlich ist – nicht was vereinbarungsgemäß als wesentlich erachtet werden soll – kann nicht mit letzter Sicherheit bestimmt werden; in unterschiedlichen historischen Epochen können jeweils andere Aspekte eines Phänomens wesentlich sein. Heißt jetzt das Definiendum – das zu Definierende – »Sensationsjournalismus«, dann stehen im Definiens Eigenschaften, die das Wesentliche des Phänomens zum Ausdruck bringen sollen. Die in Kapitel 3 literatur- und datengestützte Erfassung seiner Wesensmerkmale stellt die Basis folgender Realdefinition dar:

Sensationsjournalismus bezeichnet eine journalistische diskursive Strategie, die in Reinausprägung als Teilmenge des Boulevardformates auftritt und die folgenden wesentlichen Merkmale aufweist:

a) Sie ist i. d. R. medienökonomisch motiviert und zielt auf massenhaften Absatz

b) Sie ist inhaltlich gekennzeichnet durch eine Auswahl von typisch sensationellen Themen und Ereignissen. Dabei handelt es sich um solche aus den Bereichen Sex & Crime & Tragedy.

c) Sie bedient sich der formal-publizistischen Mittel des Sensationalismus

[Sensationalismus ist die formal-gestalterische, syntaktische und semantische Aufbereitungsweise eines Beitrags. Er stellt eine Kombination aus reißerisch-plakativer Aufmachung, einer auf Einfachheit und Emotionalität ausgerichteten Wort- und Bildwahl sowie einem spezifischen semantischen Framing dar, das die Ereignissachverhalte verzerrt, dekontextualisiert und als personalisiertes Drama darstellt. Die Verzerrung erfolgt in Form von Spektakularisierung, Devianzierung, Sexualisierung, Katastrophierung und/oder Kriminalisierung.]

d) Sie geht einher mit einem unethischen und/oder unrechtmäßigen Distanzverlust gegenüber den Informanten bei der Informationsbeschaffung bzw. Recherche oder beruht auf Lüge bzw. Fälschung.

[Ein (sensations-)journalistischer Distanzverlust liegt z. B. dann vor, wenn bei der Recherche für einen Beitrag Persönlichkeitsrechte verletzt und/oder Polizei- sowie Rettungsarbeiten behindert werden.]

Gemäß dieser Realdefinition läge Sensationsjournalismus z. B. in folgendem Extremfall vor: Bei einer Massenkarambolage auf einer Autobahn schießen Fotojournalisten Bilder von Schwerverletzten und behindern nachweislich die Rettungsarbeiten. Auf der Titelseite einer Tageszeitung wird eines der Fotos (blutüberströmte junge Frau mit zerrissener Bluse) großformatig in einen reißerisch aufgemachten Beitrag integriert, der in einer dramatischen und emotionalen Sprache Unfallhergang und Rettungsarbeiten in allen Details aus der Perspektive eines unverletzten Opfers beschreibt. Es handelt sich bei der Tageszeitung um eine Kaufzeitung, die in ihrem relevanten Markt zwei Mitkonkurrenten hat und sich in einer Absatzkrise befindet. Bei diesem Fallbeispiel treffen alle Merkmale zu. Die herausgearbeitete Realdefinition stellt die Arbeitsgrundlage für alle nun folgenden Kapitel dar. Im nächsten Schritt soll nun die historische Entwicklung des Sensationsjournalismus in Deutschland in groben Zügen seit Beginn der frühen Druckschriften des 15. Jahrhunderts nachgezeichnet werden.

4. Der Journalist als »Marktschreier«: Historische Entwicklung des Verkaufs von Nachrichten als »Sensation«

Marion Maier schreibt in ihrer Schweizer Diplomarbeit zum »Wesen der Boulevardzeitung in Theorie und Praxis«: »Die Wurzeln dieser Presseform wuchern bis ins 15. Jahrhundert, der Stamm ist im 19. Jahrhundert angesiedelt, erste Triebe spriessten zu Beginn des 20. Jahrhunderts, erste Früchte waren nach dem Zweiten Weltkrieg zu ernten« (Maier, 1999, 13). Die in dieser Baum-Metapher enthaltene Periodisierung der Entwicklung der Boulevardpresse wird durch die historischen Fakten weitestgehend gestützt. Es spricht viel dafür, die Einblattdrucke des 16. und 17. Jahrhunderts als Frühform der »Sensationspresse« anzusehen, dennoch sollen in diesem Zusammenhang neuere und historisch relativierende Befunde zu einem differenzierteren Bild beitragen. Was den Straßenverkauf von gedruckten Sensationen anbelangt, so kann man tatsächlich von einer sehr langen historischen Latenzphase sprechen: Nur vereinzelt tauchen im 18. und frühen 19. Jahrhundert »Skandalblätter« mit sensationellen Inhalten auf. Der in der Baummetapher enthaltene »Erntevergleich« hinkt allerdings etwas: Früchte ernten hieße, dass sich ein »fruchtbarer« Erfolg tatsächlich erst nach dem Zweiten Weltkrieg gezeigt habe. Das trifft nicht zu: Bei genauerer Analyse entpuppt sich gerade die Zeit der Weimarer Republik als Hochphase des gedruckten Boulevardjournalismus. Eine derartige Dichte dieser Pressegattung, die in Sensationen – vor allem in Verbrechen – schwelgte und auf den großen Boulevards der Reichshauptstadt Berlin florierte, hat es in der Bundesrepublik nicht mehr gegeben. Bis es zu dieser Entwicklung kam, hinkte Deutschland allerdings im internationalen Vergleich um ca. 30 Jahre hinterher. Daraus lässt sich die These eines deutschen »Sonderwegs der Boulevardisierung« ableiten, und die vielschichtigen Gründe dafür sollen in dem nun folgenden Kapitel aufgedeckt werden. Die Abschaffung der »Skandalpresse« durch die nationalsozialistischen Machthaber bedeutete keineswegs, dass es keinen Sensationsjournalismus mehr gegeben hätte. Dieser ist allerdings nicht mehr ökonomisch, sondern ideologisch-propagandistisch motiviert. Die sogenannte »Greuelpropaganda« und die diskursiven Strategien des Sensationalismus sind nur zwei Seiten ein und derselben Medaille. Auf beiden steht: *Masse*.

4.1 Die ersten »Straßenverkaufszeitungen« der frühen Neuzeit: Ursprung der Sensationspresse?

Nachrichtendrucke wurden schon bald nach Erfindung des Buchdrucks mit beweglichen Lettern hergestellt, die Herausbildung der Mediengattung wird daher um 1480 angesetzt (Pfarr, 1994, 83; Lang, 1987, 57). Die Flugblattpublizistik erfuhr durch die Reformation erstmalig einen starken Produktionsanstieg (vgl. hierzu Heintzel, 1998, 28). Vom ausgehenden 15. bis zum Ende des 17. Jahrhunderts dürften im deutschsprachigen Raum ca. 8.000 bis 10.000 Nachrichtenflugblätter (»Neue Zeitungen«) erschienen sein (Hortzitz, 1997, 152). Überliefert sind ca. 2.500 (Pfarr, 1994, 187). Es besteht weitgehender Konsens in der wissenschaftlichen Beurteilung der frühen illustrierten Nachrichtenflugblätter als »Frühform der Sensationspresse«. Dies trifft vor allem für ältere zeitungswissenschaftliche Arbeiten zu (vgl. Fehr, 1924; Schottenloher, 1922).

In der Tat sprechen einige Indizien dafür, gerade diese »Neuen (oder Newen) Zeitungen« so zu charakterisieren. Die Vertriebsform des Einzelverkaufs – vorzugsweise durch Wanderhändler – bedingte eine kaufanreizerhöhende inhaltliche und formale Aufmachung der Blätter. Schilling (1990) widmet sich in seiner einschlägigen Arbeit im gesamten ersten Kapitel dem »Warencharakter des Flugblattes«. In der möglichst wirksamen Ausnutzung der Nachricht als Handelsware habe die stärkste bewegende Kraft zur weiteren Entwicklung gelegen – so auch Schottenloher (1922, 157). Daher wurden vorzugsweise Vorgänge und Ereignisse berücksichtigt, die sich zu einem abbildungsfähigen Höhepunkt verdichten ließen wie Katastrophen, Unfälle, Schlachten, Krönungen, Gewaltverbrechen und Hinrichtungen. Ausführliche Beschreibungen von Verhandlungen, Friedensschlüssen, Kriegserklärungen, offiziösen Stellungnahmen o. ä. waren dagegen kaum Gegenstände eines Flugblatts. Das Medium für diese etwas nüchternere Publizistik, in der auch längerfristige Abläufe und Entwicklungen erläutert werden konnten, bildeten die Flugschriften (vgl. Schilling, 1990, 110). »Je ungewöhnlicher, je grausamer das Vorkommnis, desto verlockender und tauglicher für die Neue Zeitung« (Schottenloher, 1922, 161).

Inhaltlich aufschlussreich ist diesbezüglich eine der jüngeren Veröffentlichungen zu dieser Mediengattung von Nicoline Hortzitz (1997), die sich mit den zwischen 1506 und 1712 erschienenen Neuen Zeitungen beschäftigt hat. Aufgrund ihres Sensationscharakters sprachen diese Nachrichtenblätter ihrer Ansicht nach wohl besonders stark die Gefühle der Menschen an (Mitleid, Trauer, Angst, Entsetzen, Grauen etc.): Naturkatastrophen, Himmels- und Wundererscheinungen, Unfälle, Feuersbrünste, Missbildungen und andere medizinische Sensationen, Gewaltverbrechen, Magie, Aberglaube und Perverses (Leichenschändungen) (vgl. Hortzitz, 1997, 153) sind hier in gebündelter Form abgedruckt.

Die Gattungsbezeichnung »Neue Zeitung« bedeutete »Aktuelle Nachricht«, und das Adjektiv »Neu« wurde zwecks Kaufanreiz häufig variiert durch Bezeichnungen wie »Erschreckliche Zeitung« »Erbärmliche Zeitung«; »Glückliche Zeitung« oder »Wahrhaftige Zeitung«; ausschlaggebend war also der Nachrichtencharakter des Inhalts (vgl. Schröder, 1995,14). Diese Titelzusätze hatten marktschreierischen Schlagzeilencharakter (Schottenloher, 1922, 160; Schilling, 1990, 76). Die emotionale Beteiligung des Publikums sicherten gefühlsbesetzte Wörter, schreckenerregende Details und wiederholte Erzählereinschübe (Schilling, 1990, 86f.). Der Marktwert erhöhte sich durch eine verständliche Sprache in Versform, die Spannung, Rührung, Komik und neugierig machende rhetorische Figuren enthielt: So wurde z. B. unpassend Gegensätzliches in der Überschrift gekoppelt (hier Wissenschaft vs. Religion): »Vhrwerck deß Leyden JESU CHRISTI« oder »ANATOMIA M. LVTHERI« (Schilling, 1990, 75f.). Das aktivierende Stilmittel der Kontrastierung, das in der modernen Boulevardpresse eine besondere Rolle spielt (vgl. hierzu Kap. 6.2), war also auch damals schon bekannt. Das auffälligste Kennzeichen waren die z. T. kolorierten Holzschnitte, die fast 2/3 des Platzes einnahmen (Hortzitz, 1997, 146f.) und die zu Beginn des 17. Jahrhunderts durch Kupferstich und Radierung abgelöst wurden. Auch das könne man als Orientierung am Geschmack des Publikums deuten, da es die Nachfrage nach Flugblättern mit gravierten Illustrationen aufgrund der höheren Qualität verstärkte (vgl. Schilling, 1990, 18). Ab dieser Zeit mehrten sich die Versuche, die Flugblätter mit zusätzlichen Kaufanreizen zu versehen: So erfolgte zunehmend der Zeilenumbruch nach Sinn-einheiten, die Aufmachung wurde durch Klapp- und Drehbilder aufgepeppt, und ein häufig eingesetztes Mittel, das Publikum ins Bild einzubeziehen, bestand darin, in den Vordergrund der Illustration einige Personen mit dem Rücken zum Betrachter zu postieren. Ferner beteuerten die Schreiber den Wahrheitsgehalt der Nachricht durch den Verweis auf Eigenrecherche und Zeugenbefragung am Ort des Geschehens (vgl. zu allen Aspekten Schilling, 1990, 61f., 67, 131).

Die meisten Neuen Zeitungen verschwiegen ihre Herkunft, was zum einen damit zusammenhing, dass diese nichtperiodischen Einzelzeitungen entgegen den gesetzlichen Bestimmungen leichter anonym erscheinen konnten und damit dem Zugriff von Obrigkeit und Zensurbehörden entzogen waren, zum anderen gaben die städtischen Behörden die Erlaubnis zur Drucklegung häufig nur unter der Bedingung, dass ihre Stadt ungenannt bliebe, und zum dritten konnte die Botschaft durch die Entindividualisierung zu einer Vox Populi werden (vgl. Schottenloher, 1922, 161; Schröder, 1995, 13f., 16). Entstehungsorte der Neuen Zeitungen waren Augsburg, Straßburg und Nürnberg (Schottenloher, 1922, 162); sie wurden von Zeitungskrämern verkauft und z. T. singend angepriesen. Am Geschäft mit den Flugblättern und anderen Kleinschriften waren auch die »seriösen« Buchhändler beteiligt, allerdings sei die Kolportage die eigentliche Domäne des Flugblatthandels gewesen (vgl. Schilling, 1990, 29). Umschlagplätze waren vor allem Messen, Markt-, Rathaus- und Kirchplätze sowie Wirtshäuser; festgelegte Verkaufszeiten gab es nicht, sie wurden im Prinzip überall und jederzeit angeboten (vgl. Schilling, 1990, 35, 37). Die Zeitungskrämer gehörten sozial zu den Fahrenden Leuten (vgl. Kieslich, 1966, 258) ebenso wie die Formschneider und Briefmaler, die an der Produktion der Neuen Zeitungen beteiligt waren. Zum Teil waren Autor, Verleger und Kolporteur (letzterer als Wanderhändler, Hausierer und Aussänger) in einer Person vereinigt; von einer direkten Marktabhängigkeit sei bei den Stechern und Briefmalern auszugehen, die in ihrer überwiegenden Mehrheit als Verleger, im Fall der Briefmaler häufig auch als Drucker der mit den eigenen Bildern versehenen Einblattdrucke fungierten (vgl. Schilling, 1990, 17). Der Ruf der Kolporteure war denkbar schlecht. Der zeitgenössische Kritiker Johannes Cuno beklagte sich 1593 über die Unzuverlässigkeit und Lügenhaftigkeit der »Newen Zeitungen«, was er auf die »geldsüchtige[n] Buchdrucker vnd Verleger« zurückführte, die wahllos alles gedruckt hätten, »was jhnen auch von Basquillen / Post vnd Hinckenden Boten / Lotterbübischen Bossen / vnd dergleichen lahmen Fratzen nur vorkommen« (zit. bei Schilling, 1990, 11). Selbst der ansonsten sehr »modern« denkende und aufgeschlossene Zeitgenosse Kaspar Stieler, der mit seiner Schrift »Zeitungslust und –nutz« (1695) frühneuzeitliche Pressebeurteilungen überlieferte, lässt seiner Empörung gegen die damalige »Marktpublizistik« freien Lauf:

> »Im übrigen ist bekant / daß der Zeitungs-Verfasser / Verkaufer und Drucker Zweck ist / etwas daran zugewinnen / und ihre Narung davon zuhaben (...) Denn / wem ekelt nicht dafür / wenn er eine neue Zeitung lieset / die er vor acht Tagen aus einer andern albereit gelesen hat? (...) Zugeschweigen / daß / um des schnöden Gewinstes willen aus Zeitungsschreibern vielmals Zeitungs-Verfälscher / Luftspeiser und Larfenbäcker gemacht werden / welche sich mit Oratorischen Grillen und unzeitigen Beurteilungen behelfen / und also den lüstern Leuten Nebel und Rauch verkaufen / gleich den Markt-Schreyern / die der nebenstehenden Zahnbrecher Wahren vernichtigen / damit ihre eigene Salbe desto wolriechender seyn möge« (Hagelweide, 1969 [Reprint], 45f.).

An späterer Stelle wird er noch deutlicher: »Es versündigen sich die Zeitungs-Macher und Wort-Wäscher / die da Neue Zeitungen erdichten / nicht geringe an Gott / an dem gemeinen Wesen / und an ihrem Nechsten« (ebd., 57). Zeugnisse tiefer Skepsis hinsichtlich des Wahrheitsgehalts der Flugblätter und Zensureingriffe bei Bildfälschungen sind an anderer Stelle überliefert (Schilling, 1990, 72, 125ff.). In der Einschätzung der Flugblatthändler[46] schlage allerdings

46 Der fliegende Handel mit Neuen Zeitungen im 16. Jahrhundert, bei dem die Ware verkaufsfördernd ausgerufen wurde, ist entscheidend für die Entwicklung des Bänkelsängergewerbes in Deutschland gewesen. Es hat sich um die Wende zum 17. Jahrhundert herausgebildet (Pfarr, 1994, 183). Bevorzugte Stoffe der Bänkellieder waren Mord, Verbrechen, Liebestragödien sowie Naturkatastrophen, deren Präsentation von Moralisierung, Schwarzweißmalerei und Vereinfachung gekennzeichnet waren. Daher könne der Bänkelsang als sensationalistisches Medium schlechthin charakterisiert werden (vgl. Pfarr, 1994, 183-185; auch Frank, 1988).

mangels Kenntnis unterschichtiger Quellen eine »obrigkeitliche Perspektive« zuweilen bis in die moderne Forschung durch, da die Kolporteure als zwielichtige Existenzen, Abenteurer, Bettler, Schmarotzer und »verkrachte Existenzen« bezeichnet würden – so Schilling, der für einen differenzierteren Blick plädiert. Übertretungen von Gesetz und Moral seien oft aus der Not geboren gewesen. Durch wirtschaftliche Stagnation und Verschlechterung der Lebensverhältnisse seien breite Schichten der Bevölkerung von Verarmung bedroht gewesen; überdies sei die Einrichtung der frühmodernen Staaten mit einer massiven Diskriminierung und Ausgrenzung gesellschaftlicher Randgruppen einher gegangen (Schilling, 1990, 31; konkrete Einzelschicksale 31f.). Günter Kieslich kommt in seiner Analyse der Berufsbilder der frühneuzeitlichen Publizistik zu dem Fazit, dass die Zeitungskrämer spätestens seit der Periodisierung der Presse nur von sekundärer Bedeutung waren, denn sie kamen weder als Informanten noch als Verkäufer für die frühen periodischen Wochenzeitungen in Frage. Dazu seien sie zu unseriös gewesen, und außerdem wurden periodische Presseerzeugnisse bis ins 19. Jahrhundert hinein – nahezu grundsätzlich – nur im Abonnement vertrieben (Kieslich, 1966, 259).

Abb. 6 + 7: Erotische Nachrichtenblätter der frühen Neuzeit

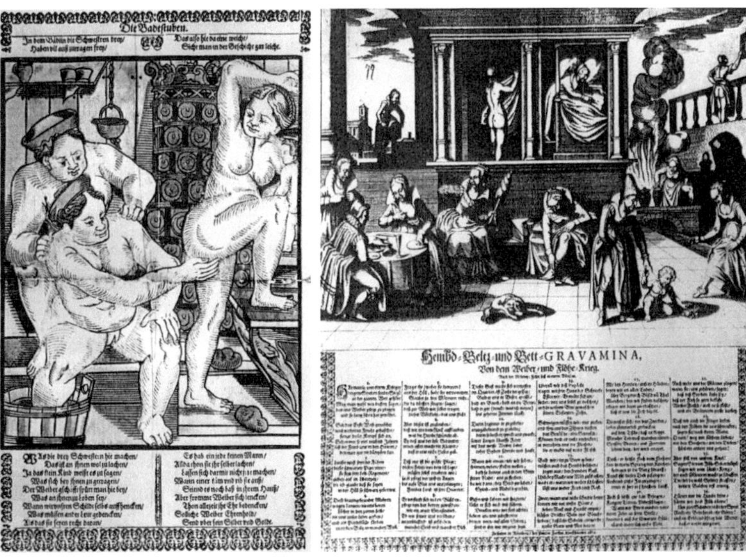

Quelle: Schilling, 1990, 433 u. 428

Die Zensurgründe beschränkten sich allerdings nicht auf den Vorwurf der Lügenhaftigkeit; ebenso spielten dabei die Sorge um das Ansehen der Stadt, die Furcht vor Unruhe im Volk und schließlich die Bewahrung der Bevölkerung vor finanziellen Einbußen durch betrügerische Machenschaften eine Rolle, zu denen auch der Verkauf falscher Sensationsmeldungen gerechnet wurde (vgl.

hierzu ausführlich Schilling, 1990, 125-130). Hinzu kam eine umfassende, ständeübergreifende Lasterschelte. Wenig bekannt ist die Tatsache, dass auch die Einhaltung moralischer Normen eine Rolle gespielt hat. So wurden z. B. bei den Durchführungsbestimmungen eines Mandats Wilhelms V. von Bayern vom August 1580 »schändliche vnzüchtige Gemehl oder gedicht« angesprochen, »wo zu aller hand leichtfertigkeit der Jugend anraitzung vnnd nachdencken geberen« (zit. in Schilling, 1990, 201). Bei moralischen Normen ging es vornehmlich um den sexuellen Bereich. Wurden sie übertreten, erfolgte eine harte Bestrafung durch Gefängnis, Beschlagnahmung und Zerstörung der Druckplatten oder auch Ausweisung aus der Stadt (vgl. ebd., 206f., 213). Die Abb. 6 + 7 liefern Beispiele für Blätter mit obszönen Szenen, die »männliche Sexualphantasien« zum Gegenstand hatten.

Die Neuen Zeitungen gerieten als Nachrichtenträger wegen ihres sensationalistischen Charakters zunehmend in Misskredit. Daher ist zu vermuten, dass neben dem Aufstieg der periodischen Presse auch das mangelnde Vertrauen in die Bildpublizistik verantwortlich zu machen ist für den Niedergang der illustrierten Flugblätter in der zweiten Hälfte des 17. Jahrhunderts. Die Neuen Zeitungen können durchaus – historisch relativierend – als Ursprünge der Massenpresse angesehen werden. Sie waren ein Massenphänomen, weil sie die Masse des Volkes erreichen konnten. »In der Tat sind immer, wenn von Zeitungen in der Hand des ›Volks‹ die Rede ist, Neue Zeitungen gemeint. Sie erreichten also auch eine Gesellschaftsschicht, für die Wochenzeitungen mit Sicherheit zu teuer waren« (Schröder, 1995, 16). Für diese Einschätzung spricht auch die Tatsache, dass hauptsächlich deutsche Texte verwendet wurden, die von einem nichtakademischen Publikum verstanden werden konnten. »Unter dem Aspekt einer Sozialgeschichte des Lesens kann man abschließend feststellen, daß die Neuen Zeitungen im 16. und 17. Jahrhundert neben den Kalendern zu den wichtigsten – wenn nicht einzigen – Lesestoffen des Volkes zählten. An Büchern besaß der gemeine Mann, wenn überhaupt, dann nur eines: die Bibel« (Hortzitz, 1997, 152).

Als Auflagegrößen wurden 1.000 bis 2.000 Exemplare vermutet. Diese Menge entsprach auch der Zahl der Abzüge, die von einer Kupferplatte möglich war. Der Herstellungspreis betrug 1-2 Pf. pro Bogen, der Großhandelspreis lag bei knapp einem Kreuzer, und der Einzelpreis belief sich auf 2-4 Kreuzer, was ungefähr dem Stundenlohn eines gelernten Maurers entsprach. Die Käuferschicht der Einblattdrucke rekrutierte sich also aus der gewerbetreibenden Mittelschicht sowie demjenigen Teil der Unterschicht, der über ein regelmäßiges Einkommen verfügte (Handwerksgesellen, Gesinde) (vgl. Schilling, 1990, 25, 38f., 41). Diese Voraussetzung erfüllte am ehesten die Bevölkerung in den Städten. Neben diesem »impliziten Adressaten« unterscheidet Schilling in seiner sozio-historischen Analyse der Leserschaft noch die »zeitgenössisch plausiblen Adressaten«, worunter er die in damaligen Quellen angegebenen Konsumenten versteht. Es handelte sich hierbei also quasi um die publizierte öffentliche Meinung über die Käuferschicht. Diese wurde niemals der Oberschicht zugeordnet. Im gesamten 16. und 17. Jahrhundert wird als typischer Konsument der »Gemeine Mann« angesehen: Wirte, Lehrer und Schuster wurden als spezielle Abnehmer herausgehoben, seit der zweiten Hälfte des 17. Jahrhunderts auch Bauern. Interessanterweise geht aus Besitzerlisten hervor, dass Käufer auch in hohen und niederen Adelskreisen, im Besitz- und Bildungsbürgertum und sogar der gehobenen Geistlichkeit anzutreffen waren (Schilling, 1990, 50, 52). Dieselben Vorurteile und Verhaltensweisen im Sinne sozialen Erwünschtseins, wie sie im Falle der *Bild*-Zeitung zu beobachten sind, waren demgemäß schon in der Frühzeit der Straßenverkaufspresse anzutreffen.

Die hier referierten Fakten legen in der Tat den Schluss nahe, die Gattung der Neuen Zeitung als erste deutsche Sensationspresse zu betrachten. Dennoch sollen relativierende Erkenntnisse, die gerade die neuere Forschung zum Thema zu Tage gefördert hat, für ein differenziertes Gesamtbild abschließend angeführt werden. Kristina Pfarr (1994) untersuchte in ihrer Dissertation die Einzelnachrichten von insgesamt 421 Neuen Zeitungen, die im Zeitraum zwischen 1515 und 1662 erschienen sind, also rund ein Sechstel des verfügbaren Textkorpus. Meldungen über Naturkatastrophen, Unfälle, Kuriositäten u. ä. stellen nach politischen Nachrichten nur das zweithäufigste Thema Neuer Zeitungen dar. Der Anteil dieser »sensationellen« Meldungen lag bei 11 %. Dieses Ergebnis könnte mit dem engen Zuschnitt der Kategorie zusammenhängen; doch selbst wenn man die Verbrechens- und Gerichtsberichterstattung dazuzählt, ändert sich an der Rangfolge nichts wesentliches. Mit stets über 65 % bleibt die Berichterstattung über Politik und Militär die bei weitem stärkste Nachrichtenkategorie (Pfarr, 1994, 131, 251). Pfarr zieht daraus allerdings die Quintessenz:

> »Angesichts der geringen Repräsentanz anderer Sachgebiete in der Medienrealität der Neuen Zeitungen neben dem dominierenden Thema ›Politik und Militär‹ und dem Thema ›Sensation‹ stellt die BE über sensationelle Geschehnisse einen durchaus charakteristischen Zug der Neuen Zeitung dar, auch wenn die Gattung insgesamt nicht auf die Bezeichnung ›Sensationspresse‹ zu reduzieren ist« (Pfarr, 1994, 201).

Deneke liefert in diesem Zusammenhang den interessanten Einwand, dass ein schiefes Bild auch dadurch zustande kommen könne, dass vermutlich gerade die Blätter mit sensationellen Themen nicht so sorgfältig aufbewahrt wurden wie jene mit dem Thema Politik (Deneke, 1969, 38). Hervorstechendstes Merkmal der Neuen Zeitungen war der starke Negativismus der Nachrichtengebung – so Pfarr. Die Leser wären mit einer Berichterstattung konfrontiert gewesen, die in einem Ausmaß negativ geprägt war, das als »einzigartig in der Geschichte der Nachrichtenmedien gelten dürfte« (Pfarr, 1994, 153). Doch ob dies tatsächlich auch als Reflex auf Leser- bzw. Käuferinteressen, insbesondere Angstlust und Sensationsgier zu interpretieren ist, bleibt zumindest diskussionswürdig. Zeitgenössische Darstellungen von Hinrichtungen zeugen von großer Grausamkeit: Zum Tode Verurteilte wurden nicht nur gehenkt oder enthauptet, sondern vorher gefoltert, mit glühenden Zangen gequält, Knochen mit dem Rad zerschmettert, sie werden verstümmelt, zum Richtplatz geschleift und nach ihrem Tod oftmals noch gepfählt (vgl. hierzu ausführlich z. B. Martschukat, 2000). Das 16. Jahrhundert bildete den Höhepunkt grausamer Strafvollzugspraxis, deren Grundlage die Peinliche Gerichtsordnung Kaiser Karls V. von 1532, die »Constitution Criminalis Carolina«, war. Das gesamte Verfahren von der Verfolgung bis zur Hinrichtung des Straftäters war öffentlich; die Neuen Zeitungen berichteten also über wiederkehrende Geschehnisse, die der zeitgenössische Rezipient auch direkt, nämlich als Zuschauer miterleben konnte.

Abb. 8 + 9: Titelbilder von zwei »Neuen Zeitungen« über Schwerverbrecher 1585 und 1629

Quelle: Hortzitz, 1997, 60 u. 101

Existentiell gefährdende Katastrophen wie Feuersbrünste, Hungersnöte und todbringende Seuchen, brandschatzende und mordende Söldnerheere (besonders zur Zeit des Dreißigjährigen Krieges 1618-1648), Hexenwahn und die Angst vor der Apokalypse waren für den frühneuzeitlichen Menschen alltägliche Lebenswelt und wahrhaftige Realität. Eine Beurteilung der Berichterstattung der Neuen Zeitungen als sensationalistisch kann nur unter relativierender Berücksichtigung der zeitgenössischen Mentalität erfolgen. Hierauf verweist auch Hortzitz: Generell sei der Wahrheitsbegriff dahingehend einzuschränken, dass es sich stets um die Wahrheit aus der Perspektive des frühneuzeitlichen Menschen handelte, für den der Teufel in Menschengestalt und Hexen so real waren wie das Vieh im Stall (Hortzitz, 1997, 151). Für diese Sichtweise spricht auch die Zensurpraxis: »Nicht gegen die guten Sitten verstießen aber detaillierte Berichte und Abbildungen von Greueltaten und entsetzlichen Ereignissen jeder Art. Sensationsberichte von kaum vorstellbarer Roheit und Grausamkeit erschienen im Rahmen der existierenden Freiheitsordnung als passabel, ja als gut« (Schneider, 1966, 48). Der kritische Zeitgenosse Kaspar Stieler liefert selbst noch ein weiteres relativierendes Argument:

> »...so begiebt sich wol / das der gemeine Mann / mit Hindansetzung seiner mehr nötigen Haus-Geschäfte / nach neuen Zeitungen ankert und gleichsam brennet: Aber / was können die Zeitungen an und vor sich selbst darzu? Die Heilige Schrift ist je voll von Exempeln der Blutschande / des Ehebruchs / des Diebstals und anderer vielen Laster mehr / sie setzet aber auch darzu die Strafe / zur Warnung: Gleich wie die Zeitungen nicht ermangeln / bald die genaue Aufsuchung und Nachfrage / bald die aller schärfste Rache der Obrigkeit / und einen elenden Ausgang solcher Leute Verbrechen anzufügen« (Hagelweide, 1969 [Reprint], 61).

Gerade dieses relativierende Argument der Art der Berichterstattung wird in neueren einschlägigen Arbeiten aufgegriffen: Der Vergleich mit der Sensationspresse treffe nicht zu, da die Neuen Zeitungen eine hohe Informations- und Appellfunktion gehabt hätten und stets über die reine Schilderung der Ereignisse hinausgingen, da Konsequenzen für die Leser aufgezeigt würden und das Ereignis in die zeithistorischen Zusammenhänge (Mentalität, Frömmigkeit etc.) eingeordnet würde (Beschwörung des Jüngsten Gerichts, Mahnung zur Buße) (vgl. z. B. Ecker, 1981, 244f.). Da allerdings erlebte Wahrheit historisch genau so schwer zu erfassen ist wie erlebte Sensation, kann über die Kaufmotive der Zeitgenossen nur spekuliert werden. Ebenso äußert sich Hortzitz: »Wir müssen es dahingestellt sein lassen, ob der Durchschnittskäufer ein Monstra-Bild von einem fürchterlich mißgebildeten Kind erwarb, um sich belehren, zur Buße ermahnen und vom nahen Ende der Welt überzeugen zu lassen oder ob er es um des Gruselns willen kaufte« (Hortzitz, 1997, 154). Auch die angenommene sensationalistische Lügenhaftigkeit der Neuen Zeitungen wurde kritisch hinterfragt.

Die Ausführungen naturkundlicher Flugblätter des 17. Jahrhunderts hätten sich erstaunlich oft auf der Höhe der zeitgenössischen wissenschaftlichen Diskussion bewegt (Schilling, 1990, 87f.). Dies trifft allerdings weit weniger auf die medizinische Berichterstattung der Neuen Zeitungen zu. Die Publizistik über Wunderheilungen und Missgeburten habe praktisch nur der Sensationslust des Publikums und dem Geldbeutel der Drucker gedient (vgl. Deneke, 1969, 18). Daher habe sich auch die Obrigkeit kontinuierlich veranlasst gesehen, die Herstellung, den Nachdruck und den Vertrieb von Bildblättern »mit besonders abgeschmackter medizinischer Sensationsmache« strikt zu verbieten (vgl. ebd., 20). Für den zeitgenössischen Leser sei die Grenze zwischen Tatsachenbericht und Sensationslüge allerdings fließend und unmerklich verlaufen: »Für ihn sind siamesische Zwillinge kaum weniger wunderbar als wenn eine Frau angeblich zwei Ferkel zur Welt bringt« (ebd., 40). Erst im 17. Jahrhundert und mit dem Aufkommen der periodischen Presse erweiterte sich das medizinische Themenspektrum, während in den Neuen Zeitungen des 16. Jahrhunderts ausschließlich über Wundergeburten, Wahnsinnige und Wiederauferstandene berichtet wurde.

Trotz dieser relativierenden Befunde bleibt als Gesamtbeurteilung der Neuen Zeitungen festzuhalten, dass diese wesentlich höhere Anteile von Sensationsnachrichten aufwiesen als die periodische Presse des 17. Jahrhunderts (Pfarr, 1994, 199). Gerade Gewaltkriminalität sowie Körper- bzw. Todesstrafen nahmen als Themen in den nichtperiodischen Nachrichtenmedien wesentlich größeren Raum der unpolitischen Berichterstattung ein als in der periodischen Presse bis zum 19. Jahrhundert (ebd., 156f.). Dort stieg der Anteil der Kriminalitätsberichterstattung insgesamt erst mit wachsender Lokalberichterstattung zu Beginn des 20. Jahrhunderts an (Wilke, 1984, 162). Doch auch in formaler Hinsicht zog die Periodisierung der Presse und die damit einhergehende Änderung der Vertriebsform zum Abonnement ein viel ruhigeres und textlastigeres Erscheinungsbild nach sich. »[D]er ›Aufmacher‹, die Überschrift, die Illustration, das Impressum, der Straßenverkauf – alles Merkmale der Neuen Zeitung – wurden von der periodischen Presse jahrhundertelang nicht angewandt und mußten im 19. Jahrhundert ein zweites Mal ›erfunden‹ werden« (Lang, 1987, 60). In entwicklungspsychologischer Analogie könnte man – bezogen auf die weitere Entwicklung im 18. und beginnenden 19. Jahrhundert – von einer Latenzphase der Boulevardpresse moderner Ausprägung sprechen.

4.2 Die verhaltene Popularisierung journalistischer Aussagenentstehung im 18. und frühen 19. Jahrhundert

Die Epoche zwischen dem ausgehenden 17. und beginnenden 19. Jahrhundert ist geprägt von drei politisch und sozialhistorisch bedeutsamen Etappen: dem Absolutismus, der Aufklärung und den bürgerlichen Revolutionen. Selbstverständlich wurde auch die journalistische Aussagenproduktion von diesen Etappen geprägt. Die absolute Monarchie, der Absolutismus, wird im ausgehenden 17. und 18. Jahrhundert die vorherrschende Regierungsform in Europa. Der Wille des von Gottes Gnaden ernannten Königs war oberstes Gesetz (»l'état c'est moi«). Der Absolutismus wurde als erstes in Frankreich durch die Französische Revolution von 1789 abgeschafft. Aufgrund der rigiden staatlichen Pressepolitik, die sich in Konzessions- und Privilegienzwang, in Vor- und Nachzensur, in der Untersagung bestimmter Themen und Aussageformen und in wirtschaftlichen Zwängen wie Stempelsteuer und Kautionszwang für die Presse zeigte, war eine sensationelle und sensationalistisch aufgemachte Berichterstattung undenkbar. Es wurden Maßnahmen ergriffen, um bewusst die Aktualität der Druckwerke herabzusetzen, Informationen aus dem lokalen und regionalen Umfeld waren verboten, jegliche Form von Meinungspublizistik war untersagt (vgl. Lindemann, 1969, 143; Wilke & Noelle-Neumann, 1997, 425). Überdies kann man dann in der Blütezeit der Aufklärung von einer Intellektualisierung der Presse sprechen: Journalismus wird Betätigungsfeld für geistig und moralisch ambitionierte »Schriftsteller« und Akademiker. Nach den revolutionären Ereignissen von 1789 wurde gerade der bislang publizistisch unterdrückte Bereich der Politik und des freien politischen Räsonnements als spektakulär und tabubrecherisch empfunden. Politik wird – im ganz ursprünglichen Sinn des Wortes – sensationell, weil sie mehr als alles andere die Gemüter der Menschen bewegte. Nach der Französischen Revolution bis zur Mitte des 19. Jahrhunderts wurde die Presse zunehmend politisch; die Gesinnungs- und Parteipublizistik entsteht. Es ist daher nicht verwunderlich, dass man in dieser ganzen Epoche erstens kaum publizistische Produkte für den »einfachen Mann« und zweitens kaum »Sensationelles« i. e. S. – also »sex & crime«-Berichterstattung (sehr wohl zeithistorisch relativ) – findet. Auf diese wenigen Ausnahmen soll im folgenden beispielhaft eingegangen werden.

4.2.1 Aufklärungspublizistik für den »gemeinen Mann« und »Schmutzblätter« des 18. Jahrhunderts

Im 18. Jahrhundert wurde aus der Zeitung ein »Intelligenzblatt« im doppelten Wortsinne: Einerseits wurde so eine weitverbreitete Zeitungsart mit staatlichem Anzeigenmonopol und Bezugszwang für bestimmte Personenkreise genannt, die amtliche Bekanntmachungen und Gelehrtenartikel enthielten (die ersten Intelligenzblätter erschienen 1722 in Frankfurt/M. und 1727 in Preußen (vgl. Wilke & Noelle-Neumann, 1997, 426). Andererseits entwickelten sich die periodischen Presseerzeugnisse mehr und mehr zu sorgfältig redigierten Werken geistig hochstehender, oft akademisch gebildeter Redakteure und Mitarbeiter, die als Verbreiter des Ideengutes der Aufklärung eine erhebliche Rolle spielten (vgl. Lindemann, 1969, S. 277f.). In der Epoche der Aufklärung wurden die alteingessenen Autoritäten in Frage gestellt, die Vernunft zum allgemeinen Handlungsprinzip erhoben und der Mensch aus seiner »selbstverschuldeten Unmündigkeit« herausgerufen. Der Beruf des freien Schriftstellers bildete sich heraus, und die Autoren machten vermehrt den Versuch, von dem Einkommen schriftstellerischer Arbeit zu leben. Und da Zeitungen und Zeitschriften den Vorteil boten, durch periodisches Erscheinen laufend Einkünfte abzuwerfen, betätigten sich viele Literaten des 18. Jahrhunderts zugleich als Journalisten. Es begann – gemäß der Periodisierung von Baumert (1928) – die Epoche des »schriftstellerischen Journalismus«. Die Kombination aus rigider Pressepolitik und »intellektuellem Schreibstil« muss aus den Zeitungen langweilige Bleiwüsten gemacht haben. 1774 schrieb Christian Friedrich Daniel Schubart (1739-1791) im Vorwort zu seiner »Deutschen Chronik«: »Bey jedem kühnen Gedanken, der dem Novellisten entwischt, muß er einen Seitenblick auf öffentliche Ahndungen werfen; dann wird er furchtsam und kalt. Daher der schläfrige Thon der meisten Zeitungsverfasser, der in schwülen Tagen so manchen Politiker im Großvaterstuhl in Schlummer wiegt« (zit. in Lindemann, 1969, 143). Das äußere Erscheinungsbild der Zeitungen wandelte sich nur langsam; das kleine Format herrschte vor; der Zeitungskopf wurde immer ausgeprägter, enthielt jedoch keine Schlagzeilen; bis in die letzten Jahrzehnte des 18. Jahrhunderts war eine Unterteilung durch Ortsangaben üblich. Einen »Zeitungsumbruch« im heutigen Sinne gab es noch nicht.

Dennoch wagten sich Einzelpersonen an verbotene Tabubereiche heran, nämlich einerseits an das politische Räsonnement und andererseits an das »Vermischte« in Form von anzüglichen Anekdoten und Skandälchen von Einzelpersonen. Zu diesen »Wagemutigen« zählte beispielsweise Wilhelm Ludwig Wekhrlin, der in Nördlingen die zweimal wöchentlich erscheinende Zeitung »Das Felleisen« herausbrachte. Sein Ziel war unterhaltende Aufklärung des Publikums. Die städtische Autorität reagierte ängstlich auf diese neue Art des Journalismus und dekretierte 1778: «...sich alles unziemlichen Raisonierens und unbedachtsamen, unbescheidenen und respektlosen Discutirens (...) zu enthalten, vor verfänglichen und anzüglichen Schriften und Nachrichten aber, und deren Verbreitung sich sorgfältigst zu hüten...« (zit. in Wilke, 1993, 328). Im Dezember 1778 stellte die Zeitung ihr Erscheinen ein.

Was den »gemeinen Mann« anging, so war im Urteil der Zeitgenossen die Zeitungslektüre erstaunlicherweise *zu* weit verbreitet: »Das Urteil, daß das Zeitunglesen für die Mehrzahl der arbeitenden Menschen Zeitverschwendung sei, findet sich in der Literatur der Zeit immer wieder« (Lindemann, 1969, 133). Die Einstellung der damaligen Aufklärer war geprägt durch Misstrauen gegen die politische Urteilskraft des Volkes und durch die elitär-ständische Auffassung, dass alltäglich-praktische Themen viel wichtiger seien (vgl. Böning, 1992, 470). Das erste ausdrücklich für den »gemeinen Mann« bestimmte Blatt erschien erst 1780, die *Volks-Zeitung* des Oettinger Pfarrers Schäblen. Sie enthielt 50 % Empfehlungen, lieber die Bibel zu lesen und kleine moralische Ratschläge für den »gutgesinnten Menschen«. Es erschien nur eine Ausgabe (vgl. Böning, 1992,

469). Die volksaufklärerische Publizistik dieser Zeit, für die landwirtschaftliche, ökonomische, medizinische und naturwissenschaftliche Themen typisch waren (vgl. ebd., 471-476; s. auch Böning & Siegert, 1990, XXIIff.), stand in der Tradition der aus England importierten Gattung der *Moralischen Wochenschriften*. Dabei handelte es sich um Zeitschriften, die bürgerliche Gesinnung und Tugenden verbreiteten, erstmals populärwissenschaftliche Elemente enthielten und preiswert, unpolitisch und allgemeinverständlich waren. Als erstes volksaufklärerisches Periodikum mit regelmäßigen Zeitungsnachrichten nennt Böning *Das räsonnirende Dorfkonvent*, das zumeist unkommentierte Nachrichten von Weltbegebenheiten, später 1787 auch Kommentare z. T. in dialogischer Form sowie regelmäßig auch lokale Nachrichten, in denen einzelne Personen als Vorbilder dargestellt wurden, enthielt. Die populäre formal-inhaltliche Gestaltung wurde von dem Blatt selbst hervorgehoben:

> »(...), muß es auch belustigen, so wie es ohne Nachtheil der Sittlichkeit geschehen kann. (...) Das Dorfkonvent will mit Laune räsonnieren, (...). will es [das Volk; Anm. UK] bey der Hand leiten, daß es durch Exempel klug werde, seinen Nutzen und Schaden erkenne, die Tugend achte, das Laster verabscheue (...). Der Präceptorton soll möglichst vermieden und die treuherzige Sprache des gemeinen Lebens geführt werden« (zit. in Böning, 1992, 479).

Es erschien über einen Zeitraum von zwei Jahren (vgl. ausführlich ebd., 476-484). 1786 wurde die erste Zeitung veröffentlicht, in der für »gemeine Leser« regelmäßig über politische Ereignisse berichtet wird, und zwar die wiederum von einem Pfarrer herausgegebene *Zeitung für Städte, Flecken und Dörfer* in Wolfenbüttel, genannt *Rothe Zeitung* wegen des Rot-Schwarz-Druckes des Titelkopfes (vgl. Böning, 1992, 487). Um 1789 existierten ca. 190 deutschsprachige Zeitungen, und neue Blätter hatten nur eine Chance, wenn sie neue Leserschichten ansprachen. Zu diesen zählte das einfache Volk, das zunehmend gegen die typisch (langweiligen) volksaufklärerischen Themen protestierte und nach politischen Nachrichten hungerte. Daher entstanden in den 90er Jahren des 18. Jahrhunderts zahlreiche Blätter an den »gemeinen Mann« (vgl. Böning, 1992, 509-512). Nach 1789 ist eine allgemeine Politisierung der deutschsprachigen Periodika zu beobachten. Auch in unpolitischen Kalendern und sogar in den immer noch existierenden Flugschriften, die auf Märkten verkauft wurden und vorrangig den Hang des Volkes zum Wunderbaren befriedigen sollten, wurde Frankreich zum Thema, und ehemalige Tabuthemen wie die Entstehung der bürgerlichen Gesellschaft, Rechtmäßigkeit von Abgaben und Frohndiensten sowie Freiheit und Gleichheit gelangen in die Zeitungen (ebd., 514) – zum Teil unter Missachtung der obrigkeitlichen Bestimmungen. Als Reaktion auf die Ereignisse in Frankreich und den spürbaren Einstellungswandel, der damit einherging, wurden in den 90er Jahren des 18. Jahrhunderts die Zensurbestimmungen verschärft. Der oberste Zensor in Berlin unterband ab 1791 jede persönliche Stellungnahme. Er kämpfte gegen Anmerkungen, Anspielungen und Seitenblicke und strich alle farbigen Illustrationen aus den Texten – »jenen empörerischen Neuerungsgeist, der uns in den letzten Jahrzehnten so manches Unheil gestiftet« (Der Zensor Geheimrat Renfner an den König 1794, zit. bei Rollka, 1992, 331). 1792 wurde die Zensur kostenpflichtig. 100 Taler mussten Verleger der privilegierten Blätter dem Zensor jährlich zahlen, was einer zusätzlichen ökonomischen Knebelung der Presse entsprach.

Man sollte meinen, dass unter derart rigiden pressepolitischen Knebelungen und der vorherrschend bieder fröm-migkeitlichen Mentalität, die eigentlich das ganze Jahrhundert über bestanden, eine (zeitgenössische) Sex & Crime-(Sensations-)Berichterstattung absolut unmöglich gewesen sein muss. Doch so war es nicht. Denn neben Ethik und Gelehrsamkeit entwickelte sich das »Galante« im 18. Jahrhundert als modernes Bildungsprinzip und als gesellschaftliches Programm bürgerlicher Kreise. Als »galant« galt im ursprünglichen Sinn das Weltläufige, Gerechte, Kluge und Großmütige, das Eingang in eine bestimmte Zeitschriftengruppe fand, die »galanten Zeitschriften«, die vorrangig »Konversationshilfe« anbieten wollten. Kieslich wies an mehreren Beispielen nach, dass das »galante Prinzip« jedoch mehr und mehr zur »Galanterie«, zu gepfefferter, gewagt erotisch und zweideutig schwüler Unterhaltung verkam (Kieslich, 1963, 511).

Das Galante bzw. die Galanterie fand auf der kleinbürgerlichen Ebene ihren Niederschlag in den lokalen *Reim-Zeitungen*, die in großer Zahl ab 1723 erschienen. Da jedoch die Lokalberichterstattung in allen bekannten Pressetypen der damaligen Zeit noch tabu war, konnte man der Zensur nur durch lyrische bzw. fiktionalisierte Ausdrucksformen entgehen. Verleger solcher Schriften war z. B. Christian Friedrich Henrici (Pseudonym Picander), der ab 1724 eine ganze Serie *Poetischer Zeitungen* mit meist wöchentlicher Erscheinungsweise herausgab. Der Publizist J. C. Gottsched schrieb in seiner »Critischen Dichtkunst«, dass man gegen diese Schmutzblätter öffentlich vorgehen müsse, in denen abgeschmackteste und schmutzigste lokale Neuigkeiten und Nichtigkeiten in Alexandrinern breigetreten würden. In einer in Reimform verfassten Satire kritisierte er vehement diese Pressegattung:

> »...So schmutzig führen sich die neuen Musen auf, Sie sammlen Koth und Schlamm, und bauen Schlösser drauf. Drum kan ein edler Geist dieß stanck-erfüllte Wesen, Das nach dem Schreiber riecht, unmöglich überlesen. Die Zoten fliessen oft mit gantzen Strömen zu, Wer kan, o grosser Geist, die Kunst so gut als du? Man hört dich allezeit von lauter Ehebrechern, Und der verletzten Zucht geschwächter Nymphen sprechen....« (zit. in Kieslich, 1963, 513).

Alle *Poetischen Zeitungen* sind heute verschollen. Aus den Andeutungen Gottscheds und späteren Erzeugnissen gleichen Typs (*Hamburger Poetische Zeitungen* oder *Poetische Neuigkeiten* 1746-1748) könne man jedoch schließen – so Kieslich

(1963, 514) –, dass sich das Galante zur Frivolität wandelte. Lokale Vorkommnisse oder Gerüchte wurden als »zotige Schlüssellochguckerei« präsentiert. In seiner abschließenden Beurteilung zieht der Autor folgendes interessantes Fazit:

> »Die Reim-Zeitungen setzten unter anderen thematischen Vorzeichen die Tradition der mehr von der geschäftlichen Spekulation des Drukkers, Verlegers und Autors als von der Notwendigkeit der gesellschaftlichen Kommunikation bestimmten Sensationsflugblätter des 16. und 17. Jahrhunderts fort; sie schließen sich auf einer anderen gesellschaftlichen Ebene an die ›galanten‹ Zeitschriften an; und sie nehmen – cum grano salis – etwas vom psychologischen und kommerziellen Funktionalismus der Boulevardzeitung und Skandalpresse vom Ende des 19. Jahrhunderts vorweg« (ebd., 513).

4.2.2 Vereinzelte »Skandalblätter« in der ersten Hälfte des 19. Jahrhunderts

Bis weit in das 19. Jahrhundert hinein war Zeitungslektüre Sache der gebildeten bürgerlichen Kreise. Auch die ganz frühen *General-Anzeiger*-Experimente (z. B. Leipzig 1845) bedeuteten aus der Sicht des Pressehistorikers Winfried B. Lerg noch gar nichts. Es habe keine Bevölkerungsagglomerationen, kein massiertes Publikum für die Massenpresse gegeben (vgl. Lerg, 1968, 12). In der ersten Hälfte des 19. Jahrhunderts blieb daher das populäre Blatt auf den Typ der wöchentlichen Familienzeitschrift beschränkt, die die »biedermeierliche Idylle« oder die »beflissene Lehrhaftigkeit« für ihre Themen aus Natur und Geistesleben gepflegt habe (ebd.). Um Volksblätter für den »gemeinen Mann« handelte es sich dabei aber auch nicht. Zum Prototyp der Familienzeitschrift wurde im 19. Jahrhundert die seit 1853 erschienene *Gartenlaube*, die sich über neun Jahrzehnte hinweg anhaltender Beliebtheit erfreute. In ihr waren volkstümlich gehaltene Belehrung, Erzählungen und Novellen enthalten; beliebt waren religiöse oder moralisch unterbaute Themen, geschätzt wurde der plaudernd belehrende Ton. Sie erreichte 1874 die erstaunlich hohe Auflage von 400.000 (Wilke & Noelle-Neumann, 1997, 434). Das Gros der Leser kam allerdings aus den höheren und mittleren Bürgerkreisen, also Kaufleuten, Beamten, Landwirten und selbständigen Gewerbetreibenden (vgl. Kirchner, 1960, 145-150).

Längst vor der Generalanzeigerpresse gab es Zeitschriften mit bisher nie erreichten hohen Auflagen. Hierzu zählte das *Pfennig-Magazin* der Gesellschaft zur Verbreitung gemeinnütziger Kenntnisse, das 1833 von dem Pariser Buchhändler Martin Bossange gegründet worden war, 18 Jahre bestand und im ersten Jahrgang eine Auflage von 35.000 Exemplaren erreichte. Schon bald stieg sie auf 100.000 an (Kirchner, 1960, 145). Trotz ihres Namens handelte es sich aber auch hierbei nicht um ein Blatt für die breitesten Volksmassen. Zwar hatte das *Pfennig-Magazin* den niedrigsten Bezugspreis der damaligen wöchentlich erscheinenden Zeitschriften, dennoch sei es – bei genauer Gegenüberstellung von Preisen, Löhnen und Lebenshaltungskosten der 30er und 40er Jahre des 19. Jahrhunderts – für große Teile der Bevölkerung unerschwinglich gewesen (Gebhardt, 1989, 22f.). Auch Lesezirkel oder Lesevereine, von denen das einfache Volk ausgeschlossen war, glichen eher »Honoratiorenclubs«, so dass allenfalls die Dienerschaft als Mitleser in Frage gekommen sei (ebd., 24). Das durch den Neuhumanismus der ersten Jahrzehnte geprägte Bildungsideal schlug sich in der Themenwahl des Magazins nieder: Die Mehrzahl der Beiträge waren zwar verständliche, aber lehrhaft und nüchtern verfasste Aufsätze und Mitteilungen zur Wissensbereicherung aus den Geistes- und Naturwissenschaften (Kirchner, 1960, 144).

Der Einschätzung als »nüchtern« widerspricht allerdings der Bremer Pressehistoriker Hartwig Gebhardt vehement. Die acht Seiten umfassende Schrift im Format eines größeren Buches hatte nämlich einen Bildanteil von 15 bis 40 %, und die Illustrationen seien nicht so betulich-harmlos gewesen, wie später immer wieder behauptet worden sei. Es fanden sich typisch sensationelle Themenbereiche mit Darstellungen von Katakomben, Leichen, Vorrichtungen zur Verhinderung des Lebendig-Begrabenseins oder Brandkatastrophen:

> »Das Sujet ›Leichen im Keller‹ scheint also nicht ohne Interesse für das Publikum gewesen zu sein. Dabei war dieses Motiv kein Einzelfall. Es gab vielmehr so viele Illustrationen zum Themenkomplex ›Gewalt und Tod‹, daß sich die Vermutung aufdrängt, daß das Publikum derartige Bilder und Texte – z.B. zum Strafvollzug in China oder zu Hinrichtungen im Mittelalter – weniger zur ›Belehrung‹ denn zur ›Unterhaltung‹, d. h. als emotionalen Reiz, rezipiert hat« (Gebhardt, 1989, 32).

Gebhardt kommt auf der Basis seiner detaillierten Recherchearbeit zu dem Fazit, dass »[d]ie später aufgekommene Vorstellung von der Biedermeierlichkeit der Pfennig-Magazine, also der räumlichen und geistigen Enge, (...) den publizistischen und ästhetischen Eigenschaften dieses Zeitschriftentyps offenkundig nicht gerecht« würden (ebd., 41). Auch Klatsch und Tratsch fanden Einzug in die bürgerliche Zeitschriftenlektüre: Der *Charivari* florierte seit 1842 mit Novellen, Plaudereien, Gedichten, Scherzen und Holzschnitten. Der Pressehistoriker und »Kenner der Szene«, Ludwig Salomon, urteilte 1906:

> »Der Klatsch von ganz Europa gab sich hier ein Stelldichein; nicht selten füllte er fünf bis sechs Seiten, in Petit gedruckt, die Seite zu 62 Zeilen. Jeder Vorfall in der Gesellschaft, im Literatur- und Kunstleben wurde berichtet, jedes Skandälchen, wenn auch noch so unbedeutend, notiert, und wenn der Herzog von Wellington sich in Paris einen mit Trüffeln gefüllten Truthahn für 500 Franks bestellte, so standen sogar darüber drei Zeilen im Charivari« (Salomon, 1973 [1906], 521).

Sein Reiz sei allerdings allmählich nach der Bewegung von 1848 verblasst. Das Blatt ging 1852 ein. Auch die seit 1845 in München herausgegebenen *Fliegenden Blätter* hätten mit »Spießbürgernarrheiten, Jagdabenteuer[n] und Kirchweihschlägereien« und allem, »von dem man sich versprach, daß es die Beschauer und Leser amüsieren würde« großen Erfolg gehabt: Man »wagte sich sogar bis an den König Ludwig I. heran und machte sich in köstlicher Weise über dessen Liebeshandel mit der Tänzerin Lola Montez lustig« (Salomon, 1973 [1906], 536f.). Über Auflagen und Verbreitung dieser beiden Blätter liefert Salomon leider keinerlei Hinweise.

Eine derbere Form des Klatsches kann für die Zeit des Vormärzes in der bereits 100.000 Einwohner zählenden, bürgerlichen und weltoffenen Hansestadt Hamburg nachgewiesen werden. Der Hamburger Historiker Karl Christian Führer (1995) hat mittels akribischer Recherche ein Skandalblatt ausfindig gemacht, das nachweislich mindestens zwischen 1815 und 1846 unter verschiedenen Titeln existierte. Zwischen 1821 und 1830 hieß es *Der Neuigkeitsträger*, ehemals *Neuer Hamburger Briefträger zur angenehmen Belustigung*; es erschien jeweils wöchentlich am Samstag in einer Auflage von ca. 1.000, lag in Wirtshäusern und Kaffeestuben öffentlich aus und wurde sogar im Einzelverkauf von Kommissionären von Haus zu Haus vertrieben. So unspektakulär seine Aufmachung (der Zeit gemäß) mit nüchternen Zwischenüberschriften auch war, umso sensationeller war sein Inhalt: Das Blatt enthielt keinerlei politische Nachrichten, im Zentrum standen »Tagesbegebenheiten« wie »Diebereien«, »Inhaftirungen«, »Rüde Scenen«, »Widerwärtigkeiten«, »Traurige Vorfälle« auch »Komische Vorfälle« sowie Unfälle, Katastrophen und erotische Gedichte (vgl. Führer, 1995, 80, 82). Das Besondere an diesem Blatt war, dass jede Ausgabe Angaben über moralische Verfehlungen von Hamburger Bürgern und –innen in anonymer Leserbriefform angereichert mit Kommentaren enthielt, in denen der Übeltäter oft direkt angesprochen und zur Besserung aufgefordert wurde. Rüde bedroht wurde eine junge Frau, die ihren Verlobten angeblich als halbprofessionelle Prostituierte betrog: »Den Namen dieses sauberen Subjektes... wollen wir dismal noch verschweigen. Bessert sie sich aber nicht, und besucht noch solche Sündenhäuser: so kann sie gewärtig seyn, daß ihr voller Name nebst Wohnung öffentlich bekannt gemacht wird« (1820; zit. in Führer, 1995, 83). Selbst bei vagen Indizien wurde der anstößige Klatsch über das streitsüchtige Ehepaar, den Tierquäler, den alkoholabhängigen Mann, der seine Frau prügelte, oder die Witwe, die ihre Kinder hungern ließ, damit sie selbst in eleganter Aufmachung in der Öffentlichkeit erscheinen konnte, veröffentlicht. Paradoxerweise enthielten viele der Zuschriften empörte Klagen über klatschende Frauen.

Stein des Anstoßes für die Obrigkeit waren allerdings eher der notorische Antisemitismus und die Hinweise auf Prostitution; ein erstes Verbot erging 1821, ab 1823 stand das Blatt unter fortlaufender Beobachtung. Der Hamburger Senator Hudtwalcker setzte gegen diese von ihm so benannten »Winkelblätter« strenge Zensuranweisungen durch (Führer, 1995, 89). 1833 beschlossen die Senatoren, die Stempelsteuer für alle periodischen Druckerzeugnisse mit Ausnahme der literarischen und wissenschaftlichen zu verhängen. Unter strenger Auslegung des Beschlusses wurden alle Zeitschriften, die sich mit »Anecdoten« und »Policeyvorfällen« befassten, besteuert. Nur der Verzicht auf jeglichen Nachrichtenteil bewahrte vor der Abgabe, die das Blatt um 25 % verteuert hätte (vgl. ebd., 97). Offenbar wurde die Furcht potentieller Opfer vor peinlichen Bloßstellungen durch Zensurbemühungen nicht gemildert. So versuchten sich Familien durch die Zahlung einer wohl im einzelnen ausgehandelten Summe schon im Vorfeld einer drohenden Veröffentlichung zu schützen, um den Abdruck von Nachrichten über skandalträchtige Familien-Interna zu verhindern (vgl. Führer, 1995, 93). Aufgrund dieser nachgewiesenen Erpressungsfälle können die genannten Blätter als Vorläufer der erst in der Weimarer Republik auftauchenden »Revolverpresse« bezeichnet werden (s. hierzu Kap. 4.4.2). Außerdem tauchen hier bestimmte Charakteristika, die schon für die Straßenverkaufszeitungen des frühen 17. Jahrhunderts gegolten hatten, wieder auf, nämlich die Prangerwirkung und der moralische Zeigefinger der Verbrechensberichterstattung sowie vor allem die Gewinnsucht ihres Produzenten, der populäre Massenattraktivität in der z. T. derben Sprache und den sensationellen Verfehlungen der Zeitgenossen witterte. Zielgruppe war die »Geringere Volksclasse«. Ein Konkurrenzblatt habe abfällig von einer »nur für die niedrigste Klasse bestimmten Wochenschrift« gesprochen (Führer, 1995, 79). Aufgrund der damaligen Kaufkraft von Dienstmädchen seien damit allerdings wohl eher kleinbürgerliche Leserschichten gemeint gewesen. Bei polizeilichen Vernehmungen nannte der Redakteur einen Weinkeller und die Hamburger Märkte als seine wichtigsten journalistischen Arbeitsfelder (ebd., 86). Die hier gehörten Geschichten wurden ohne weitere Recherchen so ins Blatt genommen. Der Verleger-Redakteur des Blattes war der Buchdrucker Hans Jacob Meyer, der mit der Herausgabe kein genuin publizistisches Anliegen verfolgte, obwohl er den Behörden in satirisch-zynischem Ton seinen »erzieherischen« Anspruch vermittelte; die Bloßstellung werde die Übeltäter von Schlimmerem abhalten (vgl. hierzu Meyer an die Ober-Censur-Kommission, Sept. 1823, zit. in Führer, 1995, 88). Andererseits legte er dem Senat dar, dass der *Neuigkeitsträger* vornehmlich dazu diene, ihm und seiner Familie durch bessere Auslastung der Druckerei kontinuierliche Einnahmen zu verschaffen (vgl. Führer, 1995, 78f.). Ökonomische Existenzsicherung war also sein eigentliches Veröffentlichungsmotiv.

Bei dieser Art der »Sensationspresse« in der ersten Hälfte des 19. Jahrhunderts handelte es sich um absolute (kleinauflagige) Ausnahmen. Es sollte in Deutschland noch mehrere Jahrzehnte dauern, bis sich eine echte massenhafte tagesaktuelle Sensationspresse entwickeln konnte.

4.3 Deutscher Sonderweg: Die »brave« Massenpresse bis zum Ersten Weltkrieg

Die gewandelte verlegerische Einstellung zur Zeitung als Mittel rein geschäftlicher Betätigung, die sich mit dem Aufkommen der »Generalanzeigerpresse« seit den 70er Jahren des 19. Jahrhunderts etablierte (vgl. hierzu Kap. 4.3.3), blieb in Deutschland bis zum Ersten Weltkrieg fast ohne Konsequenzen für die Gestaltung des redaktionellen Teils. Die traditionell seriöse Aufmachung beeinflusste offensichtlich den Absatz und die Einnahmen nicht ungünstig (vgl. Koszyk, 1966, 274). Selbst die ersten reinen Straßenverkaufszeitungen (ab 1904) traten ungleich zurückhaltender auf als die in den Vereinigten Staaten und Großbritannien bereits früher gängigen Sensationsblätter der »Yellow Press« bzw. des »New Journalism«. Der Zeitzeuge Emil Dovifat bemerkte, dass Deutschland »als letztes Land der zivilisierten Welt seine Zeitungen bis in die Kriegsjahre (1914-18) hinein in seltener Ruhe in Text und Aufmachung, ja gelegentlich noch in philosophischer Gründlichkeit herauszubringen pflegte« (Dovifat, 1930, 5f.). In den USA hatte sich nach dem Sezessionskrieg eine von Sensationen berichtende »Yellow Press« aus dem erbitterten Wettbewerb zwischen den beiden Pressebaronen William Randolph Hearst (1863-1951) und Joseph Pulitzer (1813-1871) herausgebildet. Insbesondere die von Pulitzer 1883 herausgegebene *World* entfaltete eine ausgeprägte Sensationsberichterstattung (Smith, 1979,159f.). In Europa konnte sich eine »schreiende« Boulevardpresse zuerst in Großbritannien entwickeln. Die *Pall Mall Gazette* (1885) und der *Star* (1888) waren die ersten Zeitungen Europas, die eine nach amerikanischem Vorbild entwickelte Sensationsberichterstattung (in Großbritannien »New Journalism« genannt) praktizierten. Später war es dann besonders die von Lord Northcliffe (Alfred Harmsworth) gegründete *Daily Mail* 1896, die zum Prototyp einer billigen Massen-Boulevardzeitung wurde. Sie erschien von vornherein mit einem siebenspaltigen Umbruch, der durch große Überschriften durchbrochen war; im Ersten Weltkrieg kam es dann zu noch größeren Überschriften und dem Einsatz von Illustrationen (vgl. Mende, 1996, 90, 137). In den 20er Jahren fand ein weiterer Ausbau der britischen Boulevardpresse statt, in der der *Daily Mirror*, der *Daily Express* und der *Daily Herald* um die jeweils provozierendste Sensationsaufmachung kämpften. Bis zum Ersten Weltkrieg existierte in Deutschland lediglich eine Straßenverkaufszeitung, nämlich die 1904 vom Ullstein-Verlag herausgegebene *BZ am Mittag* in Berlin. Sie blieb bis 1918 trotz ihrer großen Erfolge die einzige Zeitung, die konsequent das Boulevardkonzept umsetzte (vgl. Wolfle, 1943, 159). Doch sie blieb im internationalen Vergleich erstaunlich seriös, und aus heutiger Sicht ist sie bis zum Ersten Weltkrieg in ihrem Erscheinungsbild eher mit der *FAZ* als mit *Bild* zu vergleichen (vgl. hierzu die Abb. 10 und 12).

Abb. 10 + 11: Titelseiten der *BZ am Mittag* 1904 und des *New York Journals* 1906

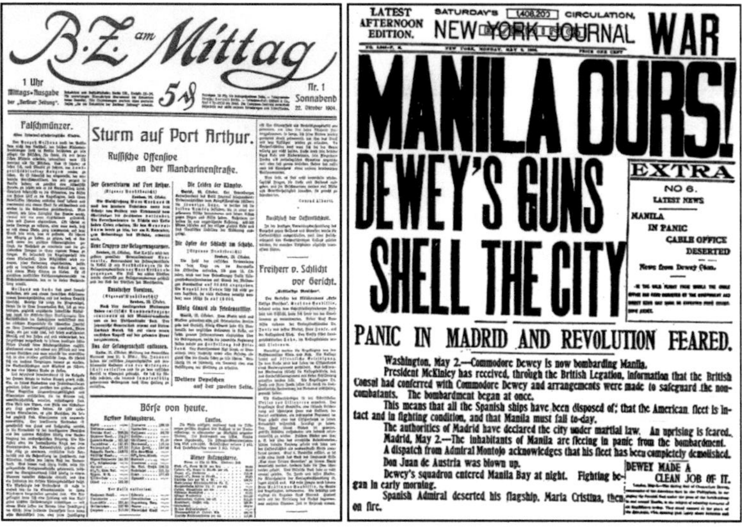

B.Z. am Mittag

1 Uhr Mittags-Ausgabe der „Berliner Zeitung“

5 ₰

Nr. 1 Sonnabend 22. Oktober 1904.

Falschmünzer.

Sturm auf Port Arthur.

Russische Offensive an der Mandarinenstraße.

Freiherr v. Schlicht vor Gericht.

Börse von heute.

LATEST AFTERNOON EDITION. SATURDAY'S CIRCULATION. NEW YORK JOURNAL

WAR

MANILA OURS!

DEWEY'S GUNS SHELL THE CITY

EXTRA

NO 6.

LATEST NEWS

MANILA IN PANIC

CABLE OFFICE DESERTED

PANIC IN MADRID AND REVOLUTION FEARED.

Washington, May 2.—Commodore Dewey is now bombarding Manila.

President McKinley has received, through the British Legation, information that the British Consul had conferred with Commodore Dewey and arrangements were made to safeguard the non-combatants. The bombardment began at once.

This means that all the Spanish ships have been disposed of; that the American fleet is intact and in fighting condition, and that Manila must fall to-day.

The authorities of Madrid have declared the city under martial law. An uprising is feared.

Madrid, May 2.—The inhabitants of Manila are fleeing in panic from the bombardment.

A dispatch from Admiral Montojo acknowledges that his fleet has been completely demolished.

Don Juan de Austria was blown up.

Dewey's squadron entered Manila Bay at night. Fighting began in early morning.

Spanish Admiral deserted his flagship. Maria Cristina, then on fire.

DEWEY MADE A CLEAN JOB OF IT.

Quelle Abb. 10: Mendelssohn, 1959, 153; Abb. 11: Mott, 1968, 543.

Abb. 12 + 13: Titelseiten der *BZ am Mittag* 1918 und des *Daily Mirror* 1915

B.Z. am Mittag

Nr. 263 Berliner Zeitung 42. Jahrgang

1 Uhr Sonnabend, 9. November 1918.

Der Kaiser hat abgedankt.

Thronverzicht des Kronprinzen — Ebert wird Reichskanzler — Einberufung einer Nationalversammlung

Nach Rücktritt der Sozialdemokraten.

Arbeitseinstellungen in Berlin.

Im Großen Hauptquartier.

Deutsche Republiken.

Der Waffenstillstands-Kurier.

"WE MUST HAVE MORE MUNITIONS"—SIR JOHN FRENCH

The Daily Mirror

CERTIFIED CIRCULATION LARGER THAN ANY OTHER PICTURE PAPER IN THE WORLD

WEDNESDAY, MARCH 24, 1915 16 PAGES

"SUDDEN AND SILENT DEATH": TRIPLE MURDER CHARGE AGAINST PRISONER IN THE "DEAD BRIDES CASE."

H. WILLIAMS ART DEALER PICTURES CHINA CURIOS ... BOUGHT

Quelle Abb. 12: Kauder, 1927, 209; Abb. 13: Hadorn & Cortesi, 1986, 81.

Mende konnte in seiner sprachlichen und typographischen Analyse u. a. der 1920 gegründeten Düsseldorfer Boulevardzeitung *Mittag*, die den »Prototyp einer Boulevard-Zeitung in Westdeutschland« darstellte (Mende, 1996, 68), sogar noch für den gesamten Zeitraum 1920 bis 1933 ein hohes sprachliches Niveau feststellen. »Denn entgegen dem Boulevardkonzept herrschten bei den ›Headlines‹ fast kontinuierlich vollständige Satzkonstruktionen vor« (Mende, 1996, 145). Auch aus »Angst vor eventuellen Akzeptanzproblemen« nutzte man »den Spielraum der Sensationsberichterstattung nicht völlig aus« (ebd., 146). Fakt ist ebenso, dass die Auflagezahlen in der Vor- und Zwischenkriegszeit im internationalen Vergleich in Deutschland nicht eine derartige »Massenhaftigkeit« wie in den USA, Großbritannien oder Frankreich erreichten.

1890 meldete *Le Petit Journal* den Auflagenrekord von über einer Million. Sein stärkster Konkurrent, *Le Petit Parisien* verkaufte zu diesem Zeitpunkt auch schon 700.000 Exemplare und rühmte sich beim Ausbruch des Ersten Weltkriegs, mit einer Auflage von 1,5 Mio. »die größte Zeitung der Welt« zu sein (vgl. Bollinger, 1996, 26). Die Londoner *Daily Mail* (Lord Northcliffe) verkündete 1901, dass zum ersten Mal in der Geschichte der Tagespresse die Million erreicht sei, während in den USA die magische Millionengrenze erst nach dem Ersten Weltkrieg und in Deutschland erst im Zweiten Weltkrieg erreicht wurde (vgl. Lerg, 1968, 25f). Eine für deutsche Verhältnisse gigantische Auflage konnte die Abonnementzeitung *Berliner Morgenpost* mit 564.000 Exemplaren erstmalig 1926 vorweisen; die anderen großen Berliner Tageszeitungen (u. a. die Boulevardzeitung *BZ am Mittag*) erreichten durchschnittlich nur eine Auflage von ca. 200.000 (Mende, 1996, 36).[47]

Die deutschen Zeitungen machten zwar im Kaiserreich eine rasante Entwicklung durch: Die Periodizität stieg sprunghaft an, von 1885 bis 1917 verdoppelte sich der Anteil der Blätter mit täglichem Erscheinen (von 27 % auf 52 %), 64 Blätter gaben bereits 1897 mehrere Ausgaben am Tag aus, die Formate wurden vergrößert, das Feuilleton wurde ausgeweitet, Inhalte wurden zur leserfreundlichen Übersichtlichkeit stärker rubriziert, die Aktualitätsdichte stieg enorm an, neue Personenkreise (auch die Nicht-Elite) wurden Objekte der Berichterstattung, und Unterhaltendes verdrängte zunehmend die Politik (vgl. hierzu Wilke, 2000, 272-275; auch Stöber, 2000, 163-166), dennoch kann von einer boulevardesken Massenpresse im Deutschen Reich nicht die Rede sein. Die Blütezeit der Boulevardpresse in Deutschland wird sich erst in der Weimarer Republik entfalten, und auch erst in dieser Phase werden die Klagen über die »Auswüchse der Sensationsberichterstattung« (vgl. Dovifat, 1930) ihren Höhepunkt erreichen.

Die starke Herausbildung der Boulevardpresse wurde als das Charakteristischste im deutschen Zeitungsleben der Nachkriegszeit angesehen (Kliche, 1930, 2). Über die Veränderungen des äußeren Erscheinungsbildes der Presse seit Kriegszeiten – zollhohe Buchstaben für die Hauptereignisse an der Spitze des Blattes, möglichst sensationelle Überschriften in Fettdruck über Artikeln von 10 und weniger Zeilen – beklagte sich der Gründer des ersten zeitungswis-

47 Dovifat gibt für das Jahr 1939 folgende Zahlen an: *Völkischer Beobachter*: 913.759; *Daily Express* London: 2,8 Mio.; *Le Petit Parisien*, Paris: 1,6 Mio. (Dovifat, 1944a, 114f.).

senschaftlichen Instituts in Leipzig, Karl Bücher, 1926: »Ich vermag in dieser sensationslüsternen Marktschreierei keinen Fortschritt zu erblicken. Sie ist von Amerika zuerst nach England gekommen und dann mit verhängnisvoller Schnelligkeit auch nach dem Kontinent übergesprungen« (Bücher, 1926, 295). Doch was führte dazu, dass die Sensationalisierung der deutschen Presse im Vergleich zu Westeuropa und den USA mit einer Verspätung von rund 30 Jahren begann? Warum konnte sich nicht schon zu einem früheren Zeitpunkt ein Markt für eine grelle, sensationalistische Boulevardpresse mit Massenauflagen entwickeln? Warum gab es diesen deutschen Sonderweg der Boulevardisierung?

Neben gesamtgesellschaftlichen Faktoren wie der in Deutschland viel später einsetzenden Industrialisierung (erst um 1850), der starken Einzelstaatenzersplitterung und zögerlichen Reichsgründung (Zentralisierung), der insgesamt verspäteten Großstadtentwicklung, dem langen Fehlen eines echten Metropolen-Milieus und der bildungsbürgerlichen Wilhelminischen Mentalität spielten auch und gerade rein publizistische Traditionen und presserechtliche, obrigkeitsstaatliche Zwänge eine herausragende Rolle. Dort, wo die demokratische und industrielle Entwicklung bereits früh ein fortgeschrittenes Stadium erreicht hatten (in Westeuropa und den USA), setzte auch die Popularisierung der Zeitung bewusst viel früher ein. Erste Produkte mit verlagswirtschaftlichen und inhaltlich-stilistisch typischen Merkmalen der Massenpresse kamen bereits vor 1850 in ausgesprochenen Weltstädten auf den Markt: in den 1830er Jahren in den Vereinigten Staaten als sog. »Penny Papers«, in Frankreich als »Grande Presse« wegen des auffallend größeren Seitenformats und seit dem Fall der Stempelsteuer in Großbritannien in den 1850er Jahren als aufkeimender »New Journalism«.[48]

Die Hochkonjunkturphase deutscher Industrialisierung lag zwischen 1850 und 1873. Das Deutsche Reich begann langsam, den wirtschaftlich-technologischen Vorsprung Westeuropas, vor allem Großbritanniens, aufzuholen (vgl. Gladen, 1974, 2; auch Köllmann, 1970). Von demokratischen Strukturen konnte im Deutschen Reich auch nach der Reichsgründung von 1871 nicht gesprochen werden. Zwar versuchte das aufstrebende Bürgertum[49], seine wirtschaftliche Macht in politischen Einfluss umzumünzen. Dennoch sei es ihm keineswegs gelungen, sich in der Verfassungswirklichkeit der konstitutionellen Monarchie gegen die alten Mächte, Krone, Armee, grundbesitzender Adel und Beamtenapparat, letztlich auch politisch zu behaupten (vgl. Wolter, 1981, 55). Die Demokratie blieb bis 1917 eine umstrittene Utopie. Der Publizist Gustav Kauder schrieb 1927 rückblickend, dass die Berliner Presse noch in den 80er Jahren des 19. Jahrhunderts zugeschnitten gewesen sei »auf die empfindsame,

---

48 z.B. in New York 1833 und 1836 (*The Sun – It shines for all* von Benjamin Day sowie der *New York Herald* von Gordon Bennett d. Älteren), in Paris, 1836 (*La Presse* von Emile de Girardin) und in London 1855 (*Daily Telegraph and Courier* für einen Penny von Joseph Moses Levy)

49 s. in diesem Zusammenhang die von Historikern seit langem verfolgte These vom deutschen Sonderweg. Einen Überblick bietet Kocka, 2000; s auch Wehler, 1989.

nachdenkliche Bedachtsamkeit des vorweltwirtschaftlichen Deutschland und seiner soliden, aber auch etwas spießigen Hauptstadt« (Kauder, 1927, 192). Die verspätete Industrialisierung schlug sich auch in einer rückständigen Zeitungstechnik nieder, was dazu führte, dass deutsche Drucktechniker während des 19. Jahrhunderts lieber ausländische Märkte anvisierten: Friedrich König (1774-1833) ließ sich seine entwickelte Schnellpresse 1810 in England patentieren; im darauffolgenden Jahr präsentierte die Augsburger Maschinenfabrik (später MAN) auf der Weltausstellung in Wien ihre neue Zylinderpresse, die acht Seiten druckte und falzte; Ottmar Mergenthaler (1854-1899) erfand die erste funktionstüchtige Zeilensetzmaschine nach zehnjähriger Versuchszeit 1884 in Amerika; es dauerte mehr als ein Jahrzehnt, bis jene »Linotype« auch innerhalb des deutschen Pressewesens Anwendung fand (Wolter, 1981, 133). Die Zeitungsherstellung um die Mitte des 19. Jahrhunderts befand sich in Deutschland im Zustand vor- bis frühindustrieller Methoden und Arbeitsweisen; auch bedeutendere Blätter wurden noch 1844 auf hölzernen Handpressen gedruckt. Noch 1926 war der Anteil der Familienunternehmen an der Gesamtheit deutscher Zeitungsverlage rund 82 % (ebd., 96f.). Erst gegen Ende des 19. Jahrhunderts kam es zu einer nennenswerten Verbilligung des Papierpreises; er sank von 45 Mark/100 kg 1880 auf 20 Mark 1899 (vgl. Wolter, 1981, 132). 1895 lag die technische Durckkapazität gerade bei 12.000 Exemplaren pro Std. bei 32 Seiten Umfang. Sie sollte sich allerdings dann bis 1928 mehr als vervierfacht haben (vgl. Stöber, 1998, 75).

Alle genannten Faktoren sind allerdings keine hinreichenden Erklärungen für einen deutschen Sonderweg der Boulevardisierung. Typisch deutsche publizistische Traditionen und obrigkeitsstaatliche Zwänge haben größere Erklärungskraft. Diese Auffassung soll im folgenden begründet werden.

4.3.1 Kleinstaaterei und regionale Struktur der deutschen Presse

Kleinstaatliche Zersplitterung und partikularistisches Denken prägten die Struktur des deutschen Zeitungswesens vor der Reichsgründung und blieben auch danach die bestimmenden Charakteristika der stark regionalen Pressestruktur Deutschlands. Jeder der 38, nach 1866 noch 32 Bundesstaaten verfügte nicht nur über eigenes Militär, einen gesonderten Verwaltungs- und Beamtenapparat, separate Volksvertretungen und damit ein unabhängiges innenpolitisches Leben. Denn diese »pseudonationale Abgeschlossenheit« (Wolter, 1981, 80) förderte auch die Entwicklung einer eigenen Landespresse. Die Vormachtstellung Berlins als Zeitungsstadt zeichnete sich erst nach 1871 ab, obwohl sich eine »Nationalpresse« auch danach nicht entwickelte. Karl d'Ester urteilte 1928: »Wenn also auch die Großpresse an Zahl zugenommen hat, so bilden doch noch heute die mittleren und kleineren Blätter die Grundlage des deutschen Zeitungswesens« (d'Ester, 1928, 100). 1885 haben nur fünf Zeitungen eine Auflage von mehr als 40.000 (Hall, 1977, 36); 1900 erreichten nur 3,5 % aller Zeitungen inkl. Generalanzeigern mehr als 15.000 Exemplare (Koszyk, 1966, 272) und 1919/20 hatten von 3.689 Zeitungen nur 2,1 % (= 79) eine Auflage von mehr als 50.000 (d'Ester, 1928, 100). Von 1897 bis 1910 verdoppelte sich zwar die Gesamtauflage (von 8,9 auf 17,8 Mio.) (Wilke, 2000, 275), doch die Durchschnittsauflage betrug 1906 rund 6.100 Stück (Lerg, 1968, 27), was die Kleinteiligkeit der Pressestruktur nochmals verdeutlicht. Allerdings konnte sich Deutschland gerade aufgrund der regionalen Zersplitterung im internationalen Vergleich zu einem der zeitungsreichsten Länder entwickeln.[50] Die föderative Struktur Deutschlands und die damit zusammenhängende Beschränkung der Zeitungen auf ein eigenes regionales Verbreitungsgebiet setzte der Auflagenentwicklung in die Millionenziffer englischer oder französischer Organe quasi »natürliche« Grenzen.

4.3.2 Die deutsche Tradition des Zeitungsabonnements und die Abneigung gegen Anzeigen

Mit der Entwicklung der Generalanzeigerpresse verkürzten sich zwar die Abonnementfristen z. T. erheblich, da der Monatsbezug häufiger wurde, und mit Gründung der Berliner Morgenpost 1898 sogar der Wochenbezug aufkam (Dovifat, 1944, 111), dennoch war und ist das Zeitungsabonnement die für die deutsche Presse bestimmende Bezugsform. Damit war stets eine recht stabile Leser-Blatt-Bindung garantiert, die den weitestgehenden Verzicht auf marktschreierische Leseranwerbung möglich machte.

Während der fliegende Straßenhandel mit Zeitungen bis 1904 in Deutschland unüblich war (vgl. Mendelssohn, 1982, 140; Nahnsen, 1922), bestand in den anderen westeuropäischen Ländern und den Vereinigten Staaten z. T. eine sehr lange Tradition des Direktverkaufs. In Frankreich können als Vorläufer für diese Vertriebsart die schon vor der Revolution von 1789 verbreiteten Flugblätter und Witzblätter satirischen, erotischen oder sensationellen Inhaltes, im Volksmund »des fagots« genannt, angesehen werden, die von den »crieurs de fagots« auf der Straße angepriesen wurden. In den USA begann die moderne Massenpresse quasi als Boulevardpresse ohne festes Publikum. Bereits 1836 wurde der *New York Herald* von Gordon Bennett d. Älteren von Zeitungsverkäufern mit einer 33%igen Gewinnbeteiligung öffentlich ausgerufen (Dovifat, 1940, 647). Der Einzelverkauf bildete sich im anglo-amerikanischen Bereich als die bevorzugte Vertriebsform heraus (Dovifat, 1944, 112). Hermann Diez bemerkt 1910, dass zwar neben dem Abonnement auch der Einzelverkauf der Zeitungen auf der Straße, den Bahnhöfen usw. eine gewisse Rolle spiele, »ohne

[50] Während 1932 in den USA ca. 2.430, in Frankreich ca. 1.500 und in Großbritannien rund 250 Zeitungen existierten, erschienen in Deutschland zur selben Zeit insgesamt 4.703 Zeitungen (Mende, 1996, 35).

daß er sich aber in Deutschland so entwickelt hätte, wie es in Frankreich, England und Amerika geschieht, wo der feste Abonnentenstamm eine verhältnismäßig unbedeutende Rolle spielt« (Diez, 1910, 98). Demgemäß sei in Deutschland auch der Stand der ›Camelots‹ nicht aufgekommen, der den Straßen von Paris, London und New York zu bestimmten Stunden des Tages eine ganz besondere Atmosphäre verlieh. Auch Bücher erwähnt die »auffallende[n] Erscheinungen wie die Camelots von Paris, die Zeitungsjungen von Newyork mit ihrem von Wohltätern errichteten Klub, die zeitungverkaufenden Offiziere in den Straßen von Wien, dem überall vertretenen Kinderhandel« (Bücher, 1926, 48).

In Deutschland werden bei der verspäteten Entwicklung des neuen Berufsstandes der Straßenhändler zwei typisch deutsche Mentalitätsmerkmale deutlich: einmal der Hang zur Institutionalisierung eines Gruppen- oder Standesinteresses und zum anderen die obrigkeitliche Reglementierung dieser Tätigkeit in der Öffentlichkeit. Otto Nahnsen schrieb 1922 in seiner Dissertation über den Straßenhandel in Berlin, dass dieser im Jahre 1907 bereits so umfangreich, die Händler schon ein so bestimmter Berufsstand gewesen seien, dass eine Fachzeitschrift der Zeitungshändler gegründet werden konnte. Es handelte sich um den *Zeitungshändler – Organ der Zeitungs- und Druckschriftenhändler*, der sich zur Aufgabe stellte, die Interessen der Händler zu vertreten. Sie wurde damals gratis an rund 700 Händler versandt und war durch Inserate gedeckt (Nahnsen, 1922, 40). Bis 1922 bildeten sich feste und verhältnismäßig große Organisationen der Straßenhändler; die beiden größten Organisationen waren der »Deutsche Händlerverband« und der »Reichsverband der Wandergewerbetreibenden Deutschlands«; ersterer habe »entschieden auf dem Boden des proletarischen Klassenkampfes im Sinne der USPD oder der KPD« (ebd., 65) gestanden. Die Art und Weise des Verkaufs und die Standorte der Händler waren gewerbeordnungsrechtlich und verkehrspolizeilich strengstens geregelt, daher kann sich der Zeitungswissenschaftler Karl Bücher in seinem internationalen Vergleich quasi erleichtert über die deutschen Verhältnisse äußern: »Kehren wir nach Berlin zurück, so hat sich im dortigen Straßenhandel bestätigt, was bei aller Reklame zu beobachten ist, daß Schund auch beim Zeitungswesen auf die Dauer nicht in Aufnahme zu bringen ist« (Bücher, 1926, 223).

Die Prototypen der Massenpresse in Deutschland, die »Generalanzeiger«, hielten an der nationaltypischen Form des Zeitungsabonnements fest, weil es keine anderen Erfahrungen gab und weil damit für einen längeren Zeitraum eine berechenbarere Geschäftsgrundlage bestand, als das bei unsicherem Einzelverkauf auf der Straße der Fall gewesen wäre. Das Festhalten am Abonnementvertrieb war sicherlich ein wesentlicher Grund für die späte Sensationalisierung der deutschen Presse. Otto Groth analysierte die Zusammenhänge 1928 folgendermaßen:

> »Man hat den Gegensatz zwischen amerikanischer und deutscher Methode dahin formuliert: die Amerikaner beeinflussen durch Ueberschriften, die Deutschen durch Kommentare. Die Forderung des deutschen Lesers, nicht überrumpelt und verblüfft, sondern unterrichtet und überzeugt zu werden, seine Abneigung gegen das Auf- und Uebertrumpfen in Zeichen und Worten haben die deutschen Zeitungen mehr oder weniger doch zur Mäßigung und Zurückhaltung gezwungen. Das in Deutschland herrschende Abonnement, dem gegenüber der Einzelverkauf eine recht untergeordnete Rolle spielt, gestattet ein ruhigeres, gründlicheres, methodischeres Lesen, das durch ein schreiendes, zerrissenes Bild leicht gestört wird« (Groth, 1928, 348).

Auch der Abdruck von Privat- und Geschäftsanzeigen, die den Zeitungspreis durch die zusätzlichen Einnahmen erheblich verbilligten und damit für ein Massenpublikum erschwinglich machten, waren für die deutsche Presse mit der Einführung der Generalanzeiger ein ähnlich neuartiges und gewöhnungsbedürftiges Phänomen wie der spätere Straßenverkauf. In Großbritannien hingegen zeichnete sich von Anfang an eine nicht auf bestimmte Publikationstypen festgelegte, sehr kontinuierliche Evolution des Inseratenwesens in der Presse ab (vgl. Baylen, 1996, 34-36). Der Staat griff hier nicht ein (z. B. durch die strikte Privilegierung bestimmter Blätter oder gar Monopolisierung der Anzeigenvermittlung über offizielle Organe); daher konnten dort politische Zeitungen bereits im 17. und 18. Jahrhundert vom Bedeutungszuwachs privater und geschäftlicher Anzeigen profitieren. *The Times* in London berichtete z. B. 1837, dass ihr aktueller Jahresvertrieb über vier Millionen Exemplare umfasse; dies bewirkte einen Ansturm auf Insertionsraum, der nur mit Sonderbeilagen zu bewältigen war (vgl. Wolter, 1981, 120). Zur selben Zeit bestand in Preußen noch der Intelligenzzwang. Die Verknüpfung von redaktionellem Text und Anzeigenteil als Geschäftsprinzip der Zeitung hatte sich also im angelsächsischen Pressewesen bereits vor Beginn der Etablierung der Massenpresse durchgesetzt. Da Anzeigenverkauf und Straßenhandel zur Publizitätssteigerung anders als in Deutschland dort kein wesentliches Überraschungsmoment mehr darstellten und

Abb. 14: Anstößige Anzeigen 1912

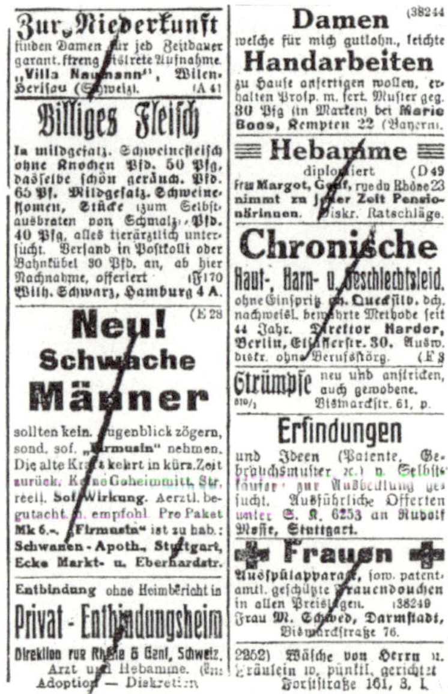

Quelle: Vom Zeitungswesen der Gegenwart, 1912, 13.

beides vermutlich auch deshalb weniger problematisiert wurde, bildeten eher Überlegungen zum inhaltlichen und stilistischen Lese- und Neuigkeitsanreiz den gedanklichen Ausgangspunkt bei der Entwicklung der populären Massenpresse, weil das eben noch neu war. Deutschland hatte bis zum letzten Viertel des 19. Jahrhunderts in beiden Bereichen keine Erfahrungen. In einer Festschrift zum 50-jährigen Bestehen der Annoncenexpedition Mosse aus dem Jahr 1916 konnte man lesen, dass sie »tief eingewurzelte Vorurteile ... zu bekämpfen (hatte), bevor es gelang, einen deutschen Industriellen oder Kaufmann zum Inserieren zu veranlassen. Ganz allgemein war noch die Anschauung verbreitet, daß eine solide Firma auf dem Wege der Zeitungsannonce nicht hervortreten dürfe, wenn sie nicht ihren Ruf gefährden wolle« (abgedruckt bei Wolter, 1981, 138).

Dies mag auch damit zusammengehangen haben, dass Kleinanzeigen immer wieder Steine des Anstoßes darstellten. Anzeigen von Heiratsschwindlern und Darlehensvermitt-lungen, von Hebammen und Masseusen, Anpreisung von Schönheits- und Heilmitteln, namentlich gegen Geschlechts- und Frauenleiden streiften »ans Verbrecherische« (Kleemann, 1914, 239; vgl. hierzu Abb. 14; der Autor hat hier die anstößigen Annoncen selbst durchgestrichen). Anzeigen blieben lange Zeit vor allem umständlich textorientiert. Erst in den achtziger und neunziger Jahren des 19. Jahrhunderts wurde jene Ausführlichkeit des Textes durch bildliche Darstellungen sowie eine kürzere und prägnantere sprachliche Ausdrucksweise ersetzt (vgl. Wolter, 1981, 142).

4.3.3 Die Generalanzeiger als vergleichsweise »zahme« Prototypen der deutschen Massenpresse

Nach dem deutsch-französischen Krieg 1870/71 entstand das deutsche Kaiserreich. Der erste gewählte Reichstag setzte sich für eine Vereinheitlichung des deutschen Presserechts an Stelle der 27 verschiedenen Landesregelungen ein, denn nach der neuen Reichsverfassung von 1871 fielen die Bestimmungen über die Presse in den Kompetenzbereich der Reichsgesetzgebung. Zunächst startete der Reichstag zwei Versuche, ein liberaleres Presserecht zu schaffen, insbesondere den Konzessions- und Kautionszwang zu beseitigen, doch beide Male scheitern die Vorstöße des Reichstags an Reichskanzler Bismarck. Im Juli 1874 trat schließlich ein neues Reichspressgesetz in Kraft. Einige Punkte, z. B. Regelungen zum politischen Plakat, blieben weiterhin den landesgesetzlichen Regelungen vorbehalten, doch die Zensur, der Kautions- und der Konzessionszwang sowie die Sonderbesteuerung der Presse gehörten nun der Vergangenheit an. Allerdings hatte das Reichspressgesetz keinen Verfassungsrang, so dass der Reichsgesetzgeber mit einfacher gesetzlicher Regelung jederzeit die Pressefreiheit einschränken und aufheben konnte. Trotzdem war damit prinzipiell in rechtlicher (und ökonomischer) Hinsicht der Weg frei für eine billige Massenpresse. Als Kernphase der »Generalanzeiger« setzt Wolter die drei Jahrzehnte zwischen 1880 und 1910 an (Wolter, 1981, 177). Die Generalanzeiger seien die »nationaltypische Ausprägung« der Popularisierung des deutschen Zeitungswesens gewesen und hätten den Beginn der Umwandlung der Tageszeitung zum wirklichen Massenkommunikationsmittel signalisiert (vgl. Wolter, 1981, 24). Vor dem Ersten Weltkrieg existierten ca. 68 Generalanzeiger zuzüglich der Zeitungen, die publizistisch ähnlich waren, wie z. B. die *Berliner Morgenpost* (Ullstein) (Wilke, 2000, 269). Koszyk ermittelte nach der Preisliste der Reichspost von 1918 67 Zeitungen mit dem Titel »Generalanzeiger«, 10 »Anzeigenblätter« und 96 »Anzeiger« (Koszyk, 1966, 270). Es handelte sich also angesichts der Gesamtzahl von in dieser Zeit rund 3.000 Zeitungen in Deutschland (vgl. hierzu Stöber, 2000, 146) um ein relativ kleines Segment, das aber aufgrund seiner Neuartigkeit für einige Furore sorgte. Die Generalanzeigerpresse revolutionierte das Anzeigenwesen, führte neue Vertriebsbedingungen und neue Methoden der Leser-Blatt-Bindung ein und verfolgte ein nachrichtenjournalistisches redaktionelles Konzept, das es in dieser programmatischen Absolutheit in Deutschland bislang nicht gegeben hatte. Die Leser wurden in erster Linie als unpolitische Konsumenten angesprochen. Die Zeitungen konnten wesentlich billiger verkauft werden, da der Abonnementpreis das Geschäft nicht mehr alleine tragen musste, sondern durch für jedermann erschwingliche Kleinanzeigen mit finanziert werden konnte.

Der rasante Durchbruch dieses Zeitungstyps erfolgte mit der Gründung des *Berliner Lokal-Anzeigers* 1883 durch August Scherl. Die Zeitung erschien zunächst wöchentlich, ab 1885 täglich (ab 1889 zweimal täglich) und wurde anfänglich kostenlos durch 2.000 angestellte Austräger verteilt. Später wurde eine Zustellgebühr von 1 Mark im Monat erhoben (Hadorn & Cortesi 1986, 73). Der *Berliner Lokal-Anzeiger* hatte 1883 nach wenigen Wochen die notariell belegte Auflage von 152.000, die bis dahin von keiner Tageszeitung erreicht worden war (Dovifat, 1944, 114). Ein Spitzenwert wird 1899 mit 260.000 erreicht, davon wurden ungefähr 90 % in Berlin abgesetzt (Stöber, 1994, 322f.). Bei Kriegsende erreichte er immer noch eine Auflage von 250.000 Exemplaren, sogar rund ein Viertel der Auflage wurde zu diesem Zeitpunkt im Straßenhandel abgesetzt (Liebe, 1956, 49). Eine starke Leser-Blatt-Bindung wurde nicht nur durch Romane, Preisausschreiben und die Kopplung von Abonnement und günstigen Versicherungen erzielt (vgl. Wolter, 1981, 158), sondern sie sollte auch durch einen neuen volksnahen redaktionellen Stil erreicht werden. Scherl und sein Blattmacher Hugo von Kupffer engagierten einen Friseur als »verkörperte Volksseele«. Was dieser nicht gleich kapierte, das durfte nicht ins Blatt; der Verleger zahlte an den Frisör Alois Pfitzenreuter 1.000 Mark pro Monat für seine Tätigkeit als »Ohr von Berlin« (Stöber, 1994, 326). Einer der in der Erstausgabe abgedruckten programmatischen Ansprüche lautete:

> »Unser redaktionelles Bemühen in der Behandlung weitschichtiger Themata, wie sie der Tag und seine Strömungen uns bietet, soll aber nicht etwa als ein leckeres Mahl für den verwöhnten Geschmack anspruchsvoller Leser servirt werden! Es soll eine solide Hausmannskost, schmackhaft bereitet und geschmackvoll aufgetragen werden! Die Zuthaten, die wir vom Markt des wogenden residenzlichen Treibens zusammentragen wollen, werden den bewährtesten Quellen entnommen sein« (zit. in Wolter, 1981, 330).

Doch so massenattraktiv und boulevardesk diese Voraussetzungen auch anmuten – die Generalanzeiger blieben in ihrem Verbreitungsgebiet lokal begrenzt und die Texte waren zwar im allgemeinen durch diverse Schrifttypen und -grade sowie andere typographische Hervorhebungen lebhaft gesetzt, vereinzelt wurde auch eine andere Papiertönung verwendet, doch insgesamt betrachtet glichen gerade die ersten Generalanzeiger noch »Bleiwüsten« (Stöber, 1998, 88). Bildberichterstattung war in der deutschen Tagespresse zu dieser Zeit unüblich. Noch bis zum Beginn der 20er Jahre des neuen Jahrhunderts brachte die Bildveröffentlichung scheinbar erhebliche Probleme mit sich, wie aus einschlägigen Berichten der Verbandspublikation »Zeitungs-Verlag« der Jahre 1927 und 1928 hervorgeht: Das angebotene Bildmaterial entsprach nicht den Anforderungen der Zeitungen, da es weder aktuell, noch vom Motiv her geeignet war. Der Rückgriff auf eigene Bildreporter war noch nicht möglich, weil es keine solide ausgebildeten Bildredakteure gab, und darüber hinaus hatte man nur geringe praktische Erfahrung bei der Bildanordnung und Klischeeherstellung (vgl. Mende, 1996, 91f.).

Die Gründungswelle der Generalanzeiger (von 1872-1900) wurde belebt von einer zeitweise recht zugespitzten Wettbewerbssituation der einzelnen Verleger untereinander. Um den Markt des neuen Pressetyps kämpften vor allem der Anzeigenvermittler Rudolf Mosse (1843-1920), der Papiergroßhändler und freisinnige Stadtverordnete Leopold Ullstein (1826-1899) und der Verlagsbuchhändler August Hugo Friedrich Scherl (1849-1921). Die Bedürfnisse nach »Zeitungen für alle« beschränkten sich nicht auf Berlin; Lerg liefert biographische und verlegerische Informationen zu drei Pressezaren der Provinz: Wilhelm Girardet (ehemaliger Buchbinder), August Huck (Schriftgießer) sowie Gottlieb Paul Leonhardt, die zahlreiche Generalanzeiger in ganz Deutschland gründeten oder sich daran beteiligten (vgl. Lerg, 1968, 21-24; sowie Stöber, 2000, 231).

In seinem Aufsatz »Der Konflikt zwischen der Zeitung als moralischer Anstalt und als Wirtschaftsunternehmen« wendet sich Stern-Rubarth, ehemaliger Politikchef und Schlagzeilenmacher der *BZ am Mittag* (vgl. Jameson, 1963, 397), vehement gegen den in akademischen Kreisen weit verbreiteten Vergleich der deutschen Generalanzeiger mit dem angelsächsisch-französischen Millionenblatt der Geschäfts- oder Boulevardpresse. Oberflächlich gesehen und nur auf die Tatsache der politischen und weltanschaulichen Neutralität bezogen sei der Vergleich vielleicht zutreffend. Der deutsche Zeitungstyp zeige allerdings wesentliche Unterschiede: zum einen, weil seine Entstehung »nicht auf rein geschäftsmäßig operierende, spekulative Interessen« zurückgehe, sondern fast immer von Druckereiunternehmern oder anderen Quereinsteigern (s. o.) geschaffen worden sei, die oft durch irgendwelche Zwänge oder Anreize (z. B. Wegfall vorheriger Zeitungsdruckkontrakte oder dergleichen) zu einem eigenen Unternehmen veranlasst wurden. Zum anderen, weil die deutschen Verhältnisse jene »Ballung« von verlegerischen Interessen verboten hätten, die z. B. in England »zur spekulativen, börsenmäßigen Schaffung großer und rascher Kapitalgewinne« für den Zeitungsverleger geführt hätten und diesem gestatteten, jede erforderliche Investition durch den Kapitalmarkt finanzieren zu lassen. Losere Konzernbindungen, wie sie früher die Generalanzeiger des Girardet- oder Huck-Konzerns aufwiesen, oder erst recht Großverlage, in denen solche Zeitungen nur einen Teil der sonst gemischten Verlagspalette darstellten (wie z. B. bei Ullstein) seien erst recht nicht mit den um die Jahrhundertwende entstehenden britischen Verlagsimperien und großen Zeitungsketten vergleichbar (vgl. Stern-Rubarth, 1960, 567). Die von dem britischen Pressehistoriker Chalaby (1998) analysierten presseökonomischen Phasen der Industrialisierung, Konzentration und Kapitalisierung, die er als wesentliche Gründe für die Entwicklung hin zum »sensationalism« anführt, und die in dieser Arbeit an früherer Stelle erörtert wurden (vgl. Kap. 3.3), sind also auf die deutschen Verhältnisse nicht übertragbar.

4.3.4 Rückständiger, verpönter Nachrichtenjournalismus

»Obschon das Prinzip der parteipolitisch neutralen publizistischen Haltung keineswegs eine Erfindung des späten 19. Jahrhunderts darstellte, rief die massenhaft verbreitete Proklamation dieser Tendenz durch die Generalanzeiger im Sinne einer programmatischen Absichtserklärung vor dem Hintergrund der unflexibleren Parteipresse einen eigenartigen Innovationseffekt hervor« – so Hans-Wolfgang Wolter (1981, 65f.) in seiner Dissertation über die Generalanzeigerpresse in Deutschland. Im Dokumentationsteil seiner Arbeit sind die programmatischen Ansprüche diverser Generalanzeiger, die in der jeweilig ersten Ausgabe abgedruckt wurden, zu finden. Die neuen Prinzipien der Parteiunabhängigkeit[51] und des Nachrichtenjournalismus tauchen überall auf. Von der Neutralität versprach man sich den Zugang zu heterogen zusammengesetzten Lesermassen, die bei steigender Anzahl bessere Anzeigeneinkünfte versprachen. Dieser Geschäftspragmatismus war der Grund für vehemente Kritik von unterschiedlichen Seiten.

---

[51] Die Generalanzeigerpresse war jedoch ab der Jahrhundertwende nicht mehr unpolitisch (allerdings auch nicht parteipolitisch) (vgl. Dovifat, 1944, 114). In der Weimarer Republik stand der *Berliner Lokal-Anzeiger* z. B. für die demokratiefeindliche rechtsnationale Hugenberg-Presse (vgl. Stöber, 1994, 314).

Die Entrüstung konzentrierte sich vorrangig auf die Oberflächlichkeit und Farblosigkeit der reinen Faktenwiedergabe, die im Gegensatz zur guten alten deutschen Tradition des Kommentierens, Räsonnierens und politisch-philosophierenden Nachdenkens stehe. Zu dieser »Bildungsbürgerlichkeit« im Journalismus schrieb der Publizist Julius Duboc (1820-1903) 1872 in seinem Aufsatz über die deutsche Presse:

> »Der deutsche Zeitungsschreiber... überträgt die Gewöhnung früherer Lebensverhältnisse, die meistens mehr oder minder mit gelehrten Studien verknüpft waren, auf seinen späteren Beruf, das Bureau seiner redactionellen Thätigkeit wird ihm zur Studirstube, die Zeitung, der er seine besten Kräfte und Jahre widmet, zur wissenschaftlichen Disciplin, der Dienst der Tagespolitik, der eine bewegliche Kraft fordert, zum strengen, schwer gewichtigen Dienst der Wahrheit. (...) etwas Unsagbares von Schulstubenduft und grauer Theorie haftet ihnen an, überall tritt uns die Würde der politischen Wissenschaft mit pathetischem Ernst entgegen, vergebens aber suchen wir nach der Frische der Behandlung« (zit. in Lerg, 1968, 14).

Die Skala der geringschätzigen Attribute gegenüber der neuen Generalanzeigerpresse reichte von »farblos« bis hin zu Begriffen wie »Sensations- oder Skandalpresse«, was eigentlich einen Widerspruch darstellte, von den Zeitgenossen aber wie folgt erklärt wurde:

> »Aber in dieser Aufgabe, nur Tatsachen darzubieten, liegt zugleich die große Gefahr, daß weite Gebiete des geistigen Lebens verkümmern. Für die bloße Nachrichtenübermittelung eignen sich vor allem die groben Tagesstoffe. Sie sind leicht mitteilbar – geistige Strömungen und Kämpfe sind viel schwerer zu photographieren und mitzuteilen und so kommen, fast notwendigerweise, die feineren inneren Beziehungen des Lebens zu kurz« (...) »Ein Zeitungsleiter aber, der nur Geschäftsmann ist, wird keine Bedenken tragen, die Stoffe zu bevorzugen, die ihm am meisten einbringen. Neuigkeitenjagd, Überwuchern der sensationellen, der lüsternen Stoffe, Einflüsse geschäftlicher Interessentengruppen, Beeinträchtigung der Haltung des Blattes, der Unabhängigkeit und charaktervollen Vertretung eines festen Standpunktes sind die Folgen« (Vom Zeitungswesen der Gegenwart, 1912, 3f.).

Widerstand regte sich vor allem von seiten der politischen Parteien und der etablierten Verleger, die ein Problem mit dem unübersehbaren Erfolg der Generalanzeiger hatten. Die stets wiederkehrenden Argumente der Ablehnung bezogen sich auf die neuen Geschäftsprinzipien, vor allem auf die Finanzierung durch Inserate, den Verzicht auf politische Parteinahme und volkserzieherische Ambitionen sowie die Anbiederung an den Publikumsgeschmack als Fixierung auf die Gunst der Masse. Sozialdemokraten sprachen von »Soldschreibertum«, Zentrumspolitiker riefen in katholischen Generalversammlungen zum Kampf gegen das »Unkraut der farblosen Presse« auf, die den religiösen Indifferentismus fördere. Zahlreiche Pamphlete und Streitschriften entstanden vornehmlich zwischen der Jahrhundertwende und dem Kriegsausbruch. Die Polemik erreichte schließlich durch die 1911 und 1912 mehrfach aufgelegte Kampfschrift von Walter Hammer »Die Generalanzeiger-Presse kritisch beurteilt als ein Herd der Korruption« ihren Höhepunkt (vgl. die ausführlich beschriebenen Positionen bei Wolter, 1981, 160-171). Die Empörung auf seiten der Verleger wurde gar zur Initialzündung der Gründung des Vereins Deutscher Zeitungs-Verleger im Mai 1894. Rückblickend beurteilt Otto Groth die Geburt des Vereins als »Kampfstellung gegenüber der neu aufkommenden Gruppe der politisch physiognomielosen, billigen Anzeigengeschäftsblätter, die nicht nur durch Schleuderkonkurrenz den alten Zeitungen das Leben schwermachten, sondern auch die historische Tradition der deutschen Presse als des Trägers der öffentlichen Meinung bedrohten« (Groth, 1930, 46). Im Standesorgan der traditionellen Verlegerschaft (*Der Zeitungs-Verlag*) konnte man 1901 lesen: »Wir sehen uns außerstande in der Parteilosigkeit einen Vorzug zu erblicken. ... Wenn irgendetwas danach angethan wäre, als Symptom geistigen und sittlichen Verfalls zu gelten, so wäre es unbestritten das Überhandnehmen des ›Scherlismus‹« (zit. in Lerg, 1968, 29). Mit fortschreitendem Erfolg der Generalanzeigerpresse und zunehmender Wahrnehmung der innovativen Schubkraft des neuen Nachrichtenjournalismus stellte sich einige Jahre später ein Sinneswandel ein, der sowohl die Verleger (vgl. hierzu Wolter, 1981, 167f.) als auch die Sozialdemokratie erfasste: Auf dem Würzburger Parteitag 1917 bemerkte der Abgeordnete und spätere Ministerpräsident Preußens, Otto Braun, dass man keine Zeitung »im luftleeren Raum« herstellen könne, sondern Rücksicht auf die Leser nehmen müsse: »Man redet in unseren Kreisen so gern verächtlich vom Sensationsbedürfnis. Aber gestehen wir uns ruhig ein: In jedem Menschen steckt ein Stück Sensationsbedürfnis« (zit. bei Wagner, 1976, 416).

Doch wie lässt sich diese abgrundtiefe Abneigung gegen den Nachrichtenjournalismus und die traditionelle Bevorzugung eines ausgeprägten Meinungsjournalismus erklären? Hierzu können zwei Erklärungsansätze angeboten werden: Erstens ging der Entwicklung zum modernen Nachrichtenwesen eine Phase verstärkter politischer Meinungspublizistik (nach 1848) voraus. Und zweitens musste aufgrund der zum Teil rigiden Zensurregelungen und Presseknebelungen, die noch bis ins Kaiserreich unter Bismarck bestanden, Meinungsäußerung, Kommentierung und Hinterfragen für engagierte Journalisten gleichbedeutend mit »Freiheit« gewesen sein. Da reine Nachrichten (wenn sie »wahrhaftig« und den obrigkeitlichen Gewalten genehm erschienen) zu Zensurzeiten verbreitet werden durften, jedes Räsonieren hingegen grundsätzlich untersagt war, da es als Zeichen von Unruhestiftung galt, beschränkte sich die Berichterstattung zwangsläufig auf die unkommentierte Weitergabe von Neuigkeiten und kurzen Meldungen. Nachrichtenjournalismus wurde vermutlich auch mit dieser erzwungenen Form der Berichterstattung assoziiert und daher als etwas staatlich Vorgegebenes, Aufoktroyiertes angesehen. 1814 schrieb der engagierte Publizist

Joseph Görres (1776-1848) über die Zeitungen: »(...) daß sie zu etwas mehr da sind, als dem leeren Nachhall gleich blos das Geschehene in trocknen, dürren Worten zu erzählen. Allgemein ist es als ein knechtischer Grundsatz verworfen, daß sie bloß Thatsachen erzählen, und jedes Urtheils sich enthalten sollen« (zit. in Wilke, 1993, 332). Und um 1820 spottete er über die rheinischen Zeitungen:

> »Sie liegen in völliger Schlafsucht befangen. Größtenteils auf das schlechteste Löschpapier gedruckt, erzählen sie andern Blättern die Begebenheiten kalt und unteilnehmend nach; sie wissen nichts von dem Geiste, der die ganze Welt bewegt (...) nicht Leid noch Freud hat sie von Anfang an aufgeregt; alles schleppt sich in lauer, kühler, nüchterner Langeweile hin. (...) Wir glauben übrigens gern, daß die Charakterlosigkeit weniger das Werk der Herausgeber, als das der Zensoren ist« (zit. bei Salomon, 1973, 143).

Diese Gründe mögen u. a. die Hauptrolle dafür gespielt haben, dass Deutschland auf dem Gebiet der Nachrichtenübermittlung bis in die 80er Jahre des 19. Jahrhunderts hinein im Vergleich zum bereits fortgeschritteneren englischen und nordamerikanischen Standard rückständig war, was Recherchemethoden und Technik des Informationstransfers anbelangte. Da sich der Staat in Deutschland das Recht vorbehielt, öffentliche Fernsprechanlagen zu errichten und zu betreiben, dauerte es einige Zeit, bis Privat- und Geschäftsleute, wie zum Beispiel die Presse, diese Neuerungen nutzen durften. 1894/95 entstand die automatische Vermittlung. Vor 1914 existierten gerade 3 % als Selbstwählanschlüsse, obwohl schon seit 1908 in Deutschland ein erstes Selbstwählnetz bestand (Binkowski, 1985, 72; Stöber, 1998, 92).

»Das Rückgrat unserer Presse bildeten damals betrachtende oder kritische Artikel über politische oder kulturelle Vorgänge. Soweit die Blätter überhaupt einen eigenen Nachrichtendienst besaßen, beschränkte er sich in der Hauptsache auf die briefliche Berichterstattung aus dem Ausland« (Mendelssohn, 1982, 122). In seinem kenntnis- und detailreichen Werk zur «Zeitungsstadt Berlin« liefert Peter de Mendelssohn ein eingängiges Beispiel dafür, wie wenig der Begriff »Nachricht« oder »Recherche« ins Bewusstsein der deutschen Journalisten eingedrungen war und wie schlecht die Redaktionen dafür vorbereitet waren. In der Abendausgabe der *Berliner Zeitung* (Ullstein-Verlag) vom 17. August 1887 war zu lesen:

> »Gerüchtweise verlautete heute nachmittag, Generalfeldmarschall Graf Moltke sei plötzlich verstorben. Auf unsere Anfrage bei dem Wolffschen Telegraphenbureau wurde uns die Mitteilung, daß auch dorthin das Gerücht gedrungen und bereits an den Generalstab Anfrage gerichtet worden sei. In unserer Morgenausgabe werden wir sicher in der Lage sein, mitteilen zu können, ob das Gerücht sich bestätigt oder nicht. Hoffen wir das Letztere« (zit in Mendelssohn, 1982, 122).

Der Amtssitz von Graf Moltke lag keine zwei Kilometer vom Sitz des Verlages in der Kochstraße entfernt. Insofern hätte ein einziger Reporter die ganze Sache sogar zu Fuß in einer halben Stunde aufklären können. Aber niemand kam offensichtlich auf einen solchen Gedanken. Sorgfältiges Recherchieren kam vor diesem Hintergrund einem »revolutionierenden Umschwung« gleich, der in Deutschland vornehmlich durch die neue Generalanzeigerpresse eingeläutet wurde. Sie hatte maßgeblichen Anteil daran, dass in dem halben Jahrhundert von 1856 bis 1906 der Anteil der Berichte über Ereignisse der letzten 24 Stunden von 11 % auf 95 % stieg (vgl. Wilke, 1984, 119-122).

Im neuen Konkurrenzkampf um Anzeigenkunden mussten leserattraktive Serviceleistungen, aktuelle Informationen aus aller Welt und aus dem lokalen und regionalen Umfeld geboten werden. Daher wuchs insbesondere die Lokal- und vor allem die Gerichtsberichterstattung, und es entstand der Beruf des Reporters. Insbesondere Hugo v. Kupffer, der langjährige Blattmacher des *Berliner Lokal-Anzeigers*, hatte sich stets stark gemacht für die spannende Lokalreportage. 1887/88 erschienen in lockerer Folge seine »Reporterstreifzüge«, die vorrangig das Thema Kriminalität behandelten (vgl. Stöber, 1994, 318). Informationen erhielt das Blatt von einem ganzen Heer von nebenamtlichen Informanten und den sog. »Geheizten« (Reportern), die so genannt wurden, weil sie »ständig unter Dampf und auf Abruf bereitstanden« und bei ihren Recherchen nicht zimperlich vorgingen. Wenn es sein musste, klingelten sie auch Zeugen eines Vorfalls aus dem Bett und scheuten sich nicht, mit kleinen Bestechungen (wie z. B. Zigarren) interessante Informationen herauszukitzeln. Zusätzlich wurden Polizei-Offiziere angeworben, die über die Verbrecherwelt berichten sollten (vgl. Stöber, 1994, 323). Die sog. »Geheizten« des *Berliner Lokal-Anzeigers* standen Ende des 19. Jahrhunderts gattungstypisch für den Lokalberichterstatter.

Der unterentwickelte Respekt für den Nachrichtenjournalismus führte dazu, dass noch 1928 der deutsche Zeitungswissenschaftler Otto Groth den Reporter nicht der Redaktion zuordnete. Er stünde auf der »untersten Stufe« der ständigen Mitarbeiter (Groth, 1928, 417f.). Recherchejournalismus und investigative Methoden der Informationssuche wurden sogar noch in der Weimarer Zeit gern in die Nähe des erpresserischen Revolverjournalismus gerückt (vgl. Stöber, 1998, 112), also fast »kriminalisiert«. Dies mag auch damit zusammenhängen, dass die Kriminalitäts- und Gerichtsberichterstattung – also die bevorzugten Tummelplätze der frühen Reporter – gleichzeitig auch die thematischen Felder sind, die in der deutschen Presse der folgenden Jahre am stärksten sensationalisiert und weite Teile der bald aufkommenden Boulevardpresse beherrschen werden. Auch aus diesem Grund können die Generalanzeiger als wichtige Vorreiter auf dem Sonderweg der deutschen Boulevardisierung angesehen werden.

4.3.5 Die Bedeutung presserechtlicher, straf- und gewerbeordnungsrechtlicher Bestimmungen

Die zögerliche Umsetzung sensationalistischer Diskursstrategien in der deutschen Presse hängt schließlich auch mit den vergleichsweise rigiden presserechtlichen und (moral-)po-litischen Rahmenbedingungen des 19. und beginnenden 20. Jahrhunderts zusammen. Koszyk urteilte: »Die deutsche Presse war während des 19. Jahrhunderts aus Bereitschaft oder gesetzlich verhängter Schwäche ein stets verfügbares Instrument der Autorität« (Koszyk, 1966, 305). Alte und überholte Gesetze behinderten noch bis zum letzten Viertel des 19. Jahrhunderts eine massenhafte und volksnahe Verbreitung von Zeitungen. Erst 1850 wurde in Preußen der Intelligenzzwang abgeschafft. Intelligenzzwang bedeutete in erster Linie ein noch im merkantilistischen Denken des 18. Jahrhunderts verhaftetes staatliches Anzeigenmonopol zur Kontrolle der heimischen Wirtschaft, das dem Staat gleichzeitig eine Einnahmequelle sicherte: Anzeigen durften entweder ausschließlich oder zumindest als Erstveröffentlichung nur in sogenannten Intelligenzblättern erscheinen. Diese enthielten amtliche Bekanntmachungen und belehrende Beiträge. Politische Nachrichten waren darin verboten, und sie mussten von bestimmten Personenkreisen im Zwangsabonnement bezogen werden (vgl. hierzu Binkowski, 1985, 83-87). Der Absatz einer Zeitung war von der wirtschaftlichen Lage der Bevölkerung abhängig, d. h. von dem Umstand, wie viele Menschen sich den Bezug einer Zeitung überhaupt leisten konnten. Mit dem Verschwinden des staatlichen Anzeigenmonopols wurde das damit verbundene Geschäft kapitalistischen Privatinteressen zugänglich, ermöglichte damit die presseökonomische Mischfinanzierung und verbilligte die Zeitungspreise erheblich.

Die Expansion der Presse in der zweiten Hälfte des 19. Jahrhunderts wurde außer von der Aufhebung des Intelligenzmonopols auch durch die gesamtdeutsche Einführung der Gewerbefreiheit zwischen 1869 und 1871 beeinflusst. Sie ermöglichte die freie Verlagsgründung, schaffte also Konkurrenz der Eigentümer auf dem publizistischen Markt (vgl. Brückner, 1997, 21). Doch erst das Zusammentreffen von allgemeiner Gewerbe- und unbeschränkter äußerer Pressefreiheit schuf die Voraussetzungen für eine Expansion. Das am 7. Mai 1874 beschlossene Reichspressegesetz, das an die Stelle der bis dahin wirksamen 27 Landespressegesetze trat, hob die obrigkeitliche Einengung, zuletzt insbesondere verkörpert durch fiskalische Beeinträchtigungen (Zeitungsstempel- und Inseratensteuer, Konzessions- und Kautionszwang), de jure und de facto auf (vgl. Binkowski, 1985, 71). In ihrer Eigenschaft als Wirtschaftsunternehmen unterlag die Zeitung fortan keinen staatlichen Sonderregelungen und Zwangsmaßnahmen mehr. »Die juristischen und steuerlich-finanziellen Bedingungen für das deutsche Zeitungswesen wiesen demnach frühestens mit dem Jahre 1874 einen Entwicklungsstand auf, der Massenverbreitung und damit eine Popularisierung des Mediums auf breiter Ebene möglich erscheinen ließ« (Wolter, 1981, 128f.).

Das neue Reichspressegesetz, das im wesentlichen auf dem Entwurf der Regierung beruhte und von der Reichstagsmehrheit mit wenigen Änderungen angenommen worden war, schaffte zwar wirtschaftliche Unterdrückungsmaßnahmen ebenso ab wie die Vorzensur, aber es kam nicht zum Verzicht auf staatliche Kontrolle und polizeiliche Unterdrückungsmaßnahmen. Daher wurden auf den Deutschen Journalistentagen[52] zwischen 1875 und 1877 diverse Forderungen erhoben, die zu einer Verbesserung der rechtlichen Rahmenbedingungen für die Presse beitragen sollten. Beispielsweise wurde eine Resolution gegen die Handhabung des Zeugniszwangs[53] verabschiedet und seine endgültige Abschaffung sowie insbesondere die Straflosigkeit wahrheitsgetreuer Gerichtsberichte gefordert. Eine vom DJT beim Reichstag eingereichte Petition sah die Garantie der Straffreiheit bei nicht unbedingt wortgetreuer, aber doch wahrheitsgetreuer Wiedergabe von Gerichtsverhandlungen vor. Es wurde die zusätzliche Aufnahme einer solchen Bestimmung in den Paragraphen 12 des Strafgesetzbuches gefordert, der bereits die Straffreiheit und Nichtverantwortung der Presse beim Abdruck von Parlamentsberichten regelte. Dieser Antrag wurde allerdings vom Bundesrat in seiner Sitzung vom 11.12.1875 abgelehnt (vgl. hierzu auch Wetzel, 1975). Die Kriminalitäts- und Gerichtsberichterstattung unterlag also weiterhin einer starken Kontrolle.

Besonders gegenüber der neuen Massenfreizeitkultur hätten in Deutschland die »Zensur- und Veredelungsbemühungen (...) intensiveren Charakter [angenommen] als in anderen Ländern« (Saldern, 1993, 54). Sie resultierten auch aus der extrem hohen gesellschaftlichen Bedeutung, die das Bildungsbürgertum in Deutschland hatte bzw. beanspruchte, und die die Vorstellung vom Deutschen Reich als erstrangiger »Kulturnation« kultivierten (s. hierzu stellvertretend Fulda, 1913). Wie in Kapitel 2 erörtert, war die Abneigung gegenüber der Masse gegen Ende des 19. Jahrhunderts vor allem »elite-theoretisch« und zunehmend massenpsychologisch hergeleitet. Die »Veredelungsbemühungen« bezogen sich in Deutschland in besonderer Weise auf die Jugendlichen (die ja das kulturelle »Kapital« von morgen bildeten). Durch das anwachsende Streben nach strengeren Sitten führte der Jugendschutzgedanke in der zweiten Hälfte des 19. Jahrhunderts auch zur strafrechtlichen Erfassung der Herstellung und Verbreitung unzüchtiger Schriften und Bildwerke sowie zum Tatbestand der Erregung öffentlichen Ärgernisses (vgl. Müller, 1990, Sp. 1676f.). Die gesetzliche Grundlage vor dem Ersten Weltkrieg bildete dafür der §184 StGB[54]; der im Juni 1900

[52] Die Deutschen Journalistentage (DJT), die von 1864 bis 1883 in der Regel jährlich stattfanden, stellten den ersten Versuch zur Gründung einer umfassenden deutschen Berufsorganisation der Journalisten dar (vgl. Brückner, 1997, 193).

[53] Zeugniszwang bedeutete die Pflicht, auf Erfordern vor einer Behörde zu erscheinen, eine Aussage zu machen und die Wahrheit derselben durch Eid, oder was der Ableistung eines Eides gesetzlich gleich geachtet war, zu bekräftigen.

[54] Verbot der Herstellung und des Verkaufs unzüchtiger Schriften an Jugendliche unter 16; Ausstellung und Anpreisung solcher Schriften wird strafrechtlich verfolgt.

durch §184a, die sog. »Lex Heinze« ergänzt wurde. Dieser Gesetzeszusatz stellte die Weitergabe und den Verkauf von Schriften und Darstellungen an Jugendliche unter 16 unter Strafe, die – auch ohne unzüchtig zu sein – das Schamgefühl gröblich verletzen könnten. Er war eine Reaktion auf den spektakulären, medial ausgeschlachteten Sensationsprozess des Berliner Zuhälter-Ehepaares Heinze 1891, das des Mordes an einem von ihm über mehrere Tage festgehaltenen und sexuell missbrauchten Mädchens angeklagt wurde. Der Prozess machte das Berliner Rotlichtmilieu bekannt und bewirkte ein Maß an öffentlicher Erregung, dass sich die Regierung der Forderung nach Verschärfungen des Strafrechts beugen musste. Mit der »Lex Heinze« wurde das RStGB 1900 auch ergänzt um die Tatbestände der Zuhälterei und der unerlaubten Mitteilung aus nichtöffentlichen, weil sittlichkeitsgefährdenden Gerichtsverhandlungen und das bloße Dulden des geschlechtlichen Umgangs der eigenen Frau oder Tochter mit einem fremden Mann wird in den (bis in die 1960er Jahre bestehenden) »Kuppeleitatbestand« aufgenommen. (vgl. Müller, 1990, Sp. 1677; Petersen, 1995, 57).

1910 tritt das Deutsche Reich dem »Internationalen Abkommen zur Bekämpfung der Verbreitung unzüchtiger Literatur« bei (Petersen, 1995, 60). 1911 wird die Zentralstelle zur Bekämpfung der Schundliteratur bei der Berliner »Zentralstelle für Volkswohlfahrt« eingerichtet. Nach dem Krieg sah die Reichsverfassung der Weimarer Republik gemäß Art. 118 und 122 gesetzliche Maßnahmen zur Bekämpfung der Schund- und Schmutzliteratur vor, und im Dezember 1926 wurde schließlich das »Gesetz zur Bewahrung der Jugend vor Schund- und Schmutzschriften« (gegen die Stimmen von SPD und KPD) beschlossen. Schund wurde von Schmutz unterschieden; als »schundig« galten literarisch wertlose Massenproduktionen, Serien- und Groschenhefte, Kitsch. Als Schmutz wurde alles, »was triebhafte, überindividuelle Reaktionen des Gewissens, der Scham und der Wohlanständigkeit zu tilgen, zu untergraben oder durch Entwöhnung zu schwächen imstande« sei, gebrandmarkt. Hierbei ging es vor allem um erotisch stimulierende Schriften (vgl. Von Saldern, 1993, 34).

Die rechtlichen Grundlagen für den 1904 vehement einsetzenden Straßenhandel bildeten die §§42-56 der Gewerbeordnung (in der Novelle von 1883), die »Druckschriften, (...) insofern sie in sittlicher oder religiöser Beziehung Ärgernis zu geben geeignet sind« verboten, zusätzlich kam der §184 des Reichsstrafgesetzbuches (in der Fassung vom Juni 1900) in Betracht. Die Verbreitung »unzüchtiger Schriften« wurde mit Gefängnis bis zu einem Jahr und mit einer Geldstrafe bis zu 1.000 Mark geahndet; nach §23, Ziffer 3 des Reichspressgesetzes konnten solche Schriften ohne richterliche Anordnung beschlagnahmt werden (vgl. Nahnsen, 1922, 32f.). Nahnsen weist auf eine kuriose Unterscheidung zwischen Kiosk- und Straßenverkauf hin: Zeitungskioske wurden stets als nicht unter §42a der GO fallend angesprochen; d. h. ihr Betrieb wurde im Sinne dieses Paragraphen nicht als ein Verkauf von Waren auf öffentlichen Straßen und Plätzen usw. erachtet, was bedeutete, dass Schriften, die im Straßenhandel verboten waren, vom Verkauf aus dem Kiosk heraus nicht ausgeschlossen waren, was z. B. dazu führte, dass ein Kioskbesitzer eine solche Schrift ankündigte mit dem Vermerk, dass sie »im Straßenhandel verboten« ist (vgl. Nahnsen, 1922, 33). Als Begründung für diese Ausnahme wurde die in der Vertriebsform liegende Aggressivität, die gerade bei diesen Druckschriften nicht erwünscht war, als auch die schwerere Kontrollierbarkeit und geringere Zuverlässigkeit des unfesten Händlers angegeben. Die Druckschriftenhändler mussten für ihre Waren eine besondere Erlaubnis einholen. Gemäß §43 GO bedurfte nämlich »wer gewerbsmäßig Druckschriften oder andere Schriften oder Bildwerke auf öffentlichen Wegen, Straßen oder Plätzen oder anderen öffentlichen Orten ... verkaufen ... will, einer Erlaubnis der Ortspolizeibehörde und hat den über diese Erlaubnis auszustellenden auf seinen Namen lautenden Legitimationsschein bei sich zu führen« (abgedr. in Nahnsen, 1922, 24). Diese Scheine erteilten in Berlin die Polizeibezirksämter, im sonstigen Gebiete Großberlins die Polizeipräsidien bzw. die Gemeindepolizeibehörden.

Zusätzlich enthielten die Straßenordnungen Bestimmungen zur Aufrechterhaltung der Ruhe, die wegen des Ausrufens für den Straßenhandel mit Zeitungen und Druckschriften Bedeutung hatten. Häufig sei gegen die Straßenhändler vorgegangen worden aufgrund des §360, Ziffer 11 des Reichsstrafgesetzbuches, der mit Geldstrafe bis zu 150 Mark oder mit Haft denjenigen bedrohte, der in ungebührlicher Weise ruhestörenden Lärm erregt oder groben Unfug verübt (vgl. Nahnsen, 1922, 25). Im April 1904 gab das Polizeipräsidium Berlin einen Erlass heraus, wonach gegen die Zeitungshändler, die die Namen bestimmter Persönlichkeiten missbräuchlich ausriefen, auf der Grundlage des genannten Paragraphen des Reichsstrafgesetzbuches einzuschreiten sei (vgl. Nahnsen, 1922, 28f.).

Nahnsen urteilt abschließend über die deutschen Verhältnisse im Straßenverkauf: »Es gibt solche, die mit nicht lauteren Mitteln, wie überlautes Ausrufen sensationeller, oft unzutreffender Meldungen und Schlagworte oder durch den Handel mit Schmutzliteratur verdienen. Sie stehen gewöhnlich in dauerndem Kampf mit der Polizei« (ebd., 55). Die Herausgabe von Extrablättern, die die »fieberhafte Übersteigerung des Aktualitätsprinzips der Presse auch dem innerlich unbeteiligten Zuschauer aufdrängte« (Hart, 1940, Sp. 951), wurde ebenso genauestens reglementiert. Durch die Maßnahmen der Behörden sei der damals viel beklagte »Extrablatt-Unfug« abgestellt worden. In München verbot schließlich ein Erlass des kommandierenden Generals am 19.2.1915 das Feilbieten und den Verkauf von Extrablättern überhaupt; in anderen Städten sei eine eigene Zensurstelle für Extrablätter geschaffen worden (ebd., Sp. 952f.).

4.3.6 Der seriöse Start der deutschen Boulevardpresse: »Bezett!«

Es war ein Samstag im Oktober 1904, als die Bewohner der deutschen Reichshauptsstadt ein völlig neues Straßenbild erleben konnten: Eine Horde flinker uniformierter Zeitungsjungen brüllten: »Bezett, Bezett am Mittag!« und boten eine neue Tageszeitung zum Verkauf auf den Boulevards und Plätzen an. Die *BZ am Mittag* wurde vom Ullstein Verlag als moderne dritte Ausgabe der mittlerweile recht altväterisch anmutenden, noch auf das mittlere demokratisch gesinnte Bürgertum der 80er Jahre des 19. Jahrhunderts zugeschnittenen *Berliner Zeitung* gegründet. Man wollte damit erstens das finanzielle Risiko eines kompletten Neubeginns möglichst gering halten und zweitens brachliegende Druckkapazitäten am frühen Mittag ausnutzen. Die *BZ am Mittag* war nach kurzer Zeit so erfolgreich, dass die Morgen- und Abendausgabe eingestellt wurden. Sie perfektionierte die seit Beginn der Generalanzeigerpresse eingeführten nachrichtenjournalistischen Prinzipien der Aktualität, Schnelligkeit und Überparteilichkeit. Sie wartete nicht den noch etwas schwerfälligen amtlichen Draht ab, sondern baute einen Stamm eigener Korrespondenten auf und schulte sie technisch und stilistisch für eine moderne Berichterstattung durch telefonische Übermittlung (vgl. Koszyk, 1966, 289). Sie kultivierte die »politische und lokale, ausländische und inländische Reportage, wie sie in solchem Umfang bis dahin in Deutschland unbekannt war« (Kauder, 1927, 193) und vermittelte dem Leser für seine Mittagspause Nachrichten in kürzester und übersichtlichster Form; es gab weder Leitartikel noch Kommentare (Kriegk, 1941, 46).

Die *BZ am Mittag* erschien erstmalig zu einer Zeit, als sich in Berlin infolge der wachsenden Trennung der Wohnviertel von den Arbeitsvierteln die sog. »englische«, d. h. die durchgehende Arbeitszeit mit kurzer Mittagspause durchsetzte, und sie erschien mittags in dem Moment, an dem das Verkehrsleben seinen Höhepunkt erreichte. Sie kostete 5 Pf. und vermied jegliche Parteipolitik (vgl. Dovifat, 1940, Sp. 648). »Nur das Neueste!« und der amerikanische Slogan »Get it first, but first get it right!« galten ihr als Motto (Kauder, 1927, 198). Sie schlug sämtliche bislang bekannten Schnelligkeitsrekorde. Bis zum Ersten Weltkrieg veröffentlichte sie auf der Titelseite die ersten Börsenkurse eine halbe Stunde nach Börsenöffnung. Dies war nur möglich durch eine Telefonverbindung von der Börse direkt in den Setzersaal der *BZ* (vgl. Abb. 15). Eine Stunde nach dem Zeppelinabsturz vom 17. Oktober 1913 in Johannisthal berichtete die *BZ* ausführlich über das Unglück. Sie lieferte als erste Zeitung der Welt die Nachricht von der Abdankung des Kaisers am 9. November 1918 (vgl. Abb. 12). Sie enhielt hinter dem Nachrichtenteil einen ungewöhnlich großen Unterhaltungsteil und führte dort eine neue Eigenart des Blattes ein: die *BZ*-Novellette, die die short-story in Deutschland beliebt und beste Namen der Weltliteratur bekannt machte. Sie entwickelte sich darüber hinaus zum führenden Theaterblatt Berlins (Kauder, 1927, 196) und berichtete über Entwicklungen im Bereich der neuen Medien Film und Radio. Als eine der ersten

Abb. 15: Werbeplakat der *BZ am Mittag*

Quelle: Kauder, 1927, 201

Zeitungen hatte die *BZ* die Bedeutung eines großen Sportteils für Leser und Anzeigenkunden erkannt. »Die am 15. April 1905 eingeführte Sportbeilage war damals wohl die beste und umfangreichste aller deutschen Zeitungen« (Fürstenau, 1942, 11). Die Sport-Redaktion für die gesamten Blätter des Hauses Ullstein unterstand dem Sport-Chef der *BZ am Mittag*. Sie berichtete als vollständiges tägliches Sportblatt vor allem von spektakulären neuen Sportarten, dem Automobilismus und der Luftschiffahrt. Autofahren und Fliegerei sollten in Deutschland angespornt werden durch Aktionen wie »BZ-Kleinauto auf Alpenfahrt« oder »BZ-Wagen rund um die Welt« (Kriegk, 1941, 58) sowie durch einen 100.000-Mark-Preis des Verlages, dem »BZ Preis der Lüfte« 1925. Ihr wurden überdies emanzipatorische Qualitäten zugewiesen. Sie habe den Aufstieg der Frau im öffentlichen Leben und den Entwicklungserscheinungen in den Beziehungen der Geschlechter (z. B. Ehe-Reform) »gespannte Aufmerksamkeit« und allen anderen Interessengebieten der Frau (z. B. Mode, Ästhetik usw.) ein solches Augenmerk gegeben, dass sie zum Lieblingsblatt der modernen Berlinerin geworden sei (vgl. Kauder, 1927, 211). Die Politikredakteure der *BZ* interessierten sich vor allem für weltpolitische Themen (ebd., 204). Ihr politischer Chef, Edgar Stern-Rubarth, war bekannt für seine guten Kontakte zur Politprominenz und galt als Stresemann-Spezialist. Er erinnert sich in einem späteren Interview: »Ja, an jedem Vormittag holte ich mir, meist am Telefon, vom Reichskanzler und späteren Außenminister seine wichtigsten Nachrichten.« (...) »Ich verkehrte im Hause Stresemann und galt wohl als eine Art inoffizieller ›Pressechef‹« (in Jameson, 1963, 397). Die *BZ am Mittag* war zwar in weiten Kreisen der Bevölkerung ein angesehenes Blatt, wie aus Zeitzeugenäußerungen deutlich wird: »Wer etwas auf sich hielt (...), las die BZ – ob in seiner Eigenschaft als Oberbürgermeister oder Droschkenkutscher. Bankdirektoren, Schauspieler, mittlere Beamte, Kaufleute, Amateure und Berufssportler, Arbeiter, große und kleine Angestellte – die ganze Gesellschaft der Reichshauptstadt las die BZ« (zit. in Asmuss, 1994, 51).

Dennoch war sie nicht erst seit der verschärften Konkurrenzsituation Mitte bis Ende der Zwanziger Jahre den Pressekritikern ein Dorn im Auge – beim Sport sprach man von Sensationsberichten, die zu »Rekordfanatismus und (...) Rekordpsychose« führten und im wesentlichen durch journalistischen »Dilletantismus und (...) Spiegelfechterei« entstanden seien (Meunier, 1932, 464) – sie wurde gerade in ihren Anfangsjahren aufgrund ihrer Kriminalitäts- und Gerichtsberichterstattung hart angegangen. Aus Verbrechen wurden bereits früh melodramatisierte Spektakel: Die *BZ* kündigte in einer Ausgabe vom November 1904 werbewirksam an, dass ein Sensationsprozess am Montag, den 7., eröffnet und erstaunliche Enthüllungen bringen werde. Die Verwendung theatralischer Metaphern (Tragödie, letzter Akt, Hauptrolle) machte aus solchen Berichten »Human Interest Stories«. 1906 brachte sie im Fall eines flüchtigen Mordangeklagten auf der Titelseite minütliche Reports der Polizeiaktivitäten und rief die Bevölkerung zur Mithilfe auf, was dazu führte, dass jeder, der dem Angeklagten ein wenig ähnlich sah, verdächtigt wurde. Über 1000 Polizeibeamte waren mit dem Verhör Unschuldiger beschäftigt. Die *BZ* publizierte ein imaginäres Interview mit dem Flüchtigen (vgl. Fritzsche, 1996, 158f.). Zwei Jahre nach Erscheinen der *BZ* sind die Kritiker entsetzt: Sie beschreibe die Eskapaden einer Jungfrau, die sich mit dem Freund ihres Verlobten einlässt, gebe detaillierte Beschreibungen des Selbstmordes eines Lebemannes auf Hochzeitsreise, berichte über die Gedanken und Gefühle von Morphium-Süchtigen, Dieben und Babymördern, und vermittele damit ein vollkommen verzerrtes Bild der Realität. Einer der führenden Liberalen beklagte sich 1910, dass die Leser auf der Basis einer solchen Berichterstattung über das Abnormale, das Unmoralische und Abseitige zu keinen vernünftigen Entscheidungen kommen könnten (vgl. Fritzsche, 1996, 179f.).

Alle diese Fakten vermitteln ein ambivalentes Bild der *BZ*: Einerseits war sie ein niveauvolles, modernes Nachrichtenblatt, andererseits enthielt sie einige Ingredienzien einer zweifelsohne noch in den Kinderschuhen steckenden Boulevardzeitung. Dazu zählten die Sensationsthemen, »der große Prozentsatz an Nachrichten und Meldungen über Verbrechen, Unglücksfälle und Skandale im Gesamtinhalt der Zeitung« (Kriegk, 1941, 68f.). Dennoch – so die Einschätzung der zeitgenössischen Zeitungswissenschaftler – sei die *BZ* eher mit der Generalanzeigerpresse zu vergleichen und in ihrer Anfangszeit als Boulevardpresse gar nicht zu erkennen gewesen (vgl. Kriegk, 1941, 65f.). »Jenen lehrhaften, breiten und gedehnten Ton, den die Boulevardpresse zu Beginn des Jahrhunderts in den deutschen Zeitungen, besonders in den Artikeln und Aufsätzen vorfand, und von dem sie sich erst selbst nicht freimachen konnte, hat sie im Laufe der Jahre völlig abgestreift und statt dessen einen ihr eigentümlichen Stil gefunden, der sich der Art ihrer äußeren und inneren Aufmachung ganz anpaßt« (Kriegk, 1941, 17). Insofern ist die *BZ am Mittag*, die erste Boulevardzeitung Deutschlands, der Prototyp einer Übergangsphase, die in eine Phase der echten Boulevardisierung und Sensationalisierung der Nachkriegszeit mündete. Die Boulevardpresse der Nachkriegszeit sei sodann das letzte Stadium einer in der Anlage der Generalanzeigerpresse schon vorgezeichneten Entwicklung gewesen. Fürstenau resümiert in seiner Dissertation: »Insbesondere für Deutschland trifft das zu, denn hier war in der Tat eine Zeit der Entwicklung nötig, die zweifellos ihren tieferen Grund in der geistig zwar gründlichen und schöpferischen, aber stilleren Veranlagung des deutschen Menschen hat, bis Jahrzehnte später als in Amerika, England und Frankreich diese letzte Entfaltung der Großstadtpresse erreicht war« (Fürstenau, 1942, 7f.). Dass die »stille Veranlagung des deutschen Menschen« eine eher untergeordnete Erklärungskraft für den deutschen Sonderweg der Boulevardisierung gespielt hat, dürfte in diesem Kapitel 4.3 deutlich geworden sein.

4.4 Sensationsjournalismus in Deutschland bis 1945

4.4.1 Die Entwicklung der Boulevardpresse bis 1933

Die *BZ am Mittag* war bis zum Ersten Weltkrieg so gut wie konkurrenzlos. Der Erfolg der *BZ* hatte zwar schon 1904 August Scherl zur Gründung des *Montag* veranlasst – es handelte sich um eine Sonderausgabe des *Berliner Lokalanzeigers* – jedoch erschien diese Boulevardzeitung nur einmal wöchentlich montags, genau wie die seit 1895 existierende, teilweise im Straßenverkauf abgesetzte *Welt am Montag*, die sich aber erst später zu einem ausgesprochenen Boulevardblatt entwickelte (Fürstenau, 1942, 14). Daneben erschien 1906 noch die vierte Vorkriegs-Boulevardzeitung, der *Berliner Herold*, der lediglich bei Fürstenau Erwähnung findet und von diesem als »Revolverblatt« bezeichnet wird (ebd., 15). Über die Gründer und seine Erscheinungsweise ist nichts bekannt. »Die große Zeit der Schlagzeilen, Kästen, Bilder und Balken ist erst seit dem Weltkrieg durch die Boulevard-Presse eingeleitet worden...« (Kriegk, 1941, 8). Daher sei es »der Krieg mit seinen wirtschaftlichen Folgen, nicht die Einführung der Generalanzeiger [gewesen, der] den wesentlichen, in die Zukunft weisenden Stilwandel in der deutschen Presse« ausgelöst habe (Koszyk, 1966, 275). So verlockend diese im übrigen auch von Tucholsky und Groth vertretene These (vgl. Stöber, 2000, 163) vom Krieg als Vater der Boulevardisierung in Deutschland klingt, und so logisch und konsistent sie sich auch mit den damals vorherrschenden machtpolitischen und zu Propagandazwecken ausgenutzten psychologischen Massenkonzepten zusammenbringen lässt (vgl. hierzu Kap. 2.2), sie ist dennoch zu eindimensional. Als weitere Erklärungsmuster sind auch die inter- und intramediale Wettbewerbssituation sowie die belebende »geistige und politische Unruhe der Nachkriegszeit« (Fürstenau, 1942, 15) und das freisinnigere, liberalere und tolerantere Großstadtklima der sich entwickelnden Weimarer Republik anzuführen. Zur Konkurrenzsituation schrieb Dovifat im Vorwort zu seiner Schrift »Auswüchse der Sensationsberichterstattung« (1930):

> »Wenn heute im Laufe weniger Minuten jedes Weltereignis durch das Radio bis in die entfernteste Heidehütte gemeldet werden kann, wenn die durch Film – vielleicht bald auch durch Bildfunk – gegebenen Zeitbilder die Massen an jeder großen Sensation auch sehend Anteil nehmen lassen, wie soll da eine Zeitung bestehen...« (...) »Die Zeitung ist längst nicht mehr das einzige Unterhaltungs- und Bildungsmittel der Masse, das sie in den letzten drei Jahrzehnten (seit Aufkommen der Generalanzeigerpresse) unstreitig war. Sie ist mit Radio und Film längst in Wettbewerb getreten und das ist bei der Beurteilung von Sensationsberichten zu berücksichtigen« (Dovifat, 1930, 5).

Die Aufstellung einer systematischen Übersicht zum Boulevardzeitungsmarkt zur Zeit der Weimarer Republik ist mit erheblichen Schwierigkeiten verbunden. Erst nach 1932 wurde mit den Pressehandbüchern des Berliner Instituts für Zeitungskunde eine kontinuierliche und nach weitgehend einheitlichen Gesichtspunkten angelegte Erfassung des deutschen Zeitungswesens gewährleistet. 1934 konnten der Zeitungsstatistik erstmalig exakte Auflageangaben zugrunde gelegt werden, da inzwischen die Veröffentlichung der Auflagenhöhe zur Pflicht gemacht worden war (Schütz, 1969, 352). Im ersten Handbuch des Jahres 1932 findet man zwar eine Auflistung der Tagespresse, doch nur bei der *BZ am Mittag* den Eintrag, dass es sich um eine Straßenverkaufszeitung handelt. Die tabellarische Zusammenstellung (s. Tab. 6) beruht daher auf Angaben aus der einschlägigen Literatur[55] sowie aus zeitgenössischen Abhandlungen. Die Boulevardpresse war auch in Deutschland ein Metropolenphänomen und konzentrierte sich daher auf die Reichshauptstadt Berlin. Die Zusammenstellung erhebt keinen Anspruch auf Vollständigkeit und kann lediglich als Annäherung an die wirklichen damaligen Verhältnisse angesehen werden. Drei der hier aufgelisteten Blätter wiesen Besonderheiten auf. Daher soll auf sie etwas detaillierter eingegangen werden. Die Zeitzeugin Gräfin Katharina von Radziwill (1858-1941), die sich seit 1884 mit der Schilderung der Gesellschaften europäischer Großstädte beschäftigte, konnte in dieser Zeit – trotz der aufkommenden Gene-

---

[55] Auch hier ist man allerdings mit der Schwierigkeit konfrontiert, dass die Namen der Zeitungen z. T. nicht genannt werden. Die Schrift von Dovifat zur Sensationsberichterstattung (1930) ist z. B. vollständig anonymisiert; in ihr findet sich kein einziger Zeitungstitel.

ralanzeigerpresse – unter den zahlreichen Berliner Tageszeitungen kaum zwei oder drei ausmachen »qui jouissent d'un certain pouvoir sur l'esprit des masses«, die also wirklich massenattraktiv seien.

Tab. 6: Entwicklung der Boulevardpresse in Deutschland (Berlin) 1904 bis 1933

Gründung	Verbot / Einstellung	Titel	Verlag / Herausgeber	Ausgabezeit	Politische Richtung
1895 [1]	1933	Die Welt am Montag	Helmuth von Gerlach	morgens (nur Mo)	demokrat.-pazifistisch
1904	1943	B.Z. am Mittag	Ullstein	mittags	liberal-demokrat.
1904 [2]	1944	Der Montag	Scherl, Hugenberg	sonntag-abends	national-konservativ
1906	1933	Berliner Herold	Verlag Otto Dubro	(keine Angaben)	(keine Angaben)
1910	1938	8-Uhr-Abendblatt	Verleger Viktor Hahn, ab 1927 Mosse	spätnach-mittags	liberal-demokrat.
1919	1945	Das 12-Uhr-Blatt	E. Breitner & F. Stern, später Ullstein	vor elf Uhr morgens	republikanisch-demokrat.
1920	1944	Berliner Montagspost	Ullstein, ab 1922 Scherl	(keine Angaben)	liberal-demokrat.
1921	1922	Deutsches Abendblatt	Dt.-Völkische Kreise	abends	völkisch-national
1922	1933	Die Welt am Abend	Willi Münzenberg, Kosmos Verl.	abends	kommunistisch
1922	1944	Berliner Illustr. Nachtausgabe [3]	Scherl, Hugenberg	nachmittags	national-konservativ
1923	1933	MM. Montag Morgen	Stefan Großmann	morgens	republikanisch-demokrat.
1923 [4]	1933	Das kleine Journal	Eisenbahnuntern. Bethel H. Strousberg	(keine Angaben)	neutral
1927	1945	Angriff am Abend	Joseph Goebbels	abends	national-sozialistisch
1928	1928 [5]	Der (Berliner) Mittag	rechtskonservative Kreise	mittags	national-konservativ
1928	1933	Das Tempo	Ullstein	3x täglich	liberal-demokrat.
1928	1933	Der Abend	Sozialdemokraten ("Vorwärts")	abends	sozial-demokrat.
1929	1933	Berlin am Morgen	W. Münzenberg Ztgs.- & Verlagskonz.	morgens	kommunistisch

1 nur teilweise im Straßenverkauf
2 zunächst als Sonderausgabe des Berliner Lokalanzeigers, ab 1921 selbständiges Erscheinen (Hugenberg)
3 Spätausgabe der Abonnementzeitung *Der Tag*
4 Umwandlung in ein Boulevardblatt; gegr. 1878/79
5 Diese Zeitung findet nur bei Fürstenau und Dovifat (1940b) kurze Erwähnung. Es finden sich keine genauen Angaben. Es sei der gescheiterte Versuch gewesen, der *BZ* Konkurrenz zu machen.
Quellen: Dovifat, 1940a; Dovifat, 1940b; Kriegk, 1941; Fürstenau, 1942; Fritzsche, 1996, 183; Kliche, 1930, 3; Mendelssohn, 1959, besonders 267-270; Kimmel, 1995

Hier könne höchstens das *Kleine Journal* genannt werden, das sowohl von den Dienstboten als auch von der Großen Welt gelesen werde und ihre Sensationslust befriedigen könne (zit. in Lerg, 1968, 28). *Das Kleine Journal* hatte sich das französische *Petit Journal* zum Vorbild genommen. Jene, bereits 1863 von Moise

Millaud gegründete vierseitige Tageszeitung im Halbformat für die unteren Bevölkerungsschichten verzichtete aufgrund der noch herrschenden Stempelsteuer auf politische Nachrichten und spezialisierte sich auf melodramatisierte Unfälle und Verbrechen. Im *Kleinen Journal* wurde das erweitert um pikante Geschichten und Frivolitäten, so dass es zum »Lieblingsblatt der Halbwelt« (Lerg, 1968, 28) und als »kommerzielles Skandalblatt« verurteilt wurde (Hall, 1977, 145). *Das Kleine Journal* kostete ebenso wie die *BZ am Mittag* 5 Pfennige. *Die Welt am Abend* war eine offen kommunistische Boulevardzeitung, die sich als Konkurrenz zu den offiziösen Parteiblättern sah (Kriegk, 1941, 126f.). Schlagzeilen, Kästen, auffällig hervorgehobene Überschriften seien bei ihr zwar »im Rahmen des Üblichen« gewesen, dennoch lag ihre Eigenart in der unverhohlenen politischen Agitation: »[A]uch die Sensationsmeldung, der Mord, der Unfall, der große Prozeß, wird zum Objekt politischer Betrachtung gemacht« (ebd.). Dovifat liefert Hinweise auf die Art dieser Agitation. Im Anhang seiner Abhandlung findet sich eine Abbildung »wiedergegeben in einer kommunistischen Zeitung in großer Aufmachung«, die er im Text als geschmacklose und pietätlose Sensation aburteilt (vgl. Dovifat, 1930, 8 u. 32). Es handelte sich um das Bild der aus dem Landwehrkanal gezogenen, verstümmelten und halbverwesten Leiche der Rosa Luxemburg. *Die Welt am Abend* sei die einzige Boulevardzeitung gewesen, die in keiner Zeile eine überparteiliche Haltung erkennen ließ und sich von Anfang an als Vorkämpferin der revolutionären Arbeiterbewegung bekannte. Sie habe sich allerdings »offiziell keineswegs in Abhängigkeit von der kommunistischen Partei« befunden (Fürstenau, 1942, 18).

Abb. 16: Titelblatt *Das Tempo* 1931

Tempo

Mädchen-Mord im Grunewald

Offizier findet die Leiche

Versuchter Hochverrat!

Regierungs-Maßnahmen

Fahrrad und Mütze des Täters

Luther frühstückt mit Flandin

Quelle: Dovifat, 1940b, 649.

Zwar nahmen auch die bestehenden anderen Boulevardblätter in verschleierter Form zu politischen Problemen je nach politischer Tendenz Stellung. Grundsatz aber war und blieb, es sich mit keinem Leser zu verderben und sich vor allen Dingen für keine politische Partei zu engagieren (vgl. Fürstenau, 1942, 16). Ein neuer Innovationsschub in der Entwicklung der Boulevardpresse wurde durch das ab 1928 bei Ullstein erschienene Boulevardblatt *Das Tempo* eingeleitet. Fünfspaltig mit schreienden Schlagzeilen auf rosa Papier gedruckt werteten die Zeitgenossen das Blatt als »Steigerung des Boulevardformates bis zum

Äußersten«, als »letzte, grellste Blüte« der Asphaltpresse; man könne das Blatt »ein ›Tempo‹ der Sensation« nennen (Kriegk, 1941, 210 f.). Das neuartige an dieser Zeitung war zum einen die Steigerung der Aktualität bis an die Grenze des Möglichen. Das Blatt erschien in drei täglichen Ausgaben mit fortlaufender Ergänzung des neuen Materials und wollte damit einmalig vor allem für ein junges Lesepublikum sein. »Wir vermitteln Unterrichtung und Unterhaltung sachlich knapp in dem Tempo, in dem der moderne Mensch lebt. Nur Alternden erscheint dies als namenlose Hetze. Dem tätigen, strebenden jungen Menschen ist Tempo der Schwung seines Ehrgeizes, seines Vorwärtsdranges. Tempo sitzt nicht in den Beinen, sondern im Herzen« (zit. in ebd., 209). Die zweite Innovation lag in der großzügigen und neuartigen Verwendung von Bildmaterial. In der ersten Nummer vom 12. September 1928 war zu lesen: »Wir bringen mehr Bilder als deutsche Tageszeitungen bisher. Aber wir bringen als erste das Bild nicht bloß als Illustration, sondern das Bild als Nachricht. Wir berichten in zwei Sprachen: In der Wortsprache und in der anschaulichen Bildsprache« (zit. bei Fürstenau, 1942, 19). Auch Fürstenau betrachtete dies als »letzte Steigerung« in der Entwicklung der Boulevardpresse der damaligen Zeit. Zusätzlich unterschied sich das Blatt von seinen Konkurrenten durch die schärfste und lauteste Opposition gegen die politisch erstarkenden Rechtsparteien, die aber gegen Ende 1931 nachließ[56]. Über die Auflagezahlen der Boulevardpresse in der Weimarer Zeit liegen kaum Daten vor. Sie dürften im Höchstfalle bei einzelnen Titeln knapp über 200.000 betragen haben. Die Auflage der *BZ am Mittag* schwankte von 1926-1928 zwischen 180.000 und 208.000 (Asmuss, 1994, 51); die *Berliner Illustrierte Nachtausgabe* hatte 1929 eine Auflage von 202.000 (Mende, 1996, 67); die kommunistische *Welt am Abend* kletterte ab 1927 über 100.000 und erreichte kurz vor ihrem Verbot im Februar 1933 eine Auflage von 140.000 (Kriegk, 1941, 143). Trotz dieser vergleichsweise geringen Auflagen erinnerten sich Zeitzeugen später an das Metropolen-Flair, an die Atmosphäre auf den Boulevards von Berlin mit Flaneuren, die »Sinn für journalistisches Feuerwerk« hatten, fast ein bisschen wehmütig. Karl Pawek (auch Harry Pross) schrieb 1965: »Eine Boulevardpresse im klassischen Sinn ist in der Bundesrepublik Deutschland nach 1945 nicht mehr entstanden« (Pawek, 1965, 135). Die von »Prokuristen« gemachte *Bild*-Zeitung (wohlbemerkt allerdings: Stand 1965) sei nur ein schaler Abklatsch dessen, was Boulevardpresse in den zwanziger Jahren bedeutet hätte. Was die Atmosphäre auf den Boulevards von Berlin anbelangt, so lässt sich diese Aussage mit Blick auf die zusammengetragenen Fakten leicht nachvollziehen: Fast zu jeder beliebigen Tageszeit konnte man die neueste Ausgabe irgendeiner der zahlreichen Straßenverkaufsblätter erwerben. Das Gewimmel und das Ru-

---

[56] Ab September 1931 erschien nur noch eine Ausgabe, die Töne wurden »moderater«, und ab Januar 1932 sei eine »merkliche Beruhigung« zu spüren gewesen (Kriegk, 1941, 213f., 216). Die Gründe dieser »Zähmung« gehen leider aus dem Material nicht hervor. Fest steht nur, dass das Blatt von allen politischen Seiten angefeindet wurde. Sowohl die rechtsextreme als auch die linksextreme Presse warfen ihm beispielsweise Bildfälschungen vor (vgl. Kriegk, 1941, 212f.).

fen der Straßenverkäufer müssen so auffallend gewesen sein, dass sie das Stadtbild in charakteristischer Weise geprägt haben müssen. Im Rahmen seiner sozialstatistischen Erhebung der Straßenhändler von Berlin kam Nahnsen (1922, 52f.) zu folgenden Zahlen: 1920 haben im Stadtkreis Berlin 1.957 Personen, und zwar 1.119 Männer und 838 Frauen Scheine erhalten. In Berlin gab es im Vergleich dazu (nach der Berufszählung von 1907) 358 Schornsteinfeger, 748 Korbmacher, 1.063 Apotheker, 1.500 Dachdecker und 7.415 Barbiere, Friseure und Perückenmacher (ebd., 60). Straßenverkäufer war also zu Beginn der zwanziger Jahre einer der am stärksten vertretenen Berufe in Berlin. Kinderarbeit kam vor, sie wurde zu Kriegszeiten stillschweigend geduldet. »Doch ist er [der Kinderhandel; Anm. UK] im Verlaufe des Jahres 1919 mit der wiedergewonnenen Ordnung sehr eingedämmt worden. Gelegentlich trifft man noch abends Kinder, die erzählen, daß sie erst alle ›8-Uhr‹ verkauft haben müßten, ehe sie nach Hause dürften; doch im allgemeinen sind Kinder als Verkäufer von Zeitungen auf der Straße nur noch ganz vereinzelt« (Nahnsen, 1922, 57). Doch es war nicht nur die Boulevardatmosphäre, die die Erfahrungen im Umgang mit dem neuen Pressetyp prägte und die nachträgliche Begeisterung ausmachte, sondern auch die besondere Art der sensationellen Berichterstattung:

> »Ein Kriterium der Boulevardpresse war ihre Vorliebe für Verbrechen. Es konnte, ja durfte keine Ausgabe erscheinen, in der nicht mindestens ein Mord, ein Raubüberfall und ein Amoklauf gemeldet wurden. Aber was heißt melden! Auf zwei oder drei Druckseiten schwelgte man in der Darstellung der letzten Stunden des Opfers, in der Detailschilderung des grausigen Ereignisses, in der Illustration der Entdeckung der schrecklichen Tat, in der detektivischen Kombination über den Mörder. War dieser gefaßt, sein Leben durchleuchtet und gab im Augenblick der Fall nichts mehr her, so hatte man immerhin noch die Gerichtsverhandlung in Aussicht, die wieder tagelang oder gar wochenlang die Spalten füllte. (...) Man sehe sich heute [Anm. UK: 1965] daraufhin die deutschen Zeitungen an, auch diejenigen, die hauptsächlich im Straßenverkauf vertrieben werden: sie alle sind unerhört zurückhaltend in der Mordberichterstattung. Den schönsten Mord vertun sie auf kleinstem Raum« (Pawek, 1965, 138f.).

Die Verbrechens- und Gerichtsberichterstattung brachte den Sensationalismus in die deutsche Boulevardpresse, besonders gegen Ende der zwanziger Jahre, in denen die Blätter zunehmend die Möglichkeiten der Visualisierung nutzten (s. *Das Tempo*). Der »Mangel an ethischer Gesinnung« habe sich in besonders krasser Form in der Gerichtsberichterstattung gezeigt, da erotische Vorgänge eingebunden und breitgetreten wurden – so der Zeitzeuge Fürstenau (1942, 307). Die »Anfälligkeit des Durchschnittslesers für die irgendwie erregende Atmosphäre« bei Prozessen sei von der Boulevardpresse in psychologisch besonders geschickter Weise ausgenutzt worden (ebd., 271). Allerdings bot die Zeit auch eine Reihe recht spektakulärer Prozesse: z. B. den Krantz-, Friedländer-, Haarmann-

oder Kürten-Prozess. Massenmörder wie Fritz Haarmann und Peter Kürten trieben in Deutschland in den Jahren 1924 und 1929/30 ihr Unwesen. In der Steglitzer Kindertragödie Krantz 1928 ging es um einen des Mordes angeklagten Schüler; der Fall um den 19-jährigen Manasse Friedländer wurde im Sommer 1929 verhandelt. Er hatte seinen Bruder und einen Freund erschossen. Der Kampf gegen die »sensationelle Ausbeute der Gerichtsberichterstattung« führte im Februar 1929 zu einer Entschließung der Reichsarbeitsgemeinschaft der Deutschen Presse, die für die Sensationsberichterstattung überhaupt als Richtlinie gelten könne (Dovifat, 1930, 9). Emil Dovifat engagierte sich zu jener Zeit vehement für eine gründliche und umfassende Reformarbeit bzgl. der Gerichtsberichterstattung. Diese müsse aber von der Presse selber ausgehen (vgl. ebd., 21ff.).

In ihrer Arbeit zur Darstellung von Kriminalität in der deutschen Literatur, Presse und Wissenschaft 1900 bis 1930 resümiert Isabella Claßen: »In ihrer Gesamtheit betrachtet, präsentiert sich aber die Gerichtsberichterstattung der Zwanziger Jahre als eine Gruselkammer menschlicher Abart, die sogar die Kriminalitätsdarstellungen in der heutigen Bild-Zeitung noch übertreffen. Verantwortungsbewusste Gerichtsberichterstatter, die einen Mittelweg zwischen Sensation und moralischer Verantwortung gefunden haben, sind auch in der Weimarer Republik in der Minderzahl und dazu bei den wenigen großen freisinnigen Blättern beschäftigt« (Claßen, 1988, 173). Bei Fürstenau finden sich zahlreiche Beispiele für die Besonderheiten der sensationalisierten Gerichtsberichterstattung: Große Prozesse füllten stets die ersten Seiten mit großen Schlagzeilen, sexuelle Hintergründe, auch wenn sie für den Prozessverlauf unerheblich waren, wurden besonders betont, Gespräche zwischen Richter und Angeklagten wurden – häufig auch im Originaldialekt – witzig pointiert aufbereitet, bei weniger spektakulären Prozessen versuchte man den Leser durch »romanhafte sprachlich phantasievolle Ausmalung der Verhandlung« zu fesseln, die *Welt am Abend* brachte in jeder Nummer ein Gerichtsfeuilleton »Um Tisch und Bett«, in der Ehestreitigkeiten ausgewalzt wurden etc. (vgl. Fürstenau, 1942, 271-279).

Der Absatz der Boulevardpresse war nicht auf die Großstadt Berlin beschränkt. Auch in kleineren Städten begann sich dieser Zeitungstyp zu entwikkeln. Als Beispiele gibt Dovifat folgende Gründungen an: 1918 das *8 Uhr Blatt* in Nürnberg, 1920 die Zeitung *Der Mittag* in Düsseldorf, 1921 das *Hamburger 8 Uhr Abendblatt* (Dovifat, 1940b, Sp. 650). Dort, wo es keine eigene Boulevardpresse gab, wurde allerdings auf die Berliner Blätter zurückgegriffen. Josef Kliche schreibt 1930 in den Mitteilungen des Vereins Arbeiterpresse, dass viele hundert Kilometer entfernt in den Provinzorten ein Zurückgehen des Absatzes der großen Berliner Tageszeitungen und dafür ein Vormarsch der Boulevardblätter zu konstatieren sei. »›Nachtausgabe‹, ›8-Uhr-Abendblatt‹ und ›Tempo‹ werden im täglichen Straßenhandel in vielen deutschen Großstädten in weit stärkeren Stößen abgesetzt als die örtlichen Organe« (Kliche, 1930, 2f.). Allerdings seien für Familientischzeitungen »eine Anzahl Dinge« nicht angebracht, mit denen bei Berliner »Café-Kokotten« durchschlagender Erfolg erzielt werden können: »Indes, die obengenannten Boulevardzeitungen sind in dieser Beziehung fast durchweg ›salonfähig‹. In ›Schund und Schmutz‹ machen eigentlich nur die kleineren Straßenkläffer« (ebd., 3).

Dass eine der »ehernen Säulen« des Boulevard, nämlich Sexuelles und Erotisches, als eigenständiges Thema weitestgehend ausgespart wurde oder sozusagen nur »durch die Hintertür« der Gerichtsberichterstattung Eingang in die Zeitungen finden konnte, war Folge des in Deutschland in rigidester Form geführten gesamtgesellschaftlichen »Schmutz- und Schundkampfes«. In der Praxis bezog sich die erste Kategorie überwiegend auf Publikationen aus dem Tabubereich der Sexualität. Als schmutzig galten erstens Pornographie in Texten, Zeichnungen, Photographien und Filmen, zweitens die Darstellung des Nackten in illustrierten Zeitungen und Witzblättern oder in Monatsschriften über die aufkommende Nacktkultur, drittens die Konzentration auf den Geschlechtstrieb in erotischen und homosexuellen Zeitschriften oder in Blättern über die Ehe- und Sexualreform, viertens die Erörterung sexueller Fragen in Sittengeschichten und der sog. Aufklärungsliteratur und zuletzt Anzeigen von Verhütungs- und Abtreibungsmitteln durch den Versandhandel in periodischen Druckschriften (vgl. Petersen, 1995, 155). Die Reichs- und Länderbehörden wandten zwischen 1918 und 1933 große Mühe zur Unterdrückung des Materials auf. Eingriffe der Polizei (Durchsuchung, Beschlagnahme, Strafanzeige) erfolgten auf der Grundlage unterschiedlicher Gesetze: 1. der Strafprozessordnung, 2. des Pressgesetzes und 3. der Gewerbeordnung, die die Restriktionen für den Straßenhandel enthielt. Die mit der Überwachung beauftragte Berliner Zentralpolizeistelle bearbeitete im Jahr 1925 20.000 Eingänge von verschiedenen Polizeibehörden der Länder und nahm 1.668 Durchsuchungen vor. In diesem Jahr lag auch der Höhepunkt der Eingriffe aus Sittlichkeitsdelikten: 34 inländische und 194 ausländische Zeitschriften-Nummern wurden aufgrund von Vergehen gegen §184 StGB beschlagnahmt, drei inländische und 36 ausländische aus §56, Ziff. 12 RGWO (vgl. Petersen, 1995, 159). Als Hauptverbreitungsorte galten Berlin und Hamburg. Für 1927 lag die Zahl dann wieder nur bei insgesamt 17 und 1928 bei 14 Beschlagnahmungen. Im Jahresbericht der Polizeizentralstelle hieß es für das Jahr 1928, dass die Furcht vor den wirtschaftlich einschneidenden Absatzbeschränkungen die Verleger zu größerer Vorsicht bei der Herausgabe gewagter Texte und Abbildungen veranlasst habe; auch die Händler hätten bei der öffentlichen Zurschaustellung von Schriften und Bildern, die anstößig sein könnten, größere Zurückhaltung gezeigt (vgl. Petersen, 1995, 159).

Auf der anderen Seite kam es ganz allmählich zu einer Lockerung der moralischen Vorstellungen. Die erste Strafkammer des Landgerichts Chemnitz sprach den Führer des »Bundes für Geburtenregelung«, der empfängnisverhütende Mittel öffentlich empfohlen hatte, mit der Begründung frei, die Gleichsetzung des außerehelichen Verkehrs mit dem Begriff der Unzucht entspreche nicht mehr der Volksanschauung von Zucht und Sitte. Der Gebrauch von

Verhütungsmitteln sei inzwischen in allen Schichten des Volkes und im Verkehr zwischen Eheleuten gewöhnlich. Inzwischen wurde auch von der Zentralpolizeistelle die Anpreisung von empfängnisverhütenden Mitteln nur noch dann verfolgt, wenn sie in einer »Sitte und Anstand verletzenden Weise« vorgenommen wurde. In ihrem Bericht von 1927 wurde eine freiere Auffassung des Begriffs Unzüchtigkeit auch bei den Gerichten konstatiert; es herrsche auch größere Zurückhaltung gegenüber der ernsthaften Sexologie. Im Tätigkeitsbericht 1928 war zu lesen, dass eine ganze Reihe von Veröffentlichungen, die sich in Bild und Text mit der Behandlung »körperkulturlicher, sexual-hygienischer oder sexual-ethischer Fragen« befassten, nicht mit Pornographie zu bezeichnen seien und unbeanstandet veröffentlicht werden könnten, »da das Scham- und Sittlichkeitsgefühl der Allgemeinheit eine unverkennbare Wandlung zu freierer Anschauung erfahren und in dieser Richtung auch die Rechtsprechung beeinflußt« habe (zit. in Petersen, 1995, 161). Diese Sicht stand allerdings in krassem Gegensatz zu den ständigen Klagen konservativer gesellschaftlicher Gruppen. Die DNVP, der Deutsche Städtetag, die Kirchen, der Caritas Verband, der Katholische Volkswartbund sowie andere Sittlichkeitsvereine hatten sich 1928 zum »Zentralen Arbeitsausschuß der deutschen Katholiken zur Förderung der öffentlichen Sittlichkeit« zusammengeschlossen. Die »Reichsschundkampfstelle der Evangelischen Jungmännerbünde Deutschlands« veröffentlichte die Reichsverbotsliste, gab Broschüren und Flugblätter sowie die Zeitschrift »Der Schundkampf« heraus, richtete einen Überwachungsdienst ein mit Schundbuchhändlerkarteien, die von einem ausgewiesenen »Schundkämpfer« erstellt wurde. Und nach Scheitern eines »freundlichen Gesprächs« mit dem Händler sollte dann die Polizei verständigt werden. Der hohe Grad der Institutionalisierung der gesellschaftlichen Empörung nahm aus heutiger Sicht fast belustigende Dimensionen an: Dem Informationsaustausch zwischen allen am Schundkampf beteiligten Verbänden diente schließlich auch die von der »Arbeitsgemeinschaft für Volksgesundung«, der »Evangelischen Hauptstelle gegen Schund und Schmutz«, der »Reichsschundkampfstelle der evangelischen Jungmännerbünde Deutschlands« und dem »Volkswartbund« 1929 vollzogene Gründung einer »Reichsarbeitsgemeinschaft der Schundkampfzentralen« (vgl. Petersen, 1995, 162-165). Zur Schriftenindizierung wurden (ähnlich wie im Bereich der Filmzensur) zentrale Prüfstellen gegründet (vor allem in Berlin, München und Leipzig). Von Juni 1927 bis Mai 1929 wurden insgesamt 63 Schriften in die Reichsverbotsliste aufgenommen; in zwei Jahren wurden in Berlin 4.099 Schriften geprüft. Zu diesen zählte auch eine Reihe von »Kriminal- und Skandalblättern«. Hierbei handelte es sich um jene »kleineren Straßenkläffer«, von denen weiter oben bereits die Rede war, und die für Dovifat (1942, Sp. 1972) den »Tiefststand journalistischer Verkommenheit« markierten, nämlich die Vertreter der sogenannten »Revolverpresse«.

4.4.2 Die »Revolverpresse« der Weimarer Republik

Der Inhalt der Revolverblätter muss für ihre Leser damals weitaus aufregender gewesen sein, als wir es uns heute vorstellen können, denn sie enthielten alles, was in der damaligen Zeit verboten war und als äußerst anzüglich und moralisch verwerflich galt. Die i. d. R. wöchentlich erschienenen Blätter bestanden zumeist nur aus zwei bis vier Seiten, wiesen kleine Auflagen und so gut wie keine Inserate auf (vgl. Bornemann, 1981, o. S.). Der Begriff »Revolverpresse« entstand aufgrund der von Zeitzeugen vertretenen und später immer wieder kolportierten Ansicht (z. B. Hennig, 1999, 956), dass diese Blätter eigentlich davon lebten, was sie nicht druckten. Dovifat definierte: »Man hat darunter nicht einen übertriebenen Sensations-Journalismus zu verstehen, auch nicht einen lärmenden Kampf-Journalismus. (...) Unter ›Revolver-Journalismus‹ verstehen wir jede Art von Journalismus, der sein Vorrecht, öffentlich gehört zu werden, zu niedrigem Gewinn erpresserisch nutzt« (Dovifat, 1942, Sp. 1972). Der »Verleger-Journalist« des Revolver-Blattes lege die ersten Nummern einer angeblich ausgedruckten Zeitungsauflage einem zahlungsfähigen Manne vor, in denen schwerste Angriffe auf dessen Privatleben enthalten waren (vgl. Dovifat, 1942, Sp. 1973). Verklagen sei nicht in Frage gekommen, da dies zusätzlichen Staub aufgewirbelt hätte. Bei Pawek (1965) findet sich auch ein eingängiges Beispiel für die angeblichen Geschäftspraktiken der Redakteure: Mit einer Druckfahne, die skandalträchtiges Enthüllungsmaterial enthielt, sei man beispielsweise zu einem Bankdirektor, dessen baldige Zahlungsunfähigkeit man in einem Artikel in Aussicht stellen wollte, gegangen.

> »Der Bankdirektor wußte: Wird der Artikel am Abend auf die Straße geworfen, stehen in der Frühe des nächsten Morgens Schlangen von Menschen vor den Schaltern seines Instituts, gleichgültig, ob er eine vorläufige Verfügung gegen das Blatt erwirkt oder eine noch schlagkräftigere Polizeiaktion ins Rollen bringt. Also ließ er sich ins Verhandeln ein, um die guten Journalisten von der Unrichtigkeit ihrer Information oder Auffassung zu überzeugen. Und sie ließen sich auch überzeugen. Aber immerhin, sie hatten ja schon Satzkosten gehabt. Und wenn diese Satzkosten 50 Mark betrugen, so veranschlagten sie sie beim Bankdirektor mit 5.000 Mark. Und die Bank zahlte. Jeder, der die Geschichte der Boulevardblätter kennt, weiß, daß auch diese Geschichte stimmt« (Pawek, 1965, 139f.).

Quasi jede Nummer habe auch Enthüllungen über das Geschlechtsleben eines prominenten Bürgers enthalten (vgl. Bornemann, 1981, o. S.). Außerdem fand man Beiträge über Animierbetriebe, Nachtklubs, Bordelle, aktuelle Informationen zu Sittlichkeitsprozessen, Historisches über berühmte Kurtisanen, Prostitution oder exotische Sexualbräuche, literarische Erotika sowie Fragen zu sexuellen Problemen. Standardaufmacher war zumeist die angebliche Lebensgeschichte einer Tochter der jeweiligen Stadt, die zur Mätresse oder Domina eines berühmten Mannes aufgestiegen war. Keiner der hier genannten Autoren gibt allerdings konkrete Beispiele mit Titel- oder Namensangaben für die erwähnten erpresserischen Handlungsweisen an. Der einzige, der sich genauer mit dieser Extremform des Boulevardjournalismus auseinandergesetzt hat, ist der Bremer Historiker Hartwig Gebhardt. Er hat sich in einer jüngeren Veröffentlichung die mühevolle Kleinarbeit gemacht, die aufgrund der geringen Anzahl überlieferter Exemplare »bis zur Unkenntlichkeit verwischten Spuren dieser Pressegattung freizulegen« (Gebhardt, 1994, S. 197). Gebhardt äußert sich skeptisch über die oben referierten und später immer wieder übernommenen Vorstellungen über erpresserische Praktiken (z. B. auch neuerdings wieder Hennig, 1999):

> »Ausdrücklich sei bereits an dieser Stelle darauf hingewiesen, daß die gelegentlich anzutreffende Vorstellung, gattungstypisch für die Sex-and-Crime-Presse sei es gewesen, wesentlich von Nichtveröffentlichungen gelebt zu haben, das heißt von Schweigegeldern von Personen, die ein Interesse daran hatten, daß über ihre geschäftlichen oder privaten Angelegenheiten nicht berichtet werde, in dieser pauschalen Form nicht haltbar ist« (Gebhardt, 1994, 150f.).

Er sei nämlich lediglich hin und wieder auf Spuren gestoßen, denen jedoch im Einzelfall nachgegangen werden müsste. Auch Bornemann (1981) bliebe die entsprechenden Beweise schuldig. Allerdings hätten sich in einem der Blätter vereinzelt Berichte über Personen gefunden, die versucht hätten, andere mit der Drohung, dem Blatt Material zuzuspielen, unter finanziellen Druck zu setzen (Gebhardt, 1994, 151). Doch was kennzeichnete diese Revolverblätter? Welche Vorläufer hatten sie, und warum konnten sie die Gemüter der Zeitgenossen derart in Wallung bringen? Bereits um die Jahrhundertwende waren Blätter entstanden, die in ihrer Berichterstattung eine erfolgreiche Mischung aus Verbrechen und Sexualität praktizierten, z. B. der 1894 gegründete *Reporter* oder der ab 1905 veröffentlichte *Kriminal-Reporter* (beide Berlin). Auch in diesem Bereich existierten ausländische Vergleichsobjekte bereits zu einem viel früheren Zeitpunkt, z. B. die New Yorker *National Police Gazette* (seit 1846). Im Handbuch der Zeitungswissenschaft von 1940 bestätigt

Abb. 17: Titelblatt der *Illustrierten Gerichtszeitung* 1893

Quelle: Horstmann, 1940, Sp. 1257

Horstmann, dass in der Zeit um die Jahrhundertwende die »Gerichtszeitungen« (vgl. Abb. 17) und »Rechtsspiegel« eine »wenig erfreuliche Rolle« gespielt hätten, da sie »nur Berichte über Verbrechen enthielten, dabei in rein sensationellen Darstellungen schwelgten und im Gegensatz zu den Tageszeitungen überdies noch zahlreiche Abbildungen enthielten« (Horstmann, 1940, Sp. 1258). Aus den Lebenserinnerungen (um 1905) eines Berliner Metallfabrikarbeiters, der dort bei der allgemeinen Literaturverteilung half und aus eigener Anschauung und Sachkenntnis schildert, was die Arbeiter lasen, wird die Vorliebe für crime & sex deutlich: »Meistens wurde im Anfang die ›Berliner Illustrierte‹ und der ›Reporter‹ von den Arbeitern gelesen. Als letzterer in Konkurs geraten war, kamen die meisten Abonnenten der ersteren zugute, während ein kleiner Teil die neugegründete ›Gerichtszeitung‹ las, die hauptsächlich sensationelle Mordillustrationen brachte. Die jüngeren Burschen waren natürlich Konsumenten der Hintertreppenromane, die auf jeder Seite einen Mord bieten. (...) Die 19-22-jährigen gelernten Leute liebten wieder Kriegsgeschichten oder etwas Pikantes, etwas, wo möglichst viel entblößte Weiber abgebildet waren, so das ›Album‹, ›Frauenschönheiten‹, ›Das kleine Witzblatt‹, ›Flirt‹, ›Satyr‹ und ›Sekt‹« (zit. bei Kuczynski, o.J., 249f.).

Eine Blütezeit des deutschen Sex-and-Crime-Journalismus begann mit dem Ende des Ersten Weltkriegs. Blätter wie die *Freie Presse* (Berlin) und der *Pranger* (Hamburg), ein Blatt zur Vertretung der beruflichen und sozialen Interessen der registrierten Hamburg-Altonaer Prostituierten, waren Vorläufer der Revolver-Presse in Gestalt der *Nachtpost*-Gruppe. Hierbei handelte es sich um einen ganzen Komplex von Wochenblättern im Zeitungsformat, die untereinander in teilweise nur schwer zu entwirrenden Beziehungen standen und von einem Dresdner Unternehmen herausgegeben wurden (*Nacht-Post* in Leipzig seit 1921, *Breslauer Nacht-Post* 1922-1929, *Nacht-Post*-Ausgaben ab 1923 in vielen deutschen Städten: Hamburg, Bremen, Frankfurt a.M., Magdeburg, Braunschweig, Chemnitz, Plauen) (vgl. Gebhardt, 1994, 139; Bornemann, 1981, o. S.). Der Untertitel war meistens: *Parteilose Zeitung für rücksichtslose Kritik aller öffentlichen Angelegenheiten.* Als Ergänzung dazu gab es eine Reihe von Blättern mit dem Titel *Arena – eine mondäne Wochenschrift* (Berlin, München, Leipzig, Dresden); ihr Hauptinteresse galt Sexualität und Prostitution. Die Bremer Ausgabe[57] der *Nacht-Post* wurde 1927 von der Wochenzeitung *Revue – Bremer Gerichtszeitung* abgelöst. Laut Gebhardt waren die Besitzverhältnisse ziemlich verwickelt, und es wurde zum Teil mit Strohmännern gearbeitet (was den subversiven Charakter dieser Blätter unterstreicht). Der Kopf des Unternehmens war Hans Staberow, der mit den anderen *Nacht-Post*-Ausgaben in vielen Orten des Reiches in Verbindung stand (vgl. Gebhardt, 1994, 130). Frei von parteipolitischen Tendenzen brachte die

[57] Gebhardt interessierten vor allem die Verhältnisse in Bremen. Daher bezieht sich auch die hier vorgenommene Zusammenfassung in weiten Teilen auf die dort erschienenen Publikationen. Sie dürften sich allerdings kaum von den in anderen deutschen Städten verbreiteten »publizistischen Schwestern« unterschieden haben.

Revue – Bremer Gerichtszeitung ausschließlich Artikel über angebliche Sittenaffären und Gerichtsverhandlungen (das Blatt enthielt über 50 % lokale Gerichtsberichterstattung); einzelne Überschriftenbeispiele der überlieferten Nr. 3/1927 können einen Eindruck von Inhalt und Schreibstil des Blattes vermitteln: »Der Schulmädchenschänder von der Wiedhofstraße – Die ekelhaften Sittlichkeitsverbrechen eines Greises« oder »Krawall in der Nordstraße«. Auch in späteren Ausgaben wird dieser Stil fortgesetzt: »Zuhälter mit perversem Einschlag«, »Volksschülerinnen verführen Greis«, »Die Jagd auf Straßenmädchen« (Gebhardt, 1994, 130f., 152). 1928 erschien die Hamburger Variante *Revue – Unabhängige Hamburger Gerichtszeitung.* Auch in Hannover und Oldenburg gab es seit 1928 *Revue*-Ausgaben. Trotz der lokal unterschiedlichen Inhalte waren auch hier Sex & Crime die alles beherrschenden Themen. Eine Auswahl der Schlagzeilen aus den erhaltenen Nummern des Blattes vom Sommer 1928 verdeutlicht den Sensationscharakter eindrücklich: »Blutrausch einer Sexualbestie!« »Unzucht mit kleinen Mädchen«, »Strichjungens in der Millerthortoilette«, »Scheußliches Sittlichkeitsverbrechen eines 73-jährigen!« (Gebhardt, 1994, 136). Das Blatt bestand nur bis September 1928, da bereits im Juli der Vertrieb im Straßenhandel verboten worden war, wovon das Blatt aber wirtschaftlich abhing.

Abb. 18: Titelblatt der *Leipziger Arena* 1923

Nr. 27 / 1923 LEIPZIGER ARENA Preis 10000 M.

Anzeigenpreis: die 9gespaltene Millimeterzeile . . 1000 Mark In allen Ausgaben 8500 Mark Reklamezeile mm 6000 u. 8000 M.

EINE MONDÄNE WOCHENSCHRIFT

Im Abonnement — direkt vom Verlag bezogen — 4 Nummern 36000 Mark franko unter Kreuzband bei Vorausbezahlung.

Leipziger Aasgeier an der Arbeit

Ein deutscher Beamter! — Unterirdische Geheimnisse.

* * Aus dem Inhalt: * *

Berühmte Liebespaare. — Warum die Männer untreu werden! Die nackte Ethel. — Wenn die Nacht . . . — Die Unheilige. Fortsetzung des Romans: Die Hexe von New York.

Erziehung zur Klassefrau

F. S. Vor 1920 hat überhaupt kein Mensch die Bezeichnung „Klassefrau" gekannt. Aber die Trägerinnen des von dem Wort umschlossenen Begriffs existierten natürlich damals ebenso, wie sie bereits vor tausend und noch mehr Jahren schon als Luftpflanzen den vom Gelde und wirtschaftlichem Glück bevorzugten Männern blühten.

Die griechischen Hetären waren nichts anderes. Gebrauchsartikel höherer Wertung. Vom Heer der andern Spirillen lediglich dadurch unterschieden, daß sie sich die Wahl unter den ihrer Begehrenden mit mehr oder auch weniger Willensbestimmtheit vorbehielten.

Halbweltliches. Sittenstudie von Georgios.

balgen sich im Rinnstein, man kann nicht über die Straße, ohne auf ein Kind zu treten. Eine alte Tatsache: die ärmsten Familien haben die meisten Kinder. Ein Vergnügen muß doch schließlich der Mensch haben.

Solange die Kinder klein sind, balgen sie sich im Rinnstein, spielen mit Kreiseln und Steinchen, hängen sich der Mutter an die Schürze und laufen mit, wenn sie zum Bäcker geht. Ist das Kind acht oder zehn Jahre alt geworden, hat es sich bereits zu einem richtigen Raufbold entwickelt. Ist es ein Junge, dann hat es schon die Mütze tief ins Gesicht gedrückt, steht, die Hände in den Hosentaschen, an der Haustür und wirft gern mit den von den erwachsenen Rowdies gelernten Ausdrücken um

Quelle: Erpresser-Journalismus in der Weimarer Republik, 1981, o. S.

Die *Bremer Revue* hatte einen längeren Atem: Sie existierte 1930 bereits im 4. Jahrgang und wies 1929 die beachtliche Auflage von 20.000 und 1931/32 von 25.000 Exemplaren auf. Die wahrscheinlich noch viel höhere Leserzahl machte die *Revue* also spätestens ab der Jahreswende 29/30 zu einem massenattraktiven Blatt. Inhaltliche Indizien sprechen dafür, dass sich das Publikum vor allem aus unteren sozialen Schichten rekrutierte. Der Preis der wöchentlichen Ausgabe lag mit 20 Pfennigen im üblichen Rahmen der Tagespresse (vgl. Gebhardt, 1994, 145ff.). Selbst charakterisierte sich das Blatt als »Sprachrohr breitester Massen«, geschrieben in der »Sprache des Volkes«. Gebhardt vertritt die Meinung, dass zumindest ein Stand der höheren Kreise zur Leserschaft dazugehört haben muss, nämlich alle Bremer Juristen, weil sie in den vielen Berichten über Verhandlungen vor Bremischen Gerichten namentlich genannt wurden (Gebhardt, 1994, 149). Ein ausgeprägter Sensationalismus des Blattes zeigte sich beispielsweise an reißerisch aufgemachten Beiträgen mit der Überschrift »Blutschande mit dem 16-jährigen Sohn«, aus dem aber nur hervorging, dass es sich dabei um den auf einer fixen Idee beruhenden Vorwurf eines Geschiedenen an die Adresse seiner früheren Ehefrau handelte.

Abb. 19: Titelblatt der *Chemnitzer Nacht-Post* 1923

Chemnitzer

Nacht-Post

Parteilose Zeitung für rücksichtslose Kritik aller öffentlichen Angelegenheiten

1. Jahrgang — Nummer 10
Sonnabend, den 21. April 1923

Herausgeber: Hans Staberow

Preis 200 Mark
Auslieferung für den Buchhandel: Herm. Lehmann, Rochlitzer Str. 1a

Der dunkle Punkt des Neumarktes.

Waschweiberklatsch!

Der Nat Pinkerton des Chemnitzer Westens!

H. St. Und wieder einmal hatte Chemnitz seine Sensation! Die Stimmen der Straßenhändler schallten. Die Menschen ballten sich in Gruppen um sie, rissen ihnen die Blätter aus den Händen und verschlangen gierig die Kost, die man ihnen da bot.

Das war am Freitag mittag. Schon in den frühen Morgenstunden war es raunend durch den Mund der Händler gegangen: „Eine n e u e Zeitung ist da!" Da setzte die Jagd nach den ersten Exemplaren fiebernd ein.

Geheime Spielhöllen in Chemnitz!

Sittenstudie von Hans Staberow.

beleuchten, die sich seit einigen Wochen in mehreren Hinterzimmern einer Wohnung in der Nähe der Weststraße etabliert haben. Wenn ich an dieser Stelle noch nicht die genaue Hausnummer folgen lasse, so geschieht es lediglich deshalb, um nicht in den Ruf eines Spitzels zu kommen. Die „Nachtpost" soll niemals ein Denunziationsblatt werden. Zweitens soll der Wirtin, einer alleinstehenden Frau, die die Valuta wie alle andern verlockte, und die durch etliche Kündigungen, die bei H a r t m a n n s

Quelle: Erpresser-Journalismus in der Weimarer Republik, 1981, o. S.

Trotzdem – so Gebhardt in seiner detaillierten Analyse – waren die Beiträge gut geschrieben, sie gingen über das Prozessgeschehen hinaus, bezogen persönliche und soziale Probleme der Beteiligten mit ein, Kommentare verallgemeinerten die Einzelfälle und stellten Zusammenhänge zur politischen und gesellschaftlichen Lage her. Regelmäßig konnte man sogar literarische Texte von bekannten

Autoren (Kästner, Kaleko, Kisch, Ringelnatz) finden (vgl. Gebhardt, 1994, 162). Inhaltlich entpuppte sich das Blatt als für die damalige Zeit äußerst liberal, sozial engagiert – und man könnte sogar sagen in seiner Tabulosigkeit tabubrecherisch progressiv. Für Zuhälter fand es nur scharfe Worte der Ablehnung, es vertrat eine tolerante Einstellung gegenüber Homosexualität, es kämpfte gegen den §218, also für das Selbstbestimmungsrecht zur Abtreibung, es bezog Position für die Interessen unterdrückter Frauen (vgl. ähnlich Abb. 20), es verstand sich als Interessenvertretung der kleinbürgerlichen und proletarischen Bevölkerung und wandte sich stets gegen bürgerliche Doppelmoral, Dünkel und Vornehmtun.

Abb. 20: Titelblatt der *Berliner Arena* 1923

Nr. 24 / 1923 | BERLINER ARENA | Preis 30000 M.

Hauptschriftleitung: Franz Scott, Berlin.

Anzeigenpreis: die 9gespaltene Millimeterzeile . . 2000 Mark In allen Ausgaben 5000 Mark Rekl.-Zeile mm 8000 u. 10000 M.

EINE MONDÄNE WOCHENSCHRIFT

Im Abonnement — direkt vom Verlag bezogen — 4 Nummern 110000 Mk. franko unter Kreuzband bei Vorausbezahlung.

Erlebnisse im Stundenhotel

Zoo-Ari und die Milliardenfrau aus der Prinzenstraße. Jessica, die Männerfrau. — Aesthetische Spieler.

* * Aus dem Inhalt: * *

Berühmte Liebespaare: II. Friedrich der Große und die Barbarina. — Das gefährliche Alter. — Das Opfer. — Die Frau ohne Seele. — Roman: Die Hexe von New York.

Was Dirnen leisten.

Eine Lobpreisung der Dirne ist selbstverständlich damit nicht ausgesprochen. Nur Gerechtigkeit soll ihr widerfahren. Wohl dem, der in seiner Frau nicht nur die Geliebte gefunden, sondern die Kameradin und Weggenossin zu vollständiger Lebensgemeinschaft. „Wohl dem, der ein tugendsam Weib hat. Deß lebt er noch eins so lang!" Aber vor einem muß er sich hüten, wozu das Glück so leicht verführet: Vor Ungerechtigkeit und engem Pharisäertum!

Franz Scott: **Hilde Achterbergs Sündenkette.** Die letzte Entblößung einer schönen Frau.

In einem kleinen intimen Theater des Westens befindet sich eine kapriziöse heimliche Diele. In den späteren Abendstunden entfaltet sie einen reizvollen Zauber. Wenn, was zuweilen obschon nicht gerade allzu oft geschieht, Granach, Deutsch, der sehr frohlaunige Hendels, die rischruschrassige Thea Grobizynski, Pröckl, der jetzt den Hesterberg-Gommer unterstützt, oder die schöne Frau Dagover, die einst vom Tanz und nun auch vom Film ging, aber wenigstens noch immer daran denkt, daß es einmal einen Morphium-Boston, einen Maharadscha-Step, einen Fimmel-Fox und den Hysterie-Boston gab, nebst etzlichen Zebeleuten und dem Maler Conny—Eshakehands für manches schlanke gestrichelte Bild, das ein empfindlicher Strafgesetzbuch-Paragraph vor jeder Oeffentlichkeit bewahrt — wenn sie und mancher andere allhier zusammentreffen, dann vertieft sich dieser Zauber. Er vertieft sogar die Nacht. Zuckende Geister lüstern in allen Ecken und springen zu den Tischchen zurück, hüllen sich in die weißen Tücher, schlüpfen in die Kelche stielschlanker Blumen und spiegeln sich im

Quelle: Erpresser-Journalismus in der Weimarer Republik, 1981, o. S.

Es forderte die Abschaffung der Todesstrafe, plädierte dafür, die Milieu-Umstände einer Straftat mit zu berücksichtigen und wahrte die Diskretion gegenüber Angeklagten, da für Prozessbeteiligte sinnhafte Pseudonyme erfunden wurden: Ein wegen Bettelei Angeklagter wurde z. B. Anton Hunger genannt. Gegen Ende der Weimarer Republik kämpfte das Blatt gegen die Rechtskonservativen und vor allem gegen die erstarkende nationalsozialistische Front. Es sprach 1930 von »Halbstarken im Lager der Antisemiteriche«, von »Hitlerianern« oder von »...blöde[r] antisemitische[r] Hetze« (zit. in Gebhardt, 1994, 159). Im Juni 1932 druckte das Blatt eine unmissverständliche Erklärung Hermann Görings zur Behandlung der Juden im künftigen NS-Staat ab und kommentierte diese mit den Worten: »Beschämende Unwissenheit und blinder Haß haben hier eine Bewegung entfesselt, die nicht nur undeutsch und unchristlich, sondern auch unwürdig ist. Schlimmer ist, daß auch nur der Versuch, Pläne wie die des Herrn Göring in die Tat umzusetzen, Deutschland um alles Ansehen in der Welt bringen müßte« (zit. in Gebhardt, 1994, 160). Der Erfolg der *Bremer Revue* rief gegen Ende der zwanziger Jahre noch drei ähnlich geartete Konkurrenzprodukte auf den Plan. Hierbei handelte es sich um die *Nordwestdeutsche Bürger-Zeitung*, ein Wochenblatt, das Ende 1929 enstand und vorrangig Vermischtes aus aller Welt mit sehr sensationalistischer Aufmachung brachte; Erfundenes und Übertreibungen waren an der Tagesordnung. Es erreichte 1930 zu seiner besten Zeit eine Auflage von gerade 2.400 Stück und wurde Anfang März 1931 eingestellt (vgl. ebd., 171-176). Im Oktober desselben Jahres bekam die Revue einen erbitterten Konkurrenten in der rechtskonservativen Wochenzeitung *Der Reporter* mit dem Untertitel *Die Bremer Gerichts-Zeitung*, die 5 Pfennige billiger angeboten wurde und hauptsächlich Sensationsberichterstattung betrieb, die aber nicht über 5.500 aufgelegte Exemplare hinauskam und der Revue häufiger Gründe für Plagiatsvorwürfe lieferte. Ein ehemaliger *Revue*-Redakteur gründete im November 1932 schließlich ein eigenes Konkurrenzblatt, die *Zeitlupe*. Das Blatt verstand sich als »Anwalt der Kleinen Leute« und brachte hauptsächlich Gerichtsberichterstattung: »Wo gibt es einen getreueren Spiegel des täglichen Lebens als im Gerichtssaal? Menschliches Leid, Not und Elend zeigen sich hier in ihrer ganzen grausamen Wirklichkeit« (zit. in Gebhardt, 1994, 182).

Man kann sagen, dass alle sog. »Revolverblätter« in ständigem Kampf mit den Behörden lagen und permanent von Beschlagnahme oder Verbot bedroht waren. Einzelne Ausgaben der *Nachtpost* standen ab 1927 auf der Reichsverbotsliste, die ab 1930 ständig erweitert wurde (vgl. Petersen, 1995, 168). Die Blätter stellten nicht nur inhaltlich eine besondere Pressegattung dar. Sie erschienen nicht in großen Verlagen, sondern wurden von »Verleger-Journalisten« gemacht, die aus dem sozialen Milieu kamen, für das sie schrieben. Es waren Außenseiter des Berufsstandes: »Sie sehen sich als Nonkonformisten und Tabuverletzer, als Leute, die als Aufklärer des Volkes gegen die sog. Guten Sitten, die bürgerliche (Sexual-)Moral und die Verhältnisse insgesamt aufbegehren. Nicht organisiert, sondern als Einzelkämpfer, frei und ohne Bindung« (Gebhardt, 1994, 200).

4.4.3 Sensationsjournalismus als »Greuelpropaganda« im Nationalsozialismus und Nachkriegsentwicklung

In ihrer Dissertation zur »politischen Führung der Berliner Boulevardpresse« [58] von 1941 unterschied Hildegard Kriegk drei Entwicklungsphasen der Straßenverkaufsblätter: Bis 1920 seien sie vorrangig nachrichtenorientiert und fern von parteipolitischen Stellungnahmen gewesen; in der Weimarer Republik entwikkelten sich alle Boulevardzeitungen zu parteipolitisch interessierten Zeitungen, und nach 1933 werden einige »staatspolitisch ausgerichtet« (Kriegk, 1941, 62), also gleichgeschaltet. Hierbei handelte es sich um das *12-Uhr-Blatt*, die *BZ am Mittag* und die *Berliner Illustrierte Nachtausgabe* (ebd., 223) sowie die *Berliner Montagspost*, das *8-Uhr-Abendblatt* und natürlich *Der Angriff am Abend*. Die anderen Boulevard- sowie »Revolverblätter« wurden verboten. Göring wies am 3. Mai 1933 als Preußischer Innenminister mit folgendem Wortlaut die zuständigen Behörden an, die »Sensations- und Skandalpresse« zu unterdrücken:

> »An alle Regierungspräsidenten und geheimes Staatspolizeiamt in Berlin. Sensations- und Skandalpresse leisten durch Zersetzung der sittlichen Grundlage des öffentlichen Lebens dem Kulturbolschewismus Vorschub. Anweise daher solche periodischen Druckschriften nach Maßgabe Verordnung vom 28.2.1933 sofort bis auf Weiteres zu verbieten, auch wenn sie sich den Anschein nationaler Haltung geben« (abgedruckt in Gebhardt, 1994, 190).

Den Revolver-Journalisten habe – laut Dovifat – am entschiedensten das Schriftleitergesetz in seinem §14 getroffen, der den Schriftleiter verpflichtet, »aus der Zeitung alles fernzuhalten, was eigennützige Zwecke mit gemeinnützigen in einer die Öffentlichkeit irreführenden Weise vermengt«. Revolver-Journalismus sei verbrecherischer Missbrauch einer öffentlichen Stellung zu eigennützigem Gewinn unter Ausnutzung einer anscheinend gemeinnützigen Haltung (vgl. Dovifat, 1942, Sp. 1974). In Deutschland ist der Revolver-Journalismus nach der Anordnung des Präsidenten der Reichspressekammer vom 24.4.1935 »über Schließung von Zeitungsverlagen zwecks Beseitigung ungesunder Wettbewerbsverhältnisse, zur Beseitigung der Skandalpresse und zur Wahrung der Unabhängigkeit des Zeitungsverlagswesens« (Ammann-

---

[58] Die meisten Boulevardzeitungen vertraten tatsächlich linksliberale Positionen. Z. B. habe das *12-Uhr-Blatt* eine starke linke Ausrichtung gehabt, das *8-Uhr-Abendblatt* galt als pazifistischer Verfechter der Politik Stresemanns, *Das Tempo* habe geradezu eine »Agitationspolitik gegen die erstarkenden Rechtsparteien« betrieben, und die *BZ* hielt die Machtergreifung für »ein gefährliches Experiment« (Kriegk, 1940, 165, 184, 206, 212). Heinz-Dietrich Fischer referiert 1960 in einem Beitrag der Zeitschrift *Journalist* die Ansicht »nicht wenige[r] Stimmen«, [...] »daß gerade in Ermangelung einer erstarkten Boulevard-Presse, die auf die Gefährdung der Demokratie ggfs. durch rote Schlagzeilen hingewiesen hätte, die Periode des Nationalsozialismus einen relativ leichten Start gehabt hätte« (Fischer, 1960, 4). Ob die Boulevardpresse tatsächlich zu schwach war, und wie genau sich die damaligen Boulevardblätter im Kampf gegen Hitler seit Beginn der 30er Jahre engagierten, ist jedoch noch nicht erforscht.

Verordnung) verschwunden (Dovifat, 1944b, 81; Mendelssohn, 1959, 509). Die übriggebliebenen Boulevardblätter standen ganz im Dienst der nationalsozialistischen Ideologie. Jede Nachricht wurde »politisch umfassend ausgerichtet« (Kriegk, 1941, 229), wobei z. T. die Hälfte der Titelseiten für Schlagzeilen in der Farbe Rot vorgesehen wurden. Nachricht und Kommentar verschmolzen vollständig. Die Inhalte änderten sich massiv, vor allem in Kriegszeiten. Kriegk schrieb 1941, dass »heute in den Boulevardzeitungen aus Gründen der Papierbeschränkung und vordringlichen Aufgaben alle unpolitischen Sensationsmeldungen über Mord, Diebstahl und andere Verbrechen, über Unglücke aller Art usw. fortfallen, die bisher als das eigentlich leserwerbende Material in der Boulevardpresse gegolten haben« (Kriegk, 1941, 248). Und es sei nur natürlich gewesen – so Fürstenau (1942) – , »daß der Nationalsozialismus nach der Machtergreifung eine Gerichtsberichterstattung, wie sie die Boulevardblätter bis dahin ausübten, verbot und verlangte, daß alle Fragen der Rechtsprechung von der Presse unter dem Gesichtspunkt der Erziehung und Belehrung des Volkes zu behandeln seien« (Fürstenau, 1942, 286).

Der nationalsozialistische Journalismus stand ganz im Dienste ideologischer Propaganda. Die journalistische Diskursstrategie des Sensationalismus und der Propaganda ähneln sich in weiten Teilen. Ihr verbindendes Element ist der Rekurs auf die »Masse« – sei es als Massenattraktivität oder Massenführung. Sie unterscheiden sich nur in ihren Ursprungsmotiven: Während das eine vorrangig wirtschaftlichen Erwägungen entspringt, ist das Motiv des anderen reines Machtstreben durch Massenbeeinflussung im Sinne einer Ideologie: »Propaganda is the deliberate and systematic attempt to shape perceptions, manipulate cognitions, and direct behavior to achieve a response that furthers the desired intent of the propagandist« (Jowett & O'Donnell, 1992, 4). Das Interesse an massenpsychologischen Fragestellungen war im nationalen Bürgertum und in Reichswehrkreisen 1919/20 durchaus verbreitet. In einem Bericht im Völkischen Beobachter vom 5. Juni 1920 wurde über einen öffentlichen Vortragsabend zum Thema ›Massensuggestion und Politik‹ berichtet (vgl. Gerhard, 1990, 30). Der Historiker Paul Gerhard hält es für wahrscheinlich, dass Hitler seine massenpsychologischen Kenntnisse aus Vorträgen und allgemein zugänglichen populärwissenschaftlichen Quellen schöpfte: so z. B. aus der in bürgerlich-nationalen Kreisen Münchens 1919/20 kursierenden Schrift des Münchner Nervenarztes Julius R. Roßbach mit dem Titel »Die Massenseele. Psychologische Betrachtungen über die Entstehung von Volks-(Massen)-Bewegungen (Revolutionen)«, der selbstverständlich die Gedanken LeBons aufgriff und ebenso wie dieser die Massenseele als »intellektuell tiefstehend, von einer überwertigen Idee beherrscht, weibisch, primitiv, wandelbar, launisch, höchst suggestibel, von ihrer Macht und Kraft überzeugt, automatisch handelnd, von starken Affekten geleitet, unwiderstehlich, barbarisch, grausam, zu allen Taten zu bewegen« schilderte (zit. in Gerhard, 1990, 32). Unabhängig davon, ob Hitler LeBon nun direkt oder indirekt über den Umweg Roßbachs rezipierte, steht fest, dass sich viele Gedanken der reaktionären Massenpsychologie in Hitlers Schriften wiedererkennen lassen. Dovifat fasste nach dem Krieg die »Grundgesetze der Massenführung« als »geistige Vereinfachung«, »hämmernde Wiederholung« und »gefühlsmäßige Steigerung« vorrangig in der Form des Hasses, des Mitleids und der sexuellen Erregbarkeit zusammen; die Steigerung reiche »vom flach Sentimentalen über die flammende Erregung bis zur krassen Triebhaftigkeit« (Dovifat, 1968, 121, s. ab 114). Es kann im Grunde als Zeichen einer »zynische[n] Metamorphose grundsätzlichen Wertbewußtseins« (Fischer, Niemann & Stodiek, 1996, 101) gedeutet werden, dass das Triebhafte und sexuelle Element, das man nach außen vehement bekämpfte, grundlegender Baustein der propagandistischen Massenführung darstellte. »Gegen seelenzerfasernde Überschätzung des Trieblebens! Für den Adel der menschlichen Seele! Ich übergebe der Flamme die Schriften von Sigmund Freud« – so hieß es bei der Bücherverbrennung im Mai 1933 (zit. in Huber & Müller, 1969, 12). Das Dritte Reich hat zwar die publizistischen Möglichkeiten des Sex Appeal nur mit großer Zurückhaltung verwandt, da man in der »Kampfzeit« scharf gegen »jüdisch-liberalistische« Sexualentartungen Stellung bezogen hatte. Andererseits habe es eine Menge Leute gegeben, die aus der Reihe tanzten, wie z. B. Julius Streicher, der seinen *Stürmer* und seine Massenreden »mit saftigen Pornographien würzte« (vgl. Hagemann, 1948, 140). Außerdem wurden Hass, Mitleid und sexuelle Erregbarkeit in extenso für eine besondere Form der Propaganda ausgeschlachtet, nämlich der sog. »Greuelpropaganda«, die damit das stärkste ideologische Pendant zum Sensationsjournalismus darstellt. »Unter Greuelberichterstattung verstehen wir publizistisch die planmäßige Verbreitung übertriebener oder erfundener Greueltaten, die darauf zielt, das Mitleid der Massen zu wecken und in Empörung und Haß gegen den Gegner umzumünzen oder durch die Furcht vor dem Gegner den Widerstandswillen zu steigern« (Dovifat, 1968, 129). Im Handbuch der Zeitungswissenschaft von 1940 finden sich noch genauere Beschreibungen:

> »G. will immer ›Grauen erregen‹ – sei es nun, daß seelisch erschütternde Szenen selbst gezeigt, oder daß nur deren Auswirkungen mit Wort und Bild veranschaulicht werden. Es sind hier alle Motive beliebt, die die Brutalität des Feindes schildern und gleichzeitig das Herz des Menschen rühren können, beispielsweise gequälte Kinder, jammernde Mütter, verstümmelte Greise, Beschießung von Verwundeten- und Flüchtlingszügen usw.« (Lehmann, 1940, Sp. 1365).

Sie schrecke in unwahrer, entstellter Form auch vor keiner »Unanständigkeit« oder Verletzung sittlicher und religiöser Vorstellungen zurück, wenn es gelte, das Ansehen des Gegners zu schädigen. Daher gehörten Vergewaltigungsszenen quasi zum Standardrepertoire, »wobei meistens ein armes unschuldiges Mädchen, dem die Kleider vom Körper gerissen sind, durch betrunkene Soldaten bedroht wird« (ebd., Sp. 1369; vgl. Abb. 21-23).

Abb. 21 / 22 / 23: Propagandaplakate I. und II. Weltkrieg

Quelle: Keen, 1993, 88f.

Kurt Baschwitz fand in der französischen Kriegspropaganda des Ersten Weltkrieges Produkte einer wahren »Lustmordphantasie«, die mit Greuelbehagen aufgenommen worden sei. In seiner Studie zum Massenwahn schrieb er: »Die Bilder, in unzählbaren Mengen ausgestreut (...) sind durchtränkt von einer widerlichen Mischung geschlechtlicher Geilheit und untermenschlicher Blutrünstigkeit« (Baschwitz, 1960, 68f.). Sowohl Hitler als auch sein Chefpropagandist Goebbels waren fasziniert von der Wirkung der Greuelpropaganda des Ersten Weltkriegs, die »psychologisch richtig« gewesen sei, indem sie dem eigenen Volke die Deutschen als »Barbaren und Hunnen« präsentiert und dadurch zum Kriegseinsatz motiviert habe. Demgegenüber sei es dem »faden Pazifistenspülwasser« der deutschen Kriegspropaganda nicht gelungen, »Menschen zum Sterben zu berauschen« (Hitler, Mein Kampf; zit. in Gerhard, 1990, 38). »Man kann die durchschlagende Gewalt der Bildpropaganda gar nicht hoch genug einschätzen«, betonte Goebbels bereits 1927. An der alliierten Weltkriegspropaganda schätzte er besonders die visuelle Greuelpropaganda, die »Entwaffnung Deutschlands durch das visuelle Argument« (zit. in Gerhard, 1990, 49). Die alliierte Greuelpropaganda habe nahezu ideal der »Kenntnis der Primitivität der Empfindung der breiten Massen« entsprochen. Differenzierungen machten die Masse nur »unsicher und mißtrauisch« (Hitler, Mein Kampf; zit. in Gerhard, 1990, 40f.). Greuelpropagandistische Methoden wurden gegen alle inneren und äußeren Feinde des Reiches eingesetzt – vor allem in den parteieigenen Kampfblättern wie *Der Stürmer* oder *Der Angriff*. Sogar die katholische Kirche wurde davon nicht verschont. Nachdem ihre Opposition gegen das Regime ruchbar wurde, setzte man sexuelle Vergehen katholischer Geistlicher und Ordensleute vor großer Öffentlichkeit mit sensationellen Schauprozessen in Szene. Die bis in alle Einzelheiten streng sprachgeregelten Berichte der Nachrichtenagenturen erschienen »um der Sauberkeit der Nation willen« als »Zwangsauflage« in allen Blättern (Dovifat, 1968, 135f.). Laut Dovifat habe die Propaganda-Maschine

Abb. 24: NSDAP-Zeitungshändler 1930 in Berlin

Quelle: Gerhard, 1990, o. S.

Hitlers in Vorbereitung und während des Krieges die Greuelberichterstattung zu einer »skrupellos organisatorisch durchgebildeten Technik« gemacht, um den Angriffskrieg zu legitimieren. Eine offizielle Sprachregelung während des Krieges lautete z. B.: »Der Ausdruck ›Partisane‹ ist nicht mehr als Bezeichnung für das Heckenschützentum zu verwenden. Die richtigen Ausdrücke sind Stalinbanditen, Plünderer, Räuber, Mordbrenner« (Huber & Müller, 1969, 113). In allen publizistischen Mitteln habe der überlegte Einsatz sexueller Motive stattgefunden. Die NS-Presse war vor dem Einmarsch in die Tschechoslowakei (1938) und in Polen (1939) voll von äußerst drastischen und gefälschten z. T. illustrierten Greuelmeldungen, in denen auch von »Vergewaltigung deutscher Volksgruppen« die Rede gewesen sei. Gerade Julius Streichers Zeitschrift *Der Stürmer* habe für diese »massenpsychologisch wirksame Triebkombination«, für die »perverseste Phantasie, die jemals in Druckerschwärze aufgetischt wurde«, die extremsten Beispiele geliefert (Dovifat, 1968, 130; 135). Der von Joseph Goebbels am 4. Juli 1927 zunächst als Wochenzeitung, seit dem 29. Dezember 1930 dann als Tageszeitung herausgegebene *Angriff* spielte eine entscheidende Rolle für den Aufstieg des Nationalsozialismus in Berlin (Lemmons, 1994, 128). Goebbels kreierte mit dieser Zeitung den Typus der »Trommlerpresse«; sein Name war publizistisches Konzept, dem Inhalt und Layout entsprachen. Alles war darauf ausgelegt, ständig den Gegner zu attackieren und die Gefühlswelt der Leserschaft zu mobilisieren. Zu Beginn des Wahlkampfjahres 1932 hatte *Der Angriff* eine tägliche Auflage von 68.300 erreicht; zum Jahresende betrug sie 110.600 (Gerhard, 1990, 182f.). Vorherrschend waren ein »lauter aggressiver Ton, Behauptungen statt Argumente, Schmähungen statt Debatte, ein knatterndes Maschinengewehrfeuer von Schlagworten statt einer geordneten Auseinandersetzung« – so Carin Kessemeier in ihrer Dissertation über die Zeitung (1967, 29). »Wir schrieben bewußt so, wie das Volk empfindet, nicht um dem Volk zu schmeicheln oder ihm nach dem Munde zu reden, sondern um es unter Gebrauch seines eigenen Jargons allmählich auf unsere Seite zu ziehen und dann systematisch von der Richtigkeit unserer Politik und Schädlichkeit der unserer Gegner zu überzeugen« (Goebbels in »Kampf um Berlin«; zit. in Kessemeier, 1967, 95). Die Überschriften und Stimmungsberichte von großen Parteikundgebungen seien so extrem und überspannt gewesen, dass man sie nur noch als pathologisch bezeichnen könne (vgl. Hagemann,.1948, 84). Der übertriebene propagandistische Sensationalismus wurde sogar in den eigenen Reihen kritisiert. So verurteilten z. B. die Gebrüder Strasser und ihre Anhänger, die das Konzept einer argumentativen Presse verfolgten, die konfus-wilde Aufmachung der anderen NS-Blätter und bemängelten die geradezu »extravagante Sucht nach Sensationen in Überschrift und Darstellung« sowie »eine durch unzureichende Redakteursbesetzung verursachte Flachheit des Inhalts« (zit. in Gerhard, 1990, 182).

Nach dem Ende des Zweiten Weltkriegs führten die Alliierten in Deutschland ein Lizenzsystem für Presseerzeugnisse ein. Nur wer von den alliierten Mächten eine Lizenz bekam, hatte das Recht, Zeitungen und Zeitschriften zu veröffentlichen. Diese paternalistische Presselenkung diente der »Re-Education«, also der behutsamen geistigen Umerziehung der Deutschen zu demokratischer Gesinnung. Insofern wurde bei der Lizenzvergabe eher Wert auf wahrheitsgetreue und ausgewogene politische Berichterstattung und den Austausch widerstreitender politischer Argumente gelegt als auf boulevardeske Unterhaltung und reißerische Sensation. Dennoch wurden in den drei westlichen Besatzungszonen acht Lizenzen für Kaufzeitungen erteilt, von denen drei schon in der Lizenzphase, also vor Herbst 1949, wieder scheiterten. Von den fünf übrigen Zeitungen haben nur zwei bis heute überlebt, nämlich die *Hamburger Morgenpost* und die *Abendzeitung München* (vgl. Schütz in Marx, 1999, 8). Gegründet von dem ehemaligen *SZ*-Redakteur Werner Friedman, kam letztere am 16. Juni 1948 mit einer Auflage von 25.000 auf den Markt. Sie sollte »Stil und Niveau« haben und ihre »journalistische Arbeit (...) ebenso seriös sein wie in einer Abonnementzeitung« (Tremel, 1985, 32f., 36). Erst ab 1950 wandelte sich das Blatt in eine knallig aufgemachte Kaufzeitung mit schreienden Rubriken und Sex-&-Crime-Geschichten.

Über die unmittelbare Nachkriegsentwicklung der Kaufzeitungen in Deutschland, die Umstände der Lizenzierung oder die inhaltliche und formale Ausgestaltung dieser Blätter liegen kaum Informationen vor. Festgehalten werden kann allerdings, dass in Berlin die Vielfalt der Straßenverkaufsblätter, wie sie zur Zeit der Weimarer Republik bestanden hatte, nie wieder erreicht wird. Der Kaufzeitungsmarkt ist im Nachkriegsdeutschland (mit Ausnahme der *Bild*-Zeitung) stark regional geprägt, er konzentriert sich auf die Städte Hamburg, Berlin, Frankfurt, Offenbach, Nürnberg, München sowie Düsseldorf und Köln (vgl. die Aufstellung bei Mosch, 1964, 1416; einzelne Titel und Gründungsdaten bei Hennig, 1999, 958). Zwischen den Jahren 1954 und 1964 existierten zwölf Publizistische Einheiten innerhalb des Segments der Straßenverkaufszeitungen

(Schütz, 1994, 198); diese Anzahl wurde bis zum heutigen Tag nicht wieder erreicht. Seit 1945 erschienen in Deutschland insgesamt 26 Kaufzeitungtitel; davon haben nur 8, also weniger als ein Drittel, überlebt (Schütz, 2000, 218).

An die Boulevard-Tradition der Weimarer Zeit wurde auch in anderer Hinsicht aus Sicht der Zeitzeugen offensichtlich nicht angeknüpft. Der Publizistikwissenschaftler Hans A. Münster schrieb 1961: »Jedoch sind keineswegs alle Straßenverkaufsblätter zugleich auch ›Boulevard-Blätter‹, jedenfalls nicht im ›klassischen‹ Sinne. Will man diesen heute etwas antiquierten Begriff überhaupt noch verwenden, so sollte man darunter nur solche Blätter verstehen, denen die Verbreitung in der Hast und Unruhe großstädtischen Getriebes ihr Gepräge gibt« (Münster, 1961, 257). Mondäner Kaffeehausklatsch und viel metropolitanes Lokalkolorit, menschliche Schwächen, Vergehen und Verbrechen »pour faire conversation« seien ihre Kennzeichen gewesen (vgl. ebd., 256 sowie eine ähnliche Einschätzung von Pawek, 1965). Mit dem Wegfall des in diesem Sinne beschriebenen »echten Boulevardcharakters« fielen im Nachkriegsdeutschland bei der Bewertung der neuen Kaufzeitungsgeneration aber auch alle negativen Assoziationen weg: »Hier haben die Kaufzeitungen zweifellos eine bemerkenswerte Aufwertung erfahren. Von ›Boulevard-, Asphalt- und Revolverpresse‹ wird – in Fachkreisen jedenfalls – heute immer weniger gesprochen« (Mosch, 1964, 1418). Diese Einschätzung mag aus heutiger Sicht vor dem Hintergrund, dass die *Bild-Zeitung* zu dieser Zeit bereits seit zwölf Jahren auf dem Markt war (Gründung Juni 1952), erstaunen. Doch *Bild* wurde vor allem durch die erstmalige nationale Verbreitung als vollkommen neuartiges, modernstes Phänomen innerhalb der Straßenverkaufspresse und nicht mehr als klassische Boulevardzeitung angesehen (vgl. Münster, 1961, 258). Die Neuartigkeit und Modernität der *Bild-Zeitung*, ihre nationale Verbreitung gekoppelt mit einer seit 1967 vehement einsetzenden Herausgabe von Regionalausgaben in allen deutschen Ballungsgebieten, führte in der weiteren Entwicklung dazu, dass sich – von einzelnen Ausnahmen wie München, Berlin und im Raum Düsseldorf und Köln abgesehen – in den anderen großen deutschen Städten keine nennenswerte Konkurrenz entwickeln konnte. Aus der Quasi-Monopolstellung des Axel Springer Verlags und seiner *Bild-Zeitung* erklärt sich auch die stetige Abnahme der Publizistischen Einheiten bis zu einem Tiefststand von sechs im Jahr 1989 (vgl. Schütz, 1994, 198). Wie sich der Boulevardjournalismus in Deutschland weiterhin entwickelt hat, wird auch Gegenstand des nun folgenden Kapitels sein, das eine systematische Zusammenstellung der Befunde der Kommunikatorforschung zum vorliegenden Untersuchungsgegenstand liefern wird.

5. Die Boulevard-/Sensationsjournalisten – Erkenntnisse der Kommunikatorforschung

Die Journalismusforschung, die als ein Teilbereich der Kommunikatorforschung anzusehen ist, wird – je nach theoretischem und empirischem Erkenntnisinteresse – in verschiedene Forschungsbereiche gegliedert. Ihr gemeinsames Ziel besteht darin, möglichst genaue Daten, Analysen und Einschätzungen zur Berufsgruppe der Journalisten zusammenzutragen, um die journalistische Lebenswelt und alle relevanten Einflussfaktoren, die die massenmediale Aussagenproduktion betreffen, besser verstehen und erklären zu können. Welche Befunde hat nun die Journalismusforschung zum Sensationsjournalismus zutage gefördert? Was wissen wir über den Arbeitsalltag, über Demographie und Sozialisation, über Berufsmotivation und Einstellungen von »Sensationsjournalisten«? Ein Blick in die einschlägige Literatur offenbart, dass diese Fragen bereits zu spezifisch formuliert sind, da die »Sensationsjournalisten« anders als Lokal-, Hörfunk- oder Sportjournalisten z. B. zu keiner empirisch abgrenzbaren Gruppe innerhalb der Journalisten in Deutschland gehören und daher auch als solche bislang noch nicht untersucht worden ist (vgl. Böckelmann, 1993). Um dennoch Antworten auf die o. g. Fragen zu erhalten, müssen wir uns auf die Gruppe beziehen, in der Sensationsjournalisten prototypischerweise zu finden sind. Im Kapitel 3.6 wurde Sensationsjournalismus als diskursive Strategie definiert, die in Reinausprägung im sog. Boulevardformat anzutreffen ist; die typisch sensationellen Themen »Sex & Crime & Tragedy« werden gar als »eherne Säulen des Boulevards« bezeichnet (Bredow, 1995, 17). Das Boulevardformat begegnet uns in seiner klassischen Form bei tagesaktuellen Printmedien, die i. d. R. zu weit mehr als 50% der verkauften Auflage im Straßenverkauf vertrieben werden. Der Abonnementanteil der deutschen Kaufzeitungen lag zwischen 1970 und 2000 konstant knapp zwischen 1,1 und 1,7 %; der Einzelverkauf macht also zwischen 98 und 99 % aus (BDZV, 2000, 74).

Da der Vertriebsaspekt als Abgrenzungskriterium beim Fernsehen ausscheidet, sollen als Prototypen des Boulevardformates im Fernsehen die explizit als Boulevardmagazine etikettierten Sendungen der privaten und öffentlich-rechtlichen Sender angesehen werden, die für sich selbst einen tagesaktuellen Anspruch erheben. Der Boulevard- und damit prototypische Sensationsjournalismus wird somit repräsentiert von den bei Straßenverkaufszeitungen sowie bei TV-Boulevardmagazinen tätigen Journalisten. Diese Einschätzung findet Unterstützung durch die in Kapitel 3.5 vorgestellten Ergebnisse des Assoziationstests, die verdeutlichen, dass recht eindeutige Vorstellungen über die mediale »Verortung« des Boulevard- bzw. Sensationsjournalismus existieren. Annähernd 60 % der Befragten nannten eine Straßenverkaufszeitung (davon 51,3 % die Bildzeitung); nur geringe 8 % stellen eine gedankliche Verbindung zwischen Sensationsjournalismus und Illustrierten her. Bei den Fernsehsendungstypen dominierte erwartungsgemäß der Gedanke an die Boulevardmagazine. Doch auch gegenüber dieser nun größer gefassten und angesichts höchster Verkaufsauflagen bzw. Zuschauerquoten nicht unbedingt einflusslosen Gruppe der Boulevardjournalisten besteht eine merkwürdige Zurückhaltung, ja geradezu ein Desinteresse innerhalb der Journalismusforschung. Das zweibändige Standardwerk zur Journalistik z. B. enthält keinerlei Informationen zum Boulevardjournalismus (Weischenberg, 1992, 1995); auch die einschlägigen Journalistenhandbücher verzeichnen in den seltensten Fällen einen Eintrag dazu. Eine Ausnahme bildet das »Handbuch des Journalismus« von Schneider & Raue (1998, 125-131). Systematische Befunde zur Berufsgruppe der Boulevardjournalisten findet man hier allerdings auch nicht. Auch die beiden zu Beginn der 1990er Jahre durchgeführten repräsentativen Journalistenenquêten der Forschungsgruppen aus Münster (s. zusammenfassend Scholl & Weischenberg, 1998) sowie Hannover (Schneider, Schönbach & Stürzebecher, 1993) können nur bedingt zur Beantwortung herangezogen werden, da keine Differenzierung nach Straßenverkaufs- und Abonnementpresse oder gar nach einzelnen Fernsehsendungstypen in der Datenpräsentation vorgenommen wurde. Dasselbe gilt im übrigen auch für die aktuelle repräsentative Journalistenbefragung in der Schweiz (vgl. Marr et al., 2001).

Die Gründe für diese Forschungslücke sind vielfältig. Eine der wichtigsten Ursachen dürfte wohl in der Tatsache zu sehen sein, dass der Boulevardjournalismus häufig als triviale Unterhaltung und damit als forschungsunwürdig abgestempelt wird. Das tief verwurzelte Misstrauen gegenüber den populären Medien hat seinen Ursprung in der unseligen Trennung des Kulturbegriffs in Hochkultur einerseits und Massenkultur und Trivialästhetik andererseits, mit letzeren sind negative Assoziationen wie Massenhaftigkeit und Niveaulosigkeit verbunden, die den Gegenstand als wissenschaftlich ungeeignet erscheinen lassen (vgl. Kap. 2). Indirekt zeigt sich die Abstinenz auch an der Tatsache, dass der Bereich der Boulevardpresse in der Regel in Zeitungsarchiven und öffentlichen Bibliotheken ausgespart wird (vgl. Menrath, 1998, 45), was den wissenschaftlichen Zugang erschwert. Diese Arroganz bzw. Gleichgültigkeit gegenüber dem Boulevardjournalismus steht in krassem Gegensatz zu dem ihm zugewiesenen massenmanipulativen Einfluss. Nach dem Zweiten Weltkrieg rückte diesbezüglich insbesondere die *Bild*-Zeitung als einziges national verbreitetes Boulevardblatt in Deutschland ins Zentrum des Interesses. In der politisch-ideologisch aufgeheizten Stimmung der 60er und 70er Jahre wurde dem Springer-Verlagskonzern und *Bild* von Medienkritikern, Politikern und der bundesdeutschen Bevölkerung eine ungeheure Macht zugesprochen, die sogar in Enteignungsforderungen gipfelte. Springer selbst könne nicht zuletzt aufgrund der marktbeherrschenden Stellung seines Verlags jede Meinung und jedes Verhalten, das ihm missfiel, millionenfach in seinen Blättern an den Pranger stellen. Erich Kuby vertrat die Ansicht, dass Springer mit Hilfe seiner Blätter innerhalb von nur drei Monaten »die Bevölkerung der BRD dazu (...) bringen [kann;

Anm. UK], jeden Morgen zehn Minuten auf dem Kopf zu stehen« (Kuby, 1957, 269f.). Kruip (1999, 261) referiert die Ergebnisse einer Umfrage von 1966, nach der rund ein Drittel der bundesdeutschen Bevölkerung Springer einen starken Einfluss auf Politik, übrige Presse, Gewerkschaften, das westliche Ausland sowie das Fernsehen attestierten.

Respekt und Empörung gegenüber *Bild* und Springer haben sich allerdings nicht in Forschungsaktivitäten niedergeschlagen, die die Kommunikatoren und das Zustandekommen der angeblichen Meinungsmanipulation wissenschaftlich näher analysiert hätten. Die Studien, die explizit zur *Bild*-Zeitung vorliegen, konzentrieren sich vorrangig auf die Inhalte (vgl. Mittelberg, 1967; Küchenhoff, 1972; Alberts, 1972; Quanz, 1974; Informationszentrum Dritte Welt, 1976; Weber, 1980; Riedmiller, 1988; Quinkert & Jäger, 1991; Jäger, 1993; Büscher, 1996; Lepold, 1998; Voss, 1999; Schirmer, 2001). Auch das für die Standesethik zuständige Kontrollorgan der Presse, der Deutsche Presserat, der aufgrund seiner umfangreichen Beschwerdeerfahrung mit *Bild* (vgl. Bermes, 1989) schon zu einem frühen Zeitpunkt eine öffentliche und auch wissenschaftliche Beschäftigung mit dessen Arbeitsweise hätte anregen können, verharrte jedoch lange Zeit »in aller Stille« – so Martina Minzberg (1999, 52-63) in ihrer außergewöhnlich umfangreichen und akribisch recherchierten Diplomarbeit zum Thema »Bild-Zeitung und Persönlichkeitsschutz«. Sie führt dies im wesentlichen auf drei Gründe zurück: Zum einen habe man es vorgezogen, die Kodexverstöße im Boulevardblatt lediglich als punktuelle Verfehlungen einzelner *Bild*-Mitarbeiter aufzufassen, ferner sei das Selbstverständnis gerade in den Anfangsjahrzehnten bis in die 70er Jahre hinein eher davon geprägt gewesen, sich weniger auf die Behandlung von Beschwerden, sondern eher auf Stellungnahmen zu staatlichen (medienpolitischen) Vorhaben zu konzentrieren; überdies sei in der zweiten Arbeitsphase des Presserates zwischen 1970 und 1981 hauptsächlich von Verlegerseite die Ansicht vertreten worden, dass gerade in der Angelegenheit *Bild* jegliche Versuche, Arbeitsbedingungen zu thematisieren, als sachfremde Politisierung der Gremiumsarbeit zu werten gewesen sei (vgl. Minzberg, 1999, 53f.). »Angesichts der Vielzahl [der Verstöße der *Bild*-Zeitung gegen den Pressekodex; Anm. UK] wäre es demnach eine Aufgabe des Presserates gewesen, sich über die Einzelfälle hinaus mit dem Boulevard-Journalismus (...) grundsätzlich zu befassen« (Bermes, 1989, 282).

Der Publizist Günter Wallraff war der erste, der versucht hat, durch eine ganz eigene Form von Feldforschung Licht in die Blackbox der Boulevardredaktionen zu bringen. Wallraff hatte sich 1977 unter dem Decknamen »Hans Esser« für drei Monate in die *Bild*-Redaktion Hannover eingeschlichen und berichtete danach in seinen Büchern »Der Aufmacher – Der Mann, der bei Bild Hans Esser war«, »Zeugen der Anklage. Die BILD-Beschreibung wird fortgesetzt« und »Bild-Störung. Das BILD Handbuch« über den Arbeitsalltag, die redaktionellen und Recherchepraktiken sowie das Betriebsklima im Boulevardjournalismus. Wallraffs Verdienst liegt darin, erstmalig eine breite Öffentlichkeit aufmerksam gemacht zu haben für die z. T. illegalen Informationsbeschaffungsmethoden und die Missachtung und Schädigung der Betroffenen, über die *Bild* berichtet. Doch Wallraff war politisch engagierter Publizist und kein Publizistikwissenschaftler; seine im links-ideologischen Ton gehaltene Veröffentlichung seiner Beobachtungen ist nicht als Redaktionsforschung anzusehen. Mehr als 20 presserechtliche Verfahren strengte der Springer Verlag gegen die Veröffentlichung des ersten Buches an, Spitzel forschten im Privatleben Wallraffs nach kompromittierenden Inhalten und auch in den 90er Jahren war der Schriftsteller vor Angriffen der *Bild*-Zeitung wegen angeblicher Stasi-Spitzeltätigkeiten nicht sicher (vgl. Sontheimer, 1995, 42 und Minzberg, 1999, 204-228). Warum der Springer Verlag letztlich auf die Kritik mit so wenig Gelassenheit reagiert hat, ist vermutlich auf mehrere Gründe zurückzuführen. Angst vor Auflageneinbußen wie in Zeiten der Studentenbewegung und der »Enteignet-Springer-Kampagne« mögen ebenso eine Rolle gespielt haben wie die Furcht vor einer Aufheizung der ohnehin permanent schwelenden politischen Diskussion um einen Missbrauch der Konzentration wirtschaftlicher und publizistischer Macht in Springers Händen. Die besonders im Boulevardjournalismus vorhandene Angst vor Eindringlingen und Schnüfflern wurde durch Wallraffs Aktion – gerade in der unmittelbaren Folgezeit – empfindlich geschürt. Eva Kohlrusch, stellvertretende Chefredakteurin von *Bild* in den Jahren 1985 bis 1991, schätzte die Wirkungen Wallraffs so ein: »[Er] war deshalb so schmerzvoll, weil er real existierende Schweinereien im Haus benannte« (zit. in Sontheimer, 1995, 43). Wallraff selbst hat in dem Kapitel »Inside the Company. BILD-Redakteure berichten aus der Fälscherwerkstatt« in seinem BILD-Handbuch (1981) Äußerungen und Stellungnahmen von festen und freien *Bild*-Mitarbeitern zusammengestellt, die ihm gegenüber in geheimen Interviews nach seiner Zeit bei *Bild* gemacht wurden. Aus Sicherheitsgründen und um keine Arbeitsplätze zu gefährden, bleiben die Antworter anonym (vgl. Wallraff, 1981, 53). Aus diesen Statements geht hervor, dass nach der Demaskierung von »Hans Esser« in Hamburg »gepanikt« wurde, Recherchen schwieriger wurden, Informanten sich zurückzogen, erhebliche Nachwuchsprobleme entstanden, Bewerber regelrecht beschattet wurden, sich Misstrauen und Nervosität gegen jedermann breitmachte (vgl. ebd., 54-59). Ein Interviewpartner beschrieb die Stimmung folgendermaßen: »Und dann das Paranoia-Symbol, der allgegenwärtige Verfolgungswahn: Das ›?‹. Eine Weile stand es überall. Das sollte soviel heißen wie: Weißt Du, wer der andere ist? Stimmt auch alles? Sind wir unter uns?« (ebd., 59).

Diese »Bunkermentalität« erhielt durch die Rechtsprechung gegen Wallraff, die sogar das Bundesverfassungsgericht beschäftigte, zusätzlich eine gewisse Bestätigung. In der Urteilsbegründung zum Klageantrag gegen die Schilderung einer Redaktionskonferenz (vgl. Wallraff, 1977, 24) wurde folgendes festgehalten: Die Pressefreiheit sei nicht auf die »seriöse« Presse beschränkt. Zu den Bedingungen der Funktion einer freien Presse gehöre die sog. Vertraulichkeit der Redaktionsarbeit. Informationen über diese Redaktionsarbeit habe der Beklagte über »unzulässiges Einschleichen« und »illegales Vorgehen« erhalten. Die Verbreitung rechtswidrig erlangter Informationen falle zwar auch in den Schutzbereich des Art. 5 Abs. 1 GG (um die Kontrollaufgabe der Presse im Falle von Missständen zu gewährleisten); das gelte aber nur, »wenn die Bedeutung der Information für die Unterrichtung der Öffentlichkeit und für die öffentliche Meinungsbildung eindeutig die Nachteile überwiegt, welche der Rechtsbruch für den Betroffenen und die (tatsächliche) Geltung der Rechtsordnung nach sich ziehen muß« (Die Vertraulichkeit...., 1984, 97). Das ist in der Regel dann der Fall, wenn die dargestellten Zustände ihrerseits rechtswidrig und damit als Missstände von erheblichem öffentlichkeitsrelevanten Gewicht anzusehen sind. »Die Schilderung der Redaktionskonferenz deckt indessen auch nach Auffassung des Bundesgerichtshofs keine gravierenden Mißstände auf; vollends offenbart sie nichts, was als rechtswidrig angesehen werden könnte. (...) Die Kritik, der diese Schilderung diene, werde durch zahlreiche andere Beispiele getragen« (ebd.). *Bild* wurde seit Beginn der 90er, insbesondere seit der sog. »Stillen Revolution« (Küspert, 1998, 41) des 1992 eingesetzten neuen Chefredakteurs Claus Larrass als zunehmend »hoffähig« angesehen (s. hierzu die zahlreichen Beispiele bei Minzberg, 1999, 75-82), was im Gegenzug auch zu einer Öffnung der Verlagsräume für Außenstehende führte. »Selbstbewußtsein ersetzt die Bunkermentalität vergangener Zeiten. Man glaubt sich endlich sehen lassen zu können«, heißt es 1990 in der Wochenzeitung *Die ZEIT*, als sich dreizehn Jahre nach Wallraff zwei Redakteure des Blattes offiziell einige Tage bei Bild umsehen dürfen (Stock, 1990, 13). Auch der ehemalige *taz*-Chefredakteur Michael Sontheimer darf sich 1995 ungehindert bei *Bild* informieren (vgl. Sontheimer, 1995).

Ob von wissenschaftlicher Seite aus vergebliche Versuche unternommen worden sind, in das Herz von Boulevardredaktionen in Deutschland vorzudringen, lässt sich kaum rekonstruieren. Fest steht hierzu jedenfalls, dass einschlägige repräsentative Kommunikatorforschungsstudien zum Boulevardjournalismus hierzulande nicht vorliegen. Das liegt allerdings nicht zuletzt auch an der primären (journalistischen und wissenschaftlichen) Fixierung auf die zentralen Fragen der Gesellschaft, die im Zentrum öffentlicher Diskussion und politischer Entscheidungsfindung stehen. Die Politikzentriertheit des tagesaktuellen Journalismus, begünstigt durch die verfassungsrechtlich hervorgehobene Bedeutung der Medien für die demokratische Willensbildung, führte auch zu der mittlerweile stark hinterfragten Trennung von Information und Unterhaltung, wobei den Informationsleistungen der Medien eine höhere Wertigkeit und Bedeutung beigemessen wurde als Unterhaltungsbeiträgen, die lange Zeit als politisch irrelevant angesehen wurden (vgl. hierzu kritisch Holtz-Bacha, 1990). Unterhaltungsjournalismus stand bislang nur selten im Fokus kommunikationswissenschaftlicher Überlegungen. Das Interesse konzentrierte sich lange Zeit in allen Teilbereichen der Kommunikationswissenschaft auf politische Kommunikation und tagesaktuellen Nachrichtenjournalismus. Das galt auch für die noch junge

Kommunikatorforschung, die mit Auftragsforschung vom Presse- und Informationsamt der Bundesregierung (1974, 1978, 1986) begann. Auch die maßgeblich von Manfred Rühl initiierte und propagierte Redaktionsforschung lag mehr oder weniger lange Zeit brach (Rühl, 1989, 263), war also nicht nur im Boulevardbereich defizitär. Bis heute liegen z. B. keine Redaktionsstudien zur überregionalen Qualitätspresse vor. Dieses relativistische Argument soll die weitgehende Forschungsabstinenz im Boulevardbereich jedoch nicht beschönigen. Auch den seit den 90er Jahren erfolgreichen Boulevardmagazinen des Fernsehens wurde bislang wenig wissenschaftliche Aufmerksamkeit geschenkt. Saxer formulierte bereits 1979 eine »Defizitthese bezüglich der Erforschung der Boulevardpresse« (Saxer et al., 1979, 1), die damit zu begründen sei, dass der Boulevardjournalismus nicht als eigenes publizistisches System in den Blick genommen werde, sondern die Merkmale der Boulevardpresse »meist als Verstösse gegen die Norm des Zeitungsmachens, gewissermaßen als abweichendes publizistisches Verhalten« (ebd., 2) gewertet würden. Ebenso werfen Bruck & Stocker der Journalismusforschung einen Mangel an Differenzierung zwischen mehreren Medientypen und -formaten vor. Es herrsche ein ethischer Universalismus vor, der auf verschiedene Journalismen Anwendung finde, und der »mit dem Widerspruch zwischen Ansprüchen und Wirklichkeiten nur wenig produktiv umgehen« könne (Bruck & Stocker, 1996, 18). Die beiden Autoren plädieren daher nachdrücklich für einen differenzierten Umgang mit den spezifischen Aspekten des Boulevardjournalismus. Eine Zusammenstellung der disparaten Befunde zur professionellen Lebenswelt von Boulevardjournalisten kann ein erster Schritt in diese Richtung sein.

Daten- und Informationsgrundlage für dieses Kapitel sind neben den wenigen einschlägigen wissenschaftlichen Untersuchungen Erfahrungsberichte und Biographien von Journalisten und Verlegern, »graue« Literatur, also unveröffentlichte Examensarbeiten, Gewerkschafts- und andere Branchenfachzeitschriften für Journalisten sowie Interviews und aktuelle Berichte in Publikumszeitschriften oder den Medienseiten der Tagespresse. Zur Strukturierung der Darstellung dient das von Siegfried Weischenberg entwickelte »Modell zur Identifikation von Journalismus-Systemen« (vgl. Scholl & Weischenberg, 1998, 21), das als »Zwiebel-Modell« bekannt wurde, da die wichtigsten Einflussfaktoren, die journalistisches Handeln beeinflussen, dort als Schalen einer Zwiebel angeordnet sind. Dieses aus systemtheoretischer Perspektive entworfene Modell, das eigentlich für das gesellschaftliche System Journalismus als Ganzes konzipiert wurde, lässt sich jedoch auch auf einzelne, klar abgrenzbare Subsysteme innerhalb des deutschen Journalismus anwenden. Scholl & Weischenberg erwähnen selbst, dass mit dem Modell »selbstverständlich keine Re-Ontologisierung intendiert« sei, »sondern das Angebot eines heuristischen Zwecken dienenden Analyserasters« (ebd., 22). In diesem Sinne hat es auch in anderen Untersuchungen zu speziellen Journalismen Verwendung gefunden (vgl. z. B. Redelfs, 1996 oder Klaus, 1998). Die äußere Schale des Modells bildet der (allgemeine) Normenkontext des jeweiligen Mediensystems. Hierunter fallen die gesellschaftlichen Rahmenbedingungen, die historischen und kommunikationspolitischen Entwicklungen sowie die vorherrschenden rechtlichen und ethischen Standards. Die Ausführungen zur historischen Entwicklung des Sensationsjournalismus sollen nun ergänzt und vervollständigt werden durch Strukturdaten des Boulevardmarktes in Deutschland, deren Entwicklung in direkter und indirekter Weise durch eine folgenreiche kommunikationspolitische Entscheidung Mitte der 80er Jahre beeinflusst wurde – nämlich der Dualisierung des deutschen Rundfunks. Die nächste Schale beschreibt den Strukturkontext der Medieninstitutionen. Gefragt wird hier nach den spezifischen ökonomischen und organisatorischen Imperativen bei boulevardjournalistischen Medien. Die innere Schale betrifft den Funktionskontext der Medienaussagen, also die konkreten Konstruktionsprinzipien boulevardjournalistischer Aussagen inklusive Recherchepraktiken. Den Kern der Zwiebel bildet schließlich der Rollenkontext des einzelnen Medienakteurs. Hier geht es um Soziodemographie und Rollenselbstverständnis sowie Professionalisierung und Sozialisation der Boulevardjournalisten. Aufgrund der unzureichenden Materiallage kann auf den TV-Boulevardjournalismus nur exkursorisch eingegangen werden. Dem gesamten Kapitel liegt auf der Basis dieser subsystemisch ganzheitlichen Sichtweise folgende These zugrunde: Der ökonomische Imperativ des Strukturkontextes beeinflusst in dominierender Weise die Strukturen, Prozesse und das Entscheidungshandeln der Akteure innerhalb der vier Kontexte. Die Einhaltung professioneller rechtlicher und ethischer Normen unterliegt einem Kosten-/Nutzenkalkül, organisatorische und technologische Strukturen sind ökonomisch zweckorientiert ausgerichtet (»structure follows function«), und diese haben wiederum radikale Auswirkungen auf die Ebene der Medienaussagen (Funktionskontext) und der Medienakteure selbst (Rollenkontext).

5.1 Der Normenkontext

5.1.1 Gesellschaftliche Rahmenbedingungen

Boulevardjournalismus wird sich vorzugsweise innerhalb einer Gesellschaftsformation entwickeln, in der das Recht auf freie Meinungsäußerung nicht ideologisch eingeschränkter, pluraler Lebensauffassungen besteht, und in der Nachrichten als Waren auf einem Informationsmarkt verkauft werden können und hinreichend großen Absatz finden. Straßenverkaufszeitungen setzen Massenkaufkraft voraus. Die Erlösstruktur der Boulevardzeitungen unterscheidet sich deutlich von der der Regional- oder überregionalen Qualitätspresse. Je nach Marktstruktur und Herkunftsland machen die Verkaufserlöse zwischen 50 und 80 % des Gesamterlöses aus, der Rest kommt aus dem Anzeigengeschäft (vgl. hierzu Zohlnhöfer, 1989). Kapitalismus und Demokratie werden daher als ökonomische und politisch-soziale Strukturvoraussetzungen dieser Art des Journalismus angesehen (Bruck & Stocker, 1996, 17). In den Staaten Osteuropas wurden Straßenverkaufszeitungen erst nach dem Zusammenbruch der kommunistischen Herrschaft eingeführt (vgl. Schütz, 1991, 111). Ähnlich äußert sich auch Schmidt (1992, 47):

> »In totalitären Gesellschaften stehen die Medien in der Regel unter permanentem politischen Steuerungs- und Gesinnungsdruck. Für die leichtere Kost der Boulevard-Medien bleibt da kein Raum.« In der ehemaligen DDR war die Boulevardpresse verpönt, der Sensationalismus finde seine »stärkste und reichste Ausbildung in der monopolisierten Massenpresse der imperialistischen Länder« (Schröder, 1969, 99).

Dennoch gab es auch in der DDR eine Boulevardzeitung, die *BZ am Abend*, die nach der Wende als Morgenzeitung mit dem veränderten Namen *Berliner Kurier* erschien (vgl. Hennig, 1999, 958). Die *BZ am Abend*, die in ihrem Verbreitungsgebiet auf Ost-Berlin beschränkt war, an Zeitungskiosken verkauft wurde und (linientreu) vorzugsweise Lokalberichterstattung brachte, kann in Schreibstil und Aufmachung zwar nicht mit der westlichen Boulevardpresse verglichen werden, bediente sich aber dennoch sensationeller Themen wie Unfälle, Kriminalität und Katastrophen. Sie erschien mittags, kostete zehn Pfennige und hatte 1989 eine Auflage von rund 200.000 verkauften Exemplaren (Bredow, 1995, 17). Schröder geht in seiner Dissertation zur »Sensation im sozialistischen Journalismus« mit keinem Wort auf die *BZ am Abend* ein, bemerkt jedoch, dass es »auch noch Bürger der DDR« gäbe, »die den Verlockungen und oberflächlichen Reizen des Sensationalismus zeitweise erliegen« (Schröder, 1969, 106). Ob allerdings damit die *BZ am Abend* gemeint war, lässt sich nicht mit Sicherheit sagen. Die Existenz eines solchen Blattes in einem nicht-kapitalistischen Staat ist aber eher als die sprichwörtlich bestätigende Ausnahme von der Regel (des Zusammenhangs zwischen Kapitalismus und Boulevardjournalismus) zu deuten.

Nach Wende und Wiedervereinigung drängten neben dem von Gruner + Jahr übernommenen *Berliner Kurier* gleich 13 Boulevardzeitungsausgaben auf den neuen Markt: *Dresdner Morgenpost* (Gruner + Jahr), *Express* in Erfurt, Gera, Leipzig und Magdeburg (Hannoveraner Madsack-Gruppe und Kölner Verlag DuMont Schauberg), *Mitteldeutscher Express* Halle, (Dumont Schauberg), *Super-Ossi Berlin* (im Februar 1991 von einem ehemaligen Panzeroffizier der Nationalen Volksarmee, Helfried Schreiter, gegründet; im März nach 32 Ausgaben wieder eingestellt vgl. Koschnik, 1998, 20), *Super! Zeitung Berlin* (Burda), *Morgenpost* Chemnitz (Gruner & Jahr) sowie *Bild* Halle, *Bild* Leipzig, *Bild* Dresden, *Bild* Chemnitz (Axel Springer). Manche von ihnen existierten allerdings nur sehr kurze Zeit (vgl. Abb. 25). Nach der Wiedervereinigung gehörten die Straßenverkaufszeitungen neben dem Fernsehen zu jenem medialen Bereich, in dem der Zuwachs an West-Journalisten mit 40 % am größten war. Die Verlage der neuen Boulevardzeitungen haben für ihre Redaktionen wenige DDR-Journalisten rekrutiert, die allerdings häufiger als bei anderen Medien zur Gruppe der Journalisten zählten, die 1989 vorübergehend nicht journalistisch tätig oder arbeitslos waren (Schneider, Schönbach & Stürzebecher, 1994, 159 u. 164f.). Auch in anderen osteuropäischen Staaten konnte im Rahmen der postkommunistischen Transformationsprozesse ein zum Teil rasantes Vordrängen der Boulevardpresse beobachtet werden (vgl. hierzu z. B. für Bulgarien Tzankoff, 2001 oder für Ungarn Gulyás, 2000). Ágnes Gulyás kommt für den Ungarischen Pressemarkt zu dem Ergebnis: »Tabloid newspapers firmly established themselves in the Hungarian press market within a short period of time following the introduction of market forces. The total circulation of tabloids rose from practically zero at the beginning of 1989 to more than 300.000 by the mid-1990s, reaching a 28,1 percent market share among the national dailies in 1996« (Gulyás, 2000, 116).

5.1.2 Kommunikationspolitik: Auswirkungen der Dualisierung des Rundfunks auf die Entwicklung des Boulevardjournalismus in Deutschland

Kommunikationspolitische Entscheidungen haben in der Regel Auswirkungen auf alle journalistischen Bereiche oder sie betreffen bestimmte Medien; in der Bundesrepublik gab es keine speziell auf den Boulevardjournalismus bezogenen politischen Entscheidungen oder Bestimmungen. Es gab allerdings einen wesentlichen kommunikationspolitischen Bereich, der erhebliche direkte und indirekte Konsequenzen für den Boulevardjournalismus hatte: die Deregulierung des Fernsehmarktes und damit die Zulassung privater Rundfunkanbieter. Die Dualisierung hatte in direkter Konsequenz den TV-Boulevardjournalismus zur Folge, und indirekt ergab sich damit eine intermediäre Konkurrenz, die die Boulevardpresse bislang von keinem anderen Medium so zu spüren bekommen hatte, und die eine Auflagenkrise einläutete, von der sich der Printboulevardbereich bislang kaum erholt hat.

Die seit 1984 neu zugelassenen privaten Fernsehveranstalter setzten aufgrund der vorrangigen Werbefinanzierung von Beginn an auf massenattraktive Unterhaltung, die bei Zunahme der Anzahl neu hinzukommender Sender immer extremere Formen annahm. Seit Beginn der 1990er wurden verschiedene, zum größten Teil aus den USA übernommene oder angepasste Formate ausgestrahlt, die unter die Hauptkategorie »Affekt-TV« zu subsumieren sind, und die – wie der Name schon sagt – in erster Linie die Emotionen der Zuschauer ansprechen sollen. Als Hauptmerkmale des Affekt-TV können Personalisierung durch Konzentration auf Einzelschicksale vornehmlich unprominenter Menschen, inszenierte Authentizität, Intimisierung der Inhalte sowie durch Aufnahmetechniken und Spezialeffekte erzeugte Emotionalisierung angesehen werden. Ein Angebotsvergleich von Affekt-TV-Formaten der jeweils ersten Februarwoche 1989, 1991, 1993 und 1995 (Montag bis Sonntag) zeigt, dass der

Zuschauer noch 1989 lediglich ein Affekt-TV-Angebot hatte, 1991 bereits fünf, 1993 konnte er wöchentlich zwischen 14 und 1995 gar zwischen 25 Angeboten auswählen (Bente & Fromm, 1997, 89). Affekt-TV setzt sich aus den Formaten Talkshow, Beziehungsshow, (Beziehungs-)-Spielshow, Suchsendung, Reality-TV und Boulevardmagazin zusammen (ebd., 20ff.). Die assoziative Verbindung zum Boulevard- bzw. auch zum Sensationsjournalismus waren bei den Formaten Reality-TV und den Boulevardmagazinen am stärksten (vgl. Kap. 3.5). Wegener (1994) bezeichnete in ihrer einschlägigen Arbeit folgende Charakteristika als kennzeichnend für das Genre »Reality-TV«:

> »Realereignisse werden entweder wirklichkeitsgetreu nachgestellt oder durch originales Filmmaterial dokumentiert. (...) Die Ereignisse zeigen im wesentlichen Personen, die entweder psychische und/oder physische Gewalt ausüben und/ oder erleiden« (...) »Jeder Beitrag stellt eine abgeschlossene Erzählung dar, so daß eine Reality-TV-Sendung aus durchschnittlich vier bis fünf einzelnen Storys besteht« (Wegener, 1994, 16f.).

Die seit 1967 im ZDF ausgestrahlte Sendung »Aktenzeichen XY ungelöst« mit Eduard Zimmermann kann als erste deutsche Reality-TV-Sendung angesehen werden. Sie hat jedoch aufgrund der eher zurückhaltend biederen Präsentationsform wenig mit den Angeboten der Privatsender gemein. Bis auf »Notruf« (RTL) mit dem Moderator Hans Meiser wurden alle Sendereihen bis 1994 wieder eingestellt. Das höchst umstrittene Genre löste bis Mitte der 90er auch eine recht rege Forschungstätigkeit aus (Winterhoff-Spurk, Heidinger & Schwab, 1994; Wegener, 1994; Krüger, 1994; Bartholomes, 1995; Schorr, 1995; Theunert, 1995; Früh, Kuhlmann & Wirth, 1996).

Tab. 7: Sendestart und Einstellung klassischer Reality-TV-Formate (Stand 2000)

Sendestart	Einstellung	Titel	Sender
Jan. 1992	Jan. 1993	»Polizeireport Deutschland«	Tele 5*
Feb. 1992	------	»Notruf«	RTL
Juni 1992	Anfang 1993	»Auf Leben und Tod«	RTL
Sep. 1992	Anfang 1993	»Augenzeugen-Video«	RTL
Sep. 1992	Jan. 1993	»Schuldig? – Straftäter stellen sich der Kamera«	Tele 5*
Okt. 1992	Mai 1994	»Retter«	SAT 1
Nov. 1992	Jan. 1994	»K – Verbrechen im Fadenkreuz«	SAT 1
Feb. 1993	Apr. 1993	»SK 15«	RTL**

*Tele 5 existierte nur bis Januar 1993
** RTL »City TV« (Fensterprogramm)
Quelle: Wegener (1994) u. telefon. Senderauskünfte

Boulevardmagazine haben sich mittlerweile auf fast allen Sendern etabliert. Man hatte erkannt, dass sich das Medium Fernsehen durch die bewegten, farbigen Bilder, die zudem noch mit einer Tonspur (für dramatische Musik und Kommentare) und diversen audiovisuellen Spezialeffekten kombiniert werden können, perfekt und sogar wesentlich besser für die Vermittlung von boulevardesken Inhalten eignet als das eindimensionale Zeitungspapier. Eine allgemein verbindliche Genredefinition von Boulevardmagazinen gibt es nicht. Die Fachliteratur hat sich bislang kaum mit diesem Magazinformat auseinandergesetzt; Ausnahmen bilden einige Examensarbeiten (Brekenkamp, 1998; Bandhauer, 1999; Morgenthaler, 2000; Schnatmeyer, 2000). Vorbilder der deutschen Boulevardmagazine waren die »Tabloid Television News Magazines«, wie z. B. »Hard Copy«, »A Current Affair« und »Inside Edition«, die alle zu den erfolgreichsten Sendungen im amerikanischen Fernsehen gehören: »The three shows which epitomize tabloid news are all on the top-fifteen syndication list and each reaches approximately 20 million homes in America« (Grabe, 1996, 945). »Explosiv – Das Magazin« (RTL) war im Mai 1992 das erste Boulevardmagazin im deutschen Fernsehen und diente als Vorbild der anderen täglich ausgestrahlten Magazine dieser Art (Brekenkamp, 1998, 14). In formaler Hinsicht handelt es sich um live-moderierte Studiomagazine, die i. d. R. eine Sendungslänge von 30 Minuten haben, mindestens fünfmal wöchentlich am Vorabend ausgestrahlt werden und mindestens drei Filmbeiträge enthalten, in denen über singuläre Ereignisse z. T. mittels nachgestellter Szenen berichtet wird, die hauptsächlich nichtprominenten Personen zugestoßen sind. Aus einer sowohl quantitativen als auch qualitativen Inhaltsanalyse der Magazine Brisant, Blitz, Explosiv und Taff geht hervor, dass das Themenspektrum zwar sehr weit gestreut ist, ein klarer Schwerpunkt allerdings auf den Soft-Boulevardthemen (unterhaltsame Alltagserfahrungen, Gesellschaftsklatsch, Skurriles, Kurioses z. B. »Kondom in Brot gefunden«) und Gewaltkriminalität liegt. Diese Kategorien machten allein fast 50 % der Beiträge aus. Der Anteil an Themen aus dem Bereich Sexualität/ Erotik war demgegenüber verschwindend gering (max. rund 4 %), was allerdings mit dem frühen Sendeplatz in der Vorabendschiene zusammenhängt (Brekenkamp, 1998, 100). Die Dramatisierung von Beiträgen wird vor allem durch die emotionale Darstellung von Personen erreicht, wobei negative Emotionen überwiegen. Großaufnahmen von Betroffenen werden in 80 % aller Beiträge gezeigt (ebd., 101f.). Häufig – so die Autorin – waren auch Schlagzeilen von Boulevardzeitungen (zumeist der *Bild*-Zeitung) Gegenstand von Großaufnahmen. Dies könne als Hinweis für die Themenübereinstimmung der Boulevardzeitungen mit den Boulevardmagazinen gewertet werden (ebd., 92). Beide unterscheiden sich jedoch in der Aktualität der Beiträge. Bandhauer (1999), der u. a. die Magazine »Brisant«, »Explosiv«, »taff« und »blitz« zwei Wochen im April/Mai 1999 vorrangig nach ihrem Aktualitätsbezug untersuchte, kommt auf eine maximale Aktualität von gerade 52 % (blitz) bzw. 50 % (Brisant) (vgl. Bandhauer, 1999, 36). Da nur die täglich ausgestrahlten Vorabendmagazine von den Sendern selbst als Boulevardmagazine ausgewiesen werden und auch die GfK sich in ihrer Genrekodierung auf die Auskünfte der Programmanbieter stützt[59], werden die wöchentlich ausgestrahlten (Infotainment-) Magazine, die in Inhalt und Form mit den klassischen Boulevardmagazinen absolut vergleichbar sind, nicht als Genrevertreter erkannt.

Tab. 8: Beginn der Boulevardmagazine im deutschen Fernsehen (Stand 2000)

Ersch.weise	Beginn	Titel	Sender
mo-sa	1992	Explosiv	RTL
mo-sa	1994	Brisant	ARD
mo-fr	1994	Exclusiv	RTL
mo-fr	1995	Exakt	Vox
mo-fr	1995	Taff	Pro7
mo-fr	1995	SAM	Pro7
mo-fr	1997	Leute heute	ZDF
so-fr	1997	Blitz	Sat1
mo-fr	1997	Hallo Deutschland	ZDF
wöchentlich	1992	Akut	Sat1
wöchentlich	1992	Die Reporter (Relaunch 1998)	Pro7
wöchentlich	1994	Die Redaktion	RTL2
wöchentlich	1994	Extra	RTL
wöchentlich	1994	Hautnah	Pro7
wöchentlich	1995	Exclusiv – Die Reportage	RTL2
wöchentlich	1995	Akte95-...	Sat1
wöchentlich	1997	K1 – das Magazin	Kabel1
wöchentlich	1997	Spot – das Magazin	Sat1
wöchentlich	1998	TNT (Thilo, News und Themen)	Pro7
wöchentlich	1998	MAX (Starmagazin)	Pro7
wöchentlich	1998	Super Illu TV	MDR
wöchentlich	1998	K1 – die Reportage	Kabel1
wöchentlich	1999	Newsmaker	Sat1

Zu diesen wöchentlichen Magazinen, die häufig gar als Repräsentanten eines investigativen Informationsjournalismus verkauft werden, liegen zwar keine systematisch vergleichenden Inhaltsanalysen, dafür aber Experteneinschätzungen in Medienkritiken vor, die eine Kategorisierung als Boulevardmagazine rechtfertigt.[60] Daher sind sie in der folgenden Tabelle mit aufgenommen worden.

[59] Telefonische Auskunft der Gesellschaft für Konsumforschung, Nürnberg, vom 29.01.2001.

[60] vgl. Niedersächsische Landesmedienanstalt (NLM) (1999, 178-181) sowie Deul (1995a, b; 1997a, b; 1998a-e), Gangloff (1992; 1994; 1995a, b; 1997) und Wolf (1999).

Eine Beschränkung auf die täglich ausgestrahlten Magazine widerspräche der Realität des TV-Boulevardjournalismus. In der Literatur findet man desöfteren das Argument, dass gerade diese boulevardesken Inhalte für eine Krise der Boulevardpresse verantwortlich seien: »Der Stoff, aus dem die Revolverblätter sind – Kriminelles, Promis, Sex, Affären – , kommt ja doch griffiger über den Bildschirm« (Haller, 1995, 8; auch Makowsky, 1996, 3). Die Leser seien mit »Blut und Busen« schon durch das Fernseh-Angebot völlig überfüttert (Bredow, 1995, 17). »Das private Fernsehen befriedigt im Reality-TV immer mehr, immer zynischer und immer aggressiver die niedrigen Instinkte der Menschen, so daß der gedruckte Sex & Crime-Journalismus nicht mehr mithalten kann und stark an Auflage verliert (...)« (Schneider & Raue, 1994, 129; s. auch Römer, 1997). Eine Längsschnittbetrachtung ergibt jedoch ein wesentlich differenzierteres Bild (vgl. Abb. 25). Es lassen sich seit der Dualisierung insgesamt vier Phasen in der Entwicklung des Kaufzeitungsmarktes in Deutschland ausmachen:

- Phase I: von 1983 – 1989 (Verlustphase I)

Von 1983 bis 1989 sank die gesamte verkaufte Auflage der Kaufzeitungen von 6,9 Mio. auf 5,7 Mio. Das entspricht einem dramatischen prozentualen Rückgang von rund 20 %.

- Phase II: von 1990 – 1993 (Sonderentwicklung Wiedervereinigung)

Der Abwärtstrend der westdeutschen Kaufzeitungen wird durch Wende und Wiedervereinigung zunächst gestoppt, und es kommt zu einem kurzfristigen Auflageanstieg, aber ab 1991 setzt sich der Verlusttrend der Vorjahre wieder fort. Die Gesamtauflage der deutschen Kaufzeitungen stieg jedoch durch die ostdeutschen Neugründungen bzw. -ausgaben extrem an. Allerdings fällt die Auflage der ostdeutschen Boulevardblätter innerhalb von zwei Jahren von 1,3 Mio. auf rund 874.000. Das hängt auch damit zusammen, dass einige Blätter nicht überlebensfähig sind, wie z. B. die *Super! Zeitung* (1992 wieder eingestellt). Einige Blätter spielen eine so kurze Nebenrolle (wie *Super Ossi* und die vier *Express*-Ausgaben in Erfurt, Gera, Leipzig und Magdeburg), dass sie in den verwendeten IVW-Berichtsbänden (jeweils II. Quartal) nicht auftauchen. Der *Berliner Kurier am Morgen* verschmelzt im Juli 1992 mit dem *Berliner Kurier.*

- Phase III: von 1994 – 1996 (Stagnation)

Der Gesamtmarkt stagniert bei rund 6,1 Mio. Auflage. Der Verdrängungswettbewerb im Osten wird entschieden von *Bild* Ost, der *Morgenpost*-Gruppe Ost sowie dem *Berliner Kurier.* Hierbei spielt *Bild* Ost eine zentrale Rolle. In den alten Bundesländern stagniert die Gesamtauflage bei 5,2 Mio.; nur *Bild* gelingt es in dieser Zeit, seine Position auszubauen und damit den ansonsten zu beobachtenden kontinuierlichen Auflagenschwund aller Boulevardblätter (Gesamtmarkt) abzufedern.

- Phase IV: von 1997 – 2000 (Verlustphase II)

Die Gesamtauflage sinkt um rund 390.000 Exemplare. Der Auflagenschwund ist dabei im Westen und Osten gleichstark ausgeprägt, da sich die Marktanteile in diesem Zeitraum nicht verändern.

Abb. 25: Entwicklung des Boulevardzeitungsmarktes in Deutschland 1983-2000

	Verlustphase I							Sonderentwicklung Wiedervereinigung				Stagnation			Verlustphase II			
	'83	'84	'85	'86	'87*	'88	'89	'90	'91**	'92	'93	'94	'95	'96	'97	'98	'99	'00
BILD (West)	5,49	5,45	5,27	5,03	4,70	4,37	4,34	4,40	4,27	3,98	3,92	3,89	3,93	4,01	3,97	3,94	3,81	3,76
Köln/Bonn Express	0,31	0,30	0,31	0,32	0,31	0,31	0,31	0,31	0,30	0,31	0,31	0,29	0,28	0,27	0,26	0,26	0,24	0,24
BZ, Berlin	0,28	0,31	0,31	0,31	0,30	0,29	0,29	0,28	0,32	0,33	0,32	0,31	0,31	0,31	0,31	0,29	0,27	0,29
AZ, München	0,22	0,22	0,22	0,22	0,21	0,21	0,24	0,25	0,24	0,22	0,22	0,22	0,21	0,20	0,19	0,19	0,18	0,19
tz, München	0,17	0,18	0,18	0,18	0,18	0,17	0,17	0,18	0,17	0,17	0,16	0,16	0,15	0,15	0,15	0,15	0,15	0,15
Hamburger MoPo	0,16	0,17	0,16	0,16	0,15	0,14	0,15	0,16	0,17	0,17	0,18	0,17	0,16	0,15	0,14	0,15	0,14	0,13
Düsseldorf Express	0,13	0,13	0,13	0,13	0,13	0,12	0,12	0,12	0,12	0,12	0,12	0,12	0,11	0,10	0,10	0,09	0,08	0,08
AZ/8-Uhr-Blatt Nürnberg	0,05	0,05	0,05	0,04	0,04	0,04	0,04	0,04	0,04	0,03	0,03	0,03	0,03	0,03	0,03	0,02	0,02	0,02
Abendpost Frankfurt	0,11	0,14	0,14	0,14	0,13	0,13												
Alte Bundesländer	6,93	6,94	6,77	6,52	6,15	5,78	5,67	5,74	5,63	5,32	5,25	5,20	5,17	5,23	5,15	5,08	4,90	4,84
Marktanteil Alte BL	100%	100%	100%	100%	100%	100%	100%	100%	82%	82%	86%	84%	85%	85%	84%	84%	84%	84%
BILD (Ost)									0,47	0,42	0,49	0,54	0,60	0,63	0,67	0,69	0,64	0,63
MoPo Ost Gesamt									0,13	0,13	0,15	0,15	0,13	0,12	0,12	0,12	0,12	0,12
Berliner Kurier									0,12	0,09	0,17	0,20	0,19	0,17	0,19	0,19	0,19	0,18
Mitteldt. Express Halle***									0,05	0,06	0,07	0,08						
Super! Zeitung									0,37	0,38								
Berliner Kurier am Morg.									0,12	0,12								
Neue Bundesländer									1,26	1,19	0,87	0,97	0,92	0,93	0,98	1,00	0,94	0,93
Marktanteil Neue BL									18%	18%	14%	16%	15%	15%	16%	16%	16%	16%
GESAMT	6,93	6,94	6,77	6,52	6,15	5,78	5,67	5,74	6,89	6,51	6,12	6,16	6,10	6,16	6,13	6,08	5,84	5,77

* Wegen fehlender Daten für 1987 wurden hier die Daten von 1986 und 1988 gemittelt
** Die 1991-Daten sind IVW-Daten III. Quartal. Die Zahlen der neugegründeten ostdeutschen Boulevardzeitung *Super Ossi*, die nur von Februar bis März 1991 existierte, sind daher nicht erfasst. Ab 1991 werden die Daten für *Bild* Berlin im Schlüssel 60:40 gemäß der Bevölkerungsverteilung in der Stadt Berlin *Bild* West und *Bild* Ost zugewiesen. (Die IVW-Berichtsbände nehmen die Gesamtauflage für Berlin sowohl für *Bild* West als auch *Bild* Ost – also doppelt – auf, was bei der Summierung zu Verzerrungen führt.)
*** Bis Ende April 1991 erschienen als *Neue Presse Express*
Quelle: IVW-Auflagenliste der Jahre 1983-2000, jeweils II. Quartal.

Die Blütezeit der Boulevardpresse sei vorbei – so die Branchenkenner – , und die strukturelle Krise des Boulevardjournalismus sei in erster Linie als Reaktion auf das Fernsehen zu werten (vgl. Custer, 1997, 42; Haller, 1995, 8). In der Tat können gestiegene Anbieterzahl, gestiegene Marktanteile der Privatsender und zeitliche Programmausweitung als Gründe für den dramatischen Leserschwund gerade in Phase I plausibel angenommen werden: In Deutschland hat sich das Angebot an national verbreiteten, privaten Voll- und Spartenprogrammen von 1984 bis 1992 von 3 auf 7, und bis 1996 auf insgesamt 17 vervielfacht (vgl. IP Deutschland, 2000, 10). Der Marktanteil der privaten Programme (bezogen auf alle TV-Haushalte, Erwachsene, mo-so nach GfK) stieg von knapp 7 % (1987) in zwei Jahren auf bereits 18 %; 1994 betrug er fast 57 % (vgl. ARD-Jahrbücher 1988, 1990 und 1995). Die privaten Sender machten das 24-Stunden-Programm zur Norm, und die Bevölkerung wurde bald schon nach der Dualisierung seit Herbst 1987 am frühen Morgen mit bunten Bildern und leichten Informationen im Frühstücksfernsehen versorgt (vgl. Krüger, 1988, 95). Die Auflage der Kaufzeitungen blieb allerdings von der richtig einsetzenden Programmexpansion ab 1992 scheinbar weitgehend unbeeinflusst.

Das gleiche gilt für die Entwicklung der Affekt-TV-Formate: Alle Affekt-TV-Sendungen, und besonders die, die noch am ehesten eine Ersatzfunktion für die tägliche Boulevardzeitung darstellen könnten, nämlich das Reality-TV und die Boulevardmagazine, erschienen verstärkt zu einem Zeitpunkt, als die Auflagenkrise bereits den Tiefststand erreicht hatte.[61] Aufgrund der Datenlage ist daher eher zu vermuten, dass die grundsätzlich andere Art der Informationsvermittlung, die die Privatsender von Anfang an kultivierten, einen Boulevardzeitungsleserschwund mit verursachten, dass also weniger die typisch boulevardesken Fernsehformate als vielmehr das Privatfernsehen *per se* und die damit verbundenen veränderten Rezeptionsgewohnheiten als Gründe angeführt werden müssen. Eine weitere Ursache, die davon allerdings nicht unabhängig ist, liegt in der intramedialen Wettbewerbssituation der tagesaktuellen Printmedien. Auch die lokalen und regionalen Abonnementzeitungen haben seit der Dualisierung viel von ihrer früheren Zurückhaltung abgelegt. Sie sind durch die Zunahme redaktioneller Marketingkonzepte leserfreundlicher, serviceorientierter, illustrierter und bunter geworden. Die Abo-Zeitungen kopierten immer mehr die Stilmittel des Boulevards. Im Monatsblatt der Zeitungsverleger *Die Zeitung* konnte man 1993 lesen: »Ein Hauch von Boulevard weht selbst durch die ernsthaftesten deutschen Zeitungen: Die Süddeutsche Zeitung wünscht sich mehr Lese-Spaß, die Welt setzt sich zum Ziel, mit wenigen Worten mehr zu sagen. Wohin man schaut: Kürzer die Aussagen, munterer, boulevardhafter selbst die strenge Nachrichtensprache« (zit. bei Schneider & Raue, 1994, 129f.). Vielen

[61] Daher könnte man sogar eine Alternativhypothese anbieten: Die Affekt-TV-Formate haben das Interesse für Boulevardthemen erst richtig geweckt, daher verlief der Auflagenschwund in den 1990ern wesentlich moderater als vorher.

Lesern erschien daher vielleicht der Griff zur bunten lokalen Boulevardzeitung plötzlich nicht mehr notwendig, oder/und Boulevardzeitungsleser wechselten zur regionalen Abonnementzeitung. Zur Zeit der großen Absturzphase der Boulevardpresse stieg die verkaufte Auflage der lokalen und regionalen Abonnementszeitungen im Zeitraum 1985 bis 1990 von 14,4 auf 15,1 Mio. Exemplaren (BDZV 1993, 444). Und mehr noch: im Verlauf von neun Jahren konnten sie ihren Marktanteil innerhalb der Tagespresse von 63 % (1984) auf 71 % (1993) steigern, während der der Boulevardpresse von 33 % auf 24 % absackte (vgl. Abb. 26). Bis 1990 stieg auch die verkaufte Gesamtauflage der überregionalen Qualitätszeitungen um fast 40 % von 0,96 Mio. auf 1,34 Mio. (BDZV 1991, 47). Die Krise war also ein Phänomen, das speziell nur die Boulevardpresse betraf: Zwar sank die Tagespresse insgesamt von 1984 bis 1989 um 800.000, im gleichen Zeitraum büßte die Boulevardpresse aber allein 1,6 Mio. verkaufte Exemplare ein.

Abb. 26: Marktanteile innerhalb der deutschen Tagespresse 1984-1999

Kaufztg. / Abo-ztg. / Qualitätsztg.

Jahr	1984	1985	1986	1987*	1988	1989	1990	1991**	1992	1993	1994	1995	1996	1997	1998	1999
Abo-ztg.	63%	63%	64%	66%	67%	66%	66%	66%	69%	71%	71%	71%	70%	69%	69%	70%
Kaufztg.	33%	32%	31%	30%	28%	28%	27%	28%	25%	24%	24%	24%	24%	24%	24%	24%
Mio.	21,3	21,0	21,0	20,8	20,6	20,5	20,9	24,3	25,9	26,0	25,8	25,6	25,5	25,3	25,0	24,6

* Aufgrund fehlender Daten für 1987 wurde hier 1986 und 1988 gemittelt.
** IVW-Daten III. Quartal
Quelle: Jahrbücher des Bundesverbandes Deutscher Zeitungsverleger (BDZV) sowie IVW-Auflagenliste jeweils II. Quartal.

Als Pfadfinder und Visionär in schwierigen »Boulevard-Zeiten« entpuppte sich der Marktführer *Bild*, der auch deshalb seine Position so gut halten bzw. ausbauen konnte, weil man erkannt hatte, dass der Sensationsjournalismus alten Stils, der auch unter Chefredakteur Hans-Hermann Tiedje (1989-1992) dominierte, keine Zukunft im Print-Boulevardjournalismus hat. Zu Beginn der 90er Jahre galt *Bild* als »Krawallblatt für den Pöbel« und hatte ein sehr schlechtes Image (vgl. Koschnik, 1998, 16). Die Trendwende ist maßgeblich auf den 1992 eingesetzten Chefredakteur Claus Larass zurückzuführen (vgl. Küspert, 1998a). Als Grundsätze für den neuen *Bild*-Stil nannte Larass: »Wecke keine falschen Emotionen, nimm die Probleme der Leute ernst, schaffe in den Köpfen Ordnung!« (Haller, 1995, 9). Neu waren seit Mai 1993 die vermischte Seite 2 mit

Themen aus Politik und Wirtschaft, Ratgebertips und im Sportteil die längeren Kommentare. 1997 kam auch noch mehr Farbe ins Blatt: Die erste und die letzte Seite und mindestens zwei Innenseiten sind jetzt vierfarbig. Gewinne in Millionenhöhe reinvestierte der Verlag vor allem in *Bild* Ost. Inhaltlich bemühten sich die Zeitungsmacher, besonders auf ostspezifische Probleme einzugehen. Mindestens 50 % der Redakteure stammen inzwischen aus den neuen Bundesländern (vgl. Kimmel, 1996, 186). Die konzeptionelle Änderung von *Bild* insgesamt sei im Westen das Erfolgsrezept gewesen und im Osten zudem die Regionalisierung, so Achim Twardy, Geschäftsführer der *Bild*-Zeitungsgruppe. Seit ihrer Gründung 1990 waren die acht Ostausgaben regionalisiert (Mecklenburg-Vorpommern, Thüringen, Berlin/Brandenburg, Magdeburg, Chemnitz, Dresden, Leipzig, Halle). Sie wurden 1993 um eine gemischte Seite erweitert, auf der kontinuierlich Ratgebergeschichten und eigene Ostserien liefen (vgl. Kimmel, 1996, 186).

Als Fazit dieses Teils lässt sich festhalten, dass der Auflagenschwund der Boulevardzeitungen nicht einfach auf die Konkurrenzprodukte der Privatsender zurückgeführt werden kann, sondern dass hier dynamische Produktions- und Rezeptionsprozesse zwischen Boulevardfernsehen, Boulevard- und regionaler Abonnementpresse abliefen, die durch die medienpolitische Entscheidung zur Dualisierung des Rundfunksystems ausgelöst worden waren.

5.1.3 Rechtliche Grundlagen und ethische Standards

Boulevardjournalistische Massenprodukte setzen in medienrechtlicher Hinsicht Pressefreiheit voraus, und zwar auf zwei Ebenen: 1. Recht auf freie Meinungsäußerung und Zensurverbot und 2. Freiheit von jeglicher Besteuerung oder anderen rechtlich vorgegebenen ökonomischen Zwängen (z. B. Kautionszwang oder Stempelsteuer). Die erste Ebene gewährleistet inhaltliche Freiheit und damit die Möglichkeit, auch heikle Themen journalistisch (sensationell) aufbereiten zu können, ohne jedesmal das Risiko einzugehen, z. B. aufgrund einer vermeintlichen Störung der öffentlichen Ordnung diszipliniert zu werden. Die zweite Ebene ermöglicht durch die Kostenreduktion eine Verbilligung der Zeitungspreise und damit ein Massenpublikum. Beide Ebenen werden in Deutschland erst im letzten Drittel des 19. Jahrhunderts erreicht (vgl. Kap. 4.3). Die auf der Basis des Grundgesetzartikels fünf erfolgte Ausgestaltung der presse- und medienrechtlichen Grundlagen hat im Nachkriegsdeutschland bis heute Gültigkeit für alle Journalisten. Explizite rechtliche Sonderregelungen für boulevard- bzw. sensationsjournalistische Medientypen, so wie sie in der Vergangenheit existierten (z. B. zur »Skandalpresse«), gibt es nicht. Aufgrund der sensationalistischen Fixierung auf Einzelschicksale von prominenten und unprominenten Personen aus den Themenbereichen Sex & Crime & Tragedy spielt im Boulevardjournalismus allerdings der Persönlichkeitsschutz als Rechtsgrundlage eine herausragende Rolle. Obwohl die seit 1949 in Art. 5 GG festgelegte Meinungs-, Informations- und Medienfreiheit in Deutschland im internationalen Vergleich außerordentlich stark ausgeprägt ist (vgl. Dewall, 1997, 56), wird diese doch gleichzeitig durch eine ganze Reihe von zivil- und strafrechtlichen Regelungen zum Ehren- und Persönlichkeitsschutz eingeschränkt. Die Vereinbarkeit von Individualschutz und öffentlichem Informationsinteresse an einer Berichterstattung stellen dabei ein paradigmatisches Dilemma des Medienrechts dar, das vielfach einer kniffligen Rechtsgüterabwägung bedarf. Soweit an der Verbreitung einer bestimmten Äußerung ein »öffentliches Informationsinteresse« besteht, genießt diese erhöhten Grundrechtsschutz. »Die Feststellung eines solchen ›öffentlichen Informationsinteresses‹ richtet sich allerdings *nicht* danach, ob es Konsumenten von Massenmedien – in wie großer Zahl auch immer – gibt, die an der jeweiligen Information interessiert sind. Insbesondere die Lust an Sensationen und Einblicken in das Privat- und Intimleben anderer begründet *kein* öffentliches Interesse« (Branahl, 1996b, 27). Vielmehr komme es darauf an, ob ein berechtigtes Interesse der Öffentlichkeit besteht, über einen Sachverhalt informiert zu werden: »Das ist insbesondere dann der Fall, wenn die Information für den Prozeß der politischen Meinungs- und Willensbildung (...) von Bedeutung ist und deren Verbreitung deshalb zur ›öffentlichen Aufgabe‹ der Massenmedien gehört, oder wenn es darum geht, Gefahren oder drohende Nachteile von der Allgemeinheit abzuwenden (Konsumentenschutz, Ratgeberfunktion der Massenmedien)« (ebd.).

Gemäß Art. 5 Abs. 2 GG findet die Presse-, Rundfunk- und Filmfreiheit ihre Schranken u. a. in dem Recht der persönlichen Ehre. Seinem Schutz dienen vor allem die Strafvorschriften der §§185ff. StGB (Beleidigung, üble Nachrede, Verleumdung sowie Verunglimpfung des Andenkens Verstorbener). Verletzungen der persönlichen Ehre stellen zugleich unerlaubte Handlungen im Sinne des §825 Abs. 1 und 2 BGB dar, dem Geschädigten stehen daher zivilrechtliche Abwehransprüche zu. Der zivilrechtliche Ehrenschutz fand seine gesetzliche Grundlage bereits im BGB vom 1.1.1900 (vgl. Branahl, 1996b, 95). Neben dem Ehrenschutz wird die Freiheit der Berichterstattung in den Massenmedien durch das »allgemeine Persönlichkeitsrecht« beschränkt, das dem einzelnen Menschen das Recht zuspricht, sein Leben gegen den Einblick der Öffentlichkeit abzuschirmen und selbst darüber zu entscheiden, welche Informationen er über sein Leben preisgeben will. Dieses Recht gilt jedoch nicht absolut, da es wiederum dort seine Grenzen findet, wo ein berechtigtes Informationsinteresse der Gemeinschaft am Verhalten des einzelnen besteht.

Der Persönlichkeitsschutz und der Schutz der individuellen Privatsphäre hat seinen Ursprung in den USA und war eine Reaktion auf die Auswüchse der Sensationspresse der Jahrhundertwende, durch die das Privatleben mehr oder weniger bekannter Personen in die Öffentlichkeit gezogen wurde (vgl. Gerlach, 2000, 13). Daraufhin wurde 1905 das »Right to privacy« in einer Entscheidung des Supreme Court von Georgia als allgemeines Rechtsprinzip gerichtlich anerkannt. Das Recht auf Schutz des Privatlebens fand Eingang in die Allgemeine Erklärung der Menschenrechte der Vereinten Nationen vom Dezember 1948, und diese war wiederum Vorbild für Art. 8 der Europäischen Menschenrechtskonvention von 1950. Seit den 1950er Jahren drang es von da aus allmählich in die nationalen Rechtsordnungen ein. Das »allgemeine Persönlichkeitsrecht«, das in Deutschland in den 1950er Jahren als sog. »Auffangtatbestand« für solche Fälle entwickelt wurde, in denen ein zivilrechtlicher Schutz von Menschenwürde oder Freiheitsrechten geboten ist, ist nicht ein- für allemal abschließend festgelegt (vgl. Branahl, 1996b, 95). Es umfasst fünf festgelegte Schutzbereiche:

- den Schutz persönlicher Aufzeichnungen und des nichtöffentlich gesprochenen Wortes (z. B. Briefgeheimnis und unerlaubte Tonbandaufnahmen)
- das Recht auf »informationelle Selbstbestimmung« (Datenschutz bei personenbezogenen Daten[62])
- den Schutz der häuslichen Sphäre und des Privatlebens
- den Schutz gegen die Ausbeutung des Ansehens einer Person zu wirtschaftlichen Zwecken (z. B. zu Werbezwecken)
- den Imageschutz (gegen die Verbreitung ehrenrühriger unrichtiger Tatsachenbehauptungen[63]).

Besteht ein öffentliches Informationsinteresse, tritt der Persönlichkeitsschutz in den Hintergrund. Um die Schwere des Eingriffs beurteilen zu können, werden die Lebensäußerungen und Verhaltensweisen eines Menschen nach dem Grad ihrer Schutzbedürftigkeit in verschiedene »Sphären« eingeteilt, wobei sich »Personen des öffentlichen Lebens« (Politiker, Künstler etc.) ein weitergehendes Eindringen in diese Sphären gefallen lassen müssen. Man unterscheidet:

- die Intimsphäre (das Sexualleben und darauf bezogene körperliche Besonderheiten sowie psychische Merkmale und Gesundheitszustand)
- die Geheimsphäre (z. B. ärztliche oder anwaltschaftliche Schweigepflicht oder Betriebsgeheimnisse, persönliche Tagebuchaufzeichnungen)
- die Privatsphäre (andere, nicht die Intim- oder Geheimsphäre betreffende Lebensäußerungen eines Menschen in »seinen eigenen vier Wänden«, z. B. sein Familienleben)
- die Sozialsphäre (privater Besuch öffentlicher Plätze oder Veranstaltungen) sowie
- die Öffentlichkeitssphäre (Lebensäußerungen, die ganz bewusst in der Öffentlichkeit vorgenommen werden, z. B. öffentliche Rede, Teilnahme an einer Demonstration)

---

62 Alter, Familienstand, Einkommens- und Vermögensverhältnisse, Glaubensbekenntnis, Mitgliedschaft in Vereinen und Weltanschauungsgemeinschaften, persönliche Lebensumstände, Freizeitgestaltung (vgl. Branahl, 1996b, 97).

63 »Die Verbreitung von Unwahrheiten aus der Privatsphäre stellt immer eine Verletzung des Persönlichkeitsrechts dar – unabhängig davon, ob sie einen irgendwie diskriminierenden oder auch nur kritisierenden Einschlag haben« (Branahl, 1996b, 100).

Die Intimsphäre genießt den stärksten Schutz gegen unbefugte Einsichtnahme: »Selbst überwiegende Interessen der Allgemeinheit können einen Eingriff in den absolut geschützten Kernbereich privater Lebensführung nicht rechtfertigen; eine Abwägung nach Maßgabe des Verhältnismäßigkeitsgrundsatzes findet nicht statt« (Branahl, 1996b, 105). Sie ist demgemäß ein rechtlich geschützter Tabubereich.

Der Persönlichkeitsschutz schränkt auch die Veröffentlichung von Abbildungen (Zeichnungen, Fotos, Film- und Videoaufnahmen), auf denen Personen erkennbar dargestellt sind, gesetzlich ein im sog. KUG (»Gesetz betreffend das Urheberrecht an Werken der bildenden Künste und der Photographie« kurz: Kunst Urheber Gesetz aus dem Jahre 1907, §§22-24, 33-50). Auch ohne Einwilligung der Abgebildeten kann eine Bildnisveröffentlichung zulässig sein, wenn diese u. a. dem Bereich der Zeitgeschichte entstammt (§23, Abs. 1 KUG). Für diese Regelung wird eine Einteilung in sog. absolute Personen der Zeitgeschichte (Spitzenpolitiker, Stars, Dichter, Wissenschaftler etc.), relative Personen der Zeitgeschichte und Privatpersonen vorgenommen. Relative Personen der Zeitgeschichte sind – zeitlich begrenzt – durch ihr Verhalten oder andere Umstände in den Blick der Öffentlichkeit geraten. Nicht jedes abweichende oder auffällige Verhalten macht jedoch aus Privatpersonen relative Personen der Zeitgeschichte. »Nur wenn die Allgemeinheit ein sachliches, d. h. nicht nur auf Neugier und Sensationslust beruhendes Informationsinteresse an dem entsprechenden Vorgang hat, ist dieser von zeitgeschichtlichem Interesse« (Branahl, 1996b, 145). Solche Personen z. B., die ohne eigenes Zutun in einen Vorfall von öffentlichem Interesse verwickelt worden sind (beispielsweise als Unfallzeugen oder Verbrechensopfer), werden im allgemeinen nicht als relative Personen der Zeitgeschichte angesehen (vgl. ebd.) und müssen sich daher ihre Ablichtung ohne eigene Einwilligung nicht gefallen lassen. Bilder, die die Intim- oder Privatsphäre betreffen, sind bei allen Personengruppen ohne Einwilligung unzulässig. Fotos, die Personen der Zeitgeschichte in der Sozialsphäre, also privat an öffentlichen Orten zeigen, waren bis zur Entscheidung des Bundesgerichtshofes vom 19.12.1995 zulässig. Dieser stellte jedoch in seinem sog. »Caroline-Urteil«[64] fest: »Außerhalb des eigenen Hauses kann eine schützenswerte Privatsphäre gegeben sein, wenn sich jemand in eine örtliche Abgeschiedenheit zurückgezogen hat, in der er objektiv erkennbar für sich allein sein will und in der er sich in der konkreten Situation im Vertrauen auf die Abgeschiedenheit so verhält, wie er es in der breiten Öffentlichkeit nicht tun würde« (zit. in Mesic, 2000, 33). Das Bundesverfassungsgericht hat dieses Urteil grundsätzlich im Dezember 1999 bestätigt und darüber hinaus den besonderen Schutz des Prominenten im Umgang mit seinen Kindern betont (BVR 653/96).

---

[64] Prinzessin Caroline von Monaco war zusammen mit ihrem Begleiter Vincent Lindon unzulässigerweise in einem französischen Gartenlokal fotografiert worden. Das Urteil besagt, dass auch absolute Personen der Zeitgeschichte ihre «Häuslichkeit« mitnehmen und auch in der Öffentlichkeit privat sein können.

Einen besonders sensiblen Bereich, in der besondere Zurückhaltung durch eine potentielle »Prangerwirkung« geboten ist, gleichzeitig aber ein »durchaus anzuerkennendes Interesse« der Öffentlichkeit an vorgefallenen Straftaten und deren Vorgeschichte besteht (Branahl, 1996b, 158), stellt die Kriminalberichterstattung dar. Eine identifizierende Berichterstattung[65] ist im Falle von Kleinkriminalität oder Jugendstraftaten (es sei denn, es handelt sich um aufsehenerregende schwere Gewaltverbrechen) nicht zulässig (vgl. ebd., 160 sowie sehr genau Engau, 1993; Stapper, 1995). Von welchem Zeitpunkt an über einen Tatverdacht unter Namensnennung berichtet werden darf, ist strittig (Verhaftung oder Eröffnung des Hauptverfahrens vs. Vorlage ausreichender Verdachtsmomente). Bis zur rechtskräftigen Verurteilung gilt jedoch zugunsten von Beschuldigten in jedem Fall die sog. »Unschuldsvermutung«. Für die Art und Weise identifizierender Berichterstattung über Straftaten gilt der Grundsatz der Verhältnismäßigkeit; somit darf ein Einbruch in die persönliche Sphäre nicht weiter gehen, als eine angemessene Befriedigung des Informationsinteresses dies erfordert, und die potentiell entstehenden Nachteile für den Täter müssen im rechten Verhältnis zur Schwere der Tat oder Bedeutung für die Öffentlichkeit stehen. Demgemäß stelle »eine auf Sensationen ausgehende, bewußt einseitige oder verfälschende Darstellung (...) immer eine rechtswidrige Verletzung des allgemeinen Persönlichkeitsrechts der Betroffenen dar« (Branahl, 1996b, 161). In noch stärkerem Maße als beim mutmaßlichen Täter sei auf das Opfer einer Straftat Rücksicht zu nehmen: »Der Umstand, daß jemand einer – auch spektakulären Straftat zum Opfer gefallen ist, rechtfertigt weder einen Eingriff in sein Recht auf informationelle Selbstbestimmung, noch in seine Privat- oder gar Intimsphäre« (ebd., 159).

Die standesethische Basis des journalistischen Handelns bildet der Pressekodex des Deutschen Presserates. Es handelt sich hierbei um die von Journalisten und Verlegern gemeinsam erarbeiteten Standesregeln bzw. »publizistischen Grundsätze« des in Deutschland 1956 gegründeten Selbstkontrollorgans. Der aus 16 Ziffern bestehende Ehrenkodex wurde am 12. Dezember 1973 dem damaligen Bundespräsidenten Gustav Heinemann in Bonn übergeben und seitdem mehrmals erweitert. Er dient der Wahrung der Berufsethik und stellt keine rechtliche Haftungsgrundlage dar. Verstöße gegen die Ziffern des Pressekodex können durch Entscheidung des Beschwerdeausschusses öffentlich gerügt werden. Bei genauer Lektüre der Ziffern und den zugehörigen Richtlinien kann festgestellt werden, dass die professionellen Kommunikatoren erstens den Begriff »Sensation« bzw. »sensationell« ausschließlich im Rahmen einer Negativnorm verwenden, also mit verwerflich und unethisch gleichsetzen und zweitens auch nur im Zusammenhang mit den sensationellen Themen i. e. S. erwähnen, nämlich mit Gewalt und Brutalität, Unglücksfällen und Katastrophen (vgl. Zif-

[65] Diese liegt dann vor, wenn ein Erkennen des Täters von Personen seines Bekanntenkreises möglich ist.

fer 11), mit Verbrechens- und Straftäterberichterstattung (vgl. Richtlinie 13.2) sowie mit Krankheit bzw. Medizinberichterstattung (vgl. Ziffer 14). Ein großer Teil der Ziffern entfällt auf journalistisch ethisches Verhalten bei der journalistischen Recherche, betrifft also die Art und Weise der Informationsbeschaffung (z. B. Ziffer 2: Sorgfaltspflicht bei der Überprüfung des Wahrheitsgehaltes von Nachrichten und Informationen in Wort und Bild, Ziffer 4: Verbot der Anwendung unlauterer Informationsbeschaffungsmethoden, Ziffer 6: Zeugnisverweigerungsrecht und Informantenschutz, Ziffer 8: Achtung vor der Intim- und Privatsphäre, Ziffer 13: Vorurteilsfreiheit bei schwebenden Ermittlungs- und Gerichtsverfahren, Ziffer 15: Verbot der Bestechlichkeit; vgl. Abdruck des Pressekodex und zugehöriger Richtlinien in Trägerverein des Deutschen Presserats e.V., 1990, 293-320; s. auch Bölke, 2000).

Das Profitmaximierungsziel beim Verkauf der Massenware Information ist das dominante handlungsleitende Motiv im Boulevardjournalismus. Daher werden auch die professionellen und ethischen Standards diesem Motiv unterworfen bzw. angepasst, d. h. journalistisches Handeln unterliegt hier einem ständigen Kosten-/Nutzenkalkül und daher müssen sich auch die Einhaltung bzw. Nichteinhaltung professioneller und ethischer Standards »rechnen«. Solange Verstöße dagegen ökonomisch nicht bzw. nur in so geringem Ausmaß geahndet werden, dass etwaige Geldbußen oder Schadensersatzansprüche »Peanuts« bedeuten, lohnt sich ihre Einhaltung nicht. Über das österreichische Pendant zur *Bild*-Zeitung, die *Neue Kronen Zeitung*, schreibt der österreichische Journalist Michael Hopp: »Auf Abmahnungen und Verurteilungen durch Presseräte und ähnliche Moralinstanzen reagiert die ›Krone‹ mit Häme oder Spott, Geldstrafen werden aus der Portokasse abgedeckt, auf jede Klage folgt die Gegenklage« (Hopp, 2000, 89). Der Hamburger Presseanwalt Helmuth Jipp, der über 50 Verfahren für *Bild*-Opfer geführt hat, konnte im besten Fall 40.000 Mark Schmerzensgeld erstreiten. »Wenn es mal um 100.000 Mark ginge, würden sie vorsichtiger« (zit. in Sontheimer, 1995, 43). Bei den gängigen Summen, die nur in Ausnahmefällen einmal 50.000 oder 60.000 Mark betrügen, fiele es den »notorischen Rechtsbrechern« nicht schwer, das potentiell zu zahlende Schmerzensgeld einschließlich der dadurch erwachsenden Prozesskosten schon vorher einzukalkulieren, um dann bewusst Persönlichkeitsrechte von einzelnen zu verletzen, um mit einer »Sensation« einen Aufmacher zu haben, der den Absatz der Druckauflage, oder gar eine Auflagensteigerung, garantiere (vgl. Branahl, 1996a, 25). Die Verstöße der *Bild*-Zeitung wurden zum ersten Mal breitenwirksam öffentlich gemacht von Günter Wallraff (1977, 1979, 1981). Von 1979 bis 1981 sank die verkaufte Auflage der *Bild*-Zeitung (erstmals seit 1970 wieder) von 4,9 auf 4,7 Mio. (IVW, II. Quartal). 1983 schließlich präsentierten Vertreter der Anti-*Bild*-Kampagne eine letzte, kleine Fallsammlung (Berger, Nied & Veit, 1983). Danach wurde es wieder still um *Bild.* Martina Minzberg, die sich in ihrer Diplomarbeit vor allem mit den Verstößen der Zeitung gegen den Persönlichkeitsschutz beschäftigt und eine Bestandsaufnahme mit neuen Fällen aus den

90er Jahren vorgenommen hat, konstatiert 1999: »Wer allerdings aktuelle Untersuchungen oder Fallsammlungen unzulässiger Berichterstattung in BILD sucht, findet: Nichts« (Minzberg, 1999, 17). Die *Bild*-Zeitung ist das vom Deutschen Presserat am häufigsten gerügte Printmedium der Bundesrepublik Deutschland; Martin Wieske, ehemaliger Sprecher des Deutschen Presserates, bescheinigt *Bild* den Rang des »besten Kunden« des Selbstkontrollgremiums (vgl. Sontheimer, 1995, 43). In der ersten Arbeitsphase des Deutschen Presserates (von 1956-1969), in dem diese weniger mit der Behandlung von Beschwerden, sondern hauptsächlich mit Beratung und Stellungnahmen beschäftigt war (vgl. Minzberg, 1999, 52f.), wurden Kodexverstöße des Boulevardblattes höchstens als punktuelle Verfehlungen einzelner *Bild*-Mitarbeiter aufgefasst. Auf die eher informell ausgesprochenen Empfehlungen folgten zwar Beteuerungen der Chefredakteure, aber immer wieder neue Kodexverstöße. Kam es zu öffentlichen Rügen, erfuhren es die Leser mangels Abdruck der Sanktion sowieso nicht. Manfred Buchwald, langjähriger Intendant des Saarländischen Rundfunks, erinnert sich: »Mit dem gleichen Zynismus, den dieses Blatt beweist, wenn es Menschenwürde und Individualrechte des Bürgers verletzt, überging es die Rügen, Mahnungen und Empfehlungen des Deutschen Presserates, als seien sie nie ausgesprochen worden« (Buchwald, 1980, 22). Von den im Zeitraum 1956-1969 behandelten 500 Beschwerden führten lediglich 11 (2,2 %) zu öffentlichen Verurteilungen; nur eine betraf *Bild* (vgl. Bermes, 1989, 172-174). Im Zeitraum 1970 bis 1981 änderte sich das schlagartig: von den 868 behandelten Fällen sollten 46 öffentlich gerügt werden. *Bild* lag mit elf Rügen an der Spitze. Zahlreiche Fälle seien jedoch hinter verschlossenen Türen verhandelt worden, so in den Jahren 1975-1980 z. B. 30 auf *Bild* und *Bild am Sonntag* bezogene Sachverhalte (Buchwald, 1980, 23). In der ersten Hälfte der 90er Jahre[66] gingen – bei einem stark erhöhten Anzeigeverhalten – insgesamt 2.325 Beschwerden beim Deutschen Presserat ein, und es wurden 67 öffentliche Rügen ausgesprochen (Minzberg, 1999, 88). Davon betrafen 15 die *Bild*-Zeitung. Zusammen mit den 8 nicht öffentlichen Rügen für *Bild* entfielen allein auf das Boulevardblatt zwischen 1990 und 1995 mehr als 25 % aller im gleichen Zeitraum ausgesprochenen Rügen. Die *Bild*-Zeitung steht damit einsam an der Spitze der Rügenstatistik (vgl. die Zusammenstellung bei Minzberg, 1999, 86).

Die Boulevardkonkurrenten sind – bezogen auf den Zeitraum 1990-1995 – mit vier (jeweils *Abendzeitung* und *TZ* München), drei (*BZ*), zwei (*Berliner Kurier*, *Chemnitzer Morgenpost*, *Hamburger Morgenpost*) sowie einer Rüge(n) (*Mitteldt. Express*) relativ weit abgeschlagen. Insgesamt betrachtet entfielen rund 48 % aller ausgesprochenen Rügen auf Boulevardzeitungen (vgl. Minzberg, 1999, 89). Die Gegenstände der Rügen bei *Bild* beziehen sich zu einem überdurchschnittlich hohen Anteil auf die Verletzung von Persönlichkeitsrechten (s. hierzu die Über-

[66] Für die 1980er Jahre liegen leider keine veröffentlichten Datenzusammenstellungen zur Beschwerdepraxis vor. In diese Zeit fiel auch die Reform des Selbstkontrollgremiums.

sicht bei Minzberg, 1999, 93f.; s. auch Hartmann, 1995, 12 sowie Schneider & Raue, 1994, 126). 18 der 23 zwischen 1990 und 1995 gegen *Bild* ausgesprochenen Rügen, d. h. fast 80 % stammten aus diesem Bereich, wobei vor allem der Tatbestand der sog. »Vorverurteilung« angemahnt wurde. Das trifft für den Zeitraum bis 1980 ebenfalls zu. Heinrich Böll bezeichnete daher die Verstöße gegen die Unschuldsvermutung in der Verbrechensberichterstattung gar als »Existenzgrundlage« des Blattes (zit. in Minzberg, 1999, 56).

Bild ist seit der sog. »stillen Revolution« durch den 1992 neu eingesetzten Chefredakteur Claus Larass wesentlich zahmer geworden. Im Februar 1999 richtete *Bild* erstmals in seiner fast 47jährigen Geschichte freiwillig eine Korrekturspalte ein (Leyendecker, 1999b, 21). Doch die »stille Revolution« durch Larrass hat das Boulevardblatt nicht zur seriösen Qualitätszeitung gemacht: »Der wiederholte Verstoß gegen die ethischen Grundsätze des Journalismus gehörte offenbar auch unter Claus Larass zu den festen Gewohnheiten« (Koschnik, 1998, 17), wie die oben angeführten Zahlen der Rügenstatistik beweisen. Der Hamburger Presseanwalt Jörg Nabert gab für 1996 an, dass in seiner Kanzlei wegen Persönlichkeitsrechtsverletzungen durch *Bild* pro Jahr ca. zehn bis 20 Mandate gegen die Axel Springer Verlag AG geführt würden (vgl. Minzberg, 1999, 235). Zwei Mitarbeiter des 8-köpfigen Stabes der Rechtsabteilung des Verlages sind vorwiegend mit *Bild* beschäftigt (vgl. Sontheimer, 1995, 43). »Die reinen Fälschungen, die reinen Rufmordfälle sind zum Teil so verpackt, daß sie nicht mehr nachprüfbar sind« – so die Einschätzung von Günter Wallraff zu *Bild* in den 90ern (zit. in Minzberg, 1999, 235). Die Analyse der Rügen des Deutschen Presserates zwischen 1990 und 1995, samt der dazugehörigen Angaben in den Jahrbüchern des Gremiums sowie eine investigativ zu nennende rund 100-seitige Fallsammlung zu den Rechtsstreitigkeiten von Prominenten mit *Bild* von Martina Minzberg lässt auf einen nach wie vor geringen Stellenwert des Pressekodex in der täglichen redaktionellen Arbeit des Blattes schließen. Doch die zahlreichen Persönlichkeits- und Ehrenrechtsverletzungen, die die Autorin aufgedeckt hat, sind selten offensichtlich bei der flüchtigen, konsumierenden Lektüre. Sie sind für den Durchschnittsleser, der normalerweise nicht über presserechtliche Grundlagen verfügt, kaum zu erkennen. Die Rügen werden in *Bild* zwar im Gegensatz zu anderen Boulevardblättern mittlerweile abgedruckt, doch wo, bestimmt das Blatt selbst. Die absolute Zahl der öffentlichen Rügen gegen *Bild* ist ohnehin so klein, dass sie die Glaubwürdigkeitseinschätzung des Durchschnittslesers kaum verändern wird. Anlässlich der Personalveränderungen, die im Hause Springer im Winter 2000 vorgenommen wurden und der damit verbundenen wieder neu aufgekommenen »Kampagnenstimmung« gegen die rot-grüne Koalition des neuen Chefredakteurs der *Bild* und Kohl-Biographen, Kai Diekmann, warnte Wallraff, er habe den Eindruck, dass *Bild* in die alten Klischees zurückfalle. Das Blatt brauche »als Bewährungshelfer eine wache Öffentlichkeit« (vgl. Leyendecker, 2001, 21).

Die Einhaltung professioneller und ethischer Standards ist im Boulevardjournalismus erst dann zu erwarten, wenn Verfehlungen unökonomisch werden – entweder durch drohende hohe Entschädigungsansprüche (vgl. hierzu Kap. 8.6) oder durch drohende Auflageneinbußen aufgrund massiver Glaubwürdigkeits- und Imageverluste. Letzteres setzt allerdings eine breitenwirksame öffentliche Diskussion über Verfehlungen voraus.

5.2 Der Strukturkontext

5.2.1 Der ökonomische Imperativ

Journalismus ist heute in erster Linie durch eine großbetrieblich-industrielle Produktionsweise gekennzeichnet. Die Herstellung und Bereitstellung von aktuellen Themen unterliegen grundsätzlich den Kriterien der Warenproduktion in modernen Massengesellschaften: Diese muss organisatorisch und technisch so beschaffen sein, dass sie insbesondere ökonomischen Effizienzkriterien gerecht wird. Andererseits sind die erwünschten Qualitätskriterien, die an Medienprodukte herangetragen werden, andere als die an Seife oder Autos. Die medienrechtlich kodifizierte normative Verpflichtung zu Information und Meinungsbildung schreibt Medienunternehmen eine Sonderstellung jenseits aller anderen am Markt operierenden Unternehmen zu. Boulevardmedienunternehmen unterscheiden sich nun von anderen Medienunternehmen dadurch, dass sie diese normative Verpflichtung – wenn überhaupt – nur an untergeordneter Stelle akzeptieren. Weber vertritt hierzu eine radikale, aufgrund seiner Analyse des Redaktionsalltags in der österreichischen *Neue Kronen-Zeitung (NKZ)* jedoch empirisch belegte Position: Es spräche nichts dagegen, »die Konstruktion von Wirklichkeit *nur* und *ausschließlich* als Ergebnis ökonomischer Bedingungen zu sehen, die auch Institution und Organisation der ›Krone‹ mehr oder weniger erfolgreich bestimmen« (Weber, 1995, 161). Der Motor zur Erstellung der Zeitung sei nichts anderes als »Cash«. Kenner der anglo-amerikanischen tabloid-Szene sehen das ähnlich: »Tabloid journalism is the direct application of capitalism to events and ideas. Profit, not ethics, is the prevailing motivation« (Taylor, 1991, 301). Bei der radikalen Anwendung des Gewinnmaximierungsprinzips müssen Medienunternehmen allerdings die ökonomischen Besonderheiten von Medienprodukten berücksichtigen. Diese werden zur sog. »Blaupausen-Industrie« gezählt, da der größte Teil der Kosten auf die Erstellung eines Prototypen entfällt, der dann relativ kostengünstig vervielfältigt und verbreitet werden kann. Je größer die Zahl der Abnehmer, desto stärker die Fixkostendegression: Die Stückkosten sinken bei steigender Auflage. Ein zweiter positiver Effekt auf die Kosten-Erlösstruktur des Unternehmens ergibt sich aus der Besonderheit des Verbundes von Rezipienten- und Werbemarkt und der Dynamik der Anzeigen-Auflagen-Spirale, da sich bei steigenden Abnehmerzahlen nicht nur die Verkaufserlöse erhöhen, sondern eben auch die Werbeeinnahmen vervielfachen (vgl. Heinrich, 2001, 129ff.). Beide Besonderheiten sind im übrigen auch die wichtigsten Ursachen für (horizontale) Konzentration, da (theoretisch) der Monopolist am kostengünstigsten produziert, da er die maximale Abnehmerzahl erreichen kann. Vorrangiges Ziel von Medienunternehmen, die maximale Gewinnspannen erzielen wollen, ist also das Erreichen von Massenauflagen.

Die ökonomische Situation der großen national verbreiteten Boulevardzeitungen ist weltweit nahezu ohne Ausnahme von Erfolg gekennzeichnet. In den Pressestatistiken der meisten Länder sind sie jeweils als die auflagenstärksten Produkte ausgewiesen – seien es die US-amerikanischen »supermarket-tabloids«, die britischen »tabloid papers«, die *Sun*-Kette in Kanada, *Bild* in Deutschland, der *Blick* in der Schweiz oder die aufgrund ihrer Marktdominanz einzigartige *Neue Kronen Zeitung (NKZ)* in Österreich. Von den 8,2 Mio. Österreichern lesen 2,8 Mio. täglich die *NKZ*; sie ist damit das erfolgreichste Boulevardblatt der Welt (Hopp, 2000, 87). Wollte *Bild* genauso erfolgreich sein, müsste sie ihre Auflage mehr als verdoppeln. Bei seiner *Bild*-Zeitung setzte Springer von Anfang an auf das Ziel »Marktdurchdringung mit Kostenführerschaft«, das nur mit möglichst hohen Auflagen zu erreichen ist (vgl. Stöber, 1999, 305; s. hierzu auch die Auflagenentwicklung von *Bild* in Abb. 29). Mit einem Jahresumsatz von mehr als 5,2 Mrd. Mark und 12.000 Arbeitnehmern ist der Axel C. Springer Verlag mittlerweile das größte Zeitungshaus Europas. Der jüngste Geschäftsbericht weist einen Jahresüberschuss von 158 Mio. aus (Fichtner, 2001, S. 17). 1994 erwirtschaftete *Bild* fast ein Viertel des Konzernumsatzes (vgl. Schmidt, 1994, 44).

Da große, marktbeherrschende Boulevardmedien aufgrund der riesigen Auflagen meist sehr profitabel wirtschaften, sind sie im Falle von Mischverlagen die »Profit-Center« oder »Milchkühe« ihrer Unternehmen (zu *Bild* vgl. Leyendecker & Ott, 2001, 22; zur *Blick* des Hauses Ringier vgl. Haller & Müller, 1981, 256); daher werden auch die Verantwortlichen in den Chefetagen dort weiterhin ihr Interesse am ökonomischen Erfolg der Boulevardblätter signalisieren. Für die Jahre 1992 und 1993 war es *Bild* zu verdanken, dass das Unternehmen mit einem Plus abschloss (vgl. Schmidt, 1994, 44); das Blatt sei wie eh und je das ökonomische Herz des Axel Springer Verlags, so Verlagsgeschäftsführer Christian Delbrück (zit. in Sontheimer, 1995, 39), wobei hier die Anzeigeneinnahmen eine entscheidende Rolle spielen, da die *Bild*-Zeitung nach vier Fernsehsendern der fünftgrößte Werbeträger Deutschlands ist (vgl. ebd.). Die Macher von Boulevardmedien bzw. -formaten beschönigen in keinster Weise den Primat des Kommerzes. Für den Chefredakteur der Münchner *AZ* z. B. bedeutet Boulevardjournalismus in erster Linie »Kampf um das Geld« (vgl. Schneider & Raue, 1994, 129). Der Chefredakteur von *Bild* sieht seine wichtigste Aufgabe nicht darin, Kampagnen zu machen, sondern Auflage: »Der Haupt-Job des ›Bild‹-Chefredakteurs ist, das Thema des Tages zu finden, bei dem er die größte Massenakzeptanz sieht« (zit. in Schmitz, Gless & Streck, 2000, 33). In seinen Memoiren äußert sich der erfolgreiche Macher und Chefredakteur der einzigen

Schweizer Boulevardzeitung *Blick*, Peter Uebersax, auf die Frage: »Sind die Verkaufszahlen denn das Maß aller Dinge?« folgendermaßen: »Sie sind es. Wenn die Verkaufszahlen stimmen, so heisst das, dass man dem Leser genau das liefert, wofür er seinen Fränkler und Fünfziger auf den Kiosk-Sims legt. Da geht's um Nachfrage und Angebot. Auch bei einer Zeitung regiert die Marktwirtschaft, und alles andere ist romantisches Geschwätz.«[67]

Im folgenden soll nun genauer herausgearbeitet werden, dass der im Subsystem Boulevardjournalismus gültige ökonomische Imperativ des Strukturkontextes nicht nur diesen selbst (also auch die organisatorischen Strukturen) dominiert, sondern auch radikale Auswirkungen auf die Ebene der Medienaussagen und der Medienakteure hat, also den Funktions- sowie den Rollenkontext beeinflusst.

Abb. 27: Dominanz des ökonomischen Imperativs im Boulevardjournalismus

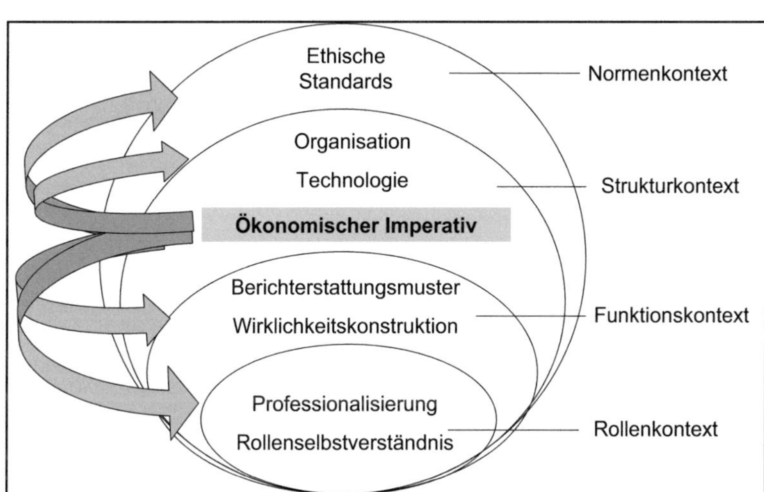

5.2.2 Organisatorische Imperative

Zu den (Organisations-)Strukturen eines Systems gehören Organisationsformen, Entscheidungsprogramme und Rollen. Organisationen verfolgen bestimmte Ziele, legen interessegeleitete Entscheidungsprämissen fest und weisen bestimmte formale Strukturen auf (Arbeitsteilung über Abteilungsbildung und Rollenfestlegung; Koordinierungsinstrumente wie Konferenzen). Darüber hinaus existieren in Organisationen Sets an informell institutionalisierten Handlungsweisen, Verfahrensschritten und Arbeitsabläufen. Mit diesen Definitions-

[67] Die Memoiren von Peter Uebersax sind unter dem Titel »Blick zurück, Erinnerungen eines Chefredaktors« erschienen und auszugsweise abgedruckt in der Schweizer Wochenzeitung *Die Weltwoche* vom 14. September 1995, Nr. 37.

merkmalen können unterschiedliche journalistische Organisationen konkretisiert werden (wie zum Beispiel Redaktionen, Ressorts oder auch Journalistenbüros) (vgl. Altmeppen, 1999, 36). Im vorliegenden Kontext werden unter Organisationen des Boulevardjournalismus zunächst die Boulevardzeitungsredaktionen und an späterer Stelle (exkursorisch) die Boulevardmagazinredaktionen des Fernsehens betrachtet.

Programme in journalistischen Organisationen können definiert werden als »Standards auf Organisations- und Verhaltensebene, mit denen der Journalismus seine Aussagenproduktion strukturiert« (ebd., 37). Manfred Rühl hat eine sehr grobe Programmdifferenzierung vorgenommen. Er unterscheidet eine »Input-Programmierung« und eine »Output- oder »Zweckprogrammierung« (vgl. Rühl, 1980, 403ff.). Bei der »Input-Programmierung« werden Ereignisse verarbeitet und vermittelt: Journalisten sammeln Informationen aus der Gesellschaft, verarbeiten diese und geben sie über die Massenmedien an die Gesellschaft zurück. Sie beobachten dabei zunächst die gesellschaftlichen Teilsysteme wie Politik Wirtschaft, Kultur, Sport etc., aus denen auch eine Fülle von Informationen an die Journalisten herangetragen werden. Die Journalisten organisieren die Umweltbeobachtung und entscheiden auf Basis redaktioneller Programme über die Informationsauswahl (Input-Organisation). (vgl. Donges & Jarren, 1997, 199). Bei der »Output-Programmierung» wird die (antizipierte) journalistische Wirkung zum Zweck der Aussagenproduktion:

> »Output-Orientierung hingegen bedeutet, daß zunächst ein bestimmtes Publikumssegment (Zielgruppe) bestimmt wird, das mit dem Programm erreicht werden soll. Die Entscheidung darüber, welche Bereiche der Umwelt beobachtet werden sollen, ist in hohem Maß von den angenommenen Bedürfnissen der Zielgruppe – bzw. den auf diese Zielgruppe bezogenen Interessen der Werbewirtschaft – abhängig« (ebd., 204).

Da in der Literatur sehr unterschiedliche Kategorien wie Tätigkeiten, Verfahren, Regeln und Organisationsmerkmale im Begriff der Programme zusammengefasst werden, plädiert Altmeppen für eine Unterscheidung in a) Organisationsprogramme und b) Arbeitsprogramme. Unter Organisationsprogrammen werden die Organisationsziele, die grundlegende Organisationsstruktur (Organigramm, Hierarchien etc.) und die journalistischen Rollen verstanden. Mit Rollen sind in erster Linie Erwartungen an bestimmte zu erbringende Leistungen verbunden; sie definieren implizit Regeln, die einzuhalten sind und deren Einhaltung kontrolliert bzw. deren Nichteinhaltung sanktioniert wird. In Rollen bündeln sich gleichartige Handlungen und Handlungserwartungen sowie gleichartige Kommunikationsweisen. Es wird zwischen Berufs-, Mitglieds- und Arbeitsrolle unterschieden. Mit der Berufsrolle übernimmt der Journalist übergeordnete Merkmale der Berufsgruppe, wie sie durch Ausbildung, rechtliche und tarifvertragliche Regelungen vorgegeben sind. Mit dem Eintritt in die Redaktion übernehmen Journalisten eine Mitgliedsrolle in der Organisation, mit der bestimmte Rechte und Pflichten verbunden sind, die wiederum an die Eigenarten der jeweiligen Organisation geknüpft sind. Aus der Mitgliedschaft resultieren spezifische Handlungserwartungen, zu denen hauptsächlich die Zustimmung zu den Redaktionszwecken, die Anerkennung der Entscheidungsrechte der Redaktionsleitung, die Informationsverarbeitung nach dem Entscheidungsprogramm der Redaktion, die Identifikation mit der Redaktion, den Ausschluss der Mitarbeit bei Konkurrenzmedien sowie die Wahrung der redaktionellen Diskretion zählen (vgl. Rühl, 1989, 260). Über Arbeitsrollen werden die Organisationserwartungen konkreter bestimmt und Anforderungsprofile expliziter gebündelt (z. B. in Form der Positionen: Ressortleiter, Chefredakteur, Reporter etc.).

Journalistische Arbeitsprogramme umfassen die Sets an Regeln für den konkreten Arbeitsablauf, die Themenselektion und die Darstellungs- und Präsentationstechniken. Sie tragen zur Steuerung und Stabilisierung des journalistischen Produktionsprozesses bei: »Anhand der Arbeitsprogramme verarbeiten die Journalistinnen und Journalisten die Informationen innerhalb der sachlich und zeitlich vorgegebenen Rhythmen« (Altmeppen, 1999, 43). Die Programme seien allerdings nicht »für die Ewigkeit eingerichtet«, sondern stellten mehr oder weniger grobe Pläne für das Arbeitshandeln dar, da dieses mit Risiken und Unsicherheiten behaftet und ständigen Umwelteinflüssen ausgesetzt sei (vgl. ebd., 43 u. 177). Sowohl Organisations- als auch Arbeitsprogramme sind ausgerichtet auf die Organisationsziele, die im Falle von Medienprodukten aufgrund des Zwittercharakters als Ware und Meinungsbildner zumeist nur vage formuliert seien.

Abb. 28: Organisations- und Arbeitsprogramme

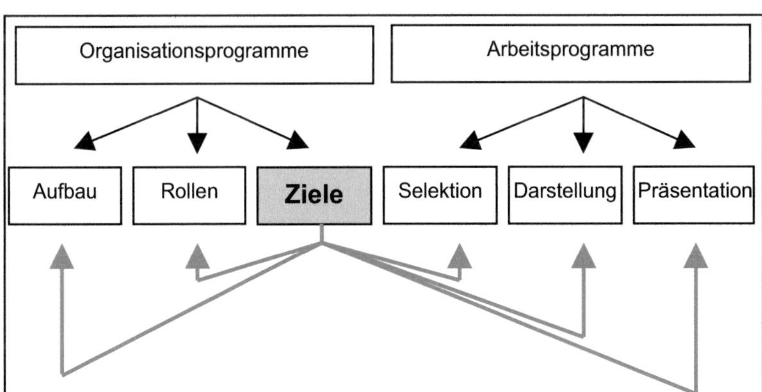

»Die Ziele journalistischer Organisationen bestehen grundsätzlich aus publizistischen und ökonomischen Faktoren. Mit einem an Gewinnerwartung orientierten Zweck nimmt die Fremdsteuerung der journalistischen Programmierung naturgemäß zu« (Altmeppen, 1999, 39), oder anders formuliert: Es nimmt die Output-Programmierung zu. Anzunehmen ist, dass je klarer und eindeutiger die

Ziele sind, sich diese auch umso klarer in den jeweiligen Organisations- und Arbeitsprogrammen niederschlagen. Boulevardmedienorganisationen zeichnen sich nun gerade dadurch aus, dass ihre Ziele klar abgesteckt sind, da sie die normativ-publizistische Verpflichtung – wenn überhaupt – nur an untergeordneter Stelle akzeptieren. Im Vordergrund stehen ökonomische Ziele. Ein übergeordnetes, maßgebliches Ziel wirtschaftsunternehmerischen Handelns ist die Verfolgung einer bestimmten Wettbewerbsstrategie. Nach Porter (1992, 62f.) lassen sich unternehmerische Wettbewerbsstrategien (idealtypisch) dichotomisieren in die beiden Strategien Kostenführerschaft und Differenzierung. Unter Kostenführerschaft als Strategie in Medienunternehmen ist eine solche zu verstehen, die darauf abzielt, sich im Wettbewerb mit anderen Medien durch Senkung der Stückkosten unter dem Niveau der wichtigsten Konkurrenten zu behaupten (Billig-Strategie). Im Gegensatz dazu versuchen sich die Anbieter bei Verfolgung der Differenzierungsstrategie, positiv vom Leistungsangebot der Konkurrenten abzuheben (meist durch Qualitätsniveauveränderung oder Erweiterung des Leistungsspektrums): »Im Falle eines Zielkonflikts zwischen Kostenorientierung und Anspruch der Exklusivität wird dieser zum Nachteil der Kostenorientierung gelöst« (Moss, 1998, 89). Boulevardjournalistische Organisationen verfolgen i. d. R. die Wettbewerbsstrategie der Kostenführerschaft. Dies lässt sich in Reinkultur beim Prototypen des klassischen Boulevardjournalismus in Deutschland, der *Bild*-Zeitung des Axel Springer Verlages, beobachten. Bei ihrer Gründung setzte Springer von Anfang an auf die Strategie der Kostenführerschaft. Die Zeitung, die 13 Jahre lang nur 10 Pfennige kostete, eröffnete ein völlig neues Marktsegment und hielt potentielle Wettbewerber vom Marktzutritt ab (vgl. Stöber, 1999, 305). Sjurts stellt in ihrer unternehmensstrategischen Analyse der deutschen Medienbranche zu Springer 1996 fest: »Kostenführerschaft im Massenmarkt für Tageszeitungen ist weiterhin – trotz aller Differenzierungsbemühungen – die Basis-Strategie des Verlages« (Sjurts, 1996, 47).

Es besteht nun ein enger Zusammenhang zwischen Wettbewerbsstrategie und Organisationsstruktur (»structure follows strategy«); letztere kann funktional oder dysfunktional im Hinblick auf eine optimale Strategieverfolgung sein. Aus betriebswirtschaftlicher Sicht hat sich als operationalisierbares Kriterium zur Beurteilung organisatorischen Handelns die Effizienzbetrachtung durchgesetzt (Moss, 1998, 98). Dabei geht es um die Konsequenzen, die organisatorische Maßnahmen auf die Wirtschaftlichkeit haben. Die Effizienzbewertung erfolgt auf der Basis bestimmter Effizienzkriterien. Als funktionale Effizienzkriterien im Hinblick auf die Strategie der Kostenführerschaft gelten vorrangig eine Optimierung der Ressourceneffizienz, der internen Prozesseffizienz und der Markteffizienz. Ressourceneffizienz fragt danach, ob technische und Humanressourcen auch im Hinblick auf die angestrebte Fixkostendegression optimal genutzt werden (Vermeidung von Leerkosten und Realisierung von Economies of Scale, also Kostenvorteile durch Lerneffekte, sowie z. B. Umwandlung der fixen Kosten in variable durch redaktionelles Outsourcing). Im Journalismus bezieht sich interne Prozesseffizienz auf die Vermeidung von »Zwischenlagern« oder Produktion »auf Halde«, was nichts anderes bedeutet, als dass möglichst keine Personalressourcen verbraucht werden, die für die tagesaktuelle Produktion ausfallen, da hierdurch Opportunitätskosten entstehen. Markteffizienz bedeutet ein möglichst koordiniertes Auftreten auf dem Leser- und Beschaffungsmarkt. Welche Maßnahmen dienen nun zur Erfüllung dieser Kriterien?

a) Zunächst natürlich die Produktion von Massenauflagen, die aufgrund der Besonderheiten von Medienprodukten zur Fixkostendegression beitragen (Economies of Scale) und gleichzeitig die Werbeeinnahmen erhöhen; das Streben nach Massenauflagen stellt ferner einen Grund für die Tendenz zu horizontaler Konzentration dar. Die drei marktanteilsstärksten Verlage (Axel Springer, DuMont Schauberg und Gruner & Jahr) vereinnahmen für sich bereits 91 % des Lesermarktes. Wir haben es also mit einem hochkonzentrierten Markt mit Quasimonopol des Axel Springer Verlages zu tun. Weitere effiziente Maßnahmen sind:

b) Eine streng arbeitsteilig organisierte Funktionalorganisation. Hier können durch Lernkurveneffekte Kosten reduziert werden. Die Funktionalorganisation (= verrichtungsorientierte Aufbauorganisation) ist eine gerade im angloamerikanischen Bereich anzutreffende redaktionelle Organisationsform (vgl. Donsbach, 1993; Esser, 1998). Funktionaler Aufbau ist dadurch gekennzeichnet, dass gleichartige Verrichtungen zusammengefasst werden. An der Spitze steht ein Chefredakteur, während die zweite Ebene an den Prinzipien von Arbeitsteilung und Spezialisierung orientiert ist (z. B. Reporter, Textredakteur, Layout, Foto, Archiv). In seiner theoretischen und fallstudiengestützten Arbeit zur Frage nach effizienter Koordination journalistischer Arbeit kommt Moss zu dem Fazit, dass »eine Verrichtungsgliederung eine Strategie der Kostenführerschaft tendenziell eher stützen würde« (Moss, 1998, 115). Wenn z. B. Reporter einen eigenen Funktionsbereich bilden, dann sind in diesem Funktionsberich alle Ressourcen versammelt, die mit der Ausübung der Reportertätigkeit zusammenhängen. Es entsteht dadurch ein Wissens-Pool und die Möglichkeit zum Know-how-Austausch. Die funktionale Organisation der Zeitungsredaktion ermögliche damit grundsätzlich die Realisierung von Economies of Scale, die vor allem zurückzuführen sei auf Übungsgewinne, die Journalisten aufgrund der Lernkurve erzielten: Weil Reporter immer wieder die gleiche Aufgabe ausüben, entwickeln sie eine große Routine: »Sie sind spezialisiert in der schnellen Beschaffung interessanter Informationen und müssen sich nicht mit lästigen Layout-Grundsätzen herumquälen.« (...) »Die Ressourceneffizienz ist bei der Funktionsorganisation also tendenziell am stärksten ausgeprägt« (Moss, 1998, 112). Ferner wird ein koordiniertes Auftreten auf dem Leser- und Beschaffungsmarkt gewährleistet, da Marktaktivitäten in einem Funktionsbereich zusammengefasst werden: z. B. existieren spezielle redaktionelle Ansprechpartner für die Leser (mit eigener Kolumne) sowie spezielle Ansprechpartner für Agenturen, freie

Mitarbeiter etc. »Die Markteffizienz ist damit sowohl bezogen auf den Leser- als auch auf den Beschaffungsmarkt die große Stärke der funktionalen Struktur einer Zeitungsredaktion« (ebd., 113). Die Funktionalorganisation ist darüber hinaus darauf angelegt, eine »Produktion auf Halde« und die damit verbundenen Kapitalbindungskosten[68] zu vermeiden, und daher die interne Prozesseffizienz zu erhöhen:

> »Erst wenn der Kollege aus dem Archiv das Material für den Beitrag geliefert hat, macht sich der Textredakteur ans Werk. Und erst wenn der Textredakteur sein Opus vollendet hat, beginnt das Layout. Wie ein Staffelstab werden die ›Teilprodukte‹ weitergereicht. Und während der Startläufer nach 100 Metern seine Arbeit erledigt hat, bleibt der Stab immer noch in Bewegung, ohne daß er zwischendurch abgelegt wird« (Moss, 1998, 111).

Lediglich zu Gedenktagen oder Jubiläen sei Vorproduktion vertretbar; doch selbst in diesen Fällen hätte eine Konkurrenzzeitung, die am 60. Geburtstag eines Prominenten neben dem vorbereiteten Portrait noch ein aktuelles Interview liefern kann, einen Wettbewerbsvorteil beim Leser. Die in der Funktionalorganisation bestehenden Abhängigkeiten der einzelnen Leistungsbereiche können sich allerdings negativ auf die Termineinhaltung und die Aktualität des Produktes (Moss bezeichnet dies als »externe Prozeßeffizienz« – 1998, 109f.) auswirken. Die Abhängigkeit durch die Leistungsverflechtung gilt als entscheidender Schwachpunkt der funktionalen Organisation (vgl. ebd., 110). Die Chefredaktion steht im Mittelpunkt der Koordination. Sie muss dafür sorgen, dass die internen Prozesse ohne größere Reibungsverluste ablaufen und die vorhandenen Interdependenzen aufeinander abgestimmt werden. Gelingt dies nicht, dann hätte dies hohe Autonomiekosten zur Folge. Es ist also eine außerordentlich starke, autoritäre Führungspersönlichkeit gefordert.

c) Als weitere effiziente Maßnahme gilt daher die Chefredakteursverfassung im Gegensatz zur Kollegialverfassung. Autokratisch autoritäre Entscheidungen verringern Koordinationskosten. Otto Groth hat sich bereits in der Zwischenkriegszeit mit den Organisationsstrukturen deutscher Redaktionen befasst. Er differenzierte zwischen den beiden Grundtypen Chefredakteursverfassung und Kollegialverfassung. Eine typische Eigenschaft der Chefredakteursverfassung sei die hierarchisch geprägte Aufbauorganisation, bei der Zuständigkeiten klar geregelt seien und Entscheidungen schnell getroffen würden. Die Chefredakteursverfassung nannte Groth auch »konstitutionelle Monarchie« (Groth, 1928, 396). Solcherart autoritäre Strukturen findet man häufiger in Zeitungsredaktionen mit starker Beteiligung des Verlegers an der Redaktionsarbeit (Weischen-

68 Redakteure, die Stehsatz produzieren, fallen in dieser Zeit für andere Arbeiten aus, Potentialfaktoren wie Computer-Terminals sind belegt etc.

berg, 1992, 280). Den Gegensatz stellt die Plural- oder Kollegialverfassung[69] dar, bei der Entscheidungen demokratisch getroffen werden. Gegen die Kollegialverfassung spricht allerdings der Zeit- und damit der Kostenfaktor: Entscheidungsprozesse sind langwierig (s. hierzu auch Weischenberg, 1992, 278f). Alternativen zur Entlastung des Chefredakteurs (z. B. über Stellvertreter oder Hinzuziehung eines Koordinationsgremiums über ein ausgedehntes Konferenzsystem) entsprechen faktisch einer neuen Hierarchie-Ebene, die aber zusätzliche Effizienzprobleme (Abstimmungs- und Koordinationskosten) bringen.

d) Als weitere effiziente Maßnahme ist eine möglichst weitgehende Produktstandardisierung anzustreben, denn sie trägt zum Aufbau von routinisierten Arbeitsabläufen und damit zur Verringerung von Unsicherheitskosten bei. Standardisierung ist allerdings nur begrenzt möglich: Für Medienprodukte lassen sich im Gegensatz zu Industriegütern keine eindeutigen Konstruktions- und Produktionspläne aufstellen. Die Themen der Berichterstattung sind nicht langfristig vorhersehbar und ihr Produktionsprozess ist nur bedingt zu formalisieren. Umso bedeutsamer sei es für die journalistische Arbeit, Themen zu Sachgebieten zu bündeln und diese Sachgebiete bestimmten Instanzen (Ressorts, Abteilungen, Personen) zur verantwortlichen Bearbeitung zuzuordnen (vgl. Altmeppen, 1999, 187), was allerdings im Widerspruch zur funktionalen Organisation und der Strategie der Kostenführerschaft stünde. Laut Siegert (1997, 87) kämen als Produktionsstrategien in Frage: Mehrfachverwertungen und Mehrfachaufbereitungen von Themen (z. B. durch Serialisierung; Anm. UK), Verwendung der gleichen Elemente in unterschiedlichen Zusammenhängen sowie auch eine Zunahme »billiger« Qualitätsmerkmale wie Sensationen, Personalisierung etc.

e) Als kosteneffizient ist schließlich auch der Einsatz einer möglichst hohen Anzahl Freier Mitarbeiter und die Tendenz zur Bildung von Redaktionsgemeinschaften anzusehen. Hierdurch werden Personalfixkosten reduziert bzw. können in variable umgewandelt werden.

Im Anschluss an diese grundsätzlichen Ausführungen können nun die boulevard-typischen Strukturmerkmale – und zwar im Hinblick auf die Strategie der Kostenführerschaft – detaillierter beschrieben werden.

---

[69] vgl. z. B. die Kollegialverfassung der *FAZ* (Kollegium von 5 Herausgebern ohne Chefredakteur).

5.2.2.1 Funktionalorganisation und Ausdifferenzierung der Reporterrolle

Da die Gründer von Boulevardzeitungen prinzipiell die Strategie der Kostenführerschaft verfolgten und sich darüber hinaus stark auch am angloamerikanischen Stil des Zeitungmachens[70] orientierten, schlug sich das konsequenterweise in der Organisationsstruktur der Kaufzeitungsredaktionen nieder. Sie führt dazu, dass für boulevardjournalistische Arbeitsabläufe häufig die Metapher der Maschine bzw. des Fließbandes benutzt wird. Alina Niederfrieden charakterisiert die Arbeitsweise der Redaktion der österreichischen Boulevardzeitung *Neue Kronen Zeitung* als »Fließbandjournalismus«: »Verglichen mit den Durchschnittsredakteuren anderer österreichischer und ausländischer Blätter sind die Neue Kronen Zeitung-Schreiber Fließbandarbeiter, während Kollegen anderer Printmedien eigenständige Handwerker sind« (Niederfrieden, 1991, 24). In der ersten kritischen Studie zum Springer Konzern heißt es über *Bild*: »Der Vorgang der redaktionellen Herstellung hat etwas Maschinelles, Fließbandartiges an sich.« (...) »Kommt es in einer Herstellungsphase zu Verzögerungen, stauen sich die Seiten in der Endphase; der Zeitverlust potenziert sich. ›Wie liegen wir?‹ ist der Hauptschlachtruf, der durch Redaktion und Umbruchsaal schallt« (Müller, 1968, 106). Ein Beitrag für die Bundesausgabe der *Bild*-Zeitung durchläuft sechs verschiedene funktionale Teilbereiche: Der Reporter ist zuständig für die Recherche vor Ort. Gemeinsam mit einem Bundesmann schreibt er die Geschichte. Der Außenchef redigiert den Artikel und anschließend geht die Nachrichtenredaktion in Hamburg über den Text, danach noch ein Seitenredakteur und schließlich die Chefredaktion. Der ehemalige *Bild*-Chefredakteur Hans-Hermann Tiedje beschreibt die Abläufe so: »Ständig gehen Pläne hin und her, hinter denen sich Hunderte von Artikeln verstecken... Die Maschine ist gigantisch, und manchmal weiß die Linke nicht, was die Rechte tut.« Ein ehemaliger *Bild*-Redakteur bestätigt: »Ein Text geht durch so viele Hände... Die Kollegen, die ihn bearbeiten, sind immer weiter von den Ereignissen entfernt« (beide zit. in Sontheimer, 1995, 41). Viele der notorischen Falschmeldungen seien vermutlich weniger gewissenlosen Erfindern anzulasten als »der komplizierten Mechanik der Maschine Bild« (ebd.). Auch die Gestaltung des Produktionsraums bei *Bild*, der als »Herzmuskel der Zeitung« gilt, verdeutlicht anschaulich die Fließbandatmosphäre: Der Ort wird beschrieben als eine Mischung aus Sparkassenfiliale und der neuen Produktionshalle von VW. Die Einrichtung besteht aus ein paar Hydrokulturpflanzen in weißen Plastikeimern, indirektem Neonlicht und einem Konferenztisch, der zwölf Meter lang und zwei Meter breit ist und die Form eines umgedrehten T hat. In seiner Mitte läuft ein Fließ-

[70] Die Vorbildfunktion des englischen *Daily Mirror* bei der Gründung der *Bild*-Zeitung ist vielfach belegt (Kruip, 1999, 241; Jürgs, 1996, 162, 168); außer dem *Daily Mirror* zog Springer amerikanische Zeitungsarten zum Vergleich heran (Naeher, 1991, 91). Auch die österreichische *Neue Kronen Zeitung* ist von den englischen tabloids sehr stark beeinflusst worden (vgl. Malcolm, 1991, 165).

band, um Manuskripte vom Kopfende des Tisches auf die andere Seite zu befördern. Darüber hängt eine Bahnhofsuhr (vgl. Scheuring, 1998, 97). *Bild* produziert täglich in nur zehn Stunden 350 Seiten in zur Zeit 30 regionalen Ausgaben. *Bild* wird von insgesamt rund 800 Mitarbeitern gemacht: Reportern, Redakteuren, Sekretärinnen sowie 200 Produktionsredakteuren und Layoutern. Jeder vierte Mitarbeiter ist also mit der Produktion der Zeitung beschäftigt (Christiansen, 1993, 36). Der Produktionsprozess ist seit Beginn der 1990er Jahre durch eine stärkere Zusammenarbeit in Teams gekennzeichnet. Dieter Christiansen, Mitglied der Chefredaktion bei *Bild* Hamburg beschrieb die neuen Arbeitsabläufe folgendermaßen:

> »Wir haben Scanner und Laserdrucker in den Produktionsraum gestellt, die von Layoutern und Produktionsredakteuren gleichermaßen bedient werden können. Wir glauben, alles in einem Raum erspart noch mehr Zeit. Die kürzeren Wege, die bessere Kommunikation machen eine Zeitung noch aktueller. Korrekturen und Änderungen können auf Zuruf gemacht werden.« (...) »Nach der Themenkonferenz schreibt der Redakteur seinen Artikel nach einer vorher bestimmten Länge. Fotos werden ausgesucht und eingescannt. Der Produktionsredakteur entwirft ein Scribble für die Seite. Der Layouter überträgt nun das Scribble in den Computer – macht die Boxen für die Artikel, für Fotos, für Überschriften und für Bildunterschriften sowie auch das Linework für Meldungen mit dicken oder dünnen Randlinien. Es finden also alle Arbeitsvorgänge zeitgleich statt« (Christiansen, 1993, 36f.).

Trotz der neuen Teamarbeit blieb die grundsätzlich stark arbeitsteilige Organisationsstruktur aber erhalten. In Deutschland hat sich vornehmlich eine Redaktionsorganisation entwickelt, in der die meisten Mitglieder als »Redakteure« mit einem ganzheitlichen Allround-Tätigkeitsprofil arbeiten. In anglo-amerikanischen Zeitungsredaktionen herrscht dagegen traditionellerweise eine größere Arbeitsteilung vor; im Grad der Arbeitsteilung liege der erste grundlegende Strukturunterschied zwischen britischen und deutschen Redaktionsorganisationen – so Esser in seiner Dissertation über die Unterschiede der journalistischen Kulturen in Großbritannien und Deutschland (Esser, 1998, 351). Selbst bei kleinen britischen Regionalzeitungen würden die Arbeitsschritte Recherche, Schreiben, Redigieren, Kommentieren und Produzieren von verschiedenen Personen ausgeführt. In Deutschland hingegen bestimmten diese unterschiedlichen Arbeitsschritte das Tätigkeitsprofil eines einzelnen Journalisten; bei kleinen bis mittleren Tageszeitungen mache insbesondere in den Lokalredaktionen im Zweifelsfall jeder alles. Bei der stark lokal und regional geprägten Pressestruktur in Deutschland ist die Etablierung des Ganzheitlichkeitsprinzips als Norm in Deutschland daher nicht verwunderlich. Nach Experteneinschätzung werde sich daran auch nach Einführung neuer Redaktionstechniken (Redaktionssysteme, Ganzseitenumbruch) wenig ändern bzw. das Allrounderprinzip durch »Job-Enlargement« sogar weiter zunehmen (vgl. Esser, 1998, 352-354). Nur für eine gewisse Zeit gab es Anfang des 20. Jahrhunderts auch in Deutschland den Reporter, allerdings nicht als festangestelltes Redaktionsmitglied. Durch nachrichtentechnische Innovationen und die Verbreitung des Telefons wurden die externen Rechercheure wieder überflüssig, und die Redakteure selbst übernahmen die Informationsbeschaffung (vgl. hierzu Jonscher, 1995).

Aufgrund dieses ganzheitlichen deutschen Ansatzes konnte sich der recherchierende Reporter als eigenständiges Berufsbild hier nicht etablieren. Die deutschen (Vor-)Urteile zu Reportern in Deutschland hat Esser zusammengetragen (1998, 357-360). Seine Analyse lässt sich in folgenden Punkten zusammenfassen: In den einschlägigen deutschen Lehr- und Handbüchern zum Journalismus komme der »Reporter« nicht vor; wenn überhaupt sei die Arbeitsrolle des Reporters eher mit der des Freien Mitarbeiters der deutschen Lokalpresse zu vergleichen, denn von ihnen gehe die größte Rechercheleistung aus. Mit der Tätigkeit des Reporters seien auch andere, mit den britischen »reporters« nicht zu vergleichende Konnotationen verbunden: Als Reporter bei überregionalen Printmedien in Deutschland gälten eher diejenigen, die große Reportagen (im Sinne von anspruchsvollen, subjektiv geprägten Erlebnis- und Hintergrundberichten) schrieben und damit zu den Star-Journalisten zählten. Die einzige überregionale deutsche Tageszeitung, bei der das Tätigkeitsprofil ihrer Reporter am ehesten mit dem des angelsächsischen »reporter« übereinstimme, sei die *Bild*-Zeitung (vgl. Esser, 1998, 360). Hinzuzufügen ist hier, dass auch bei den regionalen deutschen Boulevardzeitungen explizit Reporter tätig sind: Die Anzahl der »Chefreporter« sind im Zimpel (Stand: März 2001) aufgeführt (s. z. B. *BZ* Berlin (drei), *Abendzeitung* (zwei) und *tz* (zwei) München, *Berliner Kurier* (drei)). Der Anteil der explizit als Reporter ausgewiesenen Mitarbeiter liegt – laut telefonischer Nachfrage bei *Bild* im Mai 2001 – bei ca. 30 % (wobei allerdings berücksichtigt werden muss, dass der Axel Springer Verlag grundsätzlich keine genauen Angaben über Redaktionsstärken macht). Als Orientierungsgröße ist die Zahl aber ein aufschlussreicher Beleg. Es heißt überdies, dass es keinen Ort der Republik gäbe, der weiter als 30 Minuten vom nächsten *Bild*-Reporter entfernt läge (vgl. Schmitz, Gless & Streck, 2000, 33).

Eine funktionale Redaktionsorganisation mit der entsprechenden Rechercheausdifferenzierung findet sich auch bei dem politischen Wochenmagazin *Der Spiegel*, wobei bei diesem eher publizistische Gründe, mithin die Orientierung am Berichterstattungsmuster des Investigativen Journalismus, der im angloamerikanischen Bereich viel stärker verankert ist, gespielt haben (vgl. ausführlich Esser, 1999a, b). »Die detailgenaue, hartnäckige Recherche und die Respektlosigkeit gegenüber Autoritäten hat der Spiegel von angelsächsischen Nachrichtenmagazinen übernommen« (Esser, 1998, 127). Da sich der investigative und der Sensationsjournalismus – vgl. Kap. 3.4 – in ihren Informationsbeschaffungsmethoden sehr ähneln, verwundert die strukturelle Nähe von *Bild*-Zeitung und *Spiegel* in dieser Hinsicht wiederum nicht.

Da die Ausdifferenzierung einer auf die Recherche spezialisierten Reportertätigkeit im deutschen Journalismus also eher die Ausnahme darstellt, wurde zwar einerseits von international vergleichenden Journalismusforschern die relative Recherchefaulheit deutscher Journalisten kritisiert (Esser, 1998, 397)[71], diese These andererseits durch die Ergebnisse der Münsteraner Journalistenenquête aber relativiert: Der durchschnittliche Zeitaufwand, den deutsche Journalisten für Recherche aufwendeten, sei im Vergleich zu allen anderen Tätigkeiten am höchsten (140 Min. pro Arbeitstag) (vgl. Weischenberg, Löffelholz & Scholl, 1994, 158 sowie Scholl & Weischenberg, 1998, 88ff). Allerdings muss hier nach Medien und Ressorts differenziert werden, da die durchschnittliche tägliche Recherchezeit beim Rundfunk am geringsten und bei Anzeigenblättern am größten ist; außerdem beschäftigen sich freiberuflich Tätige mit täglich fast drei Stunden im Durchschnitt fast eine Stunde mehr mit Rechercheaufgaben als festangestellte Journalisten mit 121 Minuten. Essers These: »Die selbständige Informationsbeschaffung (Recherche) spielt in Deutschland eine untergeordnete, die Weiterverarbeitung von Fremdmaterial (Agenturen) und die komplette, druckfähige Fertigstellung (Präsentation, Umbruch) eine übergeordnete Rolle« (Esser, 1998, 397), kann daher nur bezogen auf den internationalen Vergleich und die Rollenausdifferenzierung von Rechercheuren Gültigkeit beanspruchen. Zu Boulevardjournalisten kann leider aufgrund der Datenlage keine differenzierte Angabe gemacht werden, da die Gruppe der Journalisten bei Straßenverkaufszeitungen oder Boulevardmagazinredaktionen im Fernsehen in den genannten Untersuchungen nicht extra ausgewiesen wird.

Die im internationalen Vergleich geringere Rechercheleistung deutscher Journalisten geht außerdem einher mit zurückhaltenderen Methoden der Recherche (Esser, 1998, 118f). Deutsche Journalisten seien vergleichsweise zahm und lehnten eher als ihre Kollegen im englischsprachigen Ausland skrupellose Recherchemethoden[72] ab. Doch auch diese Aussage müsste einer stärkeren Differenzierung nach Medien und Berichterstattungsmustern unterzogen werden. So kommt die Hannoveraner Journalistenbefragung zu dem Fazit, dass es vorrangig die westdeutschen Redakteure und Volontäre des privaten Rundfunks seien, die von allen Journalisten die wenigsten Skrupel bei der Informationsbeschaffung hätten. Sie überträfen auch die Kollegen von der Straßenverkaufspresse (Schneider, Schönbach & Stürzebecher, 1993, 376). Die genauen Daten für letztere sind aber leider nicht ausgewiesen. Weil ungewöhnliche Recherchemethoden sowohl als Indikatoren für harten, investigativen Journalismus als

---

[71] Demgemäß verbringen in Deutschland nur 21 % der Journalisten »sehr viel Zeit mit Berichten auf der Grundlage persönlicher Recherche.« In Großbritannien und den USA seien es mehr als doppelt so viele (48 und 44 %) (vgl. Esser, 1998, 397).

[72] Beispielsweise halten es nur 2 % der befragten deutschen Journalisten für vertretbar, Informanten unter Druck zu setzen, im Gegensatz zu 59 % der britischen und 49 % der amerikanischen Kollegen (Esser, 1998, 119).

auch für skrupellose Sensationsgier von Journalisten angesehen werden können, unterzogen Scholl & Weischenberg ihre Umfragedaten einer Faktorenanalyse, die genau diese entsprechenden zwei Faktoren generierte:

> »Man kann klar zwischen Methoden harter Recherche und skrupelloser Recherche unterscheiden. Zur harten Recherche gehören die Maßnahmen der Informationsbeschaffung, die zwar nicht alltäglich vorkommen, aber mit dem Wert der erhaltenen Informationen offenbar gerechtfertigt werden können. Als skrupellos empfinden die Journalisten dagegen die unfaire Behandlung von Informanten sowie die Verletzung der Privatsphäre« (Scholl & Weischenberg, 1998, 190).[73]

Die Autoren untersuchten desweiteren die Zusammenhänge zwischen Recherchemethoden und diversen anderen »Aufrissvariablen«: Weder die Strukturvariablen Medienbereich und Ressort noch die Arbeitsrollen könnten skrupelloses Recherchieren erklären (ebd., 191); allerdings wurde für die Tagespresse nicht nach Abonnement- und Straßenverkaufs-presse differenziert. Festgestellt wurde aber, dass die Zustimmungstendenz zu skrupelloser Informationsbeschaffung ausgeprägter bei jüngeren, männlichen Journalisten sowie Journalistik- und Publizistikabsolventen war. Überdies konnte – und das ist in vorliegendem Zusammenhang besonders erwähnenswert – der Einfluss redaktioneller (organisatorischer) Bedingungen nachgewiesen werden. Demgemäß haben offensichtlich ein ausgeprägteres hierarchisches Gegenlesen und Einflüsse der mittleren und oberen Führungsebene einen enthemmenden Effekt auf die Journalisten (vgl. Scholl & Weischenberg, 1998, 111, 117 und 191f.) – oder anders ausgedrückt: Je hierarchischer und arbeitsteiliger die Redaktionen organisiert sind und je autoritärer der Führungsstil, desto geringer die Hemmschwelle der Redakteure. Skrupellose Recherche werde in erster Linie »›von oben‹ geduldet« (ebd., 193). Welche Einstellungen gegenüber ungewöhnlichen Recherchemethoden im Subsystem des Boulevardjournalismus existieren, wird leider aus diesen Daten nicht ersichtlich. Etwas spezifischere Daten lieferte diesbezüglich die Arbeit von Piringer (1989), die Journalisten unterschiedlicher Medien im Großraum München (darunter zwei regionale Abonnementzeitungen, drei regionale Boulevardzeitungen (*AZ, tz* und *Bild* München) sowie sechs regionale Hörfunkredaktionen) zum Thema »Investigativer Journalismus« befragte. Bei den Boulevardzeitungsredakteuren war die Zustimmungstendenz zu allen vorgegebenen un-

[73] Dazu zählen: Einschleichen in einen Betrieb oder eine Organisation, Vortäuschen der Identität oder der Meinung einer anderen Person, Benutzung vertraulicher Unterlagen, Benutzung versteckter Kameras oder Mikrofone sowie Scheckbuchjournalismus. Interessant war die Doppelladung der Items zum Scheckbuchjournalismus und zum Vortäuschen einer anderen Meinung zwecks Vertrauensbildung; beide gelten sowohl als Zeichen investigativer als auch skrupelloser Recherchepraxis (Scholl & Weischenberg, 1998, 190).

lauteren Recherchemethoden[74] jeweils am stärksten ausgeprägt. Besonders die heimliche Recherche (»Einschleichjournalismus«) wurde von annähernd zwei Dritteln der Boulevardjournalisten gegenüber 21 % der Hörfunkredakteure und 37 % der Kollegen der Abonnementpresse befürwortet (Piringer, 1989, 117f.). Diese hohen Differenzen belegen einmal mehr, dass es Sinn macht, den Boulevardjournalismus als besonderes Subsystem im Journalismus anzusehen. Die seit 1986 beim *Kölner Express* tätige Redakteurin Sieglinde Neumann, die über amerikanisches Redaktionsmanagement promovierte, beschwört die engagierte, fast leidenschaftliche Recherche als genuine Leistung im Boulevardjournalismus, aus dem die Reporter maßgeblich ihr professionelles Selbstbewusstsein schöpften (Neumann, 2000, 10).

5.2.2.2 Hierarchische Struktur und die Macht der Chefredakteure

Die konkreten hierarchischen Strukturen im Boulevardjournalismus sind bislang in Deutschland z. B. von Wallraff (1977) sowie Schulte-Willekes (1978) und in Österreich von Niederfrieden (1991) sowie Weber (1995) genauer beschrieben worden; diese Autoren hatten die Gelegenheit zu Feldforschung bzw. Redaktionsbeobachtungen. Alina Niederfrieden, die in ihrem kurzen Aufsatz Arbeit und Alltag in der *Neuen Kronen Zeitung* aus eigener Erfahrung schildert, vergleicht die Hierarchie des Redaktionssystems mit einer Pyramide. Die Verleger bzw. Herausgeber mit engem Vertrautenzirkel sitzen an der Spitze, gefolgt von einem Exekutivstab (Geschäftsführer, Chefredakteure); etwa auf der gleichen Ebene sind die »Stars« angesiedelt (Kolumnisten, Spitzen der Hauptstadtredaktion, Leiter der Bundesländerredaktionen), denen aber ein nur äußerst beschränkter Einfluss gegeben ist. Auf der untersten Ebene befinden sich die von ihr so genannten »Arbeitsbienen« (Basisredakteure, Reporter, Freie Mitarbeiter), denen kaum eine Möglichkeit zur Mobilität nach oben gegeben wird. Da die Entscheidungsdelegation von unten nach oben erfolgt, ist die Macht innerhalb weniger Hände an der Spitze der Hierarchie gebündelt, also autokratisch verteilt. Die *NKZ*-Redaktion sei zwar – so Weber in den Ausführungen zu seiner viermonatigen Redaktionsbeobachtung der Salzburger Lokalredaktion der *Krone* – wie alle anderen Redaktionen auch binär organisiert: Sie bestehe grob vereinfacht aus jenen, die kontrollierten, und aus jenen, die diese Kontrollen internalisierten, befolgten und täglich aufs Neue anwendeten. Diese binäre Machtstruktur sei

[74] Bei den Items handelte es sich um (vgl. Piringer, 1989; in Klammern ist jeweils die Zustimmungsquote der Boulevardjournalisten ausgewiesen): »Manchmal ist es besser, gegenüber einem Informanten nicht ausdrücklich zu erwähnen, daß man Journalist ist« (33 %, S. 113). «Wenn ich eine Person beobachten möchte, die mich aber erkennen würde, so müßte ich mich tarnen oder verkleiden« (30 %, S. 116). »Wenn man aufgrund der Recherche in eine geschlossene Veranstaltung oder in einen Betrieb hineinkommen will, so erweckt man am besten den Eindruck, man gehöre zu den Teilnehmern/ Mitarbeitern« (62 %, S. 116). »Manchmal müssen Journalisten ihre Informanten zum Sprechen ermutigen, indem sie vorgeben, bereits zu wissen, was diese vor ihnen verbergen« (95 %, S. 120).

nur wesentlich stärker ausgeprägt als bei den meisten anderen Medien (Weber, 1995, 164). Die von Niederfrieden so benannten »Stars« fielen im Grunde aus dem Schema heraus; gerade die Kolumnisten brächten ihre wöchentlichen Kolumnen lediglich vorbei und seien so gut wie nie innerhalb des redaktionellen Gefüges tätig (ebd.). Diese Sonderrolle der Kolumnisten konnte Makowsky (1988) in seiner Arbeit über die Klatschkolumnisten deutscher Boulevardzeitungen bestätigen. Seine schriftliche Befragung, die aufgrund des hohen Rücklaufes[75] als repräsentativ angesehen werden kann, ergab, dass die Klatschkolumnisten für sich selbst eine Sonderrolle deklarieren; sie charakterisieren ihre Arbeit als »sehr unabhängig«, sowohl, was die Gestaltung des Arbeitsablaufs, als auch den redaktionellen Inhalt der Kolumne betrifft, sie haben eine hohe Berufszufriedenheit und schätzen ihren sozialen und beruflichen Status sehr hoch ein (Makowsky, 1988, 65 und 82f.).

In der »Kaste« der »Arbeitsbienen« konnte Weber ein hierarchisches Gefälle feststellen: Annähernd 40 % aller namentlich gekennzeichneten Artikel stammten im Beobachtungszeitraum von nur zwei Redakteuren (bei insgesamt 11); mit anderen Worten: Ein fleißiger Spitzenreiter – von Weber als »Arbeitstier« bezeichnet – verfasste so viele Artikel wie vier andere Redakteure zusammen. Zusätzlich schrieben beide Spitzenreiter auch die längsten Beiträge: 40 % aller Druckzeilen wurden im Beobachtungszeitraum von ihnen geleistet. Beide Ergebnisse belegen eindeutig eine »extrem ungleich verteilte Arbeitslast« (Weber, 1995, 177). Insofern könne man die Basisredakteure in zwei Gruppen einteilen: in die »aktiven Arbeitsbienen«, die bei der Kontrollinstanz aufgrund ihres Fleißes positiv sanktioniert werden, was wiederum ihre Motivation steigert, und in die »Arbeitsbienen in passiver Resistenz«, die sich mit ihrem geringen sozialen Status innerhalb des Redaktionsgefüges abgefunden haben und mit Ironie oder Arbeitsverweigerung reagieren (vgl. die Beispiele bei ebd., 179-183). Diese Aufteilung erinnert an zwei der insgesamt fünf Reportertypen, die Schulte-Willekes idealtypisch beschrieben hat, nämlich die »Blinzen« und die »Macher«: »Blinze« bedeutet Nichtskönner, Versager. Dieser Stempel wird denen aufgedrückt, die Fragen vergessen haben oder stundenlang an ihrer Geschichte herumbasteln:

> »Niemand schreit: ›Du bist eine Blinze!‹ Aber wer den Stempel hat, merkt es: Plötzlich kriegt er keine große Geschichte mehr, nur noch langweilige Meldungen, irgendwelche Umfragen werden ihm aufs Auge gedrückt. Seine liebevollen Zeilen werden dann zu vier zusammengestrichen. Es sind die ›vergessenen‹ Reporter in den Redaktionen. Manche fangen an zu saufen, einige kündigen, andere rappeln sich wieder hoch« (Schulte-Willekes, 1978, 70).

---

[75] Er erhielt Antworten von 12 der insgesamt 14 bei Boulevardzeitungen tätigen Klatschkolumnisten.

»Macher« sind demgegenüber die Workaholics, die Zähne zeigen und das bekommen, was sie wollen: »Nebenbei schreiben sie eine Story und zehn Meldungen, trinken dabei Kaffee, machen Personalpolitik und werden nicht einmal müde« (ebd.). Zusätzlich unterschied Schulte-Willekes noch die »Bunkerknakker«, die »Telefonartisten« und die »Dichter« (vgl. 1978, 66-70).

In ihrer zu Beginn der 1990er durchgeführten international vergleichenden Journalismusstudie in fünf Ländern, in der es auch um die Frage der relativen Intensität redaktioneller Kontrolle ging, stellten Donsbach & Patterson fest, dass die deutschen Journalisten im Vergleich zu ihren ausländischen Kollegen besonders selten Eingriffe des Managements und der Redaktionsleitung erlebten und insgesamt große Freiheiten bei ihrer Arbeit genießen (vgl. zusammenfassend Donsbach & Wolling, 1995, 423f.). Die Autoren befragten allerdings nur Journalisten bei tagesaktuellen Medien aus den Bereichen Politik und Zeitgeschehen; Boulevardjournalisten wurden nicht gefragt. Es ist daher zu bezweifeln, ob sich diese Befunde auf das Boulevard-Subsystem übertragen lassen.

Arbeitsteiliges, hierarchisches Gegenlesen erfolgt in den Boulevardredaktionen nicht zur journalistischen Qualitätssicherung, sondern aus Produktstandardisierungsgründen: »Überprüft werden die Artikel strenger als in anderen Redaktionen. Ressortchef, Chefredakteur, Wiener Zentralredaktion (auch Produktion) prüfen die Arbeit. Geändert wird z. B. dann, wenn der Text für die große Aufmachung zu schwach ist. Dabei wird mitunter sehr großzügig mit Fakten umgegangen« (Niederfrieden, 1991, 32).

Abb. 29: Chefredakteure und Verkaufsauflagen von *Bild*

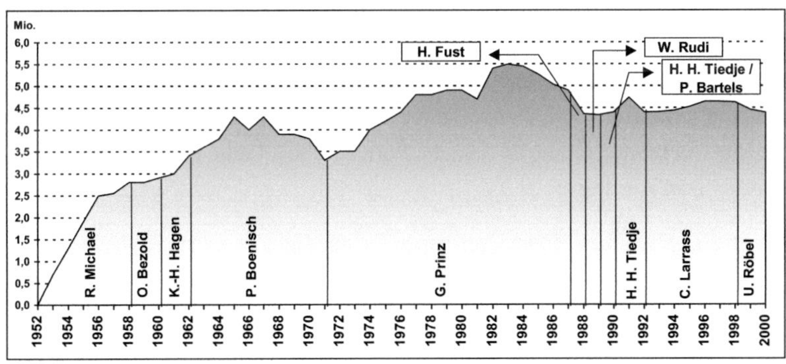

Quelle: IVW II. Quartal (Verkaufsauflage mo-sa)

Die patriarchalisch-autoritäre Hand der Verleger von Boulevardzeitungen ist vielfach belegt (zu Alfred Neven-Dumont vgl. z. B. Ott, 1984, Lungmus, 1996, Koschnik, 1998,22; zu Axel Springer vgl. z. B. Naeher, 1991, 171f., Sjurts, 1996, 48). Sie setzten handverlesene Exekutivorgane an die Spitze ihrer Blätter, die Chefredakteure, die selbst in autoritärem Führungsstil die Blätter »machen«. Nun sind Chefredakteure bei allen Medien mit einer gewissen Machtfülle ausgestattet, doch wie autoritär diese Macht ausgespielt wird, dürfte von Medium zu Medium unterschiedlich sein. Im Boulevardjournalismus ist ein autokratisch-autoritärer Führungsstil aus Effizienzgründen notwendig, da er die Schwächen der Funktionalorganisation ausgleichen kann. Inhaltliche Entscheidungen und ganze publizistische Kampagnen würden von den Chefredakteuren regelrecht verordnet und auch ohne Rücksichtnahme auf das Urteil einzelner Journalisten durchgezogen (vgl. Bruck & Stocker, 1996, 17). Bei *Bild* ist seit Gründung des Blattes der 12. Chefredakteur tätig (s. Abb. 29). Seit Ende 2000 hat mittlerweile Kai Diekmann diesen Posten übernommen.

Aus der frühen *Bild*-Zeit stammt das Image der Chefredakteure als »moderner Westernhelden«, als Schlagzeilen-Pistoleros (wie Böll sie in seiner Erzählung »Die Ehre der Katharina Blum« beschrieben hat): »Die tägliche Produktion wurde zum aufregenden Abenteuer, es herrschte eine Aufbruch-Stimmung, ein Wildwest-Treck unterwegs ins gelobte Land der hohen Auflagen« (Lohmeyer, 1992, 156). Karl-Heinz Hagen, vorher Chefredakteur der *BZ am Mittag*, führte nach dem Motto »Hier ist lange genug geschlafen worden« gleich einen radikalen Personalwechsel in der Redaktion durch; in die meisten Schlüsselstellungen rückten »Hagen-Leute« ein (Müller, 1968, 87); Hagen wird von Müller als »Feldherr« charakterisiert (ebd., 89). Über die beiden Chefredakteure Günter Prinz und Karlheinz Hagen schreibt der Springer-Biograph Jürgs: »Prinz war eher der Mann fürs Grobe, Hagen eher der Feingeist, aber beide immer bereit, wenn nötig mit Begriffen wie ›Pfeife‹ oder ›Tränentier‹ einem faulen Redakteur buchstäblich in den Arsch zu treten. (...) Sie stilisierten sich durch ihr Auftreten und ihr ähnliches Outfit zum Duo geniale des Boulevadjournalismus« (Jürgs, 1996, 177). »Man kann kein lieber Mensch sein und eine ›Bild‹-Redaktion mit siebenhundert Leuten führen« habe Prinz gesagt (ebd. 180f.). Hans-Hermann Tiedje galt als »Haudrauf-Journalist« (Koschnik, 1998, 16); ein hartes Sex & Crime-Konzept war sein Erfolgsrezept. Die moderne Westernhelden-Attitüde brachte Alexander Osang in seinem Portrait über Tiedje sehr eingängig und plakativ zum Ausdruck:

> »Es war Sommer 1994, und Tiedjes Colt saß locker. Hans-Hermann Tiedje hockte breitbeinig auf dem umgedrehten Berliner Kneipenstuhl wie auf einem Pferd. Er kaute ein belegtes Baguette, das aus einer Papiertüte ragte, rauchte einen Zigarillo und redete. Alles gleichzeitig und sehr laut. Links und rechts von ihm saßen zwei dicke Männer mit verwegenen Gesichtern und leeren Augen. Wenn er redete, schwiegen sie, und so schwiegen sie die meiste Zeit. Seine Stellvertreter, seine Vollstrecker« (Osang, 1996, 201).

Zwischen all den gebügelten Verlagsmenschen habe Tiedje wie ein Arbeiter gewirkt: »Der Schimanski unter den Chefredakteuren. Ein Mann, der immer einen Fluch auf den Lippen trug, aber kein Zyniker war« (ebd., 203).

1993 holte Claus Larass Udo Röbel als Stellvertretenden Chefredakteur zu *Bild* Hamburg. Als Larass in den Vorstand berufen wurde, rückte dieser nach. »Seitdem macht Röbel das Blatt allein, was wörtlich zu nehmen ist, denn jede einzelne Schlagzeile entspringt irgendwann seinem Kopf...« (Scheuring, 1998, 102). Der »Bauchmensch« Udo Röbel, der fast ein Berufsleben im Boulevard-Journalismus (ehemals Kölner *Express*, *Bild am Sonntag*) zugebracht hat (vgl. Leyendecker, 1999a), ließ sich für die Exklusiv-Reportage »Bild inside« von Redakteuren der Zeitschrift *Max* einen Tag lang beobachten und beurteilen: Sein Führungsstil sei ziemlich unaufgeregt und wenig eitel (Scheuring, 1998, 99). Die Vorgänger empfingen immer gerne in schneeweißen Lederfauteuils vor teurer Kunst und mit 700-Mark-Zigarren zwischen den Zähnen. In einem *SZ*-Portrait wird Röbel als Arbeitstier vorgestellt:

> »Udo Röbel liest und raucht bei allem, was er tut. Alle halbe Stunde reichen sie ihm ein neues Paket beidseitig bedrucktes Endlospapier aus dem Computer, eine Handbreit hoch. Die Agenturmeldungen. Er liest sie alle: alle Agenturen, alle Ressorts, alle Länder. Es müssen Kilometer sein, Kilometer von Meldungen und Informationen, dazu drei Schachteln Marlboro, Tag für Tag, Woche für Woche« (Roll, 1999, 3).

Udo Röbels unmittelbare Macht könne man aber besichtigen, wenn die Unterchefredakteure zu ihm kommen:

> »Und alle schweigen, bis der Chef etwas sagt. Weil er manchmal sehr lange nichts sagt, während er in den Agenturen liest, schweigen sie manchmal sehr lange. Wer sich jemals klarmachen möchte, woher der Ausdruck ›hohes Ansehen‹ kommt, der sollte die Chefs und leitenden Redakteure von Bild einen Tag lang im Produktionsraum beobachten. Alle schweigen. Alle schauen immer nur diesen einen Mann an. Ob er etwas sagt, ob er eine Idee hat, oder einen Vorschlag, den er mit leiser Stimme vorträgt. Dann nicken alle« (ebd.).

Am Besuchstag zeichnete sich gegen Nachmittag in der damaligen Jugoslawien-Krise zum ersten Mal deutlich ab, dass Milosevic möglicherweise doch nachgeben könnte. Durch die aufmerksame Lektüre der Agenturmeldungen war Röbel das nicht entgangen. Er lässt verlauten: »Wir schmeißen alles um. Wir machen als Aufmacher: Diese Woche Frieden. Mit Fragezeichen. Und Kommentar.« Röbel entscheidet alleine, »ob für 12 Millionen Menschen Berti ist oder Frieden« – aber er müsse es auch entscheiden (Roll, 1999, 3).

Einer der schrillsten, exzentrischsten Typen dürfte wohl Franz Josef Wagner (ehemals *Bild*, *Bunte* und *Super! Zeitung*) sein, der im Juli 1998 den Chefsessel von Berlins größter Kaufzeitung, der *BZ* erklommen hatte. Wagner gilt als »Redaktionschaot«, als »Triebtäter«, als »Klaus Kinski der Branche« oder als »Popstar unter den deutschen Chefredakteuren« (Busche, 1998, 24; Koschnik, 1998, 20; Augstein, 1998a, 17). »Gossen-Goethe«, »Gossen-Shakespeare« und »Gossen-

Hemingway« ist er genannt worden (Posche, 1996, 102). »Ärgert er sich über Redakteure, ergießt sich eine ganze Flut deftiger Schimpfworte über die armen Sünder« (Koschnik, 1998, 20). Die Reaktionen der Redakteure, die Martin Busche festgehalten hat (1998, 24), verdeutlichen seinen autoritären, launischen Stil: »Ich kam mir vor wie bei der Bundeswehr.« Relativ erträglich fand ihn nur die Sportredaktion mit der Begründung, dass er sie in Ruhe lasse. Wagner habe kein Konzept gehabt: »Er wütet durch die Redaktion und wirft selbstherrlich alles um« (zit. bei Koschnik, 1998, 20). Er sage »böse Sachen« in Konferenzen, lasse seine Redakteure Überstunden »ohne Ende« machen und schummele im Impressum (Niggemeier, 1998, 20). Wagner war der erste Mensch in Deutschland, dem eine »Hatepage«, eine Hassseite im Internet, von anonymen *BZ*-Redakteuren gewidmet wurde (vgl. Augstein, 1998b, 21).

> »Wagner macht alles selber, loben, tadeln, schwärmen, strangulieren. Und seine Redakteure sind ›Ignoranten‹ und ›Idioten‹, weil sie seinen Hirn-loopings nicht folgen können. Schreiber sind ›Wichser‹, Redakteurinnen nennt er ›die Mütter aller Schnecken‹. Jemand muß ihm gesagt haben, daß Chefredakteure Tyrannen sein müssen. Und Wagner hat es geglaubt« (Posche, 1996, 100).

In Gewerkschaftszeitungen wird Wagner angeprangert, weil er in einem Monat allein 230mal gegen die Arbeitszeitordnung verstoßen haben soll. 13,5 Überstunden am Tag hätten manche Redakteure auf dem Konto (ebd., 101). Wagners Nachfolger, *BZ*-Chefredakteur Georg Gafron, wird »Sylvester Stallone der Berliner Journaille« genannt (Reents, 2001, 22), gilt als bodenständiger Mann fürs Grobe und sei dabei der einflussreichste Lokal-Journalist der Republik. Er habe wieder straffe Disziplin und Ordnung in die Redaktion gebracht: »Zustände wie bei Wagner, der sich die Themen statt in der Konferenz schon mal am Autotelefon vorlesen ließ, gibt es nicht mehr« (Frömel, 2001, 19)

Für die kränkelnde *Hamburger Morgenpost* wurde im April 1996 Mathias Döpfner (jetzt Zeitungsvorstand bei Springer) als Chefredakteur eingesetzt. Nach seinem Ausscheiden ließ der Verlag verlauten, dass dieser die Zeitung aus einer Krise geführt habe. Döpfner hatte eine radikale Personalpolitik betrieben, mehr als 20 Redakteure entlassen und kurzerhand die Ressorts aufgelöst. Aus einem über lange Jahre gestrickten und gepflegten Geflecht von Redaktionshierarchien kappte er zwei Ebenen, autokratisierte also die Entscheidungsstrukturen. Gewerkschafter sollen von »Kettensägen-Massaker« gesprochen haben (Koch, 1996, 77; Carini, 1996, 15). In der Redaktion wollte das niemand kommentieren – so Ulla Küspert (1998b, 26) – die Mienen seien bitter gewesen und aus dem Off seien Ausdrücke wie »verbrannte Erde« zu hören gewesen.

Der Chefredakteur der österreichischen Boulevardzeitung *NKZ*, Friedrich Dragon, der seit Jahren offiziell in Pension ist, führt aber unverändert das Tagesgeschäft weiter, während der seit Jahren auf die Nachfolge hoffende Mittvierziger Christoph Biro zwar einen Vertrag als Chefredakteur besäße, aber »so sehr im Schatten der Altvorderen« stünde, dass er nicht mal im Impressum genannt wurde (Hopp, 2000, 91). Die Macht dieser »Old Boy-Connection« geht von Hans Dichand, dem 80-jährigen Herausgeber, aus, der die *NKZ* seit der Neugründung des Blattes im Jahr 1959 leitet und sich selbst als »Vorhof der Macht« sieht. Dichand umgebe sich nur mit Gleichgesinnten und Gleichaltrigen oder »profillosen Ja-Sagern« und könne daher völlig ungebremst agieren. Ein Nachfolger sei nicht in Sicht (Jelinek, 2002, 17).

Die Autokratie der Chefredakteure des Boulevardjournalismus war auch in der Schweiz stark ausgeprägt. Peter Uebersax, der Ende der 80er von Verleger Michael Ringier abgesetzt wurde, galt als »journalistischer Haudegen« (Calonego, 1997, 15). In ihrem Interview mit dem *Blick*-Chefredakteur über den Boulevardjournalismus konnten Haller & Müller folgende Aussagen »herauskitzeln«: »Ich liebe diese Zeitung, ich identifiziere mich sehr stark mit ihr. Vor allem habe ich das sichere Gefühl, die Zeitung so machen zu können, wie ich es will« (Haller & Müller, 1981, 249). Auf den kritischen Einwand, dass es Äußerungen von Mitgliedern der Redaktion gäbe, dass die Linie von Geschichten sehr autoritär festgelegt würde, entgegnet er: »Es ist ja völlig klar: Wer die Konferenz führt, versucht, die Stories möglichst plastisch zu machen. Er frägt ab, er frägt nach, er will wissen, ob er die Story bis zu einem gewissen Punkt bringen kann.« (...) »Die Redaktionskonferenz beschließt wirklich unter meinem Vorsitz, was wir machen. Selbstverständlich habe ich das letzte Wort dabei«. Die einzige Möglichkeit, die Redaktion einer Boulevardzeitung überhaupt zu führen, sei die »Diktatur des Chefredaktors« (Haller & Müller, 1981, 261f. u. 263).

In einem Interview äußerte sich der langjährige Chefredakteur der *Bild am Sonntag*, Michael Spreng, über die Personalprobleme im Boulevardgeschäft: »Meine These ist, daß es eine Krise der Macher ist, es gibt zu wenig geeignete Macher im Boulevard-Geschäft.« Er klagt über fehlenden journalistischen Nachwuchs, was damit zu tun habe, dass Boulevardzeitungen vor allem für ihre rüden Führungsmethoden berüchtigt seien (Spreng zit. in Marx, 1999, 12).

5.3 Der Funktionskontext: Standardisierung des Arbeitsprogramms

Da sich vor allem tagesaktuelle publizistische Produkte durch die prinzipielle Heterogenität des Rohmaterials durch die Nichtplanbarkeit der Ereignislage einer Standardisierung/Normierung entziehen, haben Boulevardzeitungsorganisationen ein Problem: Wie kann im Hinblick auf eine effiziente Verfolgung der Strategie der Kostenführerschaft dennoch eine weitestgehende Standardisierung erreicht werden? Die Lösung besteht in der konsequenten Verfolgung der »Outputprogrammierung«, deren Kennzeichen es ist, rein zielgruppen- und nicht ereignisorientiert zu produzieren. Sie wird erreicht über die Kultivierung sowie Sanktionierung eines bestimmten Arbeitsprogramms (Selektion, Layout,

Darstellungsweise). Kultivierung und Sanktionierung können a) informell stattfinden durch strenges hierarchisches Gegenlesen sowie b) formell durch die Ausgabe von expliziten Regeln: z. B. verlegerischen Grundsätzen, Stilbüchern, Verhaltensregeln und c) durch die Schere im Kopf, also durch Selbstdisziplinierung, die aufgrund der peu à peu erlernten Internalisierung der Bearbeitungsstandards erfolgt.

Zielgruppe ist die »Masse«, der Durchschnittsbürger, auf dessen Seite sich der Boulevardjournalist stellt und dessen vermeintliche Bedürfnisse er sich zu eigen macht. Das von Boulevardjournalisten angestrebte Rollenbild ist der Anwalt des kleinen Mannes, die Vox populi: Hans Dichand, Kopf der *NKZ*, formulierte diesen Anspruch folgendermaßen: »Wenn ich wir sag, mein ich stets die gesamte Redaktion oder auch die Mehrheit der Österreicher«. Der redaktionelle »Instinkt« müsse strikt die Perspektive des kleinen Mannes einnehmen (zit. in Hopp, 2000, 88f.). »Ich nehme die Stimmungen auf und bin immer auf der Seite der kleinen Leute« – so Udo Röbel (ehemaliger *Bild*-Chefredakteur) in einem *SZ*-Portrait (Roll, 1999, 3). Sein Vorgänger, Claus Larass, entgegnete auf die Interviewfrage, ob *Bild* immer noch für den ›kleinen Mann‹ kämpfe: »Ja. Aber ich mag das Wort ›kleiner Mann‹ nicht. Warum ist der eigentlich klein? Wir sind sicherlich der Anwalt der arbeitenden Bevölkerung« (zit. in Koch & Hartmann, 1996, 115). Axel Springer selbst prägte das Bild vom Mann auf dem Balkon, der müde von seiner Werftschicht nach Hause gekommen ist und nun wissen will, was in seiner Umgebung passiert ist (vgl. Jürgs, 1996, 161 und 175). Die Stimmung im Lande könne man nur erfassen, wenn man das Ohr bei den kleinen Leuten habe. Röbel, der bevorzugt in einfachen Kneipen und Restaurants verkehrt, kritisiert Chefredakteure, die ihren »Job aus einer intellektuellen Perspektive heraus« machen: »Die glauben, daß sie Volkes Stimme hören, wenn sie einmal im Monat mit dem Taxi zum Flughafen fahren. Aber man darf den Leuten nicht die Welt erklären. Man muß nur den Deckel heben von ihren Gedanken« (zit. in Scheuring, 1998, 102).

Um diese Zielgruppe massenhaft zu erreichen, soll die Unterhaltung vor die Information gestellt werden: Die Leser zu unterhalten sei »die Hauptaufgabe des Blick«, sagt der langjährige Chefredakteur des Schweizer Boulevardblattes. Die Funktion dieser Zeitung bestehe doch darin, die Gesamtheit des Volkes anzusprechen – und zwar gemäß der Vorgabe durch den Verleger: »In erster Linie unterhalten wir die Leute, in zweiter Linie informieren wir« (zit. in Haller & Müller, 1981, 250 u. 255). Das Grundkonzept der *NKZ* sei seit den Anfängen der Zeitung im Jahr 1959 die Unabhängigkeit von politischen Parteien, das Bestreben, eine massenattraktive Volkszeitung zu machen, und die Betonung des Unterhaltungsfaktors gewesen, erläutert Hans Dichand in einem Interview von 1990 (Malcolm, 1991, 162f.). Der ehemalige Nachrichtenchef bei *Bild* Hamburg, Vollrath von Heintze, der von 1993-1997 Leiter der Axel Springer Journalistenschule war, äußerte sich 1997 in einem Interview:

> »Boulevard bedeutet eine andere Herangehensweise an den Journalismus. Die richtige Auswahl von Nachrichten definiert sich speziell bei einer Boulevardzeitung (...) aus der Verpflichtung, ein informierendes und unterhaltendes, also gut verkäufliches Produkt herzustellen. Wer missionieren will, der soll doch sehen, daß er sich von der Kirche finanzieren läßt« (Kall, 1997, 49).

Da sich die »Masse« vermeintlich am besten durch intensive Gefühlsansprache mobilisieren lässt, steht im Zentrum des Diskurses boulevardformatiger Medien die Vermittlung von Gefühlswelten. »Grundsätzlich wird in der Redaktion der Neuen Kronen Zeitung (...) die Emotion vor die Information gestellt. Das wirkt sich in der Redaktionsarbeit auch auf die Art der Recherche aus. Das journalistische Motto könnte man auf folgenden Satz reduzieren: ›Denk immer das Extremste, das Aufregendste, und recherchiere daraufhin, mach das zur Story!‹« – so das Urteil der Insiderin Alina Niederfrieden (1991, 26). Ähnliches bestätigt der ehemalige Chefredakteur von *Bild*: Da die Leute bei 30 TV-Kanälen und mehr den Überblick verlören, interessiere es sie gar nicht mehr, ob die *Bild*-Zeitung wirklich was Neues habe. Es sei daher wichtiger denn je, ihre Gefühlslage zu treffen. »Deshalb ist es so wichtig zu wissen: Treffe ich insgesamt das Lebensgefühl, die Sprache, das Herz des Lesers?« (Röbel, zit. in Hartmann, 1995, 10).

Standardisierung bei der Selektion, Produktion und Präsentation werden erreicht durch informell oder sogar schriftlich fixierte Regeln[76], die den Redakteuren vermittelt werden. Der Gründer und Herausgeber der Münchner *Abendzeitung* ließ in einem Rundschreiben an alle Redaktionsmitglieder verlauten, dass nach der Auswahl der aktuellen Pflichtmeldungen erst das eigentliche Abenteuer des Boulevardredakteurs beginne, nämlich das Aufspüren von Meldungen, die beim Leser irgendeine Gefühlsreaktion hervorrufen können. U. a. seien für Boulevardnachrichten folgende Regeln zu berücksichtigen: • Alltägliches in den

[76] Eine Standardisierung im politischen Sinne wie bei Springer ist eher die Ausnahme als die Regel. Der Verleger proklamierte vier «Grundsätze der Unternehmensführung« als Richtlinien für die Arbeit in Zeitungs- und Zeitschriftenredaktionen seines Konzerns: 1. Das unbedingte Eintreten für die friedliche Wiederherstellung der deutschen Einheit in Freiheit, 2. Aussöhnung zwischen Juden und Deutschen sowie die Unterstützung der Lebensrechte des israelischen Volkes, 3. Ablehnung jeglicher Art von politischem Totalitarismus und 4. Verteidigung der sozialen Marktwirtschaft (vgl. Brumm, 1980, 132). An die Stelle von Punkt 1 ist nach der Wiedervereinigung die Herstellung der inneren Einheit getreten. Diese Richtlinien werden bei *Bild* auch heute noch, rund 15 Jahre nach Springers Tod akzeptiert, wie Frank Mahlberg, *Bild*-Verlagsbüro Hamburg, in einem Telefongespräch mit der Verfasserin am 9. Mai 1998 bestätigte. »Es war untersagt, ohne Wissen des Verlegers den innenpolitischen Kurs zu ändern, die vier Essentials aufzugeben,...« (Stöber, 1999, 309) Das geht aus Protokollen des Redaktionellen Beirates hervor, der zwischen 1963 und 1970 tagte. Führende Mitarbeiter wurden immer wieder in lockeren Gesprächen instruiert (ebd., 301). Unmittelbar nach den Terroranschlägen in den USA am 11.9.2001 haben Vorstand und Aufsichtsrat des größten deutschen Presseunternehmens beschlossen, die Grundsätze zu erweitern, die in den Arbeitsverträgen der Redakteure festgehalten sind. Zu den bisherigen vier Leitlinien kommt nun »die Unterstützung des transatlantischen Bündnisses und die Solidarität in der freiheitlichen Wertegemeinschaft mit den Vereinigten Staaten« hinzu (Pflicht zur Freundschaft, 2001, 23).

Papierkorb werfen, • Zahl der Pflichtmeldungen klein halten, • keine Nachricht ohne klaren Verkaufstrend in Überschrift und Diktion anbieten, • Mischung der Nachrichten so gestalten, dass mindestens 70 % die persönliche Interessen-Sphäre des Lesers berühren. Die Boulevardzeitung brauche täglich drei Höhepunkte: • die Lokomotive (den Knaller des Tages), • eine heiße Story (über Liebe, Verbrechen, Reichtum und Tod) sowie • einen Meinungsbericht (vgl. Tremel, 1985, 33-35). Das schriftliche Motto in den Redaktionsräumen des Schweizer Blick lautete: »Es gibt keine ereignislosen Tage. Es gibt nur ideenlose Journalisten« (Uebersax, 1995b, 3). Wie aus dem Interview von Haller & Müller mit dem Chefredakteur des *Blick* hervorgeht, existierte ein sog. »*Blick*-Stilbuch«, in dem konkrete handwerkliche Regeln festgehalten waren. Folgende Slogans sind dort zu finden: »Die optische Schlagkraft des *Blick* ist von entscheidender Bedeutung. Es ist Aufgabe von Layouter und Produzent, jeden Titel, jeden Text, jedes Bild und jede Seite so zu gestalten, dass der *Blick*-Leser eingefangen und engagiert wird, bis er am Ende das Gefühl hat, er sei informiert, angeregt, aufgeregt, bewegt und amüsiert worden« (Haller & Müller, 1981, 252). Aufbau und Stil der Artikel in der *Neuen Kronen Zeitung* seien den Redakteuren strikt vorgegeben, so Niederfrieden: »Als prinzipielle Erzählhaltung gilt die Sicht des ›kleinen Mannes‹. Der Titel muß ›tuschen‹, das heißt, er muß Emotionen aufschaukeln. Im Vorspann muß schon die Quintessenz der Story stehen, die Emotionslogik muß schon in den ersten Zeilen auf die Spitze getrieben werden. Im Text selbst werden meist chronologisch die Fakten aufgezählt, die die Richtigkeit des Titels bestätigen« (Niederfrieden, 1991, 32). Die Titelseitenabdrucke (Abb. 30-32) verdeutlichen die extreme Standardisierung des Arbeitsprogrammes bei drei unterschiedlichen Boulevardzeitungen. Alle drei sind hinsichtlich Überschrift, Unterzeilen und Bildauswahl als aus-

Abb. 30-32: Titelseitenausschnitte von drei Boulevardzeitungen

Titelseite *Bild*, 30.03.2001

Tieleseite *Express*, 30.03.2001

Titelseite *AZ*, 30.03.2001

tauschbar anzusehen. Zusätzlich zur Standardisierung der Nachrichtenbauweise kommt die Normierung des Layouts. Laut Dieter Christiansen, 1993 Mitglied der Chefredaktion bei *Bild* Hamburg, werden die Herstellungszeiten so knapp wie möglich gehalten. Es werden einzelnen Seiten so exakt wie möglich im Originalformat entworfen. Fotos werden *vorher* ausgesucht sowie Überschriften *vorher* formuliert und abgesetzt werden. Textlängen und Bildunterschriften werden *vorher* bestimmt. Es wird ein sog. Scribble nach journalistischen und grafischen Gesichtspunkten entworfen, das vom Aussehen her der späteren Druckseite entspricht (vgl. Christiansen, 1993, 36). Auf die Frage, ob es bei dieser Herstellungspraxis Aktualitätsnachteile gäbe, antwortete er: «Nein – wenn sich der Redakteur genau an die Zeilenvorgaben hält. Er kann also seine Artikel nicht einfach länger schreiben« (ebd., 38).

5.4 Der Rollenkontext

5.4.1 Redaktionsklima – Sozialisation und Professionalisierung

Die bislang beschriebenen typischen Strukturen des Boulevardjournalismus (Organisations- und Arbeitsprogramm) prägen eine bestimmte redaktionelle Kultur, ein bestimmtes Arbeitsklima, das den Mitglieds- und Arbeitsrollenkontext stark beeinflusst. Hierunter fallen in erster Linie das soziale Miteinander, die Art der Motivation und Anerkennung sowie der Jargon und Umgangston im Kollegenkreis. In einer der frühen Gatekeeper-Studien machte Warren Breed (1973) eine Beobachtung, die immer wieder bestätigt worden ist: Der Journalist beziehe seine Anerkennung nicht in erster Linie von den Rezipienten, sondern von Arbeitskollegen und Vorgesetzten, da sie auf die Integration in die Redaktion angewiesen sind. Sontheimer schrieb über die *Bild*-Redakteure: «Jeder merkt sofort, daß er nur ein kleines Rädchen in einer gigantischen Maschine ist« (Sontheimer, 1995, 40). Im Handbuch des Journalismus vermerken Schneider & Raue (1994, 125): «Anfänger seien gewarnt!« Manche Nachwuchsreporterin sei für das Boulevardgeschäft zu sensibel. Die Beschreibungen der strengen Arbeitsabläufe in Boulevardzeitungsredaktionen ähneln sich; hier zwei Beispiele zur *NKZ* und zu *Bild*:

> «Zwischen 8 und 9 Uhr füllen sich die Redaktionsräume (...) Stories werden gehamstert und dem jeweiligen Chef angeboten. [Dieser] bespricht dann bereits mit einem Layouter in Wien via Telefon die Gestaltung der Seiten. Bis dahin sollten alle Geschichten und Bildformate feststehen, sonst muß der Layouter erneut zu Radiergummi und Bleistift greifen und die Seite(n) umgestalten. Rund zwei Stunden später werden die Seiten per Telefax von Wien in die Bundesländerredaktionen gesandt. Der Chef verteilt mittags die Plätze für die Artikel, und die Bildschirmarbeit beginnt. (...) Das fertige Produkt schickt der Autor zum jeweiligen Vorgesetzten, der kontrolliert, redigiert und sendet den Artikel dann via Kabel in die Wiener Zentrale« (Niederfrieden, 1991, 25).

> «Die letzte und höchste Instanz ist der Chefredakteur, die vorletzte die Nachrichtenredaktion. Nur sie haben einen Überblick über das gesamte Themen-Angebot. (...) In kleineren Städten sitzen ›Stringer‹, das sind freie Mitarbeiter, Heimatzeitungsjournalisten, Gastwirte, Angestellte. (...) In Hamburg sitzt die Schaltzentrale. Von hier wird Regie geführt nach folgendem Schema: Der Stringer gibt seine Informationen an die zuständige Außenredaktion. Die leitet sie weiter nach Hamburg. Die Schaltzentrale (Chefredakteur und Nachrichtenchef) bestimmt dann, wie und wie groß die Information ins Blatt kommt. (...) Pünktlich um 10.30 Uhr rufen die Nachrichtenredakteure aus Hamburg die elf Außenredaktionen ab: ›Was habt ihr?‹ (...) Spätestens um zwölf muß das ›Angebot‹ stehen. Da diktiert die Nachrichtenredaktion in Hamburg ihre Stories für die Außenredaktionen auf einen Zettel. Um 12.15 Uhr ist die Konferenz für die Bundesausgabe. Da entscheidet es sich, was wie groß ins Blatt kommt. (...) ›Luft‹ bis 15 Uhr, dann muß sie [die Geschichte; Anm. UK] spätestens nach Hamburg geschrieben werden« (Schulte-Willekes, 1978, 85, 87).

Den Vorgang des harten Aushandelns der Stoffe und Platzierungen wird von Insidern als «Nachrichtenbörse« oder «Verkaufsschlacht« bezeichnet (Müller, 1968, 103). In dem Buch «Der Aufmacher«, in dem Günter Wallraff (1977) die Beobachtungen und Feldnotizen seiner verdeckten Recherche in einer der Außenredaktionen der *Bild*-Zeitung zusammengefasst hat, erscheint an der Stelle, an der eine dezidierte Schilderung der täglichen Arbeitsabläufe sowie einer Redaktionskonferenz erfolgen sollte, ein rechteckiger Stempel mit der Aufschrift «zensiert«. Wallraff war ein gerichtliches Abdruckverbot erteilt worden. Um die grundsätzlichen Prinzipien der Arbeitsabläufe dennoch schildern zu können, bediente er sich eines Tricks: Er erteilte einem fiktiven Redakteur das Wort, der seine Erfahrungen «literarisch« verarbeitet. Aus dieser Schilderung, die ohne Zweifel auf Tatsachen beruht, wird folgendes deutlich: Die erste hierarchische Entscheidungsinstanz ist der Leiter der Außenredaktion, auch «Nafü« (Nachrichtenführer) genannt; er hält Kontakt mit der Zentralredaktion in Hamburg, nimmt Anrufe von außen entgegen und setzt die Reporter ein. Die Basisredakteure, oder gemäß Niederfrieden die «Arbeitsbienen«, stehen vor dem alltäglichen Problem, in zwei bis drei Stunden ein Story-Angebot unterbreiten zu müssen. Dabei reichen bestimmte Lokaltermine oder Reportagevorschläge nicht aus; *Bild*-taugliche Geschichten ergeben sich aus Artikeln der Lokalpresse (besonders Gerichtsberichte) oder aus guten Tips von außen. Der Konkurrenzdruck unter den Redakteuren sei bereits in dieser frühen Arbeitsphase ungeheuer ausgeprägt: Wallraff beschreibt das Mobbing der Kollegen, die sich heimlich in den Fernschreibraum schlichen, um sich die eventuellen dicken Brocken aus den dpa-Meldungen rauszufischen, die sich stets auf die besten Zeitungen stürzten, anderen Kollegen aus der Hand rissen oder Telefonbücher versteckten. Der «Nafü« war gemäß Wallraff das erste Sieb der Selektion, die nach ganz spezifischen standardisierten Prinzipien erfolgte. Nachdem das Angebot der

Außenredaktion vorlag, schaltete sich die Zentralredaktion ein, um dieses entgegenzunehmen. Der «Nafü« seinerseits war nun darauf eingestellt, seine Story-Vorschläge schmackhaft zu machen, um eine Abdruckchance zu ergattern, denn die anderen Außenredaktionen gaben zur gleichen Zeit ihre Angebote durch. Die Schalte zur Zentralredaktion enspricht einem zweiten Sieb. Inzwischen geht der Konkurrenzkampf in der Zentralredaktion weiter: Dort wetteifern die Nachrichtenredakteure bei ihrem Ressortchef (dem dritten Sieb) um eine günstige Plazierung ihres Angebots, das sie wiederum von verschiedenen Nafüs der Außenredaktionen erhalten haben. Bei der mittäglichen Zentralkonferenz bieten nun sämtliche Ressortleiter der Chefredaktion ihre Themen an. Bei diesem vierten Sieb kommt es zur Endausscheidung, die – wie eine Rundfunksendung – über eine Telefonschaltung in alle Außenredaktionen übertragen wird. «Vor jedem Thema wird der Name der zuständigen Außenredaktion genannt. Der einzelne Journalist, der die Geschichte entdeckt hat, recherchiert und letztlich verantwortet, spielt keine Rolle mehr. Sein Angebot gilt jetzt als Leistung seiner Außenredaktion, beziehungsweise liegt es nun an ihr, daß die Geschichte so geliefert wird, wie sie angeboten wurde« (Wallraff, 1977, 26). Die Konferenz sei im Grunde keine, da es keine Diskussion gäbe, sondern nur «ein Vortrag von Befehlsempfängern«. Proforma würden dann noch die Außenredaktionen zu Themenvorschlägen für die Titelseite aufgefordert, doch: «[D]er Chefredakteur, der letztlich allein entscheidet, hört meistens gar nicht mehr zu, wenn die Außenstellen antworten« (ebd.). Weber verfasste bei seinem Aufenthalt bei der Salzburger Krone Redaktion folgende Feldnotiz (auszugsweise):

> «Es gab nie Redaktionskonferenzen oder ein – wie auch immer gestaltetes – Mitspracherecht der Redakteure an Blattplanung und Gewichtung. Sämtliche Entscheidungen wurden von Chefredakteur S. H. alleine getroffen. Wollte man seine Geschichten ›groß‹ spielen, so mußte man sie Chefredakteur S. H. möglichst schmackhaft, das heißt mit Reizwörtern wie ›Steuergeld‹ oder ›Verschwendung‹ versehen, anbieten« (Weber, 1995, 173f.).

Dass die *Krone* keine «normale« Zeitung sei, ließe sich schon daran erkennen, dass sogar langjährige Mitarbeiter nur schwer beschreiben könnten, wie sie eigentlich gemacht wird, denn Redaktionskonferenzen gäbe es nach wie vor nicht, Diskussionen ebenso wenig. Alles geschehe zwischen Tür und Angel, unter vier Augen (vgl. Hopp, 2000, 91).

Der redaktionelle Anpassungsprozess, also das Hineinwachsen in die Mitgliedsrolle (vgl. hierzu Rühl, 1989, 260), war eine wesentliche Erfahrung während der verdeckten Redaktionsbeobachtung von Günter Wallraff, der sich als Hans Esser in die Hannoveraner *Bild*-Redaktion eingeschleust hatte. Sein radikales Urteil lautete, dass man beim Eintritt in die *Bild*-Redaktion Abschied nehmen müsse vom individuellen Entwicklungsprozess. Der Mensch werde quasi «gleichgeschaltet« (vgl. Wallraff, 1977, 89). Ansätze solidarischen oder kollegialen Handelns versickerten und würden durch die Arbeitsbedingungen untergraben. Diese Arbeitsbedingungen selbst unterliegen quasi Marktbedingungen. Lohmeyer beschreibt das in seinen Ausführungen zum Imperium Springer folgendermaßen:

> «Das rapide anwachsende Mitarbeiter-Netz, dem äußerst knapper redaktioneller Raum gegenüberstand, führte zu einem extrem harten Konkurrenzkampf unter den Bild-Journalisten. Jede Außenredaktion bemühte sich, den ›Aufmacher‹ (...) zu liefern, jeder Reporter wollte seine Story gedruckt sehen. Dieser Wettbewerb um die Aufmerksamkeit und Gunst der Blattmacher in Hamburg führte logischerweise zu Übertreibungen, Verschärfungen, Sensationalisierung und Vulgarisierung« (Lohmeyer, 1992, 210).

Ein vergleichbares Klima herrscht in der österreichischen *Neuen Kronen Zeitung*. Die Suche nach der Exklusivstory lasse ein Konkurrenzklima aufkommen, das Freundschaften unter den »Arbeitsbienen« extrem erschwere (Niederfrieden, 1991, 31). Die Basisredakteure bezögen das Feedback für ihre Leistungen ausschließlich über den Sensationscharakter ihrer Stories. Bei Skrupeln erfolge zunächst sanfter Umschreibedruck, danach die Unfähigkeitserklärung und schließlich das Ausscheiden aus dem Unternehmen. Die Insiderin Niederfrieden vergleicht diesen Druck mit »Formen des Psychoterrors« (1991, 30). Stories über Kollegenkonkurrenz, Tricks und Mobbing findet man auch in den »Bilanzen« und Memoiren ehemaliger britischer Boulevardreporter, wie z. B. bei Clarkson, der 10 Jahre festangestellt war beim *Sunday Mirror*. Er beschreibt seinen eigenen mentalen Zustand, nachdem er bei der Lektüre des *Mirror* auf eine gute Idee für eine Topstory gekommen war (1990, 40):

> »What if someone else had read the article in question? After all, three million people did read the Mirror every day. (...) More worrying still, perhaps one of my rivals on the Sunday Mirror was going through exactly the same thought process as myself. There was only one thing for it. I would have to get into the office at least half-an-hour early and wait for PJ [Redaktionsleiter; Anm. UK] to emerge from the lift so I could nab the story first. (...) I had missed breakfast, nearly killed myself on the streets of South London, and even ignored the Chairman when he'd tried to stop for a chat – all to make sure I got in with the story first.«

Die Boulevardreporterin Lysa Moskowitz-Mateu fasst ihre Leidenserfahrungen so zusammen (Moskowitz-Mateu & LaFontaine, 1996, 142): »Their jealousy and cattiness made me sick. They didn't care about each other; they were all out for whatever they could get, even if it meant stepping on a fellow reporter's feet.« Kollegen würden Notizen, Adressbücher und ganze Stories stehlen. Gerry Brown, der 25 Jahre lang als Reporter bei verschiedenen Boulevardzeitungen tätig war (*Daily Mail*, *The Sun*, *News of the World* und *National Enquirer*), erläutert die Arbeitsbedingungen und die Redaktionsatmosphäre bei dem führenden US-amerikanischen »supermarket-tabloid« *The National Enquirer*. Die Arbeit sei organisiert in kleinen redaktionellen »Zellen«, an dessen Spitze ein Articles Editor steht, der für drei oder vier Reporter zuständig ist, und dessen Hauptjob darin besteht, Zeitungen und Zeitschriften nach passenden Story-Ideen zu durchforsten. Als nächstes muss ein »story lead« ausgefüllt werden, eine Erzähl-Schablone also, die zum Boulevard-Raster des *National Enquirer* passt. Diese story leads werden dem Chefredakteur vorgelegt, und in der Redaktion beginnt ein nervöses Warten. Ist eine Story-Idee genehmigt, werden verschiedenfarbige Karten nacheinander auf eine Art Pinwand gesteckt: eine für die Reporterauswahl, eine für den zu schreibenden Artikel, eine für das Foto und eine für den druckfertigen Beitrag. Erfüllt man eine gewisse Auswahlquote nicht, droht die Kündigung (vgl. Brown, 1995, 110). Wallraff beschrieb die Arbeitsatmosphäre bei *Bild* als Klima, das bestimmt gewesen sei von Einschüchterung und Angst:

> »In diesem Klima lebt man nicht, man funktioniert nur noch. Roboterhaft. Mit einmal eingespeicherter Marschrichtung wirst du in Gang gesetzt. (...) Du hast dein Programm drin und den Code hat Schwindmann [Redaktionsleiter in Hannover; Anm. UK] und dessen Code hat Prinz und dessen wiederum Springer, der da irgendwo unsichtbar über den Wolken schwebt und hier und da mit einem Fingerzeig die Richtung angibt. (...) Ein öffentliches Anschnauzen von Schwindmann verunsichert mich, drückt meine Stimmung. Es kann vorkommen, daß ich auf ein vordergründiges Lob von ihm bereits voll abfahre. Eine beängstigende Anpassung in so kurzer Zeit [nach eineinhalb Monaten; Anm. UK]« (Wallraff, 1977, 219f.).

Es ist nicht verwunderlich, dass sich dieses Klima in einem entsprechenden Umgangston und sozialen Miteinander niederschlägt. Streit und Schreierei seien fast normal (Schulte-Willekes, 1978, 16). Wird eine »heiße« Story verschlafen, erschüttere am nächsten Tag »ein Donnerwetter die Redaktion, das in den meisten anderen Medienunternehmen kaum vorstellbar wäre« (Niederfrieden, 1991, 33). Die beiden amerikanischen Boulevardreporter Moskowitz-Mateu und LaFontaine beklagen sich in ihren »Geständnissen« an diversen Stellen über den rüden Umgangston, der in der Redaktion stets geherrscht habe. Sie zitieren ihren Chefredakteur (des *Star*) in den exakten Worten: »I want you both to get there in two hours and I don't care if you get a speeding ticket. Just move your ass« (1996, 37). In den *Bild*-Redaktionen hatte sich gegen Ende der 70er Jahre ein bestimmter Jargon eingeschliffen, dessen z. T. derbe Metaphorik groben Zynismus verrät: z. B. »Anpeste« = eine Person oder eine Sache in einem Zeitungsartikel angreifen, »abkochen« = nach allen Regeln der Kunst auswalzen, »impfen« = bestechen, »kaltschlagen« = eine Story nach Archiv-Material schreiben, »knacken« = Informationen rauslocken oder »verladen« = andere Reporterkonkurrenten anlügen, um eine Story exklusiv zu haben (Schulte-Willekes, 1978, 7-12, 39). Die interne Bezeichnung für Polizeiberichterstattung bei der *Neuen Krone Zeitung* sei »Blutgeschichten«, bei der Jagd nach der Exklusivstory spricht man von »Keilen«, Arbeitsbienen sind »Story-Keiler« und die sensationelle Aufmachung von Stories wird kurz und bündig »Blut und Blech« genannt (Niederfrieden, 1991, 29 u. 31; Weber, 1995, 178). Eine gute Themenmischung ist im *Bild*-Jargon »das Prinzip Wundertüte« (Hartmann, 1995, 12); ein Skandal ein »saftiger Knochen« (Barth & DiGrazia, 2000, 41).

Das Klima einer Organisation ist das Resultat ihrer Kultur. Die bisher gemachten Ausführungen zeigen daher die Sinnhaftigkeit einer Untersuchung verschiedener Journalismen auch unter organisationskultureller Perspektive. Darauf hat besonders Robert Darnton hingewiesen. In seiner auf eigenen journalistischen Erfahrungen beruhenden soziologisch-beschreibenden Analyse kritisiert er jene Kommunikatorstudien, die das Milieu und die »institutional history« außer Acht ließen: »It seems to me, however, that they have failed to understand the way reporters work. The context of work shapes the content of news, and stories also take form under the influence of inherited techniques of storytelling« (Darnton, 1975, 192).

Holleis definierte die Organisations- oder Unternehmenskultur im engeren Sinn als »die Gesamtheit der im Unternehmen (in einer Organisation) – bewußt oder unbewußt – symbolisch oder sprachlich tradierten Wissensvorräte und Hintergrundüberzeugungen, Denkmuster und Weltinterpretationen, Wertvorstellungen und Verhaltensnormen, wie sie im Denken, Sprechen und Handeln der Unternehmungsangehörigen (Organisationsangehörigen) regelmäßig zum Ausdruck kommen« (Holleis, 1987, 17). Werte, Einstellungen und Verhaltensnormen konkretisieren sich in »kulturunterstützenden Symbolsystemen«, zu denen beispielsweise Organisationsmythen, Legenden, Rituale, Zeremonien und Sprachregelungen bis hin zu Raumgestaltung und äußere Erscheinung der Organisationsmitglieder zählen (ebd., 21f.). Eine organisationskulturelle Untersuchung könnte beispielsweise genauere Erklärungen für die publizistischen Unterschiede trotz absolut vergleichbarer Organisationsprogramme bei *Spiegel* und *Bild* (Funktionalorganisation, hoher Anteil Eigenrecherche, Produktstandardisierung) liefern.[77] Sie würde aber auch z. B. die Bedeutung, die den Springerschen Grundsätzen nach wie vor in *Bild*-Zeitungsredaktionen beigemessen werden, genauer erklären können. Zeitungen, die in der Nachkriegszeit gegründet wurden und ein Organisationsalter von über 40 Jahren aufweisen, trügen heute noch in ihrer Organisationskultur Elemente der ersten Jahre – so Neverla & Walch (1994, 124).

---

77 Beim *Spiegel* herrschten – so Meyn – «paradiesische Arbeitsbedingungen« und ein Ambiente, in dem Kreativität gedeihen könne. «Statt lärmerfüllter Redaktionssäle Einzelbüros, statt ungemütlicher Kantine ein Speisesalon mit mehrfacher Menüwahl mittags wie abends, mit Zimmerservice rund um die Uhr. (...) Wer will, kann seine Stories auf der altvertrauten Maschine oder gar mit der Hand zu Papier bringen – die Bildschirmarbeit erledigen dann andere« (Meyn, 1997, 44f.).

5.4.2 Wer sind die Boulevardjournalisten? – Soziodemographie und soziale Situation

Die Arbeitsverhältnisse der »Basisredakteure« im Boulevardjournalismus wurden nicht erst von Wallraff aufgedeckt. Aufschlussreich sind in diesem Zusammenhang auch die (wenigen) autobiographischen Notizen in historischer Perspektive[78]: »Wollte man Originalnachrichten fürs Publikum haben, mußte man sie aus dem Strom des lokalen Lebens angeln. Dennoch hatte jede Zeitung nicht mehr als einen Reporter, und auch der stand nicht hoch im Rang. Er war der Tagelöhner der Journalistik, le journalier, bezog meist nur Zeilenhonorar, bangte darum, es täglich zu verdienen, bangte darum, es stündlich zu verlieren« (Kisch, 1956, 94). Der Gerichtsreporter August Scholtis erinnert sich: »Meine (...) Reporterarbeit erwies sich als strapaziöses Privatvergnügen bei kläglichster Bezahlung« (Scholtis, 1959, 275). Über die finanzielle Situation von Boulevardjournalisten ist mangels repräsentativer Umfragen in dieser Gruppe so gut wie nichts bekannt. Zu vermuten ist allerdings eine Gehaltsstaffellung nach Mitglieds- und Arbeitsrolle sowie Leistung im Sinne von sensationeller Storyqualität. Am unteren Ende der Gehaltsskala stehen zweifelsohne die Freien Mitarbeiter, die »Stringer« genannt werden und die Wallraff als »Vogelfreie« bezeichnete: »Sie kommen in der Regel früher und sind oft die letzten, die gehen. Sie haben keinen schriftlichen Vertrag, keinen Urlaubsanspruch, keine Sozialleistungen, keinen Kündigungsschutz. Sind auf Gedeih und Verderb der Willkür des Redaktionsleiters ausgeliefert und von seiner Gunst abhängig. Sie stehen in einer unheimlichen Konkurrenz zueinander« (Wallraff, 1977, 23). Über die Situation von Freien Mitarbeitern im Journalismus allgemein ist recht wenig bekannt. Gerade mal knapp 5 % der Studien in der von Frank Böckelmann (1993) vorgelegten Bibliographie der Kommunikatorstudien widmet sich dieser Gruppe. In einer aktuellen Untersuchung des Dortmunder Instituts für Journalistik (vgl. Kaum Einer wird nach Tarif bezahlt, 2000, 47) konnte jedoch die unsichere Existenzgrundlage der Freien aufgezeigt werden. Die von Minzberg und Branahl durchgeführte Chefredakteursbefragung ergab im einzelnen folgende Punkte: a) Bereits 23 der 35 befragten Chefredakteure geben an, monatlich gemeinsam mindestens rund 10.000 Freie zu beschäftigen. b) Stark verbreitet sind Angebote auf der unsicheren Basis mündlicher Verträge. c) Die Honorarpraxis erfolgt teilweise weit untertariflich. – Die Ausführungen von Wallraff sind daher nicht unbedingt als total veraltet anzusehen und gelten nach wie vor im Boulevardjournalismus in verschärfter Form: Die Strategie der Kostenführerschaft begünstigt jede Form von redaktionellem Outsourcing, da hierdurch fixe Kosten in variable umgewandelt werden (Moss, 1998, 88).

[78] Vgl. hierzu die Arbeit von Waltraud Sperlich (1975). «Der Beruf des Journalisten und Redakteurs im Spiegel von Autobiographien und Memoiren.« Sie nahm eine Auswertung der Journalisten-Erinnerungen von 1900-1975 vor.

Für die festangestellten Redakteure wurde die Hypothese aufgestellt, dass die geringere journalistische Autonomie aufgrund der Funktionalorganisation im Boulevardjournalismus durch die Zahlung von Spitzengehältern kompensiert werde (Esser, 1999, 25). Gesicherte Daten für Deutschland liegen hierzu allerdings nicht vor. Grundsätzlich orientieren sich die Redakteursgehälter am gültigen Tarifvertrag für Tageszeitungsredakteure. In den höheren Positionen werden die Verträge allerdings zwischen Verleger und Redakteuren frei ausgehandelt. Günter Prinz habe zu seiner Zeit als Chefredakteur bei *Bild* Ende der 70er Jahre ein Monatsgehalt von ca. 100.000 DM verdient (Schulte-Willekes, 1978, 91). Franz Josef Wagner soll bei *Bild* 5.000 DM Honorar pro Tag erhalten haben, als er in den 80ern über die Fußballweltmeisterschaft schrieb (vgl. Posche, 1998, 98f.). »Gewerkschaften jedenfalls finden in der Bild-Redaktion nicht statt. Weder sind die Kollegen gewerkschaftlich organisiert, noch wird irgendeine Gewerkschaftszeitung gelesen oder gar ausgewertet« (Wallraff, 1977, 72). Dieses Fazit von Wallraff beschreibt den Zustand gegen Ende der 1970er Jahre. Über die gewerkschaftliche Organisation von Boulevardjournalisten heute, 30 Jahre später, liegen keine Informationen vor. Redaktionsstatuten, in denen redaktionelle Mitbestimmungsrechte geregelt werden, sind im Boulevardjournalismus eher die Ausnahme als die Regel (vgl. allgemein Groß, 1996). Die Münchener *Abendzeitung* war Deutschlands erste Boulevardzeitung mit einem solchen Abkommen zwischen Verleger/Herausgeber und Redaktion. Es trat am 19. August 1972 in Kraft, enthält aber nur recht vage gehaltene politische und soziale Richtlinien, Lohnfortzahlungsbestimmungen im Falle des vorzeitigen Ausscheidens von Redakteuren aufgrund einer für sie nicht akzeptablen radikalen Blattveränderung sowie ein begrenztes Unterrichtungs- und Anhörungsrecht bei personellen Veränderungen in der Chefredaktion oder auf Ressortleiterebene (vgl. Tremel, 1985, 77-80).

Sozialpsychologisch betrachtet, haben Stress, lange Arbeitstage, unstetes, ungesundes Leben (hoher Kaffee-, Alkohol- und Nikotinkonsum), viele Überstunden für die Jagd nach dem Scoop Auswirkungen auf das Privatleben der Boulevardredakteure: Ende der 1970er Jahre war jeder dritte *Bild*-Reporter geschieden (Schulte-Willekes, 1978, 63). In seinen Portraits über die »Größen« des tabloid-Geschäfts in Großbritannien und den USA beschreibt Taylor verschiedene »Tabloid Types«. Auch er bestätigt den stereotypischen Lebenswandel (Zigaretten, Alkohol und hohe Scheidungsrate) und zitiert Georg Lynn, der 30 Jahre lang Reporter bei der *Sun* war: »When I should have been home, helping my wife, I was out writing stories. I mean, the story becomes the most important thing in your life« (zit. in Taylor, 1991, 232). Andere Boulevardreporter bestätigen diese Form der Sucht: »The business is extremely addictive: We reporters live for the next big scoop. We live for the rush that comes when the bureau chief tells us to pack our things and get to the airport in less than an hour« (Moskowitz-Mateu & LaFontaine, 1996, 5).

Über soziodemographische Daten der Redakteure bei Boulevardzeitungen liegen kaum Informationen vor. Allerdings scheint sich gerade in den letzten Jahren ein Verjüngungsprozess zu vollziehen: »Wir beschäftigen 800 Redakteure, viele sind sehr jung. Auch in führenden Positionen haben wir viele Redakteure unter 30 Jahren« (Claus Larrass zit. in Koch & Hartmann, 1996, 115). Die »Verjüngungskur« im Hause Springer erreichte Ende 2000 ihren Höhepunkt, als der Zeitungsvorstand entschied, die komplette Führungsriege der »roten Gruppe« (*Bild*, *Bild am Sonntag* und *BZ*) gegen eher konservative Jungredakteure zu ersetzen (vgl. Ott, 2000a; 2000b). Der Frauenanteil im Boulevardzeitungsjournalismus liegt durchschnittlich bei 40 %; er schwankt zwischen 31,7 % bei *Bild* und 50 % bei der *Morgenpost* Sachsen (Stand Mai 2001).[79] Damit liegt er im allgemeinen Trend (vgl. Scholl & Weischenberg, 1998, 248). Beim *Berliner Kurier* war zeitweilig sogar die Chefredaktion von einer Frau besetzt (Stand 3/2000).

Die intermediäre Mobilität der Boulevardjournalisten ist äußerst gering ausgeprägt. Zwar wäre das Urteil »einmal Boulevard, immer Boulevard« zu extrem, dennoch ist ihm mit Abstrichen zuzustimmen. »Übrigens ein allgemeines Problem aller Boulevardzeitungen: Personeller Wechsel läuft auf nichts anderes als eine permanente Rotation hinaus. Die Chefredakteure und die Redakteure rotieren von einer Boulevardzeitung zur anderen und versuchen sich mit Problemlösungen, die schon vorher nicht funktioniert haben« (Koschnik, 1998, 22). Für diese Aussage lassen sich zahlreiche Beispiele anführen.[80]

5.4.3 Rollenselbstverständnis und -bewusstsein

Etwas herauszufinden über das berufliche Rollenselbstverständnis von Boulevardjournalisten, stellt sich ohne repräsentative Umfragedaten als schwierige Aufgabe dar. Eine erste Annäherung kann über Erfahrungsberichte und Memoirenliteratur von Journalisten erfolgen. Für den Zeitraum 1900 bis 1975 ermittelte Sperlich 67 Journalistenmemoiren von voll-, teil- oder nebenberuflichen

---

[79] Die Daten beruhen auf telefonischen/ schriftlichen Anfragen bei sämtlichen Boulevardzeitungshäusern in Deutschland im Mai 2001. Für *Bild* antwortete Tobias Fröhlich, Leiter Unternehmenskommunikation im Axel Springer Verlag; für die Dresdner *Morgenpost* erteilte Thomas Schultz-Homberg, Leiter Unternehmenskommunikation Sächsische Zeitung/ *Morgenpost* Sachsen die Auskünfte.

[80] Z. B. Kai Diekmann (aktueller Chefredakteur der *Bild*-Zeitung, ehemals «Gassenjunge« bei *Bild*, Chefreporter der *Bunten*); Claus Strunz (aktueller Chefredakteur der *BamS*, früher lange Jahre bei der Münchner *AZ*); Wieland Sandmann (Chefredakteur des *Berliner Kurier*, früher mehr als zwanzig Jahre bei *Bild*); Franz Josef Wagner (Chefkolumnist des Axel Springer Verlages, früher *Bild*-Redaktionsdirektor, Chefredakteur bei *Bunte*, *Super! Zeitung*, *BZ* Berlin); Marion Horn (Stellvertr. Chefredakteurin bei *Bild*, früher «Kummerkastentante« bei *Bild der Frau*, Chefredakteurin der Sexpostille *Das neue Wochenend*, Chefredaktion *Hamburger Morgenpost*); Udo Röbel (letzter Chefredakteur bei *Bild*, früher u. a. Kölner *Express*). Vgl. Bredow, 1995; Busche, 1998; Koschnik, 1998; Reents, 2001; Fichtner, 2001; Leyendecker & Ott, 2000; Thomann, 2001b.

Redakteuren. Bei der Gruppe der Lokalreporter[81] kann sie eine Art gebrochenes, oder besser zwiegespaltenes Selbstbewusstsein feststellen, da jene sich einerseits als die Blattmacher empfinden, andererseits aber unter ihrem schlechten Ansehen leiden. Sperlich resümiert: »[I]n der Rolle des stereotypen ›rasenden Reporters‹ beliefern sie ihre Zeitung mit Sensationsmeldungen, die der Zeitung große Verkaufserfolge bringen (wie die Autoren immer wieder betonen), den Autoren selber aber nicht aus ihrer Anonymität helfen. Ungerecht empfunden wird auch die geringe Wertschätzung durch die Umwelt« (Sperlich, 1975, 52). Dass in den letzten 25 Jahren kaum Lebenserinnerungen oder Erfahrungsberichte von deutschen Boulevardjournalisten veröffentlicht wurden – eine Ausnahme stellt beispielsweise Brinkmann (1993) dar –, kann einerseits mit dieser geringen Wertschätzung zusammenhängen oder mit mangelndem journalistischen Interesse an längeren Prosatexten, andererseits aber auch damit, dass aus Verlegersicht vielleicht eher die Journalisten, die über Weltkriegs- und Nachkriegserfahrungen berichten, Auslandskorrespondenten oder Journalisten aus Ostdeutschland die interessanteren Biographie-Persönlichkeiten abgeben.

Im anglo-amerikanischen Bereich verhält es sich anders: Hier sind gerade in den 1990er Jahren einige Erfahrungs- und Enthüllungsberichte von ehemaligen »tabloid«-Reportern auf den Markt gekommen, die gewisse Gemeinsamkeiten aufweisen. Sie kopieren erstens im Titel und in der Umschlaggestaltung den Stil der »tabloids«, sind also recht reißerisch aufgemacht: z. B. Gerry Browns »Exposed! Sensational true story of a Fleet Street Reporter« (1995), »Poison Pen« von Lysa Moskowitz-Mateu und David LaFontaine (1996), Wensley Clarksons »Dog eat Dog. Confessions of a tabloid journalist« (1990) oder S. J. Taylors »Shock! Horror! The tabloids in action« (1991). Und zweitens wird zwar die Härte des »tabloid«-Geschäfts angeprangert, die Akteure aber eher als moderne Westernhelden des Journalismus dargestellt, die auch einen gewissen Stolz verspüren über die Außergewöhnlichkeit der Stories, über die Machenschaften und »investigative« Kompromisslosigkeit der Recherchemethoden, die sie erleben (konnten). Der Erzählstil erinnert teilweise an Spionage- oder Kriminalgeschichten. Die Verfolgungsjagden, Hausfriedensbrüche, Diebstähle, Abhöraktionen, Verletzungen des Briefgeheimnisses (im *National Enquirer*-Jargon als »playing at mailman« bezeichnet) o. ä. werden als spannend geschriebene Anekdoten, als »tabloid adventures« vermittelt (Clarkson, 1990, IXf.). Brown, der 25 Jahre im tabloid-Geschäft tätig war und u.a. für die *News of the World*, die *Daily Mail*, die *Sun* und den *National Enquirer* gearbeitet hat, wird im Klappentext als »top-class investigative journalist« angepriesen, der permanent Exklusiv-Stories geliefert habe. Das Buch sei daher »enough to give tabloid journalism a good name«. Brown selbst ist absolut überzeugt von dem, was er tat. Sein Buch endet selbstbewusst mit den Worten: »The gear is ready to be used again – surveillance vehicles, radios, cameras, the whole lot – the next time I get a tip-off

[81] Es wird leider nicht offengelegt, ob es sich dabei um Boulevardreporter handelt.

about somebody who deserves the tabloid treatment. Don't complain to me about invasion of privacy. If it's in the public interest, I prefer to call it invasion of secrecy. Listen, pal, I don't tell you how to do your job« (Brown, 1995, 315). Dieses recht ungetrübte Selbstbewusstsein eines »Stars« der Branche kann allerdings eher als Ausnahme einer anderen Regel angesehen werden. Aufgrund der Befunde aus qualitativen Tiefeninterviews, die er mit Londoner Boulevardjournalisten geführt hat, kommt der französische Kommunikationswissenschaftler Mathieu Rhoufari zu dem Fazit »that there appears to be a double, a partially conflicting discourse and appreciation of practice, stories, and methods on the part of these journalists« (Rhoufari, 2000, 164). Für dieses doppelte oder – man könnte auch sagen – gebrochene Selbstbewusstsein der Boulevardjournalisten können mehrere Gründe angegeben werden: Da der konventionelle Diskurs über allgemeine Werte und Normen in der journalistischen Arbeit auch ihr »frame of reference« sei, distanzierten sich zwar alle Befragten von den zweifelhaften Methoden des Boulevardjournalismus, die sie im Anschluss bei der Beschreibung ihrer eigenen Arbeitsweise aber angaben (vgl. ebd. 170).

Die ethischen Standards der Berufsrolle, die Position im öffentlichen Raum widerspricht dem Druck des Tagesgeschäfts, dem Boulevardjournalisten besonders stark ausgesetzt sind. Berufseinstieg und Selbstlegitimierung bedürfen des Glaubens an gewisse Normen und Ideale. Dies führt zu einem unvereinbaren Konflikt, der sich an dem Mangel an Argumenten gezeigt habe, wenn es in den Gesprächen um ihre konkreten Handlungsweisen ging. Es existiert mithin ein Widerspruch zwischen Berufs- und konkreter Mitglieds- und Arbeitsrolle. Boulevardjournalisten sind zunächst einmal tagesaktuell ausgerichtete (Informations-)Journalisten, die sich an den entsprechenden Idealvorstellungen messen lassen müssen. Zweitens besteht nach wie vor gerade in Großbritannien ein ursprüngliches boulevardjournalistisches Berufsrollenethos, nämlich das einer gewissen Subversivität, eines Kampfes für soziale Gerechtigkeit gegen das »Establishment« im Namen des »kleinen Mannes«: »[Y]ou ask questions that more respected newspapers don't ask....You have to have a very very heavy disregard for position or rank, or social status....I think that's pretty essential...you have to be a rebel in a way to work in a tabloid newspaper successfully...« (Auszug aus Interviewantworten bei Rhoufari, 2000, 168). Die Ideale seien für Boulevardjournalisten aber nicht erreichbar, da sie sich doppelt abgrenzen müssen. Zum einen von der Qualitätspresse: Der boulevardjournalistische Habitus sei gekennzeichnet durch einen Minderwertigkeitskomplex gegenüber den quality papers, der sublimiert werde durch Herablassung oder z. B. gleichgültiges Desinteresse an Preisen für journalistische Qualität. Zum anderen von der Konkurrenz: Einerseits geschehe das Engagement in der Recherche und für die Anzahl und Qualität der Kontaktpersonen in erster Linie mit Blick auf den Boulevardrivalen[82]. Andererseits sei die Rebellion gegen das Establishment verkommen zu einer relativistischen Konsumpropaganda (Rhoufari, 2000, 169, 171). Boulevardjournalisten leben in einem Konflikt zwischen Berufsanspruch und konkreter Praxis; sie fühlen sich als Journalisten, aber spielen ein Spiel mit, das auf Sozial-Darwinismus beruht und von hartem Überlebenskampf geprägt ist. Rhoufaris Fazit lautet: »Tabloid journalists, however, seem to have only a logical interpretation of their practice, embedded in their day-to-day activity, and they awkwardly haul a cumbrous and conventional journalism ideology onto the public scene within which they can neither explain nor justify their acts« (Rhoufari, 2000, 173). Die Studie von Rhoufari verdeutlicht unter methodischen Gesichtspunkten auch den Wert von qualitativen, also offenen und intensiven Interviewtechniken, ohne die jene latenten Bewusstseinsstrukturen und kognitiven Widersprüche innerhalb des boulevardjournalistischen Habitus nicht zutage getreten wären. Bei standardisierten Befragungen überwiegen eher Antworten im Sinne eines Idealbildes, eines Wunschberufsbildes: Die von Piringer (1989) befragten, im Münchener Raum ansässigen Boulevardjournalisten gaben im Gegensatz zu ihren Kollegen von Abonnementpresse und Hörfunk der Aufgabe, Missstände zu kritisieren und politische Institutionen zu kontrollieren, Vorrang vor der Vermittlerrolle. Ganz oben auf der Prioritätenliste des Aufgabenverständnisses rangiert auch der Wunsch, Benachteiligten zu helfen und ihnen Gehör zu verschaffen (vgl. Piringer, 1989, 81). Ein investigativ-anwaltschaftlicher Anspruch kommt darin sehr gut zum Ausdruck. Dieser scheint allerdings im Widerspruch zur Redaktionspraxis zu stehen. Schneider & Raue zitieren im »Handbuch des Journalismus« einen Berliner Boulevardredakteur (anonym) mit den Worten:

> »Auf dem Boulevard darf man sich nicht als Sozialarbeiter fühlen, sonst geht man kaputt daran. Machen wir uns nichts vor: Der Boulevard ist die Bühne für Geschichten, die wir in Szene setzen. Außer den Emotionen braucht es die Sensationen... Für eine gute Story sollte man keine falsche Rücksicht nehmen. Diejenigen sind scheinheilig, die behaupten, sie stünden auf der Seite der Armen, der Opfer: Die sind der Stoff, aus dem unsere Geschichten sind. Und weiter nichts« (1994, 126).

Ein gebrochenes Selbstbewusstsein von Boulevardjournalisten könnte auch aus der Verquickung von Information und Unterhaltung entstehen. Wie problematisch die Aufgabe journalistischer Unterhaltung noch in den 1970er Jahren gesehen wurde, zeigte die klassische Studie von Langenbucher & Mahle (1975) an Unterhaltungsjournalisten. Die Autoren führten eine repräsentative Befragung

---

[82] s. hierzu auch die Äußerungen von deutschen Boulevardjournalisten bei Makowsky (1988, 74): »Da wird in der Redaktionskonferenz manchmal gesagt: Schaut mal, was die Konkurrenz für eine Schweinerei ausgegraben hat, ist ja widerlich. Und im nächsten Moment kommt dann der Vorwurf: Eigentlich ist das doch ne tolle Geschichte. Warum haben wir die eigentlich nicht?«

bei Mitarbeitern von Publikumszeitschriften durch. Zwar ging es nicht um Boulevardjournalisten, aber es handelte sich hierbei um eine Pionierstudie, die die Einstellungen gegenüber Unterhaltung im Journalismus erstmalig beleuchtete. Daher ist sie im vorliegenden Zusammenhang relevant. Fasst man die Ergebnisse zusammen, so erkennen die Verfasser vor allem ein unfreies Verhältnis zur Aufgabe »Unterhaltung«. Deutlich wurde das daran, dass sich die Unterhaltungsjournalisten nur ungern an den Bedürfnissen der Leser orientierten. Die Befragten stellten sich den Leser farblos, ja dumm vor, ihr Verhältnis zum Publikum war distanziert. Die Autoren interpretierten dieses vorurteilsbehaftete Bild als unterschwelligen Mechanismus, mit dem sich die Betroffenen für eine Arbeit rechtfertigen, die sie selbst nicht gutheißen können. Die Legitimation könnte heißen: Der Leser verlangt seichte Unterhaltung, also ist er am Ergebnis selbst schuld. Sie haben andere Idealvorstellungen der journalistischen Berufsrolle internalisiert, denn obwohl die meisten Befragten primär Unterhaltungsjournalismus produzierten, betrachteten nur wenige die Unterhaltung als eine wesentliche Aufgabe. An der Spitze stand die objektive und wahrheitsgetreue Berichterstattung. Die Unterhaltungsaufgabe wurde als sekundär, wenn nicht gar als unwesentlich betrachtet (vgl. Langenbucher & Mahle, 1975, 79).

Diese Einstellung gegenüber Unterhaltung im Journalismus hat sich nicht zuletzt als Folge der Dualisierung des Rundfunksystems grundlegend gewandelt. Neuere Arbeiten z. B. über Fernsehunterhaltungsredakteure oder Mitarbeiter beim privat-kommerziellen Hörfunk zeigen, dass die Aufgabe zu unterhalten, angenommen und das Selbstverständnis als Dienstleister internalisiert wird (vgl. die Zusammenfassung bei Stuiber, 1991b sowie Altmeppen, 1999). Die Arbeit von Makowsky (1988) über Klatschkolumnisten, basierend auf einer Vollerhebung bei Boulevardzeitungen legte sogar ein außergewöhnlich starkes Selbstbewusstsein dieser Gruppe offen. Dass gerade Boulevardjournalisten die Hauptfunktion ihrer Tätigkeit im »Infotainment«, also der Mischung aus Information und Unterhaltung, sehen, wurde weiter oben bereits ausgeführt. Ein potentielles gebrochenes Selbstbewusstsein bzw. Berufsverständnis resultiert also weniger aus dem Widerspruch, Informationsjournalismus zu wollen, aber Unterhaltung zu bieten, sondern eher aus der wahrgenommenen Diskrepanz zwischen anwaltschaftlich-investigativen Ansprüchen und sensationsjournalistischer Praxis. Eine empirische Untermauerung dieser These steht für den deutschen Boulevardjournalismus noch aus.

5.5 Exkurs: Der »neue« Boulevardjournalismus des Fernsehens

Über die Strukturen des »neuen« Boulevardjournalismus, der über die Boulevardmagazine im Fernsehen Einzug gehalten hat, ist bislang sehr wenig bekannt. Die Magazine sind nicht nur von wissenschaftlicher Seite aus kaum beachtet worden, auch eine öffentliche Diskussion, wie sie im Zusammenhang mit klassischen Reality-TV-Sendungen zu Beginn der 90er Jahre stattgefunden hat, ist ausgeblieben. Die wenigen Untersuchungen, die vorliegen, lassen jedoch den Schluss zu, dass trotz der spezifischen Bedingungen des Mediums Fernsehen hier prinzipiell ähnliche Strukturen wie im Printbereich zu beobachten sind. Ohne Zweifel spielt hier der Visualisierungszwang des Mediums eine erhebliche Rolle. Gewinnorientierung als Handlungsmaxime gilt für den Boulevardbereich des Fernsehens in verschärfter Form, wie Julia Morgenthaler in ihrer Kommunikatorstudie (2000) nachweisen kann. Sie führte Leitfadeninterviews mit verantwortlichen Redakteuren und freien Mitarbeitern von drei Boulevardmagazinen (öffentlich-rechtlich und privat). Es herrschte Konsens bei der Beantwortung der Frage nach der Funktion der Boulevardmagazine: »Die Journalisten beider Handlungsebenen erklärten übereinstimmend, ›Geld verdienen‹, ›Quote machen‹ oder ›Zuschauer ins Programm ziehen‹ zu wollen. Zwar wurde auch die Informationsfunktion genannt, diese scheint sich jedoch bei der Produktion der Beiträge [...] dem wirtschaftlichen Interesse unterzuordnen« (Morgenthaler, 2000, 147). Die Boulevardredaktionen sind gezwungen, eine Mindestquote zu erreichen, da bei deren Unterschreitung sehr schnell Sanktionen seitens der Sender folgen, die – so Morgenthaler – regelrecht existentiell seien. Der Erfolgsdruck der verantwortlichen Redakteure ist so groß, dass berufliche Anerkennung und persönliche Existenzsicherung von der Höhe der Einschaltquote abhängig gemacht werden. Nicht der Wahrheitsgehalt sondern die Zuschauerzahl werde somit zum Erfolgs- und auch Qualitätsmaßstab der Sendungen (ebd., 173).

Brekenkamp (1998) analysierte sowohl quantitativ als auch qualitativ die Inhalte und Gestaltungsmerkmale von fünfzig Ausgaben der täglich ausgestrahlten Boulevardmagazine »Brisant«, »explosiv«, »blitz« und »taff« (Zeitraum Oktober 1997) und führte Leitfadeninterviews mit den Verantwortlichen der Redaktionen, die im Anhang ihrer Arbeit komplett abgedruckt sind. Aus den Aussagen werden folgende strukturelle Merkmale deutlich: Die Redaktionen sind stark arbeitsteilig organisiert; eine Rollendifferenzierung in Redaktionsleiter, Chef(s) vom Dienst, Planungsredakteure, redaktionelle Mitarbeiter, Cutter, Reporter sowie Regie und Moderation sind Standard. Beispiel »taff« (ProSieben):

> »Es gibt einen Redaktionsleiter. (...). Dann gibt es zwei Chef vom Dienst, (...). Außerdem haben wir einen Planungsredakteur, der die Aufgabe hat, die Vielzahl von Themenangeboten, die angeboten werden, zu sichten und zu sortieren. Danach besprechen wir, was wir gebrauchen können. Das ist die eigentliche Struktur der Redaktion. Dann gibt es Reporter, die rausfahren und drehen, und es gibt Kollegen, die hauptsächlich recherchieren« (zit. in Brekenkamp, 1998, A38).

Über eine ausgeprägt autokratisch-autoritäre Führung der Boulevardmagazinredaktionen kann aufgrund der vorliegenden Daten keine generelle Aussage gemacht werden. Die Redaktionsgrößen sind klein; sie schwanken zwischen 11 und 25 festangestellten Redakteuren. Die Beiträge werden von zahlreichen Außenstudios, Reportern, Freien Mitarbeitern oder Produktionsgesellschaften geliefert. Outsourcing unterstützt tendenziell eine Strategie der Kostenführerschaft. Diese wird im wesentlich umgesetzt durch eine starke Stellung auf dem Beschaffungsmarkt, durch optimale Ausnutzung der Potentialfaktoren (Ressourceneffizienz) und durch Vermeidung journalistischer Ausschussproduktion (interne Prozesseffizienz). Auf diese Weise wird die Senkung der Stückkosten unter das Niveau der wichtigsten Konkurrenten angestrebt (vgl. Moss, 1998, 292). Durch Outsourcing wird aber auch ein Teil der Entscheidungen mit ausgelagert: Fehler des externen Lieferanten werden möglicherweise nicht schnell genug entdeckt und können gravierende Folgen haben, wie der Fall des freien Filmproduzenten Michael Born beweist. Dieser verweist in seiner Rechtfertigungsschrift auf seine schwierige finanzielle Situation und somit den existentiellen Druck sowie auf die Tendenz zum »Auftragsfake«:

> »Selbst mir als Insider fällt es schwer, alle Boulevardmagazine ad hoc aufzuzählen. Alle diese Magazine müssen Geld verdienen und somit eine vorgegebene Einschaltquote erreichen, um auf Dauer bestehen zu können. Natürlich gibt es nicht genug sensationellen Stoff, um sie alle zu bedienen. (...) Er [der verantwortliche Redakteur; Anm. UK] wird sagen: Sieh zu, wie du diese Szenen bekommst. Dabei wird es ihm persönlich ziemlich wurscht sein, wie die Szenen entstehen, denn dafür trägt der freie Journalist die Verantwortung. Und so bekommt der Redakteur natürlich seine Story« (Born, 1997, 110f.).

Dass der Markt der Boulevardmagazine gesättigt sei, bestätigen alle von Brekenkamp befragten Redakteure. Marktsättigung zwingt zur Differenzierung, die sich im Falle der Boulevardmagazine im Streben nach dem noch Extremeren, noch Sensationelleren äußert und zwangsläufig den Druck auf die recherchierenden Beitragslieferanten erhöht. Aussagekräftig sind diesbezüglich die Antworten der bei Boulevardproduktionsfirmen angestellten freien Produzenten:

> »Die Magazinsendungen sind noch schneller, noch aktueller geworden. Es gibt 70 Produktionsfirmen allein in Köln« (...) »Bis Sie erst mal einen Fuß beim Sender drin haben, ist das Schweiß, Blut und Tränen. Wenn Sie Glück haben, dann sind Sie der Einzige, der ein sensationelles Thema hat.« (...) »Das sind mehr die Erwartungen der CvDs und der Redaktionsleiter als die der Zuschauer. (...) Sie denken auch an die Konkurrenz und an die anderen Kollegen und wollen natürlich was Besseres und mehr haben.« (...) »Der Streßfaktor ist immens hoch und die Wochenarbeitszeit liegt, wenn richtig viel los ist, bei 60 bis 65 Stunden« (Morgenthaler, 2000, 175-180).

Die Anforderungen der Redakteure an das Bildmaterial seien teilweise immens hoch und brächten die Produzenten in die Situation, Beiträge »aufpolieren« zu müssen, um ihre Beiträge überhaupt verkaufen zu können. Es werden Bedingungen an Geschichten geknüpft, und die Auswahl erfolgt weniger nach klassischen Nachrichtenfaktoren, sondern nach »Narrationsfaktoren«, die die Boulevard-Erzählschablone ausfüllen können. Die Reportage über den Video-Polizeireporter Dirk Böttger, der fast jede Nacht durch Berlin und Umgebung auf der Suche nach möglichst sensationellem Bildmaterial streift, verdeutlicht anschaulich die Wettbewerbs- und Arbeitssituation auf dem Boulevardmagazin-Beschaffungsmarkt. Wenn eine Redaktion der großen Sender sein Material kauft, bekommt die Produktionsfirma pro Sendeminute zwischen 900 und 1.100 DM, für Böttger bleiben davon rund 300 Mark (Stannies, 2001, 52). Überdies wird Scheckbuchjournalismus von den Verantwortlichen als »gängige Praxis« bezeichnet: »Es wird mittlerweile viel gezahlt für eine exklusive Geschichte.« – so der Büroleiter des Magazins »blitz« (Sat1) (zit. in Brekenkamp, 1998, A30). Der Abteilungsleiter »Tägliche Magazine« bei ProSieben gesteht: »Ab und zu, das gebe ich gerne zu, das ist ja auch kein Geheimnis, wird auch mal ein bißchen Geld über den Tisch geschoben, das ist ganz klar. Wir befinden uns nun mal im Konkurrenzkampf« (Theunert et al., 1999, 97).

Das Arbeitsprogramm des klassischen und des »neuen« Boulevardjournalismus stimmt weitestgehend überein. Allerdings wird ein investigativ-anwaltschaftliches Selbstverständnis von den Verantwortlichen der Boulevardmagazine weit weniger betont, als das im klassischen Printboulevard der Fall ist. Als wichtiges Stilmittel wird allerdings die aktive Funktion des Reporters sehr wohl betont: »Das Schwergewicht wird auf einen szenisch ›starken‹ Dreh gelegt, in dem der Reporter sinnvoll als Interviewer, als aktiv Handelnder eingesetzt wird« (Schnatmeyer, 2000, 101). Genau dieser pseudo-investigative Anspruch, der damit vermittelt werden soll, wird von Kritikern besonders beklagt. Unter dem Deckmäntelchen des aufklärenden Reporters und unter Benutzung der Form des investigativen Recherchierens werde jedes x-beliebige Thema verkauft. »So machen sich Boulevardreporter mit verdeckten Kameras auf den Weg, um Ärzte zu Abrechnungsbetrug zu verleiten oder Überraschungsbesuche in Bordells zu unternehmen. So wird die Form ausgehöhlt und als dramaturgisches, spektakuläres, sensationslüsternes Mittel benutzt« (Hovestädt, 1998, 57). Aus keinem der von Brekenkamp und Morgenthaler durchgeführten Interviews lässt sich das Rollenbild der Vox Populi ableiten, am Rande wird höchstens eine Ratgeber- oder Servicefunktion angesprochen (Brekenkamp, 1998, A15, A29, A40). Im Fokus der Beiträge steht das reine Nachvollziehen eines persönlichen Schicksals. Ein potentielles »gebrochenes Selbstbewusstsein« resultiert bei den Fernsehboulevardjournalisten mehr aus dem Widerspruch, einerseits »gutes Infotainment« anbieten zu wollen (vgl. hierzu auch Schnatmeyer, 2000, 102), aber eigentlich keinen Informationsgehalt der Beiträge erkennen zu können und andererseits moralische Prinzipien für die journalistische Produktionsweise zu formulieren, die sie selbst in der Alltagspraxis nicht einhalten können. Diese Widersprüche finden sich allerdings explizit nur bei den Freien Mitarbeitern. Sie beklagen, dass ihr Glaube an die wichtigen Aufgaben im Journalismus erschüttert sei und dass der Markt die neue Steuerungsinstanz sei: »Vor Wochen hätte ich noch gesagt, man solle Themen darstellen, die in irgendeiner Form eine Bedeutung haben« (...) »Also der hehre Anspruch ist definitiv dahin. (...) Was nachgefragt wird, macht auch Sinn zu produzieren« (zit. in Morgenthaler, 2000, 142, 146). Ein freier Produzent betonte zunächst: »Seit Born ist Nachstellen ja out«. Anschließend führt er jedoch Beispiele an, dass Nachstellen durchaus üblich und »völlig in Ordnung« sei (ebd., 167). Auf die Frage: Was bedeutet Boulevardjournalismus für Sie?, antworteten die von Brekenkamp befragten verantwortlichen Redakteure quasi »standardisiert«:

> »Hauptsächlich menschliche Schicksale« (...) »Boulevardmagazine zeigen menschliche Schicksale, erzählen Geschichten, wollen mit diesen Geschichten die Menschen berühren« (...) »Boulevardjournalismus führt irgendwie zum Boulevardmagazin. In dreißig sekündigen Filmen kann man keine Geschichte mit Menschen erzählen, die auch noch emotional ist. Es ist logisch, daß ein Boulevardmagazin längere Geschichten erzählen muß. Insofern ist das Boulevardmagazin die natürliche Folge des Boulevardjournalismus« (Brekenkamp, 1998, A28, A29, A36).

Das, was im Printbereich als Layoutnormierung bezeichnet wurde, ist bei den TV-Boulevardmagazinen der standardisierte dramaturgische Aufbau der Beiträge. Dazu gehört das »Reinspringen« in die Story, indem die stärksten Bilder an den Anfang platziert werden (vgl. Brekenkamp, 1998, A 16, A29). Der weitere Aufbau der Beiträge folgt den Prinzipien der Human Interest Erzählschablone: »Wir überreißen im Ansatz die Geschichte, dann kommt meistens der Protagonist. Der wird vorgestellt. Das ist eine kleine Einführung, so daß man etwas auf das Thema gebracht wird. Dann wird die Geschichte der Reihenfolge nach erzählt, mit einem kleinen Höhepunkt und einem schönen Schluß« (ebd., A 36). Im TV-Boulevardjournalismus wird das typische Merkmal der Oralität durch den starken Einsatz von O-Tönen erreicht: »Wir sind der Meinung, Emotionalität sollte sich durch O-Töne übertragen« (...) »...ganz großes Gewicht auf O-Töne (...). Möglichst (...) Leute erzählen lassen« (ebd., A 43 sowie Morgenthaler, 2000, 160).

Trotz der disparaten und unzureichenden Material- und Datenlage lässt sich auf der Basis der referierten Befunde folgendes Fazit ziehen: Die für den Printbereich festgestellten Strukturmerkmale des Boulevardjournalismus sind prinzipiell auch bei dem »neuen« Boulevardjournalismus des Fernsehens anzutreffen. Das wettbewerbsstrategische Ziel der Kostenführerschaft schlägt sich auch hier nieder in einer funktionalen Aufbauorganisation, in der damit zusammenhängenden Differenzierung der Reporterrolle mit starken Outsourcing-Tendenzen sowie in einem hochgradig standardisierten Arbeitsprogramm.

5.6 Fazit

Die Beschäftigung mit den spezifischen Strukturen im Boulevardjournalismus kann einer unergiebigen Ontologisierung des Journalismus vorbeugen. Den Journalismus gibt es nicht. Insofern missachten auch allgemeinverbindliche und normative Wertmaßstäbe, die an den Journalismus bzw. die Journalisten herangetragen werden, im Prinzip die zum Teil völlig verschiedenen journalistischen Arbeitswirklichkeiten. Das sensationalistische und stark standardisierte Berichterstattungsmuster im Boulevardjournalismus ist eben auch als Folge der Organisationsziele und einer konsequent darauf ausgerichteten Organisationsstruktur anzusehen. Der Boulevardjournalismus stellt ein spezifisches Subsystem des Journalismus dar, das auch als solches – in zukünftigen Journalistenenquêten z. B. – differenziert betrachtet werden sollte.

Abb. 33: Strukturen boulevardjournalistischer Organisationen im Überblick

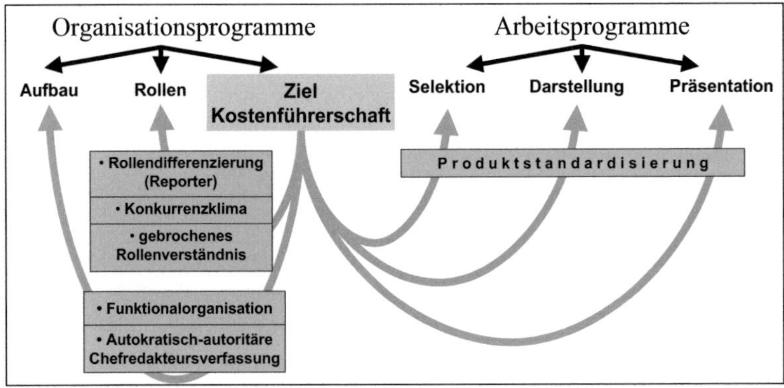

Einen zusammenfassenden Überblick über die erörterten Strukturmerkmale boulevardjournalistischer Organisationen und ihre Zusammenhänge liefert Abb. 33. Der Ansatz einer »Boulevardisierung« impliziert die Vorstellung einer bipolaren Skala, die von hochkulturellem (Eliten-)Journalismus auf der einen Seite bis populärem (Massen-)Journalismus auf der anderen Seite reicht. Unter »Boulevardisierung« wird in erster Linie die zunehmende Anpassung an boulevardeske Inhalte verstanden. Boulevardisierung kann aber auch aus struktureller Sicht im Sinne einer Angleichung an typische Strukturmerkmale des Boulevardjournalismus betrachtet werden. Dazu muss dieser Extrempol in seinen Strukturen möglichst genau bekannt sein. Da die vorgelegte Analyse der Organisationsstrukturen – insbesondere, was die deutsche Situation anbelangt – auf älteren Redaktionsbeobachtungen und vereinzelten Fallbeschreibungen beruht, wäre eine systematische und vor allem aktualisierte Untersuchung der Organisations- und Arbeitsprogramme boulevardjournalistischer Organisationen in Deutschland dringend erforderlich.

6. Thema, Form, Story – zur Praxis der inhaltsanalytischen Erforschung des Sensationsjournalismus

Das nun folgende Kapitel stellt ein kritisches Review der quantitativen und qualitativen inhaltsanalytischen Erforschung des Sensationsjournalismus dar. Die prototypisch in Boulevardformaten eingesetzte und weitestgehend standardisierte Strategie des Sensationsjournalismus, die (bezogen auf die Inhalts- und Präsentationsebene, nicht auf die Recherchepraxis) nur als Kombination aus Thema plus Form plus Narrativität adäquat zu erfassen ist, wurde in toto bei der Analyse von medialen Aussagen nie gemessen. Es liegt also im Grunde kein »fertiges« Messinstrument vor, das einer konkreten Gesamtoperationalisierung der in Kapitel 3.6 vorgenommenen Realdefinition enspräche. Sensationsjournalismus wurde dort definiert als diskursive Strategie, die sich thematisch auf die Bereiche Sex & Crime & Tragedy fixiert und Sensationalismus betreibt, womit eine spezifische formal-gestalterische, syntaktische und semantische Aufbereitungsweise eines Beitrags gemeint ist. Sehr wohl wurden allerdings in den vorliegenden inhaltsanalytischen Arbeiten die Teilkomponenten der Strategie in Querschnitt- und Längsschnittstudien untersucht. Die Art der Erfassung dieser Teilkomponenten (Themengewichtung, formale Aufmachung und Erzählstruktur) soll im folgenden aufgezeigt und kritisch begutachtet werden.

6.1 Inhaltlicher Sensationalismus als Themen(um)gewichtung (Boulevardisierung)

Einen der ersten Ansätze, Sensationalismus über eine bestimmte Themengewichtung zu erfassen, stellte eine amerikanische Studie aus dem Jahr 1937 vor. Kingsbury et al. intendierten eine möglichst genaue, quantitative Erfassung der Charakteristika des damaligen Zeitungsspektrums und die Einordnung auf einer imaginären Qualitäts-/Sensationsskala. Ihre Messmethode nannten sie »Spectrum analysis of newspaper sensationalism«. Ausgehend von der Überlegung, dass bestimmte Themen ganz bestimmte Leserinteressen erfüllen, bildeten sie drei (angenommene) Leserinteressengruppen mit den aus ihrer Sicht dazugehörigen Themen: Dazu zählten a) consumer's interests, b) socialized interests und c) sensational interests (Kingsbury et al., 1937, 6f.). Die ganze weitere Analyse beruhte nun auf einer subjektiv festgelegten Extrempolbildung, bestehend aus dem Qualitätspol mit drei »hochgradig« sozialen und dem Sensationspol mit drei »hochgradig« sensationellen thematischen Interessensbereichen, die aus einer Gesamtzahl von 23 ausgewählt wurden, wobei die Zuordnung in die Kategorien nur anhand von wenigen Beispielen erläutert wurden. Im nächsten Schritt wurde für eine kleine, aber typische Gruppe von Zeitungen (acht New Yorker Qualitätszeitungen, vier Boulevardzeitungen, über zehn repräsentative

Wochentage beobachtet) ein grober »Sozial«- bzw. »Sensations«-Index gebildet. Hierzu wurde der Umfang der Titelseitenüberschriften für drei »socialized interests« und drei »sensational interests« gemessen, dann der Anteil jedes Bereichs am Gesamtumfang der Überschriften und schließlich die Differenz der beiden Anteile berechnet. Dieser Index stellte die Basis für alle weiteren Berechnungen dar. Sensationalismus wurde hier also operationalisiert als das anhand von Überschriften erkennbare Übergewicht (subjektiv festgelegter) sensationeller Themen über (subjektiv festgelegte) sozial relevante Themen auf der Titelseite der Zeitungen.

Diese Tradition, Sensationalismus anhand der Verteilung bestimmter Themenblöcke zu messen, wurde auch später weiterverfolgt, und zwar sowohl in Querschnitt- als auch in Längsschnittstudien. Während Querschnittstudien die Aufdeckung medialer oder programmlicher Vergleiche zu einem bestimmten Zeitpunkt zum Ziel haben, intendieren Längsschnittstudien die Ermittlung eines ggf. veränderten Sensationalismus-Grades im zeitlichen Verlauf. Zur ersten Gruppe zählt beispielsweise die Analyse von Adams (1978) über die Themengewichtung der Abendnachrichten bei zehn lokalen TV-Sendern im Raum Pennsylvania, die später als »benchmark study to determine if sensationalism and human interest stories crowded out public affairs coverage« bezeichnet wurde (Slattery & Hakanen, 1994, 205), und dessen Kodierschema in Nachfolgestudien exakt übernommen (vgl. Ryu, 1982; Hofstetter & Dozier, 1986) oder insgesamt exakt repliziert wurde (Slattery & Hakanen, 1994). Durch diese Replikation entstanden Trenddaten für den Jahresvergleich 1976 und 1992. Sensationalism und Human Interest Stories wurden operationalisiert als »crime, violence, natural disasters, accidents and fires, along with amusing, heartwarming, shocking, or curious vignettes about people in the area« (ebd., 208). Genauere Kodieranweisungen wurden nicht publiziert, und insofern ist nicht klar, was z. B. mit »violence« gemeint ist. Kritische Töne finden sich bei den Anwendern lediglich in einer Fußnote: »Adams appears to have limited his definition of ›sensationalism‹ primarily to topics that have historically been associated with the term, ignoring other dimensions for the construct, including treatment, intent, and effects. The authors acknowledge that his operationalization of the construct may raise a question of validity;...« (Slattery & Hakanen, 1994, 215 sowie die aktuelle Wiederholungsstudie von Slattery, Doremus & Marcus, 2001). Für eine exakte Replikation sei die Verwendung der Kategorien aber notwendig. Allerdings wurde von den Autoren eine zusätzliche Kategorie eingeführt, nämlich der sog. »embedded sensationalism/human interest«, was nichts anderes bedeutet als »enthaltenes sensationelles Nebenthema«: ein Bericht über die Leistungen der Kommune nach einem Tornado wurde codiert als »community affairs« und zusätzlich als »embedded sensationalism«. Die Hinzuziehung dieser Kategorie vergrößerte den gemessenen Anstieg des Sensationalismusgrades der Abendnachrichten zwischen 1976 und 1992, der ohnehin schon durchschnittlich 20 % betrug, nochmals um rund 10 %. Themenbezogener »sensationalism« wird als »ratings booster« charakterisiert, und der Anstieg mit einer gestiegenen Wettbewerbssituation begründet (vgl. Slattery & Hakanen, 1994, 210-215). Die uneinheitliche Verwendung inhaltlicher Sensationalismus-Kategorien wird besonders dann zum Problem, wenn damit wissenschaftlich relativ allgemeine und weitreichende Thesen verbunden sind. Kenneth D. Nordin (1979) wies in seiner Untersuchung Bostoner Zeitungen des 18. Jahrhunderts einen erheblichen Anteil sensationeller Berichterstattung nach und wollte damit belegen, dass Sensationalismus nicht erst durch die »Penny Press« des 19. Jahrhunderts ins amerikanische Zeitungswesen gelangte, sondern schon vorher in ihm einen festen Bestandteil bildete. Nordin legte dabei jedoch einen ziemlich weiten Begriff von Sensationalismus zugrunde, da er neben den »nonviolent human interest stories« auch alle »stories of violence«, also Nachrichten über Kriegführung, soziale Unruhen und Kriminalität (Nordin, 1979, 298), katalogisierte und damit zwangsläufig zu höheren Werten als seine Vorgänger gelangte.

In Europa wurden gerade in den letzten Jahren einzelne Studien veröffentlicht, die sich mit der (thematischen) Sensationalisierung der Medieninhalte beschäftigten. Hier wird allerdings weniger von »sensationalism« gesprochen, sondern (relativ undifferenziert) von »Trivialisierung«, »Infotainisierung« bzw. überwiegend von »Boulevardisierung«. Aus Skandinavien liegt die Arbeit von Djupsund & Carlson (1998) vor. Die Autoren nahmen eine Längsschnittanalyse für einen Vergleich der Jahre 1982 und 1997 vor; sie verglichen zwei nationale und zwei regionale finnische und schwedische Zeitungen anhand einer Titelseitenanalyse. Neben einem groben inhaltlichen Indikator wurde hier zusätzlich auch ein grober formaler Indikator für Boulevardisierung erfasst: »Tabloidization includes aspects concerning both content and format. Regarding content, our interest is limited to a phenomenon that we call trivialization. (...) Regarding format, our interest is limited to visualization,...« (Djupsund & Carlson, 1998, 102). Der negativ konnotierte Begriff Trivialisierung wurde vermutlich aus dem Grund gewählt, weil der Studie explizit ein normativer theoretischer Ausgangspunkt zugrunde lag, der zwischen »guten« und »schlechten« Inhaltskategorien differenziert, da »one of the most essential functions of the mass media is to offer citizens knowledge and information« (ebd., 101f.). Die Trivialisierung des Inhaltes erfassten sie über Artikelgröße und Größenanteilen bestimmter Inhaltskategorien, wobei hier drei klassische Kategorien unterschieden wurden: • hard news, • soft news und • »news of crimes and accidents«. Hard news betreffen Politik, Wirtschaft und Soziales, soft news seien gleichzusetzen mit Sport, Entertainment, Kultur, Lifestyle, Alltag, Prominenz, Wetter, Sensationen etc. (Djupsund & Carlson, 1998, 102). Eine genauere Operationalisierung ist nicht angegeben. Visualisierung wurde erfasst über die Messung der Anzahl und des Größenanteils der Bilder auf der Titelseite und über qualitative Analysekriterien. Hierbei wurde geachtet auf: Farbe, Art der abgebildeten Objekte, fototechnische Spezialeffekte, spezielle Kameraperspektiven und close-ups sowie künstlerische Ästhetisierung. Inwiefern diese Aspekte als Kriterien für Boulevardisierung anzusehen sind, wird allerdings nicht deutlich gemacht. Erst einzelne Ergebnisse (so z. B. für die Abbildung größerer Gesichter) geben hierüber Aufschluss: »The reason for photographs like these becoming the main picture is that close-ups have the ability to arouse interest, partly, because people can interpret feelings from facial expressions« (Djupsund & Carlson, 1998, 109). Insgesamt beurteilt stellt die Beschränkung auf zwei grobe Indikatoren einen sehr begrenzten Zugang zum Boulevardisierungskonzept dar, sie hat allerdings den Vorteil, dass man Wanderungsbewegungen der Zeitungen innerhalb der vier Quadranten eines Trivialisierungs-/Visualisierungs-Koordinatensystems graphisch verdeutlichen kann (vgl. ebd., 103, 111).

In Großbritannien wurde die »tabloidization« des britischen Pressemarktes von McLachlan & Golding (2000) über einen Zeitraum von 45 Jahren (1952-1997) an zwei Qualitäts- und drei Boulevardzeitungen analysiert. Als vorrangige Indikatoren des Konzeptes wurden die Themenverteilung und einige wenige formale Kriterien herangezogen. Aufschluss über Boulevardisierungstendenzen sollten demgemäß geben: • geringerer Anteil innen- und außenpolitischer Themen, • Anstieg von Human Interest Stories, die über Beispiele operationalisiert wurden, • Anstieg von Entertainment Stories über die Unterhaltungsindustrie sowie als formale Hinweise für populäres Layout und geringere Artikelkomplexität: • mehr Bilder, weniger Text – gemessen anhand der durchschnittlichen Anzahl Bilder pro Seite, der durchschnittlichen Anzahl Wörter pro Artikel, der durchschnittlichen Anzahl Artikel pro Seite. In den Kategorien Human Interest und Entertainment waren Beiträge über Sport, die Königsfamilie und Verbrechen nicht enthalten. Ein Grund für diesen Ausschluss wird nicht angegeben (vgl. ebd., 85).

Nicht nur die mangelnde thematische Einheitlichkeit verstärkt die wissenschaftliche »Schwammigkeit« des Boulevardisierungs- respektive Sensationalismus-Konzeptes; Validitätsprobleme entstehen auch durch eine z. T. normativ-voreingenommene Haltung der Forscher. In Deutschland wird das Boulevardisierungskonzept vorrangig im Rahmen der sog. Konvergenz-Debatte diskutiert, die sich mit programmlichen Angleichungsprozessen der beiden Anbietersysteme innerhalb des dualen Rundfunksystems befasst (vgl. hierzu die einschlägige Literatur: Schatz, Immer & Marcinkowski, 1989; Stock, 1990; Pfetsch, 1991; Schatz, 1994; Merten, 1994; Bruns & Marcinkowski, 1996; Krüger, 1998c). In diesem Zusammenhang stehen die von der ARD/ZDF-Medienkommission in Auftrag gegebene und vom Institut für empirische Medienforschung (IFEM) in Köln durchgeführte Programmstrukturanalyse (»Info-Monitor«), die jährlich in der Zeitschrift Media Perspektiven von Udo M. Krüger veröffentlicht werden. Die Programmanalyse basiert routinemäßig auf einer Vollerhebung von Programmdaten aus Programmankündigungen und einer vierwöchigen Codierung von Programmaufzeichnungen, die eine genauere Analyse auf Mikroebene ermöglicht. Krügers Aussagen zu Boulevardisierungstendenzen bzw. neuerdings zur »Boulevardisierungskluft« (2001) im Vergleich der beiden Anbietersysteme beruhen im wesentlichen auf einem Themenabgleich der Einzelbeiträge in den sog. »nichttagesaktuellen Informationssendungen« (sämtliche TV-Magazinformate) der fünf großen Sender ARD, ZDF, RTL, Sat1 und ProSieben. Die – bezogen auf die Anzahl der hinzugezogenen Indikatoren für Boulevardisierung – noch ausführlichste Analyse stellt die 1996er Studie dar. Hier wurden für alle Sendungen und Beiträge boulevardtypische inhaltliche und formale Merkmale kodiert, nämlich Themenverteilung, Emotionalität und die vorhandene Akteursstruktur, die Aufschluss über das journalistische Selbstverständnis als »Anwalt des Kleinen Mannes« geben kann (Krüger, 1996, 369). Hierzu wurde festgehalten, welche nichtjournalistischen Akteure Auftritte mit O-Ton-Präsenz erhalten. Krüger kann im Ergebnis gegenläufige Verteilungen feststellen. Bei ARD und ZDF sind die Auftrittschancen von Politikern und Repräsentanten einerseits und Prominenten, Privatbürgern und »Normabweichlern«[83] andererseits in etwa ausgewogen, bei den Privaten dominieren dagegen klar die letztgenannten. Auch dieser Unterschied zwischen öffentlich-rechtlichen und privaten Sendern dokumentiere »das unterschiedliche Verständnis von Information und Informationsbedürfnissen der Zuschauer« (Krüger, 1996, 369). Die Erfassung von Präsentationsformen und Emotionalitätsgehalt (gemessen als »emotionale Grundstimmung« ebd., 373) bleibt demgegenüber erklärungsbedürftig. So bleibt beispielsweise völlig unerörtert, warum das reine Vorhandensein von Wort, Film, Musik, Standbild, Graphik, Publikumspräsenz und Trick als Indikatoren von Boulevardisierung anzusehen sind. Die Ergebnispräsentation fällt demgemäß auch recht dürftig aus; Krüger konzentriert sich im weiteren und in den späteren Veröffentlichungen hauptsächlich auf die Themenverteilung. Bei der zugrunde gelegten Definition von Boulevardthemen bleibt er weitestgehend konsistent: Die 1996er Definition lautete:

> »Beiträge, die sich mit außergewöhnlichen Ereignissen befassen, die in der Regel auf der Ebene des Privaten angesiedelt sind und die Abweichung von der Norm oder dem ›Normalen‹ in positiver oder negativer Form darstellen. Hierzu gehören Guinness-Rekorde, Kriminalität/Verbrechen, Unfälle/Katastrophen, sexuelle Abnormitäten, Drogensucht, Skurrilitäten sowie sonstiges Buntes, das sich keiner anderen Kategorie zuordnen läßt« (Krüger, 1996, 367). 1998 heißt es: »In Ermangelung einer allgemeingültigen Definition des Begriffs bietet sich an, inhaltliche Boulevardisierung an das Auftreten bestimmter qualitativer Indikatoren in bestimmter quantitativer Ausprägung zu knüpfen. Versteht man unter Boulevardisierung eine Dominanz von Themen der Kategorien Katastrophen, Kriminalität, Human Interest und Sex/Erotik, kann der Vergleich von Sendetiteln im Hinblick auf die Anteile dieser Inhalte ersten Aufschluß erbringen« (Krüger, 1998a, 327).

83 »Eine Person, die durch Äußerlichkeit, Lebenssituation, eigenes Verhalten vom Durchschnittsbürger positiv oder negativ abweicht« (Krüger, 1996, 368).

Als »Boulevardisierungsrate« wird die Summe der Zeitanteile, die in den Sendetiteln für diese genannten Themen aufgewendet werden, verstanden (Krüger, 1998a, 328f.; und 2001, 341ff.). Demnach hatte die höchste »Boulevardisierungsrate« 1997 das Boulevardmagazin »blitz« (SAT 1) mit zwei Dritteln der Sendedauer; alle Sendetitel der privaten Anbieter wiesen einen Anteil von über 40 % auf, während die Sendungen der öffentlich-rechtlichen alle unter 30 % – mit Ausnahme des Boulevardmagazins »Brisant« (MDR) mit 47 % sowie des Politikmagazins »Kennzeichen D« mit 34 % – lagen. Letzterer Befund war nun besonders erklärungsbedürftig. Wie konnte ein Politikmagazin eine so hohe Boulevardisierungsrate aufweisen? Bei den 34 % handelte es sich um Kriminalität, und zur Ehrenrettung der öffentlich-rechtlichen Anbieter bedurfte es nun eines kleinen Erklärungskunstgriffes: »Betrachtet man die Sendetitel nach der Zusammensetzung der Indikatoren für ihre Boulevardisierungsrate genauer, zeigen sich weitere qualitative Charakteristika. Zum einen gibt es eine Reihe von Sendetiteln, in denen die Anteile ›harter‹ Indikatoren (Katastrophe/ Unglück, Kriminalität) überwiegen. Zum anderen gibt es solche Titel, in denen die Anteile ›weicher‹ Indikatoren (Human Interest, Sex/Erotik) überwiegen« (Krüger, 1998a, 328). Boulevardisierung drücke sich eben bei öffentlich-rechtlichen Sendungen eher in Kriminalitätsthemen aus, bei privaten durch Human Interest- und Erotikthemen. Was aber soll »hart« und »weich« in diesem Zusammenhang bedeuten? Auch die Ergebnisse der 2000er Erhebung werden ähnlich interpretiert (s. hierzu auch die Kritik von Thomann, 2001). Der hohe Boulevardisierungsanteil des ARD-»Brennpunktes« mit 42 % und des Politikmagazins »Panorama« mit 36 % wird mit dem Verweis auf »harte Boulevardthemen« relativiert (Krüger & Zapf-Schramm, 2001, 344).

Die 2001 formulierte »Boulevardisierungskluft«-These leiten Krüger und Zapf-Schramm hauptsächlich von folgendem Ergebnis ab: »Setzt man das nichttagesaktuelle Angebot aller Sender zu Politik und Wirtschaft (190 Minuten pro Tag) gleich 100 %, stammen davon im Jahr 2000 von ARD und ZDF zusammen 90 Prozent und RTL, SAT1 und ProSieben zusammen 10 Prozent« (Krüger & Zapf-Schramm, 2001, 341). Die Zunahme der Boulevardisierung als Strategie der Aufmerksamkeitserzeugung sei aber weiterhin von Interesse. Diesen Anspruch lösen die Autoren allerdings nicht ein, obwohl ihnen doch die Trenddaten vorliegen. So verschweigen sie in der Interpretation die Längsschnittdaten (trotz ausgewiesener Jahresvergleichsdaten 1999/2000) und konzentrieren sich in der Ergebnisdarstellung nur auf die Querschnittsdaten für das Jahr 2000. Ein Trend wird nur am Rande erwähnt: »Zwar zeigt sich im Jahresvergleich bei SAT1 und ProSieben ein Rückgang der Boulevardanteile, in beiden Fällen handelt es sich jedoch um Verschiebungen, die nicht den politisch bzw. gesellschaftlich relevanten Themenbereichen zugute kommen« (ebd., 340). Diese Aussage ist falsch, und zwar aus zweierlei Gründen: 1. zeigt sich auch bei RTL ein Rückgang der Boulevardanteile (nur bei den öffentlich-rechtlichen sind die Anteile gestiegen) und 2. kam der Rückgang den Themenbereichen Gesellschaft/Justiz (und Alltag/Soziales) zugute, die Krüger früher an anderer Stelle sehr wohl als gesellschaftlich relevant bzw. sogar als »Kern der Grundversorgung« eingestuft hatte (vgl. Krüger, 1998a, 325). Noch deutlicher zeigen sich einige verschwiegene Tendenzen bei einem zusätzlichen Vergleich ausgewählter Sendetitel im Trend 1997-2000 (vgl. hierzu Abb. 34).

Abb. 34: Veränderung der Boulevardisierungsrate in Vergleich 1997 vs. 2000

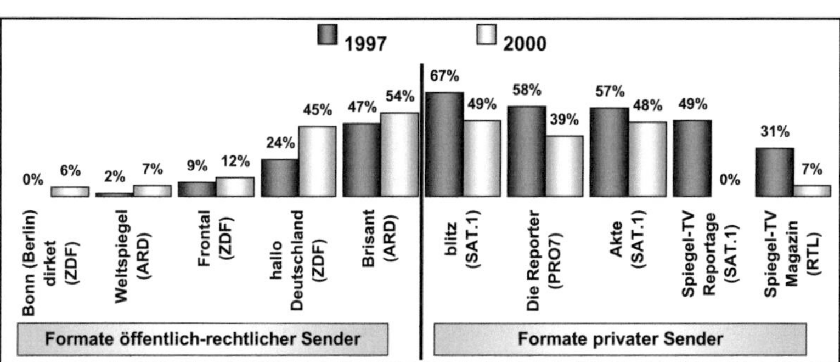

Quelle: vgl. Krüger & Zapf-Schramm, 2001, 342f. und Krüger, 1998a, 329

Wie aus den Daten hervorgeht, hat sich die »Boulevardisierungsrate« bei einzelnen Sendetiteln der Privatsender zum Teil drastisch verringert, während bei den öffentlich-rechtlichen ein moderater Anstieg zu verzeichnen ist.

Die in diesem Kapitel vorgestellten inhaltlichen Analysen veranschaulichen exemplarisch die Schwächen eines auf einer reinen Themenverteilung basierenden Konzepts von Sensationalismus bzw. Boulevardisierung. Zum einen sind die thematischen Kategorisierungen stets mit einer gewissen Subjektivität behaftet, und zum zweiten beruhen sie auf dem klassischen (normativen) demokratietheoretischen Ansatz, der unter Boulevardisierung implizit eine De- oder Entpolitisierung versteht und dem ein nicht hinterfragtes etatistisches Politikverständnis zugrunde liegt. Demgemäß wird zwischen »harten« und »weichen« bzw. »guten« und »schlechten« Informationen unterschieden. Doch was klassifiziert Alltagsthemen als »weich«? Inwiefern sind Themen aus dem Bereich »Soziales« oder »Natur/Umwelt« nicht politisch? Warum ist Kriminalität und Unglück ein »hartes« Boulevardthema? Zur Erfassung von Sensationalismus als diskursiver Strategie sind mehr und andere Indikatoren vonnöten, um zu validen Ergebnissen zu gelangen. Dass die Eruierung solcher Indikatoren angesichts einer sehr dispersen Literaturlage nicht ganz so einfach ist, sollte jedoch kein Hinderungsgrund sein, möglichst valide syntaktische und semantische Kriterien aufzuspüren. Insofern machen es sich z. B. Slattery & Hakanen sehr einfach, wenn sie schreiben: »Unlike topics, which are fairly easy to identify and categorize, indicators of sensational treatment are often subjective and dependent on historical context for interpretation« (1994, 8).

6.2 Analysen zu Syntax und Aufmachung

6.2.1 Emotionalitätsgehalt der Wortwahl

Betrachtet man Sensationalismus als diskursive Strategie, möglichst starke Gefühle bei der Masse der Rezipienten zu evozieren, so kann selbstverständlich als ein wesentlicher Indikator des Konzeptes der Emotionsgehalt in Wort und Bild angesehen werden. Zur Ermittlung eines extremen sprachlichen Emotionsgehaltes eines zu untersuchenden Textkorpus bieten sich grundsätzlich zwei Verfahren an: Erstens der Abgleich mit dem externen Kriterium in Form eines »Emotionswörterbuchs«. Die Stärke des Emotionalitätsgehaltes umfangreicher Wortlisten wird hier über intersubjektive Übereinstimmungsmessungen erfasst. Der Vergleich des zu untersuchenden Textkorpus mit solchen Wortlisten stellt daher ein sehr valides Messverfahren (im Sinne einer intersubjektiven Gültigkeit) dar. Zweitens der Abgleich mit einem externen Kriterium in Form eines Mediums, das in sprachlicher (und visueller) Hinsicht anerkanntermaßen den Extrempol auf einer angenommenen Emotionalitäts-/Rationalitätsskala bildet. Als Extrempole werden i. d. R. Boulevardzeitungen betrachtet, wobei diese als externes Kriterium zunächst selbst validiert, d. h. ihr hoher Emotionalitätsgehalt nachgewiesen werden muss.

Typisch für die erste Verfahrensweise ist beispielsweise die Arbeit von Mende (1996), der Sensationalismus als Produktgestaltungsmittel der deutschen Presse der Zwischenkriegszeit untersuchte. Als ein Indikator des Konzeptes galt der Anstieg emotional aufgeladener Wörter in Artikeln der Titelseite: »Als emotional aufgeladene Wörter wurden alle Wörter definiert, deren Rezeption beim Leser eine hohe Erregung und Emotionalität auslösen. Dabei wurde sich auf eine vorgegebene Auswahl beschränkt (...), wobei allerdings auch grammatikalisch verwandte Wörter hinzugerechnet wurden« (Mende, 1996, 119). Im Anhang der Arbeit findet sich diese Wortauswahlliste (mit Substantiven, Adjektiven, Adverbien und Verben), die dem 1.698 Wörter umfassenden »Semantischen Atlas« entnommen wurden (vgl. Schwibbe, 1981). Sämtliche Wörter des Semantischen Atlas wurden von 32 Versuchspersonen anhand der Kriterien »Emotionalität« und »Erregung« (neben Valenz, Imagery und Potenz) jeweils eindimensional bewertet. Die von Mende ausgewählten Wörter zeichnen sich durch besonders hohe Werte auf den beiden Kriterien »Emotionalität« und »Erregung« aus. Das oben zitierte historische Relativitätsargument (Slattery & Hakanen, 1994, 8) kann Mende durch ein methodisch sauberes Vorgehen entkräften. »Überdies wurde anhand ihrer Auftretenshäufigkeit in der deutschen Sprache und ihrer zeitlichen Dimensionalität sichergestellt, daß eine Übertragbarkeit auf den Zeitraum von 1914 bis 1933 zulässig ist« (Mende, 1996, 235). Die zur Untersuchung ausgewählten Titelseiten wurden nun sprachlich mit der Emotionswörterliste abgeglichen, das Durchschnittsvorkommen auf Jahresbasis erfasst und die Ergebnisse im Trend 1914-1933 dargestellt.

Ein ähnliches Vorgehen zur Messung von »sensationalism« wählten Fournier, Dewson & Whissell (1986). Die Autoren extrahierten aus jeweils acht Ausgaben von drei kanadischen Zeitungen (überregionale Qualitätszeitung, regionale Abonnementzeitung, Boulevardzeitung) jeweils 50 Wörter aus den Überschriften (ohne Abkürzungen, Eigennamen und Wörtern in Anführungszeichen) (N=1.200) und ließen dann diesen Textkorpus computergestützt mit dem Textkorpus eines »Emotionswörterbuches« vergleichen. Darin enthalten waren 3.322 Wörter, die mindestens eine Einheit vom Ursprung des Evaluations-Aktivierungsraums entfernt lagen.[84] 20 % der in den Zeitungen verwendeten Wörter waren in dem Lexikon enthalten. Für diese Wörter wurden außerdem die Werte der Evaluations- und Aktivierungsdimension ermittelt. Als Indikator für »sensationalism« galt die Positionierung des Textkorpuses der Boulevardzeitung *Toronto Star*, und insofern wurden in dieser Studie beide o. g. externen Kriterien verwendet. Eindimensional betrachtet, waren die Wörter des *Toronto Star* (signifikant) überdurchschnittlich aktiv. Zweidimensional betrachtet, fiel ein (signifikant) überdurchschnittlich hoher Anteil der Wörter der Boulevardzeitung in den aktiv-negativ-Quadranten des zweidimensionalen Sprachpositionierungsraumes. Die Autoren fassen zusammen: »Sensationalism could be defined, in terms of the Dictionary of Affect, in one of two ways: it could involve a high level of activity in language regardless of evaluation (...). An alternative definition of sensationalism would require the relatively high usage of active, unpleasant words« (Fournier, Dewson & Whissell, 1986, 1074).

Für das zweite Verfahren stehen in Deutschland vor allem einige Arbeiten zum sprachlichen Emotionalitätsgehalt der *Bild*-Zeitung zur Verfügung (Mittelberg, 1967; Büscher, 1996; Voss, 1999 sowie Schirmer, 2001). Zur Begründung seiner Pionierstudie schrieb Mittelberg (1967, 47): »Es ist eine fesselnde Aufgabe, das populäre Urteil, die BZ [*Bild*-Zeitung; Anm. UK] sei ein Sensationsblatt, sprachlich zu überprüfen.« Mehr als 30 Jahre später bestätigt Voss (1999, 104) die auffällig große Ähnlichkeit zwischen der heutigen *Bild*-Sprache und dem Sprachbild, das Mittelberg herausarbeitete, was den hohen, strategisch funktionalen Standardisierungsgrad des Produktes *Bild* verdeutlicht (vgl. Kap. 5.3).

Dass bei dieser Zeitung besonderer Wert auf die Darstellung von Emotionen und die Verwendung emotionalisierender sprachlicher Strategien gelegt wird, leitet sich bereits aus dem Charakter des Mediums und der damit verbundenen Intention der Macher ab. Da Absicht und valide Durchsetzung dieser Absicht jedoch zweierlei Dinge sind, muss daher zunächst gefragt werden, ob das anvisierte Emotionalisierungskonzept auch tatsächlich in *Bild* umgesetzt wird. Doch was sind eigentlich Emotionen und wie können sie sprachlich zum Ausdruck kommen? Zu Beginn der 1980er Jahre setzte eine Publikationsschwemme im Bereich der Emotionspsychologie ein, so dass von einer »emo-

---

[84] jeweils eindimensional gemessen (»aktiv-passiv« und »positiv-negativ«), 7-Pkt-Skala mit M=4 (Ursprung)

tionalen Wende« oder gar einer »emotionalen Revolution« in der Psychologie gesprochen wurde (vgl. hierzu die umfangreiche Literatursammlung bei Büscher, 1996, 106). Emotionen werden psychisch und/oder physisch erlebt und stehen daher als gegenläufige Empfindung der Gleichgültigkeit gegenüber. »Wir denken meistens dann über Emotionen nach, wenn uns irgend etwas ›auffällt‹, weil es vom Gewohnten, Erwarteten, ›Normalen‹ in quantitativer oder qualitativer Hinsicht (...) abweicht« (Ulich, 1989, 42). Trotz heterogener Erklärungsansätze besteht außerdem Konsens darin, dass es sich bei Emotionen um Gefühlsbewegungen handelt, die im Gegensatz zu Gefühlszuständen (Stimmungen) eher von kurzer Dauer sind. »Gefühle sind seelische Zustände, die ohne Mitwirken des Bewußtseins, als Reaktion auf ein äußeres oder inneres Geschehen auftreten und meist in irgendeiner, sprachlich nicht faßbaren Art, als angenehm oder unangenehm erlebt werden« (Anschütz, 1953, 276). Gefühle könnten deshalb auch als »Ichzuständlichkeiten oder Icherlebnisse« bezeichnet werden. Sie entstünden vorzugsweise dann, wenn eigene Ziele, Interessen und Bedürfnisse betroffen seien, und stellten daher die »grundlegendste« Bezogenheit der Person auf die Wirklichkeit dar: »Im Erleben von Gefühlen erfahren wir uns selbst als jemand, der in einer bestimmten Beziehung zu etwas lebt« – so der Emotionspsychologe Dieter Ulich (1989, 36). Sie sind daher als »subjektive Erfahrungstatsachen« einzustufen, die einen unmittelbaren Erlebnischarakter besitzen (Voss, 1999, 20).

Der Anstieg des physiologischen, durch Emotionen ausgelösten Erregungsgrades wird als Aktivierung und der Erregungszustand als Aktivationsniveau bezeichnet. Büscher unterscheidet nun – konsistent zu den o. a. Emotionscharakteristika zwei Formen bzw. Techniken der Aktivierung. 1. die unspezifische emotionale Aktivierung und 2. die auf spezifischer Emotionalität beruhenden Aktivierung. Unspezifische emotionale Aktivierung entstehe durch das Prinzip Neuartigkeit (also durch die Konfrontation des Individuums mit Objekten, Situationen, Ereignissen usw., die als neuartig empfunden werden) und das Prinzip Abweichung (also die Wahrnehmung einer Neugier erregenden Abweichung vom »Normalen«). Eine an diesem Prinzip angelehnte Aktivierung entsteht z. B. durch eine gezielte Auswahl und Kombination von konnotativ stark besetzten und/oder semantisch miteinander konfligierenden Elementen (»Kontrastierung«) (Büscher, 1996, 96, 98). Für eine Aktivierung durch spezifische Emotionalität steht das ganze Repertoire bestimmter Gefühle zur Verfügung.[85] Der Emotionspsychologe Schmidt-Atzert (1981) konnte durch umfangreiche Befragungen von Probanden eine statistisch abgesicherte Typologie von zwölf dem Sprachverständnis des »Normalbürgers« entsprechenden Grundemotionen auf-

[85] Sei es dadurch, dass diese Gefühlsarten dargestellt werden und dem Rezipienten ein empathisches Nachempfinden ermöglichen – *Bild*-Fotos von Personen z. B. sind betont emotionsexpressiv, Mimik spielt hier die zentrale Rolle (Voss, 1999, 95) – oder dadurch, dass über bestimmte sprachliche Techniken eben diese Gefühlsarten beim Rezipienten ausgelöst, evoziert werden sollen.

stellen. Dazu zählen: Freude, Lust, Zuneigung, Mitgefühl, Sehnsucht, Unruhe, Abneigung, Aggression, Traurigkeit, Verlegenheit, Neid, Angst (ebd., 38). Ulrich Saxer hat den Katalog 1980 (textbasiert anhand der Schweizerischen Boulevardzeitung *Blick*) erweitert um z. B. Jubel, Erleichterung, Ekel, Entrüstung u. a. (vgl. hierzu die Liste im Anhang bei Voss, 1999, 122). Oatley & Johnson-Laird (1987) ermittelten aus dem immensen Repertoire an Affekten fünf überkulturell gültige Grundemotionen, nämlich Glück, Traurigkeit, Angst, Wut und Ekel. Die mit diesen Affekten assoziierten Gesichtsausdrücke werden kulturunabhängig erkannt.

Cornelia Voss geht in ihrer Analyse der *Bild*-Zeitung nun von einer Emotionalisierung des Lesers aus, »wenn mindestens eine der nach Schmidt-Atzert oder Saxer aufgeführten Emotionen in einem redaktionellen Beitrag zum Ausdruck kommt« (Voss, 1999, 22). Unter Emotionalisierung versteht die Autorin den »Prozeß des Nachempfindens von Gefühlen« (...), »der bei der Lektüre in Gang gesetzt wird. Dem Rezipienten soll eine gefühlsmäßige Teilnahme am präsentierten Geschehen ermöglicht, in ihm sollen eigene Emotionen geweckt werden durch die in die Artikel eingebauten Emotionen« (ebd., 20). Die Autorin beschränkt sich also in theoretischer Hinsicht auf die Aktivierung spezifischer Emotionen, während Büscher zwar thematisch enger ausgerichtet ist und sich in seiner empirischen Analyse auf den Assoziationsbereich »Tod« konzentriert, dafür aber den komplexeren Theorieteil liefert und seine Ergebnisse auch stiltheoritisch und linguistisch (besonders sprechakttheoretisch) absichert (vgl. Büscher, 1996, 28-72). Beide arbeiteten qualitativ beschreibend[86] und kommen – trotz der erwähnten Unterschiede – jedoch zu weitestgehend ähnlichen Befunden, was die zahlreichen sprachlichen Emotionalitätsstrategien der größten Boulevardzeitung Europas anbelangt. Dabei handelt es sich – wie beide erwähnen – um Emotionalitätspotentiale, da bei rein inhaltlichen Analysen keinerlei Aussagen über die Wirkungen beim Rezipienten gemacht werden können. Das thematisch angelegte emotionale Wirkungspotential eines Beitrags kann »durch das stilistische ›Wie?‹ in beträchtlichem Maße gesteigert werden« (Büscher, 1996, 65). Voss (1999, 73) spricht von »emotionaler Aufrüstung«. Wie sieht dieses »Wie?« bei *Bild* nun aus? Als grundlegende emotionale Elemente (quasi als emotionale Mikro-Elemente) eines Textes können Konnotationen einzelner Wörter angesehen werden: »Emotionalität ensteht also u. a. durch die Wahl eines mit besonderen Nebenbedeutungen behafteten sprachlichen Zeichens anstelle eines vergleichsweise neutralen Wortes mit gleichem Denotat, durch den Gebrauch von Wörtern also, die beim Zeichenbenutzer bestimmte Assoziationan hervorrufen« (Voss, 1999, 73). Die erste und offensichtlichste Implikati-

[86] Büscher (1996) analysierte hermeneutisch sämtliche *Bild*-Zeitungs-Schlagzeilen des Jahres 1986 (Ausgabe Ostwestfalen-Lippe); sein Haupttextkorpus bestand aus 2930 Schlagzeilen, die mittels theoretischer Vorüberlegungen kategorisiert beschrieben wurden (Büscher, 1996, 134). Voss (1999) untersuchte die Textgestaltung und Verfahren der Emotionalisierung der Stadtausgaben der Münchner *Bild*-Zeitung aus der ersten Hälfte des Kalenderjahres 1997.

on von Gefühlswörtern sei eine positive oder negative Bewertung. Eine Positiv-Negativ-Dichotomie schlage sich in nahezu allen Klassifizierungen und Dimensionierungen von Emotionen nieder. Konnotationsstarke Begriffe könnten in verschiedene »sprachliche Felder der Erregung« eingeteilt werden. Voss unterscheidet hier beispielsweise die Felder: die »Diktion der Sensation« sowie das Feld der »Brachialgewalt« (vgl. Voss, 1999, 48-57).[87] Zur Diktion der Sensation zählen: a) Sensationskonnotierte Reizbegriffe (Skandal, Tragödie, Katastrophe, Geheimnis, Schicksal, Sex, Grauen, auch »Sensation« selbst); b) der superlativische Gebrauch von Adjektiven, die ohnehin schon eine hohe Intensität beinhalten (gewaltigster, hochbrisant); c) bildlich kraftvolle Attribute (das lähmende Entsetzen, alarmierende Nachrichten, erschreckende Fakten); d) Begriffe der Konfrontation (Ärger, Krach, Kampf, Krieg) sowie e) die Steigerung der Nichtalltäglichkeit (Super-, Riesen- oder Mega-Event). Im Feld der Brachialgewalt handelt es sich um Begriffe, die gezielt Grauen, Furcht und Entsetzen bis zum Ekel erzeugen sollen (»Blut«, alle Begriffe, die brachiale Körpergewalt konnotieren wie Folter, Gemetzel, Amputation sowie Verben mit den Präfixen »ab-« und »zer-«, die eine »drastische Aktionsart voller übermächtiger roher Gewalt« ausdrücken (abhacken, zerstückeln, zertrümmern, abschlagen etc.; Voss, 1999, 54). Im Prinzip sind hierzu auch sämtliche Schlüsselreizwörter zur Assoziation »Tod« zuzurechnen (Mord, Sarg, Gift, Krebs, Aids, Herz, Leiche, Sarg etc.; Büscher, 1996, 179-188). Konnotationsstarke Wörter besitzen eine »hohe Mobilität«, da sie relativ kontextunabhängig einsetzbar sind; es sind keine neutralen Begriffsbezeichnungen, sondern sollen Begleitgefühle zum Tragen kommen lassen. Daher bedeute ihre »semantische Assoziation (...) einen Imperativ zur Emotion« (Voss, 1999, 68).

Für nahezu alle vorzugsweise aus der Lyrik bekannten rhetorischen Figuren (Parallelismus, Alliteration, Ellipse, Metapher, Antithese, Oxymoron, Paranomasien, Metonymie, Synekdoche etc.) gibt es in *Bild* zahlreiche Beispiele (vgl. die umfangreichen Sammlungen bei Voss, 1999, 60-67; Büscher, 1996, 195-198; Schirmer, 2001, 115-118). Alle Autoren gehen davon aus, dass rhetorische Figuren zur Dynamisierung und Emotionalisierung beitragen: Die Betonung des Aspektes der »affektischen Einwirkung« durch die Mittel der Rhetorik könne bereits bei Aristoteles nachgewiesen werden (Büscher, 1996, 71); die Rhetorik ließe sich als Ausdrucksmittel charakterisieren, »das die Sprache dynamisiert, bildkräftig tönt und emotional mobilisiert« (Voss, 1999, 67). Trotz der »emotionalen Reflexe« (spontane Zuwendungsreaktionen), die durch begriffliche Schlüsselreize i. d. R. ausgelöst werden und trotz der Dominanz ihrer Verwendung in *Bild* verweist Büscher jedoch auf die insgesamt begrenzte Aussagekraft der Einzelwortsemantik. Gerade die Aktivierung einer spezifischen emotionalen

[87] Zusätzlich könnte man ein sprachliches »Feld der Sinnesempfindungen« als Kategorie vorschlagen, das bei Voss nur angedeutet wird (1999, 53). Hierbei handelt es sich um die mit allen Sinnen zusammenhängenden drastisch verbalisierten Gefühlswelten (donnern, stinken, wakkeln, superlativische Adjektive wie riesig etc.).

Qualität (z. B. Trauer, Empörung) entstehe in den meisten Fällen nicht als Reaktion auf einzelne Wörter, sondern auf eine bestimmte Darstellungsweise, eben ein bestimmtes »Framing« der Information, das nur durch eine Kombination von Wörtern zustandekommt (vgl. Büscher, 1996, 105f.). Sensationalistische Framing-Strategien werden Gegenstand des übernächsten Kapitels sein. Doch vorab soll verdeutlicht werden, dass auch grammatikalisch syntaktische Strategien (Satzbau und Interpunktion) zur sprachlichen Emotionalisierung beitragen.

6.2.2 Sprachcode und Interpunktion

Für den Bereich der Trivialliteratur, zu dem auch die Massenpresse gezählt wird, unterschied Nusser (1982) neben der Strategie der Affektlösung noch zwei weitere Strategien, die zur Steigerung der Konsumierbarkeit (also der Massenattraktivität) beitragen:

- die Strategie der Wahrnehmungserleichterung (Verzicht auf Vermittlung komplexer Zusammenhänge, verkürzte Realität auf »ihre (in Personen) sinnlich erscheinende Oberfläche« (Nusser, 1982, 50); auch Auflockerung des Schriftbildes, einfache grammatische Strukturen
- die Strategie zur Erleichterung des Urteils und zur Vermeidung von Wertkonflikten zwischen Medium und Leser (Bestätigung des Lesers)

Für diese beiden Strategien verwendet Büscher den Begriff der »Adäquanz« (Büscher, 1996, 91). Unter Adäquanz kann man zusammenfassend das optimale Eingehen auf den anvisierten Leserkreis verstehen, der sich im Falle von Boulevardmedien in der Metapher vom »Kleinen Mann auf der Straße« bündelt. Dieses optimale Eingehen wird erreicht durch einen inhaltlich und formal angemessenen Schwierigkeitsgrad (von Büscher als kognitive Adäquanz bezeichnet) und die weltanschauliche Bestätigung des Lesers (emotionale Adäquanz) (vgl. Büscher, 1996, 76-104). Voss weist an Beispielen nach, dass im Prinzip beides das sprachliche Emotionalitätspotential zusätzlich erhöhen kann. Konkret erreicht wird Adäquanz über einen äußerst einfachen, an der gesprochenen Sprache[88] orientierten Code:

- *Kürze und Einfachheit*: Die durchschnittliche Satzlänge liegt in *Bild* bei 5,3 Wörtern. Das Blatt geht grammatikalisch fast nie über den ohnehin seltenen Nebensatz erster oder zweiter Ordnung hinaus. Voss spricht vom »Staccato-Stil«, in dem telegrafisch knapp berichtet. »Auf Subjekt, Prädikat,

---

[88] Gemäß Ong (1987) ist der orale Diskurs: a) eher additiv als subordinierend (eher Hauptsatzreihung als Nebensatzkonstruktionen) b) eher aggregativ als analytisch (sie bevorzugt Bedeutungsbündelungen statt Differenzierung nach Einheiten: Man spricht lieber vom »tapferen Soldaten«, von der »schönen Prinzessin« und von der »knorrigen Eiche«, statt nur vom Soldaten, von der Prinzessin oder von der Eiche); c) eher redundant (Erzählaspekte werden wiederholt); d) eher kämpferisch-engagiert als neutral; e) eher einfühlend und teilnehmend als objektiv-distanziert; f) eher situativ konkret als abstrakt (Einzelfallbetrachtung, Personenschicksale).

Objekt zusammengeschrumpfte Satztorsi wirken, als würden sie unter dem Eindruck fesselnder, überraschender und sich überstürzender Ereignisse live und damit hochaktuell vom Brennpunkt des Geschehens aus kommuniziert«. Die Aussparung von Struktur- oder Funktionswörtern wie Artikeln, Präpositionen oder Verben bedinge eine »asyndetische, spannungserzeugende ›Morsesyntax‹« (Voss, 1999, 37 u. 48). Unübliche und neu kreierte Wortverbindungen (Neologismen) werden sprachökonomisch eingesetzt, da hiermit Umschreibungen in Form von Nebensätzen vermieden werden.

- *Modus = Indikativ*: Der Konjunktiv, der eine Relativierung eines mitgeteilten Sachverhaltes bedeute und aus diesem Grunde eine komplexere inhaltiche Konstruktion enthalte, sei faktisch inexistent in der Sprache der *Bild*-Zeitung (Voss, 1999, 41).
- *Verdichtungsinterpunktion*: Hierzu gehören Doppelpunkte, Gedankenstriche und Auslassungspunkte: Semantisch bedeutsame Satzteile werden – vorzugsweise, um einen Überraschungseffekt anzudeuten – durch den Doppelpunkt zugespitzt hervorgehoben. Gedankenstriche stauen die Spannung und dynamisieren daher die inhaltliche Aussage. Auslassungspunkte können besonders zur emotionalen Aktivierung beitragen: »Durch einen unvorhergesehenen, affektvollen Abbruch eines Gedankens, dessen wichtigste Aussage verschwiegen wird, kommt dem Ungesagten eine inszenierte, spannungsintensive Bedeutungserhöhung zu« (Voss, 1999, 47). Auch Straßner verweist auf die Beschleunigung des Satzrhythmus durch starke Abweichung von der Zeichensetzungsnorm (Straßner, 1991, 114).
- *Umgangssprache*: Sie ermöglicht eine schnelle Verständlichkeit, Farbigkeit und den Aufbau populärer Identifikationsmöglichkeiten durch die Nähe zum menschlichen Leben. Zur emotionalen Aktivierung werden häufig recht drastische Ausdrücke verwendet: z. B. »alle machen«, »knutschen«, »voll in die Schnauze« (Voss, 1999, 55f.). Die wichtigsten Merkmale der Alltagssprache seien Ausdrucksstärke und Anschaulichkeit: »...salopp, lokker und hemdsärmelig, keine Scheu vor Vergröberung und Übertreibung, ein wenig Imponiergehabe und Drastik« (Wittwen, 1995, 58). Elemente der Jugend-, der Gauner-, der Soldaten- und der Sportsprache werden besonders gern benutzt (Straßner, 1991, 115). Stefan Schirmer, der die Aufmacher der *Bild*-Zeitung über einen Zeitraum von 50 Jahren untersuchte, stellte einen umgangssprachlichen Anteil von knapp 30 % fest (Schirmer, 2001, 116).

Zur emotionalen Aktivierung trügen auch die »textstrategisch günstig positionierten Frage- Aufforderungs- und Exclamativsätze« bei (Voss, 1999, 48), die den Leser explizit ansprechen und in das Geschehen einbeziehen sollen, und die den schlichten Aussagesatz in eine untergeordnete Stellung verdrängten – das gilt besonders für den *Bild*-Aufmacher, bei dem diese drei Satzformen zusammen bereits über 40 % ausmachen (Schirmer, 2001, 116). Das Emotionalitätspotential der Fragesätze kann in der Beunruhigung des Lesers liegen. Neben Neugier und Interesse sind sie in der Lage, Empörung zu erzielen, Angst zu schüren oder persönliche Betroffenheit hervorzurufen. Darüber hinaus bieten Fragesätze ein breites Möglichkeitsspektrum für hypothetische Annahmen (Voss, 1999, 39). Ausrufezeichen erfolgen in der *Bild*-Zeitung i. d. R. nach emotionsgeladenen, leidenschaftlichen, begeisterten und begeisternden Ausrufen. Um die spezifische Emotion der Empörung zu aktivieren, werden sie auch maßregelnd und ablehnend eingesetzt. Die Verwendung des Ausrufezeichens in den Aufmachern hat allerdings seit den 60er Jahren kontinuierlich abgenommen. Während sein Anteil damals rund 50 % ausmachte, belief er sich in den 90ern nur noch auf 16 % (Schirmer, 2001, 120).

Sämtliche in den letzten beiden Kapiteln beschriebenen sprachlichen Techniken der Aktivierung und Adäquanz wurden von Büscher (1996) und Voss (1999) in Anlehnung an die Pionierstudie von Mittelberg (1967) qualitativ an einem sehr großen Textkorpus des Prototyps des Boulevardjournalismus in Deutschland verdeutlicht und neu kategorisiert. Systematisch quantitativ und überdies im Langfristtrend untersucht wurden sie von Schirmer (2001). Diese Arbeit bietet den Vorteil (im Hinblick auf die Messung von Sensationalismus), exakte Vergleichswerte heranziehen zu können (z. B. maximale Jahresdurchschnittswerte für bestimmte sprachliche Kriterien: So wurden in den letzten 50 Jahren in durchschnittlich 12 % der Aufmacherfälle sowie in jeweils 10 % der Fälle die Lexik der Sensation, der Brachialgewalt und des Geheimnisses verwendet. Statistisch gesehen komme somit zumindest eines der genannten Wortfelder in jedem dritten Aufmacher vor (Schirmer, 2001, 119). Mit diesen Arbeiten liegen also ausführliche Beschreibungen und Werte des »externen Kriteriums« Boulevardzeitung vor. Nur selten wurden diese sprachlichen Aktivierungs- und Adäquanzkriterien zur Untersuchung bei anderen Medien verwendet.[89]

6.2.3 Sensationalistisches Presselayout

Ein sensationalistisches Layout zeichnet sich durch einen dynamischen Umbruch und ein Maximum an visuellen Reizeffekten für den Leser aus. Artikel stehen ohne formales Ordnungsprinzip bunt gemischt nebeneinander, jedoch bieten Boulevardzeitungen zahlreiche formale Rekodierhilfen in Gestalt von Hervorhebungen, Unterstreichungen, Rahmungen, Randbalken, Fettungen etc. »Dieses äußere BILD-Kaleidoskop hat szenischen Charakter und erinnert an die kurzen Schnitte des Fernsehens« (Voss, 1999, 27). Die reißerische Plakativität,

[89] Zur Infotainisierung des Fernsehens s. Wittwen (1995); zum Sensationalismus im Falle historischen Pressematerials s. Mende (1996); zur Boulevardisierung von Regionalzeitungen s. Schönbach et al. (1997). Letztere kategorisierten als emotionshaltige Überschriften solche, die aus Fragen oder Appellen bestanden oder die positive bzw. negative Werte enthielten.

die »optische Opulenz« (Schirmer, 2001, 12), entsteht vor allem durch den großflächigen Einsatz von Typografie, Illustration und Farbe. Jeremy Tunstall sprach bezogen auf die britische Boulevardpresse vom sog. »look at material«, das ca. 60 % ihres Inhaltes ausmachte (vor allem Fotos, Schlagzeilen und Cartoons) (Tunstall, 1983, 134). In den letzten 50 Jahren beanspruchte der Aufmacherartikel in *Bild* fast ein Viertel des Gestaltungsraums der Titelseite. Die Schlagzeile selbst umfasst dabei durchschnittlich 42 % der Gesamtfläche des Aufmachers. Die Versalgröße der Schlagzeile betrug im Durchschnitt 41 Millimeter, sie stieg vereinzelt sogar auf bis zu 77 Millimetern an. Der eigentliche Beitragstext des Aufmachers beläuft sich durchschnittlich auf geringe 9 %, was als Beweis für die »Schaufenster«-Funktion des Top-Themas der oberen Hälfte anzusehen sei. Die durchschnittliche Fläche des größten Aufmacherfotos beträgt 75 qcm. Schirmer stellte allerdings gerade bezogen auf die Titelseitenfotos eine riesige Spannweite der Werte fest, die von wenigen Quadratzentimetern bis mehr als einem Drittel der kompletten Titelseite reicht. Im Vergleich zur Schlagzeile sind die Bildgrößen allerdings durchschnittlich als vergleichsweise klein einzuschätzen. Die zur Grundausstattung gehördende Farbe Rot wurde als Negativraster, Unterstreichung, Pfeil, Rahmen bzw. Zierleiste oder als Typosignal in mehr als zwei Drittel der Aufmacherfälle verwendet (vgl. ausführlich Schirmer, 2001, 100-114).

Alle Autoren, die Sensationalismus (bzw. Boulevardisierung) in bezug auf die formale Gestaltung des Mediums (Aufmachung, Layout) untersucht haben, orientierten sich eher implizit als explizit an dem externen Maßstab der Boulevardpresse und setzten demgemäß ein sensationalistisches Layout mit Farbe, Lebendigkeit bzw. Dynamik des äußeren Erscheinungsbildes gleich, ohne sich dabei allerdings auf z. B. bestimmte Mindestvergleichswerte zu beziehen. So ging z. B. Mende (1996) vor, der den Sensationalismusgrad der deutschen Presse zwischen 1914 und 1933 anhand repäsentativer Vertreter bestimmter Tagespresse- und Zeitschriftentypen[90] untersuchte, und darunter u. a. sehr allgemein »den übertriebenen Einsatz formaler Mittel....« verstand (Mende, 1996, 4). Eine Sensationsaufmachung wirke dynamisch und »[m]an versucht durch eine entsprechende Typographie, die Sensationswirkung (Reizwirkung) der Nachrichten zur Attraktivitätssteigerung zu nutzen« (ebd., 99 u. 101). An anderer Stelle spricht er lediglich von der »moderne[n] und attraktivitätssteigernde[n] Wirkung einer aufgelockerten, abwechslungsreichen – eben sensationell wirkenden – Aufmachung« (ebd., 88). Die Indikatoren der von Mende so bezeichneten »Sensationsaufmachung« wurden nicht vorab operationalisiert, sondern finden sich verstreut im Ergebnisteil der Arbeit. Erfasst wurden: Anzahl der Überschriften, Überschriftengrößen, Anzahl der verwendeten Schrifttypen, das (Titelseiten-)

---

[90] Dazu gehörten: *Berliner Tageblatt* und *Vorwärts* (überregionale Zeitungen), *Der Mittag* (Boulevard), *Kölner Stadtanzeiger* (Lokalpresse), *Weltbühne* (politische Zeitschriften), *Die Woche* (Illustrierte) (vgl. Mende, 1996, 5).

Umbruchschema (Gesamtlayout inkl. Spaltenanzahl) sowie der Einsatz von Illustrationen und Art der Illustration, wobei hier die »Dynamik« des Bildmaterials die zentrale Rolle spielte.[91] Sobald einer dieser Indikatoren im zeitlichen Verlauf anstieg, wurde das von Mende bereits als »sensationalistischer« gewertet. Hier liegt ein zu »großzügiges« und unscharfes Verständnis des Konzeptes vor.

»Does tabloidization pay?« – Bringt Boulevardisierung etwas ein? – war eine der zentralen (abgeleiteten) Fragen eines von Klaus Schönbach geleiteten großangelegten Forschungsprojektes, das die Veränderungen der westdeutschen Abonnementpresse von 1989 bis 1994 anhand von 350 Zeitungsausgaben und die Wirkung dieser Veränderung auf den Verkaufs- bzw. Reichweitenerfolg untersuchte. Dieses Sample stellte immerhin einen Anteil von 31 % der Grundgesamtheit von 1.130 Zeitungen dar, die sowohl 1989 als auch 1994 werktäglich erschienen waren; Kaufzeitungen ausgeschlossen. »Noch nie gab es den Versuch, einmal alles auf den Prüfstand zu stellen, was Verlage neuerdings unternehmen, um Leser an die Tageszeitung zu binden« (Schönbach, 1997a, 136). Insgesamt lagen dem Forscherteam 1.084 Merkmale zur Analyse der Entwicklung zwischen 1989 und 1994 vor, davon 870 zum inhaltlichen und formalen Angebot, 110 zum Lesermarketing und schließlich 104 zu den Rahmenbedingungen des Zeitungserfolgs im jeweiligen Verbreitungsgebiet. Die Codebücher der Analysen von Inhalt und Gestaltung sind abgedruckt im Anhang bei Schönbach (1997b, 133-185). Der Merkmalskatalog umfasste Variablen, die man als Indikatoren für eine Boulevardisierung heranziehen könnte, wie es Schönbach auch nachträglich in einer anderen Veröffentlichung getan hat: »If we define tabloidization as more emphasis on entertaining and emotive content and its simple, easy-to-consume presentation, we might ask more specifically, do dynamic, vivid, and colorful layouts with many visual elements (...) help sell copies?« (2000, 63). Ziel der ursprünglichen Analyse war nicht, den Boulevardisierungsgrad oder die Sensationalismustendenz bei lokalen Abonnementzeitungen zu analysieren, sondern »ganz unvoreingenommen [zu] prüfen, welche die wesentlichen Erfolgsfaktoren von Zeitungen auf dem Lesermarkt sind, welche (möglichen) Maßnahmen ein Absinken von Auflage und Reichweite verhindern« (Schönbach, 1997a, 136). Sie war also angelegt als Explorationsstudie, nicht als hypothesen-testende Untersuchung. Die im nachhinein extrahierten Indikatoren einer Boulevardisierung waren also streng genommen weder theoretisch noch literaturgestützt eruiert worden. Zur Beantwortung der Ausgangsfrage (s. o.) zog Schönbach allerdings das externe Kriterium Boulevardpresse heran, da das Boulevardlayout die Extremform eines dynamischen Layouts darstelle (2000, 66). Welche »Mindestwerte« und Merkmalskombinationen vorliegen müssen, um von Boulevardisierung sprechen zu können, wird auch bei

[91] Als statisch galten: gestellte und inszenierte Aufnahmen, Bewegungslosigkeit, Frontalperspektive (vgl. Mende 1996, 165, 170).

Schönbach nicht erörtert. In der Ursprungsstudie waren folgende Merkmale zum Layout erhoben worden: • Grad der Visualisierung (Fotos, Graphiken, Zeichnungen, Symbole, Logos etc.), • Maßnahmen der Übersichtlichkeit (Typographie, Typengröße, Weißraum, Spaltenbreite) sowie • Dynamik (hier wurde die Layout-Anmutung erfasst mittels 6-Punkt-Skala der semantischen Differentiale »modern vs. altmodisch«, »statisch vs. dynamisch«, »seriös vs. boulevardhaft« (Schönbach, 1997b, Anhang 2, 178). Als generelles Ergebnis ließ sich festhalten: »Etwas mehr Gefühlsansprache stellten wir fest: Mehr Stimmungsbilder zeigten sie an, Überschriften mit Appellen (›Treten Sie endlich zurück, Herr Oberbürgermeister!‹), mit Fragen (›Wie lange müssen wir noch auf die Umgehungsstraße warten?‹), mit Superlativen, eindeutig positiven und negativen Werten, Leser wurden stärker einbezogen« (Schönbach, 1997a, 140f.). Zeitungen seien mehr ›fürs Auge‹ gestaltet worden (mit mehr Fotos, Grafiken und Farben) und hätten dabei aber seriöser als 1989 gewirkt, da das Layout 1994 weniger Kontraste und weniger Dynamik enthielt. »Wir konnten keine Neigung zum Boulevardstil feststellen« (Schönbach, 1997a, 141). Es wird insgesamt in den einschlägigen Veröffentlichungen der Ergebnisse des Projektes leider nicht deutlich, was genau diese erwähnte Unterscheidung bedeuten soll. Lebendigkeit und größere Attraktivität der Form kann also als »seriös« oder »boulevardstilhaft« eingestuft werden. Doch wo liegt die Grenze, welche Kriterien (außer Kontrast und Dynamik) machen den Unterschied aus? Zur Zeit des Projektes lag die Arbeit von Schirmer (2001) noch nicht vor. Mit ihr wäre nun eine (Boulevard-Layout-)Indexbildung, also die Aufstellung eines Vergleichsmaßstabes, möglich, die auf den Durchschnittswerten formal-gestalterischer Kriterien der *Bild*-Zeitung der letzten 50 Jahre beruhen würde.

6.2.4 Audiovisueller Sensationalismus

Die südafrikanische, in den USA tätige Kommunikationswissenschaftlerin Maria Elizabeth Grabe ist seit mehreren Jahren damit beschäftigt, dem Konzept »Sensationalismus« in messmethodischer Hinsicht nachzuspüren. Sie lieferte in einem bislang unveröffentlichten Konferenzpapier die wohl ausführlichste Analyse formaler Kennzeichen, anhand derer sich ein audio-visuelles Nachrichtenmagazin als sensationalistisch einstufen lässt.

> »Yet, it appears that this topic [sensationalism; Anm. UK] is more often debated than systematically investigated. Indeed, the word sensationalism has become an easy name-calling device for those who are in the mood for criticizing the mass media. Even in academic circles the term has been used with little precision. The goal with this study is to take a step towards explicating the term sensationalism« (Grabe, 1998a, 2).

Zu Recht verweist die Autorin auf das Forschungsdefizit in Bezug auf formale Sensationalismuskriterien: »There is no known systematic inquiry into the formal features of sensational television news.« Und: »By moving beyond content and into the realm of sensational form this study helps to explicate what we mean when we evoke the term sensationalism to refer to journalism« (ebd., 6 u. 25).

Aus diesem Grund erscheint es im Rahmen der vorliegenden Arbeit sinnvoll, auf die von Grabe gelieferten Ansätze genauer einzugehen. Grabe untersuchte inhaltsanalytisch zwei Nachrichtenmagazine, die als Extrempole auf einem gedachten Kontinuum von boulevardisiert bis seriös eingestuft werden können, nämlich das fünfmal wöchentlich von einem Lokalsender (Indianapolis) ausgestrahlte Magazin »Hard Copy« und das wöchentlich von CBS ausgestrahlte Nachrichtenmagazin »60 Minutes«: »›Hard Copy‹ has been described as the pinnacle of tabloid sensationalism while ›60 Minutes‹ is often celebrated for its responsible investigative journalistic mission« (Grabe, 1998a, 2). Der Untersuchungszeitraum war der 1. Juli bis 31. Dezember 1996, Untersuchungseinheit war jeweils ein ganzer Beitrag, so dass sich für »Hard Copy« 184 und für »60 Minutes« 107 Untersuchungseinheiten ergaben. Neben der groben Kategorisierung der Beitragsinhalte wurde bei der Erfassung des Bildmaterials danach gefragt, ob folgende Elemente vorkamen: • Sex (auch leidenschaftliche Küsse, Nacktheit, Erotik...), • Gewalt (als bewusste körperliche Gewalt), • Ekelerregung durch Bilder von Verletzungen, Blut, Leichenteilen, • andere positive und negative visuelle Emotionalisierungen (z. B. Familienzusammenkunft, Ertrinken, trauernde Menschen, siegreiche Athleten etc.), • audio-visuelles »Beweismaterial« (home videos, versteckte Kamera, Überwachungskamera, Zeugenfotos – z. B. bei Banküberfällen, Aufständen, Flugzeugabstürzen...)[92], • Nachstellung von Szenen sowie Wiederholungen von Filmsequenzen[93].

Hauptschwerpunkt der Analyse lag allerdings auf der sehr genauen Erfassung audio-visueller formaler Effekte. Die Kodierung erfolgte durch Profis des Fernsehjournalismus, die einen geschulten Blick für bestimmte Techniken haben. Die hohe Intercoder-Übereinstimmung lag für alle Kategorien zusammen bei 92 %; das Kodierschema kann daher als reliabel angesehen werden. Bei den formalen Aspekten wurde nach: a) Kamera-/Produktionstechnik und b) Nachbearbeitungseffekten unterschieden. Zu a) zählten: • Kameraperspektive (close-up/long shot), • Zoom, • »subjektive« Kamera, • Zeitlupe, • zusätzliche Sound-Effekte (außer Musik, Atmo, Voice-over, also z. B. tickende Uhr, künstliche Polizei-Sirene etc.), • Musik, • Art der Stimme des Reporters (Betonung, Höhe,

92 »We argue that these presentations of audiovisual evidence are dramatic. Their voyeuristic cinema vérité format presents the viewer with stunning and titillating scenes of ›reality‹« (Grabe, 1998a, 10).

93 »The more a scene is repeated, the stronger the indication that sensationalism underlies the visual packaging of that story. The number of repetitions within each news segment was therefore counted« (Grabe, 1998a, 11).

Dynamik) sowie – Schnittfrequenz. Für Sound-Effekte, Musik und Art der Stimme wurde zusätzlich mittels 3-Punkt-Kodierer-Rating die Intensität der Dramatik erfasst. Die Nachbearbeitungseffekte wurden aufgeteilt in acht Bildbewegungseffekte und zwölf Effekte ohne Bewegung.

1. Bildbewegungseffekte: Wegwischen (Bild vom Bild rausgedrängt), Auflösen (2 Bilder übereinander), Blitze, Fades (von oder nach schwarz), »Slide and peel« (Bilder wie Buchseiten umgeschlagen), Kippen oder Drehen sowie Fliegen (verkleinern und bewegen)

2. Effekte ohne Bewegung: aufgelegte Schrift, zweigeteilter Bildschirm, Standbild, digitale Bildverkleinerung/-vergrößerung, Kompression (Verzerrung), Posterisation (graphischer Effekt durch Farbe und Helligkeit), Schnappschüsse (mehrere kleinere Bilder auf dem Schirm), zweigeteilter Bildrahmen, abgewinkelt (bei Interviews mit 2 Personen), Spiegeleffekt, Rahmen im Rahmen, digitale Hervorhebung von Bildbereichen sowie Mosaik (zur Unkenntlichmachung z. B.)

Tab. 9: Audio-visuelle Sensationalismuskriterien

Variable	Index (Prozentwerte bezogen auf Gesamtheit aller Beiträge; Zeitintervalle innerhalb eines Beitrages)
Inhaltskategorien	
Politik	Weniger als 5 %
Sex	Mehr als 13 %
Emotionalisierendes Bildmaterial	
Sex	Mehr als 20 %
Nachgestellte Szenen	Mehr als 3 %
Wiederholungen	Mehr als 39 %
Formale Kategorien	
Kamera-/Produktionstechniken	
Zoom	Alle 30 Sekunden oder öfter
Subjektive Kamera	Alle 49 Sekunden oder öfter
Zeitlupe	Alle 53 Sekunden oder öfter
Dramatische Sound-Effekte*	Alle 83 Sekunden oder öfter
Musik	Alle 50 Sekunden oder öfter
Stimmliche Dramatik Sprecher*	Kodierer-Rating von > 2.60
Nachbearbeitungseffekte	
Blitze	Alle 46 Sekunden oder öfter
Andere Bild-Bewegungseffekte	Alle 30 Sekunden oder öfter
Andere Effekte (ohne Bewegung)	Alle 59 Sekunden oder öfter

* Ratingsignifikanz = p< .000
Quelle: Grabe, 1998a, 34

Gemäß Grabe gibt es klare inhaltliche und formale Kennzeichen, die ein Nachrichtenmagazin als sensationalistisch einstufen lassen. Die Kriterien, bei denen die auffälligsten, extremsten Unterschiede verzeichnet werden konnten, wurden von ihr (inklusive ihrer Ausprägung) als Sensationalismuskriterien vorgeschlagen. Kritisch anzumerken bleibt bei dieser Studie, dass die herausgearbeiteten

Kriterien für Sensationalismus nur auf einen begrenzten Zeitraum und auf den Kulturkreis der USA bezogen Gültigkeit beanspruchen können, da das Konzept gerade in formaler Hinsicht kein zeit- und kulturunabhängiges Phänomen darstellt. Als US-amerikanische Variante des audio-visuellen formalen Sensationalismus bieten die ermittelten Werte allerdings einen aufschlussreichen Vergleichsmaßstab.

In Deutschland befasste sich im gleichen Jahr Brekenkamp (1998) inhaltsanalytisch u. a. mit formalen Kriterien der Boulevardmagazine »Brisant«, »Explosiv«, »blitz«, »taff« und »Hallo Deutschland«. Ihr Material umfasste 50 Sendungen vom Oktober 1997. Der Autorin ging es allerdings darum, Beitragskomponenten ausfindig zu machen, die eher unterhaltungs- bzw. informationsorientiert sind. Das Boulevardisierungs-/ bzw. Sensationalismuskonzept spielte bei ihr daher nur implizit eine Rolle; sie nahm auch keinen Vergleich mit seriösen Nachrichtenmagazinen vor. Indikatoren für Unterhaltung waren für sie emotionalisierende Präsentationsformen wie Einsatz von Musik, Zeitlupe und der häufige Einsatz von extremen Einstellungsgrößen und Kameraperspektiven. Die gemessenen Kriterien sind daher vergleichbar mit denen bei Grabe: • Vorkommen von Musik, • Wiederholung einer bedeutenden und optisch eindrucksvollen Sequenz innerhalb eines Beitrags, • Größe der Einstellung (Distanz/Nähe), • Kameraperspektive, • Schnittgeschwindigkeit, • Kamerabewegung (Schwenk, Reißschwenk) sowie • Vorkommen nachgestellter Szenen und • Beweisvideos. Unterschiedliche Prozentuierungsbasen bei Grabe und Brekenkamp erschweren einen Vergleich der Ergebnisse allerdings erheblich. Ein auffälliger Unterschied in beiden Ländern ergab sich für die Verwendung von nachgestellten Szenen, die in deutschen Boulevardmagazinen in fast 50 % der Beiträge vorkamen (Brekenkamp, 1998, 102) und bei Grabe nur mit 3 % zu Buche schlugen. Eine Replikation der Studie von Grabe bezogen auf den deutschen TV-Markt wäre sicherlich sinnvoll und aufschlussreich.

6.3 Semantisches Framing

Die Erfassung von Thema und formaler Aufmachung kann erste Hinweise über den Sensationalismusgehalt eines Beitrages geben. Die dritte Sensationalismuskomponente betrifft nun das stilistische »Wie« der sprachlichen/visuellen Aufbereitung, das semantische »Framing«, die Story-Perspektive bzw. das Bewertungsschema, das bei der Textproduktion eine Rolle gespielt hat. Laut Robert Entman sollte die zentrale Aufgabe bei der Analyse textueller Bedeutung darin liegen, Frames zu identifizieren und zu beschreiben (1993, 57). Framing bedeutet für ihn folgendes: »To frame is to select some aspects of a perceived reality and make them more salient in a communicating text, in such a way as to promote a particular problem definition, causal interpretation, moral evaluation and/or treatment recommendations for the item described. Typically frames diagnose, evaluate, and prescribe« (Entman, 1993, 52). Das Interessante an Frames ist, dass sie auf zwei miteinander zusammenhängenden Ebenen existieren: als kognitive Wahrnehmungs- und Verarbeitungsprinzipien (Schemata) und als Gesamtheit bestimmter Charakteristika in Texten. Beides hängt miteinander zusammen; das eine wird durch das andere jeweils hervorgebracht. Frames transportieren thematisch konsonante Bedeutungen über die in ihnen verwendeten Schlüsselbegriffe, Metaphern, Symbole, rhethorischen Figuren und andere lexikalische oder visuelle Bausteine, die in medialen Texten in konsistenter und repetitiver Form Verwendung finden und damit eine ganz bestimmte (schematische) Lesart, eine bestimmte Interpretation nahelegen, die darüber hinaus leicht zu verstehen und zu behalten ist. Entman untersuchte frame-analytisch die US-amerikanische Berichterstattung über zwei Flugzeugabschüsse, die – aus politisch-ideologischen Gründen – sehr unterschiedlich ausfiel und deshalb zwei grundsätzlich unterschiedliche Frames hervorrief, obwohl es sich ja um vergleichbare Ereignisse handelte. So wurde über den Abschuss eines koreanischen Passagierflugzeuges durch die Sowjetunion auf der Grundlage eines »KAL-attack«-Frames berichtet, während der Abschuss eines iranischen Flugzeuges durch die Amerikaner mit Hilfe eines »technical-problem«-Frames schematisiert wurde (vgl. Entman, 1991). Sensationalismus zielt als diskursive Strategie ebenfalls ab auf ein bestimmtes semantisches Framing (vgl. Kap. 3.6), das mit Hilfe einer Dekontextualisierung und Verzerrung erreicht wird. Solche sensationalistischen Framing-Strategien wurden bislang aus zwei Perspektiven analysiert: einmal auf der Basis von vorab zugrunde gelegten Qualitätskriterien und zum zweiten basierend auf der Narrativitätsforschung.

6.3.1 Qualitätsverstöße: Dekontextualisierung und Verzerrung

In einigen einschlägigen inhaltsanalytischen Untersuchungen bildet die Vorstellung einer imaginären Qualitätsachse, die sich von extrem sensationalistisch bis absolut seriös erstreckt, den normativen Ausgangspunkt der Erfassung von Sensationalismus, wobei dieser als Abweichung eines journalistischen (allgemeingültigen) Ideals konzeptualisiert wird. Sensationalismus entspricht so gesehen (ohne Unterscheidung des Mediums) nicht den anerkannten beruflichen Normen und Standards, wie sie in Lehrbüchern, medienrechtlichen Grundlagen und standesethischen Schriften vorgesehen sind. Damit wird Sensationalismus gleichgesetzt mit schlechtem Journalismus, der eben die zentralen Kriterien eines guten und hochwertigen Journalismus nicht erfüllt, nämlich Ausgewogenheit, Objektivität und Relevanz. Sensationalistische Beiträge wären demgemäß einseitig, verzerrt und irrelevant. Wertfreier formuliert, besteht die diskursive Strategie des Sensationalismus in einem ganz bestimmten semantischen Framing, dass darauf bedacht ist, möglichst starke Gefühle beim Rezipienten auszulösen. Zu diesem Zweck werden zwangsläufig bestimmte Aspekte eines Ereignisses oder Themas besonders hervorgehoben und andere weggelassen. An früherer Stelle (vgl. Kap. 3.6) wurden als Indikatoren eines sensationalistischen semantischen Framings u. a. die Kriterien Dekontextualisierung und Verzerrung (mit den Dimensionen Spektakularisierung, Devianzierung, Sexualisierung, Katastrophierung und Kriminalisierung) genannt. Doch wie können nun diese Dimensionen gemessen werden, bzw. wie sind sie in der vorliegenden einschlägigen Literatur, die sich mit Sensationalismus befassen, operationalisiert und gemessen worden?

Zum Konstrukt der Dekontextualisierung kann im Prinizip die Teildimension (gesellschaftliche) Relevanz gezählt werden, und zwar verstanden als Ausblendung eines Problemzusammenhangs bzw. Reduktion auf Einzelschicksale. Die Dimension Relevanz fand Eingang in das Boulevardisierungskonzept von Krüger (1996), der – in Anlehnung an Schatz & Schulz (1992) – die folgenden drei Relevanzebenen unterschied: 1.) auf der Mikroebene die individuelle Relevanz, 2.) auf einer Mesoebene die institutionelle, subsystemische Relevanz sozialer Gruppen und intermediärer Organisationen und 3.) auf der Makroebene die (gesamt-)gesellschaftliche Relevanz. Auf der (privaten) Mikroebene werden Themen und Ereignisse behandelt, deren Folgen entweder als weitgehend belanglos einzustufen sind oder nur den privaten Alltag einer Einzelperson betreffen (also losgelöst sind von jedwedem gesellschaftlichen Kontext): »zum Beispiel Ärger mit Behörden, Konflikte im Beruf, Krankheiten, Schönheitsoperationen, Partnerprobleme, Prostitution, Verbrechen, Unfälle u. ä. m.« (Krüger, 1996, 371). Auf der subsystemischen Ebene geht es um Themen und Ereignisse, deren Folgen nur für begrenzte Teile der Gesellschaft relevant sind, und entsprechend betreffen die auf der Makroebene angesiedelten Beiträge nahezu die gesamte jeweilige Gesellschaft (Kriege oder Katastrophen, Wahlen, Gesetzesänderungen, Steuererhöhungen, gesundheitliche Epidemien, wissenschaftliche Entdeckungen etc.). Krügers Auswertung ergab ein Übergewicht der individuell-privaten Relevanz-ebene bei den Privatsendern, die annähernd 75 % der Beiträge in nichttagesaktuellen Informationssendungen (vor allem Boulevardmagazinen) ausmachte (vgl. ebd.).

Schirmer, der die Aufmacher der *Bild*-Zeitung im Langfristtrend auch unter journalistischen Qualitätsmaßstäben untersuchte, nutzte zur Messung der Relevanz quasi eine Hilfskonstruktion: Er erhob sehr genau und differenziert die folgenden Nachrichtenwerte: a) Reichweite, b) Nutzen/Erfolg, c) Schaden/Misserfolg und nahm eine Dichotomisierung in subjektive und kollektive (soziale) Relevanz vor (vgl. Schirmer, 2001, 163-167). Seine Auswertung ergab, dass in den *Bild*-Aufmachern der letzten 50 Jahre unmittelbar betroffen meist nur Einzelpersonen und nicht die Gesellschaft oder größere Teile von ihr sind. Nur selten werden Sachverhalte mit weitreichenden sozialen Folgen thematisiert.

> »Hier kann nicht geklärt werden, in wieweit dieses Relevanzdefizit beim Leser durch den Erhalt persönlich relevanter Nachrichten wettgemacht wird. Dass genau dies die Stärke eines Boulevardblatts wie *Bild* sein könnte, deuten z. B. die Ergebnisse zu den Nachrichtenfaktoren ›Persönlicher Nutzen‹ bzw. ›Persönlicher Schaden‹ an: Sehr oft werden im Aufmacher gravierende existentielle Folgen wie Tod, schwere Krankheit, etc. bei Einzelpersonen thematisiert (...). Offenbar ist *Bild* bestrebt, persönliche Betroffenheit und emotionale Reaktionen bei den Lesern hervorzurufen – und damit Relevanz auf persönlicher Ebene herzustellen« (Schirmer, 2001, 128).

Was bedeutet nun Verzerrung im sensationalistischen Sinne? In der Literatur findet man hierzu einmal die Erfassung des Indikators »Richtigkeit« der Informationen und zum anderen vorzugsweise die Messung der Verzerrungsdimensionen Spektakularisierung bzw. Katastrophierung. Schirmer erhob «Richtigkeit« aus forschungspragmatischen Gründen nicht als Faktentreue, da ein Abgleich mit einer korrespondierenden Medienrealität bei einer Analyse über einen Zeitraum von 50 Jahren unverhältnismäßig aufwendig gewesen wäre (vgl. Schirmer, 2001, 83), sondern als «Richtigkeit« im Sinne von Vollständigkeit der Informationen bzw. Positionenvielfalt. Operationalisiert wurde die Dimension Richtigkeit über die Anzahl der beantworteten journalistischen W-Fragen, die Art der Beantwortung der Warum-Frage zur Erfassung der Verkürzung und Einseitigkeit in der Argumentation, die Offenlegung von Informationsquellen sowie die Positionenvielfalt bei kontroversen Themen.

Die zentralen Ergebnisse können wie folgt zusammengefasst werden (vgl. Schirmer, 2001, 124-126): Der überwiegende Teil der Aufmacher gibt zwar Antworten auf sämtliche sechs W-Fragen (Mittelwert: 5,52), die Warum-Frage lässt jedoch jeder siebte Aufmacherbeitrag völlig offen, und in fast der Hälfte der Fälle wird monokausal argumentiert. Letzter Befund belegt nochmals in systematischer Weise die bereits von Büscher (1996, 286-293) ausführlich beschriebenen qualitativen Erkenntnisse. Nur in jedem dritten Beitrag wird eine Informationsquelle erwähnt, und in durchschnittlich einem Drittel aller Beiträge, die eine Kontroverse enthielten, wird einseitig argumentiert, d. h. Gegenpositionen werden verschwiegen. Einseitigkeit war mit 50 % in den 80er Jahren besonders stark ausgeprägt. Schirmer konstatiert hierzu, »dass Boulevardzeitungen Sachverhalte verkürzen und zuspitzen, um den sensationellen Gehalt von Nachrichten hervorzuheben« (Schirmer, 2001, 126).

Zu den Verzerrungsdimensionen Spektakularisierung und Katastrophierung liegt z. B. die Arbeit von Brushel (1991) vor, der sich mit der Wortwahl im Zusammenhang mit der Aids-Berichterstattung der Nachrichtenagentur Associated Press auseinandersetzte. Er erstellte Wortlisten aus den AP-Videotext-Agenturmeldungen über Aids (zwei Monate 1986) und zwar zu allen Bezeichnungen a) für die Krankheit selbst (Epidemie, Infektion, Krankheit, Zustand etc.) b) für die Erkrankten (Opfer, Träger, Patient etc.) sowie c) für die Übertragung (infizieren, ausbreiten, entwickeln etc.). Die konnotative Wertzuweisung (erhoben über ein studentisches Ranking mit N=200) sollte Aufschluss über den sprachlichen Sensationalismus-Grad geben: Je negativer die Konnotationen, desto sensationalistischer seien die Beiträge einzustufen. Eine Begründung für diese Zusammenhangsthese wird allerdings nicht geliefert, was die Validität der Studie eher einschränkt; außerdem ergaben sich offensichtlich Reliabilitätsprobleme, denn »[b]ecause of errors in carrying out the instructions, just 166, or 83 %, of the rankings were used« (Brushel, 1991, 52). Dem Autor scheinen die mit seiner Vorgehensweise verbundenen Probleme allerdings klar zu sein, denn er verweist in seinen Schlussfolgerungen darauf, dass sensationalistische Verzerrungen weniger über die einzelne Wortwahl, sondern vielmehr durch andere Selektions- und Stilkriterien (Aufmachung, Weglassen von Informationen, Fotos sowie Verkürzungen auf bestimmte Aspekte) entstünden (ebd., 60).

Der Sensationalismus-Gehalt innerhalb der Wissenschaftsberichterstattung zu einem sehr kontrovers diskutierten Dammbauprojekt stand im Fokus der Analyse von Glynn & Tims (1982). Die Autoren verglichen über einen Zeitraum von sechs Jahren die Berichterstattung über den konkreten Fall in einer Lokalzeitung und der New York Times. Der Sensationalismus-Gehalt wurde in Anlehnung an eine Untersuchung zur Akkuratheit in der Wissenschaftsberichterstattung (Tichenor et al., 1970) über folgende Kriterien operationalisiert:

- offensichtliche Faktenübertreibung
- Betonung auf Einzelaspekte der Situationsbeschreibung
- Enthaltener »bias« auf der Basis von Werturteilen
- Fokus des Beitrags auf irrelevantem Nebenthema
- belangloser Schreibstil (»frivolous manner«)

Sensationalismus wurde bereits dann als gegeben angesehen, wenn eine Aussage (ein Satz) in der Überschrift, dem Lead oder dem Artikeltext mindestens einem Kriterium entsprach; d. h. einer der fünf Indikatoren wurde bereits als notwendiges und hinreichendes Merkmal von Sensationalismus akzeptiert. Eine ausführlichere Beschreibung der Indikatoren wird nicht geliefert (vgl. Glynn & Tims, 1982, 127) – die Coder-Reliabilität lag allerdings bei dem hohen Wert von 95 % (ebd., 128). Das Hauptproblem dieser Vorgehensweise liegt einerseits auf der sehr weiten (man könnte auch sagen schwammigen) Vorstellung des Konzepts von Sensationalismus, andererseits setzt sie eine sehr genaue Kenntnis des Falles und die Faktenüberprüfung anhand anderer Medienrealitäten voraus – die Methode ist also aus forschungspragmatischen Gründen sehr stark einzelfallorientiert.

Ein wesentlich engeres und damit genaueres Konzeptverständnis verfolgte Gorney (1992) in ihrer Studie zur Chernobyl-Katastrophe. Sie orientierte sich an Scanlon, Luukko & Morton (1978), die Sensationalismus mit der Übertreibung von Toten und Verletztenzahlen gleichsetzten (= Spektakularisierung, Katastrophierung). Zusätzlich verweist sie auf den Ansatz des Media Institutes of Washington D. C., das als Sensationalismus-Faktor hauptsächlich Spekulation und »worst-case«-Szenarien (»coverage that generated a host of ›what if‹ fears«) identifizierte, sowie den Ansatz der Regierungs-Untersuchungskommission zum Nuklearunfall Three Mile Island, die Sensationalismus auf der Basis vorherrschender alarmierender vs. rückversichernder bzw. beruhigender Statements untersuchte (vgl. Gorney, 1992, 457). Ihre eigene operationale Definition war daraus schlüssig abgeleitet: »For this study, sensationalism was defined as the use of words, images, sounds, associations and emphases that would tend to evoke an emotional response – particularly fear – at the expense of reason or understanding« (ebd., 458). In die Analyse der Abendnachrichten von CBS, ABC und NBC zwei Wochen unmittelbar nach der Reaktorkatastrophe gingen folgende Indikatoren ein:

- Perspektivenausgewogenheit bei Risikoabschätzungsinformationen
- Balance zwischen alarmierenden und beruhigenden Statements
- Gebrauch von emotional aufgeladenen, angstevozierenden Begriffen (z. B. »deadly«, »lethal«, »killing«, »fatal«, »mortal«, »catastrophe«, »disaster«, »tragedy«, »nightmare«)
- Bezug zu spekulativen worst-case Szenarien
- Provozierende Graphiken und andere Illustrationen (z. B. animierte Graphiken, die Explosionen simulieren: »These animated graphics were portrayed as ›flashing‹ – a universal sign of warning« (Gorney, 1992, 462)
- Verbindung von angstbesetzten Wörtern + provozierenden Illustrationen
- Personalisierte Laien-Reaktionen statt Expertenstatements

Am Ende ihrer Analyse geht Gorney auf ein Gewichtungsproblem mit weitreichenden methodischen Konsequenzen ein:

> »Can sensationalism be judged by percentages? If 80 % of a newscast is neutral and only 20 % is sensational, should the coverage be considered sensational? Do alarming versus reassuring statements in the same newscast cancel themselves out, even when there are more of one than another? Or, does one or the other type of statement prevail, and for which viewers? Does the placement of reassuring statements in relation to alarming statements make a difference?« (Gorney, 1992, 464).

Hieran wird deutlich, dass also ein valider Vergleichsmaßstab vorliegen muss, besonders wenn Sensationalismus an Medieninhalten untersucht wird, die nicht auf dem sensationalistischen Extrempol einer imaginären Qualitätsachse angesiedelt sind. Ohne diesen Vergleichsmaßstab wird eine Einschätzung der gefundenen Ergebnisse – wie oben verdeutlicht – ausgesprochen schwierig. Insbesondere für Querschnittanalysen ist also eine genaue Kenntnis der prototypischen diskursiven Strategie des Sensationalismus, so wie diese in typischen Boulevardmedien praktiziert wird, unerlässliche Voraussetzung für die Untersuchung des Sensationalismusgehaltes anderer Medien.

6.3.2 Von Nachrichtenfaktoren zu »Narrationsfaktoren«

Sensationalismus war nur für kurze Zeit expliziter Bestandteil der Nachrichtenwert- bzw. Nachrichtenfaktoren-Forschung, die darum bemüht ist, die Publikations- und Beachtenswürdigkeit von Ereignissen aus dem Vorhandensein und der Kombination verschiedener Ereignisaspekte abzuleiten und damit selektions- sowie rezeptionssteuernde Faktoren ausfindig zu machen. In der ersten kursorischen Darstellung des Grundkonzeptes der Nachrichtenwerttheorie, die von Walter Lippmann in seinem Buch »Public Opinion« (1922, Kap. »The nature of news«, 338-357) beschrieben wurde, taucht Sensationalismus auf. Lippmann entwickelte sein theoretisches Konzept anhand von konkreten Einzelbeispielen. Zusammenfassend ließen sich zehn Aspekte von Ereignissen unterscheiden, die nach seiner Ansicht deren Nachrichtenwert bestimmten. Unter Sensationalismus verstand er allerdings hauptsächlich das Überraschungsmoment und die Ungewöhnlichkeit eines Ereignisses.

Die europäische Forschungstradition des Nachrichtenwertansatzes geht auf Einar Östgaard (1965) zurück, der die Ursachen für die Verzerrungen im Nachrichtenfluss aufdecken wollte. Als interne Nachrichtenfaktoren bezeichnete er einzelne Aspekte von Ereignissen, die diese für die Rezipienten interessant und beachtenswert machen. Er unterschied drei Faktorenkomplexe: a) Simplifikation (möglichst einfach strukturierbare Inhalte), b) Identifikation (bereits Bekanntes; Nähe, Prominenz) und eben c) Sensationalismus, worunter er möglichst dramatische und emotional erregende Sachverhalte verstand. Kritisch äußert sich Östgaard allerdings zu der Eingrenzung von Sensationalismus auf bestimmte Themen oder Ereignisse. Obwohl er selbst Sensationalismus als Nachrichtenfaktor vorschlug, ist ihm die Bedeutung desselben als diskursiver Strategie, als thematisch übergeordnetes semantisches Framing bewusst: »We feel, however, that ›sensationalism‹, in whatever reasonable way it is defined, can make its impact on all categories of news, and that therefore more subtle distinctions are necessary« (Östgaard, 1965, 48). Östgaard entschuldigt aber im selben Atemzug auch die, die aus forschungspragmatischen Gründen, gewisse Themenblöcke zusammenfassen und demgemäß zwischen »sensational stories of crime and disaster« im Gegensatz zu »public affairs news« setzen (ebd.). Als Fazit seines Reviews diverser Studien zur Auslandsberichterstattung formuliert er: »Also practically all of the sources cited said or implied that sensationalism, in the broad sense, made its impact on what many call ›serious‹ news, political, economic, etc. and not only on more frivolous news such as crime reporting, sports, social news, etc.« (Östgaard, 1965, 50). Die konkrete Beantwortung der Frage danach, was denn »sensationalism in the broad sense« sein soll, bzw. wie es inhaltlich differenzierter erfasst werden kann, bleibt er allerdings schuldig. Die europäische Forschungstradition wurde im selben Jahr geprägt von Johan Galtung und Mari Holmboe Ruge (1965), die wesentlich über Östgaards Ansatz hinausgingen und das Konzept systematisierten und differenzierten. Der neue

Nachrichtenfaktorenkatalog umfasste insgesamt zwölf Nachrichtenfaktoren; zusätzlich formulierten die Autoren fünf Zusammenhangshypothesen. Der Faktor Sensationalismus taucht hier und auch in allen nachfolgenden neuen Katalogen und Systematisierungen nicht mehr auf (vgl. hierzu Staab, 1990, 55-92). Und das aus gutem Grund: Das Verschwinden des Sensationalismus als Nachrichtenfaktor erstaunt vor dem Hintergrund seiner Mehrdimensionalität und strategischen Bedeutung nicht, denn die weitere Entwicklung der Nachrichtenwerttheorie stand ganz im Zeichen einer differenzierteren und trennscharfen Messbarkeit der Einzelfaktoren. Sensationalismus stellt aber im Prinzip eine Bündelung mehrerer solcher Einzelfaktoren dar. Wittwen stieß in seiner Untersuchung zum Infotainmentgehalt von Fernsehnachrichten auf eine bestimmte Kombination: Die »Spot News« über Katastrophen und Kriminalität vereinten die Nachrichtenfaktoren Konflikt, Dramatik, Folgenschwere, Gefühl und Nähe; bei den »Soft News« (Human Interest Themen) kamen hierzu noch Prominenz und Kuriosität (Wittwen, 1995, 46). Schirmer, der u. a. die Nachrichtenwertstruktur der Aufmacherbeiträge der *Bild*-Zeitung über einen Zeitraum von 50 Jahren analysierte, stellte fest, dass das Boulevardblatt vorrangig solche Ereignisse für die Aufmachergestaltung auswählt, »die eine hohe Faktizität[94] aufweisen, die überraschend (zumindest spontan) passieren, die prominente Akteure aufweisen und die sich zu einer stark personalisierten Darstellung eignen« (Schirmer, 2001, 99). Die Ebene der Einzelpersonen dominiere, gesellschaftliche Folgen würden im Vergleich zu individuellen weitaus seltener thematisiert (geringe Ausprägung des Faktors Reichweite). Der Nachrichtenfaktor »Schaden« (oder allgemeiner Negativismus) rangiert deutlich vor dem Faktor »Nutzen« (vgl. ebd.).

Spätestens seit der erkenntnistheoretischen Wende innerhalb der Nachrichtenwertforschung maßgeblich durch Schulz (1976) und der Entwicklung des Finalmodells durch Staab (1990) besteht weitestgehender Konsens, dass die Nachrichtenfaktoren nicht als »objektiv« vorliegende Eigenschaften realer Ereignisse, sondern eher als »journalistische Hypothesen der Realität« angesehen und ziel- und zweckgerichtet zur Aufmerksamkeitssteigerung und für ein spezielles Framing medialer Botschaften eingesetzt werden können. Ein antizipiertes Publikumsinteresse und die Kenntnis wahrnehmungspsychologischer Grundprinzipien der Aktivierung und Aufmerksamkeitslenkung spielen dabei eine zentrale Rolle. Aus dieser Sicht heraus zählte Walter von LaRoche in seiner »Einführung in den praktischen Journalismus« (1991) unter dem Stichwort »Allgemeines Interesse« eine Reihe von Nachrichtenfaktoren auf, die er eine »Bestandsaufnahme menschlicher Neugierden und Interessen« nennt. Das sind für ihn: Prominenz, Nähe, Gefühl, Fortschritt, Folgenschwere, Konflikt, Kampf, Dramatik, Kuriosität und eben Sex. Eine ähnliche Sammlung findet sich bei

[94] = Handlungen, Vorfälle, konkrete Begebenheiten im Gegensatz zu verbalen Äußerungen, Stellungnahmen, Interpretationen.

Siegfried Weischenberg (1988a) unter dem Oberbegriff »Human-interest-Elemente«. Die diskursive Strategie des Sensationalismus, die in Reinform im Berichterstattungsmuster des Boulevardjournalismus eingesetzt wird, fragt nicht danach, welche Ereignisse nachrichtenwürdig sind, sondern danach, ob ein Ereignis genügend emotionale, narrativ zu bearbeitende Elemente (»Narrationsfaktoren«) enthält, um die Boulevard-Erzählschablone optimal auszufüllen: »Gefühle beherrschen die Berichterstattung in der BILD-Zeitung, in der sie eine Komplementärfunktion zu traditionellen Nachrichtenwerten erfüllen. Ereignisse werden in BILD erst durch ihren hohen Gefühlsanteil berichtenswert« (Voss, 1999, 19f.). Eine erste empirische Absicherung dieser These lieferte bereits Burdach (1987), der den Nachrichtenwert von Unglücksfällen und Unfällen in der Berichterstattung einer Münchener Boulevardzeitung in Abhängigkeit von der Entfernung des Unglücksortes und von der Anzahl der Unfallopfer untersuchte. Die Analyse ergab, dass es – bei vorgegebenem Entfernungsbereich – keinen Zusammenhang zwischen der Anzahl der Unfallopfer und dem Nachrichtenwert (gemessen als aufgewendete Fläche) gab. Burdach kam daraufhin zu dem Schluss:

> »Für die journalistische Berichterstattung scheinen bei konstant gehaltener Entfernung, abgesehen von der jeweiligen Nachrichtenkonstellation [...], der Kontext und die Details des Unfallgeschehens (Geschlecht und Alter der Opfer, Vorgeschichte, spezielle Besonderheiten des Unglücks) größere Bedeutsamkeit zu besitzen als die reine Anzahl der Opfer. Entscheidend für die Beurteilung des Nachrichtenwertes ist hierbei wohl vor allem, ob die Unfallumstände zu einer (wenn auch möglicherweise nur kurzen) rührenden oder schockierenden ›Story‹ verwoben werden können...« (Burdach, 1987, 91).

Wesentlich bedeutsamer als die bloße Anzahl der Unfallopfer war allerdings der Nachrichtenfaktor Nähe zum Unglücksort. Insgesamt beurteilt kann die klassische Nachrichtenfaktorenforschung lediglich beweisen, dass es eine Betonung (bzw. Verzerrung) in Richtung bestimmter Ereignismerkmale gibt. Doch diese lassen immer noch sehr viel Spielraum zu, denn zwei Artikel mit denselben Nachrichtenfaktoren (Personalisierung, Nähe, Negativismus etc.) können ansonsten erhebliche Unterschiede aufweisen: der eine erklärt Hintergründe, bringt sachliche Argumente vor, der andere nicht. Insofern kann eine Analyse zum Sensationalismusgehalt, die auf der Basis der klassischen Nachrichtenfaktoren operiert, zwar erste Anhaltspunkte für ein bestimmtes semantisches Framing, eine bestimmte Art und Weise der Betonung spezifischer Ereignismerkmale erbringen, das reicht aber nicht aus, um die tieferen (hochgradig standardisierten) Bauprinzipien (Erzählstrukturen) des Sensationalismus zu erfassen.

6.3.3 »Human Interest« und elementare narrative Schemata im Boulevardjournalismus

Sensationalistische Narrativität, also ein auf äußerste Emotionalisierung abzielendes semantisches Framing von medialen Texten, ist nicht als additive Aneinanderreihung von emotionalen Einzelelementen zu verstehen. Die Bedeutung von Schlagzeilen (ebenso wie die anderer Texte) ergeben sich aus einer Kombination (nicht Addition) mehrerer Wörter. So enthält z. B. die Schlagzeile »Mutter erwürgt Baby« zwar drei einzelne stark emotionalisierende Wörter, doch erst ihre Kombination und die daraus resultierende Erzählsemantik kann den Effekt multiplizieren (Büscher, 1996, 66).

Die von Büscher bereits auf syntaktischer Ebene festgestellten Techniken der Aktivierung und Adäquanz (also grob gesagt Aufmerksamkeitserzeugung durch Emotionalisierung und Lesernähe) werden auf erzählstruktureller Ebene fortgesetzt. Generell ist Narrativität durch einen Dreischritt gekennzeichnet: Auf die Darstellung einer Ausgangslage folgt deren überwiegend konfliktreiche, dramatische und daher spannungserzeugende Veränderung, die in eine positive, negative oder offene Abschlusssituation mündet (vgl. Voss, 1999, 69). Der entscheidende, spannende Bruch liegt zwischen der ersten und zweiten Stufe dieses narrativen Dreischritts. Insofern bedinge die Narrativierung eines Textes geradezu zwangsläufig zugleich auch seine Emotionalisierung, wobei das Ausmaß der Veränderung von großer Bedeutung sei (ebd.). Eine ähnliche Definition findet sich bei Büscher (1996, 255): Minimalkriterien für narrative Texte seien erstens, dass an den erzählten Ereignissen oder Handlungen belebte bzw. im allgemeinen menschliche Wesen beteiligt sein müssen, und zweitens, dass in einer Erzählung mindestens zwei in chronologischer und inhaltlicher Relation zueinander stehende Ereignisse oder Handlungen in der Weise aufeinander folgen müssen, dass eine Veränderung des Ausgangszustands eintritt.

> »In der neueren Erzählforschung wird der mit dieser Veränderung angesprochene Aspekt der Diskontinuität – vor allem hinsichtlich der emotionalen Implikationen – als entscheidendes Kriterium narrativer Progression angesehen.« (...). »Zwischen den Situationen bestehen Kontraste mit emotionalen Implikationen. Die für Erzähltexte typische Emotionalität ergibt sich u. a. daraus, daß diese Kontraste besonders betont werden« (ebd., 256).

Narrativität kann – wie Büscher im Falle von *Bild* an zahlreichen Beispielen nachgewiesen hat – durch ganz einfache sprachliche Mittel erzielt werden: z. B. durch einfache Junktoren wie »dann« (»Sechslinge: Geht's meinen Babys gut? Dann blieb das Herz der Mutter stehen«) oder Präpositionen wie »nach« (»Nach dem Tod der Ehefrau: Vater ließ Sohn verhungern«), durch den Aufbau von Intimität mit den Akteuren (über die Nennung von Vornamen und Berufen), durch die Verwendung der direkten Rede oder durch besondere Detailgenauigkeit (z. B. über Zahlen: »Bergsteiger überlebte 460-Meter-Sturz« oder genauer Angabe von Tatwaffen wie Küchenmesser oder Champagnerflasche (vgl. hierzu die umfangreiche Beispielsammlung von Büscher, 1996, 257-286).

Ebenso gibt es verschiedene sprachliche Erzähltechniken, um Adäquanz, also Lesernähe in kognitiver und emotionaler Hinsicht, zu erzielen. Die Herstellung kognitiv-intellektueller Adäquanz wird z. B. erreicht durch die erzählerische Reduktion von Komplexität mittels Monokausalität: Die (der Einfachheit halber) mitgelieferten Gründe für die berichteten Ereignisse sind oft eindimensional: »Zu dick! Deutscher Millionär ließ seine Frau ermorden«; »Brudermord wegen Klopapier«; »Haare zu kurz – Soldat ertrunken« (vgl. Büscher, 1996, 288f.; auch Schirmer, 2001, 125). Zusätzlich wird die Hierarchisierung zwischen Blatt und Leser durch die narrative Konstruktion einer gleichberechtigten Kommunikationssituation aufgehoben. Der »Wir«-Gebrauch (bzw. »uns« oder kontrastierend »ihr«, »euch«) räumt beiden Seiten die gleiche Perspektive im Hinblick auf die Geschehnisse ein. Der Rezipient erfahre hierdurch eine die Lesemotivation fördernde Aufwertung – es entstehe »Pseudo-Dialogizität« (Voss, 1999, 87).

Emotionale Adäquanz wird narrativ z. B. erzielt durch die Kontrastierung zwischen »In«- und »Out«-Group: Bei den »Anderen« (*Bild*-Out-Groups) handelt es sich um alle Gruppen, von denen sich die als typisch erachtete Leserklientel des normalen, durchschnittlichen »Kleinen Mannes« abgrenzt (also z. B. Menschen, die sich nicht der Durchschnittsnorm entsprechend verhalten – sei es in krimineller oder sexueller Hinsicht –, ferner die »Intellektuellen«, Teile der Jugendlichen von heute oder durch Reichtum Privilegierte, ebenso Menschen, die sich nicht entsprechend ihrer Rolle verhalten; das betrifft vor allem Berufe mit hohem Sozialprestige (Ärzte, Pfarrer, Polizisten) (vgl. zur narrativen In-/Outgroupbildung besonders Hannemann, 1987). Die Kontrastierung geht i. d. R. einher mit der Aktivierung der spezifischen Emotion der Empörung (Büscher, 1996, 293-316). Schirmers Auswertung der *Bild*-Aufmacher der letzten 50 Jahre ergab, dass in jeder fünften Überschrift Empörung zum Ausdruck kommt (Schirmer, 2001, 121).

In den letzten 50 Jahren überwogen unter den Handlungsträgern im *Bild*-Aufmacher durchschnittlich mit 54 % die sog. »einfachen Leute«, also unprominente Privatpersonen (Schirmer, 2001, 96). Alles, was berichtet wird, liegt also zum überwiegenden Teil im Bereich des Erfahrbaren für jedermann – auch das eine Technik der emotionalen Adäquanz. Büscher stellte – bezogen auf den Assoziationsbereich Tod – für die *Bild*-Berichterstattung fest, dass jedem alles passieren könne; das vermeintlich Harmlose (alltägliche Orte, alltägliche Objekte, vermeintlich nette, ungefährliche Menschen) könne plötzlich zur Gefahr werden: »Da sich in all diesen Fällen etwas eigentlich völlig Harmloses als lebensbedrohlich erweist, liegt eine deutliche Abweichung von der Erwartung und somit nicht zuletzt auch eine Spielart der in *Bild*-Schlagzeilen häufig anzutreffenden Technik der Kontrastierung vor« (Büscher, 1996, 334).

Doch um welche Erzählungen handelt es sich inhaltlich? Worum drehen sich sensationalistische Boulevardgeschichten eigentlich? Human Interest Stories sind die Prototypen sensationalistischer Narrationen. Wie bereits in Kap. 3.3 verdeutlicht, impliziert der Terminus Human Interest viel mehr als die Selektion von »Soft News«-Themen. Die charakteristischen Elemente von Human Interest stories (universell-allgemeinverständliche, die Grundlagen der menschlichen Existenz berührende Topoi, die narrative, stark personalisierte Struktur, die Verschränkung von Mikro- und Makroperspektive durch archetypische Symbole und Allegorien , vgl. Hughes, 1981 [1940]) sind in Reinform in den sog. Trivialmythen enthalten, die vorzugsweise durch Märchen und Tragödien Verbreitung finden und in denen Eros und Thanatos die zentrale Rolle spielen. Bei Wittwen (1995) findet man eine Auflistung der wichtigsten Erzählkategorien dieser Trivialmythen, die auszugsweise in Tab. 10 wiedergegeben sind.

Tab. 10: Relevante Erzählkategorien zur Trivialmythenanalyse

Liebe	• Aufstieg durch Liebe/Heirat • Leidenschaft, unermessliche Liebe/Sex/Erotik • Misserfolg in der Liebe, Scheitern, Liebesverlust • Kriminelle Handlungen aus Liebe, Eifersuchtsdrama • Abartige, unmoralische Liebe • Betrogene, missbrauchte Liebe • Kampf für die Liebe, idealistische/aufopfernde Liebe • Elternliebe, Mutterliebe
Macht, Gewalt, Tod, Unglück	• Der arme, ohnmächtige Bürger • Tyrannische Grausamkeit, Macht gegen Unschuldige • Habgier, Geiz als Motiv für Gewalt • Grenzsituationen, Todeskampf, Abenteuertum • Rebellion für Werte, ideell motivierte Gewalt • Unverhoffter Schutz, Bewahrung vor Bösem und Unglück • Sturz, Fall, Bestrafung des Bösen • Hereinbrechende, schicksalhafte Katastrophe/Unglück
Glück, Sicherheit, heile Welt	• Selbstlosigkeit, der gute Mensch und seine guten Taten • Unbeschwertheit, heile Welt, Heimat • Tier als Vorbild, Tier mit menschlichen Idealen • Unverhofftes Glück, Träume werden wahr • Glück im Unglück • Pflicht + Leistung, Zuverlässigkeit, Ausdauer + Belohnung

Quelle: zusammengestellt nach Wittwen, 1995, Anhang, Punkt S, o. S.

Trivialmythen und elementare narrative Schemata spielen gerade in Boulevardmedien eine herausragende Rolle. Der Linguist Jürgen Link hat induktiv anhand der Jahrgänge 1968-1974 der *Bild*-Zeitung ein diskurstheoretisches Modell aufgebaut, das er selbst »als Vorarbeit auf dem Weg zu einer ›Grammatik der Sensation‹« bezeichnete (Link, 1986, 210). Link zeigt an zahlreichen Beispielen, dass Narrativität in *Bild* bereits in wenigen Worten (in einem Satz oder einer Überschrift) enthalten ist; er spricht hierbei von »Exemplum« als kleinster Einheit der Narration und definiert: »Einen Kurztext, der mittels einer kulturell bedeutsamen semantischen Opposition bereits in sich mit mehrfachem Sinn aufgeladen ist, schlage ich vor, zu den Exempla zu rechnen« (Link, 1986, 211). Diese kulturell bedeutsamen semantischen Oppositionen verortet Link in den grundsätzlichen Gegensatzpaaren:

- +/- normal (Verwandlung von anormal zu normal oder sogar im doppelten Sinn – Beispiel: späte Mutterschaft der Sängerin Caterina Valente: »Die Schwangerschaft hat aus der 42-jährigen eine ganz neue Caterina gemacht« = Verwandlung von »normaler Anormalität« (Star) zu »anormaler Normalität« (späte Mutterschaft)
- natürlich vs. technisch-zivilisatorisch (z. B. Wissenschaft vs. Natur)
- +/- lebend

Als drei grundlegende Narrationstypen (elementare narrative Schemata) erkennt Link:

- Familialismus (Familie, Freundschaft, Partnerschaft, Geschlechterverhältnis, Generationskonflikte etc.)
- Überlebenskampf (Verbrechen, Naturkatastrophen, Medizin etc.)
- Leistungskonkurrenz (Ländervergleiche, Sport, Bereiche, in denen Zahlenvergleiche typisch sind).

Die Exempla können nun zu komplexeren Narrationen verlängert und durch Konnotationen angereichert werden, und es erfolgt also – in seinen Worten – eine »syntagmatische« und »paradigmatische« Expansion, die aber am Kern des narrativen Elementes nichts ändern, sondern nur die Ausschmückung des immer gleichen Exemplums darstellen (Link, 1986, 213). Die paradigmatische Expansion erfolgt vor allem durch die Verwendung von Kollektivsymbolen, die in jeder Kultur tief verwurzelt sind. Zu den alteuropäischen Kollektivsymbolen natürlicher Ordnungen zählen z. B.: Körper, Baum/Pflanze, Jahreszeiten, Wetter, Flut/Deich, Boot, Naturgewalten; dazu kommen die Symbole der technischen Zivilisation wie z. B. Maschine, Eisenbahn, Auto, Flugzeug, Rakete u. a., die eher positiv geladen sind (wie Körper, Haus, Deich, Auto, Flugzeug) oder negativ (wie Krebs, Feuer, Flut etc.) und damit als Gut-gegen-Böse-Gegensatz kodiert werden können (bzw. +/- unser System) (vgl. ebd., 217ff.). Aus diesen an vielen Einzelexempla der *Bild*-Zeitung induktiv gewonnenen Einsichten formuliert Link drei »Tendenzgesetze« (TG) (vgl. Link, 1986, 213-215):

- TG 1: »Ein Exemplum der BZ muß von einem hohen Grad an Abweichung von der Normalität erzählen, d. h. ›sensationell‹ sein.« (Das gilt für alle drei narrativen Elementarschemata.)
- TG 1a: »Die semantisch wirksamste Vertretung maximaler Anormalität ist das ›narrative Oxymoron‹, d. h. die Figur der ›verkehrten Welt‹ (z. B. ›Richter gerichtet‹).« (Oder: Lokführer warf sich vor Zug.)
- TG 2: »Je mehr ein Exemplum überdeterminiert ist, um so besser ist es für die BZ geeignet.« (Mit Überdetermination ist die kumulative Wirkung der drei Elementarnarrationen sowie der semantischen Oppositionen gemeint – je mehr davon, desto besser.)

- TG 3: »Möglichst viele Exempla sollten auch symbolisch lesbar sein, d. h. (in der Regel) ein Kollektivsymbol konstatieren.«

Desweiteren formuliert Link eine »Generierungs-Regel für BZ-Exempla« – man könnte auch sagen – ein (sogar mathematisch formalisiertes) Kochrezept für die narrativen Basis-Segmente der *Bild*-Zeitung. Die Formel besagt, dass ein Exemplum tendenziell aus sogenannten »Fakten« (Ereignissen) selegiert wird, die gleichzeitig zu den möglichen Bildspendern aus dem Reservoir des synchronen Systems der Kollektivsymbole gehören, wobei eine Opposition zwischen positiv und negativ gewerteten Symbolen erwünscht ist. Als zusätzliche Bedingung muss gelten, dass mindestens ein Element des symbolischen Bildes in den Akteur einer Familien-, Überlebenskampf-, Leistungskonkurrenz- oder ähnlichen Geschichte transformierbar sein muss. Die weitere exemplarische Analyse zeigte auf, »daß die narrativen Großformen [längere Artikel; Anm. UK] einfach bloß die Exempla in schlechter Unendlichkeit vervielfältigen«, was die Charakterisierung als »Diskursmaschine« rechtfertige (Link, 1986, 228f.). Der hohe gleichbleibende Standardisierungsgrad boulevardjournalistischer Textproduktion (vgl. Kap. 5.3) und die Gültigkeit der von Link vorgeschlagenen »Grammatik der Sensation« konnte in aktuellen Untersuchungen bestätigt werden[95]. »Die BILD-Konzeption kann als Musterbeispiel einer emotionalisierenden ›publizistischen Planwirtschaft‹ interpretiert werden, die rigide und schematisiert nach einer ›Emotions-DIN-Norm‹ verläuft: Sprachlich-stilistische und kanonisierte narrative Versatzstücke hochgradig emotionalen Inhalts werden flexibel und vielseitig eingesetzt und redundant durchgespielt« (Voss, 1999, S. 106).

6.3.4 Beispiele zu Sensationsjournalismus i. e. S.

6.3.4.1 Sex und Sexualisierung

Die einzige einschlägige Arbeit zur Sexualität in der Boulevardpresse ist die schon ältere Arbeit von Klaus Weber (1980). Er analysierte qualitativ die manifesten und latenten Darstellungen von Sexualität (also auch Anspielungen) anhand von zwei jeweils 3-wöchigen Zufallsstichproben der *Bild*-Zeitung aus den Jahren 1974 und 1976. Sexualrelevante Artikel machten ca. 10 % der Fläche des redaktionellen Teils aus (Weber, 1980, 27). Sexualität in Wort und Bild taucht vorzugsweise in folgenden, von Weber ermittelten thematischen Zusammenhängen auf:

- Sexualität im Alltag

Normale Sexualität, die den Alltag unauffällig begleitet, taucht als autonomer Inhalt nicht auf. Sexualbezügliches Material wurde stets mit exzentrischen Zu-

95 Vgl. hierzu beispielhaft Neissl, 2001. Die Autorin untersuchte die Berichterstattung zum Seilbahnunglück von Kaprun in österreichischen Boulevardzeitungen u. a. unter Berücksichtigung der narrativen Schemata von Link. Es seien »alle Möglichkeiten der Sensationalisierung ausgeschöpft« worden (Neissl, 2001, 271).

taten angereichert, die genug Aufmerksamkeit erregen, um die Anstößigkeit isoliert dargebotener Sexualität abzufangen. Exzentrik soll aber eine empörte Grundstimmung hervorrufen, die dazu dient, dass »das Inkriminierte, Sexualität, relativ deutlich zur Sprache gebracht werden darf. (...) Eindeutigkeit in puncto Sexualität geht fast immer einher mit moralischer Abwehr« (Weber, 1980, 34). Die von *Bild* protegierte Form langfristiger Beziehungsregelung ist die Ehe, daher wird über Sexualität stets im Kontext der Ehe berichtet (die Geliebte, die schmutzigen Scheidungen, Gewalt in der Ehe). Alle Formen von (damals progressiven) alternativen Beziehungsformen wie Wohngemeinschaft oder Kommune wurden ebenso vollkommen verschwiegen wie Sexualität Jugendlicher oder älterer Menschen, und Homosexualität wurde stets in prominente bzw. kriminelle Outgroups verlagert (vgl. Weber, 1980, 85). Von den Entwicklungsstadien der liberalen gesellschaftlichen Sexualisierung der damalig vergangenen 15 Jahre (Fräuleinwunder, sexuelle Aufklärung, St. Pauli Presse) habe *Bild* nur Phase I nachvollzogen. Der Liberalisierung des Sexualstrafrechts und der Einstellungsveränderung zur Sexualität sowie der Ablösung veralteter Verhaltensmuster sei *Bild* weit hinterher gehinkt (vgl. ebd., 280). Weber erklärt diesen Sachverhalt teilweise durch die sozioökonomische Lebenswelt der Leserschaft und verdeutlicht damit implizit – ohne den Begriff zu verwenden – die Adäquanzstrategie des Blattes: In der Arbeiter- bzw. Unterschicht herrschten eher strenge und traditionelle Moral- und Rollenvorstellungen vor. Das damals vermittelte Bild der Frau entsprach auch im sexuellen Bereich dem klassischen Stereotyp: Sie habe ein geringeres sexuelles Verlangen, sei treuer, romantischer, habe nur Freude bei echter Liebe, ihre sexuelle Karriere soll in der Heirat ihre Krönung finden, freier Sex sei für sie undenkbar etc. (Weber, 1980, 258). Weitere Themeneinbettungen von Sexualität waren gemäß Weber:

- Prominentensex

Hierbei handelt es sich i. d. R. um »einfache« Prominenz (Stars und Sternchen); nur Frauen setzen dabei ihren Körper als Kapital ein.

- Sex in der Wissenschaft

Im ausgesuchten Sample fanden sich keine Informationen über luststeigernde Praktiken, es sei denn, es konnte mit Leistungsmoral versehen werden: »Wer nicht mehr raucht, kann besser lieben« etc. (Weber, 1980, 46). Die Darstellung gesellschaftlicher Zusammenhänge wurde stets vermieden: So wurde ein zu kurzes Vorspiel nicht auf Zeitmangel, beruflichen Stress oder eingefahrene Verhaltensmuster zurückgeführt, sondern als »›gestörtes Sexualempfinden‹ diagnostiziert, das seinen Ursprung im ›unbefriedigenden Verhältnis zu einem Elternteil hat‹ oder auf ›geschiedene Ehen‹ zurückgeht« (ebd., 48).

- sexuelle Witze und »Exotensex«

In diesen Bereichen werden stark klischeebesetzte Rollenvorstellungen verbreitet. Der Mann ist »sexstark«, während das exotische Frauenstereotyp auf sexuelle Attraktivität hin ausgerichtet ist: Hier ›hat‹ der Mann Frauen, wohingegen die Frau Männer ›erfreut‹ (ebd., 54).

- Sex und Klassenkampf

Die offenkundige Aversion des Blattes gegenüber politisch linken Kreisen drang bis in den Themenbereich Sexualität durch. Das vulgärsprachliche Vokabular (das nur den Beischlaf sowie die sekundären Geschlechtsmerkmale der Frau bezeichnete) wurde von *Bild* nur politisch »Linken« in den Mund gelegt (Weber, 1980, 54).

- Sexuelle Rekorde

Weber fand hierzu die drei Klassifikationsmöglichkeiten a) außergewöhnliche Quantitäten (Zahl der Geliebten, Sexualpartner), b) Devianz (sex & crime) sowie c) außergewöhnliche »Objektqualitäten« (vor allem bezogen auf den weiblichen Körper).

Wie bereits in dieser Zusammenstellung deutlich wird, war die boulevardmediale Thematisierung von Sexualität Mitte der 70er Jahre stark geprägt von einem sehr konservativen Frauenbild. So wurden weibliche Karrieren nur bei gewahrter Weiblichkeit herausgehoben. Hierzu gehörte auch, dass der weibliche Körper erheblich mehr Aufmerksamkeit auf sich zog als der männliche (vor allem Gesäß, Beine, Busen), und Seitensprünge eher Männern zugebilligt wurde (Weber, 1980, 42 u. 78). Während Frauen ein weiblich sexuelles Vorbild vorgesetzt bekamen[96], wurde demgegenüber der männliche »Sex-Protz« verbal diskriminiert bzw. zerstört: »...ihm wird damit die Gefährlichkeit für den konkurrenzbedrohten Mann genommen, und der Leserin wird Phantasiematerial entzogen« (ebd. 44). Aktuellere und systematischere Befunde zur Darstellungsweise des Themas Sex im Boulevardmedium bzw. -format liegen nicht vor.

Abgesehen vom nackten Mädchen auf Seite 1, das zum typischen Layout der Titelseite von Boulevardblättern gehört und – ganz im Sinne der Adäquanzstrategie – als normales Mädchen von nebenan i. d. R. mit Angabe von Namen, Alter und Beschäftigung beschrieben wird[97], bei dem es sich aber stets um ein professionelles Nacktmodel handelt, ist Sexualität als eigenständiges Thema in Boulevardmedien nur dann für eine sensationalistische Aufbereitung geeignet, wenn Sex und Erotik mit außergewöhnlichen Umständen, Praktiken oder Personen (Prominente) in Zusammenhang gebracht werden können. Menschen mit anormaler Sexualität (dazu gehört im Sinne der Adäquanzstrategie für den durchschnittlichen Leser auch außerehelicher Sex) gehören dabei zur Outgroup und werden mit dem entsprechenden sprachlichen Framing moralisch als Außenseiter dargestellt. Eine Ausnahme bildet dabei der in einer auf Jugendkultur

---

96 »Nur Frauen werden darüberhinaus Manipulationen des eigenen Körpers bis hin zur kosmetischen Operation zugemutet« (Weber, 1980, 76).

97 Bei den Textbeschreibungen handelt es sich zumeist um bewußt überstilisierte fiktive Kurzgeschichten, in denen extreme Klischees von Weiblichkeit und Männlichkeit aktiviert werden. Ein Beispiel (Express Köln, 27.4.2001): »Lovely Lisa lümmelt im Lotterbett – Was für ein Stress: Erst musste die süße Lisa die zarten Knospen ihrer Balkonpflanzen pflegen und dann auch noch ihr Luxus-Lotterbett beziehen. Darin träumt sie dann, dass heute Abend endlich der scharfe Michele im Maserati vorbeibraust. Aber wahrscheinlich kommt eh wieder nur Leo mit dem Lada...«.

getrimmten Gesellschaft nach wie vor tabuisierte Themenkomplex Sex/Erotik und Alter. In den letzten Jahren konnte man z. B. in *Bild* verstärkt Beiträge über das Liebesleben vorrangig älterer Herren lesen, wobei eine unterschwellige Bewunderung für die langanhaltende Potenz durchschimmert.

Sexualisierung als sensationalistisches Stilmittel wird meistens über die Zurschaustellung des weiblichen Körpers erzielt. Steffen (1991) untersuchte die Sexualdarstellungen in Publikumszeitschriften (u. a. *Stern, Bunte, Quick, Neue Revue, Bild der Frau* etc.). Der Autor wählte einen differenzierten methodischen Ansatz, da er nicht nur Sex als Thema, sondern auch Sex/Erotik als Zusatz (also »Sexualisierung«) untersuchte. Dies war dann der Fall, »wenn Bilder sexuellen Inhaltes oder aber sexuell belegte Worteinheiten im Zusammenhang mit einer Themenkategorie auftauchen« (Steffen, 1991, 32). Sexualisierung erfolgte in erster Linie als latenter Auflockerungsfaktor und Zusatz im unterhaltsam beratenden Teil der Publikumszeitschriften. Die Analyse der Bildinhalte ergab, dass die Abbildung der Frau mit knapp 66 % aller untersuchten Bilder mit sexuellen Inhalten uneingeschränkt dominierte. Mit einem Anteil von lediglich 2,5 % ermittelte Steffen Männerkörper als deutlich unterrepräsentiert. Hauptinhalt der erotischen Darstellung war die einzelne, zumeist halbnackte Frau. Eine ausgeprägte Fixierung auf den weiblichen Busen war auffällig, insbesondere bei den Titeln, die nicht durch übermäßige Betonung des Themenbereichs Sexualität in Erscheinung traten. Diejenigen Titel, deren Schwerpunkt auf der Sexualität ruhte, rückten von dieser Fixierung ab und verlagerten das Gewicht der Bildinhalte auf die Abbildung des vollständig entkleideten weiblichen Körpers.

Die größte Anomalie im Bereich der Sexualität haben sexuelle Straftaten. Kann Kriminalität mit Sex direkt in Verbindung gebracht werden, erhöht sich das sensationalistische Potential automatisch. Gebhart (1990) und Pütter (1996) zeigten in ihren Aufsätzen aus feministischer Perspektive vor allem sprachliche Prinzipien boulevardisierter Berichterstattung über Vergewaltigungsdelikte an konkreten Beispielen aus der Boulevardpresse auf. Zu diesen Prinzipien zählen gemäß den Autorinnen: 1. Verharmlosung, Bagatellisierung, Verniedlichung: Es werde nicht von Vergewaltigung, Misshandlung oder Körperverletzung gesprochen, sondern verharmlosende Umschreibungen wie z. B. »sexueller Kontakt«, »Geschlechtsverkehr«, »Sex-Spiele«, »Sex-Strolch« benutzt. 2. Erotisierung der Darstellung und geschmacklose Beitragszusammenstellung: Z. B. fanden sich neben einem Beitrag über die mehrfache Vergewaltigung einer Studentin die Werbung für Potenzmilch vom Ziegenbock sowie die Abbildung des nackten Titelseitenmädchens (Gebhart, 1990, 69, 70). 3. Entlastung des Täters, Legitimierung der Tat; Löschung des Täters durch Passiv-Konstruktionen: Die Tat werde i. d. R. auf Probleme des Täters zurückgeführt und der Mann als Opfer seines Triebes, seiner psychischen Probleme dargestellt; das Opfer sei selbst Schuld oder mit Teilschuld behaftet. 4. Darstellung der Frauen als hilflose Opfer. Die auf der Analyse von selektiv ausgewählten Beispielbeiträgen basierenden Ergebnisse müssten allerdings systematisch inhaltsanalytisch noch validiert werden. Eine solche Untersuchung wurde für Großbritannien von Soothill (1991) durchgeführt. Er analysierte die Berichterstattung über Vergewaltigung und andere sexuelle Straftaten seit 1951 in der Britischen Presse (16 Zeitungen). Der typische Stil der Boulevard-Sonntagszeitung *News of the World*, die bis 1971 quasi ein Monopol auf Sex-Crime-Berichterstattung hatte, war: »..long reports which unfolded the plot of a sex crime in a ›racy‹ style, like a novelette« (Soothill, 1991, 19).[98] Nachdem von da an das Thema auch in den anderen Boulevardblättern aufgegriffen wurde, geriet damit der Bereich der sexuellen Straftaten von der Peripherie ins Zentrum des Tageszeitungsjournalismus. Der Umfang von Sex-Crime-Fällen in den Boulevardzeitungen *Sun*, *Daily Mirror* und *Star* ist enorm: Annähernd jede Woche wird in diesen drei Blättern über Vergewaltigungsprozesse berichtet, wobei besonders die ungewöhnlichen Fälle den Umfang dominieren. Ein in der Britischen Boulevardpresse immer wieder auftauchendes Wertungsframing in Bezug auf Sexualstraftäter ist das des Sex-Ungeheuers: »There is one major theme central, to the way that the popular national newspapers handle the coverage of sex offences – that of the seeking out of the sex fiend« (Soothill, 1991, 34). Die Konstruktion eines Sex-Monsters ist gekoppelt mit einseitiger moralischer Empörung und dem Ruf nach harten Strafen: »The popular newspapers – particularly the Sun and the Star – are primarily concerned with orchestrating public outrage regarding the sentencing of rapists and are just not interested in focusing on the wider issues of the causes of sex crime. There is a lack of analysis beyond the most simplistic observations« (Soothill, 1991, 149). Die Berichterstattung sei hochgradig selektiv und auf wenige bestimmte Fakten konzentriert.[99] Sie verschleiere die generelle Realität des Sexualverbrechens: Das fremde (nicht das dem Opfer bekannte) Sex-Biest, das mehrmals zuschlägt, sei für die Leser die Normalität (vgl. ebd., 34, auch 44 u. 146f.). Das von Gebhard (1990) und Pütter (1996) aufgestellte zweite Prinzip bei Vergewaltigungsfällen im Boulevardmedium (erotisierende Beitragszusammenstellung) konnte von Soothill auch und gerade in einer Wettbewerbssituation für die größte Boulevardzeitung Großbritanniens bestätigt werden: »What it did do [*the Sun*; Anm. UK], however, was to herald the potential use of sex crime allied to other explicitly sexual gossip, photographs of topless models and so on to become close to a ›soft porn package‹ which was its strategy in the ensuing circulation warfare« (Soothill, 1991, 19).

---

[98] Zahlreiche Beispiele für einen melodramatisierten Erzählstil für das Sex-Crime-Thema in der britischen Boulevardpresse lieferte jüngst Conboy (2002, 172-174).

[99] Zu ähnlichen Befunden kam Wearing (1993), der als Kennzeichen von Sensationalismus bezogen auf psychopathische Gewaltverbrecher die Einseitigkeit in der Narrativierung biographischer Täterdetails und die Konzentration auf biobehaviouristische Erklärungsansätze (z. B. sexuelle Störung aufgrund Mutter-Sohn-Beziehung) ansieht.

6.3.4.2 Verbrechensberichterstattung

Bislang liegen nur wenige Arbeiten vor, die sich explizit mit den Unterschieden zwischen »normaler« und »sensationalistischer« Kriminalitätsberichterstattung beschäftigen. Und das, obwohl die Darstellung der Kriminalität und Strafjustiz in den Massenmedien mit inhaltsanalytischem Instrumentarium detailliert erforscht wurde und zu den meistuntersuchten Gegenständen der Medienforschung gehört (vgl. die umfangreiche Literatursammlung bei Castendyk, 1994). Kriminalität hat immer einen hohen Nachrichtenwert, da es stets das Moment des Ungewöhnlichen, Nicht-Alltäglichen und zum Teil Spektakulären in sich trägt. Die inhaltsanalytischen Befunde lauten zusammenfassend, dass Kriminalität in den Medien vornehmlich Gewaltkriminalität ist und ihr Ausmaß bedrohlich erscheint; Angaben zur Durchführung der Straftat und ihre Aufklärung stehen im Mittelpunkt, und Verbrechen werden ausschließlich aus der Perspektive der Polizei behandelt, wobei die Persönlichkeit des Straftäters im Zentrum der Darstellung steht und Kriminalität nicht als soziales, sondern als individuelles Problem erscheint. Althoff kommt in ihrem Review zu folgendem Fazit: »Insgesamt zeichnen die Medien ein sehr einheitliches Bild der Kriminalität und der Viktimisierung und zwar unabhängig von Raum, Zeit und Ort sowie unabhängig von den verschiedenen Medienformen« (1999, 492). Auch in Tageszeitungen unterschiedlicher Couleur ließen sich kaum wesentliche Unterschiede feststellen. Diese Unterschiede sind in erster Linie im semantischen Framing, also im narrativen »Wie« der Darstellung zu suchen. Die Untersuchung von Schwakke (1983) zur Kriminalitätsberichterstattung in der *FAZ* und in *Bild* ergab, dass rein inhaltlich faktenorientiert betrachtet sich beide Blätter nicht stark voneinander unterschieden. Der wesentliche Unterschied lag in der Dramatisierung des Boulevardblattes. Katz beobachtete bezogen auf die Kriminalitätsberichterstattung in amerikanischen Zeitungen, dass je höher das Bildungslevel der Leserschaft sei, desto stärker werde moralische Unsicherheit eher provoziert, denn gelöst. Tabloids enthielten zwar mehr Kriminalität, die Fakten seien aber die gleichen wie in den Qualitätszeitungen; einziger deutlicher Unterschied sei die starke eindeutige Moralisierung: »[N]ewspapers with readers of a higher social class level leave moral execration to readers, at least as a matter of form; while newspapers with relatively lower-class readers lead the chorus of invective« (Katz, 1987, 66). Ähnlich wie Katz fand auch Grabe bei einem TV-Magazinvergleich der Kriminalitätsberichterstattung die eindeutigere Moralisierung bei den Boulevardmagazinen: »[T]abloid shows were more explicit in portrayals of law enforcement officers as the good force fighting evil. Where tabloid shows clearly presented law enforcement officers as the good force (82,3 %) in this struggle, highbrow shows presented them as such in 57,3 % of cases« (1996, 939).

Bei der Prozessberichterstattung konzentrieren sich Boulevardzeitungen vorrangig auf große Strafprozesse, sie berichten – was die Verfahrensrollen anbelangt – am wenigsten differenziert (vgl. Castendyk, 1994, 94f.) und versuchen ähnlich wie Regionalzeitungen am intensivsten einen lokalen Bezug herzustellen (vgl. Delitz, 1986, 522). Bei Gewaltverbrechen als Thema in Boulevardzeitungen wird vorzugsweise eine »Brachialisierung« der Sprache durch die Diktion des Schreckens und Ekels betrieben, die sich vor allem an den bildhaften dynamischen Verben für diverse Tötungsarten (z. B. erschlagen, verbrennen, ertränken, totprügeln, zerfleischen, zerstückeln, auffressen, aufschlitzen, kochen, totspritzen, niedermähen) sowie allen Kombinationen mit Blut und Leichen zeigt (Büscher, 1996, 198-208). Kennzeichen sensationsjournalistischer Kriminalitätsberichterstattung ist auch die notorische Verletzung ethischer Standards. Die über einen Zeitraum von 50 Jahren untersuchten *Bild*-Aufmacherbeiträge verstießen vornehmlich gegen Ziffer 8 und 13 des Pressekodex. So wurde in jedem siebten Aufmacher eine Missachtung des Privatlebens und der Intimsphäre des Menschen (Ziffer 8) festgestellt, wobei das Blatt in fast allen Fällen ohne einen zu rechtfertigenden Grund vermeintliche Täter oder Opfer von Verbrechen abbildete bzw. ihren vollständigen Namen abdruckte. Eine Vorverurteilung – also die Bezeichnung von noch nicht rechtskräftig Verurteilten als faktische Täter – (Ziffer 13) enthielt jeder dritte Aufmacherbeitrag, der sich mit noch schwebenden Ermittlungen und Gerichtsverfahren beschäftigte (Schirmer, 2001, 129f.).

Alle diese angeführten Befunde stellen typische Elemente innerhalb einer boulevardisierten Verbrechensberichterstattung dar. Doch was ist nun noch genauer unter sensationalistischer Narrativität im Bereich der Kriminalitätsberichterstattung zu verstehen? Hierzu liefert die zwar schon etwas ältere, aber immer noch einschlägige Dissertation von Jürgen Behr (1968) zum »Sensationsprozess« sehr aufschlussreiche Erkenntnisse. Der Autor untersuchte sehr genau 22 in unterschiedlichen Medien groß aufgemachte Prozesse in Deutschland, die ihren Beginn zwischen 1952 und 1964 hatten. Es müsse davon ausgegangen werden, »daß ein Prozeß, der keine ›Unterstützung‹ von seiten der Massenmedien erhält, auch nicht zum Sensationsprozeß werden kann« (Behr, 1968, 254). Jeder Sensationsprozess habe bestimmte Merkmale, die man als besonders auffällig bezeichnen könne, weil sie von dem Normalen oder auch von dem, was sich der Prozessbeobachter unter einem normalen, üblichen Verbrechen, Verbrecher, Opfer oder Prozess vorstellt, abwichen. Da diese Merkmale von den berichtenden Massenmedien meistens besonders hervorgehoben würden, geben sie damit dem Prozess seine besonderen Schwerpunkte (vgl. ebd., 168; besonders 177). Auf Grund der beschreibenden Synopse der Sensationsprozesse kristallisierten sich folgende Merkmale für das Tatgeschehen, den Täter-, den Opfer- sowie den Prozessbereich heraus:

- Das Tatgeschehen:

Beim Tatgeschehen handelt es sich vor allem um das Verbrechen gegen das Leben, das die Beziehung zum Außergewöhnlichen sowohl durch die Abweichung von der statistischen als auch der Ideal-Norm enthält: Verbrechen gegen Leib und Leben sind seltener und werden in unserem Kulturkreis als die schwerwiegendsten angesehen. Das dem Sensationsprozess zugrunde liegende Verbrechen gegen das Leben trete nun aber grundsätzlich in Verbindung mit einem oder mehreren anderen außergewöhnlichen Merkmalen auf. Zu diesen zählen: • die Vielzahl der Verbrechen, • die Erst- und Einmaligkeit der Verbrechen, • die Tatausführung als besonders grausam, brutal, heimtückisch und raffiniert sowie • die Aktualität der Ermittlungstechnik.

- Der Täterbereich:

Der Verbrecher – als radikal unsoziales Wesen – komme dem Prozessbeobachter außergewöhnlich vor, »wenn er nicht triebhaft, brutal und dumm, eben seiner Vorstellung entsprechend, nicht unmenschlich« sei (Behr, 1968, 175). Zu den Besonderheiten des Täterbereichs zählen daher: • besondere Persönlichkeitsmerkmale, die mit Intelligenz konnotiert sind wie z. B. kluge und energische Verteidigung, höfliches Auftreten vor Gericht, geniale (künstlerische) Fähigkeiten bei der Tatausführung, • auffällige Erscheinung (gut aussehende Frau, junges Mädchen als Mordgehilfin), • hoher sozialer Status: Arzt, Industrieller, Geistlicher, • sowie ein interessantes Vorleben, vor allem sexuelle Abenteuer.

- Opferbereich:

Als Opferpersonengruppen prädestiniert für einen Sensationsprozess sind: Kinder, Familienmitglieder des Täters sowie die extravagante Prostituierte.

- Prozessbereich:

Als außergewöhnlich im Bereich der Prozessentwicklung sind einzustufen: • das Kämpferische (besondere kriminalistische Arbeit, energische Verteidigung, Gutachterstreit, Kontroverse der Staatsanwälte) und • das Moment des Rätselhaften (ungeklärtes Tatmotiv, falsche Selbstbezichtigung, Aussagen gegen Familienmitglieder, große Dauer zwischen Tat und Anklage).

Behr stellt nun im Verlauf der Arbeit eine geschickte Verbindung her zwischen den ermittelten Merkmalen von Sensationsprozessen und den diese erst hervorbringenden wahrnehmungspsychologischen Faktoren auf seiten der Prozessbeobachter. Er verdeutlicht hiermit den Zusammenhang zwischen den Merkmalen, die ein Ereignis als sensationell qualifizieren und dem Sensationellen als subjektivem Beurteilungsphänomen. Je allgemeiner und gleichgerichteter die Beurteilungen bzw. Wahrnehmungen der Prozessbeobachter sind, desto stärker können auch die Merkmale des Prozesses als (intersubjektiv) »objektiv« sensationell angesehen werden. Die Wahrnehmung wird beeinflusst durch die affektive Stärke des Sinneseindruckes (so ja auch die ursprüngliche Bedeutung des Wortes Sensation vgl. Kap.3.1), die ihrerseits das sensationsbildende Echo auf seiten der Prozessbeobachter bewirke (vgl. Behr, 1968, 182). Der Autor bezieht sich auf eine Einteilung nach Lange-Eichbaum (1961), der das sog. »Eindrucksvolle« auf verschiedene Wurzeln zurückführt. Diese Wurzeln können unterteilt werden in a) das Überlegene (Majestas), b) das Zwingende (Energicum), c) das Lockende (Fascinas), d) das Herrschende (Sanctum), e) das Unheimliche (Tremendum) sowie f) das Besondere (Mirum).

Behr legt in seinen analytischen Überlegungen dar, dass auf alle Sensationsprozessbereiche mindestens eine, meistens aber mehrere dieser Wurzeln zutreffen; und zwar in der Form, dass sich negative und positive Gefühlsreaktionen nicht gegenseitig austarieren, sondern sich zu einem Totalgefühl steigern (vgl. Behr, 1968, 189). Insofern ist der Sensationsprozess laut Behr immer »als Produkt eines Mischaffektes« anzusehen. Die fünf »Eindruckswurzeln« lassen sich auf alle Sensationsprozessmerkmale übertragen (vgl. hierzu die zahlreichen Beispiele bei ebd., 191-225). So fließt beispielsweise das negative Gefühl im »Tremendum« mit einem ebenfalls negativen Gefühl des »Mirum« zusammen: Der Mord erregt Grauen und löst zugleich entsetztes Staunen aus. Neben dem »Tremendum« der Tat kann nun die Person der schönen und geheimnisvollen Angeklagten z. B. das positive »Fascinas« und das positive Mirum bewirken. Die bestialische, unmenschliche Tat (»Tremendum«) steht z. B. im Widerspruch zur »Majestas« der Tat (ausgeklügeltes, raffiniert-geniales Verbrechen), zum lockend Sexuellen (»Fascinas«), zum intelligenten, geschickten, höflichen, aber auch ruhig-selbstsicheren Auftreten des Täters während des Prozesses (»Energicum«), zum typisch Reinen, Zarten der kindlichen Täterin (»Mirum«), zum sozialen Status des Angeklagten oder der Institution der Ehe oder Familie (»Sanctum«). Das Gegensätzliche, Widersprüchliche, das im Sensationsprozess in besonderer Ausprägung zutage tritt, führt dazu, dass der Täter – in der Vorstellung der Prozessbeobachter – nicht normal, nicht menschlich sein kann (und darf). Die häufig verwendeten Bezeichnungen für die Täter sind daher »Bestie«, »Scheusal«, »Ungeheuer« usw.» (Behr, 1968, 211).

Sensationsprozesse sind deshalb massenattraktiv, weil die berichtenden Medien die Prozessbeobachter eben auf einer Persönlichkeitsschicht ansprechen, in der die sozialen Unterschiede wie Status und wirtschaftliche Stellung am geringsten sind, nämlich auf der Ebene der Gefühle. Indem die Massenmedien bei der Darstellung von Verbrechen und Strafprozessen den emotionellen Bedürfnissen der Prozessbeobachter in multipler Weise Rechnung tragen, sind sie in der Lage, einen Sensationsprozess »zu machen« (ebd., 255). Mit Behrs Analyse der idealtypischen Merkmale von Sensationsprozessen liegt im Prinzip eine Liste idealer Narrationsfaktoren für eine sensationalistische Verbrechensberichterstattung vor.

6.3.4.3 Thanatisierung und medizinische Berichterstattung

Der Tod erhält in der Boulevardpresse häufig eine besondere Betonung durch geradezu überwältigende Schlagzeilenausmaße (vgl. Büscher, 1996, 144f.). Human Interest Narrationen, die sich mit existentiellen Themen aus dem Bereich

Tod und Bedrohung beschäftigen, gewährleisten ein hohes Ausmaß der Aktivierung von Ich-Beteiligung und »tragischer Erregung«. Denn für sie brauche man kein spezialisiertes Wissen; grundsätzlich betrachtet, gingen sie jeden etwas an (ebd., 92). Sprachliche Schlüsselreize spielen hier eine besondere Rolle; sie bewirken spontane Zuwendungsreaktionen durch ihr hohes emotionales Aktivierungspotential: z. B. Blut, Sarg, Tragödie, Gift, Wunder, Aids, Krebs, Herz, Killer, Tod und alle möglichen, zum Teil ausgesprochen fantasiereichen Komposita, die häufig zum Zwecke einer doppelten Erregungssteuerung durch Ausrufezeichen hervorgehoben werden (vgl. hierzu die Beispielsammlung bei Büscher, 1996, 172-188). Als sensationalistische Thanatisierung kommen außerdem folgende narrative Techniken in Frage: Der Vorstellungsbereich Tod wird aktiviert, obwohl die faktische Sachlage genaugenommen keine entsprechende Legitimation hergibt. So werden mittels Verben wie »vergiften«, »zerfleischen«, »verbrennen« falsche Fährten gelegt, da Menschen zu Tode kommen können, aber nicht müssen. Weit zurückliegende Todesfälle und Katastrophen werden aufgewärmt bzw. reaktualisiert (»Müllkippe wo Fürstin Gracia starb«) (vgl. ebd., 152-164). Ansteckende Krankheiten werden als neue, todbringende Seuchen beschrieben (vgl. hierzu Die rasante Karriere ..., 1994, 13).

Das narrative Prinzip der semantischen Opposition (Link, 1986) – bei Büscher (1996) »Kontrastierung«, bei Behr (1968) »Mischaffekt« genannt – kann im Assoziationsbereich Tod besonders variantenreich eingesetzt werden. »Als ganz zentrale Technik zur Steigerung der tragischen Erregung kann das Herstellen bzw. Betonen eines Kontrastes angesehen werden« (Büscher, 1996, 225f.). Der Tod – als Antipode des Lebens, mit all seinen düsteren Konnotationen – wird dabei zur sensationalistischen Steigerung mit Personen oder Situationen kombiniert, die eigentlich das Gegenteil (also Freude, Heiterkeit, Unbeschwertheit, Frohsinn, Unschuld usw.) konnotieren. Die dabei entstehenden emotionalen Diskordanzen und die gleichzeitige Vermittlung einer besonderen Ungerechtigkeit und Willkür bewirkten beim Leser eine besondere Steigerung seines tragischen Mitempfindens. Beispiele sind hilflose, niedliche Kinder und alte Menschen, angenehme, harmlose Situationen (Freizeit, Feiern, Sport, Urlaub) sowie Tragödien innerhalb einer Familie oder Liebesbeziehung. Der Medizinhistoriker Deneke schrieb in seiner Bestandsaufnahme zur historischen und aktuellen Präsentation von Medizin in Massenmedien: »Es gibt auch für die Tagespublizistik der Neuzeit nichts Sensationelleres als diese Kombination von Tod und Liebe. Die Begegnung des Menschen mit dem Tode wird daher

Abb. 35: Der Tod und das Mädchen

Quelle: Titelseite Bild, 14.01.2000

bis in unsere Tage besonders oft in der Begegnung eines Mädchens mit dem Tode dargestellt.« Der Tod und das Mädchen sei »die Idealkombination sensationeller Thematik« (Deneke, 1985, 343, 350). Doch nicht nur durch die Möglichkeit einer trivialmythologischen Narrativierung enthalten medizinische Themen sensationalistisches Potential. Deneke erläutert das massenhafte Interesse an medizinischen Themen folgendermaßen: »Medizin ist für so viele Menschen sensationell, weil sie die Wissenschaft und Praxis von Gesundheit und Krankheit ist, d. h. die Wissenschaft und Praxis auf Tod und Leben« (Deneke, 1985, 352). Das Interesse für alles, was mit dem kranken und gesunden (bzw. geheilten) Körper zusammenhängt, ist so alt wie die Menschheit selbst. Stodiek (1999, 130f.) zeigt in einer Zusammenfassung der einschlägigen medizinhistorischen Literatur, dass das Interesse an Medizin und medizinischen Sensationen bis zu den Höhlenzeichnungen der Urmenschen reicht; antike Münzen enthielten medizinische Motive, massenhafte Neugier provozierten die anatomischen Theater des 15. bis 18. Jahrhunderts, in denen in gewissen »entresorts« (Buden zum Hindurchgehen) »Freak-Shows« mit monströsen und exotischen Körpern oder siamesischen Zwillingen gezeigt wurden. Anatomische Museen, in denen schwerpunktmäßig die pathologische Anatomie ausgestellt wurde, existierten bis ins frühe 20. Jahrhundert hinein (ihre Tradition lebte bekanntlich mit der Ausstellung plastinierter »Körperwelten« des Anatomieprofessors Gunter von Hagens am Ende des 20. Jahrhunderts wieder auf). Es verwundert daher nicht, dass medizinische Themen seit der Frühen Neuzeit auch in allen auf Massenattraktivität ausgerichteten Medien quasi einen Stammplatz besitzen (vgl. hierzu die kenntnisreiche Arbeit von Deneke, 1969). Daher sei der Arzt für den Journalisten grundsätzlich ein interessanter Mann, denn »er arbeitet im Hauptberuf auf der Schwelle von Leben und Tod. Was könnte interessanter sein als die Frage: lebe ich morgen noch? Was könnte sensationeller sein als Medizin und Medizinbetrieb?« (Schreiber, 1971, 30).

Prädestiniert für eine sensationalistische Aufbereitung sind vor allem angstbesetzte Krankheitsbereiche, die mit einer gravierenden Lebensbedrohung oder Lebensqualitätsbedrohung einhergehen (Krebs, Aids, Epidemien, Herz-Kreislauf), rätselhafte, geheimnisvolle Krankheiten oder Massenkrankheiten (»Grippewelle«) sowie alle Stories aus dem Bereich »Ärztepfusch« (vgl. auch Büscher, 1996, 337). Die Krankheiten, über die *Bild* am häufigsten berichtet, sind Krebs und Aids – beide Begriffe zählen zu den permanenten Schlüsselreizen. Boulevardmedien bieten diesbezüglich ein schier unerschöpfliches Reservoir von Risikofaktoren an – wobei wieder eine Kontrastierung mit dem vermeintlich Harmlosen, Alltäglichen (oder auch Sexuellen) erfolgt: Ein Münchner Boulevardblatt meldete, dass jeder Sexualverkehr, der nicht ausschließlich der Zeugung diene, Krebs verursachen könne (Schreiber, 1971, 30); bei Büscher finden sich zahlreiche andere Beispiele, so u. a. »Traurige Frauen kriegen öfter Brustkrebs«; »Wer fremdgeht, kriegt schneller Krebs«; »Krebserreger in heimischen Gewässern«; »Arbeit im Sitzen: Gefahr für Darmkrebs« oder »Aids durch Küssen: Also doch«, »Deutscher Augenarzt warnt: Aids durch Tränen« (Büscher, 1996, 340f. u. 345f.). Je bedrohlicher die Krankheit, desto schlagzeilenträchtiger wird alles, was die Krankheit besiegen kann (Kontrastierung mit positivem (Hoffnungs-) Gefühl): »Dauerlauf hilft gegen Krebs«; »Glatzenträger sterben an Bronchialkrebs seltener« (Schreiber, 1971, 30), und desto häufiger wird explizit die Diktion der Sensation verwendet (»Sensationelle Entdeckung«, »Riesiger Medizin-Durchbruch«, »Medizin-Revolution«) (vgl. Abb. 36 + 37).

Abb. 36+37: Die Diktion der Sensation in der Medizinberichterstattung

Riesiger Medizin-Durchbruch

1. Maus völlig immun gegen Krebs

Freitag, 15. Oktober 1999, 70 Pf

Sensationelle Entdeckung deutscher Forscher

Grippe schützt gegen Krebs!

Freitag, 2. Juli 1999, 70 Pf

Von Dr. CHRISTOPH FISCHER

Grippe oder Schnupfen können vor Krebs schützen! Das sagen jetzt Krebsärzte der Universitätsklinik Göttingen. Denn die Forscher fanden: Wer öfter Infektionskrankheiten durchlitten hat, erkrankt viel seltener an einer der schrecklichsten Krankheiten, dem Hautkrebs Melanom. Medizinische Erklärung: Selbst harmlose Erkältungskrankheiten rüsten das Immunsystem so stark auf, daß der allgemeine Schutz gegen Krebs verstärkt wird.

Wie die Forscher den Zusammenhang von Grippe und Krebs entdeckten – Seite 7.

Quelle: Titelseite Bild, 15.10.1999 Quelle: Titelseite Bild, 02.07.1999

Es liegen bislang keine systematischen inhaltsanalytischen Arbeiten vor, die Sensationalismus in der Medizinberichterstattung explizit untersucht hätten. Eine annähernde Merkmalssystematisierung ist allerdings auf der Basis (der Negation) der Empfehlungen des Deutschen Presserates möglich. Dieser hält in Ziffer 14 des Pressekodex fest: »Bei Berichten über medizinische Themen ist eine unangemessen sensationalle Darstellung zu vermeiden, die unbegründete Befürchtungen oder Hoffnungen beim Leser erwecken könnte. Forschungsergebnisse, die sich in einem frühen Stadium befinden, sollten nicht als abgeschlossen oder nahezu abgeschlossen dargestellt werden« (Trägerverein des Deutschen Presserats e.V., 1990, 318). Das Heraufbeschwören von Gefahren oder die Dramatisierung von Krisen im Gesundheitssystem sind sprachlich-narrativ z. B. über einen »Pars pro Toto«-Stil möglich (Individualfälle werden als Vorboten einer Seuche dargestellt, die große Bevölkerungsteile oder die Gesamtbevölkerung bedrohen). Das Wecken unbegründeter Hoffnungen wird semantisch hergestellt über eine wissenschaftliche Untermauerung durch die Referierung medizinwissenschaftlicher Tests, die angeblich die Wirkung von Heilmitteln (natürlichen oder pharmazeutischen) oder die Korrelation zwischen Einzelfaktoren nachweisen (hier greift wiederum das Boulevardprinzip der Monokausalität) und als bahnbrechend dargestellt werden. Schirmer konnte in seiner Analyse der *Bild*-Aufmacherbeiträge der letzten 50 Jahre zwar keine einzige Normverletzung (bezogen auf Ziffer 14: »Unangemessen sensationelle Darstellung von medizinischen Themen«) feststellen (Schirmer, 2001, 131). Dies mag allerdings an dem aufgrund des langen Untersuchungszeitraums vergleichsweise kleinen Sample (N=250 in 50 Jahren, was 5 Ausgaben pro Jahr entspricht) und der Beschränkung auf Aufmacherbeiträge gelegen haben. Repräsentative Aussagen zur Medizinberichterstattung in der Boulevardpresse sind auf der Basis dieser Materialbeschränkung kaum möglich.

6.4 Hinwendung zum Rezipienten: »Sendex«-Technik und Assoziationsmessungen

Einen über eine reine themen- oder stilbezogene inhaltsanalytische Untersuchung des »Sensationellen« hinausgehenden Versuch, »Sensationalism« empirisch zu messen, unternahmen die beiden amerikanischen Forscher Percy H. Tannenbaum und Mervin D. Lynch bereits zu Beginn der 60er Jahre (1960, 1962). Neu war (und ist) an ihren Überlegungen, dass sie »Sensationalism« als ein subjektives Beurteilungsphänomen ansahen, was dazu führte, dass die Wahrnehmung und Beurteilung der Rezipienten in den Forschungsprozess miteinfließen sollten. Mit Beurteilung ist die Reaktion eines Individuums während des Dekodierprozesses von Kommunikaten gemeint. Die Beurteilung basiert erstens auf Form und/oder Inhalt einer Botschaft und ist zweitens Teil einer Gesamtbedeutung, die durch das Kommunikat evoziert und vermittelt wird.

In Kommunikationsprozessen sind zwei Arten von Bedeutungen involviert: zum einen konnotative, im Sinne von gefühlsmäßiger, intuitiver, assoziativer Bedeutungszuweisung und zum anderen denotative, im Sinne von sachlich-inhaltlich benennender Bedeutungszuweisung (labeling). »Sensationalism« ist ein multi-dimensionales Konstrukt, und die involvierten Reaktionen und Bedeutungszuweisungen sind wahrscheinlich eher emotionaler (konnotativer) Art als sachlich-beschreibender (denotativer) Art. Konnotative Beurteilungen sind an Denkstandards/ Denkschemata gebunden, da sie nie aus einem Begriff an sich heraus entstehen können: »A fundamental feature of this work is that sensationalism is regarded mainly as a judgmental phenomenon. It is not something inherent in the content. Rather, it exists mainly in the beholder. It is a function of the reaction made by a person to the message – part of the meaning that message has for him. It is in short, part of his perception of the message stimulus« (Tannenbaum & Lynch, 1960, 384).

Um die relevanten konnotativen Bedeutungsdimensionen zu erfassen, verwendeten die beiden Forscher 20 bis 50 verschiedene Semantische-Differential-Skalen (bipolare Adjektivpaare), die in insgesamt drei »Vorstudien« zur Beurteilung der abstrakten Konzepte »Sensational News«, »Sensational News Stories« und »Style of Writing of Sensational News Stories« herangezogen wurden. Die faktorenanalytische Auswertung der Daten förderte drei Faktoren zutage, die insgesamt 60 % der Varianz erklärten und für Inhalt und Stil fast gleichermaßen zutrafen. 12 Skalen, die jeweils die stärksten Faktorladungen aufwiesen, wurden zur weiteren Verwendung ausgewählt. Das Ergebnis gestaltete sich wie folgt:

- Faktor I: »Evaluation« mit den Adjektivpaaren: accurate-inaccurate; good-bad; responsible-irresponsible; wise-foolish; acceptable-unacceptable;
- Faktor II: »Excitement« mit: colorful-colorless; interesting-uninteresting; exciting-unexciting; hot-cold;
- Faktor III: »Activity« mit: active-passive; agitated-calm; bold-timid.

Ihre darauf aufbauende Methode zur Messung von »Sensationalism«, die sie mit »Sendex-Technik« bezeichneten, beruht nun auf der Annahme, dass, je stärker die konnotativen Beurteilungen (auf den ausgewählten 12 Skalen) des abstrakten Konzeptes »Sensationalism« mit denen gegebener Stimuli übereinstimmen, als desto »sensationeller« diese Stimuli wahrgenommen werden. Zur Operationalisierung dieser Annahme verwendeten sie einen Index, ein Maß für Ähnlichkeit bzw. Differenz in den Beurteilungen, das sog. D^2-Maß, bei dem es sich vermutlich um die Summe der quadrierten Einstufungsdifferenzen handelt. Je kleiner der D^2-Wert beim Vergleich der Werte zwischen Konzept und konkretem Stimulus einer Testperson ausfällt, umso sensationeller wird dieser Stimulus von der Person angesehen.

Als Stimulusmaterial dienten 3x3-variierte, konstruierte Nachrichtentexte (3 Themen, 3 Stile), die sich jeweils in ihrem Sensationalismusgrad (nach Experteneinschätzung) unterschieden. Testpersonen waren Studierende. Die Ergebnisse waren in der angenommenen Richtung, d. h. der D^2-Wert (sowohl für Inhalt wie auch für Stil) war bzgl. der sensationellen Stimulusversion am niedrigsten, d. h. hier war die größte Beurteilungsübereinstimmung mit dem abstrakten Konzept. Kritisch betrachtet, könnte man folgende Einwände gegen das Untersuchungsdesign anbringen: Erstens wurde hier streng genommen die Experteneinschätzung validiert, und zweitens ging es den Forschern weniger (exklusiv) um das Thema »Sensationalism«, sondern um die Test-Anwendung des damals noch jungen und gerade in Mode gekommenen Semantischen Differentials; eine Behauptung, die durch die Tatsache gestützt werden kann, dass Lynch eine methodische Replikation für die Konzepte »Human Interest« und »Creativeness« wenige Jahre später vornahm (Lynch, Kent & Carlson, 1967; Lynch, Nettleship & Carlson, 1968; Lynch & Kaufman, 1974). Abgesehen von den genannten Kritikpunkten konnten Tannenbaum & Lynch selbst eine sinnvolle Anwendung der Sendex-Technik in ihrer Studie von 1962 aufzeigen, in der sie bestimmte Textmerkmale bei den Kommunikaten eruierten, die in konsistenter Weise als sensationell eingestuft worden waren, um somit zu eher »objektiven Sensationsnachrichtencharakteristika« zu gelangen. Im Ergebnis korrelierten mit »Sensationalism« hochgradig z. B. leichte Lesbarkeit, geringe Interpunktion, hohe Adjektiv-/Adverbiendichte, wobei diese drei Attribute bereits 60 % Varianzaufklärung (von 37 Attributen) besaßen.

Die Skalen der beiden Forscher für »Sensationalism« wurden zwar in anderen Zusammenhängen genutzt, so z. B. zunächst bei Culbertson (1974), der der Frage nachging, ob physische Botschaftsmerkmale (visuelle Unterstützung durch Fotos oder Zeichnungen, die als »sensationell« eindimensional eingestuft wurden) bestimmte (mehrdimensional gemessene) Botschaftsgesamtbeurteilungen beeinflussen. Verwendet wurden sie dann wenige Jahre später von Burgoon und Kollegen (1981), die eine multivariate Korrelationsanalyse vornahmen, in der Zeitungszufriedenheit und Image einer Zeitung mit acht inhaltsanalytisch gewonnenen (textuellen) Stilelementen sowie mit Gesamtbeurteilungen der verwendeten Textstichproben auf einer umfangreichen SD-Skalenliste, die die Tannenbaum/Lynch-Skalen enthielt, miteinander korreliert wurden. Ein wesentliches Ergebnis war z. B.: »In all cases, the more colorful, dynamic and stimulating the writing style of the paper, the more frequently it is read, the more satisfied the reader and the higher the image« (Burgoon, Burgoon & Wilkinson, 1981, 230). Schließlich verwendeten Finn & Hickson (1986) die Skalen zur Messung des Erregungs-/Unterhaltungswertes von Fernsehspots und dessen Einfluss auf die Wahrnehmung von Nachrichten.

Die einzigen[100] aber, die tatsächlich die »Sendex-Technik« angewandt haben, waren Pasadeos (1984) sowie Pasadeos & Renfro (1988), die die medienökonomische Fragestellung beantworten wollten, ob eine veränderte Wettbewerbssituation Sensationalisierung nach sich zieht. Verglichen wurden die San Antonio Express News, die 1973 von Rupert Murdoch übernommen und in seinem Sinne umgestaltet wurde, und die San Antonio Light, die in diesem regional begrenzten Markt nun mit der Konkurrenzsituation zurechtkommen musste. Die Anwendung der Sendex-Technik beschränkte sich zwar auf die Titelseitenüberschriften im Zeitvergleich (Ausgaben 1973, 1974, 1976, 1980), die von 46 Studierenden auf den Tannenbaum/Lynch-Skalen beurteilt wurden, stellt aber im Gegensatz zur Ursprungsstudie die erste Anwendung an realem, also nichtkonstruiertem Material dar. Die formal-gestalterische Aufmachung der Überschriften wurde inhaltsanalytisch erfasst. Ohne auf die Ergebnisse im einzelnen einzugehen, kann in methodischer Hinsicht festgestellt werden, dass eine Kombination von Inhaltsanalyse und semantischer Beurteilungsanalyse zu einer differenzierteren Erfassung von Sensationalismus beiträgt, da beide im Zeitverlauf nicht unbedingt gleichgerichtet ausfallen, wie Pasadeos und Renfro (1988) in einer Replikationsstudie zeigen konnten.

6.5 Fazit

Versteht man unter »Sensationalisierung« die sensationalistische Angleichung bzw. Veränderung eines medialen Angebotes, dann kann diese Angleichung/Veränderung nur mittels kombinierter Erfassung der drei konstitutiven Teilkomponenten des inhaltlichen und formalen Sensationalismus valide erfasst werden. Hierzu reicht eine reine Themenanalyse oder/und eine Erhebung for-

100 Diese Feststellung ist das Ergebnis der Recherche im »Social Science Citation Index« der Jahre von 1960 bis 1996.

mal-gestalterischer Elemente nicht aus, da die typische an der Erzählstruktur der Trivialmythen und des Melodramas angelehnte Human Interest Erzählweise ebenso als Indikator für Sensationalismus hinzugezogen werden muss. Inhaltlicher und formaler Sensationalismus unterliegen als Beurteilungsphänomene einer historischen – zwar nicht prinzipiellen, aber graduellen – Relativität, da der Extremismus seiner Ausprägung von gesellschaftlichen und medien(sub)-systemspezifischen Veränderungen abhängt. Zu seiner validen Erfassung sind daher ein oder mehrere mittelfristig gültige externe Kriterien als Vergleichsmaßstäbe notwendig. Als solche Vergleichskriterien und als Grundlage für die Entwicklung inhaltsanalytischer Kategoriensysteme kommen die an Boulevardmedien bzw. –formaten untersuchten und ermittelten diskursiven Charakteristika und Darstellungsweisen der Themen Sex & Crime & Tragedy in Frage. Aus den zentralen hier referierten Befunden ließe sich zumindest für den printmedialen Sensationalismus ein Index bilden, der die Vergleichsgrundlage zur Messung einer Sensationalisierung bei anderen Printmedien darstellen kann. Vor allem die sprachlichen und formalen Mittel zur Evozierung von Emotionen und zur Herstellung von Adäquanz im Sinne von Büscher (1996) wären hier zu berücksichtigen. Index-Durchschnittswerte eines formal-gestalterischen Sensationalismus könnten aus der Längsschnittstudie von Schirmer (2001) herausgefiltert werden.

Zur Messung des TV-Sensationalismus können bislang leider nur wenige Studien zu den Boulevardmagazinen als Basis-Vergleichsmaßstab herangezogen werden. Einen methodisch interessanten ersten Ansatz liefert diesbezüglich die Arbeit von Grabe (1998a), die formale Indikatoren für Fernseh-Sensationalismus herausgearbeitet hat (vgl. Kap. 6.2.4). Ihre Untersuchung müsste jedoch zunächst in Deutschland repliziert werden. Was die dritte Sensationalismuskomponente anbelangt, so lässt sich auf der Basis der in diesem Kapitel referierten Studien sensationalistische Narrativität operational dimensionieren als erzählerischer trivialmythologischer Dreischritt in Kombination mit argumentativ eindimensionaler Kausalkette, als rhetorisch-semantische Extrem-Kontrastierung mit bildhafter Kollektivsymbolik sowie als stark moralisch bewertetes Ingroup-/Outgroup-Framing.

Als weiteres externes Kriterium zur Messung des Sensationalismusgrades medialer Angebote kommt die durchschnittliche Beurteilung von Sensationalismus durch das Publikum in Frage: Hierzu können in Anlehnung an die Sendex-Technik nach Tannenbaum & Lynch (1960, 1962) die Mittelwerte mehrdimensional gemessener Konnotationen zu den Begriffen »Sensationsnachricht« und »Sensationalismus« abgeglichen werden mit den Mittelwerten der in gleicher Weise mehrdimensional gemessenen Beurteilungen zu den Untersuchungsgegenständen, bei denen eine Veränderung im Sensationalismusgrad vermutet wird. Die Entwicklung einer deutschen Itemskala steht allerdings noch aus.

7. Zentrale Befunde der Rezeptionsforschung: Wer sind die »Sensations-Fans«?

Die menschliche Gier nach Neuem, die »Neu-Gier«, trenne »nur wenige Schritte von der Sensationslust«, so Otto Groth (1961, 285). Beide Begriffe seien jedoch nicht synonym zu verwenden; Neugier ist für Groth zunächst einmal eine »Gesamtwollung«, »eine Art des Wissenwollens« (ebd.). Neugier wird von vielen Autoren als relativ wertneutral, quasi als allgemeiner Oberbegriff für das menschliche Grundbedürfnis, Neues zu erfahren, angesehen (vgl. Berber, 1935; Blarer, 1951; Kaupp, 1969; Blumenberg, 1980; Roegele, 1982). Neugier und Sensationsgier unterscheiden sich aber durch die Objekte der Begierde: Die Neugier wende sich prinzipiell allem Unbekannten zu, die Sensationslust hingegen nur Ereignissen mit Gefühlswert. »Da, wo das Fühlen die Oberhand hat, da allein sollten wir – schon der Name rechtfertigt diese Auffassung – von Sensationsgier, da, wo das Denken gebietet, von Wißbegier sprechen« (Lippert, 1953, 19f.). Groth (1961, 291ff.) differenziert auf der Seite der Wissbegier in die »reine« Wissbegier, worunter er eine zweckfreie Wissens- oder Kenntnissesammlung versteht, die auf eine intellektuelle Genussmentalität zurückgehe (als Beispiel dient ihm der »Zeitungsmarder« der Kaffeehäuser), ferner in die eher selektive »theoretische« Wissbegier, die von dem Streben nach Allgemeinbildung bis hin zum Forscherdrang reiche sowie ferner in die selektive »praktische« Wissbegier, die auf einen persönlichen Alltagsnutzen, auf Orientierungs- und Entscheidungshilfe abziele. Man sieht an dieser älteren Literatur, dass eine Verbindung zwischen Sensations- und Wissbegier nicht hergestellt wird; beides wird als einander unvereinbar gegenübergestellt.

Die Sensationsgier wird von Groth auch im Gegensatz zur Wissbegier nicht weiter differenziert; unter Sensationsgier sei eine »speziell affektive Erlebnisneugier« zu verstehen, die nur solches sucht, »das ihr die möglichst starke, die stärkste Gefühlsbewegung, eben Sensation verspricht« (Groth, 1961, 287). Besonders das Dunkle der ›human side‹, »wie Verbrechen, Skandale aller Art, besonders aber auf sexuellem Gebiete, dann überhaupt das ›Gräßliche und Furchtbare‹, das Grausige und Schauerliche« könne die stärksten Gefühlserregungen hervorrufen (ebd., 286). Doch woher kommt diese Gier nach den Sensationen im engeren Sinn tatsächlich? Ist Sensationsgier etwas allgemein Menschliches, etwas, das als anthropologische Konstante in jedem von uns steckt? Welche konkreten Zuwendungsmotive gibt es, und welche Bedürfnisse werden damit befriedigt? Sind Sensationsgier und Wissbegier (i. S. v. Suche nach relevanten Informationen) wirklich als unvereinbar anzusehen? Und wie haben wir uns konkret den typischen Nutzer sensationalistisch aufbereiteter Medieninhalte vorzustellen? Mit diesen Fragen beschäftigt sich das siebte Kapitel.

7.1 Sensationsgier als anthropologische Konstante?

Es gibt durchaus Erklärungsansätze, die den Schluss nahelegen, dass ein Hang zu Sensationen in uns allen steckt; dass Sensationsgier quasi als anthropologische Konstante anzusehen ist. Zu den in der Literatur vorfindbaren Ursachen zählen:

- die menschlichen Urtriebe
- die »Verschonungsfreude« und der Hang zur Empathie
- die zivilisationshistorische Zurückdrängung der naturgegebenen menschlichen Existenzbedingungen wie Geburt, Tod und Sexualität in den Arkanbereich des Privaten
- die Orientierungslosigkeit und Marginalisierung des Individuums als Kollektivbefindlichkeit der Massengesellschaft

- 1. Menschliche Urtriebe

Nicht erst seit Freud wurden bestimmte, im Unterbewusstsein angelegte, das menschliche Verhalten prägende Triebe oder Instinkte entdeckt. Schon im Altertum suchte man die Natur des Menschen im Triebleben. Epikur als bedeutender Hedoniker sah die Lust als das eigentlich treibende Moment im Menschen an. Macchiavelli und Hobbes wussten um die Bedeutung der Selbstsucht und des Willens zur Macht. Kant zählte zu den Leidenschaften Ehrsucht, Herrschsucht, Habsucht, Freiheitsliebe und Geschlechtstrieb. Den Zerstörungs- und Aggressionstrieb beschrieb der Massenpsychologe Scipio Sighele als »disposition homocide primordiale« (Sighele, 1898, 57). Dem Neurologen und Psychoanalytiker Sigmund Freud (1856-1939) kommt das Verdienst zu, als ein Ergebnis seiner umfangreichen psychopathologischen Studien sämtliche affektiven Leidenschaften und Instinkte auf im wesentlichen zwei Elementartriebe zurückgeführt und in seine Libidotheorie eingebaut zu haben.

> »Welche Triebe darf man aufstellen und wie viele? Dabei ist offenbar der Willkür ein weiter Spielraum gelassen. Man kann nichts dagegen einwenden, wenn jemand den Begriff des Spieltriebes, Destruktionstriebes, Geselligkeitstriebes in Anwendung bringt (...). Man sollte aber die Frage nicht außer acht lassen, ob diese einerseits so sehr spezialisierten Triebmotive nicht eine weitere Zerlegung in der Richtung nach den Triebquellen gestatten, so daß nur die weiter nicht zerlegbaren Urtriebe eine Bedeutung beanspruchen können. Ich habe vorgeschlagen, von solchen Urtrieben zwei Gruppen zu unterscheiden, die der Ich- oder Selbsterhaltungstriebe und die der Sexualtriebe« (Freud, 1960 [1915], 48).

Freud fasst Triebe als »ausgiebigste Quellen innerer Erregung«, als »Repräsentanten aller aus dem Körperinnern stammenden, auf den seelischen Apparat übertragenen Kraftwirkungen« auf, die die wichtigsten und zugleich dunkelsten

Elemente psychologischer Forschung darstellten (Freud, 1960 [1920], 144). Freud hat in seinen Schriften der 20er Jahre und der Weiterentwicklung seiner Libidotheorie zwar die Charakteristik und die Zusammenhänge der beiden Elementartriebe modifiziert, bei der Erkenntnis eines grundsätzlichen Dualismus der im Unterbewusstsein bzw. in der Sphäre des »ES« angesiedelten Basistriebe ist er jedoch geblieben: »Daß man zwei Triebarten zu unterscheiden hat, von denen die eine, *Sexualtrieb* oder *Eros*, die bei weitem auffälligere und der Kenntnis zugänglichere ist. (...) Die zweite Triebart aufzuzeigen bereitete uns Schwierigkeiten; endlich kamen wir darauf, den Sadismus als Repräsentanten derselben anzusehen. Auf Grund theoretischer, durch die Biologie gestützter Überlegungen supponieren wir einen *Todestrieb*« (Freud, 1960 [1923], 192f.). Abgeleitete Triebe des Todestriebes sieht er im Destruktions- und Aggressionstrieb. Der Appell an Urinstinkte und -triebe wird – auch später immer wieder – von verschiedenen Autoren als das markanteste und wesentlichste Merkmal des Sensationellen angesehen.

> »Es ist das ›Tier im Menschen‹, das sich bei Szenen, wie sie die Bild-Zeitung beschreibt, in den Vordergrund drängt. Der Mensch kennt in solchen Augenblicken gieriger Schaulust keine Scham und keine Ehrfurcht, er ist nur das von Urinstinkten erfaßte Tier, das auf seine Beute lauert, die allerdings nicht mehr das blutende Fleisch ist, wohl aber dessen Anblick. Er ist in solchen Momenten bereit, alle anerzogenen Hemmungen fahren zu lassen, alle Erziehung und Bildung zu verleugnen, alles über Bord zu werfen, was ihn eigentlich zum Menschen macht. Hier liegt wohl die tiefste Wurzel der Sensation« (Streuli, 1964/65, 212).

Pöttker (1999, 29) sieht z. B. die Gewaltbereitschaft als eine Prädisposition an, die zur »naturgeschichtlichen Grundausstattung« des Menschen gehöre; sie sei biologisch verankert und damit besonders verlässlich.

- 2. Verschonungsfreude und Empathie

Man sollte nun meinen, dass bei einer solchen Triebsteuerung der Sensationsgier ein ausgeprägtes Bedürfnis danach bestehe, den Eros- und Todestrieb am eigenen Leib spüren zu wollen, sich dem »Nervenkitzel« in unmittelbarer Art auszusetzen. Streuli weist im obigen Zitat darauf hin, dass der Anblick oder besser: das Abbild des »blutenden Fleisches« ausreicht, um Sensationsgier zu befriedigen. Mittelbare oder – wir könnten auch sagen – medial vermittelte Sensationen, die um Eros und Thanatos ranken, können – vor allem im letzteren Falle – eine Art zusätzlichen emotionalen »Kick« bewirken: »Den Sinnenkitzel macht gerade eine spezifische Gleichzeitigkeit von Nah- und Fernsein aus: Man erlebt das brennende Haus, aber man droht nicht selbst zu brennen« (Türcke, 1994, 32). Der »wollüstige Schauer des Bedrohtseins« vom sensationell Katastrophischen (Schneider, 1988, 168) aber aus sicherer Distanz bewirkt eine zusätzliche Emotion, nämlich die Verschonungsfreude. Daher nenne man die von dem Sensationellen erregten Gefühle üblicherweise auch »gemischte Gefühle«

(Groth, 1961, 287), moderner ausgedrückt: Angstlust. Der römische Dichter Lukrez war bereits 2000 Jahre vor Erfindung des Fernsehens davon überzeugt, dass die Menschen nicht aus Schaden-, sondern aus Vorteilsfreude, aus Erleichterung darüber, selbst verschont worden zu sein, nicht ungern bei Katastrophen zuschauten: »Süß ist's, anderer Not bei tobendem Kampfe der Winde / Auf hochwogigem Meer vom fernen Ufer zu schauen; / Nicht als könnte man sich am Unfall andrer ergötzen, / Sondern, weil man sieht, von welcher Bedrängnis man frei ist...« (zit. in Sichtermann, 1996b, 52). Dieses Argument wird auch in den moderneren Auseinandersetzungen mit der Sensationsgier des Menschen wieder aufgegriffen: Der Psychologe Michael Apter spricht von der Strategie der »Substitution«, da wir gedanklich einen anderen Menschen stellvertretend für uns handeln und oft brenzlige Situationen bestehen lassen. Geschieht diese Substitution aus einem Sicherheitsabstand heraus, seien wir in der Lage, sämtliche Emotionen genießen zu können, sogar die, die als unangenehm empfunden würden wie Furcht, Ärger, Entsetzen, Kummer und Ekel:

> »So können die Fernsehnachrichten mit ihren Berichten von Morden, Unglücksfällen und Katastrophen die unterhaltsamste Sendung des Abends sein. Tritt der Abstandsrahmen in Aktion, machen wir (...) kaum einen Unterschied zwischen Fakt und Fiktion. (...) Und wir schwärmen für die Höhepunkte der Fernsehnachrichten – wie die Bilder von der Ermordung Präsident Kennedys oder der Explosion der Raumfähre ›Challenger‹« (Apter, 1994, 93).

Diese Angstlust ist mit zwei wichtigen Funktionen verknüpft, nämlich Warnung und Empathie. »[Man] erfährt (...) einen Gewinn für die Alltäglichkeit, indem man Situationen kennen lernt, in denen der Tod droht, so daß man sich besser gegen ihn schützen kann. Man genießt gewissermaßen den Schauder der Todesnähe, wird aber nicht zu den letzten Konsequenzen geführt, weil der Tod in der Sensation immer der der anderen bleibt« (Lippert, 1953, 47f.). Daher funktioniere z. B. die televisionäre Inszenesetzung der Not Fremder nach dem Prinzip des Feuermelders. Bilder von Unglücken und Katastrophen riefen implizit: »Schaut her, so kann's Euch ergehen, wenn ihr nicht achtgebt...« (Sichtermann, 1996b, 54). Die Aufmerksamkeit für die »Feuermeldung« kann aber auch evolutionstheoretisch erklärt werden: Menschen verfügen über fundamentale aggressive Gegenwehr-Techniken, die organisiert sind in den 5.000 Jahre alten Gehirnstrukturen des limbischen Systems. Heute sind sie eigentlich unnütz, doch früher war die kontinuierliche Beobachtung der Umgebung für potentielle Gefahren überlebensnotwendig, der Organismus musste sich vorbereiten für Kampf oder Flucht: »It is this lack of evolutionary adjustment by the brain then, that can be held accountable for a continuing, not entirely appropriate sensitivity to danger« (Zillmann, 1998, 194). Dieser reflexartige Mechanismus greife auch bei massenmedialen Gefahrensituationen.

Angstlust und Feuermelderfunktion sind untrennbar verknüpft mit der menschlichen Fähigkeit zur Empathie, denn »ohne eine Vorab-Identifikation mit den Opfern gäbe es keine Neugier anläßlich eines Unfalls oder einer Katastrophe« (Sichtermann, 1996b, 53). Der Rezipient könnte ja an Stelle des Toten oder Bedrohten sein. In der Identifikation sieht Lippert (1953, 62) sogar »den Grundmechanismus der Sensation«. Durch diese werde fremdes Leben gewissermaßen in unser eigenes hineingenommen; wir erlebten am anderen eigene Strebungen und Gefühle. Freud nennt die Identifizierung »die früheste und ursprünglichste Form der Gefühlsbindung«. Sie erfolge »auf Grund des sich in dieselbe Lage Versetzenkönnens oder Versetzenwollens« (Freud, 1978, 45f.). Die anthropologische Elementartatsache der Sterblichkeit und des Wissens darum zwinge uns Menschen angesichts einer fremden Katastrophe zur spontanen Empathie, und sie mache es unwahrscheinlich, »daß dieser Pfeil im Solar plexus jemals stumpf« werde (Sichtermann, 1996b, 56).

- 3. Die zivilisationshistorische Zurückdrängung naturgegebener menschlicher Existenzbedingungen

Je stärker bestimmte, auf Urtrieben basierende Grunderlebnisse bzw. biologische Existenzbedingungen des Menschen wie Geburt, Sexualität und Tod in einer Gesellschaft verdrängt und tabuisiert werden, damit in der Öffentlichkeit immer weniger zugänglich sind, desto eher wird der Drang bestehen, das »Verbotene« zu rezipieren. Die Gaffer-Schaulust bei Verkehrsunfällen ist dafür ein Beispiel. Hiermit komme zweifellos ein Bedürfnis zum Ausdruck, das in modernen Massengesellschaft nicht mehr gestillt werden könne, nämlich das Bedürfnis, einen Menschen sterben zu sehen. »Geburt und Tod, auch die Krankheit, gehörten früher zu den großen Stationen menschlichen Erlebens. (...) Man hat mit Recht darauf hingewiesen, daß das Sensationsbedürfnis der Gegenwart zu einem großen Teil auf diesen Graben zurückzuführen ist, der den Menschen vom echten, vollen Leben trennt; immer mehr gehen ihm gewisse Grunderlebnisse verloren« (Streuli, 1964/65, 211f.). Auf die soziale Verdrängung und moderne Tabuisierung des Todes in der Moderne wird in den einschlägigen kulturhistorischen und soziologischen Auseinandersetzungen mit der Todesthematik immer wieder hingewiesen (vgl. hierzu z. B. Ariès, 1980; Nassehi & Weber, 1989; Feldmann, 1997). Hierin liege eine starke Erklärung für die Attraktivität von medialen Todesdarstellungen (vgl. Goldberg, 1998).

Die Funktion sehr stark gefühlsbetonter Trauer und Klage besteht darin, Verluste und Schmerzen, Angst und Entsetzen sowie Verzweiflung und Hilflosigkeit, die der Tod in der Regel nach sich zieht, zu artikulieren und damit zu neutralisieren. Das Sprechen und Denken über den Tod vollzog sich im 17. Jahrhundert viel deutlicher und hat mit der vornehmen Zurückhaltung von heute nichts mehr gemein. Der affektiv nur sehr begrenzte Rahmen an Verhaltensmöglichkeiten erlaubt heute kaum eine sichtbare Anteilnahme; die Kommunikation wird auf ein Minimum beschränkt und – wenn irgendmöglich – verweigert (s. hierzu die Analyse des Verlustes sozialer Trauerformen bei Nassehi & Weber, 1989, 231ff. und 245ff.). Die Genese moderner Todesverdrängung sehen die Autoren in drei Faktoren begründet: der »Entzauberung« des Todes durch den okzidentalen Rationalismus, im Wandel vom »religiösen« zum »profanen« Todesbild (christliche Erlösung vs. körperlicher Zerfall) und in den strukturellen Veränderungen menschlichen Verhaltens im Zivilisationsprozess (ebd., 277-319). Der Tod wird zum »Zivilisationstabu« (Elias, 1982, 47). Nachdem der Tod aus dem gesellschaftlichen Wissensvorrat nahezu vollständig getilgt wurde und nachdem das Sterben selbst fast nur noch in Institutionen – hinter verschlossenen Krankenhaus-, Hospiz- oder Altenheimmauern – stattfindet, wurde auch die Bestattung nicht mehr durch die Familie oder Nachbarschaft des Verstorbenen organisiert. In vormodernen Gesellschaften war der Sterbeprozess und das Sterben eine öffentliche Angelegenheit. Im Rahmen der immer arbeitsteiliger sich organisierenden Gesellschaft unterliegt nunmehr auch die Bestattung der Obhut und dem Profit von Experten, nämlich professionellen Bestattungsunternehmen. Daher ist die Trauer in der Moderne weniger ein soziales Medium: »Sie ist vielmehr zu einem privaten, isolierten und rein individuellen Ereignis geworden« (Nassehi & Weber (1989, 258).

Gloria Awad, die in ihrer Studie zum Sensationellen in der französischen Massenpresse vor allem die Themen: »Rupture« (Bruch mit der Norm, Normalität), »Conflit« (Konflikte), »Violence« (Gewalt) und »Mort« (Tod) als Basiselemente der Sensation ansieht (vgl. Awad, 1995, 181-193), verweist auch auf diesen zivilisationshistorischen Hintergrund: »Ces quatre éléments sont bannis de la société moderne où la mort est cachée, camouflée, aseptisée, où la violence est escamotée, où domine le modèle de rationalité paisible et où les individus se fondent dans la masse. C'est précisément ce caractère d'interdit qui leur donne de la valeur comme composantes du sensationalisme« (Awad, 1995, 191).

Im Gegensatz zu dem Soziologen Goffrey Gorer, der in den 1950er Jahren einen vielzitierten Artikel über die »Pornographie des Todes« geschrieben hat (abgedruckt in Gorer, 1965) und darin argumentiert, dass die Tabuisierung von zentralen, allgemein menschlichen Dingen wie Sex und Tod nicht zum Verschwinden, sondern zur Abwanderung in den Untergrund und zum Wiederauftauchen in Form von »gefühlskalter« Pornographie führe (bezogen auf die Todesthematik in Form von Horror-Comics, Thrillern, Krimis, Agentengeschichten, Science Fiction), argumentieren die Soziologen Walter, Littlewood & Pickering, dass es sehr wohl eine öffentliche, und zwar massenmediale Präsenz des Todes gäbe, die noch dazu hochgradig personalisiert und emotionalisiert sei: »If one thing is clear about recent reporting of violent and accidental death it is that it is not pornography in Gorer's sense. Far from being averse to portraying the humanity of those killed and the emotions of those who grieve, reporters actually home in on emotions like flies to a glowing light« (1995, 584). Die Todespräsenz in den Medien wird von den Autoren zwar auch auf den Nachrichtenfaktor Negativismus sowie kommerzielle Motive der Macher zurückgeführt, doch in erster Linie verweisen sie auf ein starkes Bedürfnis der Menschen,

(Trauer-)-Emotionen zeigen und sehen zu wollen, mithin kulturell akzeptierte Handlungsmuster und Trauer-Vorbilder zu bekommen. Gleiches gelte im übrigen für den Bereich der Sexualität: »It is, therefore, not surprising if readers show intense interest in press reports of how the grief of their fellow citizens is handled; though it may sound somewhat glib, we could characterise this as the thanatological equivalent of reading an article in a woman's or teenage magazine about the sexual behaviour of the British, particularly those like ›you and me‹« (ebd., 590f.).

- 4. Orientierungslosigkeit und Marginalisierung des Individuums als Kollektivbefindlichkeit der Massengesellschaft

Dieser letzte Erklärungsansatz für eine allgemein menschliche, allerdings stärker kulturabhängige Sensationsgier wurde vor allem von dem Leipziger Philosophieprofessor Christoph Türcke (1994) ausgearbeitet (vgl. auch Franck, 1998). Im Sog der modernen warenproduzierenden Massengesellschaft habe sich die Wahrnehmung des Außergewöhnlichen grundlegend gewandelt. »Mid is Shit« sei das geheime Motto der »Sensationsgesellschaft«, in der er kein neues Paradigma vermutet, sondern nur die zunehmend extreme Ausprägung einer schon überalterten Gesellschaftsformation: der kapitalistischen. Die rationale Handlungsmaxime dieser Gesellschaftsformation könne mit dem Motto umschrieben werden: Was sich aus der Masse des Dargebotenen nicht heraushebt, verdient nicht, wahrgenommen zu werden. »Was nicht wahrgenommen wird, ist ein Nichts, wer nicht wahrnimmt, ein Niemand« (Türcke, 1994, 32). Daher sei eine alte philosophische These aktueller denn je: »Sein ist Wahrgenommenwerden.« Man kann Türckes Sichtweise eines »modernen Kampfes um Wahrnehmung« auch so interpretieren, dass aus einer objektbezogenen Sensationsgier eine subjektbezogene wird, die sich auf das eigene, individuelle Handeln auswirkt. Diese – nach Marktschreiergesetzlichkeiten orientierten – konkreten Verhaltensweisen beobachtet Türcke z. B. in der Künstlerszene, aber auch im Alltäglichen, z. B. in der Gestaltung von Postwurfsendungen oder Bewerbungsunterlagen: der Druck, wahrgenommen zu werden, zwinge zur Außergewöhlichkeit und Exzentrik. »Gerade weil die Flut all dessen, was sich täglich danach drängt, wahrgenommen zu werden, so enorm abstumpft, taub und reglos macht, bedarf es des Schocks der Sensation, der die Wahrnehmung aus dem Gleis des gleichgültigen Registrierens wirft« (Türcke, 1994, 32). Aus der Angst heraus, nicht wahrgenommen zu werden und damit »draußen zu bleiben«, marginalisiert zu werden, drohe schließlich die Gegentendenz, sich selbst zum Objekt der Sensationsgier zu machen; es wachse das Bedürfnis, »sich unmittelbar ins wirkliche Leben zu stürzen«, um damit die mediale Gestalt der Sensation zu sprengen: »Die audiovisuellen Schocks reichen nicht mehr, sie lassen dich nicht mehr spüren, daß du *bist*...« (ebd.). Insofern entspringt quasi aus einem Selbsterhaltungstrieb derer, die sich in dieser Gesellschaft an den Rand gedrängt fühlen, sich ums eigene Leben betrogen fühlen – »bei Arbeiterkindern und Malochern ebenso wie bei verhätschelten Bürgerkindern« (ebd.) – eine zerstörerische bzw.

selbstzerstörerische Sensationssucht, die sich in Gewaltbereitschaft, Graffiti-Exzessen, U-Bahn-Surfen, Extremsport, Drogen u. ä. auslebe. Türcke kommt zu dem Fazit, dass sich in der Sensationsgesellschaft das Gefühl der Marginalisierung einer milieu-übergreifenden Kollektivbefindlichkeit annähere, die ein Streben nach Sensation quasi zur Existenzbedingung mache (1994, 32).

Diese vier Erklärungsansätze legen den Schluss nahe, dass Sensationsgier – gerade in modernen Gesellschaften – ein generelles menschliches Bedürfnis darstellt, und sich demgemäß alle Menschen gleichermaßen sensationsgierig verhalten. Desweiteren wäre zu vermuten, dass sich Rezipienten gleichermaßen massenhaft und zu jeder beliebigen Zeit auf sensationshaltige Medieninhalte »stürzen«. Dass dies nicht so ist, bestätigt die Alltagspraxis und eine fortgeschrittene Fragmentierung des Publikums. Doch womit hängen dann die interindividuellen Unterschiede zusammen?

7.2 Das integrative Uses-and-Gratifications-Modell und Erklärungsfaktoren für unterschiedlich sensationsgierige Mediennutzungsmotive

Einer der wichtigsten theoretischen Ansätze innerhalb der empirischen Rezeptionsforschung stellt der »Uses-and-Gratifications-Ansatz« dar, in dessen Zentrum die Kernfrage steht, warum sich Menschen bestimmten Medien bzw. Medieninhalten zuwenden. Besonders zu Beginn der 80er Jahre fanden zunehmend Bestrebungen statt, die induktiv gewonnenen, mittlerweile systematisierten Bedürfniskataloge in ein theoretisches Modell der Medienzuwendung zu integrieren. Einen ersten Ansatz in diese Richtung stellte das Integrative Gratifikationsmodell der Massenmediennutzung dar (Palmgreen, 1984, 57; Palmgreen, Wenner & Rosengren, 1985). Das Modell versucht alle relevanten Variablen zu erfassen und miteinander in Beziehung zu setzen, die über das Kernelement der Motive zu einer bestimmten Mediennutzung führen. Hierzu zählen besonders die Beschaffenheit des gesellschaftlichen Kulturkreises, die das soziale Umfeld des Rezipienten mit prägt, das wiederum bestimmte Bedürfnisse und — im Zusammenhang mit zentralen psychologischen Variablen — bestimmte Werte/Einstellungen sowie eine bestimmte mediale Erwartungshaltung generiert. Alle genannten Faktoren bedingen die Variabilität der gesuchten Gratifikationen (Motive), die schließlich zu einer bestimmten Mediennutzung führen. Das Modell enthält also eine komplexe Kausalstruktur, da seine Bestandteile nicht unabhängig voneinander sind. Es sei multivariat und nicht-rekursiv. »In einer derartigen multivariaten Struktur kann kein einzelnes Element die Rolle eines zentralen Erklärungsfaktors einnehmen« (Palmgreen, 1984, 58). Die neueren Entwicklungen innerhalb der Rezeptionsforschung sind überdies geprägt von Positionen, die die starre Fixierung auf den Rezipienten und seine Motive um eine

Integration der Medienwirkungen erweitert sehen wollen. Diese neueren Integrationsüberlegungen und die bislang empirisch vorliegenden Befunde, die in Richtung eines »Media Uses & Effects Modells« deuten, wurden zum ersten Mal in systematischer Weise zusammengefasst und gewürdigt von Rubin. Dieser betont: »To explain media effects, we must first understand audience motivation and behavior« (1994, 418). Die moderne Sicht des Uses-and-Gratification-Ansatzes basiert auf fünf zentralen Annahmen (vgl. hierzu Rubin, 1994, 420; auch den aktuellsten Übersichtsartikel von Ruggiero, 2001):

- Rezipienten sind (relativ) aktive Kommunikationsteilnehmer, die zielgerichtet, absichtsvoll und motiviert eine Medien- und Inhaltsauswahl treffen. Das kommunikative Verhalten ist funktional und hat Konsequenzen für die Menschen und die Gesellschaft insgesamt.
- Rezipienten sind initiativ in ihrer Medienwahl, um bestimmte Bedürfnisse und Wünsche zu befriedigen. Dabei kann es sich um basale Bedürfnisse oder den Wunsch nach konkreten Problemlösungen handeln.
- Ein Bündel an sozialen und psychologischen Faktoren spielt bei der Ausgestaltung des menschlichen Kommunikationsverhaltens eine Rolle. Individuelle Prädispositionen, Interaktionen und Umweltfaktoren prägen die subjektiven Erwartungen an die Medien, und kommunikative Effekte können nur auf der Basis dieser Prägungen interpretiert werden: »Behavior responds to media or messages as filtered through one's social and psychological circumstances such as the potential for interpersonal interaction, social categories, and personality« (Rubin, 1994, 420).
- Medien stehen im Wettbewerb mit anderen Formen der (kommunikativen) Bedürfnisbefriedigung. Wie stark Medien unsere Motive und Wünsche befriedigen, hängt von den sozialen und psychologischen Umständen des einzelnen Rezipienten ab.
- Der eigene Aktivitätsgrad (»one's initiative«) hat Auswirkungen auf das Mediennutzungsmuster und seine Konsequenzen.

Die zentralen Einflussfaktoren der Medienzuwendung und –nutzung sind in vereinfachter Form in Abb. 38 dargestellt. Medienzuwendungsmotive können intrinsisch und extrinsisch begründet sein. Ein extrinsisches Motiv liegt dann vor, wenn die Beweggründe eher »außerhalb« der Handlung liegen; nicht der Rezeptionsakt selbst steht im Vordergrund zur Bedürfnisbefriedigung, sondern mit ihm wird ein bestimmter Zweck verfolgt, dessen Erfüllung auch zeitlich nachgeordnet, also in der post-kommunikativen Phase stattfinden kann. Die daraus resultierende Medien- bzw. Inhaltsnutzung kann reflexhaft, ritualisiert oder instrumentell erfolgen (vgl. Rubin & Perse, 1987; Rubin, 1994).

Der Anspruch, der in diesem Kapitel verfolgt wird, besteht darin, die Zuwendung zu prototypisch sensationsjournalistischen Medien bzw. Medieninhalten zu erklären, indem möglichst viele Elemente des Modells und deren Beziehungen zueinander daten- und literaturgestützt mit »Leben« gefüllt werden.

Abb. 38: Einflussfaktoren der Medienzuwendung

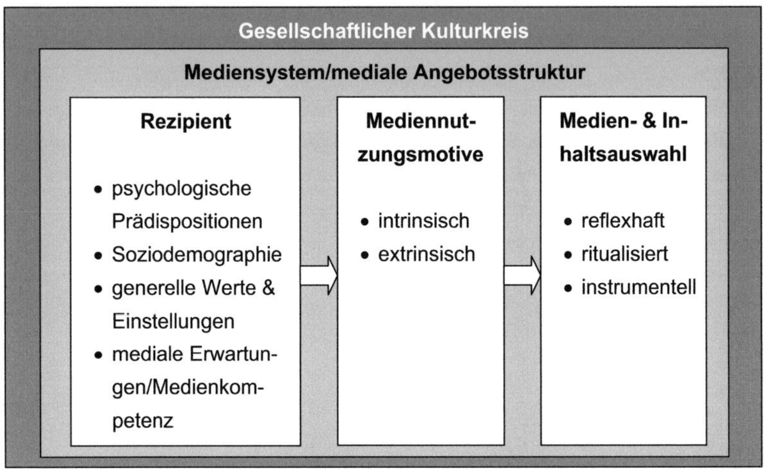

7.2.1 Psychologische Erklärungsvariablen

Psychologische Persönlichkeitsvariablen wurden im Rahmen des Uses-and-Gratification-Ansatzes zunehmend als wichtig erachtet: Palmgreen, Wenner & Rosengren hoben bereits 1985 hervor, dass psychologisch bedingte individuelle Unterschiede konzeptualisiert werden müssten »within close causal proximity« jedes Media Uses-and-Gratification-Modells (1985, 21). Die empirische Untermauerung dieses Zusammenhangs wurde und wird nach wie vor als eklatante Forschungslücke angesehen: »[U]ses-and-gratifications studies have examined the differential patterns of media exposure, but have not thoroughly examined the psychological correlates of media exposure. This leaves the role of personality in determining content and genre preferences largely unexplored« (Krcmar & Greene, 1999, 25). Und das, obwohl eben beides – sowohl Persönlichkeitsdimensionen als auch sozialer Background einer Person – die Medienzuwendungsmotive und –nutzungsmuster beeinflussen. Persönlichkeitszüge gelten außerdem als verbindender Faktor von Einstellungen, Glaube und Werten, die die Interaktionen mit unserer sozialen Umwelt steuern und leiten (Weaver, 2000, 236). Und Medien seien integraler Bestandteil der sozialen Umwelt von Menschen: »[T]he expectation that personality characteristics should be directly linked to our orientation toward and perceptions of the mass media seems prudent« (ebd.).

Die meisten Persönlichkeitsdispositionsmodelle haben zwei gemeinsame Charakteristika: erstens die Annahme, dass zentrale psychologische Dispositionen relativ stabil über Zeit und Situationen hin sind und zweitens die Vorstellung einer hierarchischen Dispositionsstruktur, die drei Ebenen enthält: Auf der untersten Ebene sind die alltäglichen Gewohnheiten, das habituelle Verhalten angesiedelt, auf der mittleren Ebene finden sich Persönlichkeitszüge, die konsistente und stabile Arten beschreiben, in denen das Individuum sich an seine Umwelt anpasst[101], und auf der höchsten Ebene rangieren komplexe Persönlichkeitsdimensionen bzw. Cluster von Persönlichkeitszügen. Diese höchste Ebene sei besonders relevant: »The notion of personality dimensions, in other words, permits classification of individuals into a small number of distinct groups based on their similarities and differences across several personality trait characteristics« (Weaver, 2000, 238). Persönlichkeitskonstrukte als Variablengruppe hätten sich in theoretischer und empirischer Hinsicht grundlegend als geeignet erwiesen, die Mannigfaltigkeit des Verhaltens von Personen bzw. deren Individualität trennscharf abzubilden und daher auch das individuelle Verhalten gegenüber Medien sowie mögliche Wirkungen der Nutzung massenmedialer Inhalte zu differenzieren (vgl. Gleich et al., 1998, 662). Zu diesen Persönlichkeitsdimensionen, die als außerordentlich relevant im Zusammenhang mit Mediennutzung erkannt worden sind, zählen hauptsächlich die Typen nach Eysenck sowie das Konstrukt des sog. »Sensation Seeking«.

Eysenck arbeitete seit den späten 40er Jahren mit umfangreichen, kulturell unterschiedlichen Untersuchungsgruppen und zeigte auf, dass zahlreiche Persönlichkeitszüge in konsistenter Weise zu Clustern zusammengefasst werden können. Er unterschied: Extraversion, Neurotizismus und Psychotizismus, wobei extrovertierte Personen vor allem durch ein stark nach außen gewandtes soziales Verhalten und eine eher positive Selbsteinschätzung gekennzeichnet sind, neurotische Personen als eher ängstlich, emotional, schüchtern, sozial eher isoliert und mit negativer Selbsteinschätzung einzustufen sind und Psychotiker sich eher egozentrisch, autonom (mit dem eigenen Ego als Kontrollinstanz), sozial deviant, impulsiv und unangepasst verhalten. Die Frage, die nun im Rahmen des Uses-and-Gratification-Ansatzes gestellt wurde, bezog sich auf Medien- und Inhaltspräferenzen (Profile) der drei verschiedenen Typen.

Neuere Studien belegen signifikante Typenunterschiede z. B. in Bezug auf Fernsehnutzungsmotive und einen durchweg positiven Zusammenhang zwischen Neurotizismus und fünf faktorenanalytisch ermittelten Nutzungsmotiven: Zeittotschlagen, Sozius-Funktion, Entspannung, Information und Stimulation, während Extraversion und Psychotizismus eher negativ luden. Darüber hinaus tendieren neurotische Personen eher zu Werbevermeidung, Psychotiker eher zur Machtausübung und Kontrolle von anderen über die Fernbedienung (vgl. Weaver, 2000, 240f.). Darüber hinaus können starke Zusammenhänge zwischen den Typen und bestimmten Genrepräferenzen nachgewiesen werden. Neurotizismus hängt demnach stärker mit Nachrichten- und Informationsorientierung zusammen; Psychotizismus mit einer Präferenz für Action, Gewalt und Horror. Auch Zuckerman und Litle (1986) fanden für Rezipienten beider Geschlechter

[101] Gilt eine Person als »gesprächig«, dann wird sich dieser Charakterzug in sehr verschiedenen sozialen Situationen immer wieder äußern.

eine positive Korrelation zwischen Psychotizismus und gesteigertem Interesse an morbiden und sexuellen Inhalten. Ausgehend von den Experimenterfahrungen zur »sensorischen Deprivation«, die seit den 50er Jahren durchgeführt wurden, und bei denen unterschiedliche Reaktionen von Probanden in extrem monotonen Umgebungsbedingungen (»Hütten- oder Polarkoller«) beobachtet wurden, entwickelte Marvin Zuckerman das Konzept des »Sensation Seeking«, das die Tendenz von Individuen beschreibt, nach neuen und intensiven Reizen und/oder Erfahrungen zu suchen (vgl. Hauck, 1989, 23; Gleich et al., 1998, 662). Zuckerman selbst definiert Sensation Seeking (SS) folgendermaßen: »SS is a trait defined by the seeking of varied, novel, complex, and intense sensations and experiences, and the willingness to take physical, social, legal and financial risks for the sake of such experience.« (...) »Sensation seekers prefer being frightened or shocked to being bored« (Zuckerman, 1996, 148; 158).

Nun ist Mediennutzung in der Regel keine besonders risikoreiche Tätigkeit. Trotzdem konnte die Relevanz des Sensation Seeking im Zusammenhang mit medialer Rezeption immer wieder bestätigt werden, da das Konzept unabhängig von der Risikobereitschaft eine Verhaltensdisposition zur Suche nach Abwechslung und neuen, starken Reizen postuliert. »Die Lust am Rezipieren des ungewöhnlichen, sensationellen Inhalts macht also die Rezeptionsmotivation im Sinne des SS aus« (Weiß, 1998, 41). Als Erklärung für diese Disposition wird der sehr responsive Wahrnehmungs- und Reizverarbeitungsapparat angeführt, der es Sensation Seekern im Vergleich zu anderen erlaubt, starke Reizstimulationen wahrzunehmen und auszuhalten. Gleichzeitig würden starke Reize für Sensation Seeker eine Belohnung durch das Erreichen eines optimalen Erregungsniveaus[102] darstellen. Auch die Rezeption medialer, vorzugsweise sensationeller Reize ermögliche Erfahrungen, »die aufgrund ihrer Ungewöhnlichkeit und Andersartigkeit (Neuigkeit) im Vergleich zu normalen Alltagserfahrungen potentiell einen hohen Anregungscharakter haben dürften« (Gleich et al., 1998, 664f.). Zur Erfassung dieser Persönlichkeitsdimension wurde von Zuckerman zwischen 1964 und 1984 die Sensation Seeking Skala (SSS) entwickelt, die verschiedene Reizsuche-Verhaltenstendenzen abfragt.[103] Inzwischen liegt die sechste Version der Skala mit vier Dimensionen vor: 1. Thrill- und Adventure-Seeking (Suche nach ungewöhnlichen physischen Aktivitäten, Abenteuern,

---

102 Die Sensation Seeking-Forschung rekuriert implizit auf die von dem britischen Psychologen Berlyne (1960; 1974) entwickelte Neugiermotivationstheorie. Berlyne suchte nach den Bedingungen für neugieriges Verhalten, die er vor allem in den syntaktischen Reizqualitäten von Objekten (Neuartigkeit, Überraschungswert, Ungewissheit) sah. Er postulierte einen Zusammenhang in Form eine umgekehrten U-Kurve zwischen Erregungsreizgrad und hedonistischem Wert, d. h. mittel-komplexe, neuartige, überraschende Objekte sind von maximalem hedonistischen Wert; sind die Reize zu wenig komplex oder zu komplex würden sie als unangenehm im Sinne von Langeweile oder Überforderung empfunden. Für die meisten Menschen läge ein optimales Erregungsniveau im mittleren Bereich.

103 Alle sechs von Zuckerman entwickelten Formen der SSS samt zugehöriger Items sind im Anhang der Arbeit von Hauck abgedruckt (1989, Anhang 120-133).

Ausübung risikoreicher Sportarten), 2. Experience-Seeking (Hang nach sensorischen Erfahrungen und kognitiver Stimulation), 3. Disinhibition (Suche nach Stimulation durch soziale Kontakte, aber auch Hemmungslosigkeit, Hang zu Verbotenem, zu Ausschweifungen; vgl. hierzu Krcmar & Greene, 1999, 28) und 4. Boredom Susceptibility (Vermeidungtendenz gegenüber Langeweile). Zukkerman vertritt die (nicht unumstrittene) These, dass Sensation Seeking ein z. T. biologisch fundiertes, zu 50-60 % angeborenes Persönlichkeitsmerkmal darstellt. In der Tat konnten – je nach Sensation Seeking Level – hormonelle Unterschiede festgestellt werden, und Bildung, sozioökonomischer Status und kulturelle Aspekte spielen keine gravierende intervenierende Rolle (vgl. Gleich et al., 1998, 663f.).

Sensation Seeking korreliert zum einen mit bestimmten alltäglichen Verhaltensweisen: Sensation Seeker haben häufigere sexuelle Erfahrungen, konsumieren eher Drogen, Nikotin und Alkohol, sind weniger konservativ und rigide in moralischer Hinsicht und eher atheistisch, und sie haben neueren Erkenntnissen zufolge weniger Angst, vor Publikum zu sprechen (vgl. hierzu Hunsaker & Kelly, 1997). Zum zweiten gilt es mittlerweile als empirisch gut erforscht, dass Sensation Seeking mit einer Vorliebe für aufregende Medieninhalte zusammenhängt. Besonders die Präferenz für Horrorfilme sei auf breiter Ebene validiert: »In view of the well-established literature that documents the existence of the sensation seeking trait and the numerous studies that relate sensation seeking to preferences for violence and horror in entertainment, this explanation for the appeal of VMH [violence, mayem, horror; Anm. UK] must be considered seriously« (Sparks & Sparks, 2000, 78). Zaleski (1984) konnte nachweisen, dass High Sensation Seeker hochgradig emotionales Bildmaterial präferieren, egal, ob die dargestellten Emotionen eher negativ oder eher positiv waren (inkl. Folterszenen, Hängen, Leichen sowie Feiern und zärtliche Liebe); Low Sensation Seeker präferierten – wenn überhaupt – nur die positiven Emotionsbilder, negative überhaupt nicht.

Es verwundert daher nicht, dass sich die empirische Medienpsychologie im Zusammenhang mit Sensation Seeking bevorzugt mit extremen Medieninhalten wie Gewalt und Horror auseinandergesetzt hat und dass vorrangig das audiovisuelle Medium Fernsehen im Fokus der Betrachtungen stand. Gleich et al. (1998, 664-668) listen in ihrem Literaturreview eine Fülle von Einzelstudien auf, die im Zeitraum 1985-1996 vorzugsweise im anglo-amerikanischen Raum publiziert worden sind. Die Hauptergebnisse können in kondensierter Form zu folgenden Erkenntnissen zusammengefasst werden: Sensation Seeker sind neugierig auf Darstellungen morbiden oder sexuellen Inhalts und nutzen diese auch, sie präferieren Horrorfilme der Kategorie »Gothic« (Dr. Jekyll und Mr. Hyde, Dracula), Slasherfilme und Gore-Watching mit möglichst kuriosen Todesarten und detaillierten Darstellungen, erotische Magazine (unabhängig vom Geschlecht), Actionfilme, Rockkonzerte und Heavy Metal Musik (vgl. hierzu auch Krcmar & Greene, 1999), aber kein Theater oder romantische Filme, sie nutzen das Fernsehen eher als Nebenbeimedium und sind liberaler gegenüber verbotenen Inhalten (wie Gewalt und Sex); Fernsehen hat für sie einen geringeren Stellenwert als andere Freizeitbeschäftigungen, wobei im Falle von Risiko und Gefahr die Fernsehdarstellungen den tatsächlichen Erfahrungen vorgezogen werden. Sensation Seeker nutzen das Fernsehen eher aus ritualistischen Motiven und sind sehr empfänglich für eine aufregende Gestaltung der Beiträge (emotional-intensiv, Einsatz von Musik und dramatisches Bildmaterial). Gleich et al. (1998) konnten nun in ihrer eigenen Studie an 134 Versuchspersonen im Alter zwischen 17 und 82 Jahren tendenziell die zentralen anglo-amerikanischen Befunde bestätigen. Die Sensation Seeker hatten, was ihre Fernsehmotive anbelangt, ein ausgeprägteres Bedürfnis nach Vermeidung von Langeweile sowie nach Anregung und Spannung; die Motive Information und Entspannung waren unabhängig von Reizsuchetendenzen (Gleich et al., 1998, 676). Als hochsignifikant erwiesen sich die Sensation Seeker Programmpräferenzen (in der Reihenfolge der Korrelationsstärke): Horror, Action, Erotik, MTV, danach Sport. Informationsprogramme und leichte Unterhaltung haben für sie wenig Reiz. Das Fernsehverhalten der Sensation Seeker fassten die Autoren wie folgt zusammen: »SS dürften somit unter anderem gerade diejenigen Programmangebote bevorzugt rezipieren, die zum Teil im Blickpunkt gesellschaftlicher Kritik stehen, zum Beispiel Sex, Gewalt, Action sowie die Darstellung von ›realen‹ Extremsituationen (Extremsportarten, Reality-TV et cetera)« (Gleich et al., 1998, 682).

Inwieweit allerdings nun eher die inhaltlichen oder eher die formalen Aspekte der Angebote für Reizsucher relevant sind, kann aufgrund der erhobenen Daten nicht beantwortet werden. Darüber könne nur spekuliert werden (Gleich et al., 1998, 677). Aufschlussreich sind diesbezüglich Studien, die eine Vorliebe der Sensation Seeker für schnelle Action, hohe Schnittgeschwindigkeit und dramatische Inszenierungen nachweisen (Donohew, Lorch & Palmgreen, 1991; Hunsaker, 1994). Lorch et al. (1994) nutzten diese Erkenntnisse zur Konzipierung von Anti-Drogen-Spots und einem geeigneten Programmumfeld. Je sensationeller die Spots aufgemacht waren (mit extremen Nahaufnahmen, starkem Gebrauch von Sound-Effekten, spannender, dramatischer und emotionsgeladener Handlung) und je reizstärker das Programmumfeld war, desto stärker war die Aufmerksamkeit[104] der High Sensation Seeker für die Spots (vgl. ebd., 402f.). Bei Nachrichten über die Challenger-Katastrophe konnte gezeigt werden, dass die Sensation Seeker besonders ausgeprägt den Wunsch hatten, die Bilder mit den Gesichtern der Familienangehörigen während der Explosion der Rakete zu sehen (vgl. Sparks & Spirek, 1988; Tamborini, 1991). Diesen Befunden widerspricht allerdings eine Studie von Wirth & Früh (1996). Sie definierten

[104] Gemessen wurde die visuelle Aufmerksamkeit: Mitarbeiter in einem Beobachtungsraum erfassten edv-gestützt die Augenbewegung der Versuchspersonen zum TV-Monitor und weg davon.

Voyeurismus als »Neigung, emotionsgeladene Extremsituationen bzw. Emotionen, die nach allgemein anerkannten Sitten und Normen der Privat- oder Intimsphäre zugeordnet werden, durch anonyme Beobachtung bei anderen miterleben zu wollen und daraus positive Gratifikationen für sich abzuleiten« (Wirth & Früh, 1996, 34) und konnten keinen Zusammenhang zwischen Voyeurismus und Sensation Seeking feststellen.

Das Gesamtkonzept des Sensation Seeking ist nicht ohne Kritik geblieben. Eine generelle Kritik an der medienpsychologischen Herangehensweise äußerte z. B. Bird (1997, 2): »These explanations tend to have the effect of neuroticizing the audience, suggesting that there is something sick or abnormal about being attracted to unwholesome news. Or if the audience is considered at all, it is often to condemn them as lacking in taste and judgement,...«. Unter methodenkritischem Beschuss steht vor allem die Zusammenfassung der vier Subskalen. Krcmar & Greene (1999) untersuchten den differentiellen Effekt der Subskalen auf gewalthaltige und actionreiche Fernsehprogrammpräferenzen von 724 Studierenden. Hierzu wurde die Häufigkeit der Nutzung von sechs Programmkategorien erfasst (Sitcoms, Reality-TV-typische Programme wie z. B. realistische »Crime Shows«), Kontaktsport (wie Fußball, Hockey), andere Sportarten (Golf, Tennis), nationale Nachrichten sowie alle fiktionalen Programme), daraus ein »all violence viewing score« gebildet und dieser mit Sensation Seeking Tendenzen korreliert. Sie stellten fest, dass die einzelnen Subskalen unterschiedliche Richtungen in den Zusammenhängen aufwiesen (z. B. hingen »Disinhibition«, also die Suche nach Stimulation durch soziale Kontakte, aber auch Hemmungslosigkeit, Hang zu Verbotenem, zu Ausschweifungen) mit dem Konsum von Reality-TV und Kontaktsport zusammen, Thrill and Adventure Seeking mit Reality-TV und normalem Sport, ansonsten konnten keine Zusammenhänge festgestellt werden (Krcmar & Greene, 1999, 35f.). Die Autoren formulieren große Skepsis gegenüber dem Gesamtkonzept des Sensation Seeking:

> »Perhaps the most crucial point here is that because adolescents, and people in general, can achieve optimal arousal levels in a variety of ways, it may be inaccurate to refer theoretically to high sensation seekers as a single group and subsequently sum the four measures, as is usually done. Rather, the distinctions concerning locus of arousing stimuli should be made theoretically and retained statistically because the dimensions are distinct and refer to sensation seeking of different and perhaps unrelated, types« (Krcmar & Greene, 1999, 42).

Auch Conway & Rubin wiesen einen differentiellen Subskaleneffekt nach. Sie stellten einen positiven Zusammenhang zwischen Sensation Seeking und dem Fernsehnutzungsmotiv Eskapismus und Zeittotschlagen fest, was allerdings maßgeblich auf die Disinhibition-Subskala zurückzuführen war (Conway & Rubin, 1991, 27). In der Studie von Zuckerman & Litle (1986) wiesen die Sensation Seeker mit einer Vorliebe für morbide und sexuelle Inhalte gleichzeitig auch höhere Werte auf der Psychotizismus-Skala von Eysenck auf, was ggf. wiederum mit der Mächtigkeit der Disinhibition-Subskala zusammenhängen könnte. Auch Brosius & Weaver (1994, 286) bemerken: »Im Unterschied zu den anderen Persönlichkeitstypen ist der psychotische Charakter egozentrisch, sensationssüchtig und zeigt wenig Empathie oder Mitgefühl.« Die Zusammenhänge und Abhängigkeiten zwischen verschiedenen Persönlichkeitsdimensionskonzepten scheinen jedoch weitgehend ungeklärt (vgl. auch Weaver, 2000, 237).

Als Zwischenfazit lässt sich festhalten, dass es offensichtlich z. T. biologisch verankerte psychologische Persönlichkeitsmerkmale gibt, die das individuelle Reizsuchepotential beeinflussen. Demnach gibt es den »Sensationssucher«, der tatsächlich nach medialvermittelten Sensationen sowohl in thematischer Hinsicht i. e. S. (Gewalt, Tod, Kriminalität, Sex) als auch in formaler Hinsicht (plakative, lebendige Aufmachung, emotionale Nahaufnahmen etc.) sucht, um sein persönlich optimales Erregungslevel zu erreichen. Ob sich allerdings z. B. Psychotiker oder Sensation Seeker innerhalb der Programmkategorie non-fiktionale Information eher den sensationalistisch aufbereiteten Formaten zuwenden (Boulevardzeitungen, Boulevardmagazine oder klassisches Reality-TV), kann auf der Basis der vorliegenden Studien nicht hinreichend beantwortet werden.

Gerade im Zusammenhang mit dem Konsum von Reality-TV-Sendungen in Deutschland wurde Skepsis gegenüber der Erklärungskraft des Sensation Seeking-Motivs angemerkt. Die Nutzer von Reality-TV seien ähnlich wie die an Katastrophenmeldungen Hochinteressierten eben keine Erlebnissucher, und ein »rezeptiver Sensationalismus« läge hier nicht vor (Grimm, 1995, 98). Daher wurden verstärkt zwei andere, potentiell bedeutsame Persönlichkeitsdimensionen in die Diskussion gebracht. Bartholomes (1995) versuchte zu ergründen, ob die Dimension der Angstlust[105] mit der Nutzungsdauer von Reality-TV-Sendungen zusammenhängt. Sie konnte keinen Haupteffekt zwischen diesen beiden Variablen feststellen. Vielmehr war die konkrete Erfahrung mit angstlustrelevanten Situationen der ausschlaggebende Faktor. Je weniger Erfahrung die Befragten mit solchen Situationen in ihrem persönlichen Umfeld gemacht hatten, desto stärker war die Reality-TV-Neigung. Demgegenüber gingen Schorr & Schorr-Neustadt (2000) der Frage nach, inwiefern die Persönlichkeitsdimension der Empathiefähigkeit (Einfühlungsvermögen)[106] einen Nutzungseinfluss ausübt. Sie konnten einen Zusammenhang zu Reality-TV-Konsum belegen: Viel-

[105] Allen Varianten psychologischer Angstlust- bzw. Angstbewältigungsmodelle gemeinsam ist die Dichotomisierung in solche Personen, die versuchen, bedrohliche Situationen, bzw. Angstreize zu meiden, und in solche Personen, die Angst- und Gefahrenreize suchen, um u. a. Ängste besser bewältigen zu können. Es gibt mehrere Varianten; einen Überblick liefern Wirth & Früh, 1996, 39-41.

[106] Instrument war ein Multidimensionaler Fragebogen zur Messung von Empathie mit den zentralen Empathiedimensionen: a) Emotionale Einfühlung; b) Perspektivenübernahme (kognitive Fähigkeit zum Rollenwechsel); c) Persönliche Betroffenheit; d) Identifikation (Prozesse beim Medienkonsum).

seher haben eine deutlich erhöhte Bereitschaft zu Betroffenheitsreaktionen: »Reality-TV-Vielseher (...) verfügen darüber hinaus über eine stärkere Neigung zu persönlicher Betroffenheit als überdauernder Persönlichkeitszug« (Schorr & Schorr-Neustadt, 2000, 357).

Der Zusammenhang zwischen den besprochenen Persönlichkeitsdimensionen und der Nutzung sensationalistisch aufbereiteter Medien und Formate ist weitestgehend ungeklärt: Welche Dimensionen spielen eine Rolle für die Zuwendung zu Boulevardzeitungen und Boulevardmagazinen? Die Reizintensität der thematischen und formalen Aufmachung dieser Blätter bzw. Magazine könnten z. B. mit einem Hang zum Sensation Seeking verbunden sein. Betrachtet man z. B. die TV-Genre-Präferenzen der *Bild*-Leser (vgl. Abb. 39), so wird eine deutlich überproportionale Affinität zu solchen Genres deutlich, die einen Hang zum Sensation Seeking nahelegen: Sex & Crime, Action und Horror gehören mit einem Indexwert von deutlich über 100 zu den Genres mit den höchsten Affinitäten.[107] Auch bei dem Themenspektrum, das in Zeitschriften angeboten wird, ist im Falle der *Bild*-Leser eine deutliche Affinität zu den Sensation Seeker-Themen vorhanden.

Abb. 39: Thematische Interessen der *Bild*-Leser (Affinitäten) – Auswahl

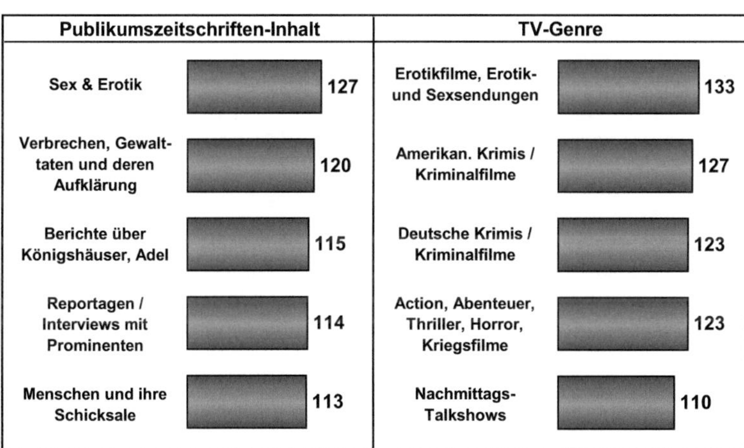

Basis: »sehr interessiert + interessiert«; Index Erwachsene ab 14 Jahre = 100

Quelle: Typologie der Wünsche (TdW) 2001/02

Ob allerdings diese Genre- bzw. Themenaffinität in erster Linie über den Hang zum Sensation Seeking zu erklären ist, kann mit den vorliegenden Daten nicht hinreichend geklärt werden. Vielleicht werden gerade im Falle der Kaufzei-

[107] Im Gegensatz zu *Bild*-Lesern weisen die Leser anderer Kaufzeitungen ein unterdurchschnittliches Interesse für Heimatfilme und Volksmusik sowie ein überdurchschnittlich starkes Interesse für abendliche Talk-shows und Kabarett und Satire auf, was mit dem jüngeren Alter dieser Leser zusammenhängen könnte – vgl. hierzu das folgende Kapitel.

tungsleser bzw. Boulevardmagazinzuschauer die psychologischen Variablen in ihrer Vorhersagekraft durch ganz andere Faktoren abgemildert, verstärkt, überlagert? Das integrative Uses-and-Gratifications-Modell versucht dieser Überlegung Rechnung zu tragen, indem es die psychologischen Variablen als ein Bündel unter diversen anderen, die Mediennutzung beeinflussenden Faktoren konzeptionalisiert. Zu diesen anderen Variablenbündeln zählen u. a. soziodemographische Variablen und individuelle Einstellungen und Werte.

7.2.2 Soziodemographische Faktoren und Einstellungsprofile der Rezipienten

Die größte deutsche Boulevardzeitung, die *Bild*-Zeitung des Axel Springer Verlages, erreicht täglich 11,2 Millionen Leser bzw. 18 % der deutschen Bevölkerung ab 14 Jahre (I. Quartal 2001) und hat damit eine Reichweite, die nur ganz selten von Fernsehsendungen in Deutschland erzielt wird. Ein Blick auf die Sozialstruktur des typischen *Bild*-Zeitungslesers verdeutlicht in Relation zur Gesamtbevölkerung relativ wenige Abweichungen; der herausragendste Unterschied betrifft die Variablen Bildung und Beruf: hier sind *Bild*-Leser/innen auf einem niedrigeren Level anzusiedeln. Dieses Muster ist seit Jahrzehnten stabil (vgl. Holzer, 1969, 12ff; 1971, 128ff.; Klingemann & Klingemann, 1983, 240f.; Büscher, 1996, 75 sowie Schirmer, 2001, 57). Abb. 40 liefert einen Überblick über den Bildungsgrad der Leser (LpA) der *Bild*-Zeitung im Vergleich zu den Lesern zweier Qualitätszeitungen sowie zur bundesdeutschen Gesamtbevölkerung.

Abb. 40: Bildungsgrad der Leserschaft von *Bild*, *FAZ* und *SZ*

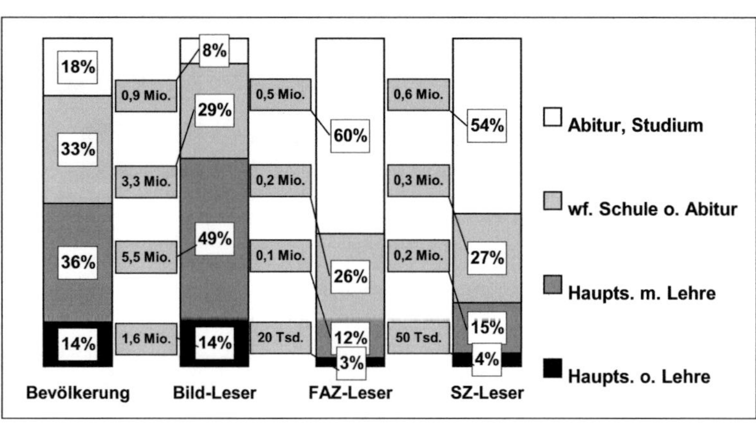

Quelle: Media Analyse 2001

Tatsächlich haben nur 7,6 % der *Bild*-Leser Abitur, Hochschulreife oder gar ein Studium; sie sind daher stark unterrepräsentiert (Index = 43). Demgegenüber ist der formale Bildungsgrad der Leser der beiden Qualitätszeitungen weit überdurchschnittlich: Abitur, Hochschulreife oder Studium haben 59,6 % der Leser der *FAZ* (Index = 339) und 53,5 % der *SZ*-Leser (Index = 304). Zu den typischen, weit überdurchschnittlich häufig vertretenen *Bild*-Zeitungslesern gehören Hauptschüler mit Lehre. Ein selten beachteter Befund ist allerdings, dass aufgrund der weiten Verbreitung des Boulevardblattes absolut gesehen mehr Menschen mit hohem und höchstem Bildungsabschluss die *Bild*-Zeitung lesen, als dies bei *FAZ* und *SZ* der Fall ist (850.000 vs. max. 610.000), – ein Effekt, der allerdings auf »schiere Masse« zurückzuführen ist. Abb. 41 verdeutlicht Gemeinsamkeiten und Unterschiede in der Sozialstruktur der *Bild*-Zeitungsleser und der Leser anderer Kaufzeitungen (*Abendzeitung*, *Berliner Kurier*, *BZ*, *Express*-Gruppe, *Hamburger Morgenpost*, *Morgenpost* für Sachsen und *tz*).

Abb. 41: Sozialstruktur der Kaufzeitungsleser in Deutschland 2001 (Affinitäten)

		BILD	Kaufzeitungen ohne BILD
Geschlecht	Männer	118	110
	Frauen	84	91
Alter	Erwachsene 14-19 Jahre	92	81
	Erwachsene 20-29 Jahre	106	117
	Erwachsene 30-39 Jahre	103	113
	Erwachsene 40-39 Jahre	104	106
	Erwachsene 50-59 Jahre	106	111
	Erwachsene 60-69 Jahre	99	84
	Erwachsene 70+ Jahre	84	74
Beruf	Selbstständ., Freiberufler	43	74
	kl. & mittl. Selbstständ.	87	90
	ltd. Angest. & Beamte	61	93
	sonst. Angest. & Beamte	86	106
	Facharbeiter	128	101
	sonstige Arbeiter	124	95
Personen im Haushalt	1 Person	97	115
	2 Personen	101	103
	3 Personen	99	98
	4 Personen	100	86
	5 Personen und mehr	106	86
Ost-West	Alte Bundesländer	103	88
	Neue Bundesländer	87	146
Staatsangehörigkeit	deutsch	99	98
	andere	130	139

Basis: Index Erwachsene ab 14 Jahre = 100

Quelle: Media Analyse 2001

Demgemäß sind Kaufzeitungsleser eher männlich, eher im Kreis der Arbeiter, Facharbeiter und Angestellten anzutreffen, und sie sind überdurchschnittlich oft Ausländer. Dieser letzte Befund hängt wahrscheinlich nicht nur mit dem positiven Zusammenhang zwischen ausländischer Staatsangehörigkeit und Arbeiter- bzw. Facharbeiterstatus zusammen. Als Ursache der hohen Ausländeraffinität ist darüber hinaus die vergleichsweise einfache Sprache der Kaufzeitungen zu vermuten, die auch für Menschen mit geringeren deutschen Sprachkenntnissen leicht verständlich ist. Was die Unterschiede zwischen *Bild* und den anderen deutschen Boulevardzeitungen anbelangt, so ist das Publikum letzterer geringfügig jünger, eher ledig und eher in den neuen Bundesländern anzutreffen, was mit der Verbreitung der *BZ*, des *Berliner Kuriers* und der *Morgenpost* Sachsen im Osten Deutschlands zusammenhängt. Eine sehr ähnliche Sozialstruktur stellten Bruck & Stocker für die österreichische Neue Kronen Zeitung fest. Der typische Kronenzeitungsleser sei männlich, zwischen 20 und 39 Jahre alt, berufstätig als qualifizierter Beamter oder Facharbeiter und habe eine Fachschule oder Lehre absolviert (Bruck & Stocker, 1996, 37). Aufschluss über genauere lebensweltliche Leserprofile der *Bild*-Leser, in denen auch grundsätzliche Wertvorstellungen erfasst sind, bietet die Tab. 11.

Tab. 11: Finanztypologie und Einstellungen der *Bild*-Leser

		%	Index
Finanz-Typologie (Auswahl)	bodenständige städtische Sparer	7	**105**
	ländlich sparsame Traditionalisten	7	**104**
	Mittelschichtler mit solidem Anlageverh.	13	**110**
	sicherheitsbewusste familiäre Anleger	9	**114**
Werbung im Fernsehen halte ich für recht informativ.	stimme voll und ganz zu	8	**107**
	stimme weitgehend zu	35	100
Werbung ist meist recht unterhaltsam.	stimme voll und ganz zu	8	**110**
	stimme weitgehend zu	31	100
In einer echten Partnerschaft sollte Hausarbeit gemeinsam erledigt werden.	stimme eher nicht zu	18	**105**
	stimme überhaupt nicht zu	6	**110**
Eine Frau sollte sich ganz dem Mann und den Kindern widmen, das ist ihr Beruf.	stimme voll und ganz zu	11	**111**
	stimme weitgehend zu	35	**104**
Der Mann sollte bei wichtigen Entscheidungen das letzte Wort haben.	stimme voll und ganz zu	11	**116**
	stimme weitgehend zu	30	**106**

Basis: Weitester Leserkreis (WLK) *Bild*; Index Erwachsene ab 14 Jahre = 100
Quelle: Verbraucher Analyse (VA) 2000/3

Bild-Leser neigen demnach zu einer konservativen Konsum- und Besitzstandssicherungsmentalität, gehören eher zu den »Mittelschichtlern mit solidem Anlageverhalten« und zu den »sicherheitsbewussten familiären Anlegern«, sind Werbung gegenüber nicht abgeneigt und reagieren bei der Erfassung geschlechtsstereotyper Einstellungen deutlich konservativer als der Durchschnittsbürger. Einen ausgeprägten Konservatismus konnte auch Bird in ihrer qualitativen Untersuchung der Leser der »supermarket tabloids« feststellen: »[T]his conservatism is not obviously party-affiliated; rather it is a tendency to be traditional, familyoriented, religious, and patriotic in a nostalgic, flagwaving sense« (1992, 129).

Sozialpsychologische Einstellungsmodelle versuchen menschliches Handeln – und damit auch Medienzuwendung – über Einstellungen zu erklären. Zu den bekanntesten theoretischen Ansätzen zählt z. B. die kognitive Dissonanztheorie (vgl. Festinger, 1957), nach der Menschen in der Regel bestrebt sind, ihre Einstellungen, ihr Wissen und ihre Überzeugungen in einer gewissen Balance zu halten. Gerade im Bereich der Information spielten die eigenen Überzeugungen und Wissensbestände als potentiell dissonanzschaffende Größen eine bedeutsame Rolle (vgl. Vorderer, 1996, 317). Neue Informationen, die in einem Widerspruch zum eigenen kognitiven System stehen, werden – dissonanztheoretisch – als balancegefährdende Spannung empfunden. Demgemäß versuchen Menschen solcherlei kognitive Dissonanzen abzubauen, indem sie sich beispielsweise selektiv bevorzugt solchen Inhalten zuwenden, die konsonant mit den eigenen Einstellungen und Überzeugungen sind. Auch Boulevardmediennutzung ist darüber zu erklären, da die Kommunikatoren bewusst Adäquanzstrategien anwenden, um die Leser – und hier insbesondere den prototypischen »Kleinen Mann« – in ihren kognitiven lebensweltlich geprägten Einstellungen zu bestätigen (vgl. hierzu Kap. 6.2), was im Sinne der Dissonanztheorie einen starken Anreiz zur Rezeption darstellt und durch die empirischen Leserprofildaten gestützt wird.

In ihrer vergleichenden Ost-/West-Studie zu Rezeptionsmustern in beiden Teilen Deutschlands differenzierten Schmitt-Beck & Schrott (1992) politische Einstellungen und Verhaltensorientierungen nach Nutzertypen von Tageszeitungen. Sowohl in den alten als auch in den neuen Bundesländern trifft auf ausschließliche Boulevardzeitungsnutzer im Gegensatz zu allen anderen Nutzertypen (Leser der regionalen Abonnement- und Qualitätspresse bzw. einer Boulevardzeitung als Zweitzeitung) folgendes zu: Sie verfügen über das geringste politische Interesse, die niedrigste (subjektive) politische Kompetenz, sie weisen die geringste Wahlbeteiligung sowie den niedrigsten Anteil derjenigen auf, die ein korrektes Verständnis des Wahlverfahrens der Bundestagswahl haben (operationalisiert über die Wissensfrage: Welche Stimme entscheidet über die Zahl der Sitze, die eine Partei im Bundestag erhält?) (Schmitt-Beck & Schrott, 1992, 386). Allerdings weisen ausschließliche Leser einer Boulevardzeitung im Westen den absolut höchsten Anteil derjenigen auf, die mit der Demokratie in Deutschland zufrieden sind, und ausschließliche Leser einer Boulevardzeitung im Osten sprechen sich am stärksten sehr für die Idee der Demokratie als solches aus (ebd.). Der vergleichsweise hohe politische Entfremdungsgrad führt demgemäß also nicht zu einer generellen Ablehnung des »Systems« – das Gegenteil trifft zu. In seiner Längsschnitt-Milieu-Analyse, in der Daten aus den Jahren 1986 und 1996 miteinander verglichen werden, kommt Kombüchen zu dem Schluss, dass bestimmte Medien wie z. B. die *Bild*-Zeitung ihren Dominanzbereich gewechselt haben (1999, 166): »Das Merkmal Bildzeitung ist sowohl in der Erlebnis- als auch in der Mediengesellschaft [Vergleich 1986/1996; Anm. UK] ein Präferenzmedium der weniger gebildeten Milieus. Der Dominanzbereich hat jedoch gewechselt. Das Harmoniemilieu zeichnet sich heute durch die größte Nähe zur Bildzeitung aus, in der Erlebnisgesellschaft war es das Unterhaltungsmilieu« (Kombüchen, 1999, 167). Dieses Harmoniemilieu ist geprägt durch die Präferenz für seichte Unterhaltung und ein Zurückschrecken vor komplizierten Inhalten. Außerdem seien viele Vertreter des Harmoniemilieus unzufrieden mit ihrem Leben und sähen ihren Lebensstandard als verbesserungswürdig an. Sie wiesen überdies eine starke Nähe zum psychologischen Schema »Angst vor dem Leben« auf. Das Milieu sei geprägt durch die Angst vor den Gefahren einer potentiell bedrohlichen Welt (vgl. Kombüchen, 1999, Xf. u. 59f.); das psychologische Schema »Angst vor dem Leben«[108] korrelierte in seiner Untersuchung am stärksten mit *Bild*-Zeitungslektüre (vgl. ebd., 197; auch 229).

Vergleichbare Ergebnisse wurden in einer 1992 veröffentlichten österreichischen Studie zu politischen Orientierungen von Boulevardzeitungslesern erzielt. Das Datenmaterial aus 4.000 durchgeführten Interviews ergab, dass vor allem exklusive Leser der beiden österreichischen Boulevardzeitungen *Neue Kronen Zeitung* bzw. *Täglich alles* sich in wesentlichen Orientierungen und Einstellungen deutlich von den Lesern anderer Tageszeitungen unterscheiden. Sie haben eine überdurchschnittliche Angst vor Ausländern und sind über das Erscheinungsbild und den Zustand der politischen Parteien im Lande deutlich verdrossener als die Nutzer anderer Tageszeitungen. Die Autoren zogen folgendes Fazit: »Die subjektiv erlebte bzw. massenmedial vermittelte Wirklichkeit der Leser von *NKZ* und *Täglich alles* unterscheidet sich somit deutlich von der Realitätswahrnehmung der Leser anderer Tageszeitungen« (Plasser & Ulram, 1992, 17).

Aus diesen Daten kann allerdings keine Kausalitätsrichtung abgelesen werden, sie besagen nur, dass hier offensichtlich ein Zusammenhang zwischen Unzufriedenheit, Politikverdrossenheit und Angst auf der einen Seite sowie Boulevardzeitungslektüre auf der anderen Seite besteht. Zu vermuten ist hier ein dynamischer, sich selbst verstärkender Prozess: Die gesellschaftlich Benachteiligten wenden sich eher Kaufzeitungen zu und werden aufgrund der populistischen Adäquanzstrategie der Kommunikatoren in dieser Rolle bestätigt. Diese Rolle führt offensichtlich zu spezifischen politischen Präferenzen der Kaufzeitungsleser. Abb. 42 gibt einen Überblick über die politischen Affinitäten der Leser der *Bild*-Zeitung sowie anderer Kaufzeitungen in Deutschland. Für alle

---

[108] Das Schema »Angst vor dem Leben« setzte sich aus 12 Items zusammen und enthielt neben den Items »Leben macht Angst« und »Fürchten vor dem Tag« auch z. B. solche zur Anomie (»Heute ändert sich alles so schnell«), zu Fatalismus (»Schicksal nicht beeinflußbar«, «machtlos gegen Umstände sein«) sowie zu Selbstwertgefühl und Labilität (»unzufrieden mit sich«, »häufiger abgespannt, matt und erschöpft«) (vgl. Kombüchen, 1999, 137).

Kaufzeitungsleser entspricht die Affinität zu den beiden großen Volksparteien (SPD und CDU/CSU) in etwa dem Bevölkerungsdurchschnitt; unterproportional vertreten ist die Sympathie für die FDP. Besonderheiten ergeben sich jeweils für die extremen Links- bzw. Rechtsparteien.

Abb. 42: Politische Präferenzen der Leser von Kaufzeitungen (Affinitäten)

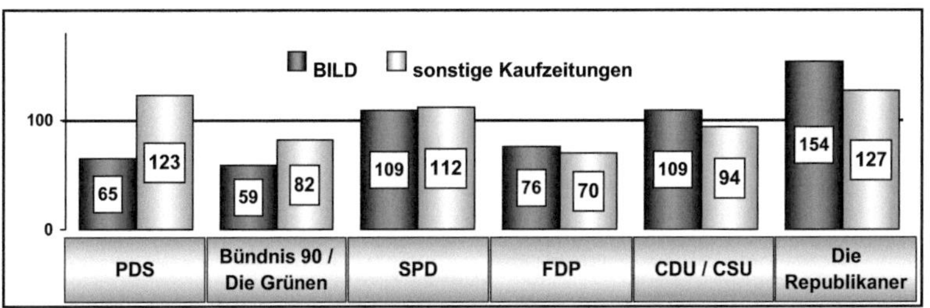

Basis: Index Erwachsene ab 14 Jahre = 100
Quelle: AWA 2001

Bild-Zeitungsleser haben vergleichsweise wenig Sympathie für die PDS, noch weniger allerdings für Bündnis90/Die Grünen (vgl. hierzu auch die Ergebnisse von Klingemann & Klingemann, 1983, 252), dafür ist ihnen die Partei der Republikaner mit weitem Abstand am »sympathischsten«: Der Anteil der *Bild*-Leser, die diese rechtspopulistische Partei präferieren, ist um 54 % höher als im Bevölkerungsdurchschnitt. Auch bei den anderen Kaufzeitungslesern sind die extremen Parteien überdurchschnittlich beliebt, wobei hier eine in etwa gleichhohe Sympathie für die Republikaner und die PDS festzustellen ist, was wiederum mit dem Übergewicht der ostdeutschen Boulevardzeitungen in der Gruppe der anderen Kaufzeitungen zusammenhängt. Die oben berichteten Entfremdungstendenzen der Boulevardzeitungsleser schlagen sich also in der Sympathie für die extremen Parteien vorrangig des rechten, aber auch des linken Spektrums nieder.

Die Befunde zu den Zuschauern von Boulevardmagazinen und klassischem Reality-TV (Crime & Tragedy-Shows) stellen sich wie folgt dar: Bis Mitte der 90er Jahre bestand im anglo-amerikanischen Bereich ein nahezu vollständiges Desinteresse an der Erforschung der Rezeption von Boulevardmedien; Ausnahmen bilden die Arbeiten von Bird (1992, 1997) und Grabe (1996, 1998b), die 1996 immer noch feststellen musste: »There is remarkably little information available about the tabloid audience« (Grabe, 1996, 930). Grabe liefert Daten der großen amerikanischen Marktforschungsinstitute, die belegen, dass die Arbeiterklasse einen großen Anteil am US-amerikanischen Boulevardfernsehpublikum hat: Nur 3,4 % der upper class gehören zu den Zuschauern von »A current affair«, »Hard Copy« oder »Inside Edition«, den typischen Boulevardmagazinen des US-Fernsehens: »Finally, the lower class comprise 64,16 percent of the three shows' audience. The lower-class include semi- or unskilled workers, operators, homemakers, those who have never worked, and who have six or less years of schooling« (Grabe, 1996, 930). Auch in Deutschland liegen zur Boulevardmagazinnutzung kaum wissenschaftlich aufbereitete Daten vor. Abb. 43 gibt Auskunft über sozialstrukturelle Daten (Affinitäten) der Zuschauer der vier erfolgreichsten Boulevardmagazine des deutschen Fernsehens, die allerdings nicht auf die Durchschnittsverteilung der Bevölkerung – so wie es bei den Kaufzeitungsdaten der Fall war –, sondern auf die sendereigene Verteilung bezogen sind. Diese »Datenbereinigung« erfolgte aus folgendem Grund: Werden die Nutzungsdaten mit der Gesamtbevölkerung verglichen, könnte z. B. das Ergebnis, dass »Explosiv« (RTL) eine hohe Affinität bei Frauen aufweist, damit zusammenhängen, dass der Sender RTL generell von mehr Frauen rezipiert wird, und es sich daher um kein boulevardmagazinspezifisches Ergebnis handelt. Dieser Sendereffekt wurde also herausgerechnet; Vergleichsmaßstab der ausgewiesenen Affinitäten ist die Sender-Affinität der jeweiligen Zuschauergruppen im Tagesdurchschnitt.

Abb. 43: Soziodemographie von Boulevardmagazinnutzern (Affinitäten)

	BRISANT (ARD)	EXPLOSIV (RTL)	BLITZ (SAT.1)	TAFF (PRO7)
Männer	90	92	**104**	78
Frauen	**107**	**105**	97	**120**
Erw. 14-19 Jahre	46	70	**112**	95
Erw. 20-29 Jahre	53	75	**104**	86
Erw. 30-39 Jahre	58	94	94	89
Erw. 40-49 Jahre	69	95	90	**114**
Erw. 50-59 Jahre	83	**108**	**110**	**110**
Erw. 60-69 Jahre	**114**	**105**	97	**121**
Erw. ab 70 Jahre	**136**	**131**	**105**	**127**
ohne Beruf/Rentner	**117**	**104**	99	**103**
einfacher Arbeiter	92	**109**	90	**116**
qualif. Arb./Facharb.	76	**108**	**113**	**108**
sonst. Angest./kl. Selbst.	64	90	97	92
ltd. Ang./Beamte/Selbst.	54	79	**103**	70

Basis: Programmreichweiten Jan.-Jun. 2001; Senderschnitt 03-03 Uhr; Index E 14+=100
Quelle: GfK-Fernsehforschung; pc#tv

Aus der graphischen Datenaufbereitung ergeben sich folgende grundsätzliche Erkenntnisse: Boulevardmagazine sind frauenaffin, sie sprechen tendenziell eher die älteren Zuschauergruppen (ab 50 Jahren) an sowie die bildungsschwächeren Berufsgruppen, also einfache Arbeiter und Facharbeiter. Dieses Rezipientenmuster korrespondiert vollständig mit dem typischen Publikum der klassischen Reality-TV-Formate (realistisch aufbereitete Crime- und Katastrophenshows; z. B. Notruf (RTL)). Auch sie sind frauenaffin (Schorr & Schorr-Neustadt, 2000, 337), und im Vergleich mit dem Boom-Jahr 1993 hat sich das Publikum in Bezug auf seine Zusammensetzung nach Alter, Geschlecht und Bildungsniveau nicht verändert, d. h. die Zuschauer sind eher weiblich, eher älter (über 50 Jahre), verfügen eher über ein niedriges Bildungsniveau und entstammen eher sozioökonomisch schlechter gestellten Framilien (ebd.). Nutzungsdaten realistischer Crime Shows (z. B. »America's Most Wanted«, »Cops«, »Missing Persons«) tendieren in die gleiche Richtung (vgl. Fishman, 1998). In den USA wurden überdies signifikante (positive) Zusammenhänge zwischen konservativen und rigiden Einstellungen zu Strafverfolgung, Strafvollzug, kriminelle Minderheiten und Autorität und der Rezeption von »reality based crime shows« gefunden. Für fiktionale Darstellungen ergaben sich dagegen keine Zusammenhänge (vgl. Oliver & Armstrong, 1995). Deutsche Vergleichsdaten liegen hierzu nicht vor.

Diese Nutzerdaten sensationalistischer Medien und Formate vermitteln einen ersten Eindruck darüber, wer und ggf. noch wer mit welchen Einstellungen sich vorzugsweise diesen Formaten widmet. Hier ergibt sich für die sensationalistisch aufbereiteten Medien bzw. Formate (Kaufzeitungen, Boulevardmagazine, klassisches Reality-TV) ein – mit Ausnahme der Geschlechteraffinität[109] – sehr konsistentes sozioökonomisches Muster, doch die eigentlichen Nutzungsmotive, also das Warum der Zuwendung wird daraus nicht ersichtlich. Aus dem »Wer« wurde allerdings von Medienbeobachtern und –kritikern nur allzu häufig auf das »Warum« geschlossen: Die eher in der unteren Hälfte der gesellschaftlichen Sozialstruktur angesiedelten Leser und Zuschauer, deren Lebenswelt sich eben nicht gerade durch Luxus, Abwechslung, Selbstbestimmung und Intellektualität auszeichnet, nutzten sensationalistische Medien bzw. Formate, um hauptsächlich dem langweiligen Alltagstrott zu entfliehen.

7.2.3 Monotonie und reizarmer Alltag als Ursache für sensationsgierigen Eskapismus

Bei der Erforschung der Motive des Medienkonsums und des Nutzens und der Belohnungen, die die Rezipienten aus den Medien erhalten, wurde neben dem Hauptmotiv, über Neues in der Welt informiert zu werden, immer wieder auf das sogenannte »Eskapismus«-Motiv, also auf das Bedürfnis, der Monotonie des Alltags durch das Versinken in fremde exotische, außergewöhnliche, kurz außeralltägliche geistige (Traum)-Welten zu entfliehen, hingewiesen. Es gilt nach wie vor als prominentester Erklärungsansatz für die Zuwendung zu medialen Unterhaltungsangeboten (vgl. Gleich, 2001, 524). Eskapismus ist ein sehr unscharfes Konstrukt, das mehrere psychofunktionale Dimensionen enthält: Es-

---

109 Männer tendieren eher zum gedruckten Medium, Frauen eher zu den audio-visuellen Formaten.

kapismus bietet Zerstreuung, Entspannung, Unterhaltung und Reizstimulation sowie Ablenkung von bedrückenden Problemen. Vor allem in den 60er Jahren, also in der Hochphase der »Bedürfnis-Katalogisierung« des Uses-and-Gratifications-Ansatzes, waren diese Erklärungen populär. Medien schenken »Millionen Menschen gesunde Entspannung (...) und zahllosen Bürgern eine geistige Erholung nach der Tretmühle des Alltags (...). Derartige ›Träume mit offenen Augen‹ sind ein Ersatz für die Befriedigung der Abenteuerlust und vieler Bedürfnisse und Neigungen, die in unserem so wohlgeordneten Leben völlig unterdrückt werden« (de Volder, 1959, 136). Durch Eskapismus werde der Mensch »entsklavt und vermenschlicht«, habe daher »psychotherapeutischen Wert« (Haacke, 1969, 543), könne Verkrampfungen lösen, zur Druckentlastung beitragen und erfülle daher eine »kathartische Funktion« (Weber, 1963, 295). Er führe daher zur Entlastung von Sorgen, Ablenkung von Problemen und Ängsten, zum »emotional release« (Klapper, 1960, 213, 219ff.). Dieser kurzfristige Rückzug aus der oft schwer zu ertragenden gesellschaftlichen Wirklichkeit gleiche daher einem »erleichternden antispasmaticum mit sedativer Wirkung« (Holzer, 1967, 70).

In den 60er und 70er Jahren wurden vor allem die entfremdeten Lebens- und Arbeitsbedingungen als Ursache für den Hang zum Eskapismus angesehen; dies beträfe vorrangig die Angehörigen der Unterschicht. Das Eskapismus-Motiv wurde von Anfang an auch aus einer kulturkritischen und demokratietheoretischen Perspektive skeptisch beäugt: So ergäben sich für die politischen und sozialen Beziehungen des einzelnen negative Konsequenzen: »People are deprived and alienated, it is suggested, and so they turn to the dreamlike world of the mass media substitute gratifications, the consequence of which is still further withdrawal from the arena of social and political action« (Katz & Foulkes, 1962, 379). Eskapismus führe zu Apathie und lähme den sozialen Forschritt (Wright, 1960, 615), daher werde seine dysfunktionale Wirkung auch als »Narkotisierung« bezeichnet (Kaupp, 1969, 17), die einen Rückzug aus dem sozialen und politischen Leben zur Folge habe. Das eher diffuse Konzept des Eskapismus, das sich mal auf allgemeine Mediennutzung, mal nur auf fiktionale bzw. auf Unterhaltungsangebote per se in den Medien bezieht, ist im vorliegenden Kontext nur insofern von Belang, als dass die funktionale Dimension der emotionalen Zerstreuung und (unterhaltenden) Reizstimulation in einen Zusammenhang zur Sensationsgier gebracht wurde. Der Hang nach Sensationen wird zurückgeführt auf die Monotonie und Reizarmut des alltäglichen Einheitstrotts, die man eben vor allem bei jenen Menschen verortete, deren (Be rufs-)Tätigkeiten entfremdet und von Maschinen bestimmt wären. Der Mensch müsse sich in einer besonderen seelischen Verfassung befinden, die ihn »der Sensation zutreibt«. Lippert (1953, 18ff.) beschrieb diesen Zustand als »fahle Ungestimmtheit« verbunden mit dem Wunsch gelebt und unterhalten zu werden; viele Menschen empfänden nach getaner Arbeit eine unerfüllte Ermüdung, und jene, die in dieser Verfassung leben, nennt er »passive Masse« (ebd., 22).

Bei der Beschäftigung mit dem Zusammenhang von Sensationsgier und eskapistischer Zerstreuung und Reizstimulierung durch Medien vermittelt gerade die Literatur der 1950er und 60er Jahre in Deutschland einen sehr einseitigen kulturkritisch-herablassenden Eindruck: Überspitzt formuliert sind es die vermassten, durch die Entfremdung der Arbeit abgestumpften, dumpfen unteren Schichten der Bevölkerung, die sich sensationsgierig banalen medialen Reizen hingeben und sich damit der Verdummung und Entpolitisierung preisgeben (aus Unterhaltung wird »Untenhaltung«; vgl. Dröge, 1972; Holzer, 1971, 1973, 1980; Horkheimer & Adorno, 1971). Diese häufig sehr ideologisch gefärbte Ansicht ist erst in neueren Ausführungen einer wesentlich differenzierteren Sichtweise gewichen. Dorsch-Jungsberger (1993) argumentiert in Anlehnung an Berger & Luckmann sowie Schütz, dass die »Alltagswirklichkeit« oder die »alltägliche Lebenswelt« die selbstverständliche Wirklichkeit aller Menschen darstelle, die gekennzeichnet sei durch eine ritualisierte Wiederkehr des Immergleichen. Die Folge seien Beschränkung des Handlungsspielraums, Anpassungszwang, Einengung der Individualität durch Regeln, unausgelastete Gefühlsbedürfnisse. Defizitäres Alltagsleben fördere die »Abwanderung in nichtalltägliche Wirklichkeiten« (Dorsch-Jungsberger, 1993, 397). Das Erleben von Defiziten sei allerdings abhängig von der individuellen sozialen Situation, und es sei daher notwendig, »die häufig zu hörende Behauptung, die Massenmedien würden mit ihren Unterhaltungs- und Sensationsangeboten zur ›Flucht aus dem Alltag‹ führen, in Relation zu sehen zu dem, was dieser Alltag nicht bietet, in Relation zu dem, was an quasi nicht gesellschaftlich sanktionierten Gefühlskommunikationen unbefriedigt bleibt« (ebd., 400). Mittlerweile hat sich die Vorstellung durchgesetzt, dass praktisch alle gesellschaftlichen Schichten davon betroffen sind (vgl. Vorderer, 1996, 312), und die negative Interpretation dieses Nutzungsmusters sei heute in Frage gestellt (vgl. Schorr & Schorr-Neustadt, 2000, 339).

Vorderer merkt zusätzlich kritisch an, dass es sich beim Eskapismus nicht um ein fundiertes theoretisches Konzept handele im Sinne einer nachgewiesenen Gesetzmäßigkeit, derzufolge Personen eine generelle Neigung zur Flucht aus der Alltagsrealität besäßen (Vorderer, 1996, 312). Es handele sich um ein lediglich induktiv gewonnenes Ergebnis aus zahlreichen Befragungen der Uses-and-Gratifications-Studien. In bezug auf die Nutzung der prototypisch sensationalistisch aufbereiteten »supermarket tabloids« konnte nur in sehr wenigen nicht-repräsentativen US-amerikanischen Studien, die überdies nur als unveröffentlichte Konferenzpapiere vorliegen, das Eskapismus-Motiv nachgewiesen werden. So schlossen z. B. Salwen & Anderson (1984) aus ihren Motiv- und Bedürfnisdaten, »that all readers use tabloids for entertainment«. Hansen (1993) führte im November 1992 eine Telefonbefragung von 111 Boulevardzeitungslesern durch, die auch elf klassische Items zu Nutzungsmotiven und –bedürfnissen enthielt. Die drei Funktionen: a) Zeit totschlagen, b) Unterhaltung c) Eskapismus seien nicht nur von den meisten angegeben worden, sie hätten auch die höchsten Zustimmungsmittelwerte (5-Punkt-Skala) gehabt.

Studien, die sich mit dem »Warum« der Nutzung sensationalistischer Medien und Formate in Deutschland auseinandergesetzt haben, liegen kaum vor. Im Falle der Kaufzeitungen rekurrieren neuere Studien (vgl. hierzu z. B. Klingemann & Klingemann, 1983, 239f.; auch Büscher, 1996, 88ff.) immer wieder auf eine ältere, vom Axel Springer-Verlag (1966) selbst in Auftrag gegebene sehr umfangreiche quantitative sowie qualitative Studie aus den 60er Jahren, an der insgesamt mehr als 5.000 befragte Personen beteiligt waren. U. a. wurde das vorrangige Nutzungsmotiv bzw. die Hauptfunktion der Lektüre über einen Satzergänzungstest (»Wer die Bild-Zeitung regelmäßig liest.....«) und über die Zustimmung zu bestimmten vorgegebenen Items erhoben. Vergleicht man bei den Ergebnissen zu dem Satzergänzungstest die ersten beiden Rangplätze der Nennungen der Leser und der Nicht-Leser, die *Bild* aber kennen, ergibt sich folgendes Ergebnis:

- Leser: 1. »....der weiß, was in der Welt vorgeht«; 2. »....der hat das Neueste vom Tag.« Ergänzungen mit Fokus auf Unterhaltung und Eskapismus erfolgten erst an 4. und 5. Stelle.
- Nicht-Leser: 1. »....denkt nur an Mord und Todschlag, ist primitiv und verblödet«; 2. »....sucht seine Langeweile zu vertreiben, regt sich nur auf und wird auch nicht klüger.« (Axel Springer Verlag, 1966, 140).

Befragte aus dem engeren *Bild*-Leserkreis sollten angeben, ob sie bestimmten (vorgegebenen) Lektüre-Grundfunktionen der *Bild*-Zeitung im Vergleich zur regionalen Tageszeitung bzw. Illustrierten zustimmen (Items, bei denen *Bild* klar in der Zustimmung dominiert, sind in der Reihenfolge der Stärke wiedergegeben; vgl. ebd., 152):

- bringt die neuesten Nachrichten am schnellsten (84 %)
- sagt am ehrlichsten die Meinung (64 %)
- gibt einen vollständigen Überblick über alle Neuigkeiten (62 %)
- hat einen eigenen Standpunkt (55 %)
- hilft am meisten zu verstehen, was in der Welt vorgeht (50 %)
- tut am meisten für das Allgemeinwohl (45 %)
- läßt einen am Leben anderer Menschen teilhaben (43 %)
- bringt am ehesten Dinge, über die man sich mit Freunden und Bekannten unterhalten kann (43 %)
- bringt Enspannung und Ablenkung (26 %)

Die Befunde machen deutlich, dass damals eine klare Diskrepanz bestand zwischen vorurteilsbehafteter Funktionszuweisung einer Sensations- und Unterhaltungsgier (Eskapismus) von seiten der Nichtleser und der dominanten Informationsfunktion, die dem Medium von seiten der Leser entgegengebracht wurde. Eskapismus war tatsächlich lediglich ein nachgeordnetes Motiv der Nutzung. Abgesehen von der Studie von Klingemann & Klingemann (1983), die neben einer Auswertung sozialstatistischer Daten der *Bild*-Zeitungsleser mittels offener Fragestellungen erhoben, was den Lesern besonders gut gefällt bzw. was ihnen besonders missfällt an der Zeitung, liegen von publizistikwissenschaftlicher Seite in Deutschland keinerlei Rezeptionsstudien vor, die Boulevardzeitungsnutzung einmal aus einer dem Uses-and-Gratifications-Ansatz verhafteten Perspektive beleuchtet hätten. Aus der Klingemann & Klingemann-Studie lässt sich nur indirekt auf Nutzungsmotive schließen, außerdem dürfte die Art der Fragestellung hochgradig Artefakte im Sinne sozialen Erwünschtseins provoziert haben.[110] Das Forschungsdefizit gilt auch für den angloamerikanischen Bereich. Bird stellte in ihrer mittlerweile schon als klassisch zu bezeichnenden Pionierstudie zur Rezeption der »supermarket tabloids« 1992 fest: »...there is surprisingly little information about who tabloid readers are and how reading tabloids fits into their lives« (1992, 107). Bird ging methodisch qualitativ vor, um die Bandbreite der Nutzungsmotive und Einstellungen nicht durch vorgegebene Items von vornherein einzuengen. Basis ihrer Analyse stellten 114 Briefe mit Selbstbeschreibungen und Erläuterungen zur individuellen Rezeptionssituation von Kaufzeitungslesern dar, die mittels follow-up Tiefeninterviews untermauert wurden. Auch bei dieser Vorgehensweise ist ein Verzerrungseffekt aufgrund der Selbstselektion der vermutlich extrovertierteren Leser nicht auszuschließen, was die Autorin allerdings auch problematisiert. Als Fazit der materialreichen Studie kann festgehalten werden, dass eskapistische Motive zwar durchaus vorkommen – diese sind mit großem Genuss verbunden, wie folgende Äußerung eindrücklich belegt: »It's like waiting for each paper like a juicy steak dinner. I lay on my waterbed, and munch on a bag of California fruit mix and then I enter into the world of the Examiner« (Bird, 1992, 123).

Doch Eskapismus ist nur ein Motiv unter sehr vielen anderen und bei weitem nicht das Wichtigste. Zu ähnlichen Befunden kamen auch Bruck & Stocker (1996), die in ihrer ebenfalls qualitativ-explorativ angelegten Studie zu Lektüremustern der österreichischen *Neue Kronen Zeitung* Mitglieder unterschiedlicher sozialer Gruppen in Gruppendiskussionsrunden zusammenbrachten und über ihre Leseerfahrungen und Nutzungsmotive austauschen ließen. Das Eskapismusmotiv war interessanterweise gerade bei der Akademiker-Leserrunde vertreten: »Die Zeitung übt auf sie auch eine spezifische Anziehungskraft aus. Voyeurismus und Neugier nach sensationellen Inhalten motivieren selbst ZeitungsleserInnen, die Qualitätszeitungen als Erstlektüre angeben, dazu, zusätzlich eine Boulevardzeitung zu lesen« (Bruck & Stocker, 1996, 88). Auf einer kulturtheoretischen Ebene ließe sich diese Ambivalenz zwischen Anspruch und Verhalten mit einer These zum Gleichgewicht von Abstraktion und Emotionalität in der modernen Gesellschaft in Verbindung bringen; eskapistische Boule-

110 55 % der Befragten reagierten auf die Frage nach positiven Aspekten von *Bild* spontan mit kategorischer Ablehnung, und nur 37 % machten spezifische Angaben. Umgekehrt verhielt es sich bei den negativen Aspekten: 61 % gaben hier eine spezifische Antwort. Daraus sei zu schließen – so die Autoren – »daß der deutschen Bevölkerung zu ‚Bild‹ spontan eher etwas spezifisch Negatives als etwas spezifisch Positives einfällt.« Und: Der hohe Anteil spezifisch negativer Urteile der *Bild*-Zeitungsleser sei »bemerkenswert« (Klingemann & Klingemann, 1983, 246). Die Möglichkeit einer Verzerrung im Sinne sozialen Erwünschtseins wird von den Autoren nicht problematisiert.

vardzeitungslektüre erfülle hier die Funktion eines Gegengewichts zur »Gefühlskälte der Aufklärung« (ebd.). Eskapismus im Sinne von Flucht vor Langeweile und Spannungssuche war ansonsten noch in der Gruppe der Unterschicht-Jugendlichen stark vertreten, in der eine Suche nach besonders starken Reizen auszumachen war. Texte über Verbrechen, Unfälle und Katastrophen wurden mit großer emotionaler Beteiligung gelesen; sie sind die Textgenres, die die Aktualisierung des »Action-Lesemusters« besonders anregen (Bruck & Stokker, 1996, 240). Ähnlich wie Bird (1992) stellten auch Bruck & Stocker eine sehr vielfältige Bandbreite an Lesemotiven und damit Funktionen des Lesens fest (als Beispiele seien genannt: informatives, betroffenes, arrogantes, oppositionelles, kleinbürgerliches, voyeuristisches, strategisches sowie empörtes Lesen). Eskapistische und unterhaltende Zeitungslektüre ist dabei nur von untergeordneter Bedeutung, und insofern stellt die (massen-)kulturkritische, vorurteilsbehaftete Fixierung auf das Eskapismus-Motiv in Bezug auf die Nutzung sensationalistisch aufbereiteter Medien bzw. Formate eine unzulässige einseitige Beschränkung und eine Missachtung der sehr individuell lebensweltlich geprägten Nutzungsmuster dar.

Das gleiche gilt für die Nutzung der Boulevardmagazine des Fernsehens; auch in diesem Bereich ist sehr wenig über die Zuwendungsmotive der Zuschauer bekannt. Eine Ausnahme bildet die aktuelle Studie von Schorb & Theunert (2000), die die Rezeption von Fernsehinformationen durch 12- bis 17-Jährige untersuchten. Nun gehören Jugendliche verglichen mit anderen soziodemographischen Gruppen eher nicht zum ersten Nutzerkreis der Boulevardmagazine (vgl. Abb. 43); ihr Konsum wird allerdings dadurch begünstigt, dass alle Boulevardmagazine in einem jugendrelevanten Programmumfeld des Vorabends liegen, da sie zwischen Serien und Daily Soaps liegen. Die 210 befragten Jugendlichen verbinden mit diesen Formaten in erster Linie eine ausgesprochene Befriedigung ihres Informationsbedürfnisses. Auf die offene Frage nach den beliebtesten, regelmäßig genutzten Informationssendungen des Fernsehens entfielen 41 % der Mehrfachnennungen auf die Boulevardmagazine »Explosiv« (RTL) und »taff« (Pro7) (Schorb & Theunert, 2000, 93). Gefragt nach den Genres mit der größten Bedeutung für die Informationsgewinnung, ergibt sich ein ähnliches Bild: Die mit Abstand größte Bedeutung nach den Nachrichten haben hier wieder die Boulevardmagazine. Das trifft offensichtlich vorrangig auf jene Jugendlichen zu, die die Nachrichten der Privatsender bevorzugen. Für Jugendliche mit weniger gebildeten Eltern haben die Boulevardmagazine einen besonderen Stellenwert: »39 % der 12- bis 17-Jährigen aus niedrigem Anregungsmilieu nutzen diese Sendungen, die eine Mischung aus Unterhaltung und unpolitischer Information in einem bieten, regelmäßig zur Information. Dagegen ist der Anteil bei den Heranwachsenden mit hohem intellektuellen Anregungsmilieu nicht einmal halb so hoch (19 %)« (Schorb & Theunert, 2000, 98). Das Verhältnis von Jugend und Fernsehinformation wird auch in der Bewertung der Angebote deutlich. Bei einer Einzelbetrachtung der Genres zeigt sich, dass Boulevardmagazine grundsätzlich als gute informative Fernsehsendungen angesehen werden, wobei berücksichtigt werden muss, dass Jugendliche ein sehr weites Verständnis von Information haben: Neben der gängigen findet man in der betrachteten Altersgruppe eine Bedeutungszuweisung, die »jede Art von auffälliger Neuigkeit und jede Sensation« als Information begreift. Die einzige Anforderung, die an Information in diesem Sinne gestellt werde, sei, dass sie subjektiv interessiere und potentiell für das eigene Leben nützlich sei (vgl. ebd., 181). Der Zuspruch und die positive Bewertung des Genres steigt, je niedriger das intellektuelle Anregungsmilieu der Jugendlichen ist.

7.2.4 Vernachlässigte extrinsische Motive

Motivationspsychologische Ansätze lassen sich grob aufteilen nach der Erforschung intrinsischer und extrinsischer Motive. Intrinsisch motivierte Handlungen sind solche, die quasi um ihrer selbst willen ausgeführt werden; sie sind tätigkeitszentriert. Bezogen auf Rezeptionsmotive hieße das, dass der Rezeptionsakt als solcher als lustvoll empfunden wird. Ein extrinsisches Motiv liegt dann vor, wenn die Beweggründe eher »außerhalb« der Handlung liegen. Nicht der Rezeptionsakt selbst steht im Vordergrund zur Bedürfnisbefriedigung, sondern mit ihm wird ein bestimmter Zweck verfolgt, dessen Erfüllung auch zeitlich nachgeordnet, also in der post-kommunikativen Phase, stattfinden kann. Extrinsisch sollte jedoch nicht missverstanden werden als absolut rationales, bewusst vorhandenes Motiv im Sinne einer Zweck-Mittel-Ratio eines »homo oeconomicus«. Noch 1996 stellte Vorderer in seinem Forschungsreview zu den Motiven der Unterhaltungsrezeption ein eklatantes Defizit bei der Berücksichtigung solcher extrinsischer Motivfaktoren fest, denn schließlich sei die Zuwendung zu eher negativen und vordergründig unangenehmen Reizen rein intrinsisch kaum zu erklären: »So sehr der Gegenstand ›Unterhaltungsrezeption‹ berechtigterweise vor allem mit positiven Rezeptionserlebnisen assoziiert wird, so bedenklich erscheint doch gleichzeitig die Vernachlässigung all jener Rezeptionen, bei denen sich die Zuschauerin, der Leser, die Hörerinnen ausgesprochen negativen, sie aktuell belastenden Erfahrungen aussetzen« (Vorderer, 1996, 321). Diese Überlegung trifft auch auf die Rezeption sensationalistisch aufbereiteter Medien bzw. Formate zu, die man – wie oben gezeigt – vor allem auf das intrinsische Motiv des Eskapismus zurückführte. Extrinsische Motive wurden von kommunikationswissenschaftlicher Seite erst in den letzten Jahren aufgespürt. Zu diesen zählen z. B. Angstbewältigung und vor allem soziale Orientierung und Identitätsstabilisierung.

- Angstbewältigung:

Wirth & Früh (1996) konzentrierten sich in ihrer Studie »Voyeurismus als Zuschauermotiv« auf die Frage, ob sich Zuschauer von Reality-TV-Sendungen einfach nur »am Leid anderer ergötzen« oder ob sie durch die empathische Teilnahme an den Schicksalen anderer ihre eigenen Ängste abbauen könnten. Neben diversen Items zur Erfassung der Ängstlichkeit wurde Voyeurismus ermittelt über eine elfteilige Itembatterie mit Situationsbeschreibungen, die angenommenen voyeuristischen Neigungen entsprechen. Die Versuchspersonen (N=131; soziodemographisch repräsentativ) sollten angeben, wie spannend bzw. interessant es für sie ist, dabei Zeuge zu sein (Wirth & Früh, 1996, 48). Die Analyse ergab zwei Faktoren, die gut 48 % Varianzaufklärung aufwiesen: 1. Items, die das Überschreiten von sozialen Grenzen der Privatheit oder Intimität bzw. deren Missachtung in den Vordergrund stellen und 2. solche Items, die auf den Wunsch hindeuten, Extremsituationen bei anderen mitzuerleben. Beide Faktoren waren ungewöhnlich stark und hochsignifikant (positiv) korreliert. Daraus schließen die Autoren: »Personen, die intime und private Situationen bei anderen miterleben wollen, finden also überdurchschnittlich häufig auch Gefallen am Miterleben von schicksalsträchtigen Extremsituationen bei anderen und umgekehrt« (ebd., 49). Angstbewältigung wurde erfasst über die Intensität der Erleichterung über den guten Ausgang der in diesem Rezeptionsexperiment gezeigten Reality-TV-typischen Stories über Verbrechen, Unfälle und Katastrophen bzw. die Hilfe der Polizei. Die Auswertung ergab, dass das (eher unbewusste) Motiv der Angstbewältigung bei denjenigen am stärksten ausgeprägt war, die ängstlich und zugleich voyeuristisch veranlagt sind. Sie wiesen mit Abstand das höchste Niveau subjektiver Angstbewältigung auf. Allerdings war in dieser Gruppe auch eine deutliche Unterhaltungsorientierung zu erkennen; sie fühlte sich sogar am besten von allen Gruppen unterhalten (Wirth & Früh, 1996, 55 u. 60). Auch hieran wird deutlich, dass Unterhaltungsrezeption nicht nur mit intrinsischen Motiven – wie Eskapismus – erklärt werden kann. Grimm kam in seiner Untersuchung zur Zuwendungsattraktivität von Reality-TV zu ganz ähnlichen Schlüssen:

> »Überhaupt liegt der Antrieb nicht im Schlimmen und Schrecklichen begründet, sondern im Wunsch nach Befreiung von Gefährdungen aller Art. Das Katastropheninteresse von Reality-TV-Sehern ist daher nicht Ausdruck einer ungehemmenten Reiz- und Erlebnissuche; vielmehr ist es Teil eines Sicherheitsrituals, bei dem es um Erlösung geht – von den Widrigkeiten des diesseitigen Lebens und letztlich von der Unvermeidlichkeit des eigenen Todes« (Grimm, 1995, 108).

Gemäß einer neueren kriminologischen Studie zeigten Personen, die sich zu weniger als 20 % unsicher fühlten, keinerlei Interesse für Reality-TV. Dagegen waren unsichere Personen zu nahezu 60 % unter den starken Reality-TV-Fans (Rüther, 2001).

- Identitätsstabilisierung und soziale Orientierung:

Die Frage nach den zentralen Nutzungsmotiven für den Reality-TV-Konsum beschäftigte auch Schorr & Schorr-Neustadt (2000), die eine repräsentative Befragung mit 236 Versuchspersonen vornahmen. Zur Erfassung der Fernsehmotive wurde zunächst eine Motivskala faktorenanalytisch zusammengestellt mit den Faktoren: a) Bedürfnis nach Identitätssicherung[111], b) Bedürfnis nach realitäts- und wahrheitsgemäßer Information, c) Gewohnheit, Zeitvertreib, d) Bedürfnis nach Entspannung und e) Bedürfnis nach spannender Unterhaltung. Die Auswertung ergab eine hohe Interkorrelation zwischen den ersten beiden Faktoren, ein Zusammenhang zu den anderen war nicht zu erkennen, was nichts anderes bedeutet, als dass die beiden ersten Faktoren etwas von den drei anderen Motiven deutlich Verschiedenes messen. Ein Reality-TV-Index – bezogen auf die Häufigkeit der Nutzung – wurde nun mit den Faktoren korreliert, und es ergab sich ein hoch positiver Zusammenhang zu den beiden ersten Faktoren: Den Vielsehern war zwar der Realitätsgehalt am wichtigsten, dennoch erhöht gerade die Reality-Komponente die Zuwendungsattraktivität auf breiterer Basis: »Würde sich herausstellen, dass die erzählten Geschichten rein fiktiv sind, würden über alle Gruppen hinweg knapp zwei Drittel der Zuschauer diese Programme ausschalten!« (Schorr & Schorr-Neustadt, 2000, 355). Ferner war besonders bei den Zuschauern mit hohem Reality-TV-Konsum das Mediennutzungsmotiv der Identitätssicherung im Sinne des sozialen Vergleichs besonders stark ausgeprägt (ebd., 357). Zur Beantwortung der Frage, welche Einflussfaktoren (Motive, Nutzung TV, Demographie) die größte Erklärungskraft besitzen, wurde eine multiple Regressionsanalyse durchgeführt. Als Ergebnis lässt sich Reality-TV-Konsum vorhersagen aus den folgenden vier Prädiktoren: 1. Bedürfnis nach Identitätssicherung für alle Befragten[112], 2. dem Bildungsniveau (negativer Zusammenhang), 3. dem Fernsehkonsum pro Tag (positiver Zusammenhang) sowie 4. dem Alter (positiver Zusammenhang). D. h. die Nutzungshäufigkeit von Reality-TV steigt bei niedrigerer Bildung, bei älteren Personen, bei Vielsehern und bei jenen, die ein hohes Bedürfnis nach Identitätsstabilisierung haben. Auch für Jugendliche scheint Reality-TV-Nutzung mit einem Bedürfnis nach sozialer Orientierung und Identitätssicherung zusammenzuhängen. Vor allem Fans dieser Angebote waren der Ansicht, dass man daraus etwas für das eigene Leben lernen kann. Dies traf vor allem dann zu, wenn die Protagonisten auch Jugendliche waren (vgl. Theunert, 1996). Dieses Motiv lässt sich darüber hinaus verallgemeinern auf alle realitätsbasierten Einzelschicksaldarstellungen. In ihrer gesamtdeutschen Zuschauerbefragung zu Affekt-TV-Konsum (N=624 in Ost- und West; parallelisierte Stichprobe) kamen Bente & Fromm zu folgendem zentralen Ergebnis:

---

111 Beispielitems: »...weil ich dort Menschen sehe, mit denen ich mich identifizieren kann«; »...weil ich etwas über die Gefühle anderer erfahre und sie mit meinen eigenen vergleichen kann«; »...weil ich Dinge kennen lerne, die mir auch passieren könnten«; »...um mit meinem neuen Wissen andere Menschen zu beeindrucken« u. a. (Schorr & Schorr-Neustadt, 2000, 347).

112 Höchster Beta-Wert war .38; aufgrund der hohen Interkorrelation wurde das Motiv Informationsbedürfnis redundant.

> »Hinsichtlich der Bewertung tritt die Dimension ›Sozialer Vergleich/ Problembewältigung‹ als stärkster Faktor hervor. Daraus ist zu folgern, dass Zuschauer das Genre positiv bewerten, die im Fernsehen nach Informationen zur Bewältigung von Alltagsproblemen – vor allem im zwischenmenschlichen Bereich – suchen. Diese erwarten sie aus der konkreten Anschauung des Einzelfalls, der ihnen die Möglichkeit zum direkten sozialen Vergleich liefert. Flucht vor der Realität (Eskapismus) sowie Entspannung und Nervenkitzel spielen hingegen kaum eine Rolle für die Affinität zum Genre ›Affekt-TV‹. Ganz offenbar werden diese Angebote vom Rezipienten als authentisch erlebt und mit Bezug zum eigenen Alltag interpretiert« (Bente & Fromm, 2000, 628).

Das Rezeptionsmotiv der sozialen Orientierung bzw. Lebenshilfe spielt offensichtlich auch bei der Boulevardzeitungslektüre eine nicht zu unterschätzende Rolle. So sei beispielsweise die Boulevardzeitungsrezeption bei Jugendlichen in Österreich »keine passive, debile Aufnahme irgendwelcher Inhalte«, sondern »eine Beziehung ständigen Beurteilens, Suchens nach eigenen Bezügen, Infragestellens etc.« (Bruck & Stocker, 1996, 117). Bei Mittelschichterwachsenen werde Neues und Unbekanntes in das Netz des Bekannten eingeflochten und damit »gebändigt«. Ein ähnliches Fazit zieht Bird in ihrer Studie zur Rezeption der amerikanischen supermarket tabloids: »Thus the papers serve to dramatize and narrate real-life situations that allow readers to ›discuss‹ their problems, even if that discussion is actually only with themselves« (Bird, 1992, 149).

Bei einer qualitativen Befragung von Kioskbesitzern zur Beobachtung der Rezeptionsmuster bei der Lektüre der *Bild*-Zeitung[113] äußerte ein Kioskbesitzer aus Wiesbaden: »Wie mit dem Auto von..., wie das da zerquetscht war [bezogen auf den Verkehrsunfall der Tochter der Schauspielerin Petra Schürmann; Anm. UK]. Ja, ja. Ei, ich guck mir die dann schon an. Mein Gott! Wie das aussieht! Da macht man sich schon seine Gedanken, gell. Die fotografieren das dann auch so, dass man, dass man da jetzt nitt nur die Sensation da sieht, sondern dass man da auch sieht, Gott, was da für eine schreckliche Sache passiert ist.« Dieses Muster wurde von Bird als »melodramatic imagination« charakterisiert: »Like sensational ›tabloid television‹ shows, the papers dramatize threats to the ideal world of family harmony, allowing readers to explore these threats vicariously and compare others' problems with their own good lives« (Bird, 1992, 160).

Der Erfolg sensationalistischer Medien und Formate gründet sich also auch auf die Befriedigung des sehr fundamentalen menschlichen Bedürfnisses, sich im Vergleich mit anderen Personen zu definieren und die Angemessenheit der eigenen Lebensführung sowie des eigenen zwischenmenschlichen Verhaltens zu überprüfen. Theoretisch untermauert werden kann dieser Befund durch die in der Sozialpsychologie einflussreiche Theorie sozialer Vergleichsprozesse nach

---

113 Unveröffentlichte Arbeitsgruppenberichte im Methodenpraktikum »Qualitative Methoden« am Institut für Publizistik der Johannes Gutenberg-Universität Mainz, Sommersemester 2001. Hier: Interview vom 28. Juni 2001.

Festinger (1954), derzufolge Individuen dazu tendieren, ihre Einschätzung und Bewertung der sozialen Realität vom Vergleich mit anderen Individuen abhängig zu machen. In der Weiterentwicklung dieser Theorie wurde einerseits die mit diesem Vergleich verbundene Identitätsstabilisierung hervorgehoben und andererseits darauf verwiesen, dass dieser nicht nur auf individueller Ebene, sondern auch zwischen sozialen Gruppen stattfindet: »Social identity theory is a theory that rests on people making social comparisons between in-group and out-group, or between self as in-grouper and other as out-grouper, in order to construct a sense of who they are and how they are evaluated« (Hogg, 2000, 401). Identitätsstabilisierung über sozialen Vergleich erfolgt dabei nicht nur im Sinne eines »daraus kann ich lernen«, sondern auch z. B. im Vergleich »nach unten« im Sinne eines »denen geht es schlechter als mir«:

> »Studies of downward and upward comparison also confirm the self-esteem building and threatening consequences of comparisons with groups and group members whose performance, adjustment, skills, abilities, or aptitudes are relatively superior or inferior. When group members compare themselves to members who are experiencing even more severe hardships or are failing to cope well with their problems, members' sense of victimization decreases and their self-esteem increases« (Forsyth, 2000, 92; vgl. auch Wills, 1991, 1981).

Zu den Gefühlen, die bei einem Vergleich »nach unten« evoziert werden, gehören neben den positiv empfundenen wie Stolz und Schadenfreude auch Sorge, Bedauern und Mitleid. Letzteres ist besonders stark bei unverschuldetem Unglück (vgl. Smith, 2000, 191). Doch Bedauern führt auch zum Bewusstsein der eigenen besseren Lage. Eine Vorliebe für melodramatisch aufbereitete Human Interest (Sensations-)Stories wie Unfälle, Katastrophen, Verbrechen kann aus dieser Perspektive auch als Wunsch nach Identitätsstabilisierung gedeutet werden. Einzelne Befunde sprechen dafür: »...people of both sexes explained that such stories were uplifting, made them feel good about their own lives...« (Bird, 1992, 144). Auch der Vergleich »nach oben« kann zur Stabilisierung der eigenen sozialen Existenz beitragen. In einer Gruppendiskussion mit Angestellten der Mainzer Universitäts-Mensa zur *Bild*-Zeitungslektüre[114] äußerte eine Diskutantin:

> »Des sind auch so *Bild*-Serien. Ich weiß net, ob die's anders machen wie'n normaler Mensch [über Prominenten-Human Interest Stories; Anm. UK], ... also ich mein des is ja auch an un für sich nur'n Mensch – aber des is auch, wenn sie die Darstellung von wegen die kriegt jetzt'n Kind und... die sind alle Menschen. Die haben alle das gleiche, haben alle dasselbe. Was ist an DIESEN Leuten jetzt Besonderes?«

---

[114] Gruppendiskussion mit Mensa-Personal der Johannes Gutenberg-Universität Mainz, August 2001, vgl. Fußnote 114.

Boulevardzeitungen verfolgen formal-stilistisch eine »Adäquanzstrategie«, unter der man zusammenfassend das optimale Eingehen auf einen anvisierten Leserkreis verstehen kann. Der Prototyp der Lesergemeinde ist der »Kleine Mann auf der Straße«, und die als optimal angesehene Ansprache erfolgt über einen inhaltlich und formal angemessenen Schwierigkeitsgrad (von Büscher als kognitive Adäquanz bezeichnet) sowie die weltanschauliche Bestätigung des Lesers (emotionale Adäquanz) (vgl. Büscher, 1996, 76-104). Für diejenigen Leser, die diesem Prototypen entsprechen, wird die *Bild*-Leserschaft zu einer Art sozialer Referenzgruppe, die – neueren sozialpsychologischen Befunden zufolge – auch imaginär sein kann: »[P]eople use groups or social aggregates as standards or frames of reference when evaluating their abilities, attitudes, or beliefs. Any group can function as a reference group, including those that are actually statistical aggregations of noninteracting individuals, imaginary groups, or even groups that deny the individual membership« (Forsyth, 2000, 85). Die sozialpsychologische Forschung geht davon aus, dass die Identifizierung mit einer Gruppe und der anschließende Vergleich mit anderen Gruppen zu Unsicherheitsreduktion und Selbstwertanhebung führt (vgl. Hogg, 2000, 416). Die inszenierte Gemeinschaftsempörung der Ingroup der *Bild*-Zeitungsgemeinde gegenüber der Outgroup der Reichen, Schönen, Mächtigen und Schlauen erfüllt genau diese Identitätsstabilisierung und die Herausbildung von Kohäsion (»Wir-Gefühl«), die Bruck und Stocker vor allem in der Gruppe der Unterschicht-Erwachsenen ausmachen konnten und deren Rezeptionsstil als »Lesen als Ventil« bezeichneten (Bruck & Stocker, 1996, 249). Die gemeinschaftsfördernde Adäquanzstrategie provoziert gruppenspezifische Anschlusskommunikation: »Bild Dir Deine Meinung. Ja, das ist passend eigentlich. Ja, ich mein, die schreiben ja und, und man diskutiert drüber, was die *Bild*-Zeitung geschrieben hat. Da wird ja viel drüber diskutiert. Der hat die Meinung, der andere hat die Meinung. Bild Dir Deine eigene Meinung! Was in der *Bild*-Zeitung gestanden hat, kannste Dir mal überlegen.« (Kioskbesitzer, Wiesbaden)[115]. Die Kehrseite von Gruppenstabilität und –identität ist Gruppendruck. Die Identifizierung mit dem prototypischen »Kleinen Mann« impliziert offensichtlich auch die Zugehörigkeit zur sozialen Referenzgruppe der *Bild*-Zeitungsleser, wie es deutlich in einer Gruppendiskussion mit jungen Berufsschülern der Ausbildungsrichtung Metallverarbeitung zur Sprache gebracht wurde[116]:

- »7 Jahre les ich die schon. Also wie ich das erste Mal arbeiten gegangen bin, hab ich auch angefangen.«
- »Also nur beim Arbeiten. Vorher hab ich sie nicht gelesen.«
- »Es is bei jedem das gleiche gewesen.«

[115] Interview om 28. Juni 2001; vgl. Fußnote 114.

[116] Gruppendiskussion mit Berufsschülern vom 17. August 2001, vgl. Fußnote 114.

- »Sag ich mal so, Du hast se gesehen und dann haste se halt auch in die Hand genommen, aber ich weiß net, wenn ich mir vorstell, ich steh morgens auf und geh so auf die Arbeit, da fehlt was. Was mach ich denn...«
- »Ei, des is en Zwang, weil die Arbeiter, die erzählen Dir was, und wenn Du davon keine Ahnung hast, dann bist du schon wieder als Dummkopf abgestempelt, weißt Du. Was gestern abend der Rüdiger Soundso gesagt hat, wenn Du des morgens auf der Arbeit net weißt, dann stehst Du schon wieder blöd da.«
- »Ja, Du musst genau wissen, was die wissen, also wenn da einer im Vorteil is, dann, dann...«
- »Man muss halt alles, man muss halt immer das wissen, was seine Kollegen auch wissen, weil Gesprächsthema eben.«
- »Ei, was in de *Bild*-Zeitung steht, wird auch besproche.«

7.2.5 Ritualisierte Nutzung und Medienabhängigkeit

Gerade dieser soziale Gruppendruck bietet sich als Erklärungsansatz für die bei Kaufzeitungen stark verbreitete ritualisierte Nutzung an. Ritualisierung als eine mögliche Form der Publikumsaktivität bei der Medienselektion/-zuwendung wurde Ende der 80er Jahre zum ersten Mal von Rubin & Perse (1987) thematisiert, und von dieser Überlegung gingen neue, innovative Impulse aus: »No longer, however, do uses-and gratifications researchers regard audience members to be universally active. They assume a variably active media audience. In short, all audience members are not equally active at all times« (Rubin, 1994, 427). Mit dieser modernen Ausrichtung – im Sinne eines »models of gratification seeking and audience activity« (Rubin & Perse, 1987) konnte auch einer der zentralen Kritikpunkte abgemildert werden, nämlich, dass im Uses-and-Gratifications-Ansatz ein sehr funktionalistisches Bild von Aktivität vorherrsche, und das Menschenbild des Ansatzes einem »homo oeconomicus« entspreche, der sich stets rational vollkommen über sein Selektionsverhalten bewusst sei und darüber valide Auskunft geben könne. Rezipientenaktivität könne beschrieben werden als »ritualized (diversionary)« oder als »instrumental (utilitarian)«. Diese unterschiedlichen Aktivitätsformen spielten nach Ansicht der Autoren eine wichtige intervenierende Rolle im Prozess der Medienwirkung: »Because activity denotes a more selective, attentive, and involved state of media use, it may be a catalyst to effects« (Rubin, 1994, 428). Bei ritualisierter Mediennutzung würden Medien stärker habitualisiert gegen Langeweile und zur Unterhaltung genutzt, und diese Form der Aktivität gehe mit einer stärkeren Medienbindung einher. Ritualisierte Nutzung wird auch als nützlich empfunden und geschieht nicht vollständig unbewusst, aber weit weniger zielgerichtet und weniger aktiv als es bei der instrumentellen Nutzung der Fall ist, die absichtsvoll und bewusst eher nach Nachrichten, Informationen und nicht-fiktionalen Darstellungen sucht.

Instrumentelle Nutzung sei daher vermutlich stärker mit Einstellungsveränderungen verbunden, da sie eine größere Involviertheit impliziere (Rubin, 1994, 428). Diese vermuteten Zusammenhänge treffen bei der Kaufzeitungsnutzung nicht so ganz zu: Sie ist zwar hochgradig ritualisiert/habitualisiert, wird jedoch gleichzeitig zu weiten Teilen weniger aus Unterhaltungs- als vielmehr aus Informationsgründen gelesen. Ritualisierung führt zu einer starken Leser-Blatt-Bindung, die exemplarisch sehr anschaulich verdeutlicht werden kann an qualitativ erhobenen Aussagen von Kioskbesitzern und Tankstellenpächtern[117], die die täglichen Routinekäufe aus nächster Nähe beobachten können:

> »Also, wir haben Stammkunden, die lesen jeden Tag die *Bild*-Zeitung. Die brauchen ihre *Bild*-Zeitung. (...) Ohne *Bild*-Zeitung, um Gottes Willen! Untergang! ((lacht, seufzt))« (Kioskbesitzer Wiesbaden, Interview vom 28.6.2001). »Also das fängt an beim Rentner; der steht dann vor einem, guckt einen mit großen Augen an... und nun? ›Was soll ich jetzt machen?‹ kommt da ne Frage... (...) *Bild*-Zeitung... tja, die Leute, ich sag jetzt mal... ähm, die sind das gewohnt, die wollen es nicht anders haben. Das brauchen die einfach zum Leben.« (Tankstellen-Shop-Pächter, Heusenstamm bei Frankfurt, Interview vom 9.8.2001). »Ich sag ja immer so aus Spaß ((lacht)): Es ist ne nationale Schande, wenn man keine *Bild*-Zeitung hat... die ist ja auch manchmal alle, wenn was Spannendes drinsteht. Um elf, oder... schon um zehn. (...) Dann rennen die Kunden verärgert raus! (...) Ohne *Bild*-Zeitung ist ein schwarzer Tag hier« (Kioskbesitzerin Wiesbaden, Interview vom 13.8.2001).

Diese Aussagen bestätigen in plakativer Weise die aktuellen quantitativen Befunde der vom Axel Springer Verlag selbst in Auftrag gegebenen Käuferanalyse *Bild*[118]. Demgemäß ist noch vor 8 Uhr morgens fast jedes dritte Exemplar verkauft, annähernd 90 % der Auflage sind bis 12 Uhr mittags bei den Lesern. Auf die Frage nach der Bedeutung der Schlagzeile als Kaufanreiz entgegnen 95 %, dass sie die Zeitung sowieso gekauft hätten, lediglich 2 % werden durch die Schlagzeile angeregt. Bis 12 Uhr mittags haben über 50 % die Zeitung gelesen; 74 % geben als Leseort die eigenen vier Wände an, 30 % den Arbeitsplatz und lediglich 5 % ein öffentliches Verkehrsmittel. Fast ein Drittel der Leser nehmen die Zeitung über den Tag verteilt dreimal oder häufiger zur Hand; die durchschnittliche Lesedauer liegt bei 41 Minuten, immerhin ein Viertel der Leser beschäftigt sich mit *Bild* insgesamt sogar 60 Minuten und länger. Auch in Österreich findet man ähnliche Lektüremuster. Der häufigste Leseort der *Neuen Kronen Zeitung* ist das Zuhause (Bruck & Stocker, 1996, 235); der Konsum sei durch

---

[117] Vgl. Fußnote 114, diverse Interviews.

[118] Das durchführende Institut war Infratest Burke Kommunikationsforschung; Befragungszeiträume waren Februar bis April und November bis Dezember 1999 sowie Februar bis April 2000; N=35.509 Befragte bevölkerungsrepräsentativ, davon 2.222 *Bild*-Käufer; Grundgesamtheit sind Käufer einer durchschnittlichen *Bild*-Ausgabe mo-fr, ab 14 Jahre in der BRD. Vgl. http://www.bildwirkt.de (Links: Leistungsdaten; Käuferbefragung); Abrufdatum: 4.1.2002.

starke Ritualisierung und einen hohen Grad an Alltäglichkeit gekennzeichnet. Die außerordentlich hohe Kaufzeitungsleser-Blatt-Bindung könnte – neben dem erwähnten sozialen Gruppendruck – auch mit Alternativenlosigkeit zusammenhängen, die die Abhängigkeit gegenüber einem oder bestimmten Medien verstärkt (Vgl. hierzu das »Uses-and-Dependency-Model« nach Rubin & Windahl, 1986): »Dependency results from an environmental context that restricts the use of functional alternatives and produces a pattern of media use« (Rubin, 1994, 428). Zu diesen »Umweltkontexten« gehören auch Lesekompetenz und damit zusammenhängende sehr spezifische Wünsche der Informationsaufbereitung. So stellten Bruck und Stocker für die Lesergruppe der Unterschicht-Erwachsenen fest: »Eine grundlegende Determinante für alle Mitglieder dieser Gruppe, die ihr Lektüreverhalten stark beeinflußt, ist ihre Abneigung/Unfähigkeit, mit komplexen Texten und Problemzusammenhängen umzugehen« (Bruck & Stocker, 1996, 173). Das für diese Leser/innen adäquate Komplexitätsniveau sei für den Kaufentscheid ausschlaggebend. In einer Gruppendiskussion mit Stipendiaten/innen der gewerkschaftsnahen Hans-Böckler-Stiftung[119] wurde dieser Punkt sehr selbstkritisch zur Kenntnis genommen:

> »Also, was ich schade find, und das hab ich eigentlich auch schon immer bei den Gewerkschaftszeitungen angeprangert, ist, dass man's versäumt hat, zu dieser *Bild*-Zeitung nen Gegenpart zu bringen. Weil ich denke – das ist bekannt – dass viele Menschen Schwierigkeiten haben mit komplizierteren Teilen, ob es *Die ZEIT* ist oder was weiß ich was, die u. a. nun wirklich Schwierigkeiten bereitet, wenn man da versucht, auch nur annähernd durchzukommen ((zustimmendes Gemurmel, Lachen)). Und da denk ich, finde ich es angebracht, wirklich auch noch mal ne Zeitung mit einer einfachen Sprache rauszubringen. (...) Aber da wehrt man sich dagegen, da wird gesagt, schlechter Journalismus. Gut, mag ja sein, aber ähm ... so ne einfache Darstellung lehnt man da einfach ab und damit gibt man natürlich das Publikum ab, weil die Leute, die nicht anders können als nur vier Zeilen lesen, die die Konzentration nicht haben, die verliert man halt einfach. Und davon gibt es nicht so wenige« (Gruppendiskussion vom 18. Juli 2001).

Auch diese angesprochene Alternativenlosigkeit mag also ein Grund für die Tatsache sein, dass überdurchschnittlich viele Kaufzeitungsleser anscheinend keine Befriedigung ihrer Bedürfnisse über die (zusätzliche) Nutzung anderer tagesaktueller Printmedien finden. So hat beispielsweise die *Neue Kronen Zeitung* von Österreichs Tageszeitungen den höchsten Anteil an Exklusivlesern/innen; sie ist daher keine typische Zweitzeitung. Mitte der 90er Jahre lasen 1,38 Mio. Österreicher ausschließlich die *NKZ*, das entsprach mehr als jedem fünften. Je niedriger das Bildungsniveau, desto stärker ausgeprägt war die Exklusivlektüre (Bruck & Stocker, 1996, 38f.). Auch der Anteil der Exklusivleser von deutschen

---

[119] Gruppendiskussion im Rahmen des Methodenpraktikums «Qualitative Methoden« am Institut für Publizistik der Johannes Gutenberg-Universität Mainz, Sommersemester 2001.

Kaufzeitungen ist im Vergleich zum Bevölkerungsdurchschnitt überproportional hoch (vgl. Abb. 44). Als interessanter Befund lässt sich hierbei festhalten, dass die Exklusivlektüre-Affinität[120] bei den Lesern der anderen regionalen Kaufzeitungen sogar noch ausgeprägter vorhanden ist als bei *Bild*-Lesern. Gerade die Berliner Kaufzeitungsleser verzichten vergleichsweise stark auf ein anderes Zeitungsabonnement.

Abb. 44: Besitz eines Tageszeitungs-Abos im Haushalt von Kaufzeitungslesern

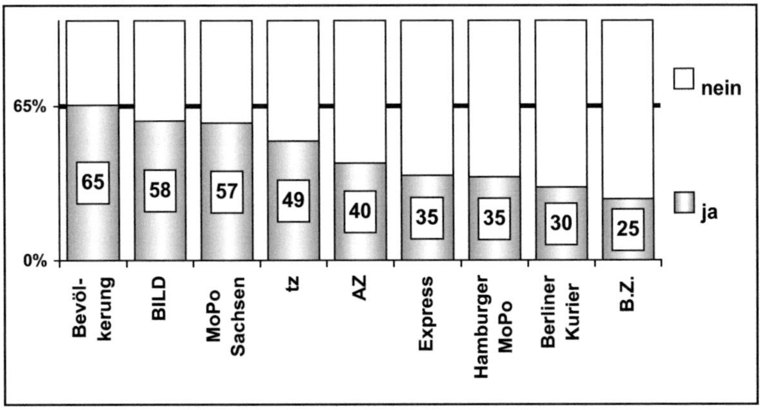

Quelle: MA 2001

Eines der markantesten Ergebnisse ihrer Rezeptionsstudie zur *Neuen Kronen Zeitung* sei die »Schichtabhängigkeit des Lektüreverhaltens« gewesen – so Bruck & Stocker (1996, 259). Zwischen Lesekompetenz und Bildungsgrad bestehe ein enger (negativer) Zusammenhang, und die unterschiedlichen Lektüremuster ließen sich beschreiben in Form eines Nähe-Distanz-Modells: Distanz bedeutet – verkürzt gesagt – kritische Auseinandersetzung mit dem Kommunikat, während Nähe volle Übernahme der Perspektive des Erzählers und hohe Glaubwürdigkeitszuweisung bedeute; eine eigene Perspektive wird nicht entgegengestellt. Auf der Basis ihrer erhobenen Daten kommen die Autoren zu dem Schluss, dass vor allem die Faktoren: geringe Lesekompetenz, exklusive Lektüre, niedriges soziales Selbstbewusstsein und hohe Einschätzung der Aktualität und Exklusivität der Information eine größere Nähe zum Kommunikat bewirken (ebd., 275). Nähe bedeutet aber auch Empfänglichkeit für Manipulation. Potentiell negative Medienwirkungen sind also am ehesten in der Gruppe der Sozialstatus-Benachteiligten mit geringerer Lesekompetenz, demgemäß höherer Kaufzeitungsabhängigkeit und damit zusammenhängend stärkerer Exklusivnutzung zu vermuten.

---

120 Kritisch angemerkt werden muss allerdings, dass aus den hier zugrundegelegten MA-Daten nicht ersichtlich wird, inwiefern andere tagesaktuelle Printmedien am Kiosk oder anderen Verkaufsstellen *gekauft* werden.

7.3 Fazit

Es liegen plausible Erklärungsansätze vor, die die Sensationsgier, also den Hang, sich den besonders stark emotionalisierenden Bereichen des Sexuellen, Grauenerregenden und Lebensbedrohlichen zuzuwenden, als anthropologische Konstante, als allgemein menschliches Merkmal, anzusehen. Zu diesen Erklärungsansätzen zählen neben den psychoanalytischen Rekursen auf die Urtriebe Eros und Thanatos die teilweise evolutionstheoretisch begründbare fluchtreflexhafte Zuwendung zum Katastrophischen und eine damit zusammenhängende Angstlust und Verschonungsfreude. Auch die zivilisationshistorische Zurückdrängung der mit den naturgegebenen menschlichen Existenzbedingungen zusammenhängenden emotionalen Erfahrungen (Geburt, Sexualität, Tod) spielt für den Hang nach Sensationen i. e. S. eine Rolle. Einige Autoren bieten als Erklärung auch die Notwendigkeit eines Kampfes um Aufmerksamkeit gegen die Orientierungslosigkeit und Marginalisierung des Individuums als Kollektivbefindlichkeit der Massengesellschaft an. Doch diese – gemäß den genannten Erklärungen – in uns allen schlummernde Sensationsgier schlägt sich nicht in übergreifenden sensationsgierigen Verhaltensweisen, geschweige denn einer gleichgerichteten Auswahl medial vermittelter Sensationen nieder. Die moderne empirische Rezeptionsforschung geht davon aus, dass sowohl psychologische, sozioökonomische als auch Einstellungsvariablen die (intrinsischen und extrinsischen) Medienzuwendungsmotive beeinflussen und zu einer bestimmten Medien- und Medieninhaltsauswahl führen, die reflexhaft, instrumentell oder ritualisiert erfolgen können.

Als Persönlichkeitsdispositionen, die starke Erklärungskraft für die Zuwendung zu medialen Sensationsthemen und sensationalistischen Darstellungen haben, konnten Psychotizismus und Sensation Seeking ermittelt werden. Das aus mehreren Einzelskalen zusammengesetzte Konstrukt des Sensation Seeking ist allerdings aufgrund festgestellter differentieller Subskaleneffekte nicht unumstritten und wurde bislang auch noch nicht im Zusammenhang mit prototypisch sensationsjournalistischen Angeboten überprüft. Die medienübergreifende überproportionale Affinität zu Genres und Themen aus den Bereichen Sex & Crime, Action & Horror, die bei Kaufzeitungslesern festgestellt werden kann, könnte allerdings ein Indiz für ein ausgeprägteres Sensation Seeking bei diesen Rezipienten sein. Was die soziodemographischen und Einstellungsprofile der Nutzer prototypisch sensationsjournalistischer Medien bzw. Formate anbelangt, kann von einem sehr konsistenten zeitunabhängigen Muster gesprochen werden: Es handelt sich überproportional um Mitglieder unterer Bildungsschichten mit eher konservativen Wertemustern; die sensationsjournalistischen Angebote des Fernsehens sind eher frauenaffin.

Bei Kaufzeitungslesern kann – vor allem bei Exklusivnutzung – eine Intensivierung des Schemas »Angst vor dem Leben«, eine stärkere Politikverdrossenheit sowie eine überproportionale Affinität zu politisch extremen Parteien bei allerdings gleichzeitiger Zufriedenheit mit dem politischen System festgestellt werden. Diese Zusammenhänge sind jedoch nicht als kausal zu interpretieren. Aufgrund des überdurchschnittlich hohen Anteils von Rezipienten sensationsjournalistischer Angebote mit Arbeiter- und Facharbeiterstatus wurde gerade in den 60er und 70er Jahren in erster Linie das unscharfe Konstrukt des Eskapismus als intrinsisches Medienzuwendungsmotiv hervorgehoben. Demgemäß erfüllten diese Angebote lediglich eine unterhaltende Ablenkungsfunktion, um der Monotonie und Reizarmut der entfremdeten Lebens- und Arbeitsverhältnisse zu entkommen. Die vorhandenen empirischen Daten stützen diese These nicht. Prototypisch sensationsjournalistische Medien werden aus sehr vielfältigen Motiven und zu weiten Teilen aus Informationsgründen rezipiert. Dies trifft vor allem für die Nutzung von Boulevardmagazinen durch Jugendliche zu, wobei hier das Bildungsmilieu eine intervenierende Rolle spielt. Das Informationsmotiv ist gekoppelt mit den erst in neueren Rezeptionsstudien festgestellten extrinsischen – also auf postrezeptive Bedürfnisse ausgerichteten – Nutzungsmotiven. Zu diesen zählen vorrangig Angstbewältigung sowie das Bedürfnis nach sozialer Orientierung und Identitätsstabilisierung. Dass diese Motive vorherrschen, kann kulturtheoretisch über die Entwicklung der postmodernen Ausprägung der Massengesellschaft erklärt werden (vgl. Kap. 2.3.4). Diese Motive hängen aber zweifelsohne auch mit den sensationalistischen Darstellungsweisen zusammen, die die Möglichkeit der empathischen Teilnahme am Schicksal anderer sowie soziale Abgrenzungsmöglichkeiten nach »oben« wie nach »unten« bieten und damit eine individuelle sowie gruppenspezifische Identitätsstabilisierung ermöglichen.

Die bei prototypisch sensationsjournalistischen Medien und Formaten verfolgte inhaltliche und formale Adäquanzstrategie für die anvisierte Zielgruppe des »kleinen Mannes auf der Straße« führt zu einer Gruppenidentität innerhalb dieser imaginären Rezipientengemeinde, was exemplarisch besonders gut an der Gruppe der *Bild*-Zeitungsleser verdeutlicht werden konnte. Wer sich zu dieser Zielgruppe zugehörig fühlt, unterliegt einem relativ starken Lektüredruck, um kommunikativ anschlussfähig zu sein. *Bild* wird zur Pflichtlektüre des »kleinen Mannes«. Dies ist eine Erklärung für die außerordentlich hohe Leser-Blatt-Bindung; eine andere besteht in der medialen Alternativenlosigkeit dieser Zielgruppe. Welche tagesaktuellen Medien außer Kaufzeitungen bieten topaktuelle, jederzeit konsumierbare, ein Informations- und Orientierungsbedürfnis befriedigende und emotional aktivierende Nachrichten, die darüber hinaus in einer für untere Bildungsschichten verständlichen Sprache und Form präsentiert werden? Es ist daher nicht verwunderlich, dass bei sinkendem Bildungsniveau die Zahl der Exklusivnutzer von Kaufzeitungen ansteigt.

8. Die Wirkungen sensationalistischer Berichterstattung

Bei der Medienwirkungsforschung handelt es sich zweifellos um den schwierigsten und sensibelsten Teilbereich der Publizistik- und Kommunikationswissenschaft, weil immer noch Unklarheiten bestehen, was Medienwirkungen eigentlich sind und weil der unabhängige Beitrag, den Medien bzw. Medieninhalte bei Wirkungsprozessen liefern, forschungspraktisch nur sehr schwer zu ermitteln ist. Außerdem prallen gerade in diesem Bereich fundamental unterschiedliche Forschungstraditionen und –denkweisen aufeinander, und die Ergebnisse von Wirkungsstudien können in manchen thematischen Kontexten als Druckmittel verwendet werden, haben mithin also eine politische Dimension. Breiter Konsens besteht darin, dass Medien(-inhalte) nur einen Faktor unter vielen darstellen: »There can be many effects, without any overall pattern or direction. The media are rarely likely to be the only necessary or sufficient cause of an effect, and their relative contribution is extremely hard to assess« (McQuail, 2000, 416).

Eine in der Kommunikationswissenschaft allgemein akzeptierte Definition von (Medien-)Wirkungen gäbe es nicht (vgl. Maletzke, 1998, 82), es sei denn, man fasst sie sehr weit: »Media ›effects‹ are simply the consequences of what the mass media do, whether intended or not« (McQuail, 2000, 423). Ein weiteres Problem besteht in der begrifflichen Unschärfe durch die häufig synonyme Verwendung der Begriffe Folgen, Wirkungen, Funktionen, Einflüsse, Leistungen etc. Merten nimmt diesbezüglich folgende Differenzierung vor: »Gegen den Funktionsbegriff läßt sich der Begriff der Wirkung dadurch abgrenzen, daß er auf Individuen bezogen wird, während der diffusere Begriff der Funktion vorzugsweise auf größere soziale Aggregate, insbesondere auf die Gesellschaft, bezogen wird: Kommunikation erzeugt Wirkungen beim Individuum und hat Funktionen für die Gesellschaft« (Merten, 1999, 340).

Der klassische Wirkungsbegriff der Kommunikationsforschung ist aus den Naturwissenschaften entlehnt. Wirkungen bedeuten hier kausal strukturierte Ursache-Folgen-Relationen, wobei die erzeugten Folgen prinzipiell als Veränderungen beschrieben werden. Individuelle Wirkungen werden aus dieser Perspektive traditionellerweise als Veränderungen von Emotionen, Einstellungen (Meinungen und Attitüden) und Wissen sowie Verhaltensweisen (vgl. Maletzke, 1998, 84), also nach affektiven, kognitiven und konativen (verhaltensorientierten) Wirkungen unterschieden[121], wobei mit dieser Dreiteilung häufig eine Aufeinanderfolge und ein Bedeutungszuwachs der jeweiligen Wirkungsart impliziert wird. Dem wird allerdings mit zunehmender Skepsis begegnet: »In fact, it is no longer easy to sustain the distinction between the three concepts or to accept

121 Zu weiteren Differenzierungsmöglichkeiten unterschiedlicher Wirkungsarten vgl. insbesondere McQuail, 2000, 424ff.

the unique logic of that particular order of occurrence« (McQuail, 2000, 423). Die verschiedenen Arten von Wirkungen hängen funktional voneinander ab, sie gehen ohne klare Grenzen fließend ineinander über. Zahlreiche Wirkungsphänomene seien daher weder eindeutig der einen noch der anderen Kategorie oder ebensogut beiden zuzuordnen (vgl. Maletzke, 1998, 88). Auf eine interne Kapitelstrukturierung gemäß der drei klassischen Wirkungsarten wird daher verzichtet. In Bezug auf die emotionalen Wirkungen könnte man nun annehmen, dass die Argumentationsstruktur der Arbeit einer quasi tautologischen Zirkularität unterliegt, wenn man sich auf die Suche nach Emotionalisierungseffekten sensationalistischer medialer Angebote begibt, die ja gerade aufgrund ihres (angenommenen) emotionalisierenden Effektes als sensationell definiert/kategorisiert wurden. Da es sich in den Definitionen aber lediglich um hypostasierte Wirkungen handelt, kann eine Überprüfung derselben zur Definitionsvalidierung beitragen.

Unter gesellschaftlichen Funktionen der Medien werden ihre (normativ bewerteten) Leistungen und Beiträge z. B. für die Integration, Sozialisation, die Entstehung von Wissensklüften oder die Veränderung der Freizeitkultur gefasst. Dabei beschränkt sich die damit verbundene Makroperspektive nicht nur auf die Rezipienten, sondern auch auf die Medien selbst, da dieser Perspektive zufolge nicht einzelne Medieninhalte, sondern Gesamtprogramme über einen längeren Zeitraum beobachtet werden. Doch auch diese Trennung ist letztendlich künstlich, da die Gesellschaft oder gesellschaftliche Teilgruppen als Untersuchungsobjekte nichts anderes darstellen als Aggregate von Individualdaten, die dann in einen Zusammenhang zu kumulativ erfassten Medieninhalten gebracht werden. Dennoch wird in diesem und dem darauf folgenden Kapitel die Trennung zwischen individuellen Wirkungen und gesellschaftlichen Funktionen bzw. Dysfunktionen beibehalten. Der Grund dafür liegt darin, dass für individuelle Wirkungen konkretere Befunde aus Experimentalstudien vorliegen, während über gesamtgesellschaftliche Leistungen und Defizite eines Berichterstattungsmusters häufig auf der Basis einer bestimmten Werthaltung nachgedacht wird. Letztere sind daher besser in einem abschließenden Diskussionskapitel aufgehoben.

Das dominierende Denkmuster innerhalb der Medienwirkungsforschung beschreibt Maletzke mit »Variablenansatz« (1998, 91), womit das Bestreben gemeint ist, immer neue Erklärungsvariablen zu entdecken und ihren Stellenwert innerhalb eines – zwar erweiterten, aber immer noch prinzipiell dem Behaviorismus verhafteten – S-O-R-Modells zu bestimmen und ihre Einflüsse auf den Massenkommunikationsprozess bzw. ihre Interventionskraft auf die Wirkungen zu untersuchen. Alternative Denkmuster rücken die Aktivität des Rezipienten stärker in den Vordergrund und betonen deren Individualität bei der Dekodierung medialer Inhalte; der deutsche Nutzenansatz, der maßgeblich auf der Theorie des Symbolischen Interaktionismus basiert, ist dieser Richtung zuzuordnen (vgl. Renckstorf, 1977, 1989). Die Einflussmöglichkeiten massenmedialer Stimuli werden relativiert, indem man eine quasi objektiv feststehende Interpretation leugnet. Aus dieser Perspektive können Medienangebote unterschiedliche Interpretationen und – infolgedessen – unterschiedliche Wirkungen zur Folge haben, und das eigentliche Wirkungspotential resultiert aus den Interpretationen der individuellen Rezipienten. Die Medien liefern lediglich den Rohstoff für die Entstehung von Wirkungen. Radikalisiert wurde diese Position durch die konstruktivistische Erkenntnistheorie, die eine objektiv (quasi im Platonschen Gedankenraum) vorliegende Bedeutung der Dinge leugnet und von der prinzipiellen Abgeschlossenheit des kognitiven Systems ausgeht. Diese grundsätzliche Erkenntnis ist allerdings nicht neu: »Vor der Erfindung des Konstruktivismus hat die Soziologie bereits erkannt, daß die Menschen ihre Wirklichkeiten nicht vorfinden, sondern selbst zur Geltung bringen. (...) Der Zugang zu dem, was als Realität bezeichnet wird, ist das Werk von Beschreibungen« (Hennen, 1994, 133). Beschreibungen beruhen auf Unterscheidungen bzw. Selektionen. Dieser Selektions- und damit Konstruktionsvorgang ist es, der den Konstruktivismus zunächst an einer weitgehend identischen Wirkung bestimmter Stimuli zweifeln lässt. Dass beispielsweise die Konstruktivität bei der Nachrichtenrezeption auch emotional induziert sein kann, konnte Staab (1996, 163) belegen: Je nach emotionaler Stimmung (guter oder schlechter Laune, Ärger, Aggressivität, Trauer etc.) werden unterschiedliche Wahrnehmungs- und Interpretationsmuster ausgelöst, die die Art der Informationsverarbeitung strukturieren.

Eine konzeptionell vermittelnde Position, die sich zwischen einer letztlich kommunikatorfixierten »kausalistischen Wirkungstheorie« (Jäckel, 1999, 76) und einer letztlich rezipientenfixierten Nutzentheorie befindet, formulierten erstmals Früh und Schönbach (1982). Mit Hilfe des sogenannten dynamisch-transaktionalen Modells versuchten die beiden Forscher der Tatsache Rechnung zu tragen, dass die Rezipienten einerseits erst durch die Prozesse des Verstehens, Interpretierens und Elaborierens den Medieninhalten Bedeutung zuweisen, andererseits aber auch die Medien einen stimulierenden, unter Umständen sogar manipulierenden Einfluss auf die Rezipienten ausüben können. Bei der Rezeption komme es zu unterschiedlichen Aktivationen (allgemeine Aufmerksamkeit, physiologische Erregungszustände, Betroffenheit, Interesse usw.) und zugleich zu einer Modifikation des bestehenden Wissensvorrates (= Intratransaktionen). Sowohl die Kommunikationsaussagen als auch die bereits vorhandenen Kognitionen und Affekte sind in diesem Modell eigentlich Ursachen. Man könnte daher sagen, dass Medienwirkungen – in einem oszillierenden Informations- und Emotionsverarbeitungsprozess – aus einem dynamischen Wechselspiel der Ursachen resultieren. Zusätzlich spielt das Bild, der Eindruck vom Kommunikator beim Rezipienten eine Rolle (= Intertransaktionen). »Für die Beurteilung von Medienwirkungen folgt daraus allgemein, daß die meisten Kommunikationsangebote den Rezipienten nicht als ein ›leeres Gefäß‹ vorfinden werden, Medieneffekte sind somit das Resultat der Wechselwirkung von

Intra-Transaktionen und Inter-Transaktionen. (...) Ein monokausaler Ansatz wird durch einen multikausalen Ansatz ersetzt« (Jäckel, 1999, 77). Der dynamisch-transaktionale Ansatz zerlegt also den Wirkungsprozess in eine Vielzahl von Teilereignissen, die nicht unabhängig voneinander sind. Eine konsequente Umsetzung des Gesamtmodells würde die Analyse einer unübersichtlichen Vielzahl von Wechselwirkungen bedeuten; daher wurden bislang nur Ausschnitte des Modells empirisch überprüft. Sein Einfluss auf die Weiterentwicklung der Medienwirkungsforschung muss daher als eher moderat bezeichnet werden. Einmal mehr konnte der Ansatz jedoch verdeutlichen, dass Medienwirkungen ohne die aktive Beteiligung des Rezipienten nicht vorstellbar sind. Für die Wirkungsforschung resultiert daraus vor allem die Frage, wie trotz starker individueller Deutungsfreiheit bestimmte Medienangebote in bestimmten Situationen vergleichsweise ähnliche Wirkungen hervorrufen (vgl. Merten, 1991, 48). So beobachteten Heigl-Evers & Salfeld (1985) in einer Explorationsstudie zur Lektüre literarischer Texte z. B., dass die Rezeption bei schwacher emotionaler Aktivierung durch den Textinhalt stark individuell geprägt ist, dass sie aber bei starker emotionaler Aktivierung an Individualität verliert. Aus dieser Erkenntnis heraus kann Medienwirkungsforschung als die Suche nach dem »kleinsten gemeinsamen Nenner« innerhalb der ablaufenden Wirkungsprozesse bei einem ansonsten höchst heterogenen Massenpublikum beschrieben werden.

Da die Wirkung einer sensationalistischen Berichterstattung in toto nie gemessen worden ist, wird im folgenden eine Differenzierung nach den Wirkungen der konstituierenden Elemente der sensationsjournalistischen Strategie vorgenommen. Gefragt werden soll nach möglichst gut abgesicherten, stabilen Wirkungen erstens des reinen Vorkommens sensationeller Themen im engeren Sinne, zweitens einer sensationalistischen formalen Aufmachung und drittens der für boulevard- und damit sensationsjournalistische Angebote typischen (Human Interest) Erzählstruktur. Diese Unterteilung korrespondiert mit der internen Strukturierung des Inhaltskapitels (Kap. 6).

8.1 Die Wirkungen typisch sensationeller Themen

Erstaunlicherweise liegen in einem Themenbereich, in dem relativ einfach sogar verhaltensbezogene Wirkungen beobachtet werden könnten, nämlich dem Themenbereich Medizin/Krankheiten, in Deutschland so gut wie keine systematischen Wirkungsstudien vor. Dass sich dieses sensationelle Themengebiet auch besonders gut für eine sensationalistische Aufbereitung eignet, wurde in Kap. 6.3.4.3 verdeutlicht. Allerdings existieren hierzu zahlreiche Wirkungsvermutungen. Ziffer 14 des Pressekodex legt fest, dass »[b]ei Berichten über medizinische Themen (...) eine unangemessen sensationelle Darstellung zu vermeiden [sei], die unbegründete Befürchtungen oder Hoffungen beim Leser erwekken könnte« (Trägerverein des deutschen Presserats, 1990, 318). Buchholz vermutet, dass »[d]ie spektakulärsten und auffälligsten Wirkungen (...) durch sensationelle Vermittlung medizinischer Bewußtseinsinhalte induziert werden« (Buchholz, 1988, 184). Hierzu zählt er Verunsicherung, Angst bis hin zur Hypochondrisierung (besonders im Falle von ansteckenden Krankheiten), den medialen Einbruch in die Arzt-Patient-Beziehung, die zu Zweifel und Misstrauen des Patienten an der Tätigkeit des Hausarztes führen könne sowie andererseits aber auch das Wecken zu starker Hoffnungen auf Heilung, das Patienten möglicherweise von einem notwendigen medizinischen Eingriff abhalten. Am radikalsten hat die Ärztin Heidi Schüller Wirkungsvermutungen – vermutlich auf der Basis eigener Leidenserfahrungen – formuliert. Sie widmet in ihrem Buch »Die Gesundmacher« ein ganzes Kapitel dem Spannungsfeld zwischen Ärzten und Journalisten unter dem Titel »Sex, Crime & Health oder Die Medizin in den Medien«. Die »Gazetten« seien voll mit »realitätsfernem Unsinn«:

> »Eine ›medizinische Sensation‹ jagt die nächste. Jeder Hinweis auf eine neue ›Behandlungsmethode‹ treibt verzweifelte, hilfesuchende Patienten in die Praxen. Oft haben sie noch den Sensationsartikel in der Hand und klagen die dort beschriebene (häufig blödsinnige) Therapie bei ihrem Hausarzt ein. Der hat dann alle Mühe, den Patienten wieder auf den Boden der Tatsachen zurückzuholen und sich selbst gegen den Vorwurf zu wehren, er verweigere ihm den letzten ›Fortschritt‹ der Medizin, das neueste Medikament. (...) Wer kann noch unterscheiden zwischen wichtiger neuer Information über medizinische Entwicklungen und reißerischem Quatsch?« (Schüller, 1993, 150ff.).

Fallbeispiele für starke Publikumsreaktionen auf Medienberichte von ungewöhnlichen Krankheiten liefert Showalter (1999, 31, 172ff.). Zu diesem Themenkomplex besteht in Deutschland ein eklatantes Forschungsdefizit.

Die nun folgenden Unterkapitel konzentrieren sich daher auf die anderen beiden typisch sensationellen Themen Sex & Crime und bündeln zunächst zentrale Ergebnisse zu der Frage, welche Wirkungen das bloße Vorhandensein dieser Themen beim Rezipienten auslösen. Interessanter und gesellschaftlich diskussionswürdiger als die kurzfristigen Wirkungen einzelner thematisch sensationeller Beiträge sind die kumulativen Folgen einer vermehrten Rezeption von Berichten über Gewaltverbrechen und Sexualität. Sie erhalten daher in den nun folgenden Darstellungen etwas stärkeres Gewicht.

8.1.1 Kriminalität

Mediale Darstellungen intentionaler Gewalt (Verbrechen) und non-intentionaler Gewalt (Unglücksfälle, Naturkatastrophen, Unfälle etc.) haben ein hohes Aufmerksamkeitsgenerierungspotential. Sie bewirken bei den meisten Menschen spontane Zuwendungsreaktionen und rufen weiteres Rezeptionsinteresse hervor. Bei der Analyse des Zuschauerinteresses hinsichtlich einzelner Nachrichtensegmente stellten Behnke & Miller (1992) hohe Interessenraten vor allem bei Nachrichtenbeiträgen über Unfälle, Katastrophen und Kriminalität fest. Sogenannte »low-taste-content«-Werbung (mit Action und Aggressivität) hat sich als der am besten geeignete Inhaltstypus erwiesen, um Werbebotschaften an den Verbraucher zu bringen (vgl. Kunczik, 1998, 195). Aktivierung und Interesse verstärken die Erinnerungsleistung. So ist beispielsweise die Markenerinnerung bei gewalthaltigen Werbespots weit höher als bei nicht-gewalthaltigen Spots; wenn nicht-gewalthaltige Spots auch noch in einem gewalthaltigen Programmumfeld plaziert werden, verschlechtert sich bei diesen Spots die Erinnerung nochmals (vgl. Gunter, Tohala & Furnham, 2001). Graber (1980) bat Leser, sich an bestimmte Einzelfakten von Artikeln zu verschiedenen Themengebieten zu erinnern. Die Erinnerung an Details der Berichterstattung über Verbrechen und Unfälle war bei weitem am besten. Auch unabhängig vom Thema werden gewalthaltige Nachrichten besser erinnert als Meldungen ohne Gewaltdarstellungen (vgl. Furnham & Gunter, 1985; Gunter & Furnham, 1986).

Was die emotionalen Wirkungen anbelangt, so erhöhen neueren Erkenntnissen zufolge Gewaltdarstellungen nicht nur das physiologisch messbare, sondern auch das subjektiv empfundene Erregungslevel der Rezipienten. Mangold (2000) bat Versuchspersonen bei der zweiten Rezeption von Nachrichtenbeiträgen mit unterschiedlichen Gewaltarten (gewaltfrei, höhere sowie vorsätzliche Gewalt) für jede Meldung die Stärke der Erregung sowie die Art der Emotionen anzugeben, die sie beim ersten Durchgang empfunden hatten. Es ergab sich ein signifikanter Effekt bei den subjektiv eingeschätzten Erregungsintensitäten: Danach stieg die Erregung im Urteil der Versuchspersonen von Meldungen ohne Gewalt über Meldungen mit höherer Gewalt zu Meldungen mit vorsätzlicher Gewalt auf Mittelwerte von 1,7 auf 3,3 (bei einer Skala von 1 bis 5) an. Vor allem die Emotionen Ärger, Abscheu und Traurigkeit sind bei Meldungen mit vorsätzlicher Gewalt signifikant stärker ausgeprägt als bei Meldungen mit höherer oder Meldungen ohne Gewalt (Mangold, 2000, 126). Untersucht wurde auch die Häufigkeit mimischer Aktivitäten bei der Rezeption des Nachrichtenbeitrages »Geiseldrama in einer Bank«. Hier wurde deutlich, dass es bei den besonders aktionsgeladenen und spannenden Abschnitten (zum Beispiel bei der Überwältigung des Täters oder dem Bericht des Reporters über die Bedrohung der Geiseln) vermehrt zu mimischen Reaktionen im Gesicht kam (ebd., 135).

Die Sorge, dass mediale Gewaltdarstellungen (vor allem intentionaler Gewalt) zu einer Erhöhung der Aggressivität bis hin zu aggressivem Gewaltverhalten führt, ist so alt wie die Medien selbst (vgl. Fischer, Niemann & Stodiek, 1996; auch Kunczik, 1998). Das Forschungsinteresse an dieser Wirkungsart war im Hinblick auf die Implikationen für den Jugendschutz besonders ausgeprägt. Die einschlägigen Literaturreviews liefern ein ernüchterndes Bild. »The recurrent belief that screen violence (especially) is a cause of actual violence and aggression has led to many thousand research studies, but no great agreement on the degree of causal influence from the media« (McQuail, 2000, 434). Gerade in diesem Bereich der Medienwirkungsforschung wurde der »Variablenansatz« permanent ausgeweitet. Als intervenierende Faktoren werden Inhalts- und Formvariablen (z. B. Umfang und Plakativität, Realismusgrad, Belohnung oder Bestrafung des Täters etc.; vgl. hierzu Wartella, 1998) sowie vor allem Kontextvariablen der Lebenssituation der Rezipienten aufgelistet (vgl. Groebel, 1998, 436). Trotz widersprüchlicher Ergebnisse müsse bei der Diskussion um das Thema Gewalt von folgender Sachlage ausgegangen werden: »Die spezifische Vorgeschichte des Individuums, objektive Lebensbedingungen und subjektive Empfindungen bestimmen, wie Gewaltdarstellungen wahrgenommen und verarbeitet werden. Sie sind ausschlaggebend dafür, ob eine Destabilisierung für Gewalt erfolgt, Gewalt nachgeahmt, das Aggressionspotential erhöht und moralische Barrieren gesenkt werden« (Friedrichsen & Jenzowski, 1995, 294). Die Medienwirkungsforschung in diesem Bereich wird sich zukünftig vermutlich stärker einzelfallorientiert verhalten: »However, the direction, degree, durability and predictability of effect are each uncertain and have to be established case by case, with only limited possibilities for generalization« (McQuail, 2000, 447).

Die kumulativen Folgen medialer Gewaltdarstellungen sind Gegenstand des maßgeblich von George Gerbner initiierten Kultivierungsansatzes, der besonders bei Fernseh-Vielsehern die Ausbildung eines sog. »mean/scary world syndroms«, also einer Weltsicht, die von einer hohen Gefahren- und Bedrohungswahrnehmung geprägt ist, postuliert. Dieser Ansatz ist in vielfältiger Weise modifiziert worden; er wird mittlerweile nicht mehr nur auf das Fernsehen und die Gesamtprogrammstruktur samt fiktionaler Gewaltdarstellungen angewendet, sondern wird auch für andere Medien und ausgewählte Programm- bzw. redaktionelle Teilbereiche untersucht. Im vorliegenden Zusammenhang sind vor allem solche Studien aufschlussreich, die einen Zusammenhang zwischen der tagesaktuellen Berichterstattung über sensationelle Gewaltverbrechen und der Kultivierung der Vorstellung einer schlechten und gefährlichen Welt beim Rezipienten herstellen.

Bezogen auf die Verbrechensberichterstattung in der britischen Tagespresse konnte sowohl ein Zusammenhang zwischen Lektüre und der Überschätzung der Kriminalitätsrate (vgl. Smith, 1984) als auch der Kriminalitätsangst (vgl. Williams & Dickinson, 1993) – unabhängig von soziodemographischen Variablen – belegt werden. Dies gilt im übrigen auch für die Rezeption der Berichterstattung über non-intentionale Gewalt (Katastrophen, tragische Unfälle etc.), die offensichtlich in einem Zusammenhang zu Unsicherheitsgefühlen steht (vgl. Wiegman et al., 1989). Als zusätzliche intervenierende Variable spielt die Art der Berichterstattung eine Rolle. O'Keefe (1984) ermittelte einen Zusammenhang zwischen der Aufmerksamkeit für Kriminalitätsnachrichten und der Angst, nachts allein draußen zu sein, Angst vor Raub und Angst, Opfer eines Übergriffs zu werden (kontrolliert nach Soziodemographie, persönlicher Opfererfahrung, TV-Nutzung und Häufigkeit der Nutzung von »crime-oriented entertainment programs«). Besondere Interventionskraft hatte hier der wahrgenommene

Authentizitätsgehalt. Je höher die Glaubwürdigkeit der Nachrichten über Verbrechen und je höher der Realismusgrad bei Crime-Dramas eingeschätzt wurde, desto stärkere Kultivierungseffekte wurden gemessen (Ängstlichkeit, überschätzte Kriminalitätsraten, negative Einstellungen gegenüber der Polizei und der Gerichtsbarkeit, Befürwortung härterer Strafen) (vgl. O'Keefe, 1984, 151). Heath (1984) entdeckte einen differentiellen Effekt je nach Art und Lokalität des Verbrechens. Je höher der Anteil der Berichte über Kriminalität war, der über lokale Vorkommnisse oder über Verbrechen, an denen die Opfer keine Schuld hatten, also eher zufällig/ plötzlich geschahen, berichtete, und der sensationell (i. S. v. besonders gewalttätig oder bizarr) war, desto eher war ein Anstieg der Kriminalitätsfurcht zu verzeichnen. Wenn der Anteil der Lokalberichterstattung über Verbrechen hingegen gering war, verminderte sich die Furcht. Der relative Anteil sensationeller lokaler Verbrechen war der ausschlaggebende Faktor für Kriminalitätsfurcht. Der reine Umfang der Kriminalitätsberichterstattung ist also offensichtlich nicht wirkungsrelevant; demgegenüber spielen räumliche Nähe, Unvorhersehbarkeit und sensationelle »Qualität« der Verbrechen eine viel stärkere Rolle.

Diese Befunde konnten von Liska & Baccaglini (1990) bestätigt werden. Die Autoren gehen davon aus, dass die Zusammenhänge zwischen Kriminalitätsfurcht und Medieneinfluss nur mittels großer Sample und über multivariate Statistiken valide erforscht werden können. Sie nutzten daher die Daten des National Crime Survey (NCS) aus 26 Städten mit jeweils rund 10.000 Befragten und inhaltsanalytische Befunde ausgewählter Tageszeitungen dieser 26 Städte. Die Daten waren zwar etwas älter (Mitte der 70er Jahre), aber es handelte sich um die bislang einzige Umfrage, die an einem derart großen Städtesample Kriminalitätsfurcht erhob.

Kriteriumsvariablen der Inhaltsanalyse waren: • die Gesamtanzahl der Beiträge über Verbrechen, • die Platzierung, • die Verbrechenskategorie (in Anlehnung an Heath (1984) als Indikator für den Sensationsgrad), • die räumliche Nähe (lokal/ nicht lokal) sowie • die Unterscheidung nach Erstmeldung oder Follow-up. Zusätzlich wurde ein umfangreiches Set an Kontrollvariablen erfasst (Soziodemographie, Rassenstruktur, tatsächliche Verbrechensrate etc.). Als abhängige Variable galten vorrangig die Frage danach, wie sicher man sich in seiner Gemeinde fühlt, sowie andere allgemeine Fragen zum Thema Kriminalität. Die Autoren konnten wiederum zeigen, dass der Einfluss der Tagespresse von der Art der Berichterstattung abhängt. Das Muster der Zusammenhänge zur Art der Berichterstattung sei klar und durch mehrere Regressionsanalysen bestätigt worden. Zusammenhänge zur Kriminalitätsfurcht sind nur positiv für eine Platzierung auf den ersten Seiten, für die Lokalberichterstattung und für Erstmeldungen. Außerdem spielt die Art des Verbrechens eine wichtige Rolle, da offensichtlich Berichte über schwere Gewaltverbrechen wie Mord die stärksten Effekte hervorriefen: »Of the various types of crime stories, homicide stories show by far the strongest relationship to fear« (Liska & Baccaglini, 1990, 366).

Dieses Ergebnis hing aber davon ab, ob das Verbrechen lokal oder nicht lokal war. Prominent platzierte Erstmeldungen über lokale Verbrechen lösten einen Anstieg der Furcht aus, während Berichte über weiter entfernte Straftaten ein Absinken der Kriminalitätsfurcht bewirkten. Bei den »Angstauslösern« handelt es sich also nur um einen sehr kleinen Teil der Berichte über Verbrechen: »[W]hile crime stories flood newspapers, fear is affected positively by only initial local homicide stories in the first part of the newspaper, which constitute only 10 percent of all homicide stories and 2.9 percent of all crime stories« (Liska & Baccaglini, 1990, 372). Die vorliegenden Befunde könnten auch die zum Teil inkonsistenten Befunde zur Kultivierung erklären, da in vielen Studien nicht nach Unterschieden in der Art der Verbrechen differenziert wird: »If the effect of local coverage is positive and the effect of non-local coverage is negative, then their net effect, as suggested by our research, may well be small and insignificant« (ebd., 372).

Mediale Unterschiede sowie die Frage nach der Wirkrichtung standen im Fokus der Untersuchung von O'Keefe & Reid-Nash (1987). Sie unternahmen eine umfangreiche Panelbefragung in zweijährigem Abstand in drei repräsentativ ausgewählten städtischen Regionen und erhoben neben dem allgemeinen Fernseh- und Zeitungskonsum auch den Grad der Aufmerksamkeit für Nachrichten über Verbrechen sowie typische Kultivierungsvariablen (Ängstlichkeit, Einstellungen gegenüber Sicherheitsmaßnahmen, konkretes Sicherheitsverhalten wie z. B. Vermeidung unsicherer Gegenden und Vorhandensein von Selbstverteidigungsmitteln). Für den Medienkonsum allgemein konnten keine Zusammenhänge aufgedeckt werden, aber höhere Aufmerksamkeit für Verbrechensnachrichten hing mit Angst vor Diebstahl und Wachsamkeit für Schutzmaßnahmen zusammen. In abgeschwächter Form galt dies auch bei aufmerksamer Zeitungslektüre. Interessante Ergebnisse ergaben sich für die Kausalitätsrichtung: Das Fernsehen war der Auslöser für Angst, nachts allein draußen zu sein, für eine stärkere Wachsamkeit gegenüber Schutzmaßnahmen und für ein stärkeres Vermeidungsverhalten. Kreuzkorrelationen für Printmedien ergaben sich nicht. Die Autoren schließen daraus: »[T]he inference is that it is more likely that crime news viewership affects crime fear and concern than vice versa. (...) The data indicate that persons already more concerned and perhaps more knowledgeable become more attentive to newspaper crime news, rather than the other way around« (O'Keefe & Reid-Nash, 1987, 158). Leider wurde hier nicht nach Art der Zeitung und Art der Berichterstattung unterschieden.

Eine grundlegende Schwierigkeit bei vielen Kultivierungsstudien ist gerade der mangelnde Nachweis der Kausalitätsrichtung, denn ein festgestellter statistischer Zusammenhang sagt nichts über das »Henne-Ei-Problem« aus; vielleicht wenden sich ja gerade ängstliche und unsichere Menschen vorzugsweise Themen wie Kriminalität zu. Hale, Lemieux & Mongeau (1995) unterschieden in ihrer Studie zur Rezeption furchterregender Botschaften bzw. Appelle grundsätzlich zwei Arten der Informationsverarbeitung: eine eher systematische, argumentationsorientierte und eine eher heuristische, auf oberfläche Reize hin orientierte. Sie stellten fest, dass schwach furchterregende Botschaften eher zentral, also stärker inhaltsbezogen, und stark furchterregende Appelle eher heuristisch verarbeitet werden. Zusätzlich untersuchten sie den Einfluss der Ängstlichkeit der Personen und konnten belegen, dass hoch Ängstliche eher zu einer heuristisch-peripheren Informationsverarbeitungsstrategie neigen, da sie vermutlich eine stärkere Abwehrhaltung gegenüber den inhaltlichen Argumenten haben. Die Autoren schlossen aus den Ergebnissen, dass Kultivierungseffekte am ehesten bei denen zu erwarten seien, die sowieso schon ängstlich sind, da diese Rezipienten das Auffällige einer Botschaft eher wahrnehmen und sich gleichzeitig weniger damit auseinandersetzen. Eine Veröffentlichung aus Holland stützt diese Überlegung (Kalma, 1991). Sie ist besonders aufschlussreich, da hier auch der Einfluss eines Boulevardmediums gemessen wurde. Der Autor verglich in einer der zwei referierten Studien die Einstellungen der Leser des *Telegraaf*, einem Boulevardblatt mit inhaltsanalytisch nachgewiesener intensiver und besonders plakativer Kriminalitätsberichterstattung, mit den Einstellungen der Rezipienten der Qualitätszeitung *Volkskrant*. In der zweiten Studie wurden Nutzungsmotive erhoben. Die Abonnenten des Boulevardblatts äußerten in einer Befragung häufiger und intensiver das Gefühl von Unsicherheit und Bedrohung. Und sie äußerten zu Beginn ihres Abonnements als Motiv häufiger den Wunsch, über Kriminalität und deren Bekämpfung informiert zu sein; je länger ein Abonnement bestand, desto ausgeprägter war dieser Wunsch (vgl. Kalma, 1991, 10). Die in der ersten Studie gemessenen Kultivierungseffekte waren bei den Boulevardzeitungslesern im Vergleich zu denen der Qualitätszeitung hoch signifikant ausgeprägter. Sie überschätzten die realen Kriminalitätsraten und ihre –entwicklung, sahen individuelle und institutionelle Verteidigungsmaßnahmen als notwendiger an und waren wesentlich stärker der Ansicht, dass Kriminalität zurückzuführen sei auf Ausländer, Alkohol, Drogen sowie eine zu schwache Polizei und Justiz (vgl. ebd., 8f.).

Zwischenfazit

1. Das typisch sensationelle Thema Gewaltverbrechen generiert starke emotionale Erregung und Aufmerksamkeit (Aktivierung); das wiederum führt dazu, dass es besser als andere Themen behalten wird.
2. Kumulative Kultivierungseffekte (Kriminalitätsfurcht, verzerrte Problemwahrnehmung, Gefühle einer potentiellen Bedrohung sowie auch Wachsamkeit) verstärken sich je nach sensationeller Qualität des Verbrechens (Gewalthaltigkeit, Schwere, lokale Nähe).
3. Auf der Basis der referierten Befunde ist Kultivierung durch Verbrechensberichterstattung auch als ein sich selbst verstärkender, dynamischer Prozess anzusehen: Menschen, die ohnehin ängstlicher und unsicherer sind, wenden sich Medien zu, die ihr Informationsbedürfnis, etwas über Kriminalität zu erfahren, besonders befriedigen können. Die Befunde der Re-

zeptionsforschung stützen diese Sicht, da z. B. Kaufzeitungsleser zu einem Milieu gehören, das stark geprägt ist durch Gefühle der Angst vor den Gefahren einer potentiell bedrohlichen Welt sowie durch das psychologische Schema »Angst vor dem Leben« (vgl. Kap. 7.2.2). Eine Kriminalitätsberichterstattung – vorzugsweise über lokale, besonders schwere (sensationelle) Verbrechen – kann nun im Gegenzug diese vorhandenen Einstellungen weiter verstärken. Ferner ist davon auszugehen, dass eine sensationalistische formale Aufmachung – gerade bei ängstlichen Personen – eher eine heuristische Informationsverarbeitung provoziert, die Kultivierungseffekte zusätzlich verstärkt.

8.1.2 Sexualität

Erotische Stimuli scheinen sich in ihrem Potential, die Aufmerksamkeit zu binden, kaum abzunutzen; außerdem wirken sie auf Erwachsene weitgehend unabhängig von Alter, Geschlecht und anderen soziodemographischen Merkmalen (vgl. Brosius & Fahr, 1996, 41). Darstellungen von Erotik, Sexualität und Nacktheit bewirken spontane Zuwendungsreaktionen, gehen also mit einer relativ starken physischen Aktivierung und einer unwillkürlichen Aufmerksamkeitslenkung einher. Brosius & Fahr (1996) ermittelten in einem Werbewirkungsexperiment, dass auch sehr kurze erotische Szenen in einem Werbespot durchaus in der Lage sind, die (geschlechtsunabhängige) Aufmerksamkeit und die Spot-Erinnerung zu verbessern. Letztere war allerdings bei den Männern etwas schlechter als bei den Frauen. Je auffälliger und ungewöhnlicher der Erotikeinsatz ist (hier geschah die Verwendung erotischer Stimuli in einem seriösen Spot für eine Bank), umso besser waren die Werte für beide Arten der Erinnerung (frei und gestützt) (vgl. Brosius & Fahr, 1996, 49).

Starke sexuelle und erotische Stimuli (Pornographie) bewirken zwar sehr ähnliche physiologische Erregungsmuster wie der Konsum von Gewalt und Horror (vgl. hierzu Mangold et al., 1998), sie scheinen jedoch erstaunlicherweise stärker eine aggressive Stimulation zu begünstigen. Zahlreiche – allerdings ältere – Studien bestätigen eine höhere Aggressivität nach der Rezeption von Erotika als von gewalthaltigen Stimuli – und zwar vor allem dann, wenn die Probanden vorher provoziert oder geärgert worden waren. Die anschließende aggressive Reaktion der Probanden richtete sich eher gegen die weiblichen Versuchsleiter als gegen die männlichen (vgl. z. B. Zillmann, 1971; Jaffe et al., 1974; Zillmann, Hoyt & Day (1974); Cantor, Zillmann & Einsiedel (1978); Donnerstein & Barrett (1978); Donnerstein (1980), Donnerstein & Berkowitz, 1981). Gewöhnungseffekte durch den längerfristigen Konsum starker sexueller Reize sind bekannt. Henner Ertel (1990), der die bislang einzige repräsentative Studie zur Rezeption von Pornographie in Deutschland durchführte, konnte bereits nach dem Konsum einiger weniger explizit sexueller Filme bei zahlreichen Probanden ein erhebliches Absinken des generellen emotionalen Aktivierungsniveaus feststellen. Aus dieser Gewöhnung kann – nach wiederholtem Konsum von pornographischem, z. T. sexuell-aggressivem Filmmaterial – ein Abstumpfungseffekt resultieren, wobei eine Desensibilisierung bzw. ein Rückgang von Mitleid gegenüber Frauen als Opfer von Vergewaltigungen und gegenüber Frauen allgemein beobachtet werden konnte (vgl. hierzu Howard, Liptzin & Reifler, 1973; Zillmann & Bryant, 1982; Linz, Donnerstein & Penrod, 1988; Mullin & Linz, 1995). Graham (1998) kommt jedoch auf der Basis eines systematischen Literaturreviews zu dem Ergebnis, dass es keine überzeugenden Ergebnisse von der Schädlichkeit der Pornographie gäbe. Man könnte nicht mit Sicherheit sagen, dass pornographische Darstellungen mit gleichen Handlungsweisen korrelieren; wir könnten ebensowenig unzweifelhaft behaupten, dass diese Handlungsweisen schädlich seien; außerdem reiche die Tatsache, dass etwas als schädlich angesehen werde, noch lange nicht aus, um eine rechtliche Verfolgung zu rechtfertigen (vgl. ebd., 158).

Bemerkenswerterweise existieren gerade zu der Personengruppe, bei denen man die schlimmsten entsittlichenden und verrohenden Wirkungen befürchtet und demgemäß die stärksten rechtlichen Schranken bestehen, so gut wie keinerlei Wirkungsstudien, nämlich bei den Jugendlichen. Die Wirkungsforschung befindet sich hier in einem Dilemma: Aus rechtlichen und ethischen Gründen sowie der Furcht vor extremer Reaktivität bei der forschungspraktischen Umsetzung wird auf eine Datenerhebung verzichtet: »Insofern bewegen sich die meisten Befürchtungen des Jugendschutzes im Hinblick auf die Wirkung von Sexualdarstellungen auf der Ebene der Spekulation« (Gottberg, 1996, 65). Die medienkritische Aufregung konservativer Jugendschützer erinnere teilweise stark an die bewahrpädagogische Diskussion der 50er Jahre, die im wesentlichen von zwei Thesen ausgehe: Erstens besäßen Jugendliche eine Vorliebe für Sex und zweitens zöge diese automatisch eine Reduzierung der Verantwortung gegenüber dem Partner und eine Lust an außer- und nichtehelichen Liebes- und Lebensgemeinschaften nach sich. Beide Thesen entbehrten allerdings der wissenschaftlichen Basis; außerdem seien Kinder und Jugendliche keine hilflosen Rezipienten (vgl. ebd., 69).

Eine qualitativ explorative »Grundlagenstudie« des Rheingold-Instituts (1997) stützt diese Einschätzungen. In psychologischen Tiefeninterviews mit Eltern und Experten wurde hier eine Haltung offengelegt, die man auch als doppelmoralische Strategie der Erzieher bezeichnen könnte: »Auf der einen Seite delegieren sie die Schuld an Fehlentwicklungen an die Medien. Sie haben die Medien im Verdacht, schädliche Vorstellungen von Sexualität zu vermitteln. Auf der anderen Seite nutzen sie die Medien – und vor allem die TV-Erotik – als ›heimliche Helfer‹ bei der Aufklärungsarbeit« (Rheingold, 1997, 49). In einem pauschalen Rundumschlag sei dabei der Bogen von Serien und Soap Operas über Musiksender und Werbung hin zu Pornographie und Darstellungen von sexuellem Missbrauch gespannt worden. Die ebenfalls durchgeführten Tiefeninterviews mit 30 Jugendlichen zwischen 13 und 16 Jahren offenbarten hingegen einen sehr bewussten und reflektierten Umgang mit medialen Sexdarstellungen: »Jugendliche gehen mit TV-Erotik anders um als Erwachsene. Bei den Erwachsenen ist die Rezeption von TV-Erotik in der Regel stark von ihrem unbefriedigenden Alltag geprägt. Der Umgang der Jugendlichen mit TV-Erotik ist hingegen sehr stark von den Aufgaben und Problemen ihrer (sexuellen) Entwicklung bestimmt« (ebd., 21). Die Jugendlichen erwarteten konkrete Hilfestellungen, um aktuelle und künftige Liebes- und Lebensprobleme bewältigen zu können. Die Darstellung des Geschlechtsverkehrs stehe überhaupt nicht im Fokus ihres Interesses. Die zentralen erregenden und bewegenden Lebensthemen seien Treue und Verrat, Hingabe und Durchsetzung sowie die Bindung an eine Gruppe oder an einen Partner: »Wenn die nur Nackte zeigen, wie die ununterbrochen nur Sex machen, wird mir das schnell langweilig, ich will sehen, wie die sich kennengelernt haben, das ist doch viel wichtiger« (Rheingold, 1997, 25). Erotik-Darstellungen sollen einen Ausblick auf die (sexuellen) Rituale, Muster und Verhaltensweisen der Erwachsenen bieten, die sonst nirgendwo besprochen oder gezeigt werden. Der soziale Orientierungsnutzen, der von den Autoren dieser im Auftrag des Pay-TV-Senders Premiere durchgeführten Studie einseitig positiv herausgehoben wird, ist sicherlich aufschlussreich und relativiert die bewahrpädagogischen Bedenken. Dennoch traten in den Tiefeninterviews auch ernst zu nehmende und potentiell verstörende Ängste bei der Rezeption pornographischer Darstellungen zutage. Vor allem bei älteren männlichen Jugendlichen hat die Rezeption von Pornographie den Charakter einer initiationsrituellen Mutprobe, wie sie auch für die Rezeption von Horrordarstellungen nachgewiesen werden konnte (vgl. Zillmann, 1998, 196). Von den jüngeren/unreiferen Jugendlichen wird eher eine kurze Neugier befriedigende »Aufregung« gesucht, die allerdings nicht selten von einer Angst-Faszination gekennzeichnet war: »Oftmals gehen diese Erfahrungen mit Erstaunen bis hin zum Ekel einher« (Rheingold, 1997, 32).

Rose (1991) konzentrierte sich in seiner Dissertation, die er »aufgrund eines offensichtlichen Mangels an Untersuchungen zum Thema Jugend und Pornographie« (Rose, 1991, 161) als Erkundungsexperiment bezeichnete, auf die Wirkung erotischen und pornographischen Bildmaterials auf junge Erwachsene (19-24 Jahre). Eine derartige Untersuchung mit Kindern und Jugendlichen verbot sich aus forschungsethischen und strafrechtlichen Gründen von selbst, da das Stimulusmaterial unter den Jugendschutz fiel. Die sensibel durchgeführten 74 Tiefeninterviews, in deren Verlauf erotische und pornographische Bilder vorgelegt wurden, zielten auf die von den Interviewten selbst erlebten Wirkungen von Sexdarstellungen ab. Fand der Erstkontakt mit aggressiv-pornographischen Darstellungen statt, wurde diese Konfrontation häufig als Schock verinnerlicht. Falls die Versuchspersonen von negativen Wirkungen berichteten, sprachen sie ausschließlich von Pornographie und nie von Erotika. Noch Jahre später waren deren Auswirkungen auf emotionaler und kognitiver Ebene festzustellen.

Pauschale, allgemeingültige Wirkungen von explizit sexuellem Material auf das eigene sexuelle Verhalten sind – ähnlich wie bei medialen Gewaltdarstellungen – kaum anzugeben. Gerade in diesem hochsensiblen Bereich ist ein sehr differenzierter Variablenansatz notwendig, um die Darstellungs- und Lebensweltfaktoren offenzulegen, die zu negativen Verhaltenswirkungen (wie z. B. einer gestörten oder pathologischen eigenen Sexualität einerseits oder gleichgültiger Promiskuität sowie Missachtung der Bedürfnisse des Sexualpartners andererseits) führen können. Nun handelt es sich bei den erotischen »Appetizern« der Werbung einerseits und bei Hardcore-Pornographie andererseits um die beiden Extreme auf dem Kontinuum medialer Sexdarstellungen. So gut wie nichts bekannt ist über die Wirkung der »Mitte«, und hier vor allem der non-fiktionalen sensationellen Berichterstattung über Sexthemen. Ähnlich wie im Bereich der medialen Gewaltdarstellungen sind hier eher kumulative Einstellungswirkungen im Sinne des Kultivierungsansatzes zu vermuten, die bislang allerdings nur für den Konsum fiktionaler Programme nachgewiesen werden konnten. Kultivierungsstudien bezogen auf vermehrten Pornokonsum ergaben eine verzerrte Einschätzung gegenüber der sexuellen Realität in der Gesellschaft (z. B. dass ungewöhnliche Praktiken weit verbreitet seien; vgl. hierzu Zillmann & Bryant, 1982; 1984) sowie vermehrte Unzufriedenheit mit dem eigenen Intimpartner (vgl. Zillmann & Bryant, 1988).

Verzerrte Vorstellungen von der gesellschaftlichen »sexuellen Realität« als Folge eines überdurchschnittlich hohen Konsums populärer Unterhaltungsprogramme des Fernsehens (Soap Operas, Talkshows, Spielfilme zur Prime Time) konnten in US-amerikanischen Kultivierungsstudien der Jahre 1981-1996 immer wieder festgestellt werden. Die Verzerrung bezieht sich im wesentlichen auf Vorstellungen der gesellschaftlich vorhandenen sexuellen Freizügigkeit und ihre Folgen: So wurden von Vielsehern die durchschnittliche Häufigkeit des Geschlechtsverkehrs, der Anteil unehelicher Kinder, die Zahl der Jugendschwangerschaften, die Zahl der Affairen, Abtreibungs-, Scheidungs- sowie Geschlechtskrankheitsraten im Verhältnis zu den realen Statistiken systematisch überschätzt. Vielsehen hing auch mit einer eher ambivalenten Einstellung gegenüber der glücklichen Ehe sowie eher nichttraditionellen sexuellen Einstellungen zusammen; Prostitution wurde eher positiv beurteilt, und Sex zwischen Unverheirateten galt eher als »sexy« (Greenberg & Hofshire, 2000, 96f. u. 102-104). Bei vielsehenden Teenagern fand man neben Lerneffekten (Begriffe wie Homosexualität und Prostitution wurden besser verstanden) auch verhaltensrelevante Wirkungen: Vielsehen führte bei weiblichen Teenagern zu einer größeren sexuellen Aktivität und Erfahrung, es verstärkte aber auch die Unzufriedenheit mit der eigenen Sexualität – und das unabhängig vom Grad der vorhandenen Aktivität – sowie negative Einstellungen gegenüber der Jungfernschaft. Als potentiell eher negative Kultivierungsfolge gerade für Jugendliche ist demgemäß ein medieninduzierter sexueller Aktivitätsdruck anzusehen, der angesichts rapide angestiegener sexueller und erotischer Programmbestandteile[122] eher zu- als abnehmen wird. In einer US-amerikanischen Umfrage an rund 1.000 Teenagern wurden Fernsehen und Popmusik als die stärksten druckausübenden Quellen auf sexuelle Aktivität angegeben (vgl. Greenberg & Hofshire, 2000, 103f.). Deutsche Vergleichsdaten liegen hierzu allerdings nicht vor. Auch sind bislang keine Kultivierungsstudien bzgl. der Sexthemen der Boulevardpresse bzw. der Boulevardmagazine vorgenommen worden.

8.2 Die Wirkungen einer formal-sensationalistischen Aufmachung

Dass eine lebendige, plakative Aufmachung eine stärkere Aktivierung und damit eine stärkere Aufmerksamkeit auf sich zieht, konnte bereits Mitte der 60er Jahre durch einen Vergleich der Messwerte des physikalischen Hautwiderstands bei der Lektüre der *Bild*-Zeitung und der *FAZ* anschaulich belegt werden. Der elektrische Hautwiderstand ist ein Maß für das Aktivationsniveau, also für die physische und psychische Anspannung, und ist zugleich auch ein Wert für das zur Verfügung stehende Reservoir an Handlungsenergie. Bei der Lektüre von *Bild* erfährt der Leser einen höheren Grad an Aktivierung und schnell aufeinanderfolgende Aktivierungshöhepunkte (vgl. Axel Springer Verlag, 1966, 127f.). Formale Präsentationsmerkmale generieren nicht nur Aufmerksamkeit, sie sind auch in der Lage, die Selektion bei der Lektüre zu steuern. Eilders konnte zeigen, dass nicht die Nachrichtenfaktoren, sondern vor allem die formalen Merkmale wie Umfang, Platzierung und Überschriftengröße die Nutzung eines Beitrags durch das Publikum determinieren: »Auch wenn sich die Beitragsauswahl des Publikums nämlich scheinbar an Nachrichtenfaktoren orientiert, zeigt sich bei einer Kontrolle der journalistischen Präsentation, dass die Rezipienten der Aufmachung der Beiträge folgen und nicht genuin eigene inhaltliche Selektionskriterien anlegen« (Eilders & Wirth, 1999, 35).

Ein bestimmter Grad an Lebendigkeit in der Darstellung fördert auch die Erinnerungsleistung. Findahl & Hoijer (1985) legten eine umfangreiche Liste von Gestaltungsmerkmalen vor, die die Nachrichtenrezeption erleichtern sollen: Hierzu zählten Illustrationen von Ursachen und Folgen eines Ereignisses, Schrifteinblendungen, einfache Diagramme und kurze Pausen zwischen den Meldungen. Demgegenüber erwiesen sich zu häufige Schnitte und Einstellungswechsel, zu schnelles Sprechtempo, zu viele Fremdwörter und zu hohes Sprachniveau sowie unpersönlicher Stil der Texte als hinderlich. Die letztgenannten Befunde korrespondieren mit der bereits in den 60er Jahren von Ru-

[122] Die Autoren nahmen eine inhaltsanalytische Trendanalyse für fiktionale Programme der 90er Jahre vor und resümieren: »We have a noticeable trend for more sex (...), in more genres, in more channels. That sex content is increasingly visual and revealing. It focuses on intercourse as much as foreplay« (Greenberg & Hofshire, 2000, 108).

dolf Flesch (1962) entwickelten Lesbarkeitskriterien, zu denen er vor allem 1. Leseschwierigkeit (Wortlänge und Satzlänge) sowie 2. das »Human-Interest Maß« (Pronomenanzahl als Indikator für Persönliches und direkte Zitate) zählte. Auf der Basis dieser Kriterien schnitten journalistische Hard News Beiträge im Hinblick auf gute Lesbarkeit schlecht ab. Basierend auf der Anzahl der Wörter pro Satz, ergab die Verständlichkeitsuntersuchung von Merten (vgl. hierzu Merten, 1983, 25ff.; auch Stapler, 1985), dass die *Bild*-Zeitung einen deutlich höheren Grad der Verständlichkeit aufweist als z. B. die Neue Westfälische. Früh (1980) hat u. a. nachgewiesen, dass die Vertrautheit des Vokabulars für das Verständnis eines Textes die wichtigste Rolle spielt. Ein hoher Anteil an Fach- oder Fremdwörtern kann die Verständlichkeit entscheidend verschlechtern, die Ähnlichkeit mit der gesprochenen Sprache (u. a. durch einen hohen Verbanteil) kann sie verbessern, und entgegen vielen anderslautenden Annahmen, dass die Satzlänge die entscheidende Rolle spiele, hat er herausgefunden, dass die Satzlänge fast bedeutungslos ist, wenn sie nicht gleichzeitig die Satzverschachtelung verändert. Je mehr logische Ebenen in einem Satz vorkommen, desto unverständlicher wird er. Ein hoher Anteil von Fach- und Fremdwörtern lässt vor allem weniger gebildete Rezipienten schnell an die Komplexitätsgrenze stoßen. Diese Erkenntnisse wurden im sogenannten »Hamburger Verständlichkeitsmodell« (Langer et al., 1993) bestätigt. Als zentrale Gütekriterien für Verständlichkeit gelten – unabhängig von soziodemographischen Variablen:

- Einfachheit (geläufige, anschauliche Wörter, einfache Sätze)
- Gliederung/Ordnung (Überschriften, Absätze und Hervorhebungen; logischer Aufbau ohne Sprünge)
- Kürze/Prägnanz
- Anregende Zusätze: »Ausrufe, wörtliche Rede, rhetorische Fragen zum ›Mitdenken‹, lebensnahe Beispiele, direktes Ansprechen des Lesers, Auftretenlassen von Menschen, Reizwörter, witzige Formulierungen, Einbettung der Information in eine Geschichte« (Langer et al., 1993, 22).

Verständlichkeit und Lesbarkeit beeinflussen stark die Lesefreude sowie die Bereitschaft, weitere Informationen zu suchen, wie Funkhouser & Maccoby (1971) in ihrer nach wie vor aufschlussreichen Untersuchung zur Wirkung von wissenschaftlichen Texten auf ein Laienpublikum nachwiesen. Lesefreude erscheint demnach primär als eine Funktion der Leichtigkeit, mit der ein Artikel »entschlüsselt« werden kann. Artikel mit einfacherem Vokabular, aktiven und konkreten Wörtern, kürzeren Sätzen, weniger wissenschaftlichen Fachausdrücken und mehr Beispielmaterial bereiten jedenfalls mehr stimulierende Lesefreude als Artikel mit entgegengesetzten Merkmalen. Vor diesem Hintergrund ist ein herausragendes Kennzeichen der boulevardformatigen Aufmachung, nämlich die sprachliche Adäquanzstrategie und die Orientierung an Oralität (vgl. Kap. 6.2.2), die genau diese formal-sprachlichen Aspekte berücksichtigt, als sehr positiv zu bewerten (vorausgesetzt, man sieht Verständlichkeit und Erinnerungsleistung als positiven erwünschten Effekt an).

Ein weiteres typisches Kennzeichen einer formal-sensationalistischen Aufmachung ist die grobe Plakativität unter großzügiger Verwendung visueller Reize. Bilder werden besser erinnert und besser wiedererkannt als Wörter. Dies ist seit der Jahrhundertwende bekannt und seitdem konsistent bestätigt worden. Bilder werden nicht nur besser behalten als Wörter, es wird auch die spezifische Erscheinungsform von Bildern erinnert (vgl. Engelkamp, 1991, 280). Diese bessere Erinnerung führt offensichtlich zu einer differentiellen Wahrnehmung der Wichtigkeit von Themen: Wanta (1988) konnte z. B. experimentell einen Visualisierungs-Agenda-Setting-Effekt nachweisen: Seine Versuchspersonen bekamen über einen Zeitraum von 14 Tagen Ausgaben des *American Statesman* kostenlos zugestellt und wurden gebeten, diese regelmäßig genau so zu lesen, wie sie es sonst auch tun würden, und darüber hinaus keine anderen Tageszeitungen zu lesen. Drei Tagesausgaben mit Titelblattvariation (dominantes Foto, normales Foto, kein Foto) galten als Stimulusmaterial. Im Pre-/Posttest-Vergleich (eine Woche vor Stimulus und 2 Tage nach Stimulus) ergab sich ein signifikanter Anstieg der wahrgenommenen Bedeutung der Themen mit Bildmaterial: Je größer das Foto, desto wichtiger erschien den Probanden das Thema. Brosius (1990) stellte ähnliche Effekte bei der Visualisierung von Fernsehnachrichten fest:

> »Bilder bei Meldungen führen nicht dazu, daß die Meldungen besser und elaborierter verarbeitet werden, vielmehr scheinen die Rezipienten bebilderte Meldungen für subjektiv wichtiger zu halten, so daß sie sie bereitwilliger wiedergeben, ohne ihre Struktur besser gespeichert zu haben. Der Bildvorteil dürfte damit eher in einer veränderten Wahrnehmung der Bedeutsamkeit von Meldungen und nicht in einer tieferen oder breiteren Verarbeitung der Meldungen an sich liegen« (Brosius, 1990, 211).

Überdies können stark emotionale Bilder einen Einfluss auf den wahrgenommenen Schwerpunkt eines Beitrags haben (vgl. Brosius, 1995, 199 und 203; auch Brosius, 1993); der Teil einer Nachricht, der mit emotionalen Bildern unterlegt wird, wird als thematischer Schwerpunkt der Meldung wahrgenommen, außerdem wird die Relevanz des bebilderten Sachverhalts überschätzt, d. h. dass allein durch eine sensationalistische Visualisierung Kultivierungseffekte hervorgerufen werden können: In Experimenten zur Wirkung emotionaler Bilder konnte festgestellt werden, dass emotionale Bilder in Nachrichten im Vergleich zu neutralen Bildern auf die Anzahl der richtigen Antworten keinen Einfluss hatten, dass sich jedoch bei den falschen Antworten ein Kultivierungseffekt zeigte: Die Rezipienten, die die emotionalen Bilder gesehen hatten, überschätzten das Ausmaß des berichteten Problems, indem sie die Anzahl der Betroffenen, Opfer etc. zu hoch bezifferten (vgl. Brosius, 1998, 224).

Einige Präsentationsmerkmale werden in der Literatur nahezu einstimmig als hochgradig emotionalisierend angesehen, wie beispielsweise drastische Bilder, die die Ausübung sowie die Folgen von Gewalt visualisieren, jegliche Form der

Darstellung sexueller Reize sowie ferner furchtauslösende und ekelerregende Bilder (vgl. Lang, 1990; Brosius, 1995, 182). Dass diese Annahme tatsächlich zutrifft, konnte in einer Untersuchung zur Informationsverarbeitung belegt werden, bei dem den Versuchspersonen eine neutrale Version unterschiedlicher Nachrichtenbeiträge und eine stark emotionale Version der jeweiligen Beiträge vorgeführt wurden (Brosius, 1995). Die emotionalen Versionen waren mit gewalthaltigen Bildern (Ausübung von Gewalt, Darstellung verursachter Schäden), mit furchtauslösenden Bildern (Kinder, die vor fahrende Autos laufen) und mit ekelerregenden Bildern (Kloaken, tote und hautkranke Fische) unterlegt. Die emotionalen Versionen wurden von allen Probanden als eindeutig emotionaler bewertet als die neutralen Versionen.

Doch wie wirken sich derartige Bilder auf Einstellungen bzw. Bewertungen von Themen aus? Diese Forschungsfrage sei erst selten bzw. überhaupt nicht gestellt worden, wie Zillmann & Gan in ihrer Pionierstudie betonen: »Investigations exploring the influence or pure variations in compelling versus noncompelling imagery on the perception of issues and related beliefs and attitudes, especially in the news context, do not seem to exist« (1996, 291). Die Autoren gingen in ihrer Untersuchung der Frage nach der differentiellen Wirkung ungewöhnlicher, emotional-aufrüttelnder, drastischer Bilder auf die Kultivierung einer bestimmten Risikowahrnehmung nach. 95 Versuchspersonen wurden vier visuell variierte Fernsehnachrichtenbeiträge gezeigt, von denen sich einer mit den medizinischen Risiken, aufgrund übermäßigen Sonnenbadens an Hautkrebs zu erkranken, beschäftigte, und der im Bildmaterial variiert wurde: Eine besonders aufrüttelnde Visualisierung bestand in Detailaufnahmen von schuppigen Zellveränderungen und Melanomen sowie in dermatologischen und chirurgischen Entfernungsmaßnahmen (medizinisches Lehrfilmmaterial). Als abhängige Variablen wurden die Wahrnehmung des Gesundheitsrisikos allgemein, die Akzeptanz gegenüber vorbeugenden Maßnahmen sowie der Glaube an das persönliche Gesundheitsrisiko erhoben (11-Punkt-Skalen). Die Probanden wurden unmittelbar nach Präsentation des Stimulus und zwei Wochen später befragt. Interessanterweise ergaben sich keine kurzfristigen Effekte, da kaum Unterschiede bestanden zwischen den Personen, die mit normalem Bildmaterial konfrontiert worden waren, und denen, die die aufrüttelnden Bilder gesehen haben. Dafür ermittelten die Autoren starke langfristige Effekte: Auf allen drei abhängigen Variablen konnten bei der Gruppe mit normalen Bildern nach zwei Wochen Abschwächungseffekte registriert werden, während die Wirkungen bei der Gruppe mit aufrüttelnden Bildern auf gleich hohem Niveau blieben bzw. sich sogar noch verstärkten (vgl. hierzu Abb. 45): »The findings support the proposal that compellingly threatening images in news reports or similar informational presentations that disclose dangers and risks are capable of exerting a disproportionately strong influence on public perceptions of risk, on the acceptance of protection against it, and on the assessment of personal risk« (Zillmann & Gan, 1996, 301).

Abb. 45: Wahrnehmungsunterschiede bei normalem und extremem Bildmaterial

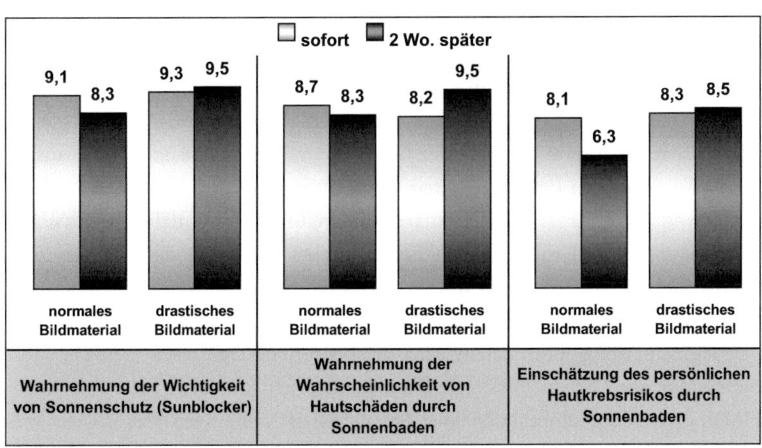

Vergleich Gruppenmittelwerte 11-Pkt-Skala; 2 Zeitpunkte

Quelle: eigene Darstellung nach Zillmann & Gan, 1996

Wie sich die als typisch sensationalistisch ermittelte formale Themenaufbereitung auf Emotionen, Erinnerung und Bewertungen des Gezeigten (Glaubwürdigkeit) niederschlägt, hat Grabe (1998b) in einer der seltenen Studien untersucht, die sich mit der differentiellen Wirkung solcher formaler Kriterien auseinandersetzen. Diese Vorgehensweise ist besonders interessant vor dem Hintergrund, dass die meisten Kritiker des Boulevardjournalismus diesem eine geradezu »erschlagende« Wirkung der sensationalistischen Aufmachung vorwerfen: »Tabloid news is dismissed as a sensational and incompetent source of information where form overpowers content« (Grabe, 1998b, 2). In einer früheren Studie hatte die Autorin bereits die wichtigsten formalen Unterscheidungsmerkmale zwischen Boulevard- und normalen Nachrichtenmagazinen zusammengestellt (vgl. hierzu Kap. 6.2.4; Grabe, 1998a): Es handelte sich (bezogen auf das US-amerikanische Fernsehen) um Musikeinsatz, spezielle Soundeffekte, Zeitlupe, Blitze als Schnittübergänge und die Distanzlosigkeit in der Stimmlage des Reporters. Die Frage nach der Wirkung dieser Charakteristika schließt sich logisch an: »What is not clear is if the flamboyant format of tabloid news (1) interferes with the delivery of information and (2) influences viewer's perceptions of the newsworthiness and trustworthiness of news messages« (Grabe, 1998b, 3). Als Stimulusmaterial wurden News Stories u. a. über eine Geiselnahme, einen Tornado in Texas, eine Überschwemmung im Mittelwesten, eine Flaggenverbrennung u. ä. (also über typisch sensationelle Themen) verwendet, die in den Versionen inhaltlich (visuell und verbal) absolut konstant gehalten wurden, und nur in formaler und stimmlicher Hinsicht in einer Standardnachrichtenversion und einer Boulevardversion variiert wurden. Gemessen wurde a) der Erregungsgrad der Versuchspersonen (Studenten und Arbeiter) über physikalische Messung sowie Selbstbericht[123], b) die Erinnerungsleistung über forced choice Computertest[124] sowie über telefonische Nachfrage 48 Stunden später und c) die Einschätzung der Informativität und Glaubwürdigkeit der Versionen sowie d) die Empfindung der Bedrohlichkeit der Situation.

Im Ergebnis ergaben sich einige Versionen-Haupteffekte: Alle Erregungs- und Aktivierungswerte waren in der Boulevardversion signifikant stärker ausgeprägt; die erregteren Personen waren bei der Wiedererkennungsaufgabe schneller. Ansonsten hatte aber die formale Aufbereitung keinen Effekt auf die Behaltensleistung; im Umkehrschluss heißt das aber auch, dass die Boulevardversionen nicht schlechter erinnert wurden als die Standardnachrichtenversionen, die ihrerseits allerdings für signifikant informativer und glaubwürdiger gehalten wurden. Zur wahrgenommenen Situationsbedrohung ergab sich kein Haupteffekt; dafür aber ein interessanter Interaktionseffekt mit dem Faktor Bildung: Höher Gebildete empfanden die Situationsbeschreibungen der Boulevard-Versionen als signifikant bedrohlicher als die Arbeiter. Als Erklärung kommt hier ein potentieller Desensibilisierungs-Effekt bei Letzteren zum Tragen, der einmal mehr verdeutlicht, wie wichtig die Hinzuziehung nicht-akademischer Versuchspersonen ist. Die Aufbereitung mit sensationalisierenden formalen Mitteln wie Musikeinsatz, spezielle Soundeffekte, Zeitlupe, Blitze als Schnittübergänge und die Distanzlosigkeit in der Stimmlage des Reporters werden offensichtlich als »boulevardesk« erkannt, was sich daran zeigte, dass diese Versionen als weniger informativ und weniger glaubwürdig bewertet wurden. Für »ungeübte« Zuschauer sind diese Dramatisierungsmittel in der Lage, den Eindruck einer gewissen Bedrohlichkeit der vermittelten Situationen zu verstärken.

Boulevardisierung – auch formaler Art – ist als Kontinuum zu betrachten. In dieser Studie wurden nur die Extremvarianten getestet. Interessant wäre nun der Vergleich zwischen unterschiedlichen Boulevardisierungsgraden, da dies sowohl zur Ermittlung von Grenzwerten (an welchem Punkt verlieren Beiträge ihre Glaubwürdigkeit, bzw. wann kippen positive erwünschte Wirkungen in negative um?) als auch zur Optimierungsmessung positiver Wirkungen (an welchem Punkt wird die beste Erinnerungsleistung erbracht?) beitragen kann. Erste Ansätze zur Umsetzung dieser Überlegungen liegen vor (vgl. Kap. 8.4). Die m. E. einzige Studie, die die Wirkungen formal-sensationalistischer Kriterien auf das konkrete Verhalten von Rezipienten untersucht hat, ist die Studie von Palmgreen et al. (2001) zur Wirkung einer Anti-Drogen-Kampagne auf das Verhalten von High Sensation Seekern. Diese Fernseh-Kampagne wurde in

---

[123] Die subjektive Einschätzung des Erregungsgrades wurde über einen Selbstbericht mittels SAM-Skala gemessen, bei der es sich um eine validierte Bilderskala zur Messung der selbstempfundenen emotionalen Erregung handelt; ferner wurden die Versionen auf semantischen Differentialen (10-Punkt.-Skala) beurteilt.

[124] Es handelte sich um einen Wahrnehmungstest, bei dem den Versuchspersonen 112 Zwei-Sekunden-Audio-Segmente in schneller Abfolge präsentiertiert wurden; die Probanden hatten 2 Sekunden Zeit, um zu sagen, ob sie die Sequenz gehört haben oder nicht.

zwei Gemeinden ausgestrahlt und war speziell auf High Sensation Seeker zugeschnitten, weil sie anerkanntermaßen zur Drogenrisikogruppe gehören. Das bedeutete konkret, dass die Beiträge mit einem High Sensation Value versehen wurden, worunter die Autoren solche formalen Kriterien verstanden, »which elicit greater sensory, affective, and arousal responses«; (...) »are novel, dramatic, emotionally powerful or physically arousing, graphic or explicit, unconventional, fast-paced, or suspenseful« (Palmgreen et al., 2001, 292). Sie benutzten darüber hinaus Teenager als Schauspieler, zeigten in den dramatischen, überraschenden und stark emotionalen Beiträgen negative Konsequenzen und Risiken des Drogenmissbrauchs auf – diese waren vorab in Fokus-Gruppen als persönlich besonders schlimm für High Sensation Seeker ermittelt worden[125] – und platzierten eine der drei 30-sekündigen Kampagnen in einem Programmumfeld, das nachweislich vor allem von jüngeren High Sensation Seekern geschaut wurde. Die Autoren gehen davon aus, dass mindestens 70 % der Zielgruppe wöchentlich drei Werbespots sahen; jeweils nach einem Monat wurden persönliche Befragungen bei 100 zufällig ausgewählten Probanden durchgeführt (insgesamt 32mal).

Eines der zentralen Ergebnisse war, dass die Kampagne einen Aufwärtstrend im Drogenkonsum umkehren konnte. Das galt in erster Linie für High Sensation Seeker, die ja als Zielgruppe anvisiert worden waren; der High Sensation Value der Kampagne verstärkte bei ihnen die Botschaftserinnerung, eine stärker negative Einstellung gegenüber Drogen, eine geringere Motivation, Drogen zu benutzen, und die Bereitschaft, bei einer Beratungshotline anzurufen; die Effektivität der Kampagne wurde bei Platierung in einem High Sensation Value Programmumfeld noch verstärkt. Bei Low Sensation Seekern, die ohnehin weniger Drogen nutzen, hatte die Kampagne keinen Effekt. Als Hauptergebnis halten die Autoren fest: »All 3 campaigns resulted in significant reductions in marijuana use in high-sensation-seeking adolescents. In Knox County, effects still were evident several months after the campaign. There, the estimated drop in the relative proportion of high-sensation seekers using marijuana was 26,7 %« (Palmgreen et al., 2001, 295).

Die bislang referierten Ergebnisse lassen sich insgesamt einordnen in die sogenannte Vividness-Forschung. Diese Forschungsrichtung beschäftigt sich mit der unterschiedlichen Lebhaftigkeit von Informationen und kommt dabei nach Nisbett und Ross (1980) zu dem Schluss, dass das Urteil der Rezipienten um so stärker beeinflusst wird, je lebhafter die präsentierten Informationen sind. Studien, in denen unterschiedliche Ausdrucksformen verwendet worden sind (konkret/bildhaft vs. abstrakt, Bild/Film vs. Text, direkte vs. vermittelte Erlebensebene, Fallbeispiele vs. statistische Informationen), hätten diesen Einfluss immer wieder bestätigen können. Lebhaftigkeit definierten die beiden Autoren als

125 z. B. Wirkung auf Beziehungen, Verlust an Motivation und Koordination, Lungenschäden und ungerechtes Urteilen

»stimuli that are emotionally interesting, concrete and imagery provoking, and proximate in a sensory, temporal or spatial way« (Nisbett & Ross, 1980, 4). In seinem Forschungsreview zum Zusammenhang von journalistischem Stil und Rezeptionsverständnis kommt Denis McQuail auf der Basis der international einschlägigen Studien zu dem Fazit:

> »The findings are complex, but leave us with the broad conclusion that attributes of ›personalization‹ (human interest), ›concreteness‹ and vivid ›visual presentation‹ are the message (content) factors most predictive of audience comprehension and recall.« (...) »...factors such as personalization, ease of vocabulary and vivid display, which are sometimes criticized as ›sensationalizing‹, ›trivializing‹ or as interfering with true informative purpose, can be powerful aids to comprehension« (1992, 212).

Als Ursache für die starke Anziehungskraft und Wirkung lebhafter Informationen sehen z. B. Taylor & Thompson (1982, 155ff.) den Wunsch des einzelnen nach leichterer Rezeption und stärkerem Behalten bei der Rezeption, nach leichterer Wiedererinnerung zum Zeitpunkt der Urteilsbildung, nach konkreterer Vorstellung vom Urteilsobjekt sowie nach größerer emotionaler Beteiligungsmöglichkeit. Die sozial-kognitive Lerntheorie erklärt sich diese Wünsche nun wiederum daraus, dass sich der Mensch in seinem Alltagshandeln und in seiner Urteilsbildung nicht an wissenschaftlicher Rationalität orientieren könne, sondern vom Zwang zur Reduktion von Komplexität bestimmt werde und seine Wahrnehmung von Lebenserfahrung und der Überprüfung auf Alltagstauglichkeit bei der Lösung alltäglicher Aufgaben gesteuert werden. Daher würden bevorzugt solche Informationen herangezogen, die (kognitiv) besonders leicht zugänglich sind (»Verfügbarkeitsheuristik«; vgl. hierzu die klassische Studie von Tversky & Kahneman, 1973). Dieses »Modell der Alltagsrationalität«, das zuerst von Brosius (1995) auf die Rezeption von Nachrichten angewendet und überprüft wurde, ist von Kutschera (2001) zusammengefasst und auf Medienrezeption allgemein übertragen worden. Er geht – ganz im Einklang zum dynamisch-transaktionalen Ansatz der Medienwirkung – davon aus, dass die Selektivität bei der Informationsaufnahme zum einen reizgesteuert sei: Lebhafte und emotionale Formen und Inhalte steuern die Wahrnehmung und fördern die Erinnerung. Sie sei zum anderen aber auch rezipientengesteuert, da Einzelheiten bereits während der Rezeption in Schemata umgesetzt werden: »So werden beispielsweise viele Rezipienten die Einzelheiten eines berichteten Chemieunfalls nicht registrieren, sondern lediglich vermerken: ›Schon wieder ein Chemieunfall‹. Oder aktueller und gesellschaftlich bedenklicher: ›Schon wieder ein Kindesmißbrauch mit Todesfolge‹« (Kutschera, 2001, 56f.). Aufgrund der Fülle der auf sie einströmenden Informationen haben Menschen kognitive semantische Strukturen entwickelt, mit denen die Informationsmenge sinnvoll reduziert werden kann. Schema oder Script ist wohl die bekannteste Bezeichnung für solche kognitiven Strukturen, die unsere Informationsverarbeitung maßgeblich beeinflussen. Unter Schemata kann man sich aktive Strukturen im Gedächtnis vorstellen, die bereits existierende Annahmen darüber bündeln und organisieren, wie die Welt um uns herum aufgebaut ist und wie Objekte, Ereignisse und Personen klassifiziert werden können.

Auf der Basis dieser Überlegungen nimmt Kutschera an, dass ein Rezipient, der einen medial wahrgenommenen Sachverhalt wiedergeben soll, nicht – wie im rationalen Modell zu erwarten wäre – von der exakten dargestellten Information ausgeht, sondern von seiner individuellen (schemageleiteten) Bewertung dieser Information, also so, wie er sie (mittels Faustregeln, Verallgemeinerungen, Stereotypen etc.) wahrgenommen hat. Dabei sucht er nach episodischen Informationen, die mit seiner generellen Bewertung im Einklang stehen (Kutschera, 2001, 49). Bei der mehr oder weniger zeitgleichen Urteilsbildung erfolge eine Orientierung am Alltag und hier vor allem – aufgrund der leichteren Verfügbarkeit – an (personalisierten) Einzelfallinformationen[126]. Mit anderen Worten: Beiträge, die eine bestimmte narrative, einzelfallbasierte Erzählstruktur aufweisen, müssten aus dieser Sicht heraus die Urteilsbildung der Rezipienten leichter und nachhaltiger beeinflussen, als das bei der Rezeption der Standardnachrichtenform der Fall wäre. Diese These soll im folgenden Kapitel auf der Basis vorhandener empirischer Erkenntnisse untersucht werden.

Zwischenfazit

1. Eine plakative, visuell lebendige Aufmachung verstärkt die Aktivierung und fördert die Erinnerung.
2. Die für einen sensationalistischen Stil typische Orientierung an Oralität (einfaches und verständliches Sprachniveau, direkte Rede, ansprechende rhethorische Mittel) erhöhen die Lesbarkeit, das Textverständnis und das Interesse weiterzurezipieren.
3. Eine sensationalistische Aufmachung steuert die Selektion und die Wahrnehmung der Wichtigkeit eines Problems.
4. Was die differentielle Wirkung sensationalistischen Bildmaterials (emotional-aufrüttelnd, drastisch, auch ekelerregend) anbelangt, konnten längerfristige Kultivierungseffekte im Sinne einer sensibilisierten Risikowahrnehmung belegt werden.
5. Sensationalismus in der formalen Aufbereitung von Themen kommt offensichtlich den Rezeptionsbedürfnissen von High Sensation Seekern entgegen und kann sogar zu verhaltenswirksamen Effekten führen.

[126] Das steht im Einklang mit neueren Befunden zur kognitiven Bedeutung von Nachrichtenfaktoren bei der Rezeption. Eilders (1997; s. auch Eilders & Wirth, 1999) untersuchte neben der Nutzungsentscheidung der Rezipienten auch den Einfluss von Nachrichtenfaktoren auf die beitragsinternen Selektionsvorgänge, die sich in einer bestimmten Akzentuierung bei der Nachrichtenwiedergabe niederschlagen. Ein besonderes Schwergewicht hatte hierbei der Nachrichtenfaktor Personalisierung (vgl. besonders Eilders & Wirth, 1999, 50ff.).

8.3 Fiktionalisierter Realismus – die Kraft sensationalistischer Erzählstrukturen

Neben der spezifischen Themenauswahl und einer spezifischen, besonders lebhaft-plakativen formalen und sprachlichen Aufbereitung ist ein drittes Charakteristikum der sensationsjournalistischen Strategie anzuführen und in seinem Wirkungspotential zu durchleuchten: die narrative Struktur der Beiträge, die dadurch gekennzeichnet ist, dass reale Nachrichtenereignisse in der Form einer Human Interest Story möglichst dramatisch vermittelt werden. Gerade diese Kombination aus Bezug zu realen Ereignissen und erzählerischer Fiktionalisierung entfaltet eine doppelte Kraft.

Der wahrgenommene Realismusgrad des Dargestellten erhöht die emotionale Gereiztheit sowie damit zusammenhängend die Empathiefähigkeit. Telefoninterviews sowie Gruppendiskussionen zu Infotainment-Programmangeboten in der Schweiz ergaben, dass sich die emotionalen Beurteilungsdimensionen der Sendungen je nach wahrgenommenem Realitätsgrad unterschieden: Je realistischer eine Sendung ihre Inhalte präsentierte, desto stärker gingen die Beurteilungen in Richtung ›aufwühlend‹. Stärker als fiktional wahrgenommene Präsentationen wurden dagegen eher mit Kategorien wie ›spannend‹, ›unterhaltsam‹ usw. bewertet (vgl. Steinmann, 1991).

Schorr (1995) ging in einem Experiment folgenden Forschungsfragen nach: Gibt es Unterschiede beim emotionalen Erleben bei Serienbeiträgen und Reality-TV gleichen Inhalts? Führen verschiedene Instruktionen bzgl. des Realitätsgehaltes zu einer Intensivierung des Erlebens? Stimuli waren je drei, den Versuchspersonen unbekannte Folgen von Reality-TV- und (Krimi-)Serienbeiträgen mit jeweils drei verschiedenen Instruktionen (Wirklichkeit nachgedreht, rein fiktional, ohne Instruktion). Per Fragebogen erfasst wurden u. a. die subjektiv eingeschätzte emotionale Befindlichkeit, der Grad der empathischen Einfühlung (Mitgefühl und Sympathie für andere Menschen), die persönliche Betroffenheit (emotionale Reaktionen auf andere) sowie die Intensität der Erleichterung und Freude über einen positiven Ausgang. Als Hauptergebnis konstatiert die Autorin, dass Reality-TV-Beiträge ein signifikant höheres Maß an emotionaler Gereiztheit (Erregtheit und Empfindlichkeit) beim Zuschauer auslösen, als das bei den Serienbeiträgen vergleichbaren Inhalts der Fall war. Das gleiche gilt für empathische Einfühlung, persönliche Betroffenheit und Erleichterung über einen positiven Ausgang. Bei den Serienbeiträgen führte die Instruktion, es handele sich um reale Ereignisse, die nachgestellt wurden, zu einer Intensivierung der emotionalen Reaktion beim Zuschauer; bei dieser Instruktion erlebten die Versuchspersonen gleich starke emotionale Reaktionen wie bei den Reality-TV-Versionen (vgl. Schorr, 1995, 198). Die Vorstellung, dass das Dargestellte authentisch ist, dass »negative Deviationen des Alltäglichen« (also kriminelles und nicht kriminelles deviantes Verhalten sowie plötzlich einbrechende Unglücksfälle) und deren erfolgreiche Bewältigung so tatsächlich passiert sind, bewirkte beim Zuschauer eine höhere emotionale Gereiztheit und stärkere Einfühlungsbereitschaft.

Grimm berichtet von einem Experiment, bei dem ein Anstieg der Hilfsbereitschaft im Anschluss an die Reality-TV-Sendung »Notruf« beobachtet werden konnte. Der Anstieg war am höchsten in der Gruppe, die mit schlimmen Brandwunden eines Jungen in Großaufnahme konfrontiert worden waren. Der Autor bemerkt zu diesem Ergebnis: »Gerade das, was dem Voyeurismus-Verdacht am meisten ausgesetzt ist, vermittelt den stärksten prosozialen Impuls« (Grimm, 1995, 92). Die einzige Gruppe, bei der keine Wirkung gemessen werden konnte, hatte eine gekürzte Version gesehen, bei der das Fazit der Rettungsgeschichte herausgeschnitten worden war. Die einfache Abfolge von Unfallbildern und dramatischen Rettungsaktionen ohne narrativen Rahmen konnte also keinen Anstieg der Hilfsbereitschaft auslösen. Der Realismusgrad scheint daher nicht die einzige Erklärung für die emotionale Effektivität solcher Beiträge zu sein. Realistische Gewaltdarstellungen (z. B. in Nachrichten), die nicht in irgendeiner Weise dramatisierend nachbearbeitet wurden, werden – unabhängig von soziodemographischen Faktoren – als unangenehmer und weniger attraktiv empfunden (vgl. Goldstein, 1998, 220; auch Gunter, 2000, 156f.).

In einem Experiment mit Studierenden, denen drei widerwärtig brutale Dokumentarfilme gezeigt wurden (Verspeisung von Affenhirn, Schlachthausszene, Kopfoperation an jungem Mädchen), hielten die Rezipienten nur die Hälfte der Zeit durch; insgesamt wurde das Gezeigte als unattraktiv, abstoßend und ekelhaft beurteilt. Eingebettet in andere narrative Präsentationsformen (z. B. im Genre Horrorfilm) werden solche Gewaltszenen jedoch nicht als abstoßend empfunden. Der Autor vermutet daher, dass Gewalt dann als angenehm rezipiert wird, wenn sie dramatisch distanziert bzw. in irgendeiner Form fiktionalisiert wird: »[T]hese three films were disgusting rather than enjoyable because they were loaded with cues for reality and were lacking the frame of dramatic fiction« (McCauley, 1998, 161). Zillmann denkt in die gleiche Richtung. Es sei experimentell abgesichert, dass nicht die (reale) Gewalt per se emotional besonders attraktiv sei. Für den Rezeptionsgenuss spielten auch die Projektion klassischer Volksmythen über das Gute und das Böse sowie der Glaube an eine ordnende und gerechte Kraft, die Gefahren und Bedrohungen kontrolliere, eine Rolle:

> »[I]t is not violence per se that attracts; much of the appeal of violent drama derives from the projection of the successful control of threats and dangers. It appears to be the promise of safety in a just and orderly world, manifest in the good forces' ultimate triumph over the evil ones, that is ›music to the ears of the fearful‹ and that defines an essential element of the appeal of violent drama« (Zillmann, 1998, 186f.).

Zillmann geht davon aus, dass wir in der Rezeption eine kontinuierliche, nicht unvoreingenommene Beurteilung der Handlungen anderer vornähmen (= Monitoring): Wir hätten bei Handlungen, die wir als gut erachten, eine positive Disposition, bei Handlungen, die wir als schlecht oder falsch erachten, eine negative Disposition oder eine gleichgültige Disposition, wenn weder das eine noch das andere oder beides gleichstark zutreffe. Beobachtete Handlungen gingen mit einer moralischen Vorabbeurteilung einher, die zu bestimmten moralischen Erwartungen führen (der Gute soll belohnt werden, der Schlechte bestraft). Eine Fülle dispositionstheoretischer Arbeiten bestätige, dass z. B. negative Dispositionen stark zur Freude über Erniedrigung, Sieg und Zerstörung verhasster Parteien beitragen, egal, welche Grausamkeit ihnen widerfährt (= »poetic justice«): »As we have morally condemned a villain for raping and maiming, for instance, we are free to hate such a person, can joyously anticipate his execution, and openly applaud it when we finally witness it« (Zillmann, 1998, 202). Im Umkehrschluss heißt das, dass Gewalt, die als ungerecht, schicksalhaft, unverschuldet angesehen wird, zu positiver Empathie führt. Zillmann geht desweiteren davon aus, dass der Genuss des Dramas beim Reality-TV den selben Prinzipien wie bei fiktionaler Erregung unterliege. Er werde nur nochmals durch die Tatsache, dass es dort um reale Ereignisse geht, verstärkt (vgl. ebd., 209).

Dass gerade die Kombination aus hohem Realitätsgehalt und dramatisch fiktionalisierter Erzählstruktur offensichtlich zu sich gegenseitig verstärkenden Effekten führt, belegten Früh & Wirth (1996) in ihrer Rezeptionsstudie zum Reality-TV. Bezogen auf das Genre gingen die Autoren vom einem verdoppelten Rezeptionsvergnügen aus, das aus der Wechselwirkung zwischen einem erhöhten Unterhaltungs- und gleichzeitig erhöhten Informationswert resultiert. Diese Wechselwirkung konnte in einem relativ komplexen Experiment mit verschieden stark dramaturgisch aufbereiteten Filmversionen und verschiedenen Realitätsinstruktionen nachgewiesen werden. Filmbeiträge werden demnach tatsächlich als umso unterhaltsamer empfunden, je stärker diese dramaturgisch aufbereitet waren. Gleichzeitig wurden sie als informativer perzipiert. Es gab lediglich eine Ausnahme, nämlich die reine Sprechermeldung, die als am informativsten empfunden wurde – ein Effekt, der mit der Aktivierung des Nachrichtenschemas erklärt werden kann. Der subjektive Informationswert stieg signifikant an, wenn die Filmbeiträge als real angekündigt wurden. Die vier untersuchten Informationsqualitäten trafen in den Augen der Rezipienten allesamt signifikant stärker auf die realen als auf die fiktionalen Versionen zu. Darüber hinaus erhoben die Autoren, ob bestimmte Publikumsteile für Reality-TV empfänglicher sind und wie sich das auf die Perzeption auswirkt. Bei Personen mit Vorliebe für Soft News sind die beschriebenen Effekte stärker als bei Personen ohne diese Präferenz; ferner sind sie stärker bei Viel- und Unterhaltungsnutzern (vgl. Früh & Wirth, 1996, 441-444).

Donohew und Kollegen haben in einer Reihe von Studien herausgefunden, dass ein narrativer Schreibstil von Nachrichten Einfluss auf das physiologische Aktivierungslevel, den affektiven Zustand und die Lust weiterzurezipieren hatte. »[N]ews stories written in a narrative style generated significantly more arousal than did those presented in a more traditional inverted-pyramid newspaper style, even though both contained the same set of facts« (Donohew, Finn & Christ, 1988, 200). Die Lektüre der traditionellen Version bewirkte – gemäß Selbstbericht der Probanden – auch eine schlechtere Stimmung. Eine Interpretation der Autoren hierzu ist, dass der story-basierte Stil durch sein stärkeres Erregungspotential gleichzeitig den Rezeptionsgenuss erhöht (vgl. ebd.). Ebenso sei mittlerweile gut belegt, dass ein narrativer Nachrichtenstil ein größeres Textverständnis generiere (vgl. Donohew, Finn & Christ, 1988, 201); darüber hinaus wurden für Human Interest Stories signifikant bessere Behaltensleistungen gemessen (Price & Czilli, 1996). Auch Slater (1997, 134) resümiert: »The relative automaticity of processing narrative information, and the power of narrative to engage our attention, processing, and memory, are well documented« (vgl. hierzu Bower, Black & Turner, 1979; Graesser, 1981; Mandler & Johnson, 1980).

Doch warum ist das so? Zur Beantwortung dieser Frage lohnt nochmals ein Blick auf die typischen Ingredienzien des narrativen Stils. Bei der Human Interest Narration handelt es sich um melodramatische Geschichten mit Spannungsaufbau durch diskursive Zuspitzung zur menschlichen Tragödie bzw. Komödie, die vorrangig erreicht wird durch familiarisierte Personalisierung und starke Emotionalisierung mittels expliziter Darstellung menschlicher Emotionen sowie deren Verbalisierung von seiten eines Journalisten oder der betroffenen Protagonisten selbst (vgl. Kap. 3.3). Familiarisierte Personalisierung oder anders ausgedrückt: die Einzelfallgeschichten betroffener alltagsnaher Akteure – im Gegensatz zu Statements von offiziellen Akteuren – erhöhen die Chance, dass ein Thema von seiten der Rezipienten stärkere Beachtung findet. Es steigert das Informationsinteresse und eine erleichterte Auseinandersetzung mit den Inhalten (vgl. hierzu Hamm, 1990). Diese Erleichterung ergibt sich daraus, dass die Zurückführung einer Handlung oder eines Ereignisses auf eine Person und deren Motive eine einfache kausale Organisation zulässt; der Einfluss anderer Faktoren kann außer acht gelassen bzw. vereinfacht werden. Ereignisse werden damit leichter verstehbar, vorhersagbar und kontrollierbar.

Doch welche einstellungsrelevanten Wirkungen hat nun die personalisierte Einzelfalldarstellung? Bei Fallbeispielen handelt es sich ganz allgemein um als typisch angesehene, also verallgemeinerbare Einzelschicksale bzw. Einzelmeinungen von i. d. R. nicht-prominenten Personen, die quasi pars pro toto als Betroffene dargestellt bzw. befragt werden. Die erste detaillierte Inhaltsanalyse zur Verwendung von Fallbeispielen im Fernsehen wurde von Daschmann & Brosius (1997) vorgelegt. Die Auswertung der Berichterstattung der aktuellen Fernsehmagazine der sechs marktanteilsstärksten deutschen Sender über einen Zeitraum von fünf Wochen des Jahres 1995 ergab, dass der Anteil der Berichte, die mit Experteninterviews, konkretem Zahlenmaterial und plastischen Schaubildern arbeiteten, bei Politik- und Wirtschaftsmagazinen signifikant höher war als insbesondere bei den Boulevardmagazinen, die weit häufiger Fallbeispiele benutzten (vgl. Daschmann & Brosius, 1997, 501). Die Verwendung der Fallbeispiele im Boulevardjournalismus ging darüber hinaus häufig einher mit unspezifischen und unbelegten Verallgemeinerungen, »so daß der Zuschauer wenig Möglichkeiten hat, Tragweite und Brisanz des Problems zu beurteilen« (ebd., 493). In seiner Dissertation – die er auf der Basis dieser Befunde nicht umsonst mit einem Fallbeispiel aus der *Bild*-Zeitung beginnt – widmete sich Daschmann (2001) dann ganz der Frage nach den Wirkungen dieses journalistischen Stilmittels. Dem Autor ging es nicht um die Anprangerung der (quasi »unsozialwissenschaftlichen«) Verwendung von Fallbeispielen im Journalismus – diese seien vor dem Hintergrund eines hohen Aktualitätsdrucks und der normativen Vorgabe, Probleme möglichst einfach, verständlich und nachvollziehbar zu gestalten, durchaus systemrational und legitim (vgl. ebd., 78, 87). Auf der Basis selbstdurchgeführter Experimente und einer systematischen synoptischen Zusammenstellung der Befundlage zur experimentellen Erforschung der Wirkung von Fallbeispielen kommt Daschmann zu folgendem Fazit:

> »Die Folgen der journalistischen Verwendung von Fallbeispielen sind irrational: Trotz ihres geringen diagnostischen Urteilswertes können Fallbeispiele die Realitätsvorstellungen vieler Rezipienten formen oder verändern und z. T. auch deren Ansichten und Meinungen beeinflussen. Die beeinflußten Realitätsvorstellungen sind vor allem Ansichten über Häufigkeiten und Meinungsklimata; aber auch die Einschätzung von Risiken, die Dringlichkeit von Problemen oder die Zuweisung von Schuld und Verantwortung können beeinflußt werden« (Daschmann, 2001, 325).

Und zwar in der Form, dass es zu einer systematischen Wahrnehmungsverzerrung in Bezug auf die Inhalte/Meinungen kommt, die in den Fallbeispielen präsentiert werden. Die Ursache des starken und stabilen Wirkungspotentials von Fallbeispielen – und das ist eines der interessantesten Befunde der Arbeit von Daschmann – sind weder über Präsentationsmerkmale (wie z. B. die Verwendung von O-Tönen, direkter Rede, Sprechweise des Reporters, Lebhaftigkeit), noch über die soziale Ähnlichkeit mit den Personen der verwendeten Fallbeispiele, noch über soziodemographische Rezipientenmerkmale zu erklären (vgl. Daschmann, 2001, 315). Die hohe Stabilität des Effekts unter verschiedenen Bedingungen ließe vermuten, dass hinter den Wirkungen von Fallbeispielen ein grundlegender Wahrnehmungs- und Verarbeitungsmechanismus steckt. Diesen Wahrnehmungsmechanismus beschreibt Daschmann mit dem Begriff der »episodischen Affinität«, was bedeutet, dass der menschliche Kognitionsapparat gewohnheitsmäßig aus Einzelfallinformationen induktiv lerne und Rückschlüsse über das Wahrgenommene hinaus forme. »Da die Regel öfter auftritt als die

Ausnahme, sind typische Einzelfälle auch häufiger vorzufinden. Die Chance, in der natürlichen Reizumwelt auf typische Fälle zu treffen, und somit angemessene Schlußfolgerungen aus Einzelfällen zu ziehen, ist höher als die Gefahr, unangemessen zu urteilen« (ebd., 327). Dieser »alltagsrationelle« Schluss vom Einzelfall aufs Allgemeine ist aus dieser Perspektive nützlich und sinnvoll. Die Medienrezeption von Fallbeispielen ist jedoch dysfunktional, da hier eben nicht vorzugsweise die typischen (repräsentativen) Fälle ausgesucht werden, sondern eben besonders ausgefallene, dramatische und extreme. Dies trifft im Boulevardjournalismus in besonders ausgeprägter Weise zu.

Obwohl Fallbeispiele also nicht aufgrund ihrer Lebhaftigkeit, sondern aufgrund ihres Einzelfallcharakters wirken, ist im vorliegenden Zusammenhang dennoch die Frage relevant, ob die Lebhaftigkeit und Drastik der Präsentation – also die Sensationalisierung von Fallbeispielen – nicht zu einer Verstärkung des erläuterten Basiseffektes führt. Gibson & Zillmann (1994) untersuchten, wie sich besonders gewalttätige Fallbeispiele in Berichten über »carjacking« (Überfälle auf Autofahrer) auswirkten. Die Autoren produzierten vier verschiedene Versionen eines Berichtes, in denen die Fallbeispiele unterschiedlich extrem waren (von einer Version, in der das Opfer keine Verletzungen davontrug bis zu einer anderen, in der es ums Leben kam). Nachdem sie einen dieser Berichte gelesen hatten, sollten die Versuchspersonen einschätzen, wie oft sich solche Überfälle ereignen und ob es sich dabei um ein schwerwiegendes soziales Problem handele. Es stellte sich heraus, dass Probanden, die mit extremeren Einzelfallbeispielen konfrontiert worden waren, »carjacking« durchgängig als größeres Problem ansahen und auf den Beitrag betroffener reagierten als solche, die weniger extreme Beispiele gelesen hatten. Auch die Häufigkeit von solchen carjackings wurde von den Rezipienten extremer Fallbeispiele wesentlich höher eingeschätzt (und dabei stark überschätzt). Dieser Effekt ließ sich auch über längere Zeit noch nachweisen. Nicht nur die Auswahl der Fallbeispiele, sondern auch deren Extremität beeinflussen die Meinung der Rezipienten.

Aust & Zillmann (1996) variierten Fernsehnachrichtenbeiträge zu den Erlebnissen Betroffener mit vergiftetem Hamburgerfleisch und mit Schusswaffengebrauch in den USA nach Dramatik des Einzelfallbeispiels (sehr emotional/lebhaft/drastisch vs. nicht emotional/lebhaft); die Kontrollgruppe sah kein Fallbeispiel zum jeweiligen Thema. Zusätzlich wurde als unabhängige Variable die Empathiefähigkeit der Versuchspersonen erhoben. Als abhängige Variablen wurden die Dringlichkeit des Problems und die objektive sowie subjektive Risikoschätzung gemessen. Auch in dieser Studie konnten die Autoren – unabhängig von der Empathiefähigkeit – einen Versionen-Haupteffekt feststellen: Die dramatischeren Betroffenenstories lassen das Problem dringlicher erscheinen; die wahrgenommene Risikoschätzung wurde dagegen durch die unterschiedlichen Versionen kurzfristig nicht beeinflusst. Da jedoch keine Messung zu einem späteren Zeitpunkt erfolgte, kann über längerfristige Auswirkungen keine Aussage gemacht werden. Gegebenenfalls wären hier ähnliche Effektmuster zu erwarten wie in der bereits an früherer Stelle referierten Studie von Zillmann & Gan (1996) (vgl. Abb. 45).[127] Ein einzelfallbasierter narrativer Stil ist nicht nur in der Lage, vorhandene Einstellungen zu verstärken, stark involvierende Narrationen haben sogar das Potential, eine Einstellungs- und Verhaltensveränderung hervorzurufen (als Form des Edutainments werden narrative Darstellungen erfolgreich in Dritte Welt-Ländern eingesetzt, vgl. hierzu Brown & Singhal, 1990); durch eine besonders packende personalisierte Story könnten Gegenargumente unterdrückt werden (vgl. Slater, 1997, 137f.). Werte-diskrepante Botschaften, die narrativ-anekdotisch sind, werden als besser und weniger kritisch rezipiert als Botschaften mit statistischem Material (vgl. Slater & Rouner, 1996, 141).

Da unter Sensation eine bestimmte Ereignisqualität verstanden wird, die aufgrund einer spezifischen Wahrnehmungsqualität zustande kommt, könnte als moderierender – bislang in den Wirkungsstudien kaum beachteter – Faktor die Wahrnehmung des Sensationswertes einer Darstellung eine Rolle spielen. Diesen Zusammenhängen gingen Stephenson & Palmgreen (2001) in einer neueren Studie nach, in der sie die Frage untersuchten, wie die Wahrnehmung des Sensationswertes die Art, wie Jugendliche – aufgeteilt nach High und Low Sensation Seeker – die Argumente, die Storyline sowie die akustischen und visuellen Elemente einer für High Sensation Seeker konzipierten Anti-Drogen-Kampagne verarbeiten, beeinflusst. Demgemäß wurden drei Informationsverarbeitungsmodi unterschieden: a) die kognitive Verarbeitung (zentrale Route), d. h. inwiefern Argumente erfasst werden und auf das eigene Leben übertragen werden und ob die Validität einer Nachricht bedacht wird etc., b) die eher oberflächliche, emotional-impulsive, nicht-argumentative Verarbeitung (»sensory processing«, periphere Route), bei der eine stärkere Konzentration auf plakative Reize erfolgt sowie c) die narrative Verarbeitung, d. h. eine stärkere Fokussierung der gezeigten Charaktere, der Spielsituationen, der narrativen Entwicklung etc. (ebd., 53-55). Alle Versuchspersonen sahen drei narrativ dramatisierte Anti-Drogen-Spots mit hohem formalen Sensationswert, deren Wahrnehmung multidimensional mittels 17 bipolarer Skalen (7-Pkt.) erfasst wurde. Die sehr differenzierte und komplexe Studie erbrachte folgende hier besonders interessierende Ergebnisse: Bei größerer Sensationswert-Wahrnehmung wird die Informationsverarbeitung auf allen drei Ebenen erleichtert. Auf der kognitiven Ebene war dieser Zusammenhang allerdings stärker bei den Low Sensation Seekern zu beobachten, die sich also intensiver mit den Argumenten des Spots auseinandersetzten als das bei den High Sensation Seekern der Fall war (Stephenson & Palmgreen, 2001, 62f.). Für alle galt, dass höhere Sensationswert-Wahrnehmung mit stärker sensorischer Verarbeitung und positiver Bewertung der Reize zusammenhing. Für alle galt ebenso, dass die stärkere Wahrnehmung als sensatio-

[127] Die Version mit drastischerem Bildmaterial entfaltete in dieser Studie erst nach einiger Zeit die Wirkung einer höheren Risikowahrnehmung, an Hautkrebs zu erkranken.

nell mit stärkerer narrativer Verarbeitung und positiverer Beurteilung des Gesehenen zusammenhingen; dies galt allerdings stärker für die High als die Low Sensation Seeker: »Messages perceived to have greater sensation value elicited more elaboration about the characters, the situations, and the storylines; likewise, greater PMSV [perceived message sensation value; Anm. UK] also facilitated more positive narrative-related thoughts. For High Sensation Seekers, PMSV had its strongest effects on amount of narrative processing« (ebd., 65). Dieses Ergebnis stütze bereits vorliegende Befunde, nach denen narrative Botschaften eigene Gegenargumente stärker zurückdrängten und daher größere Überzeugungskraft bei denen besäßen, die diskrepante Werte vertreten (vgl. ebd.) – in diesem Fall also die eher drogengeneigten High Sensation Seeker. Eine narrative Informationsverarbeitung, also ein stärkeres Sich-Einlassen auf eine (in ihrer Machart positiv bewertete) Story und eine damit einhergehende stärker verdrängte kognitive inhaltliche Auseinandersetzung mit den gelieferten Argumenten wurde bei denjenigen besonders angeregt, die empfänglich für Sensationelles sind und die die Stimuli auch als sensationell wahrnehmen.

Zwischenfazit
Auf der Basis der bis hierher referierten Befunde kann festgehalten werden, dass ein sensationalistisch-narrativer Stil im Gegensatz zum reinen Nachrichtenstil wesentlich wirkungsvoller ist: Er führt zu stärkerer Aktivierung, stärkerer Aufmerksamkeit und höherem Rezeptionsgenuss, erleichtert das Informationsverständnis, ist – vor allem durch personalisierte Fallbeispiele und die damit zusammenhängende »episodische Affinität« der Rezipienten – in der Lage, die eigene Meinung bzw. die eigenen Argumente und die Wahrnehmung von Mehrheits- und Minderheitsmeinungen zu beeinflussen und kann zur Überschätzung der Relevanz eines Themas sowie einer verzerrten Wahrnehmung der Ausmaße eines dargestellten Ereignisses führen. Es ist darüber hinaus anzunehmen, dass sich diese Wirkpotentiale noch zusätzlich erhöhen, je nachdem, wie realistisch und wie sensationell das Dargebotene anmutet.

8.4 Grenzverletzung – die kontraproduktive Wirkung einer überstarken Aktivierung

In einem älteren unveröffentlichten Konferenzpapier bezeichneten Daniels und seine Mitarbeiter Sensationsnachrichten als »underdistanced«: Diese würden eine gute und als angenehm und akzeptabel empfundene psychologische Distanz zwischen Publikum und den Ereignissen der Welt verletzen. »Thus sensational stories provoke more sensory and emotional reactions than what is deemed proper and socially acceptable to desire or experience« (zit. in Tannenbaum & Lynch, 1960, 382). Auf den ersten Blick erscheint dieser Satz elitär-normativ und vor dem Hintergrund der bislang referierten Befunde zur Wirkung sensationalistischer Kommunikate als nicht gerechtfertigt: Warum sollte man höhere Aktivierung, bessere Erinnerungsleistungen, höheren Rezeptionsgenuss, stärkere Empathie etc. als unerwünscht verurteilen? Doch die Charakterisierung als »underdistanced« – im Deutschen substantivisch frei übersetzbar mit »Grenzverletzung« – wirft zumindest die Frage nach Grenzwerten auf: Gibt es ein »Zuviel des Guten« bei sensationalistischer Aufbereitung von Beiträgen?

Dass es offensichtlich einen Umkehrpunkt gibt, an dem eine lebendige, plakative und dynamische Präsentationsweise bezogen auf die ansonsten positiven Effekte eher kontraproduktiv wirkt, zeigten Früh & Wirth (1997) in einem Experiment, in dem sie verschiedene innen- und außenpolitische Beiträge (mit geringerer Aktualität und Relevanz) in ihrer Darstellungsdynamik in vier Versionen variierten. Die erste Gruppe zeichnete sich durch eine niedrige formale Dynamik aus, die Beiträge waren ruhig, langatmig, trocken gestaltet, waren textdominiert und enthielten lange Interviews mit Experten und lange Kameraeinstellungen. Die zweite Beitragsgruppe war schon nicht mehr so statisch: Am Anfang bzw. zwischendurch waren kürzere Abschnitte mit schnelleren Kamerabewegungen platziert. Die dritte Gruppe enthielt überwiegend Infotainment-Elemente wie relativ hohes Tempo mit Musik, wurden in einem modernen Studio in lockerem Umgangston anmoderiert, und die Beiträge wechselten zwischen statisch und dynamisch. Die vierte Gruppe schließlich zeichnete sich durch ein rasantes Tempo der Kamera- und Objektbewegungen, durch kurze Einstellungen, Animationen, Spezialeffekt und wechselnde Musikthemen – also durch eine typisch sensationalistische Aufbereitung – aus. Als abhängige Variablen wurden u. a. die Wahrnehmung der Informationsqualität und das Wissen zu den Beiträgen (Erinnern und Verstehen) gemessen. Hierbei zeigte sich, dass die Versuchspersonen den Beiträgen der dritten Gruppe die höchste Informationsqualität zusprachen (vor allem auf den Dimensionen Verständlichkeit, Klarheit und Leichtigkeit bei der Rezeption), und dass hier auch das größte Verständnis und die beste Erinnerung zu verzeichnen waren. Die extrem dynamischen Beiträge erzielten auf allen abhängigen Variablen die schlechtesten Werte von allen Gruppen. Zwischen der dritten und vierten Versionengruppe wurde also eine Grenze überschritten – mit erheblichen Folgen für die Informationsverarbeitung. Dass eher gemäßigt dynamisch aufbereitete Beiträge die Wissensvermittlung erhöhen, konnte Wirth tendenziell auch für jugendliche Probanden bestätigen (vgl. Wirth, 2000, 83).

Diese und andere Befunde deuten auf die Gültigkeit des bereits 1908 formulierten »Yerkes-Dodson-Gesetzes« hin, das einen Zusammenhang zwischen Aktivierung und kognitiver Leistung in Form einer umgekehrter U-Kurve postuliert: Wenn die Aktivierung zu gering oder überstark wird, geht das zu Lasten der Informationsverarbeitungskapazität (Yerkes & Dodson, 1908). Besonders sensationalistische Stimuli rufen zwar Orientierungsreflexe und eine Erregung im Hirnstamm hervor – sexuelle und aggressive Darbietungen gelten als äußerst zuverlässige Erzeuger »limbisch-autonomer« Erregung (vgl. Zillmann, 1989, 78,

88) – doch diese Form der Erregung mache blind: Zillmann untersuchte die Wirkung besonders erregender Filmsequenzen (Sexualität in der angenehmen Erregungsbedingung, Brutalität in der unangenehmen) auf die Erinnerungsleistung für Informationen aus einer im Anschluss gezeigten Rede. Erst nach Minuten konnten sich die Versuchspersonen von der »kognitiven Voreingenommenheit« durch die erregenden Ereignisse freimachen und sich auf die Rede konzentrieren. Vieles von dem, was am Anfang der Rede gesagt wurde, verschwand in einem »Lernloch«: »Je stärker die begleitende Erregungsreaktion, desto vollkommener das Loch und desto länger seine Dauer« (ebd., 91). Derartige negative Ausstrahlungseffekte wurden auch im Rahmen der Nachrichtenrezeptionsforschung von Mundorf et al. (1990) beschrieben. Rezipienten, die eine Meldung schockierenden Inhalts gesehen hatten, behielten in der Folge wesentlich weniger Nachrichten als Rezipienten, die eine vergleichsweise neutrale Meldung gesehen hatten. Die schlechtere Erinnerung nach schockierenden Meldungen galt auch bei anschließenden Werbespots (vgl. Mundorf, Zillmann & Drew, 1991). Überstarke Aktivierung verhindert den häufiger belegten positiven Effekt eines Erregungstransfers (bzw. Aktivierungsschubes) auf die nachfolgenden Informationen, die von der erhöhten Aufmerksamkeit profitieren und besser behalten werden. Bei besonders drastischem Material entfällt anscheinend dieser Transfereffekt. In ihrem Werbewirkungsexperiment zu Platzierungseffekten konnten Brosius & Fahr (1996, 86) beobachten, dass ein schokkierender Spot über Kindesmissbrauch ein Absinken der Behaltensleistungen im nachfolgenden Spot zur Folge hatte. Dieses »Lernloch« deutete wiederum darauf hin, dass eine Aktivierungsschwelle überschritten war, die den Aufmerksamkeitspegel deutlich absenkte.

Maßgeblich verantwortlich für diese Effekte ist das Bildmaterial. Weil gerade sehr intensive, drastische Bilder die Aufmerksamkeit auf sich ziehen, werden diese Bilder zwar besser, die zugehörigen Informationen dagegen schlechter erinnert. Sexuelle bzw. erotische Darstellungen scheinen z. B. eher die heuristisch-periphere Informationsverarbeitung anzuregen, da häufig eine gleichzeitige kognitive Unterdrückung der Umfeldinformationen nachgewiesen werden kann. In der Werbewirkungsforschung gilt es als recht gut abgesicherter Befund, dass sexuelle Illustrationen und erotische Modelle zwar das Wiedererkennen von Anzeigen und Spots verbessert, im Gegensatz dazu aber die Markenerinnerung nicht erleichtert wird bzw. inhaltliche Details wesentlich schlechter als bei der gleichen Werbung ohne sexuelle Illustrationen erinnert werden (vgl. Steadman, 1969; Weller, Roberts & Neuhaus, 1979; Moser, 1990).

Brosius vermutet, dass ein besonders markantes Bild, eine emotionale Filmsequenz die am Lernen orientierte Rezeption eines Nachrichtentextes eher behindern, die heuristisch motivierte Rezeption jedoch so stark beeinflussen können, dass der Nachrichtentext unter Umständen völlig vergessen wird (Brosius, 1998, 224). Newhagen & Reeves (1992) untersuchten den differentiellen Effekt von besonders aufrüttelndem negativen Bildmaterial (zu Katastrophen, Unglücksfällen, Kriegsszenen) auf die kurzfristige und langfristige Erinnerungsleistung von Fernsehnachrichtenbeiträgen. Ein Wiedererkennungstest direkt im Anschluss an die Stimulussituation ergab, dass diejenigen, die die stark emotional-aufrüttelnden Versionen gesehen hatten, wesentlich langsamer die zugehörigen Informationen wiedererkannten, dafür aber die zugehörigen parasprachlichen auditiven Reize (Zerstörungsgeräusche, Schreien etc.) schneller wiedererkannten als die Testgruppe mit unauffälligem Bildmaterial. Was die langfristigen Effekte anbelangt, so ergab sich, dass die Versuchspersonen der Testgruppe nach 6-7 Wochen sowohl bei der freien als auch der gestützten Erinnerung zwar die drastischen Bilder noch im Kopf hatten, sich aber schlechter an die zugehörigen Themen und Informationen erinnerten (ebd., 36f.). Dass bei zunehmender Dramatisierung die Erinnerungsfehlerquote signifikant ansteigt, belegten Schorr & Schorr-Neustadt (2000) auch für das Genre Reality-TV. In einer Befragung, die zwei Monate nach der Experimentalsitzung stattfand, ergab sich, dass diejenigen Probanden, die eine inhaltlich identische Notsituation in einem (undramatischen) Serienbeitrag gesehen hatten, signifikant häufiger zu der korrekten, im Beitrag dargestellten lebensrettenden Maßnahme kamen als diejenigen, die den entsprechenden stark emotionalisierten Reality-TV-Beitrag gesehen hatten (vgl. ebd., 339).

Doch bei Überschreiten einer gewissen Sensationalisierungsgrenze wird nicht nur die Erinnerungsleistung behindert, sondern auch ein anderer, ansonsten positiver Emotionalisierungseffekt, nämlich die Empathiefähigkeit. Hierzu liegen allerdings bislang vorrangig Wirkungsvermutungen vor. Zillmann (1991) geht davon aus, dass die Massierung der Emotionsdarstellung zu einer Reduzierung von Empathie führen wird, da z. B. bei Reality-TV-Beiträgen durch die vornehmliche Konzentration auf die Resultate von Ereignissen kein langsames Mitgefühl mit den beteiligten Personen aufgebaut werden könne. Gerade bei diesem Genre folgen die Darstellungen von Gefühlen so schnell aufeinander, dass sich die Reaktionen des Zuschauers erst einstellen, wenn bereits eine neue Szene begonnen hat. Zu vermuten sei nun aber, dass damit die Entfaltung der empathischen Reaktion blockiert bzw. auf die spätere Szene übertragen, inhaltlich aber entkoppelt wird. Daher hält der Autor durch die Massierung entsprechender Prozesse eher eine Reduzierung von Empathie und eine abnehmende Gefühlsintensität des Zuschauers trotz intensiverer Präsentation von Gefühlen für wahrscheinlich. Auch Winterhoff-Spurk geht bei diesem Genre davon aus, dass vor allem ein erhöhtes Darbietungstempo die empathischen Reaktionen verringern werde, da nicht genügend Zeit für eine entsprechende Reaktion bleibe (vgl. Winterhoff-Spurk, 2000, 90f.). Mestrovic prägte für diesen Desensibilisierungseffekt den Begriff der »compassion fatigue« oder noch plakativer der »McDonaldisation of emotions« (1997, 98). Aus seiner Sicht evozieren schnelle, dramatische, gewalthaltige Bilder nur noch Orientierungsreaktionen und kurzfristige Erregung. Mit Mitgefühl, moralischer Stellungnahme, geschweige denn entsprechenden politischen oder sonstigen Handlungsintentionen könne bei zunehmender Sensationalisierung nicht mehr gerechnet werden. Bei höhergebildeten Bevölkerungskreisen bewirkt eine zunehmende Sensationalisierung der Beitragspräsentation eine stetig abnehmende Glaubwürdigkeit des Informationsgehaltes. Schultheiss & Jenzowsky (2000) ließen Studierende verschiedene Versionen von Boulevardmagazinbeiträgen bewerten, die in ihrem Emotionalisierungsgrad manipuliert waren. Die extreme Boulevard-Version galt als am wenigsten glaubwürdig; dieser Effekt war sowohl bei der Variation der Anmoderation als auch des Beitrags selbst festzustellen. Mit anderen Worten reicht es bereits aus, einen Beitrag in sensationalistischer Weise anzumoderieren, damit bei Höhergebildeten die Beurteilung der Glaubwürdigkeit sinkt (vgl. ebd., 74ff.). Inwiefern diese Beurteilungen bei Studierenden der Kommunikationswissenschaft jedoch der normalen Rezeptionssituation entsprechen und nicht als sozial erwünscht anzusehen sind, ist unklar, was die Autoren allerdings auch selbstkritisch einräumen: »Befinden sich Unterhaltungselemente in Beitrag oder Anmoderation, scheint dies ›Sensationalismus‹ zu signalisieren, der nicht gefallen ›darf‹. (...) Das Erkennen und die negative Besetzung von ›Sensationalismus‹ und ›Boulevardjournalismus‹ (...) ist bei dieser Art von Probanden vermutlich am stärksten ausgeprägt« (Schultheiss & Jenzowsky, 2000, 80f.).

8.5 Fazit – Medien(mikro)wirkungen: Der Einfluss sensationalistischer Berichterstattung auf den Rezipienten

Die referierten zentralen Befunde zur Wirkung einer sensationalistischen Berichterstattung auf den einzelnen Rezipienten (Mikroperspektive), die hier in einigen Punkten gebündelt werden sollen, unterliegen vermutlich unterschiedlichen Bewertungen, je nach dem, ob es sich z. B. um eine eher ökonomisch orientierte Kommunikatorsicht oder um eine dem Schutz der Rezipienten verpflichtete Medienkritikerposition handelt.

1. Ein formaler Sensationalismus (Plakativität, lebendige, emotionale Visualisierung, an Oralität orientierter verbaler Präsentationsmodus, personalisierte Einzelfallbeschreibungen eingebettet in eine Geschichte, in der Gut und Böse klar getrennt werden, und ein hoher vermittelter Realismusgrad) führt im Vergleich zu einem nüchternen Nachrichtenstil zu stärkerer Aktivierung (emotionaler Erregung und Aufmerksamkeit), besserem Verständnis, größerem Rezeptionsgenuss sowie besserer Erinnerung. Es handelt sich also – sowohl aus (medienökonomischer) Kommunikatorsicht als auch aus Medienkritikersicht – um durchaus positive Effekte.
2. Sensationalismus impliziert gleichzeitig ein hohes Aufmerksamkeitslenkungspotential – und das in mehrfacher Hinsicht: Er steuert die Selektion während der Rezeption, steuert das, was letztendlich behalten wird, und lenkt die Aufmerksamkeit (auch langfristig) auf bestimmte markante Teilinformationen der Berichterstattung (besonders emotional-aufwühlendes

Bildmaterial, personalisierte Einzelfälle). Ist Sensationalismus gekoppelt mit typisch sensationellen Themen (Sex & Crime & Tragedy), ist damit zu rechnen, dass die beschriebenen Aufmerksamkeitslenkungseffekte doppelte Kraft entfalten. Auch diese Effekte sind vor allem aus Kommunikatorsicht wünschenswert.

3. Die Aufmerksamkeitslenkung kann zu Agenda-Setting- und Kultivierungseffekten führen: Angesprochene Probleme werden in ihrer Bedeutsamkeit überschätzt. Diese potentiellen Einstellungsveränderungen des Publikums sind aus (medienökonomischer) Kommunikatorsicht allerdings irrelevant. Was zählt, ist Selektion und Rezeption.
4. Wird allerdings der Bogen überspannt, werden Aktivierungsgrenzwerte überschritten, können sich die positiven Effekte ins Gegenteil umkehren (»Lernloch«, »Compassion Fatigue«, abnehmender Informationswert, Glaubwürdigkeitsverlust). Wo diese Grenzwerte für unterschiedliche Rezipientengruppen liegen, ist eine offene empirische Frage.
5. Aus Medienkritikersicht ist im Hinblick auf die Befunde der mikroanalytischen Medienwirkungsforschung danach zu fragen, welche potentiell »schädlichen« Wirkungen sich für den einzelnen Rezipienten ergeben. Als intersubjektiv konsensfähig können solche Wirkungen als »schädlich« eingestuft werden, die – im Sinne des Grundgesetzes – konkret und messbar zu einer Beeinträchtigung der Rechte und der Würde anderer Menschen führen. Diese lägen z. B. – als »Entsittlichung« und »Verrohung« des einzelnen – dann vor, wenn die Rezeption einer sensationalistischen Berichterstattung nachweisbar zur verhaltenswirksamen Missachtung der psychischen und körperlichen Bedürfnisse von Sexualpartnern oder zu Personen- und Sachschäden aufgrund medieninduzierter Aggression führen würden. Doch selbst wenn der Medienwirkungsnachweis gelänge, ist fraglich, ob es möglich bzw. überhaupt sinnvoll wäre, die Verursacher (also die Journalisten) zu sanktionieren. Menschen sind für ihr Verhalten selbst verantwortlich.
6. Das, was als potentielle Folge der Rezeption einer sensationalistischen Berichterstattung im Kopf eines Menschen vorgeht, welche Vorstellungen und Einstellungen hervorgerufen werden, und was dann ggf. in interpersonalen Kommunikationsforen geäußert wird, fällt in den Bereich der eigenverantwortlichen Gedanken- und Meinungsfreiheit. Als »schädlich« für das Individuum anzusehen sind diese medieninduzierten Weltbilder dann, wenn diese eine Beeinträchtigung der Lebensqualität bzw. des psychischen Gleichgewichts hervorrufen (z. B. starke Kriminalitätsfurcht, sexuelle oder medizinische Verhaltensunsicherheit, Verwirrung, Sorge). Doch auch aus dieser potentiellen »Schädigung« einzelner Rezipienten lässt sich wohl kaum die Forderung nach Verursacherhaftung ableiten.

8.6 Das »Medienopfersyndrom« – individuelle Wirkungen auf die Opfer sensationalistischer Berichterstattung

Bislang noch nicht betrachtet wurden individuelle Medienwirkungen, die sich jedoch nicht auf die einzelnen Rezipienten beziehen, sondern auf diejenigen, die als geschädigte Opfer einer sensationsjournalistischen Berichterstattung anzusehen sind, weil über sie berichtet wurde. Diese Betrachtungsweise fällt zwar eigentlich nicht in den Bereich der klassischen Medienwirkungsforschung, dennoch ist diese Perspektivenerweiterung angesichts der Folgenschwere für die Berichterstattungsopfer sowie der eindeutigen Beziehung zwischen (medialer) Ursache und (individueller) Wirkung gerade im Falle sensationsjournalistischer Berichterstattung legitim und sogar notwendig. Daher sollen hier abschließend – exkursorisch – das sog. »Medienopfersyndrom« und die damit zusammenhängenden rechtlichen Sanktionsmöglichkeiten diskutiert werden.

Der erste, der sich im Nachkriegsdeutschland mit sensationsjournalistischen Arbeitsweisen und den Folgen für die Berichterstattungsopfer beschäftigt hat, war Günter Wallraff. In seinen Schriften der 70er Jahre finden sich zahlreiche Fallbeschreibungen zu Persönlichkeitsrechtsverletzungen mit Rufmord- und Prangerwirkung. Erst in jüngster Zeit wurde hieran gedanklich angeknüpft mit kleineren Fallsammlungen (Minzberg, 1999; Gmür, 2002). Gut in Erinnerung dürfte aus der Alltagsbeobachtung noch der Fall des Schauspielers Raimund Harmstorf sein, der sich im Anschluss an einen Reporterbesuch und die Veröffentlichung eines Artikels über ihn in der *Bild*-Zeitung das Leben nahm (vgl. Besuch von Journalisten..., 1998, 13). Nun handelt es sich bei einem bekannten Schauspieler allerdings um eine »Person der Zeitgeschichte«, die sich – aufgrund eines als legitim angesehenen öffentlichen Interesses an der Person – eine verstärkte Berichterstattung gefallen lassen muss, es sei denn, es handelt sich um Informationen aus der Intim- oder Privatsphäre bzw. um die Mitnahme der Privatsphäre in die Öffentlichkeit, was Gerhardt als »ambulantes Persönlichkeitsrecht« bezeichnet hat (Gerhardt, 2000, 196). Häufig kommt es allerdings vor, dass prominente »Personen der Zeitgeschichte« ihre Intim- und Privatsphäre aus Gründen der Publicity und Selbstkommerzialisierung zur Berichterstattung freigeben. Dieser »faustische Pakt« und der »Verkauf der Seele für irgendeinen Erfolg« (ebd., 192, 195) zwingt zu einer differenzierten Beurteilung schutzwürdiger Interessen: »Wer sich zur Förderung seines Marktwertes um Publizität bemüht, muß damit rechnen, daß seiner Privatsphäre in Konfliktfällen entsprechend geringerer Schutz zuteil wird« (Mestmäcker, 1990, 110). Das Bundesverfassungsgericht hat hierzu Stellung genommen und in seinem Urteil vom Dezember 1999 ausgeführt, dass derjenige sein Recht auf Schutz der Privatsphäre verwirkt, der aus kommerziellen Zwecken im Rahmen von Exklusivverträgen seine Privatangelegenheiten öffentlich macht.

Gmür unterscheidet daher zwischen Medienstars und Medienopfern: »Medienstars sind jene, die ihre wahre oder vermeintliche Intimität aus eigenem Antrieb an die Öffentlichkeit bringen, Medienopfer jene, welche aus dem Keller der Privatheit an die Oberfläche der grell belichteten Öffentlichkeit gezerrt werden« (Gmür, 2002, 199). Medienstars haben gegenüber Medienopfern einen nicht zu unterschätzenden Informations- und Abwehrvorsprung: Sie sind den Umgang mit Journalisten gewöhnt, kennen ihre Rechte, beobachten die Berichterstattung über sich selbst sehr genau und haben den Vorteil, sich medienrechtlich durch Prominentenanwälte beraten und vertreten lassen zu können, was z. T. mit nicht geringen finanziellen Entschädigungszahlungen einhergeht (vgl. hierzu Weber, 1997). Medienopfer sind unfreiwillige (Medien-)Akteure, Durchschnittsbürger, über die häufig ohne deren Wissen oder Zustimmung in massiv persönlichkeitsrechtsverletzender Weise berichtet wird: Es handelt sich beispielsweise um Unfall-, Katastrophen- oder Verbrechensopfer, Angeklagte oder deren Vertraute, Angehörige von Prominenten, die – aufgrund der Adäquanzstrategie im Boulevardjournalismus (»Leute wie du und ich«) – vorzugsweise Opfer sensationsjournalistischer Berichterstattung werden.

Die körperlichen und seelisch-psychischen Schäden, die als direkte Folge oder Wirkung dieser Berichterstattung auszumachen sind, hat der Psychoanalytiker und Psychotherapeut Mario Gmür (2002) als »Medienopfersyndrom« (MOS) bezeichnet. Er unterscheidet zwischen allgemeinen und spezifischen Symptomen, die er bei Medienopferpatienten beobachten konnte. Zu den allgemeinen zählen: depressive Verstimmung, Selbstmordphantasien, innere Unruhe, ängstliche Erregtheit, Schlaf- und Konzentrationsstörungen, Gefühle der Ohnmacht und Wehrlosigkeit, zwanghafte Rachefantasien, Flashbacks sowie Schuldgefühle für tatsächliche oder für vermeintliche Verfehlungen, die nichts mit dem aktuellen Anlass zu tun haben. Spezifische Symptome des MOS sind: gedankliche Fixierung auf das veröffentlichte Thema, Angst vor weiterer Bloßstellung, Schamgefühle, soziale Vermeidungshaltung, soziale Angst vor Disqualifizierung, Diskriminierung und Isolierung, reaktive Überanpassung in der Öffentlichkeit durch »Bravheit« und übertriebenes Aufpassen vor eigenen Fehltritten sowie ein zwanghaftes Bemühen, reale oder vermeintliche Vorurteile und zugewiesene Attribute zu widerlegen. Gmür liefert zahlreiche Fallbeispiele von Medienopfern, deren Labilität durch eine verzerrte und übertriebene Sensationsberichterstattung extrem verstärkt wurde und zu katastrophalen Folgen führte wie Selbstmord, Mord, schwere psychische Erkrankungen, existentieller Ruin (vgl. 2002, 135-173). Es handelt sich zweifelsohne um besonders dramatische Einzelfälle, die jedoch die Frage nach geeignetem Schutz aufkommen lassen.

Der Persönlichkeitsschutz genießt in Deutschland einen im internationalen Vergleich sehr hohen Stellenwert (vgl. Kap. 5.1.3). De jure hat der in seinem Persönlichkeitsrecht Verletzte Unterlassungs- und Entschädigungsansprüche. Auch das Recht auf Gegendarstellung (bei falschen Tatsachenbehauptungen) könnte zwar zu einer medialen Korrektur führen und impliziert daher eine gewisse Schutzfunktion. Doch Gegendarstellungen erweisen sich oft als zweischneidiges Schwert, weil damit ein Sachverhalt nochmals aufgewärmt wird und selbst beim kritischen Leser nicht selten die Frage verbleibe, ob nicht doch ein Körnchen Wahrheit in der Geschichte liege (vgl. Weber, 2000, 191). Der Unterlassungsanspruch ist nicht nur als Verteidigungsmittel gegen unrichtige Tatsachenbehauptungen anzusehen, sondern auch gegen (zutreffende) Schilderungen von Tatsachen aus der Intim- und Privatsphäre, die nicht durch ein überwiegendes Informationsinteresse der Öffentlichkeit gerechtfertigt sind. Ein Unterlassungsanspruch ist aber nur unter schwer erfüllbaren Voraussetzungen gegeben: Nur wenn der Betroffene konkrete Anhaltspunkte darlegen kann, dass es zu einer konkreten Tatsachenveröffentlichung kommt, besteht dieser Anspruch: »Daß der Betroffene hierzu in den seltensten Fällen in der Lage sein wird, liegt auf der Hand, da dieser in der Regel noch nicht einmal weiß, ob überhaupt – geschweige denn, was im Detail – über ihn berichtet werden wird« (Klein, S., 2000, 25). Selbst eine Kenntnis oder das Miterleben von Recherchetätigkeiten reichen als Begründung nicht aus, denn allein die Tatsache, dass ein Journalist Nachforschungen in eine bestimmte Richtung betreibt, sagt nichts darüber aus, ob die Rechercheergebnisse dann auch tatsächlich verwendet werden. Letztlich müsste der Betroffene in den Besitz des abdruckreifen Artikels gelangen oder sichere Kenntnis vom Inhalt eines solchen Artikels belegen. Klein resümmiert:

> »Mangelhaft geschützt bleiben ausgerechnet Privat- und Intimsphäre, die doch gerade als Material für Sensationsstorys von großem Interesse und deshalb häufig Gegenstand von Eingriffen der Presse sind. Solchen Eingriffen bleibt der Persönlichkeitsrechtsinhaber vollkommen schutzlos ausgeliefert, falls nicht ausnahmsweise die Voraussetzungen des vorbeugenden Unterlassungsanspruchs gegeben sind« (2000, 29).

Aufgrund des niedrigen Entschädigungsniveaus war auch der Entschädigungsanspruch bislang nicht in der Lage, wirksamen Schutz gegen Persönlichkeitsrechtsverletzungen zu gewähren, denn der Anspruch sollte lediglich eine Ausgleichsfunktion erfüllen. Unter dieser Prämisse lohnen sich Rechtsbrüche teilweise: »Der dem Verletzer aus der Persönlichkeitsrechtsverletzung erwachsende finanzielle Vorteil kann den zum Ausgleich des Schadens notwendigen Betrag durchaus übersteigen« (Klein, S., 2000, 127). Nur eine Präventivfunktion des Entschädigungsanspruchs im Sinne einer Abschreckung könne gewährleisten, dass die Entschädigungshöhe den Verletzer so hart treffe, dass er von weiteren Persönlichkeitsrechtsverletzungen absieht (vgl. hierzu Klein, S., 2000, 127 sowie Weber, 2000, 194ff.). In den »Caroline-Urteilen«[128] des BGH von 1996 wurde

[128] In drei Verletzungsfällen wurden tatsächliche und hypothetische Gewinne abgeschöpft (180.000 DM).

die Prävention ausdrücklich zum primären Ziel des Entschädigungsanspruchs erhoben (vgl. Weber, 2000, 196); Unklarheit besteht – bei Anerkennung der Präventivfunktion – nach welchen Kriterien eine abschreckende Entschädigung bemessen werden soll. In ihrer rechtwissenschaftlichen Dissertation »Der zivilrechtliche Schutz des einzelnen vor Persönlichkeitsrechtsverletzungen durch die Sensationspresse« vertritt Klein die Ansicht, dass ein ausreichender Schutz dann gewährt sei, wenn die Gesamtheit der zur Verfügung stehenden zivilrechtlichen Ansprüche ausgeschöpft würde. Bei konsequenter Durchsetzung wäre sogar eine rückläufige Entwicklung presserechtlicher Persönlichkeitsrechtsverletzungen zu erwarten: »Dies ist dann gewährleistet, wenn sich der Verlag neben dem Anspruch auf Herausgabe des durch die Veröffentlichung Erlangten aus §§ 687 II, 681 S. 2, 667 BGB [Gewinnherausgabeanspruch; Anm. UK] noch weiteren Ansprüchen, wie eben dem Entschädigungsanspruch nach § 847 BGB, ausgesetzt sieht« (Klein, S., 2000, 202). Klein schlägt zur Bewertung des Gewinnherausgabeanspruchs gegenüber einem Verlag folgendes Vorgehen vor:

> »Handelt es sich bei dem fraglichen Artikel um den Titelbericht, bietet es sich an, den Gewinn aus der mit dieser Ausgabe erzielten Auflagensteigerung zu schließen. Denn es liegt nah, eine gerade mit dieser erzielte Auflagensteigerung auf die Anziehungskraft des Titels zurückzuführen. Der Verlag muß dem Persönlichkeitsrechtsinhaber gemäß §§ 687 II, 681 S. 2, 666 BGB Auskunft über die mit dieser Ausgabe tatsächlich erreichten Auflage gewähren« (ebd., 197).

Bei der Berechnung der Gewinnabschöpfung ließe sich auch auf ökonomische Umsatzformeln oder auf die Möglichkeit der Festlegung der Geldentschädigung nach richterlichem Ermessen zurückgreifen (vgl. Weber, 2000, 196). Doch selbst wenn de jure in absehbarer Zeit die Präventionsfunktion eines Entschädigungsanspruchs so abgesichert und konkretisiert wird, dass sie theoretisch eine realistische Abschreckung vor Persönlichkeitsrechtsverletzungen darstellt, bleibt das Problem, dass diese entscheidend davon abhängt, ob die Betroffenen ihre Verteidigungsmöglichkeiten ausschöpfen. Kann ein Verlag dagegen damit rechnen, dass die Betroffenen ihre Verteidigungsmöglichkeiten nicht wahrnehmen, so bleibt der rücksichtslose Umgang mit fremdem Persönlichkeitsrecht auch weiterhin rentabel. Das grundlegende Problem liegt also in der zivilrechtlichen Ausgestaltung des Persönlichkeitsrechts. Bei Rechtsnormen, die nur zivilrechtliche Abwehransprüche gegen unerlaubte Handlungen gewähren, liegt die Verfolgung von Normverstößen völlig in der Hand des Betroffenen, die das Prozesskostenrisiko tragen und sich an Rechtsexperten ausliefern: »Nicht nur – aber insbesondere – ›underdogs‹ verzichten unter diesen Umständen lieber auf die Wahrnehmung ihrer Rechte – die Rechtsverletzung bleibt ohne Sanktion« (Brahnahl, 1991, 239). Einzig die Schaffung eines Straftatbestandes sei aufgrund des im Strafrecht geltenden Legalitätsprinzips [Verfolgung durch die Staatsanwaltschaft; Anm. UK] geeignet, dieses Problem zu vermeiden (vgl. Klein, S.,

2000, 202). Eine andere querdenkerische Position vertritt der Schweizer Medienrechtler Weber (2000, 193f.): Als maßgebendes Kriterium der Haftung solle die Sorgfaltspflicht angesehen werden, und »Erfolgsunrecht« solle in »Verhaltensunrecht« umgemünzt werden. Zugrunde liegt dabei folgende Überlegung: Verhält sich eine schädigende Person so sorgfältig, wie sich eine vernünftige Person in der gleichen Situation verhalten hätte, sei es nicht gerechtfertigt, eine Haftung nur aus dem entstandenen Erfolgsunrecht zu bejahen; d. h. statt auf die Art des eingetretenen Schadens sei auf das Verhalten des schädigenden Mediums bzw. Medienschaffenden abzustellen. Eine Voraussetzung dafür sei die Aufgabe des Konzeptes der absoluten Rechtsgüter und eine Fokussierung der journalistischen Sorgfaltspflichten bei der Haftpflichtprüfung. Dazu zählen maßgeblich a) eine Prüfung der angemessenen Recherchiertätigkeit und b) das Gebot der Transparenz (Offenlegung der Herkunft der Informationen). Das Konzept der Verhaltenskontrolle erlaube es sogar, auf die Sphärentheorie zu verzichten. Bei der Festlegung dieser Sorgfaltskriterien gäbe es zweifelsohne auch einen Ermessensspielraum, »doch sind die Rahmenbedingungen besser konkretisierbar als bei den abstrakten Sphärenbereichen« (ebd., 194). Eine dritte Position betont die Eigenverantwortung der Journalisten. Als Resümee eines internationalen Symposiums zu Selbstkontrolle und Persönlichkeitsschutz schrieb Mestmäcker:

> »Mir scheint es symptomatisch zu sein, daß es sich in allen Fällen, die wir aus Schweden, aus der Schweiz und aus England als Problemfälle gehört haben, um Sachverhalte handelt, die mit Hilfe der Individualethik eindeutig zu beantworten sind. Es ist die Rücksichtnahme auf Tod, persönliches Unglück und Trauer. Es ist der Verzicht auf die Darstellung hilfloser Personen oder von Gewalt und Todesangst ohne Öffentlichkeitswert« (Mestmäcker, 1990, 111).

Dies sei derjenige Bereich, in dem der Bewusstseinsbildung in den Medien und der journalistischen Selbstkontrolle besondere Bedeutung zukomme.

9. Normative Positionen zu den Chancen und Risiken des Sensationsjournalismus

> »Die Bedeutung der Gestaltung einer Kulturerscheinung und der Grund dieser Bedeutung kann aber aus keinem noch so vollkommenen System von Gesetzesbegriffen entnommen, begründet und verständlich gemacht werden, denn sie setzt die Beziehung der Kulturerscheinungen auf Wertideen voraus« (Weber, 1904, 50).

Das nun folgende abschließende Kapitel beschäftigt sich mit den vermuteten Makrowirkungen des Sensationsjournalismus, und es soll die Frage beantworten, welche gesellschaftlichen Funktionen und Dysfunktionen, Leistungen und Defizite, Chancen und Risiken dieser diskursiven Strategie innerhalb westlich geprägter (Medien-)Demokratien zugewiesen werden. Die Begriffe »Funktionen« oder »Leistungen« implizieren zweierlei: einerseits hypothetische oder empirisch beobachtete (Makro-)Wirkungen und andererseits die Bewertungen dieser Wirkungen vor dem Hintergrund spezifischer Wertmaßstäbe und bestimmter normativer Vorstellungen von Öffentlichkeit und Journalismus. Letzteres geht in der Regel einher mit der Ableitung von medienpolitischen bzw. vor allem medienethischen Konsequenzen. »Die Medienethik versucht als Teilbereich der angewandten Ethik Normen für das praktische Handeln von und in Medien(-organisationen) aufzuzeigen, sie (rational) zu legitimieren und als Ethik der ›Public sphere‹ die Wirkungen und Folgen medialer Kommunikation für das bonum commune zu thematisieren« (Karmasin, 2000, 195).[129] Um diese »Ethik der Public Sphere« geht es hier.

Idealtypisch lassen sich zwei Beurteilungsperspektiven ausmachen, die gleichzeitig unterschiedliche Konzeptionen von »Masse« implizieren und damit einen Rückbezug zum ersten Kapitel dieser Arbeit ermöglichen. Diese beiden perspektivischen »Lager« hat Gerhards polarisierend mit »republikanisch-diskursivem Modell von Öffentlichkeit« einerseits und mit »liberalem Modell von Öffentlichkeit« andererseits betitelt (Gerhards, 1998, 25). Beide Modelle sind normativ: Sie fragen danach, wie Öffentlichkeit beschaffen sein soll. Beide haben grundsätzlich ähnliche Vorstellungen des demokratischen Prozesses: Volksherrschaft erfolgt über Repräsentation auf Zeit, und daraus resultiert die Notwendigkeit der Herstellung politischer Öffentlichkeit über öffentliche (medial vermittelte) Kommunikation. Beide Modelle unterscheiden sich aber grundlegend in den Ansprüchen, die an diese öffentliche Kommunikation ge-

---

[129] Karmasin liefert eine ausführliche Literaturzusammenstellung der Paradigmen der medienethischen Diskussion (2000, 195). Zum Spannungsfeld Medienwirkungsforschung und Medienethik vgl. Schönbach, 1991; auch Wunden, 2000.

stellt werden. Dies betrifft vorrangig das »Wie« der Kommunikation. Das republikanisch-diskursive Modell sieht dafür einen rationalen Diskurs vor, der idealerweise dadurch gekennzeichnet ist, dass sich über den geregelten, möglichst ideologiefreien, rational nachvollziehbaren Austausch von Argumenten und Gründen und dem Abwägen gegenüber anderen Forderungen letztlich ein »diskursiv geprüfter Konsens«, eine »diskursiv abgeschliffene Mehrheitsmeinung« und damit die besseren Argumente durchsetzen (vgl. Gerhard, 1998, 29). Aus der Sicht des liberalen Modells der Öffentlichkeit, das als Ausgangspunkt jeder demokratischen Willensbildung die individuellen Präferenzen der einzelnen Bürger sieht, soll Öffentlichkeit die verschiedenen Meinungen und Deutungen der gesellschaftlichen Akteure repräsentieren – und zwar ohne Vorgabe einer Diskursnorm: »Wie diese [Akteure] kommunizieren, ob mit oder ohne Argumente, ob mit oder ohne Bezug auf die anderen Sprecher oder auf einem hohen oder geringen Rationalitätsniveau – all dies bleibt den jeweiligen Akteuren selbst überlassen« (ebd., 32). Über Vielfalt ausgehandelter Kompromiss statt rational-diskursiv erzeugter Konsens kann als Ziel der öffentlichen Kommunikation des liberalen Modells formuliert werden: »Those alternative formulations of the public sphere which recognise and bild on the complex and fragmentary nature of the media suggest more positively that the media could facilitate and legitimize the public negotiation – through compromise rather than consensus – of meanings among oppositional and marginalized groups« (Livingstone, 1994, 10f.). Es gibt aus der liberalen Sicht von Öffentlichkeit keinen normativen Bezugspunkt, von dem aus die Kommunikationen eines Akteurs als gut oder schlecht beurteilt werden können. Ein wechselseitiger Respekt sei die einzige Norm in Bezug auf das Kommunikationsverhalten der Akteure, einzige Bedingung sei die »Marktchance« der verschiedenen Positionen und Deutungen. »Öffentlichkeit ist dann nichts weiter als der Spiegel der kommunizierten Beiträge einer pluralistischen Gesellschaft, in der die unterschiedlichen Interessen zum Ausdruck kommen sollen« (Gerhards, 1998, 32).

Da Öffentlichkeit in den westlichen demokratischen Industriestaaten vorrangig als Medienöffentlichkeit anzusehen ist, haben die in den beiden Modellen anvisierten Kommunikationsideale weitreichende Konsequenzen für die Beurteilung des gesellschaftlichen Funktionssystems Journalismus inklusive seiner Subsysteme. Die höchstrichterliche Rechtsprechnung hat in Deutschland den hohen Rang, der der demokratietheoretischen »öffentlichen Aufgabe« der Medien zugewiesen wird, mehrfach betont. Die Umsetzung der »öffentlichen Aufgabe« der Medien ergibt sich aus den Merkmalen, die das Bundesverfassungsgericht einer »freiheitlichen Demokratie« zuschreibt: Dazu gehört der freie, nicht staatlich gelenkte Prozess der öffentlichen Meinungs- und Willensbildung, der dem einzelnen Bürger ermöglichen soll, auf der Basis umfassender Information (und Meinungen) in rationaler Weise politische Entscheidungen zu treffen. Dazu gehört auch die Kritik und Kontrolle des politischen Verhaltens der Volksvertreter. Den Repräsentanten des Volkes in Parlament und Regierung soll darüber hinaus die Möglichkeit gegeben werden, ihre Entscheidungen »auch in Einzelfragen der Tagespolitik ständig am Maßstab der im Volk tatsächlich vertretenen Auffassungen [zu] messen« (BverfGE 20, zit. in Branahl, 1991, 175). Das Gebot umfassender Information des Publikums über Vorgänge von politischer Bedeutung, in der die Vielfalt der bestehenden Meinungen in möglichster Breite und Vollständigkeit zum Ausdruck kommt, sei als bedeutendste Zielvorgabe des verfassungsrechtlichen Interpretationsansatzes zu werten (Branahl, 1991, 231). Einschränkend und im Sinne des liberalen Modells kann jedoch festgehalten werden, dass das Bundesverfassungsgericht dieses Gebot allerdings nicht als Handlungsanweisung für den einzelnen Journalisten oder gar den einzelnen journalistischen Beitrag entwickelt hat. Es werde nicht einmal zwingend auf das einzelne Produkt als Ganzes (Zeitung, Rundfunkprogramm) angewendet, sondern begnüge sich mit externer oder außenpluralistischer Vielfalt (vgl. ebd., 231f.).

Die republikanisch-diskursive Sicht von Öffentlichkeit, die die Meinungs- und Entscheidungsfindung des mündigen Bürgers auf der Basis eines rationalen und letztlich konsensorientierten Diskurses anstrebt, stellt konsequenterweise folgende Forderungen an journalistische Leistungen: Sachlichkeit und Unabhängigkeit, Ausgewogenheit und Neutralität, Objektivität im Sinne einer Realitätsabbildfunktion sowie Themenselektion nach gesellschaftlicher und politischer Relevanz. Die Rundfunkgesetze der Länder enthalten z. T. ähnlich detaillierte journalistische Handlungsanweisungen (vgl. hierzu ausführlich Branahl, 1991, 232f.). Demgemäß würde z. B. die Orientierung an Nachrichtenfaktoren einen Verlust an Diskursniveau einer politischen Öffentlichkeit bedeuten (vgl. Gerhards, 1998, 38). Jegliche Verzerrung, wertende Akzentuierung, Vermischung von Nachricht und Meinung widerspräche dem Ideal eines Abbildes der Realität, und jede Form der Unterhaltungsorientierung geschweige denn Sensationalisierung widerspräche der geforderten Rationalität des Diskurses, da die Rezipienten als (aktive) Bürger und nicht in der Rolle des (passiven) Konsumenten rezipieren sollen.

Aus der Perspektive des liberalen Öffentlichkeitsmodells bedeutet die Orientierung an Nachrichtenfaktoren demgegenüber eine legitime Orientierung an den Präferenzen der Bürger, weil genau dies der einzige Bezugspunkt einer politischen Öffentlichkeit sein könne (vgl. ebd.). Dieser Gedanke lässt sich sogar noch radikalisieren: Im liberalen Modell gibt es kein Richtig und Falsch, keine irrelevanten Themen und keine inadäquate Darstellungsweise, solange die Vielfalt der gesellschaftlichen Realität in den Medien gespiegelt und die Zugänglichkeit zu den journalistischen Realitätskonstruktionen gewährleistet ist (vgl. hierzu auch den klassischen Aufsatz von Schulz, 1989). Journalismus erfüllt aus dieser Sicht eine andere und über die reine politische Meinungs- und Willensbildung weit hinausgehende Funktion. Er ist Teil der Gesellschaft und dient ihr und nicht ausschließlich dem politischen System (vgl. Brants, 1998, 316). In dem Sinne, wie das Verständnis von Demokratie im liberalen Modell weiter gefasst wird, werden auch die Funktionen von Journalismus erweitert: »But the notion of citizenship must clearly include more than the narrowly political, just as there is more to a democratic society than the immediately political institutions and processes. Democracy as a social form includes cultural life; various forms of reflection on existential matters or ›the human condition‹; the formation, maintenance, deconstruction, and reformation of identities« (Gripsrud, 2000, 297)[130]. Mediale Kommunikation könne daher auch gesehen werden als »modern society's communication with itself about itself, in ways that reproduce and instill in all its members a sense of community and identity, of shared conditions, values, understandings, and so on« (ebd., 295). Diese im liberalen Modell implizit enthaltene symbolisch-interaktionistische Sicht von Öffentlichkeit als einem kommunikativen Austausch der Gesellschaft mit sich selbst über sich selbst nimmt eine fundamental andere Bewertung massenkultureller Inhalte und von Massenattraktivität vor, als das im eher politikfixierten republikanisch-diskursiven Modell der Fall ist (vgl. hierzu auch Swanson, 1990, 38ff.). Daher definiert Renger »Populären Journalismus« als »kulturellen Diskurs«, der »nicht nur als Informations- und Orientierungsangebot professioneller Selekteure, sondern auch als ein spezifisches Muster von sozialer und institutioneller Praxis gesehen wird« (Renger, 2000, 13).

Das republikanisch-diskursive Modell hat gerade in Deutschland vielfältige sozialphilosophische Wurzeln, die in der historischen Tradition der Massenverachtung verankert sind und vor allem in der Nachkriegszeit durch die einflussreiche Kritische Theorie der Frankfurter Schule untermauert wurde (vgl. Kap. 2.3.3). Massenkultur und damit auch massenattraktive journalistische Angebote wurden gebrandmarkt als »Kulturindustrie«, die aus einem aktiven Bürgerpublikum passive Konsumentenmassen mache. »For the pessimistic approach of the critical theorists of the Frankfurt School, rationality is lost as mass culture increasingly dominates popular consciousness, offering only a consumerist culture to satisfy false, commodified desires« (Livingstone, 1994, 14). Diametral entgegengesetzt steht die postmoderne Version des liberalen Modells, das die Vorzüge einer radikalen Vielfalt innerhalb des öffentlichen Kommunikationsprozesses hervorhebt und massenattraktive Formen und Inhalte als notwendige Bestandteile demokratischer Öffentlichkeit ansieht (vgl. Kap. 2.3.4). Das sind die polaren normativen Positionen, die die gedanklichen Maßstäbe für die Beurteilung der gesellschaftlichen Funktionen und Dysfunktionen, Chancen und Risiken des Sensationsjournalismus darstellen. Sie sollen im folgenden gegenubergestellt werden. Die Auseinandersetzung um eine »Ethik der Public Sphere« schwankt zwischen den Extrempositionen eines massenkulturellen Pessimismus (mit den Stichworten: »Kulturindustrie«, Masse als passives Objekt,

130 Vgl. ebenso Dahlgren, 1998 sowie Brants, 1998, 332f.: »Democracy (...) is not just about official politics, but also has to do with the norms and horizons of everyday life and culture. Civil society should not only include the discursive and decision-making domain of politics but also the vast terrain of domestic life.«

Festhalten am Ideal eines rationalen Diskurses, Objektivitätsideal) einerseits sowie eines massenkulturellen Optimismus (mit den Stichworten: Masse als aktives Subjekt, postmoderne Werterelativierung, Plädoyer für egalitäre Vielfalt der Realitätskonstruktionen andererseits.

9.1 These: Die Dysfunktionen der Sensationsgier der modernen Mediengesellschaft

9.1.1 Demokratietheoretische Gefahren einer ungehemmten Sensationalisierung

> »Das, was bei der Neugier möglich ist, ist bei der Unersättlichkeit und der Tyrannei der Sensationslust ausgeschlossen: Zur Freude am Wissen, am Schönen, am Guten und Edeln führt sie den Geist unter keinen Umständen. Der wilde Schößling Sensationslust trägt niemals süße Früchte« [...] »Dieses schamlose Spiel mit den niedrigen Instinkten, wie es aus Profitsucht und Sensationslust besonders in so manchen Boulevardzeitungen und Massen-(illustrierten) Zeitschriften betrieben wird, ist in der Tat ein Krebsschaden, der die periodische Presse, die Allgemeinheit, den Staat zur Bekämpfung auffordert« (Groth, 1961, 289 u. 604).

Otto Groth bleibt hier sehr vage in seinen Wirkungsvermutungen. Was genau mit bitteren oder sauren Früchten bzw. mit dem »Krebsschaden« gemeint ist, wird nicht ersichtlich. Die kulturkritische Position in der heutigen Boulevardisierungs-/Sensationalisierungsdiskussion ist demgegenüber klarer. Ausgangspunkt sind dabei demokrathietheoretische Überlegungen aus der Sicht des republikanisch-diskursiven Modells der Öffentlichkeit: Eine ungehemmte Sensationalisierung des Mediensystems bewirke eine »Crisis of communication for citizenship« (vgl. Blumler & Gurevitch, 1995). Eine thematische sowie formale Sensationalisierung führe zu folgenden Konsequenzen: Verlust des relevanten Themenspektrums, Entwertung der Politik bis hin zu kompletter Entpolitisierung und damit einhergehender politischer Entfremdung und Apathie, Verlust der Fähigkeit, zwischen facts und fiction zu unterscheiden, moralisch unerwünschte Grenzüberschreitung, verzerrte Publikumsbilder über eine Welt, die aus den Fugen geraten ist und in der irrationale Kräfte, Sex und Kriminalität regieren, sowie ein Absinken des öffentlichen Diskurs-Standards (vgl. hierzu auch Davis & Owen, 1998, 103-107). In letzter Konsequenz führt all das zur absoluten Unfähigkeit einer rationalen Entscheidungs- und Willensbildung, die als konstitutiv für demokratische Gesellschaften angesehen werden. Journalismus erfüllt damit seine »öffentliche Aufgabe« nicht mehr. Im Gegenzug erfüllen auch all diejenigen, die sich dem Sensationalismus hemmungslos hingeben, nicht ihre staatsbürgerliche Pflicht zur Rezeption gesellschaftlich und politisch relevanter Informationen. Zu den Boulevardmagazinen des Fernsehens schreibt

Krüger: »Durch die Themenwahl und die damit verbundenen Auftrittschancen von Akteuren begünstigen die privaten Sender in den nichttagesaktuellen Info-Angeboten eine Tendenz zur Entpolitisierung und Entinstitutionalisierung« [...] »Diese Informationsangebote erfordern weder große Rezeptionsanstrengungen, noch bereichern sie mit besonderem Erkenntniszuwachs, sondern sie dienen in erster Linie zur psychosozialen Entlastung« (Krüger, 1996, 365 u. 370). Hieran wird deutlich, dass diejenigen, die große Befürchtungen im Hinblick auf eine ungehemmte Sensationalisierung hegen, nach wie vor auch Verfechter einer klassischen Dichotomiethese der Rezeption sind. Diese »Dichotomiethese« (Vorderer, 1992, 73) postuliert einen idealtypischen Gegensatz zwischen zwei Rezeptionsweisen: die kognitiv-distanzierte Rezeption wertvoller Produkte gegenüber einer distanzlos-emotionalen Rezeption eher wertloser (kitschiger, sensationeller) Produkte. In seiner klassischen Studie »The nature of news« unterschied bereits Wilbur Schramm (1949) zwei Arten von Gratifikationen bei der Mediennutzung, nämlich unmittelbare und verzögerte bzw. aufgeschobene. Schramm spricht von »immediate« vs. »delayed rewards«. Eine unmittelbare Belohnung erfahre der Leser z. B. bei Nachrichten über Verbrechen, Unfälle, Desaster, Sportereignisse, Human Interest Themen u. ä. Verzögerte Gratifikationen stellen sich aus seiner Sicht heraus eher bei öffentlich-politischen, ökonomischen, sozialen oder wissenschaftlichen Themen ein. Richter & Straßmayr z. B. unterscheiden grob zwei Funktionen des Lesens: Lesen als Ablenken und Lesen als Hinlenken. Ablenkendes Lesen könne eskapistisch-evasorisch oder kompensatorisch erfolgen; beides sei aber eher emotional, während hinlenkendes Lesen mit meinungsbildendem, informatorischem, also kognitivem Lesen gleichzusetzen sei (Richter & Straßmayr, 1978, 77). Auch die Unterscheidung in »distanzlos-involvierte« Rezeption unterhaltungsorientierter Medieninhalte und »distanziert-analysierende« Rezeption von Dokumentarberichten geht in dieselbe gedankliche Richtung (vgl. McQuail, 1985a, 137f.).

Diese Dichotomiethese, die auch mit »Oppositionsästhetik« bezeichnet werden könne, wurde insbesondere von (normativ orientierten) Literaturwissenschaftlern, Theatersoziologen sowie den Anhängern der Kritischen Theorie propagiert (vgl. Vorderer, 1992, 73-78), die die distanzierte Rezeption als geistig anstrengend, aber differenziert und geistig beweglich beschrieben. Der distanzlose Kitsch-/Sensationsgenuss befriedige eher den emotional oberflächlichen, vordergründigen Stoffhunger und ein Trägheitsbedürfnis. Auf der Basis dieser Dichotomiethese bedeutet ein Mehr an emotionalem Beteiligtsein stets ein Weniger an kognitivem Engagement, was einem rationalen Diskurs zuwiderläuft. Daraus lässt sich das Fazit ziehen, dass kognitive Distanziertheit, Faktenwissen und die Kenntnis rationaler Argumente das Rezeptionsparadigma des republikanisch-diskursiven Modells charakterisieren. Vor diesem gedanklichen Hintergrund ist jeglicher Sensationalismus als gesellschaftlich dysfunktional zu beurteilen. »In general, irrespective of who might or might not benefit, objectivity [hier als «objektives» Faktenwissen zu deuten; Anm. UK] requires that reporting be dispassionate, cool, restrained and careful. By that measure, all forms of sensationalism, use of loaded words, emotionalism or ›colour‹ in presentation are departures from neutrality and objectivity« (McQuail, 1992, 233).

Die festgestellten zentralen Wirkungen eines thematischen und formalen Sensationalismus, die sich bündeln lassen als Aufmerksamkeits- und Selektionslenkung (vgl. Kap. 8.1-8.3), müssen aus republikanisch-diskursiver Sicht als Ablenkung vom Wesentlichen gewertet werden. Die nachgewiesenen, sich mit zunehmendem Sensationalismus verstärkenden Kultivierungs- und Klimaeinschätzungswirkungen sind dysfunktional, weil eine verzerrte Sicht der gesellschaftlichen Realität zu »irrealen« Einstellungen führt, die einem rationalen Diskurs über die (falsch dargestellten) Probleme im Wege stehen und im Extremfall zu falschen i. S. v. irrationalen Handlungsweisen führen können (nicht-rationale Wahlentscheidung bzw. politische Entfremdung bis hin zur Apolitisierung). Die schlimmsten Wirkungen werden bei denjenigen befürchtet, die nicht willens sind, sich medialen »Korrektiven« auszusetzen und sich vorzugsweise boulevardformatiger Medien zur Meinungs- und Willensbildung bedienen. Die in Kap. 7.2.2 vorgestellten Rezipientendaten belegen tendenziell diese vermuteten Zusammenhänge[131]: Bei ausschließlichen Boulevardzeitungsnutzern konnte ein hoher politischer Entfremdungsgrad, eine Neigung zu extremem Wahlverhalten, das als Protestwahlverhalten gedeutet werden kann, sowie eine größere Angst vor den Gefahren einer potentiell bedrohlichen Welt festgestellt werden, die durch sensationalistische Kriminalitätsberichterstattung in einem Wechselwirkungsprozess verstärkt wird (vgl. Kap. 8.1.1).

Die durch formalen Sensationalismus und die im Boulevardjournalismus typische Orientierung an »Narrationsfaktoren« ausgelösten positiven Wirkungen, wie verbesserte Erinnerung, größere Rezeptionsfreude, verbessertes Verständnis inhaltlicher Zusammenhänge werden aus der beschriebenen demokratietheoretischen Sichtweise irrelevant, da sie vorzugsweise mit den falschen (nicht-politischen, nicht gesellschaftlich als relevant angesehenen) Themen wie Sex & Crime & Tragedy gekoppelt sind. So positiv die personalisierten und emotionalisierten (und emotionalisierenden) Nachrichtenstories und die Verwendung von Einzelfallbeispielen im Hinblick auf ein – alltagsrationales – Informationsverständnis auch zu werten ist (vgl. Kap. 8.3), muss einschränkend jedoch festgehalten werden, dass diese Darstellungsweise vor dem Hintergrund einer zunehmend komplexen und auch abstrakten politischen, sozialen und wirtschaftlichen Welt als journalistisches Geheimrezept nicht verallgemeinert werden darf, was bei einer ungehemmten Sensationalisierung der Fall wäre. Zu diesem

131 Diese Daten untermauern auch die Befürchtungen all derer, die sich mit gesellschaftlichen Wissensklüften und einer drohenden Dichotomisierung der Gesellschaft in ein »Unterhaltungsproletariat« auf der einen Seite und einer »Informationselite« auf der anderen Seite beschäftigen (Buchwald, 1997, 63; s. auch Bonfadelli, 1994). Da sich dieser makroanalytische Ansatz allerdings mit allgemeinen Unterhaltungs- bzw. Informationspräferenzen der Rezipienten und weniger spezifisch mit Sensationspräferenzen auseinandersetzt, soll er an dieser Stelle nicht weiter vertieft werden.

Schluss gelangen auch liberale Journalismusforscher: »A journalism that consistently offers ‚the experiences of the individual as the direct and unmediated key to the understanding of the social totality fails to offer a proper understanding of politics and society« (Eide, 1997, 179). Nicht jedes Thema eignet sich zur Sensationalisierung, da nicht jedes Ereignis einen Narrationsfaktor enthält.

> »Denn das Problem ist nicht, dass ein gesellschaftlich bedeutsames Thema erst aufgegriffen wird, sobald die Bedingungen für eine Verbreitung gegeben sind – (...). Das Problem ist, welche Themen überhaupt noch aufgegriffen werden (können). Vieles (wie die Ökologie) ist zu abstrakt für eine Emotionalisierung. Über BSE wurde in Großbritannien erst massiv berichtet, als leidlich attraktive jugendliche ›Hamburger‹-Esser bild-gerecht körperlich verfielen« (Jogschies, 2002, 171).

Eine Erklärung für die Notwendigkeit nüchterner, abstrakter, ausgewogener und faktenorientierter Darstellungsweisen liefert der Emotionsphsychologe Reinhard Fiehler: Ausgehend von der Ökonomie seien immer mehr gesellschaftliche Bereiche zweckrational durchstrukturiert worden. Daher seien auch die Gesellschaftsmitglieder immer stärker gezwungen, sich rationale, intellektuell kontrollierte Handlungsweisen anzugewöhnen. »So gewinnen Emotionen in ihrem handlungsauslösenden und –modifizierenden Potential den Status von Störfaktoren. Emotionalität erscheint als partieller Gegensatz zu Zweckrationalität und Normalität und – schlimmer noch – als dysfunktional für einen ›geordneten‹ und zweckrationalen gesellschaftlichen Verkehr« (Fiehler, 1990, 21). Diese Anforderungen der modernen Gesellschaft betont auch der norwegische Kommunikationswissenschaftler Jostein Gripsrud: »The relationships between the various developments in various areas – economic, social and cultural, nationally and internationally – can only be understood in highly abstract, theoretical terms. And such real but abstract interrelations between quite different areas become increasingly important« (Gripsrud, 1992, 91). Daher seien Boulevardmedien zweifelhafte Vermittler für ein adäquates politisches Verständnis, sie trügen eher zu systematischer Desinformation und Derationalisierung des Publikums bei.

Die geschilderten Dysfunktionen und Risiken nehmen aus der Sicht des demokratietheoretisch fundierten republikanisch-diskursiven Modells von Öffentlichkeit dann bedrohliche Dimensionen an, wenn es zu einer ungehemmten Sensationalisierung des Mediensystems kommt. Diese Enthemmung ist als Konsequenz einer totalen Überökonomisierung des Funktionssystems Journalismus zu erwarten.

9.1.2 Überökonomisierung des Mediensystems und schleichende Deprofessionalisierung

In den letzten Jahren häufen sich – in unterschiedlichen medialen Bereichen – Beispiele, bei denen aus wirtschaftlichem Erfolgsstreben oder Konkurrenzdruck eine Sensationalismusstrategie verfolgt wird. Der Chef des Abosenders Premiere, der aufgrund der hohen Verschuldung des Kirch-Mutterhauses stark in wirtschaftliche Bedrängnis geraten war, will »einfache Pornografie« zeigen und damit aus der Flaute kommen (»Wir müssen das auch senden dürfen« – Georg Kofler zit. in Ott, 2002, 21; vgl. auch Krasser, 2002). Für einen Beitrag über Auftragsverbrechen suchte die ProSieben-Redaktion des Boulevardmagazins »taff« per Zeitungsanzeige einen Killer (vgl. Nolte, 1998). Korrespondenten der ARD gehen davon aus, dass die Zahl der drastischen Nachrichtenbilder generell zunehmen werde – auch bei den öffentlich-rechtlichen Sendern (vgl. Steinberg, 1998, 11f.). Bei der Spielfilmtitelei bei Eigenproduktionen der Privatsender wird aus ökonomischen Gründen bewusst sensationalisiert. Auf die Frage, warum Spielfilmtitel so reißerisch sein müssten wie »Die Babysitterin – Schrei aus dem Kinderzimmer« oder »Die Todesgrippe von Köln« antwortete der RTL-Leiter TV-Movie, Sam Davis:

> »Ab und zu stellt sich heraus, daß der ursprüngliche Name den Film nicht am besten verkaufen würde. (...) Bei der Vermarktung eines Films ist der Titel die Hauptsache (...) Erst machen wir ein Brainstroming in der Redaktion. Dann haben wir drei unabhängige Texter, die normalerweise in der Werbebranche arbeiten. Die liefern insgesamt 60 bis 80 Titelvorschläge. (...) Ziel ist es, den Kern eines Filmes in Szenen, Bildern und Emotionen zu treffen. (...) Wir schätzen, daß ein guter Titel eine Million mehr Zuschauer vor den Bildschirm bringt« (Niggemeier, 1997, 27).

Der Fall Sebnitz, so Rainer Jogschies (2002) in seiner Arbeit über die Presseberichterstattung über den angeblich von Ausländern verschuldeten Tod durch Ertrinken eines kleinen Jungen aus der Stadt Sebnitz, zeige eindringlich den Drang der Presse – auch der seriösen – zur Sensationalisierung aus ökonomischen Gründen. Jogschies verdeutlicht eingängig die narrativ-fiktionalisierte Emotionalisierung der *Bild*-Zeitung und die stilistische Anpassung anderer Medien (vgl. ebd., 165ff.). Er resümiert: »Dass diese Mittel des Emotainment in anderen Medien in ähnlicher Kombination wiederzufinden sind oder zumindest ihre Wirkung mit eigenen Formen fortgesetzt wird, verstört nachhaltig. Das hat mit handwerklichen ›Schnitzern‹ nicht viel zu tun. Es ist nur durch den Willen zu erklären, denselben Erfolg mit dieser Emotionalisierung erreichen zu wollen, den die BILD hatte« (Jogschies, 2002, 159). An diesem Fall sei eine sensationsjournalistische »Me-Too-Mania«, nach dem Motto: »Ich habe auch diese tolle Geschichte von diesem toten Jungen in dieser furchtbaren Stadt« (ebd.) abzulesen. Siegfried Weischenberg fasst in seinem Aufsatz »Journalismus unter neuen Geschäftsbedingungen« (1999) seine Beobachtung zur Entwicklung des deutschen und ausländischer Mediensysteme wie folgt zusammen: Zu konstatieren sei eine zunehmende Deregulierung, eine strukturell durchgreifende Kommerzialisierung im Sinne einer »totale[n] Unterwerfung der Medieninstitutionen unter die Marktgesetze«, eine daraus resultierende »Banalisierung der Inhalte« und eine »schleichende Deprofessionalisierung der Akteure« mit zunehmenden Outsourcing-Tendenzen (vgl. hierzu auch Kap. 5.2-5.4). »Sensationsmache« sei schließlich die Folge. »Welcher Typ von Medienakteur, so ist nun zu fragen, paßt zu den neuen Geschäftsbedingungen: der distanzierte, fachlich kompetente Vermittler, Orientierer und Aufklärer oder der dynamische, der Unterhaltung wie den PR gegenüber gleichermaßen aufgeschlossene Infotainer (...)?« (Weischenberg, 1999, 45). Auch andere Autoren sehen weniger die vermeintlich schädlichen Wirkungen des Sensationalismus auf das Publikum, sondern eher die Folgen für die Journalisten, die in Gefahr sind, zu passiven, unengagierten Erfüllungsgehilfen eines angenommenen Massengeschmacks zu verkommen oder sich selbst dazu zu machen:

> »If the public appears to have an insatiable appetite for true stories of sex and violence, this is something which journalists will accept and cater to only in so far as they have fallen into passivity and abandoned the creatively active role which is intrinsic to their profession. (...) In short, if there is reason to be concerned about the level of depicted sex and violence in our culture, it is not protection from harm by government or law we should look for, but more active, less passive conceptions of journalism and the arts« (Graham, 1998, 163).

Aus dieser Perspektive ist der von Medienexperten und Politikern vorgebrachte Wunsch, einen Einstieg des australischen Medienmoguls, Rupert Murdoch, auf dem deutschen Pressemarkt durch Übernahme von Anteilen des insolventen Kirch-Konzerns zu verhindern, konsequent und ratsam. Als Gründe werden hierbei insbesondere Murdochs »brutale Preiskriege« und seine Neigung zum Sensations- und Boulevardjournalismus genannt. Nichts sei diesem Mann zu schmuddelig, um es in eine Schlagzeile zu verwandeln. Seit seinem Kauf der Massenblätter *The Sun* und *News of the World* gilt Murdoch als exponierter Medienmanager populär-konservativer Boulevardblätter, mit denen er den britischen Printsektor beherrscht. Seine News Corporation Ltd. ist der fünftgrößte Medienkonzern der Welt; Rupert Murdoch ist in der Branche dafür bekannt, dass er ständig die Gesetze und Regeln des Marktes bricht und im Wettbewerb mit anderen Anbietern einen sehr aggressiven Preiskampf führt (vgl. Bauder, 2000; Grimberg, 2000). Eine strukturelle Boulevardisierung/Sensationalisierung hat Konsequenzen für alle Kontexte einer journalistischen Organisation – nämlich den Normen-, Struktur-, Funktions- sowie den Rollenkontext (vgl. Kap. 5). Versteht man unter struktureller Boulevardisierung einer journalistischen Organisation die konsequente Ausrichtung ihres Organisations- und Arbeitsprogramms auf die Wettbewerbsstrategie der Kostenführerschaft, dann ist davon auszugehen, dass dies radikale Auswirkungen auf die berufliche Lebenswelt aller an der Aussagenproduktion beteiligten Kommunikatoren haben wird und dass es vermutlich zu einem gebrochenen Selbstbewusstsein der Journalisten dieser Organisation kommen wird. Dieses gebrochene Selbstbewusstsein beruht auf einem inneren Konflikt zwischen internalisierter Berufsrolle einerseits und Mitglieds- bzw. Arbeitsrolle andererseits, der letztlich nur durch eine Neudefinition der Berufsrolle, durch eine weiter oben von Weischenberg beschriebene Orientierung an einem »neuen Typ von Medienakteur« zu lösen ist. Damit ginge allerdings ein massiver Respekts- und Imageverlust der journalistischen Berufsrolle einher, und es müsste zu einer Neubewertung der Funktionen des gesellschaftlichen Systems Journalismus kommen.

9.1.3 Fazit

Aus der Perspektive des republikanisch-diskursiven Modells von Öffentlichkeit sind die gesellschaftlichen Makrowirkungen einer massenattraktiv sensationalisierten Berichterstattung ausschließlich negativ bzw. als dysfunktional zu bewerten, da der Journalismus damit seiner öffentlichen Aufgabe innerhalb moderner Demokratien nicht mehr gerecht werde und das Publikum vom Wesentlichen ablenke. Dies gilt nicht nur für das Horrorszenario eines enthemmten, völlig überökonomisierten und aus den öffentlichen Fugen geratenen Medienmarktes, sondern auch innerhalb eines pluralistischen, vielfältigen Mediensystems, da eine normative Vorgabe existiert, wie der Prozess der öffentlichen Kommunikation beschaffen sein soll. Das Ideal eines rationalen Diskurses erfordert konsequenterweise die Ausblendung jeglicher, ihm widersprechender Darstellungsformen, zu denen in erster Linie die stärker auf Emotionen abzielenden massenattraktiven Berichterstattungsformen zählen.

Die Tradierung eines solchen Modells kann allerdings auch als Machtkampf interpretiert werden, bei dem die bildungsbürgerlich kultivierten und – sozialphilosophisch untermauerten – hochkulturellen Kommunikationsformen als Ideal angesehen werden, um sich von der Masse des Volkes abzugrenzen. Mit Hilfe diverser Distinktionsstrategien (zum Beispiel mit Strategien der Herablassung oder der Entwertung von massenattraktiven Verhaltensweisen, Geschmäckern und Objekten) versuchen die gesellschaftlichen Funktionseliten, den Abstand zwischen sich und der Peripherie mit allen Kräften zu bewahren. »Mit Begriffen wie U-Musik, Unterhaltung und Massenkultur verteidigt das Bildngsbürgertum sein kulturelles Kapital« (Winterhoff-Spurk, 2000, 78f.). »Tabloidization, dumbing down and other debates are simply anxieties that a slippage of control (...) is occurring« (Conboy, 2002, 181). Die Verneinung der kommunikativen Geschmäcker und Bedürfnisse einfacher Menschen könne als adäquate Strategie der Privilegierten und konservativen Elite angesehen werden, die Lebenswelt der anderen zu ignorieren und zu unterdrücken. »[W]hen we condemn the popular as fit only for those with barbaric taste and dull wit, we are reinscribing and reinforcing the divisions in society that our democratic pursuits have attempted to eliminate« (Grabe, 1996, 929). Damit ist das Paradox des republikanisch-diskursiven Modells aufgezeigt: Es argumentiert demokratietheoretisch, unterminiert aber durch die Vorgabe einer intellektuell-elitären Kommunikationsweise das Kernprinzip jeder Demokratisierung, nämlich der Gleichwertigkeit aller Bürger.

9.2 Antithese: Die Funktionen massenattraktiver Sensationsberichterstattung

9.2.1 »Kleiner Mann ganz groß«: Demokratisierung und Chancen für die kommunikativ Benachteiligten

Inhaltlicher und formaler Sensationalismus führte seit den Anfängen der Massenpresse zu der (nicht intendierten) Wirkung einer Öffnung des gesellschaftlichen und politischen Zentrums für die Peripherie. Einfachen Menschen, die nicht zur Funktionselite der Gesellschaft zählten, wurde ein Anreiz geboten, Zeitungen zu lesen und sich über gesellschaftliche Entwicklungen zu informieren. Dieser Anreiz bestand nicht nur in der neuen lebendigen und aktivierenden formalen Aufmachung, nicht nur in der neuen nachvollziehbareren und verständlicheren Erzählstruktur, die plötzlich auch den Durchschnittsbürger fokussierte, sondern auch in dem neuen Themenspektrum, das einen Bezug, eine Nähe zur Lebenswelt der »kleinen Männer und Frauen« aufwies. »All dies ergab sich lediglich als unbedeutende und unvorhergesehene Nebenwirkung angesichts des Zwangs, unter dem die Reporter standen, attraktive Stoffe zu finden, um ihre Zeitungen zu verkaufen« (Hughes, 1986, 49). Nachrichtengeschichten über Familienkonflikte, Missbrauch, Gewalt und Verbrechen, Katastrophen und andere Einbrüche des Unerwarteten in das alltägliche Leben generierte ein Interesse für das Medium Zeitung, das bislang geprägt war durch abstrakte und sprachlich anspruchsvolle Erörterungen abgehobener (im Sinne von lebensweltlich entfernter) politischer und wirtschaftlicher Themen und Ereignisse. Hughes vertritt auf der Basis ihrer historischen Analyse der Massenpresse die These, dass die Presse, indem sie die Menschen mit dem Leben ihrer Mitmenschen bekannt machte, zu einem unverzichtbaren Hilfsmittel der Demokratie geworden sei. Die Human Interest Stories wären es gewesen, die in Amerika das Zeitunglesen zu einer allgemeinen Gewohnheit haben werden lassen (vgl. Hughes, 1986, 47). Die Penny-Presse und später die Boulevardpresse hätten maßgeblich zur Aufklärung der einfachen Leute über einige Fakten ihres gegenwärtigen sozialen Lebens beigetragen. Die neuen Manager der Massenpresse erkannten das ökonomische Potential des neuen Massenpublikums, und die Umformung des Mediums Zeitung in die »Stimme des kleinen Mannes« geschah weniger aus bewusst sozialreformerischen[132], denn profitorientierten Gründen. Durch die Hintertür der Ökonomisierung entstand quasi ein Anti-Establishment-Forum, in dem Laienkommunikation als Gegenstand und Prozess betrieben wurde und das soziale Kontrolle und eine weniger politische als vielmehr moralische Überwachung des Verhaltens der »Elite« mit dem Effekt des Respektsverlustes ermöglichte (z. B. bei der Thematisierung von (Sex-) Skandalen der Prominenz; vgl. hierzu Davis & Owen, 1998, 103f.).

Die Demokratisierungsfunktion wird auch heute noch den typisch boulevard-/sensationsjournalistischen Medien und Formaten zugesprochen: Britische BBC-Auslandskorrespondenten äußerten über die *Bild*-Zeitung: »Obwohl der Informationsgehalt nicht hoch ist, hat Bild jedoch einen neuen Typ von Zeitungslesern geschaffen, die durch sie erst zum regelmäßigen Lesen angeregt wurden. Diese Menschen hätten sich niemals für Zeitungen im alten deutschen Stil interessiert. Vielleicht haben die Intellektuellen, die das Blatt wegen seines Massengeschmacks kritisieren, es nur mit falschen Augen gelesen« (zit. in Kruip, 1999, 241). Das gleiche gilt für das sensationalistische Genre des klassischen Reality-TV. Positiv betrachtet sei Reality-TV Teil der Demokratisierung von Medienkultur:

> »Es bringt uns dem Jedermanns-Fernsehen näher, eine Art populistische Erweiterung des bis dato nach Qualifikation und Prominenz unter starker Beteiligung von Parteipolitikern ausgewählten Bildschirmpersonals. Zugespitzt könnte man sagen: Reality TV beschleunigt den Übergang vom Repräsentationsmodell des Fernsehens zu einer basisdemokratischen Variante, in der die Bedürfnisse des einzelnen zur bestimmenden Größe werden« (Grimm, 1995, 89f.).

Diese eingängige Demokratisierungsthese im Sinne einer basisdemokratischen Erweiterung des gesellschaftlichen Meinungsbildungsprozesses ist jedoch nicht ohne Widerspruch geblieben. Die mit massenattraktiven Boulevardformaten eingeführte mikropolitische Ebene des Privaten, des Emotionalen, des kleinbürgerlich-proletarischen Alltags kann auch als Abgrenzungsstrategie der Nicht-Funktionselite der Massengesellschaft gesehen werden, und zwar in negativer, neutraler und positiver Hinsicht: Negativ als politisch entfremdeter resignativer Rückzug in die Peripherie, neutral als gleichberechtigte Gegenkultur und positiv als exzessiver Gegenentwurf, der – gekoppelt mit einer bestimmten Lesart gegen den Strich – subversive Widerstandskraft entfalte. Bezogen auf die negative Deutung vermutet Gripsrud, dass die Massenblätter offensichtlich der weitverbreiteten Ansicht der einfachen Menschen entsprachen, dass sie politisch rele-

---

132 Ausnahme bildet z. B. der Kampagnenjournalismus in Form der »moral« oder »social crusades« der Britischen Massenpresse der 1880er Jahre (vgl. hierzu Kap. 3.3).

vante Informationen sowieso nicht benötigten, da sie ohnehin keine besondere Rolle im politischen Entscheidungsprozess spielten (vgl. Gripsrud, 1992, 93). Sparks formulierte gar die provokante These, dass je stabiler und gesetzter eine bürgerliche (repräsentative) Demokratie sei, die Masse der Bevölkerung umso weniger an ihrer Funktionsweise und Mitgestaltung interessiert sei und sich dementsprechend die populäre Presse umso apolitischer und trivialer entwikkeln werde (vgl. Sparks, 1988). Die neutrale Position vertritt Grabe in ihrer Studie zu den Unterschieden der Kriminalitätsberichterstattung in Nachrichten- und Boulevardmagazinen: »Instead of viewing tabloid news as diluting cultural distinctions between demographic groups via massification, this study suggests that we should consider it as maintaining cultural distinction and diversity by catering to specific segments of the population« (Grabe, 1996, 941).

Die radikal positive Deutung geht maßgeblich auf den populistischen Flügel der Cultural Studies und insbesondere ihrem »enfant terrible«, John Fiske, zurück, der sich als einer der wenigen innerhalb dieses – vorrangig seit den 90er Jahren boomenden – Forschungsbereichs[133] mit der Boulevardpresse auseinandergesetzt hat. »[W]e should not be surprised if the political energies of the people are directed more towards the micro-politics of everyday life than to the macro-politics of socioeconomic structures, for it is in these micro-politics that popular control is most effectively exercised« (Fiske, 1992, 60). Aus der Sicht von Fiske sind die etablierten, seriösen Medien eine Allianz mit dem »power-bloc«, der Elite des Zentrums einer Gesellschaft, eingegangen, da sie in der Vermittlung wichtiger gesellschaftlicher Informationen stets anti-populäre Formen verwendeten: »It presents its information as objective facts selected from an empiricist reality wherein lies a ›truth‹ that is accessible by good objective investigation. Its tone is serious, official, impersonal and is aimed at producing understanding and belief. It is generally the news which the power-bloc wants the people to have« (Fiske, 1992, 47).

Diese Art der Informationsvermittlung, die Fiske mit »top-down texts« bezeichnet, diszipliniere die Leser zum »Entziffern« statt zum echten »Lesen«. Massenattraktiv aufbereitete Texte seien gerade durch ihre Subjektivität offen für individuelle Bedeutungszuweisungen: »Unresolved contradictions, unstable, unfinished knowledge, scepticism, parody and exess all invite reading: truth and objectivity invite decipherment. Reading is participatory, it involves the production of relevance; decipherment, the perception and acceptance of distance (social and aesthetic)« (ebd., 59). Vor allem boulevardjournalistische Texte seien in exzessiver Weise vieldeutig und würden aufgrund dieser Polysemie zu »echtem Lesen« einladen. Zum einen entstehe Exzess durch Übertreibung, da in der übertriebenen Darstellung einer aktuellen Situation Stimmungen aufgegriffen würden, die als Subtext mitschwingen, und zum anderen seien gerade die Titel-

133 Überblicke und kritische Würdigungen dieser Forschungsrichtung liefern Real, 1992; Jäkkel & Peter, 1997; Hepp & Winter, 1999; Hepp, 1999; Dörner, 2000.

blätter von Boulevardzeitungen durch semiotischen Exzess, durch eine polyseme Über-Codierung der graphischen und sprachlichen Mittel gekennzeichnet.

Vor dem Hintergrund der Polysemie-Annahme[134] biete gerade die Aneignung dieser Angebote ein enormes, unterschätztes Freiheits- und Widerstandspotential, das den Machtlosen in modernen Gesellschaften partielle Machterfahrungen ermögliche. Das Lesen dieser Texte sei keine passive Rezeption, sondern impliziere möglicherweise eine vergnügliche widerständige Interpretation quasi »gegen den Strich«, die nicht dem Vorgegebenen entspricht.[135] »Sensationalism, a frequently criticized characteristic of popular news, is a display of excess, a sort of mega-normality which writes large and visibly that which is normally taken for granted and whose political effectivity depends precisely upon its status as uninspected common sense. Norms exceeded are made visible and by being thus abnormalized are made available for subversion and criticism« (Fiske, 1992, 53). Zwei eingängige Beispiele sollen seine Position verdeutlichen. In der Überschrift »Yacht sails from Florida – into The Twilight Zone! Wife meets dead husband in the devil's triangle!« werden laut Fiske mindestens drei offizielle Normen hinterfragt: 1. die Werte des wissenschaftlichen Rationalismus, 2. die Werte der offiziellen Religion und 3. die Wertmaßstäbe des seriösen Journalismus, da zwischen Fakten und Fiktion kein Unterschied gemacht werde (ebd., 50). Die Welt, die dem Leser durch die Schlagzeilen der Sensationspresse angeboten werde, sei eine Welt des Bizarren und Ungewöhnlichen, die dadurch die Grenzen des Common Sense erforsche, um seine Beschränkungen zu enthüllen:

---

[134] Fiske rekurriert hier auf das sog. »Encoding-Decoding-Modell«, das in seinen Grundzügen von Stuart Hall bereits in den 70er Jahren formuliert wurde und als eines der zentralen Kommunikationsmodelle der Cultural Studies anzusehen ist (vgl. Hall, 1980). In diesem Modell werden grundsätzlich drei verschiedene Lesarten von Texten unterschieden: 1. Die dominant-hegemoniale, bei der die in den Text hineingelegte Vorzugslesart vollständig übernommen wird, 2. die ausgehandelte Lesart, bei der es sich um eine Art Kompromiss zwischen der vom Text nahegelegten Bedeutung und der individuellen Bedeutungszuweisung handelt und 3. der oppositionellen, widerständigen Lesart, die dadurch gekennzeichnet ist, dass sich die Rezipienten weigern, die vorgegebene Bedeutung zu akzeptieren. Aus der Sicht des Modells ist Polysemie sozial-strukturiert, da die Bedeutungsoffenheit von Texten stark durch die soziale Herkunft der Rezipienten eingeschränkt werde. Die Lesart von Personen, die dem etablierten Mittelstand oder der Elite zuzurechnen sind, läge näher bei der dominant-hegemonialen Position. Angehörige der Arbeiterklasse dagegen würden eher zu einer oppositionellen Lesart neigen, da sie den dominanten Code ablehnen (vgl. hierzu die Ausführungen von Hepp, 1999, 110ff. sowie Dörner, 2000, 102f.).

[135] Dieses Konzept von Vergnügen und Widerstand steht im Einklang mit all jenen Autoren, die das Karnevaleske der Populärkultur hervorheben. Auch im Karneval entstehe ein widerständiges, evasives Vergnügen durch starke, offensive und skandalöse Körperlichkeit, durch das Groteske, »das Über-die-Grenzen-Hinauswachsen von Körpern, das die Wohlgeformtheit und Abgeschlossenheit des zivilisierten Körpers in Frage stellt« (Hepp, 1999, 75). Von jeher habe der Karneval dazu gedient, alternative Gesellschaftskonzepte und Machtverhältnisse (quasi spielerisch) aufzuzeigen (vgl. Conboy, 2002, 169; auch Bakhtin, 1987 oder Glynn, 1993).

> »Entsprechend bereiten die Geschichten von einem Top-Model, das einen Leprakranken heiratet, oder einer 77-jährigen Frau, die mit ihrem 90-jährigen Freund durchbrennt, deshalb Vergnügen, weil sie es denjenigen, deren sexuelle Beziehungen von der romantischen Ideologie des ›normalen‹ Paares abweichen, ermöglichen, die Normen anstatt der eigenen Erfahrung in Frage zu stellen. (...) Das Sensationelle ist das exzessive Versagen des Normalen, in dem die Normen an die Grenzen ihrer Angemessenheit stoßen, wodurch sie in Frage gestellt werden« (vgl. Fiske, 1997, 74-77; hier 76).

Fiske hat gerade bei seinen Boulevardtextstudien nur Vermutungen über die oppositionelle Lesart angestellt, aber keine empirische Überprüfung durch Rezeptionsstudien vorgenommen. Er räumt zwar ein, dass dieser progressive Widerstand nicht immer vorhanden sein müsse (vgl. Fiske, 1992, 54), dennoch ist kritisch einzuwenden, dass er ein bestimmtes, eher unrealistisches Wunschbild von den Unterprivilegierten, Machtlosen verfolgt, denen er zutraut, mit kritischem Skeptizismus die parodistischen Zwischentöne der Boulevardpresse zu verstehen.[136] Das setzt allerdings Lesekompetenz und Distanziertheit zum Text voraus, über die Boulevardzeitungsleser nur in den seltensten Fällen verfügen (vgl. hierzu besonders die empirischen Rezeptionsstudien von Bruck & Stocker, 1996, 272ff., sowie Bird, 1992, 1997). »But a sense of pleasure in a feeling of control is not the same as actually having control. And resistance is not subversion. Readers may feel empowered, but that does not change their subordinate position in the class structure. There may be a range of possible readings of tabloids, but a radical reading is not one of them« (Bird, 1992, 205).

9.2.2 Journalistische Grenzüberschreitungen als gesellschaftliche Grenzziehungen

In Abkehr vom Ideal der rationalen Informationsvermittlung und dem Rezeptionsparadigma des Faktenwissens betonen diverse Autoren die pro-sozialen Makro-Funktionen des populären Story-Modells, die sie in erster Linie in der Vermittlung eines gesellschaftlich notwendigen moralischen Wissens sehen (vgl. Bird & Dardenne, 1990, 35). Bereits George H. Mead (1926) unterschied zwischen dem Informations- und dem Story-Modell im Journalismus. Letzteres diene neben der Lesefreude der Befriedigung einer »ästhetischen Erfahrung«, die den Menschen bei der Interpretation und moralischen Bewertung ihres eigenen Lebens helfen könne. Das Story-Modell, das als konstitutives Element einer sensationalistischen Berichterstattung angesehen werden kann, steht in der

136 Fiske wurde vorrangig aufgrund seiner subjektiven Voreingenommenheit und Methodik, seiner politisch-ideologischen Denkweise und seiner Romantisierung der Machtlosen zu quasi »semiotischen Guerilleros« von unterschiedlicher Seite aus vehement kritisiert (s. Real, 1992, 38f.; Curran, 1996, 260; Jäckel & Peter, 1997, 57f.; Gripsrud, 2000, 286; Dörner, 2000, 128-132).

ästhetischen Tradition des Melodramas. Das Melodrama wurde in der säkularisierten Zeit nach der Französischen Revolution zu einer neuen (Ersatz-)Form der Sinnvermittlung, einem neuen »sense-making system«. Denn Säkularisierung hieß auch, dass plötzlich alle früher als gottgegeben angesehenen menschlichen Verbindungen (Familie bis zur Nation) prinzipiell neu ausgehandelt werden konnten; das neue moralische Werteuniversum war plötzlich das Individuum. »Melodrama was a textual machine designed to cope with the threatening black hole God left after Him when He returned to His heaven: it was constructed to demonstrate the existence of an underlying universe of absolute forces and values, moral forces and values« (Gripsrud, 1992, 86f.). Der traditionelle Gebrauch spektakulärer, sensationeller, gewalthaltiger Effekte im Melodrama sollte gerade die Stärke dieser Kräfte, ihr Überdauern und die Unmöglichkeit, ihnen zu entkommen, demonstrieren: »The battle between Good and Evil was cosmic, violent, about life and death« (ebd., 86). Das Melodrama war zugleich didaktisches Drama, dem Publikum sollte eine Lektion erteilt werden. Dieses Prinzip wurde in Form der Human Interest Story in der Boulevard-/Sensationspresse wieder aufgegriffen: »It says that what the world (the news) is really about, is emotions, fundamental and strong: love, hate, grief, joy, lust and disgust« (ebd.). Diese Stories erfüllen die Funktion einer erzählerischen Vermittlung kultureller Normen und Werte, quasi eine »mythologische« Funktion (Bird & Dardenne, 1990, 34). Eine Überschwemmungskatastrophe, ein Baby, das aus dem Fenster gefallen ist, Wale, die an einer Küste stranden, ein Mordprozess eines Football-Spielers, eine tote Prinzessin – all dies seien keine wichtigen Informationen für den Rezipienten in der Rolle des demokratischen Bürgers. Dennoch: »These stories are, in fact, an essential part of news. These stories are myths, compelling and enduring public stories that have long addressed the deep concerns of human existence« (Lule, 2001, 188).

Das Informationsmodell tauge nicht so effektiv zur Generierung moralischer Überlegungen; diese nähmen erst bei der Lektüre einer intimen Geschichte Gestalt an, die die Auswirkungen von Gesetz und Konvention als private Erfahrung darstellt: »Eine populäre Literatur von wahren Geschichten, die die lokale und die weiter entfernte Welt menschlich macht, kann in einem größeren Rahmen ein Ersatz für jene persönlichen Begegnungen mit der Erfahrung sein, die die Grundlage für jedes Verständnis der Menschen untereinander sind« (Hughes, 1986, 56). Es gäbe keinerlei Grund, den Sensationalismus generell zu verdammen; es sei vielmehr sinnvoller, die in ihm mitschwingende Moralität zu untersuchen (vgl. Olasky, 1985, 99). Die Betonung der Moralvermittlung als typisches Kennzeichen des Sensationalismus findet sich sogar in vereinzelten Definitionen wieder: Unter »sensationalism« würden »news of conflict which centers on violence and crime and flaunts basic ideas about what is important, right, and wrong« verstanden (Davis & Owen, 1998, 94). Genauso wie das politische Interesse der Bürger wünschenswert für eine funktionierende Demokratie ist, genauso wünschenswert sei auch ein moralisches Interesse »because moral standards govern behavior within a social context« – so Karen Slattery (1994, 7), die gerade Sensationsnachrichten eine wichtige Rolle bei der Aufrechterhaltung moralischer Grenzen beimisst. Durch das Aufgreifen von Ereignissen, die eine Bedrohung oder Verletzung der öffentlichen Moral zum Gegenstand haben, könne eben diese öffentliche Moral neu verhandelt werden: »[T]hose stories historically related to sensationalism, violence, and the like, become meaningful as the moral community identifies, maintains, or attempts to renegotiate its moral standards. Such subjects touch the core of our moral existence« (ebd., 9). Das, was puristische Medienkritiker als ungebührliche Grenzverletzung öffentlicher Moral kritisieren (vgl. Dickson, 1988) (wie z. B. mit pikanten Details gespickte Mordfälle, Partnerschaftsprobleme, Scheidungsfälle oder die Thematisierung sexueller Randbereiche), wird von diversen Autoren – z. T. devianztheoretisch untermauert – als Verhandlungsbasis für neue Grenzziehungen bzw. als Reflexionsfolie des status quos eben dieser öffentlichen Moral als gesellschaftlich funktional angesehen (vgl. Francke, 1978; 1985; Stevens, 1985; Hofstetter & Dozier, 1986, Slattery, 1994). »Just as press sensationalism enabled the newly minted mass society to begin forging a moral identity, presentday sensational coverage, in part, forces a continuation of that process« (Slattery, 1994, 10).

Die devianztheoretische Erörterung der gesellschaftlichen Funktionen einer sensationalistischen Verbrechensberichterstattung geht im wesentlichen auf den Soziologen Emile Durkheim zurück. Aus seiner Sicht führt eine Verletzung der sozialen Ordnung gleichzeitig zu normativer Kohäsion und moralischer Integration. »Crime news may be the best contemporary example of what Durkheim had in mind« (Katz, 1987, 63f.). Katz ebenso wie Dahlgren (1988) argumentieren, dass die Faszination für die Verbrechensberichterstattung weniger daraus resultiere, Fakten über die Verbrechensrealität lernen zu wollen, sondern über die Ursachen und Auswirkungen zu diskutieren, um selbst besser gerüstet zu sein (vgl. Katz, 1987, 60). Verbrechensberichterstattung diene keiner morbiden Sensationsgier, sondern diene durch Schock und Empörung einer »rituellen moralischen Übung« (ebd., 67). Katz vermutet, dass durch die Betonung der Außergewöhnlichkeit, Nichterwartbarkeit, Genialität, Kühnheit eines Verbrechens Natur und Grenzen menschlicher Fähigkeiten und Sensibilitäten ausgelotet werden und stereotype Bilder bestimmter Personengruppen ins Wanken geraten: Berichte über siebenjährige Bankräuber, eine Großmutter-Mafia oder den »white collar«-Kriminellen führten zu folgenden Fragen: Muss man 7-Jährige ernst nehmen, die sagen, dass sie ihre Schwester töten könnten? Wie hat man es zu beurteilen, wenn einem die Oma im Supermarkt mit ihrem Wagen in die Hacken fährt? Wie steht es um die Integrität meines Chefs? (vgl. Katz, 1987, 50). Die Rezeption von Verbrechensberichterstattungen sei mit einem »moralischen work-out« zu vergleichen, mit dem man sich täglich neu auseinandersetzen müsse. »The reading of crime news appears to serve a purpose similar to the morning shower, routine physical exercise, and shaving: the ritual, nonrational value of experience that is, to a degree, shocking uncomfortable, and self destructive, and that is voluntarily taken up by adults in acknowledgment of their personal burden for sustaining faith in an ordered social world« (ebd., 72). Einschränkend bemerkt Katz allerdings, dass der Grad an Offenheit der »moralischen Übung« bei einer sensationalistischen Berichterstattung erheblich begrenzt werde: »[N]ewspapers with readers of a higher social class level leave moral execration to readers, at least as a matter of form; while newspapers with relatively lower-class readers lead the chorus of invective« (ebd., 66). Die kollektive Empörung wird hier sprachlich und formal vorweggenommen und die Einseitigkeit der moralischen Übung quasi aufoktroyiert, was die ansonsten funktionalen Makro-Efekte einer sensationalistischen Verbrechensberichterstattung abschwächt.

9.2.3 Enttabuisierung und »Wachrütteln«

»Der Sensations-Journalist setzt seinen Ehrgeiz daran, die Anweisungen seiner Geldgeber genauestens zu befolgen, um möglichst viel zu enthüllen und aufzudecken. Dabei sind Verstöße gegen Anstand und Geschmack, gegen Scham, Ehrfurcht und Menschlichkeit an der Tagesordnung« (Molkenthin-Böhme, 1955, 153). Auch 40 Jahre später wird Grenzüberschreitung gleichgesetzt mit moralisch verwerflicher Grenzverletzung: »Tagtäglich erleben wir, wie sich eine, womit auch immer begründete, Tyrannei angeblich öffentlichen Interesses dazu unserer Bildmedien bedient: (...) das schamlose Ausbeuten persönlichen Unglücks, Pardon wird nicht gegeben, und Tabus existieren nicht mehr« (Martens, 1995, 21). »The most sensational photograph is one that invades the taboos« – Diese Regel entstand zur Zeit des Yellow Journalism in den USA (Hughes, 1981, 237). Wagner definierte die Sensation als »publizistische Nutznießung des Tabu-Bruchs« (1991, 108).

Doch was ist ein Tabu und wie kann es gebrochen werden? Nassehi & Weber definieren das Tabu als »intersubjektiv wirksame negative Besetzung eines Objekts.« Ein Tabu sei nichts anderes »als ein symbolisches Wissenselement gesellschaftlicher Wirklichkeit, das Distanz zu bestimmten Topoi schafft und diese damit für unberührbar und verboten erklärt« (Nassehi & Weber, 1989, 313f.). Neben diesem Verbot – so Alexander und Margarete Mitscherlich – kennzeichne eine Denkhemmung [und man könnte hinzufügen: Kommunikationshemmung; Anm. UK] das Tabu: »Wo immer man nicht weiter zu fragen wagt oder nicht einmal auf den Gedanken kommt, es zu tun, hat man es mit einem Tabu zu tun« (1967, 111). Wie eine sehr hohe Autorität reguliere das Tabu die Einstellung zu einem Sachverhalt und schaffe damit Konformität unter den Gehorchenden. Da dies aber auch zu Lähmung und Blockierung führen könne, plädieren die Autoren für eine Bewusstmachung und Reflexion des Tabus: »Aufklärung darüber, wo ein Tabu wirksam ist, stellt den Gegenzug gegen seine Mythisierung und das Versinken in Rückständigkeit dar« (ebd., 119). Aus der

Sicht von Elias (1969) hat die Tabuisierung ihre Wurzeln in der zivilisationsgenetischen Dämpfung der Triebe und Affekte. Demnach wurden alle »animalischen Aspekte« des menschlichen Lebens wegen ihrer Aufdringlichkeit, ihrer Affekt- und Triebbesetzung und ihrer daraus resultierenden angstinduzierenden Wirkung gesellschaftlich tabuisiert. Elias verdeutlicht dies am Beispiel des Sexualtabus. Wie im Laufe des 18. Jahrhunderts am Hofe die Umgangsformen immer weiter verfeinert worden sind unter dem Druck der zunehmenden Macht bürgerlicher Gruppierungen, so wurden auch im Laufe des 19. Jahrhunderts die bürgerlichen Umgangsformen immer wichtiger als Instrument der Distanzierung von den sozial aufsteigenden »kleinen Leuten« und Arbeitern. Diese Entwicklung kulminierte in dem, was als viktorianischer Lebensstil bezeichnet wurde und sich durch eine besonders rigide Leib- und Lustfeindlichkeit auszeichnete. Das herrschende Sexualtabu hatte dabei eine herrschaftsstabilisierende und disziplinierende Funktion innerhalb bestimmter Statusgruppen und diente zur »Selbstdomestizierung« und damit dem individuellen Zivilisationsprozess. Als Bestrafung genügte in der Regel Angst vor Scham und Peinlichkeit. Eine extreme Form der Disziplinierung durch Tabuisierung konnte im Terrorregime des Nationalsozialismus beobachtet werden, das alle Formen der Sexualität auszumerzen versuchte, die nicht dem erklärten Ziel der Ausbreitung der arischen Rasse dienten (vgl. hierzu ausführlich Maiwald & Mischler, 1999, 10f.).

Tabus können zwar gemäß Elias »funktionslos« werden, wenn ihre Lockerung die Stabilität des »befriedeten Raumes« (mit geringen sozialen Machtgefällen) nicht mehr gefährden, aber sie können sehr wohl als »symbolische Wissenselemente gesellschaftlicher Wirklichkeit« (Nassehi & Weber, 1989, 313) weiter existieren. Ächtung und Tabuisierung von Homosexualität beispielsweise waren in Deutschland bis in jüngste Zeit noch weit verbreitet. In der Bundesrepublik blieben die Paragraphen 175 und 175a StGB, mit denen das Dritte Reich homosexuelle Männer verfolgte, in der nationalsozialistischen Fassung bis zum 1. September 1969 in Kraft. Erst im März 1994 ist der Straftatbestand Homosexualität endgültig aus dem Strafgesetzbuch entfernt worden (vgl. Maiwald & Mischler, 1999, 220). (Hetero-)Sex vor der Ehe war sowohl rechtlich durch den sog. Kuppelei-Paragraphen als auch nach den gängigen im wesentlichen religiös motivierten Moralvorstellungen noch bis weit in die 60er Jahre hinein als Tabu normiert. Über Sexualität wurde – wenn überhaupt – nur im ganz privaten Bereich geredet. Das öffentliche Zeigen von Nacktheit als Tabubruch erzeugte in den 50er Jahren eine heute kaum mehr vorstellbare, fast aggressive gesellschaftliche Gegenwehr, wie sich beispielhaft sehr gut an der Reaktion auf den Film »Die Sünderin« aus dem Jahr 1951 von Willi Forst ablesen lässt. In diesem Film entblößte Hildegard Knef in der Rolle der Prostituierten Marina für ca. 20 Sekunden ihre Brust, wobei weniger die Nacktdarstellung als vielmehr der Plot, der eine Prostituierte als zentrale Figur vorsah, den Skandal auslöste. Protestkundgebungen von katholischer Seite waren an der Tagesordnung, Beschädigungen von Kinos, Bomben- und Gewaltandrohungen gegen Kinobesitzer keine Einzelfälle. Der Film konnte in etlichen Aufführungsorten nur unter Polizeischutz vorgeführt werden oder er wurde wegen einer befürchteten Gefährdung der öffentlichen Ordnung und Sicherheit durch polizeibehördliche Verfügungen vom Programm abgesetzt (vgl. Burghardt, 1989, 43).

Eine Folge der maßgeblich massenkommunikativ verbreiteten sog. »Sexuellen Revolution« war z. B., dass zwischen 1963 und 1978 die Bereitschaft, über den Intimbereich Auskunft zu geben, erheblich anstieg (vgl. Hartung & Schlüter, 1990, 321) und die Einstellungen zu ehemals gesellschaftlichen Tabus liberaler wurden. Noch 1967 fanden lediglich 24 % der Frauen unter 30 Jahren, dass es in Ordnung sei, mit einem Mann zusammenzuleben ohne verheiratet zu sein. Nur 6 Jahre später, 1973, stieg dieser Anteil auf 76 %. Von 1973 bis 1988 stieg die Zustimmungstendenz zur Frage, ob Sex vor der Ehe in Ordnung sei, in der Bevölkerung insgesamt von 50 % auf 75 %. Die positive Bewertung sexueller Erfahrung vor der Ehe ist in der jungen Altersgruppe (bis 30 Jahre) stets am stärksten ausgeprägt gewesen und erreichte 1997 den Rekordwert von 90 % (Noelle-Neumann & Neumann, 1974, 80; Noelle-Neumann & Köcher, 1993, 119; 1997, 121).

Doch was wissen wir über nach wie vor existierende Tabus in unserer Gesellschaft? Die Datenbank »Psyndexplus Lit. & AV 1977-1999/12«, in der für den angegebenen Zeitraum die wichtigste psychologische internationale und deutsche Literatur erfasst ist, verzeichnet unter dem Titelstichwort »Tabu*« 80 Titel, die mit den folgenden Themen zusammenhängen: Psychiatrie und psychische Krankheiten, Kinderpsychiatrie, Geheimnisse in der Familientherapie, Fremdenfeindlichkeit und Gewalt in Deutschland, Gewalt in der Familie, Religion und Glaube, Selbstmord, Behinderung und Tod in der Kindheit, Geschwistertod, Suchtkrankheiten, Sucht im Alter, Verdrängung des Nationalsozialismus und Mitläufersyndrom[137], Inkontinenz, Brustkrebs, Menstruation, weibliche Aggressivität, unerwünschte Schwangerschaften, Adoptionsfreigabe, Homosexualität, sexueller Kindesmissbrauch, Sexualität im Alter, Inzest, Nacktheit, kindliche Sexualität sowie heterosexueller Analverkehr. Auffällig ist die Häufung zu den extremeren Randbereichen von »Eros« und »Thanatos« (auch Krankheit) (vgl. zur Beschränkung des Tabus auf diese beiden Bereiche Zielinski, 1993 sowie Thiel, 1993). Auch die meisten linguistischen Arbeiten über Tabus beschäftigen sich mit Wörtern aus Gebieten wie Mythologie, Tod oder Sexualität (vgl. Keller, 1987, 9) – sensationelle Themen sind also immer auch Tabuthemen.
Doch worin besteht nun die »publizistische Nutznießung« des Tabus bzw. Tabu-Bruchs? Sie kann darin bestehen, dass die Journalisten gesellschaftlich inter-

---

[137] Dieses Thema ist das einzige, dass unter dem Stichwort «Tabu« in den Allensbacher Jahrbüchern auftaucht. Auf die Frage: »Haben Sie das Gefühl, daß man über manche Dinge oder auch persönliche Erfahrungen aus der Zeit des Dritten Reichs öffentlich nicht reden kann, oder kann man über alles sprechen?« antworteten 1991 immer noch 17 %, dass man über manche Dinge nicht reden kann (Noelle-Neumann & Köcher, 1993, 382). Eine direkte Frage nach der Tabuwahrnehmung in der Bevölkerung taucht in keinem der Allensbacher Jahrbücher auf.

nalisierte Tabuthemen behandeln, wobei das Durchbrechen der Schweigenorm Aufmerksamkeit garantiert. Der medienökonomisch motivierte Drang der Medien der letzten Jahre, dem Privaten und Intimen den Rang eines öffentlichen Ereignisses zu geben, kann einerseits als sensationsjournalistische Nutznießung des Tabus kritisiert werden, andererseits kann er aber auch als Reaktion auf die Entwicklung einer postmodernen Erlebnisgesellschaft gewertet werden, die die Transparenz, das »Ins-Licht-Setzen der Pluralität« (Vattimo, 1992, 43) individueller Lebenshaltungen befürwortet, intimen Exhibitionismus aus dem Tabubereich heraushebt und nicht mehr negativ sanktioniert, wie das noch vor wenigen Jahrzehnten der Fall war (vgl. hierzu auch das Kapitel 1.3.4). Der gerade in den letzten Jahren vielerorts beklagte Tabubruch der Menschen in den Medien ist also nicht ausschließlich den Journalisten anzulasten.

Zum anderen kann die »publizistische Nutznießung« des Tabus darin bestehen, dass die Journalisten die in der Realität auftretenden Tabubrüche aufgreifen und öffentlich bekanntmachen (z. B. Inzest, Kindesmissbrauch und Pädophilie, Kinderprostitution etc.). Auch diese Art der Nutznießung ist keinesfalls nur negativ zu beurteilen, da Journalisten durch die Beendigung des öffentlichen Schweigens auch zur Enttabuisierung und Problembewältigung beitragen können. Eine Enttabuisierung kommt vorzugsweise dann zustande, wenn über ein Thema öffentlich vehement, leidenschaftlich und nicht emotionslos und rational-distanziert geredet wird. Sensationalismus erfüllt hier eine gesellschaftliche »Wachrüttelungsfunktion«. »Around the world, it is the media of the street – not of the respected news bureaux or ivory towers – that effects the greatest social and cultural change« (Rushkoff, 1996, 88). Hierzu trägt eine manchmal provozierende Plakativität nachdrücklich bei, da Provokationen durchaus auch eine konstruktive Funktion haben können:

> »Intelligent inszeniert schrecken sie aus dem Wahrnehmungsgrau des Alltags auf (...). So werden Denkprozesse ausgelöst, die auf längere Sicht gesellschaftliche Veränderungen bewirken können. (...) Provokationen attackieren konformistisch vorgeprägtes Denken, animieren zur Relativierung, zumindest zum Hinterfagen ritualisierter Konventionen, zu Grenzerkundungen. Sie erweisen sich als eine Art nachdrücklicher, wenn man so will aggressiver Kommunikation. Nicht nur im Reiseverkehr bauen Grenzüberschreitungen Vorurteile ab und erweitern den Bewusstseinshorizont« (Rühm, 2001, II).

Die Wachrüttelungsfunktion kommt auch dadurch zustande, dass Sensationalismus nicht nur ein hohes Aufmerksamkeitslenkungspotential durch Inhalt, Form und Narrativität hat, sondern weil gerade dadurch Anschlusskommunikationen provoziert werden – sowohl interpersonal als auch intermedial. »Sensationalism stimulates gossip, and one function of gossip is evaluative« (Slattery, 1994, 9). Die melodramatischen Geschichten der Sensationspresse und des Boulevardfernsehens ließen dem Publikum genügend Raum für Diskussionen und Kommentare, denn aufgrund des hervorgehobenen starken Kontrastes zwischen Gut und Böse werde es automatisch zu Spekulationen darüber animiert, wie und vor allem warum solch schockierende und aufwühlende Ereignisse passieren (vgl. Bird, 1997, 13). In einer der seltenen deutschen Erörterungen positiver Funktionen des Sensationalismus schreibt Starkulla:

> »Die wirkliche und unentbehrliche Bedeutung der Sensationszeitungen liegt eben (...) genau darin, daß sie kommunikative Kontakte auf der unteren Ebene des Banal-Menschlichen, des Allzu-Menschlichen, der noch konfliktfreien, unverbindlichen Geselligkeit anbahnen, die dann jedoch – in anderen Medien – im individual- wie im sozial-kommunikativen Bereich weitergeführt werden« (Starkulla, 1993, 56).

Es lassen sich zahlreiche Beispiele für diese Wachrüttelungsfunktion sensationalistischer Darstellungen anführen: Die amerikanische yellow press sowie auch die britische Massenpresse der Jahrhundertwende war durch ihre lebendige Plakativität höchst effektiv in der Vermittlung von Tragödien in Armenvierteln und Beispielen von behördlichem Machtmissbrauch (vgl. Francke, 1978, 71; Bird & Dardenne, 1990, 35; Chalaby, 1998, 159ff.). Auch Hughes macht darauf aufmerksam, wie in dieser Zeit Human Interest Geschichten dazu führten, dass soziale Probleme mit Vehemenz wahrgenommen wurden. Die großen Stories der Northcliffe-Presse wurden zu Gesprächsthemen des Tages: Die Prozessberichterstattung brachte die Homosexualität auf breiter Basis ins Gespräch, Skandale über außereheliche Liaisons Prominenter führten zur Diskussion um die Bedeutung der Standesehe, Mordgeschichten zogen kollektive Wertediskussionen nach sich (vgl. Hughes, 1986, S. 52f.).

Diese Wachrüttelungsfunktion trifft noch genauso auf die zeitgenössische sensationalistische Berichterstattung zu. Die Sensationsprozessberichterstattung über den amerikanischen Footballstar O. J. Simpson brachte das tabuisierte Thema Gewalt in der Ehe an die Oberfläche, provozierte eine breite öffentliche Wertediskussion über die Gerechtigkeit des amerikanischen Rechtssystems oder über falsche Idole (vgl. Rushkoff, 1996, 88; auch Vincent, 1995). Gesetzt den Fall, es handelt sich um die richtigen Täter, erhalten extreme Tabubrecher (Kindermörder, Sexualstraftäter, Produzenten und Händler von Kinderpornografie) in einer typisch sensationalistischen Berichterstattung eine durchaus funktionale Behandlung als »Monster«, da hierdurch vehemente Diskussionen über Schutzmaßnahmen provoziert würden (vgl. Slattery, 1994, 6f.). In einer Diskussionsrunde des Hessischen Rundfunks über Sex & Crime auf dem Bildschirm erinnert Jörg Howe, Leiter des ARD-Boulevard-Magazins »Brisant« daran, dass gerade intensive Kriegsbilder in den Nachrichten ›positive Effekte‹ hätten, da sie die Menschen aufrütteln könnten (vgl. Ohne Scham- und Schmerzgrenzen? 1994, 24). Sensationalistische Narrativität ist dabei sehr effektiv. Nach einem IRA-Bombenattentat im März 1993, bei dem ein 3-jähriger kleiner Junge namens Jonathan getötet wurde, schrieb der Leitartikler des Evening Standard: »I have no doubt whatsoever that the thousand or so people who came out in Dublin on Wednesday night to protest against the IRA did so not because they heard the bare details of a bomb explosion in Warrington, but because they had been moved beyond measure by the personal story in so many newspapers about Jonathan and Jonathan's family« (zit. in Walter, Littlewood & Pickering, 1995, 583). Ohne die von vielen vehement kritisierte sensationalistische Machart der Serie »Holocaust«, die erstmals Ende der 70er Jahre im deutschen Fernsehen gezeigt wurde und die Deutschen in eine bislang nie dagewesene vehemente Phase der Vergangenheitsbewältigung stürzte, hätte sich das Bewusstsein über die Judenvernichtung und die Enttabuisierung des Holocaust niemals und noch dazu in so kurzer Zeit so stark ausbreiten können (vgl. hierzu Schwarze, 1984; Diem, 1985; Bergmann, 1994). Eine sensationalistische Berichterstattung über Unfälle und Katastrophen ist in der Lage, – manchmal sogar totgeschwiegene – Sicherheitsmängel aufzuzeigen (z. B. in Fußballstadien, bei der Polizeiausrüstung). Sie ist ebenso in der Lage, althergebrachte Trauergepflogenheiten zu enttabuisieren. Walter, Littlewood & Pickering (1995, 589) liefern das Beispiel der Berichterstattung einer britischen Boulevardzeitung über ein Busunglück von Schülern, deren Trauer- und Verzweiflungsreaktionen gezeigt wurden. Neben den Bildern finden sich auch einige Reaktionen der Erzieher wie z. B.: »I tried to make the point, to the boys in particular, that it is not silly to cry. It is important to cry, to show their feelings.«

Die ökonomisch motivierte publizistische Nutznießung des Tabus (sei es in der Form des Durchbrechens einer Schweigenorm oder in der Form des Aufgreifens real existierender Tabubrüche in der Gesellschaft) mit samt seiner sensationalistischen Darstellungsweise stellt häufig eine Initialzündung für ein Aufgreifen des Themas in der interpersonalen Kommunikation sowie in anderen Medien dar. Sie setzt damit einen manchmal gesellschaftlich notwendigen Agenda-Setting- sowie Agenda-Building-Prozess in Gang, der in der Lage ist, über den damit erzeugten öffentlichen Druck gesellschaftliche Veränderungen hervorzurufen. Dass boulevardjournalistische Medien häufig als thematische Initiatoren fungieren, hängt mit ihrem investigativen Tempo und dem unermüdlichen Streben nach dem Scoop zusammen. Die genauen Abläufe dieser positiv zu bewertenden, funktionalen boulevardjournalistischen Initialzündungs- und Wachrüttelungsdynamik sind in Deutschland weder fallweise, geschweige denn in systematischer Form untersucht worden. Die durch Sensationalismus hervorgerufene Anschlusskommunikation erfüllt gleichzeitig eine gesellschaftliche Integrationsfunktion. Im Jahr 2000 war die *Bild*-Zeitung der am wenigsten fragmentierte Titel im deutschen Tageszeitungsmarkt (vgl. Dulinski, 2002, 84).

9.3 Synthese: Kann es »guten« Sensationsjournalismus geben?

Aufgrund der Forderung nach einem möglichst sachlichen rationalen Diskurs spricht das republikanisch-diskursive Modell von Öffentlichkeit – in extremer Auslegung – dem Boulevardjournalismus seine Existenzberechtigung ab. Versteht man nun Synthese als das Aufeinanderzubewegen, als Konvergenz zweier extremer Positionen, dann hieße das für die Vertreter eines republikanisch-diskursiven Modells, zunächst einmal grundsätzlich die Existenzberechtigung sensationalistischer Darstellungsformen zu akzeptieren und ihre Vorzüge bei der Informationsvermittlung anzuerkennen. Das würde eine Abkehr von einer obsoleten (hierarchischen) Schwarzweißmalerei bedeuten (Information vs. Unterhaltung; Nachrichten vs. Human Interest Stories; Hard News vs. Soft News). Sensationalistische Darstellungsformen begünstigen eine bessere und schnellere Informationsverarbeitung, sensationelle Themen fördern moralisches Wissen – beides ist nicht grundsätzlich inkompatibel mit der Erfüllung der journalistischen öffentlichen Aufgabe, sinnvolle Informationen zur Entscheidungs- und Willensbildung der Bürger in einer Demokratie zu liefern. Sensationalistisches Geschichtenerzählen bedeutet nicht nur ausschließlich Subjektivität und Fiktionalisierung. Das höchst effektive Story-Modell kann als sinnvolles Werkzeug der Nachrichtenvermittlung verwendet werden: »Responsible, effective storytelling should be as valued a skill as speed, accuracy and a ›nose for news‹. In short, rather than seeking to neuroticize emotional response with such labels as ›morbid curiosity‹, we should consider how news can responsibly ›inform‹ by responding to rather than denying the dimension of sensation« (Bird & Dardenne, 1990, 36).

Dass im Hinblick auf die Sinnhaftigkeit und Existenzberechtigung massenattraktiver Themen und Darstellungsweisen anscheinend auch bei konservativ-demokratietheoretisch argumentierenden Journalismusexperten ein Umdenken eingesetzt hat, verdeutlichen Bucy & D'Angelo in einer Zusammenstellung der zeitgenössischen normativen Zielkataloge. Die Forderungen ließen sich auf ein Set von sieben Zielen reduzieren: 1. Nachrichtenmedien sollten dem Bürger faire und vollständige Informationen liefern, so dass eine Entscheidungsgrundlage gegeben sei. 2. Nachrichtenmedien sollten einen kohärenten Rahmen liefern, um den Bürgern zu helfen, das komplexe politische Universum zu verstehen. Sie sollten Politik in einer Weise analysieren und interpretieren, die es dem Bürger ermöglicht zu verstehen und zu handeln. 3. Nachrichtenmedien sollten als gemeinsame Träger dienen für die Perspektiven unterschiedlicher gesellschaftlicher Gruppen. 4. Nachrichtenmedien sollten die Quantität und Qualität der Nachrichten liefern, die die Leute wollen; d. h. der Markt sollte das Nachrichtenproduktionskriterium sein. 5. Nachrichtenmedien sollten die Öffentlichkeit repräsentieren und gleichzeitig zu ihr sprechen, um die Regierung zur Rechenschaft zu ziehen. 6. Nachrichtenmedien sollten Empathie hervorrufen und ein tiefes Verständnis liefern, damit die Bürger die Situationen anderer Menschen würdigen können, und damit die Elite ein Verständnis für die Lebensweise des einfachen Durchschnittsbürgers aufbringen kann. 7. Nachrichtenmedien sollten ein Dialogforum für die Bürger darstellen, das nicht nur über politische Entscheidungsprozesse berichtet (Bucy & D'Angelo, 1999, 309).

So liberal und kompromissbereit dieser Katalog auch anmutet, er ist dennoch als normative Vorgabe für alle (Nachrichten)-Journalisten formuliert und nicht als Forderung nach außenpluralistischer Erreichung dieser Ziele zu verstehen. »Guter« Boulevard-/Sensations-journalismus aus einer kompromissorientierten republikanisch-diskursiven Haltung heraus würde bedeuten, dass dieser sich zumindest ansatzweise die Prinzipien eines ausgewogenen, faktenorientierten rationalen Diskurses zu Herzen nimmt. In diesem Sinne liegen durchaus Ansätze vor, wie man die sensationalistische »Spreu vom Weizen« trennen kann. »The difficulty for the journalist rests in distinguishing between news of the moral life and that which is sensational for its own sake« (Slattery, 1994, S. 10). Um das herauszufinden, schlägt die Autorin den »test of publicity« vor: Liegen berechtigte Gründe für die Veröffentlichung vor? Muss gehandelt werden? Verfolgen die Medien weiterhin das Thema? Dieser »Test« beinhaltet nichts anderes, als dass die Auswahl und Ausgestaltung von Themen sich nach Kriterien »öffentlicher Relevanz« bemisst, die der durchschnittlich vernunftbegabte Rezipient festlegen würde. Die Autorin schweigt sich allerdings darüber aus, wie dieser Test praktisch umgesetzt werden soll.

Ein konkreteres Vorgehen schlagen Hofstetter & Dozier in Anlehnung an das von Doris Graber formulierte Konzept der »Opinion Resources« vor. Der Wert von Nachrichten liege nicht nur in der exakten Faktenvermittlung, sondern auch in der Art, wie diese zur Meinungsbildung beitragen. Aus Nachrichten würden erst nützliche Informationen, wenn singuläre Ereignisse in einen sozialen und gesellschaftlichen Rahmen eingebettet würden. Ob dies in sensationalistischer Weise geschähe, sei letztlich sekundär. »Guter« Sensationalismus (im Sinne von Nützlichkeit der Information) ergibt sich damit aus dem Vorhandensein folgender Kriterien bei der Darstellung: • Instruktion (soziale und politische Verhaltenstips; z. B. wie melde ich einen Unfall? etc.), • Prozess (Beschreibungen des politischen und sozialen Prozesses; z. B. wie können Interessengruppen Einfluss nehmen?), • Hintergrund (z. B. Sexualverbrechen und sozialer Wandel, Methoden der Verbrechensbekämpfung), • Konsequenzen (welche Folgen kann das Ereignis haben?), • Pro und Contra (welche alternativen Sichtweisen gibt es?), • Politischer Prozess (werden politische Beteiligte oder involvierte Institutionen genannt?), • Attribution und Quellen (welche Quellen wurden benutzt?) (Hofstetter & Dozier, 1986, 817; vgl. Graber, 1976). Die Autoren untersuchten auf der Basis dieser Meinungsquellen das lokale Nachrichtenangebot in Houston und unterteilten den Textkorpus (N=924 Nachrichtenstories) in typisch sensationell und nicht-sensationell. Überraschenderweise fanden die Autoren lediglich bei einem Indikator nennenswert signifikante Unterschiede, nämlich bei der Erläuterung des dem Beitrag zugrunde liegenden politischen und sozialen Prozesses; nahezu alle anderen Items waren sehr wohl auch substantiell bei den als sensationell eingestuften Themen vertreten. Das Kriterium Instruktion war bei den sensationellen Stories sogar ausgeprägter als bei den nicht-sensationellen. »Sensational news contain elements of quality news, information which could serve as an opinion resource for citizens for their everyday activities« (Hofstetter & Dozier, 1986, 820). Eine liberalisierte Haltung der Vertreter des republikanisch-diskursiven Modells könnte darin bestehen, Sensationalismus als diskursive Strategie zu akzeptieren, die zwar nicht den strengen Regeln eines rationalen Diskurses gehorcht und weniger seriöses Faktenwissen, dafür aber durchaus gesellschaftlich relevantes moralisches Wissen vermittelt. Ein Umdenken könnte auch dahingehend erfolgen, dass die Qualität der Vermittlung dieses moralischen Wissens anhand anderer Kriterien als der traditionellen journalistischen Standards wie Objektivität, Sachlichkeit und Ausgewogenheit gemessen wird, nämlich auf der Basis von Relevanz und Nützlichkeit.

Die Frage nach »gutem« Sensationsjournalismus auf der Basis eines liberalen Verständnisses von Öffentlichkeit geht in eine grundsätzlich andere Richtung. Aus dieser Sicht dient Journalismus mit allen seinen Subsystemen der Gesellschaft. Er ist Teil der Kultur und soll kulturellen Pluralismus in all seinen Facetten widerspiegeln, um die Auseinandersetzung der Gesellschaft mit sich selbst über sich selbst zu ermöglichen. Sensationalismus – gedeutet als Sinnenfreude und emotionale »dark side« – ist gesellschaftliche Realität, weil der Hang danach in jedem Individuum vorhanden ist. Menschen, deren emotionale Gehirnhälfte zerstört ist, sind unfähig, Entscheidungen zu treffen. Menschen, bei denen das emotionale Traumerleben z. B. medikamentös unterdrückt wird, werden psychisch krank. Einzelne Autoren übertragen diesen Gedanken auf den gesellschaftlichen Korpus und gehen gar von einer existentiellen Notwendigkeit eines journalistischen Sensationalismus aus:

> »We can condemn them [die Boulevardmagazine »A Current Affair« oder »Court TV«; Anm. UK] as ›sensationalist‹ and repress our natural curiosity, but this would be as worthwhile as spanking ourselves for having sexy or murderous dreams. (...) Dream deprivation leads to psychosis in an individual; I'd hate to find out what it would do to a culture whose collective dreamlife were repressed« (Rushkoff, 1996, 88).
> »[W]e argue that if we are to understand fully the cultural role of news, we must see ›sensationalism‹ as a necessary component of that news, without which the press's self-imposed duty of informing can be only partially fulfilled« (Bird & Dardenne, 1990, 33).

Die extreme postmodernistische Version des liberalen Modells würde die Frage nach »gutem Sensationsjournalismus« aufgrund des normativen Charakters von vornherein als irrelevant ablehnen. Solange ein pluralistisches Angebot mit entsprechenden pluralistischen Wahlmöglichkeiten existiert, solange die verschiedenen gesellschaftlichen Positionen und Deutungen eine Marktchance erhalten, besteht kein Verbesserungsbedarf, kein Grund zur Medienschelte. Außerdem sind letztlich die aktiven Rezipienten für ihr Medienhandeln selbst verantwortlich. Einen normativen Bezugspunkt hat das liberale Modell von Öffentlichkeit jedoch sehr wohl, und zwar besteht dieser im wechselseitigen Respekt in Bezug auf das Kommunikationsverhalten der Akteure (Gerhards, 1998, 32). Nimmt man diese Norm als Qualitätsmaßstab für »guten« Sensationsjournalismus ernst, ergeben sich daraus zwei Konsequenzen: Qualität bestünde demnach einerseits im wechselseitigen Respekt zwischen Kommunikatoren und Informanten, also denjenigen, über die berichtet wird, sowie andererseits im Respekt zwischen Kommunikatoren und Rezipienten.

Die Erörterungen zum sog. »Medienopfersyndrom« (vgl. Kap. 8.6) haben gezeigt, dass die schlimmsten Folgen sensationsjournalistischer Berichterstattung auf einen mangelnden Respekt gegenüber den Informanten zurückzuführen sind. Hierbei handelt es sich aufgrund der boulevardjournalistischen Adäquanzstrategie häufig um arglose und nicht medien- und rechtserprobte Durchschnittsbürger, die kaum wissen, wie sie sich gegen eine ungerechtfertigte Berichterstattung wehren können. Menschenverachtender Rufmord, Prangerwirkung und Sexismus sind nur die Spitze des Eisbergs[138] und durch nichts – auch nicht durch die ökonomische Subsystemrationalität des Boulevardjournalismus – zu rechtfertigen, zumal sie teilweise sogar Ergebnisse von Recherchepraktiken sind, die den Tatbestand einer Straftat erfüllen (argwillige Täuschung, Hausfriedensbruch, Erpressung etc.). Zu verhindern sind diese Praktiken nur auf zweierlei Weise: entweder mit dem ökonomischen Schwert, quasi als systemrationaler Gegenschlag, indem der vom Bundesgerichtshof empfohlene Präventionsgedanke bei der Bemessung von Schadenersatzansprüchen konsequenter angewendet wird, oder/und mit dem Schwert der Öffentlichkeit, indem – quasi als zweiter systemrationaler Gegenschlag – die zu verurteilenden Respektsverluste des Boulevardjournalismus öffentlich angeprangert werden.

Dienlich hierzu ist die intensivierte Entwicklung eines infrastrukturellen Netzwerkes, das ethischen Regelungsbedarf zumindest partiell aufdeckt (vgl. hierzu auch Ruß-Mohl & Seewald, 1991). Zu diesem Netzwerk gehören die institutionalisierten Selbstkontroll-Systeme wie der Deutsche Presserat sowie die Ombudsleute in Medienbetrieben, hierzu gehören die Einrichtungen der Journalistenaus- und Weiterbildung, die sensationsjournalistische Praktiken zum Lehrgegenstand machen, sowie ebenso kritische Bürgergruppen und –initiativen, die sich in medienethische Diskussionen einbringen. Da Selbstkontrolle am effektivsten dann funktioniert, wenn sie von einer intensiven öffentlichen Diskussion begleitet wird, ist eine sowohl fallbezogene als auch systematische Medienforschung zum Thema ebenso hilfreich wie ein Medienjournalismus, der sich als »Seismograph und Kontrolleur des eigenen Berufsstandes« versteht.

[138] Ein Respektsverlust besteht im Prinzip schon im Falle eines typisch boulevardjournalistischen Portraits über eine ältere, noch rüstige und elegante Dame, das mit der Überschrift »Oma Meier...........« beginnt.

Medienjournalisten müssten dagegen ankämpfen, dass Verzerrungen, Falschmeldungen und Denunziationen als unvermeidliche Erscheinungsformen des (Boulevard)-Journalismus angesehen würden (Bolesch, 1997, 137).

»Guter« Sensationsjournalismus kann auch das Ergebnis eines verstärkten Respekts der Kommunikatoren gegenüber ihren Rezipienten sein. Dieser zielgruppenorientierte Respekt wird im übrigen auch im Rahmen einer allgemeinen Qualitätsdiskussion im Journalismus hervorgehoben. Qualität im Journalismus definieren zu wollen, gleiche zwar dem Versuch, »einen Pudding an die Wand zu nageln« (Ruß-Mohl, 1992, 85), dennoch kristallisiert sich in der Diskussion mehr und mehr der Standpunkt heraus, dass Qualität keine Eigenschaft der Angebote selbst ist, sondern eine Eigenschaft der Beziehung zwischen Angebot und Rezipienten (Hasebrink, 1997, 202). Das ist im Kern auch der Ansatz, der in der Übertragung der allgemeinen betriebswirtschaftlichen Qualitätsdiskussion auf Medienunternehmen angestrebt wird. Total Quality Management (TQM) wird beispielsweise verstanden als ganzheitlicher Ansatz, der nicht auf Regeln, Verbote und Anweisungen, sondern auf den Willen zur ständigen Verbesserung im Sinne des Kunden setzt. TQM werde noch viel zu wenig von Redaktionen bzw. Medienunternehmen wahrgenommen. Auch die Qualitätsnorm ISO 9000, die ursprünglich geschaffen wurde für prozessorientierte Unternehmen mit klar gegliederten Abläufen, könne eine Grundlage sein für ein passendes Qualitätsmodell in Medienunternehmen. Die Norm fordert eine Definition dessen, was für den eigenen Betrieb überhaupt als ›Qualität‹ anzusehen ist, erfordert also eine klare, selbstkritische und realistische Standortbestimmung sowie eine daraus abgeleitete Kundenorientierung (vgl. Bergmann, 1998, 48). Aus dieser Sicht heraus macht es auch wenig Sinn, allgemeingültige journalistische Qualitätskriterien angeben zu wollen. Ruß-Mohl betont diesbezüglich, dass Qualität unter anderem abhängig vom Medium, der Zielgruppe, dem Genre sowie auch der Funktion, die Journalismus erfüllen soll, sei (vgl. Ruß-Mohl, 1992, 85), und zwar im Sinne eines mediumspezifischen journalistischen Selbstbildes.

> »Wer konkret werden will, darf dabei nicht Äpfel mit Birnen vergleichen. Die ›Bild‹-Zeitung läßt sich nicht an der ›Frankfurter Allgemeinen Zeitung‹ und diese nicht am ›Stern‹ qualitativ messen. Sehr sinnvoll kann es dagegen sein, Medienprodukte innerhalb desselben Marktsegmentes zu vergleichen, also z. B. nach Qualitätskriterien für Boulevardzeitungen zu suchen und ›Bild‹ an ›Super!‹ und dem ›Kurier‹ oder auch am ›Express‹ und der ›tz‹ zu messen« (ebd., 85f.).

Die Rezipienten selbst können von sich aus wenig zu einer Qualitätssicherung in ihrem Sinne beitragen, da ihnen in Medienmärkten – auch aufgrund der Querfinanzierung der Produkte durch Werbung – keine Marktmacht zukommt. Die liberale Theorie des Marktes geht davon aus, dass der mündige Medienkonsument in einem weitgehend deregulierten Mediensystem in der Lage sei, per Nachfrageverhalten die bestmögliche mediale Leistung zu generieren. Dass der

Rezipient die Verantwortung für die mediale Produktion trägt, erweise sich aber bei näherer Betrachtung »als ideologische, mystifizierende und nicht als empirische Aussage« (Karmasin, 2000, 200). »Das prinzipielle Problem des Medienmarktes ist, dass die Konsumenten nicht in der Lage sind, ihre Qualitätsvorstellungen auf dem Markt durchzusetzen« (ebd.; s. hierzu auch McManus, 1994, 32). Die Alternative zum Konsum besteht nur im Verzicht auf ein konkretes mediales Produkt, nicht in dessen Änderung. »[D]ie Rezipienten werden an die Medien angepasst, nicht umgekehrt« (Karmasin, 2000, 200). Die boulevardjournalistischen Kommunikatoren verweisen in diesem Sinne auf den täglichen Erfolg ihrer Angebote und argumentieren mit etwas, worüber sie wenig bis gar nichts wissen: mit den Vorlieben, Interessen und Verhaltensweisen ihrer Rezipienten. Statt dessen werden sämtliche negativen Attribute des Begriffs »Masse« positiv als Massenattraktivität umgedeutet und unter Missachtung der Leserbedürfnisse ein sensationsgieriges und eskapistisches Unterhaltungsbedürfnis unterstellt. Die Rezeptionsforschung vermittelt demgegenüber ein anderes Bild: Sensationalistische Angebote werden zu weiten Teilen eben auch aus einem Informations- und Orientierungsbedürfnis, aus dem Bedürfnis heraus, »moralisches Wissen« eigenständig zu hinterfragen und neu zu bilden sowie nützliche Informationen mit Servicecharakter in der Rolle als Konsument, aber auch als Bürger einer Demokratie zu erhalten, rezipiert. Auf die Frage, was sie selbst an der *Bild*-Zeitung ändern würden, wenn sie redaktionelle Entscheidungen treffen könnten, antworteten Teilnehmer an einer Gruppendiskussion, die als prototypische Vertreter der anvisierten Zielgruppe der »kleinen Leute« angesehen werden können[139]:

> »Was in allgemeine Welt passiert, sollen die berichten. Nicht, was weiß ich, über Boris Becker. Ich weiß, wie viel Millionen der hat. Ungefähr. Kann ich mir denken.« »Ja, alles, was Börse und Umgebung angeht. Angefangen von irgendwelchen Nachrichten von großen Unternehmen bis hin zu Nachrichten über die Wirtschaftspolitik. Also Kombination Wirtschaft und Politik. Ach Gott, ja, alles, was da so drum rum gehört, ne?« »Also ich. Ich sage euch ((lacht)) ganz ehrlich: Mehr für die älteren Leute. In Rentensachen und so Zeugs. Also des müsst rein. Net immer so'n Kitsch.« »Genau. Wie so'n Informationsblatt. Mehr Informationen.« »Und dass es halbwegs verständlich wird. Oder wirtschaftliche Sachen, halbwegs präzise, die jeden von uns angehen irgendwo, ja?! Oder Euro zum Beispiel, das sind Sachen, die jeden von uns angehen – ob jung oder alt...«. »Das hass ich jetzt ((deutet auf Artikel)) – Schumi, Boris, wer is der größte? Was bedeutet das jetzt? Wir wissen ganz genau, dass die groß sind.« »Ah ja, des wollt ich auch grad sagen. Des gehört da net rein. Des käm auch raus bei mir. Des is nix.« Zum Pin-up-girl äu-

139 Auszüge aus einer Gruppendiskussion mit Mensa-Personal der Johannes Gutenberg-Universität Mainz im August 2001 im Rahmen des Methodenpraktikums »Qualitative Methoden« am Institut für Publizistik, Sommersemester 2001; fünf Frauen und ein Mann, Alter: zwischen 34 und 62 Jahren.

> ßerten die weiblichen Diskutantinnen: »Wir wollen auch endlich in Bild einen nackten Mann. Dass wir dann sagen: Oh, was für ein geiler Mann. Net nur die Frauen. Jeden morgen, jeden morgen machen unsere Männer die Augen so ((verdreht die Augen)) ((Gelächter)) Oh.« »Ich mein, sie müssen ja jetzt net nur Männer – sie können's ja abwechseln. Einmal ne Frau und dann mal wieder'n Mann. Sie können auch mal zwei abbilden.« »Warum immer die Frau? Warum? Die können doch auch einmal... Kann mir jemand einen Grund sagen, warum nur die Frau?«

Diese Auszüge verdeutlichen ansatzweise, dass Boulevardjournalisten aufgrund eines falschen Publikumsbildes ihrer selbst gewählten Funktion, Sprachrohr und Anwalt des »Kleinen Mannes auf der Straße« zu sein, nicht gerecht werden. Dass ein stärkeres Eingehen auf die Informations- und Servicebedürfnisse der Leser auch im Boulevardjournalismus ökonomisch erfolgreich sein kann, verdeutlichte die *Bild*-Zeitung selbst in der Phase des Chefredakteurs Claus Larrass sowie seines Nachfolgers Udo Röbel (1998- 2000). In einer mit erheblichem Auflagenschwund verbundenen Krise des Boulevards konnte die *Bild*-Zeitung in den West- und Ostausgaben trotz redaktioneller Umorientierung in Richtung eines verstärkten Eingehens auf die Informations- und Orientierungsbedürfnisse ihrer Leser ihre Position stabilisieren (vgl. Abb. 25; auch Wenderoth, 1999). Ein derartiges Eingehen auf die anvisierte Zielgruppe der Masse der Durchschnittsbürger ist auch bei den typisch sensationalistisch aufbereiteten Themen Partnerschaftsprobleme und Sex, Verbrechen und Katastrophen möglich, indem Hilfe-Instruktionen, verschiedene Sichtweisen, sozialer und gesellschaftlicher Kontext und mögliche Konsequenzen aufgezeigt und damit dem Publikum die Möglichkeit zu selbständiger »moralischer Übung« ohne einseitige Empörungskeule gegeben werden. Warum sollte dies nicht in provokativ plakativer Form und narrativem Stil möglich sein? Hier genau liegt im übrigen auch die Synthese zwischen den Vorstellungen von »gutem« Sensationsjournalismus aus der Sicht des republikanisch-diskursiven und des liberalen Modells von Öffentlichkeit, da sich hier ein Meinungsbildungsanspruch mit Respekt gegenüber den Rezipienten vereint.

Als Quintessenz seiner Interviews mit britischen Boulevardjournalisten schreibt Rhoufari (2000, 173): »Perhaps another form of discourse, a specific one in which the true and original values of resistance and social justice that founded popular journalism would surface, would define more clearly the role of the popular press and hence make it more accountable to its audience and to the public at large.« Würden die Boulevard-/Sensationsjournalisten ihrem selbstgewählten Anspruch, als Anwalt der kleinen Leute zu fungieren, gerecht werden, würden sie – durchaus auch aus einer medienökonomisch motivierten Zielsetzung heraus – die Wünsche ihrer Zielgruppe erfassen und ernst nehmen, würden sie ihren Informanten mit Respekt begegnen, würden sie die strukturellen Vorteile ihrer arbeitsteiligen Organisation und der damit zusammenhängenden schnelleren und intensiveren Recherchemöglichkeiten wirklich in den

Dienst einfacher Menschen stellen, indem sie auch vor der Notwendigkeit einer adäquaten Vermittlung komplexer sozialer, gesellschaftlicher und letztlich auch politischer Zusammenhänge nicht die Augen verschlössen, könnten sie zu Vertretern einer echten basisdemokratischen Variante der Vierten Macht im Staat werden, und es käme zu keinem »gebrochenen Selbstbewusstsein« aufgrund einer falsch verstandenen Massenattraktivität. Sensationsjournalismus hätte dann auch in den Ohren der Öffentlichkeit einen besseren Klang, und es gäbe weniger Anlass zu Medienschelte.

Literatur

Adams, William C. (1978). Local public affairs content of TV news. Journalism Quarterly, 55, 690-695.

Adorno, Theodor W. (1967). Ohne Leitbild: Parva aesthetica. Frankfurt: Suhrkamp.

Alberts, Jürgen (1972). Massenpresse als Ideologiefabrik. Am Beispiel »Bild«. Frankfurt/M.: Athenäum.

Allport, Gordon W. (1968). The historical background of modern social psychology. In Gardner Lindzey & Elliot Aronson (Hrsg.), Handbook of social psychology, Bd. 1 (S. 1-80). Reading: Addison-Wesley.

Althoff, Martina (1999). Die Wirklichkeit der Medien und die Berichterstattung über Kriminalität. Eine Bestandsaufnahme. Leviathan, 27, 477-499.

Altmeppen, Klaus-Dieter (1999). Redaktionen als Koordinationszentren: Beobachtungen journalistischen Handelns. Opladen: Westdeutscher Verlag.

Anschütz, Georg (1953). Psychologie. Grundlagen, Ergebnisse und Probleme der Forschung. Hamburg: Meiner.

Apter, Michael (1994). Im Rausch der Gefahr. Warum immer mehr Menschen den Nervenkitzel suchen. München: Kösel.

Ariès, Philippe (1980). Geschichte des Todes. München: Hanser.

Asmuss, Burkhard (1994). Republik ohne Chance? Akzeptanz und Legitimation der Weimarer Republik in der deutschen Tagespresse zwischen 1918 und 1923. Berlin: de Gruyter.

Augstein, Jacob (1998a, 25. August). Das Blatt bin ich. Seit zwei Monaten regiert der frühere »Bunte«-Chef Franz Josef Wagner die Berliner Boulevardzeitung »B.Z.«. In Süddeutsche Zeitung, S. 17.

Augstein, Jacob (1998b, 3. Dezember). Eine Seite Haß. Redakteure der Zeitung »B.Z.« führen ihren Chef im Internet vor. In Süddeutsche Zeitung, S. 21.

Aust, Charles F. & Zillmann, Dolf (1996). Effects of victim exemplification in television news on viewer perception of social issues. Journalism & Mass Communication Quarterly, 73, 787-803.

Awad, Gloria (1995). Du Sensationnel. Place de l'événementiel dans le journalisme de masse. Paris: Editions l'Harmattan.

Axel Springer Verlag (Hrsg.) (1966). Qualitative Analyse der Bild-Zeitung 1965. Hamburg: Axel Springer.

Bakhtin, Michael M. (1987). Rabelais und seine Welt. Volkskultur und Gegenkultur. Frankfurt/M.: Suhrkamp.

Bandhauer, Götz (1999). Kriterien zur Beurteilung von tagesaktuellen Boulevardformaten im Fernsehen. Diplomarbeit an der Hochschule für Technik und Wirtschaft (FH), Mittweida.

Barth, Rüdiger & DiGrazia, Giuseppe (2000). Der Spiel-Macher. Sportchef Alfred Draxler. In Stern, Nr. 50, S. 37-41.

Bartholomes, Andrea (1995). Reality-TV. Ersatz für Erfahrungsdefizite im Alltag? Medienpsychologie, 3, 134-154.

Baschwitz, Kurt (1960). Verstand und Unverstand in der Masse. In Publizistik. Festschrift für Emil Dovifat (S. 5-9). Bremen: Heye & Co.

Bauder, Marc (2000). Die Medienkonzerne Time Warner und News Corporation Ltd. Arbeitspapiere des Instituts für Rundfunkökonomie an der Universität Köln, Heft 120, Köln.

Baum, Achim (1996). Inflationäre Publizistik und mißlingender Journalismus. Über das journalistische Handeln in einer entfesselten Medienwirtschaft. In Klaus-Dieter Altmeppen (Hrsg.), Ökonomie der Medien und des Mediensystems: Grundlagen, Ergebnisse und Perspektiven medienökonomischer Forschung (S. 237-249). Opladen: Westdeutscher Verlag.

Baumert, Paul (1928). Die Entstehung des deutschen Journalismus in sozialgeschichtlicher Betrachtung. Altenburg: Pierersche Hofbuchdruckerei Stephan Geibel & Co.

Baylen, J. O. (Vorname nicht angegeben) (1996). The British Press, 1861-1918. In Dennis Griffith (Hrsg.), The encyclopedia of the British press 1422-1992 (S. 33-46). London: Macmillan Press.

Beck, Ulrich (1986). Risikogesellschaft. Auf dem Weg in eine andere Moderne. Frankfurt/M.: Suhrkamp.

Behnke, Ralph R. & Miller, Phyllis (1992). Viewer reactions to content and presentational format of television news. Journalism Quarterly, 69, 659-665.

Behr, Jürgen (1968). Der Sensationsprozeß. Eine kriminologische Untersuchung. Hamburg: Kriminalistik Verlag.

Bell, Daniel (1961). The end of ideology. On the exhaustion of political ideas in the fifties. New York: Collier Books.

Benjamin, Walter (1979). Deutsche Menschen. Eine Folge von Briefen. Leipzig u. Weimar: Kiepenheuer.

Bennett, Ellen M., Swenson, Jill D. & Wilkinson, Jeff S. (1992). Is the medium the message? An experimental test with morbid news. Journalism Quarterly, 69, 921-928.

Bente, Gary & Fromm, Bettina (1997). Affekt-Fernsehen. Motive, Angebotsweisen und Wirkungen. Opladen: Leske + Budrich.

Bente, Gary & Fromm, Bettina (1998). Tabubruch als Programm? Angebotsweisen, Nutzungsmuster und Wirkungen des Affekt-Fernsehens. In Walter Klingler, Gunnar Roters & Oliver Zöllner (Hrsg.), Fernsehforschung in Deutschland. Themen – Akteure – Methoden (S. 613-639). Baden-Baden: Nomos.

Berber, Ernst (1935). Psychologie der Neugier. Leipzig: Barth.

Berger, Frank, Nied, Peter & Veit, Sven-Michael (Hrsg.) (1983). Wenn BILD lügt – kämpft dagegen. Neue Untersuchungen, Fallbeispiele und Gegenaktionen. Essen: Klartext-Verlag.

Berger, Johannes (Hrsg.) (1986). Die Moderne – Kontinuitäten und Zäsuren. Göttingen: Schwartz.

Bergmann, Stefan (1998). Qualität ist planbar. Journalist, H. 9, 47-49.

Bergmann, Werner (1994). Effekte öffentlicher Meinung auf die Bevölkerungsmeinung. Der Rückgang antisemitischer Einstellungen als kollektiver Lernprozeß. In Friedhelm Neidhardt (Hrsg.), Öffentlichkeit, öffentliche Meinung, soziale Bewegungen (S. 296-319). Opladen: Westdeutscher Verlag.

Berlyne, Daniel E. (1960). Conflict, arousal and curiosity. New York: McGraw-Hill.

Berlyne, Daniel E. (1974) (Hrsg.). Studies in the new experimental aesthetics. Washington, D.C.: Wiley.

Bermes, Jürgen (1989). Der Streit um die Presse-Selbstkontrolle: Der Deutsche Presserat. Eine Untersuchung zur Arbeit und Reform des Selbstkontrollorgans der bundesdeutschen Presse. Baden-Baden: Nomos.

Bernauer, Markus (1990). Die Ästhetik der Masse. Basel: Wiese Verlag.

Besuch von Journalisten brachte das Faß zum Überlaufen (1998, 5. Mai). Nach dem Selbstmord Raimund Harmstorfs Vorwürfe gegen Medien. Freund berichtet von Parkinson-Erkrankung. In Frankfurter Allgemeine Zeitung, S. 13.

Binkowski, Johannes (1985). Flugblatt und Zeitung. Ein Wegweiser durch das gedruckte Tagesschrifttum Bd. II: Von 1848 bis zur Gegenwart. München: Klinkhardt & Biermann.

Bird, S. Elizabeth (1992). For enquiring minds: a cultural study of supermarket tabloids. Knoxville: University of Tennessee Press.

Bird, S. Elizabeth (1997). What a story!: Understanding the audience for scandalous news. Unveröff. Konferenzpapier anlässlich der Jahrestagung der ICA (International Communication Association) in Montréal, Canada, Mai 1997.

Bird, S. Elizabeth & Dardenne, Robert W. (1990). News and storytelling in American culture. Reevaluating the sensational dimension. Journal of the American Culture, 13, 33-37.

Bitter, Georg (1951). Zur Typologie des deutschen Zeitungswesens in der Bundesrepublik Deutschland. München: Eduard Pohl & Co.

Blarer, Arno von (1951). Die Neugier. Zürich: Speer-Verlag.

Blättler, Sidonia (1995). Der Pöbel, die Frauen etc.: die Massen in der politischen Philosophie des 19. Jahrhunderts. Berlin: Akademie Verlag.

Blumenberg, Hans (1980). Der Prozeß der theoretischen Neugierde. Frankfurt:/M.: Suhrkamp.

Blumer, Herbert (1967). The mass, the public, and public opinion. In Bernard Berelson & Morris Janowitz (Hrsg.), Reader in public opinion and communication (S. 43-50). New York: Free Press.

Blumer, Herbert (1969). Collective behavior. In Alfred McClung Lee (Hrsg.), Principles of Sociology (S. 65-122). New York: Barnes & Noble.

Blumler, Jay G. (1979). The role of theory in uses and gratifications studies. Communication Research, 6, 9-36.

Blumler, Jay G. & Gurevitch, Michael (1995). The crisis of public communication. London: Routledge.

Böckelmann, Frank (1993). Journalismus als Beruf. Bilanz der Kommunikatorforschung im deutschsprachigen Raum von 1945 bis 1990. Konstanz: UVK.

Bölke, Dorothee (2000). »Das Gesetz allein kann nicht für Anstand sorgen.« Der Presserat an der Schnittstelle von Ethik und Recht. In Rudolf Gerhardt & Hans-Wolfgang Pfeifer (Hrsg.), Wer die Medien bewacht: Medienfreiheit und ihre Grenzen im internationalen Vergleich (S. 43-51). Frankfurt/M.: Gemeinschaftswerk der Evangelischen Publizistik.

Bolesch, Cornelia (1997). Gegen den publizistischen Treibhauseffekt. Was Medienjournalisten leisten sollen. In Hartmut Weßler et al. (Hrsg.), Perspektiven der Medienkritik (S. 135-140). Opladen: Westdeutscher Verlag.

Bollinger, Ernst (1996). Pressegeschichte II. 1840-1930. Die goldenen Jahre der Massenpresse. Freiburg: Universitätsverlag.

Bonfadelli, Heinz (1994). Die Wissenskluftperspektive. Massenmedien und gesellschaftliche Information. Konstanz: UVK.

Böning, Holger (1992). Zeitungen für das »Volk«. Ein Beitrag zur Entstehung periodischer Schriften für einfache Leser und zur Politisierung der deutschen Öffentlichkeit nach der Französischen Revolution. In Holger Böning, Französische Revolution und deutsche Öffentlichkeit. Wandlungen in Presse und Alltagskultur am Ende des achtzehnten Jahrhunderts (S. 467-525). München: Saur.

Böning, Holger & Siegert, Reinhart (1990). Volksaufklärung: Bibliographisches Handbuch zur Popularisierung aufklärerischen Denkens im deutschen Sprachraum von den Anfängen bis 1850. Bd. 1. Stuttgart: Frommann Verlag.

Born, Michael (1997). Wer einmal fälscht... Die Geschichte eines Fernsehjournalisten. Köln: Kiepenheuer & Witsch.

Bornemann, Ernest (1981). Vorwort. In Erpresser-Journalismus in der Weimarer Republik. Pornozeitschriften der »Goldenen« Zwanziger Jahre. Allmendingen: September-Verlag.

Boulard, Garry (1991, 4. Mai). Giving people what they want to read: National Enquirer. The Editor and Publisher, 46, 48.

Bower, Gordon H., Black, John B. & Turner, Terrence J. (1979). Scripts in text comprehension and memory. Cognitive Psychology, 11, 177-220.

Branahl, Udo (1991). Recht und Moral im Journalismus. Der Beitrag des Rechts zur Förderung von »gutem« beruflichen Verhalten des Journalisten in der Bundesrepublik Deutschland. In Michael Haller & Helmut Holzhey (Hrsg.), Medien-Ethik: Beschreibungen, Analysen, Konzepte für den deutschsprachigen Journalismus (S. 224-241). Opladen: Westdeutscher Verlag.

Branahl, Udo (1996a). Hohe Summen. Journalist, H. 10, 24-25.

Branahl, Udo (1996b). Medienrecht. Eine Einführung. Opladen: Westdeutscher Verlag.

Branahl, Udo (1998). Der Schutz des Privaten im öffentlichen Diskurs. In Kurt Imhof & Peter Schulz (Hrsg.), Die Veröffentlichung des Privaten – Die Privatisierung des Öffentlichen (S. 180-191). Opladen: Westdeutscher Verlag.

Brants, Kees (1998). Who's afraid of infotainment? European Journal of Communication, 13(3), 315-335.

Bredow, Rafaela Gräfin von (1995). Boulevard Light für Ostberlin. Sage & Schreibe, H. 3, 16-17.

Breed, Warren (1973). Soziale Kontrolle in der Redaktion: Eine funktionale Analyse. In Jörg Aufermann, Hans Bohrmann & Rolf Sülzer (Hrsg.), Gesellschaftliche Kommunikation und Information (S. 356-378). Frankfurt/M.: Athenäum.

Brekenkamp, Katrin (1998). Gefühlsintensiv und informationsarm. Boulevardmagazine im deutschen Fernsehen. Unveröff. Diplomarbeit im Studiengang Journalistik der Katholischen Universität Eichstätt.

Breunig, Christian, Rosenberger, Bernhard & Bartel, Ralph (Hrsg.) (1993). Journalismus der 90er Jahre. Job-Profile, Einstieg, Karrierechancen. München: Ölschläger.

Brinkmann, Peter (1993). Schlagzeilenjagd. Chefreporter Peter Brinkmann berichtet von den Brennpunkten des Weltgeschehens. Bergisch-Gladbach: Lübbe.

Brosius, Hans-Bernd (1990). Vermittlung von Informationen durch Fernsehnachrichten. In Karin Böhme-Dürr, Jürgen Emig & Norbert M. Seel (Hrsg.), Wissensveränderung durch Medien. Theoretische Grundlagen und empirische Analysen (S. 197-213). München: Saur.

Brosius, Hans-Bernd (1993). The effects of emotional pictures in television news. Communication Research, 20, 105-124.

Brosius, Hans-Bernd (1995). Alltagsrationalität in der Nachrichtenrezeption: ein Modell zur Wahrnehmung und Verarbeitung von Nachrichteninhalten. Opladen: Westdeutscher Verlag.

Brosius, Hans-Bernd (1998). Visualisierung von Fernsehnachrichten. Text-Bild-Beziehungen und ihre Bedeutung für die Informationsleistung. In Klaus Kamps & Miriam Meckel (Hrsg.), Fernsehnachrichten (S. 213-224). Opladen: Westdeutscher Verlag.

Brosius, Hans-Bernd & Esser, Frank (1998). Mythen in der Wirkungsforschung: Auf der Suche nach dem Stimulus-Response-Modell. Publizistik, 43, 341-361.

Brosius, Hans-Bernd & Fahr, Andreas (1996). Werbewirkung im Fernsehen. Aktuelle Befunde der Medienforschung. München: R. Fischer.

Brosius, Hans-Bernd & Weaver, James B. (1994). Der Einfluß der Persönlichkeitsstruktur von Rezipienten auf Film- und Fernsehpräferenzen in Deutschland und den USA. In Louis Bosshart & Wolfgang Hoffmann-Riem (Hrsg.), Medienlust und Mediennutz. Unterhaltung als öffentliche Kommunikation (S. 284-300). München: Ölschläger.

Brown, Gerry (1995). Exposed! Sensational true story of Fleet Street reporter. How Fleet Street gets their story! London: Virgin Books.

Brown, William J. & Singhal, Arvind (1990). Ethical dilemmas of prosocial television. Communication Quarterly, 38, 268-280.

Bruck, Peter A. & Stocker, Günther (1996). Die ganz normale Vielfältigkeit des Lesens. Zur Rezeption von Boulevardzeitungen. Münster: Lit.

Bruck, Peter A. (1991). Lesern gehen die Augen auf. In Peter A. Bruck (Hrsg.), Das österreichische Format. Kulturkritische Beiträge zur Analyse des Medienerfolges »Neue Kronenzeitung« (S. 75-88). Wien: Edition Atelier.

Brückner, Ariane (1997). Journalistische Berufsorganisationen in Deutschland. Von den Anfängen bis zur Gründung des Reichsverbandes der Deutschen Presse. Köln: Böhlau.

Brumm, Dieter (1980). Sprachrohr der Volksseele? Die BILD-Zeitung. In Michael Wolf Thomas (Hrsg.), Portraits der deutschen Presse (S. 127-143). Berlin: Spiess.

Bruns, Thomas & Marcinkowski, Frank (1996). Konvergenz revisited. Neue Befunde zu einer älteren Diskussion. Rundfunk und Fernsehen, 44, 461-478.

Brushel, Bruce E. (1991). Sensationalism or sensitivity: Use of words in stories on Acquired Immune Deficiency Syndrome (AIDS) by Associated Press Videotext. Journal of Homosexuality, 21(1-2), 47-61.

Bryant, Jennings & Rockwell, Steven C. (1994). Effects of massive exposure to sexually oriented prime-time television programming on adolescents' moral judgment. In Dolf Zillmann, Jennings Bryant & Aletha C. Huston (Hrsg.), Media, children and the family. Social scientific, psychodynamic and clinical perspectives (S. 183-195). Hillsdale, NJ: Erlbaum.

Bücher, Karl (1926). Gesammelte Aufsätze zur Zeitungskunde. Tübingen: Verlag der H. Laupp'schen Buchhandlung.

Buchholz, Gerhard (1988). Wirkungsproblematik in der Geschichte der Medizinpublizistik. In Heinz-Dietrich Fischer (Hrsg.), Handbuch der Medizinkommunikation (S. 183-185). Köln: Deutscher Ärzte-Verlag.

Buchwald, Manfred (1980). Sterbenskrank. Journalist, H. 11, 22-25.

Buchwald, Manfred (1989). Abgründe von Heuchelei. Brauchen und haben wir eine journalistische Ethik? Medium, H. 2, 39-43.

Buchwald, Manfred (1997). Vom Chronisten zum Verkäufer? Journalismus in unseren Tagen. Journalist, H. 8, 57-63.

Bucy, Erik P. & D'Angelo, Paul (1999). The crisis of political communication: normative critiques of news and democratic processes. Communication Yearbook, 22, 301-339.

Bundesverband deutscher Zeitungsverleger (BDZV) (Hrsg.) (1991). Zeitungen '91. Bonn: BDZV.

Bundesverband deutscher Zeitungsverleger (BDZV) (Hrsg.) (1993). Zeitungen '93. Bonn: BDZV.

Bundesverband deutscher Zeitungsverleger (BDZV) (Hrsg.) (2000). Zeitungen 2000. Bonn: BDZV.

Burdach, Konrad J. (1987). Psychophysik und Nachrichtenselektion: Medienforschung aus wahrnehmungspsychologischer Perspektive. In Marianne Grewe-Partsch & Jo Groebel (Hrsg.), Mensch und Medien. Zum Stand von Wissenschaft und Praxis in nationaler und internationaler Perspektive (S. 79-94). München: Saur.

Burghardt, Kirsten (1989). Zeichen weiblicher Erotik in Willi Forsts Die Sünderin (1951). In Klaus Kanzog (Hrsg.), Der erotische Diskurs (S. 39-69). München: Schaudig, Bauer, Ledig.

Burgoon, Judee K., Burgoon, Michael & Wilkinson, Miriam (1981). Writing style as predictor of newspaper readerships, satisfaction and image. Journalism Quarterly, 58, 225-231.

Burke, Edmund (1967 [1790]). Betrachtungen über die französische Revolution (deutsche Übertragung von Friedrich Gentz, bearbeitet und mit einem Nachwort von Lore Iser, eingeleitet von Dieter Henrich). Frankfurt/M.: Suhrkamp.

Busche, Martin (1998). Wo Wagner werkelt. Journalist, H. 11, 24.

Büscher, Hartmut (1996). Emotionalität in Schlagzeilen der Boulevardpresse. Theoretische und empirische Studien zum emotionalen Wirkungspotential von Schlagzeilen der BILD-Zeitung im Assoziationsbereich »Tod«. Frankfurt/M.: Peter Lang.

Byrne, D. (1964). Repression-sensitization as a dimension of personality. In Brendan A. Maher (Hrsg.), Progress in experimental personality research (Vol.1) (S. 170-220). New York: Academic Press.

Calonego, Bernadette (1997, 18. März). Der Versuch, trockenes Wasser zu servieren. Wie die Schweizer Zeitung »Blick« probierte, mit anspruchsvollerem Boulevard-Journalismus Leser zu gewinnen. In Süddeutsche Zeitung, S. 15.

Cantor, Joanne R., Zillmann, Dolf & Einsiedel, Edna F. (1978). Female responses to provocation after exposure to aggressive and erotic films. Communication Research, 5, 395-412.

Carini, Marco (1996, 13. Juni). Das Boulevardblatt bin ich. »Kettensägen-Massaker« in der Hamburger Morgenpost. In: die tageszeitung, S. 15.

Casati, Rebecca (1997, 30. Juli). Manchmal muß man sie sogar zitieren. Wie sich die amerikanische Zeitschrift »The National Enquirer« Auflage und Anerkennung erkauft hat. Süddeutsche Zeitung, S. 19.

Castendyk, Oliver (1994). Rechtliche Begründungen in der Öffentlichkeit: ein Beitrag zur Rechtskommunikation in Massenmedien. Opladen: Westdeutscher Verlag.

Chalaby, Jean K. (1998). The invention of journalism. New York: St. Martin's Press.

Christiansen, Dieter (1993). Ganzseitenumbruch nach einem vorher feststehenden Scribble. Zeitungstechnik, März, 36-39.

Clarkson, Wensley (1990). Dog eat Dog. Confessions of a tabloid journalist. London: Fourth Estate.

Claßen, Isabella (1988). Darstellung von Kriminalität in der deutschen Literatur, Presse und Wissenschaft 1900 bis 1930. Frankfurt/M.: Lang.

Colli, Giorgio & Montinari, Mazzino (1980) (Hrsg.). Friedrich Nietzsche: Sämtliche Werke. Kritische Studienausgabe. Berlin: Deutscher Taschenbuch Verlag.

Conboy, Martin (2002). The press and popular culture. London: Sage.

Conway, Joseph C. & Rubin, Alan M. (1991). Psychological predictors of television viewing motivation. Communication Research, 18, 443-463.

Conze, Werner (1954). Vom »Pöbel« zum »Proletariat«. Sozialgeschichtliche Voraussetzungen für den Sozialismus in Deutschland. Vierteljahresschrift für Sozial- und Wirtschaftsgeschichte, 41, 333-364.

Coulson, David C. & Lacy, Stephen (1996). Journalists' perception of how newspaper and broadcast news competition affects newspaper content. Journalism & Mass Communication Quarterly, 73, 354-363.

Culbertson, Hugh M. (1974). Words vs. pictures: Perceived impact and connotative meaning. Journalism Quarterly, 51, 226-237.

Curran, James (1996). The new revisionism in mass communication research: a reappraisal. In James Curran, David Morley & Valerie Walkerdine (Hrsg.), Cultural Studies and Communications (S. 256-278). London: Arnold.

Custer, Ueli (1997). Tränen, Tiere und Tore. Wechselwirkungen der zunehmenden Boulevardisierung von TV und Presse. Media Spectrum, H. 2-3, 42-44.

D'Ester, Karl (1928). Zeitungswesen. Breslau: Ferdinand Hirt.

Dahlem, Pia (1997). Schluß mit lustig. w&v plus, Nr. 46, 210-214.

Dahlgren, Peter (1988). Crime news: The fascination of the mundane. European Journal of Communication, 3, 189-206.

Dahlgren, Peter (1998). Enhancing the civic ideal in journalism. In Kees Brants, Joke Hermes & Lisbeth van Zoonen (Hrsg.), The media in question. Popular cultures and public interests (S. 89-101). London: Sage.

Damasio, Antonio R. (2001). Ich fühle, also bin ich: die Entschlüsselung des Bewußtseins. München: List.

Darnton, Robert (1975). Writing news and telling stories. Daedalus, 104(2), 175-194.

Daschmann, Gregor (2001). Der Einfluß von Fallbeispielen auf Leserurteile. Experimentelle Untersuchungen zur Medienwirkung. Konstanz: UVK.

Daschmann, Gregor & Brosius, Hans-Bernd (1997). Ist das Stilmittel die Botschaft? Fallbeispiele in deutschen Fernsehmagazinen. Rundfunk und Fernsehen, 45, 486-504.

Dauncey, Hugh (1996). French »reality television«. More than a matter of taste? European Journal of Communication, 11(1), 83-106.

Davis, Floyd J. (1952). Crime news in Colorado newspapers. American Journal of Sociology, 57, 325-330.

Davis, Richard & Owen, Diana (1998). New media and American politics. New York, Oxford: Oxford University Press.

De Rochemont, Richard (1926). The Tabloids. The American Mercury, 9, 187-192.

De Volder, Urban (1959). Soziologie der Zeitung. Stuttgart: Enke.

Delitz, Jürgen (1986). Pressemitteilungen und Gerichtsberichterstattung. Eine empirische Studie zum Verhältnis von Öffentlichkeitsarbeit und Berichterstattung in Tageszeitungen. Rundfunk und Fernsehen, 34, 513-534.

Deneke, J. F. Volrad (1969). Arzt und Medizin in der Tagespublizistik des 17. und 18. Jahrhunderts. Köln: Deutscher Ärzte-Verlag.

Deneke, J. F. Volrad (1985). Aspekte und Probleme der Medizinpublizistik. Bestandsaufnahmen und Analysen zur historischen und aktuellen Präsentation von Medizin in Massenmedien. Bochum: Brockmeyer.

Deul, Dieter (1995a). Cadavres à la mode. »Extra«: Der Außerirdische von Roswell. epd medien, Nr. 69, 22-23.

Deul, Dieter (1995b). Homöopathisch. »Exakt« – Reportagemagazin. epd medien, Nr. 81, 25-26.

Deul, Dieter (1997a). Das aufgepumpte Nichts. »Spot – das Magazin«. epd medien, Nr. 72, 23-24.

Deul, Dieter (1997b). Von der tödlichen Verführung der Bilder. »K1 – Das Magazin«. epd medien, Nr. 78, 26.

Deul, Dieter (1998a). Kalkulierter Sprühradius. »TNT – Thilo, News und Themen«. epd medien, Nr. 43, 30-31.

Deul, Dieter (1998b). Katastrophentainment. »K1 – Die Reportage«. epd medien, Nr. 16-17, 28-29.

Deul, Dieter (1998c). Die mit den Haien schwimmen. »Die Reporter – für Sie vor Ort«. epd medien, Nr. 73, 30-31.

Deul, Dieter (1998d). Das Nullmedium. »SuperIlluTV«. Magazin mit Ines Adam. epd medien, Nr. 7, 25.

Deul, Dieter (1998e). Die Trash-Kultur schlechthin. »exklusiv – die Reportage«. epd medien, Nr. 16-17, 29-30.

Deutsches Fremdwörterbuch (1978). Bd. 4 (»S«). Berlin: de Gruyter.

Dewall, Gustaf von (1997). Press Ethics: Regulation and Editorial Practice. Düsseldorf: EIM Public. Dpt.

Dickson, Sandra H. (1988). The "golden mean" in journalism. Journal of Mass Media Ethics, 3(1), 33-37.

Die farbige Zeitungs-Anzeige im schnellen Vordringen (1961). ZV + ZV, 58, Nr. 7, 257-259.

Die Lehre vom 17. Mai (2000, 26. Mai). Simonis fordert Votum des Presserats gegen Gaffer-Journalisten. In Süddeutsche Zeitung, S. 23.

Die rasante Karriere einer Sensations-Story. »Bakterien fressen Menschen auf« (1994, 6. Juni). Kommunikationswissenschaftler Walter Hömberg über die Regeln des Horror-Journalismus. In Süddeutsche Zeitung, S. 13.

Die Vertraulichkeit der Redaktionsarbeit als Bestandteil der Pressefreiheit (1984). Archiv für Presserecht (AfP), 2, 94-99.

Diem, Peter (1985). Elefant oder Eintagsfliege? – Probleme und Ergebnisse der Fernsehwirkungsforschung am Beispiel von »Holocaust« und anderen Medienereignissen. In Heinz Pürer (Hrsg.), Medienereignisse – Medienwirkungen? Zur Wirkung der Massenmedien: »Hainburg«, »Holocaust« und andere Medienereignisse. Eine Tagungsdokumentation (S. 140-159). Salzburg: Kuratorium für Journalistenausbildung.

Diez, Hermann (1910). Das Zeitungswesen. Leipzig: Teubner.

Djupsund, Göran & Carlson, Tom (1998). Trivial stories and fancy pictures? Tabloidization tendencies in Finnish and Swedish regional and national newspapers 1982-1997. Nordicom Review, 19(1), 101-113.

Dörner, Andreas (2000). Politische Kultur und Medienunterhaltung. Konstanz: UVK.

Donges, Patrick & Jarren, Otfried (1997). Redaktionelle Strukturen und publizistische Qualität. Media Perspektiven, H. 4, 198-205.

Donnerstein, Edward (1980). Aggressive erotica and violence against women. Journal of Personality and Social Psychology, 39, 269-277.

Donnerstein, Edward & Barrett, Gary (1978). Effects of erotic stimuli on male aggression toward females. Journal of Personality and Social Psychology, 36, 180-188.

Donnerstein, Edward & Berkowitz, Leonard (1981). Victim reactions in aggressive erotic film as a factor in violence against women. Journal of Personality and Social Psychology, 41, 710-724.

Donohew, Lewis (1981). Arousal and affective responses to writing styles. Journal of Applied communication Research, 9(2), 109-119.

Donohew, Lewis, Finn, Seth & Christ, William G. (1988). »The nature of news« revisited: the roles of affect, schemas, and cognition. In Lewis Donohew, Howard E. Sypher & E. Tory Higgins (Hrsg.), Communication, social cognition, and affect (S. 195-218). Hillsdale, NJ: Lawrence Erlbaum.

Donohew, Lewis, Lorch, Elizabeth & Palmgreen, Philip (1991). Sensation seeking and targeting of televised anti-drug PSAs. In Lewis Donohew, Howard E. Sypher & William J. Bukoski (Hrsg.), Persuasive communication and drug abuse prevention (S. 209-226). Hillsdale, NJ: Lawrence Erlbaum.

Donsbach, Wolfgang (1993). Journalismus versus journalism – ein Vergleich zum Verhältnis von Medien und Politik in Deutschland und in den USA. In Wolfgang Donsbach (Hrsg.), Beziehungsspiele – Medien und Politik in der öffentlichen Diskussion: Fallstudien und Analysen (S. 283-315). Gütersloh: Bertelsmann Stiftung.

Donsbach, Wolfgang & Wolling, Jens (1995). Redaktionelle Kontrolle in der regionalen und überregionalen Tagespresse. Ein internationaler Vergleich. In Beate Schneider, Kurt Reumann & Peter Schiwy (Hrsg.), Publizistik. Beiträge zur Medienentwicklung (S. 421-433). Konstanz: UVK.

Dorsch-Jungsberger, Petra (1993). Sensationsjournalismus und Lebenswelt-Paradigma. Publizistik, 38, 390-411.

Dovifat, Emil (1930). Auswüchse der Sensations-Berichterstattung. Stuttgart: Tagblatt-Buchdruckerei.

Dovifat, Emil (1940a). Berlin. In Walther Heide (Hrsg.), Handbuch der Zeitungswissenschaft, Bd. 1 (S. 454-503). Leipzig: Verlag Karl W. Hiersemann.

Dovifat, Emil (1940b). Boulevard-Presse. In Walther Heide (Hrsg.), Handbuch der Zeitungswissenschaft, Bd. 1 (S. 646-651). Leipzig: Verlag Karl W. Hiersemann.

Dovifat, Emil (1942). Journalismus. In Walther Heide (Hrsg.), Handbuch der Zeitungswissenschaft (Sp. 1955-1984). Leipzig: Karl W. Hiersemann.

Dovifat, Emil (1944a). Zeitungslehre I. Bd. 1: Theoretische Grundlagen, Nachricht, Meinung, politische Willensbildung, Sprache und Form. Berlin: de Gruyter.

Dovifat, Emil (1944b). Zeitungslehre I. Bd. 2: Schriftleitung, Stoffbeschaffung und Bearbeitung, Technik und Wirtschaft des Verlages. Berlin: de Gruyter.

Dovifat, Emil (1968). Handbuch der Publizistik. Bd. 1: Allgemeine Publizistik. Berlin: de Gruyter.

Dröge, Franz & Müller, Michael (1995). Die Macht der Schönheit. Avantgarde und Faschismus oder die Geburt der Massenkultur. Hamburg: Europäische Verlagsanstalt.

Dröge, Franz (1972). Wissen ohne Bewußtsein: Materialien zur Medienanalyse der Bundesrepublik Deutschland. Frankfurt/M.: Athenäum-Fischer-Taschenbuch-Verlag.

Dulinski, Steffen (2002). Unterschiede als Gemeinsamkeit? Eine Auseinandersetzung mit der Fragmentierungsfolgenthese anhand eines Altersgruppenvergleichs im Jahr 2000. Unveröff. Magisterarbeit am Institut für Publizistik des Fachbereichs Sozialwissenschaften der Johannes Gutenberg-Universität Mainz.

Ecker, Gisela (1981). Einblattdrucke von den Anfängen bis 1555. Untersuchungen zu einer Publikationsform literarischer Texte. Göppingen: Kümmerle.

Eco, Umberto (1984). Apokalyptiker und Integrierte. Zur kritischen Kritik der Massenkultur. Frankfurt/M.: S. Fischer.

Ehmig, Simone Christine (2000). Generationswechsel im deutschen Journalismus. Zum Einfluß historischer Ereignisse auf das journalistische Selbstverständnis. Freiburg: Karl Alber Verlag.

Ehrlich, Matthew C. (1995). The ethical dilemma of television news sweeps. Journal of Mass Media Ethics, 10, 37-38.

Eide, Martin (1997). A new kind of newspaper? Understanding a popularization process. Media, Culture & Society, 19(2), 173-182.

Eilders, Christiane (1997). Nachrichtenfaktoren und Rezeption. Eine empirische Analyse zur Auswahl und Verarbeitung politischer Information. Opladen: Westdeutscher Verlag.

Eilders, Christiane & Wirth, Werner (1999). Die Nachrichtenwertforschung auf dem Weg zum Publikum: eine experimentelle Überprüfung des Einflusses von Nachrichtenfaktoren bei der Rezeption. Publizistik, 44, 35-57.

Eine Seite Haß (1998, 3. Dezember). Redakteure der Zeitung »B.Z.« führen ihren Chef im Internet vor. In Süddeutsche Zeitung, S. 21.

Elias, Norbert (1969). Über den Prozeß der Zivilisation. Soziogenetische und psychogenetische Untersuchungen. Bern: Francke.

Elias, Norbert (1982). Über die Einsamkeit der Sterbenden in unseren Tagen. Frankfurt/M.: Suhrkamp.

Emery, Edwin & Emery, Michael C. (1984). The press and America: An interpretive history of the mass media (5. Aufl.). Englewood Cliffs, NJ: Prentice-Hall.

Emmerich, Andreas (1984). Nachrichtenfaktoren – die Bausteine der Sensationen: eine empirische Studie zur Theorie der Nachrichtenauswahl in der Rundfunk- und Zeitungsredaktion. Saarbrücken: Verlag d. Reihe.

Engau, Herwigh (1993). Straftäter und Tatverdächtige als Personen der Zeitgeschichte. Frankfurt/M.: Lang.

Engelkamp, Johannes (1991). Bild und Ton aus der Sicht der kognitiven Psychologie. Medienpsychologie, 3, 278-299.

Engelsing, Rolf (1966). Massenpublikum und Journalistentum im 19. Jahrhundert in Nordwestdeutschland. Berlin: Duncker & Humblot.

Entman, Robert M. (1991). Framing US coverage of international news: Contrasts in narratives of the KAL and Iran air incidents. Journal of Communication, 41(4), 6-27.

Entman, Robert M. (1993). Framing: Toward clarification of a fractured paradigm. Journal of Communication, 43(4), 51-58.

Ertel, Henner (1990). Erotika und Pornographie. Repräsentative Befragung und psychologische Langzeitstudie zu Konsum und Wirkung. München: Psychologie-Verlags-Union.

Esser, Frank (1998). Die Kräfte hinter den Schlagzeilen. Englischer und deutscher Journalismus im Vergleich. Freiburg: Karl Alber Verlag.

Esser, Frank (1999a). Reporter contra Allround-Journalisten. Deutscher Recherchejournalismus im internationalen Vergleich. M – Menschen machen Medien, H. 1-2, 24-25.

Esser, Frank (1999b). »Spiegel« und »Bild« – Zwei harte, untypische Blätter. Deutscher Investigativjournalismus im internationalen Vergleich. M Menschen machen Medien, H. 6, 23-25.

Etymologisches Wörterbuch des Deutschen (1989). Bd. Q-Z. Berlin: Akademie-Verlag.

Etzioni, Amitai (1968). The active society: A theory of social and political processes. London: Collier-Macmillan.

Eysenck, Hans Jürgen (1947). Dimensions of personality. New York: Praeger.

Eysenck, Hans Jürgen (1990). Biological dimensions of personality. In Lawrence A. Pervin (Hrsg.), Handbook of personality and research (S. 244-276). New York: Guilford.

Fach, Wolfgang (1999). Wo keine Nachricht ist, wird sie gemacht. Journalistik Journal, 2(2), 27.

Fechter, Anja (1997). Entwicklung und Struktur der Bilderdienste in Deutschland. Magisterarbeit am Fachbereich Sozialwissenschaften der Johannes Gutenberg-Universität Mainz.

Fehr, Hans (1924). Massenkunst im 16. Jahrhundert. Flugblätter aus der Sammlung Wickiana. Berlin: H. Stubenrauch.

Feldmann, Klaus (1997). Sterben und Tod: sozialwissenschaftliche Theorien und Forschungsergebnisse. Opladen: Leske + Budrich.

Festenberg, Nikolaus von & Klassen, Ralf (1996). Treten, schlagen, beißen. Die »Explosiv«-Moderatorin Barbara Eligmann über Sensationen und Seriosität im Fernsehen. In Der Spiegel, 18, S. 256-257.

Festinger, Leon (1954). A theory of social comparison processes. Human Relations, 7, 117-140.

Festinger, Leon (1957). A theory of cognitive dissonance. Stanford, CA: Stanford University Press.

Fichtner, Ullrich et al. (2001, 1. Februar). »Springer will Rot-Grün stürzen«. Ein Medienkonzern entdeckt sein Feindbild wieder: Die 68er. In Die Zeit, S. 11-17.

Fiedler, Leslie A. (1988). Überquert die Grenze, schließt den Graben! Über die Postmoderne. In Wolfgang Welsch (Hrsg.), Wege aus der Moderne. Schlüsseltexte der Postmoderne-Diskussion (S. 57-74). Weinheim: VCH, Acta Humaniora.

Fiehler, Reinhard (1990). Kommunikation und Emotion. Theoretische und empirische Untersuchungen zur Rolle von Emotionen in der verbalen Interaktion. Berlin: Walter de Gruyter.

Findahl, Olle & Höijer, Brigitta (1985). Some characteristics of news memory and comprehension. Journal of Broadcasting, 29(4), 379-396.

Finn, Seth & Hickson, Terry M. (1986). Impact of arousing commercials on perceptions of TV news. Journalism Quarterly, 1986, 63, 369-371.

Fischer, Heinz-Dietrich (1960). Zur Situation der Boulevard-Presse. Journalist, H. 6, 4-5.

Fischer, Heinz-Dietrich, Niemann, Jürgen & Stodiek, Oskar (1996). 100 Jahre Medien-Gewalt-Diskussion in Deutschland. Synopse und Bibliographie zu einer zyklischen Entrüstung. Frankfurt/M.: IMK.

Fishman, Mark (1998). Ratings and reality: The persistence of the reality crime genre. In Mark Fishman & Gray Cavender (Hrsg.), Entertaining crime: Television reality programs (S. 59-75). Hawthorne, NY: Aldine De Gruyter.

Fiske, John (1992). Popularity and the politics of information. In Peter Dahlgren & Colin Sparks, Journalism & popular culture (S. 45-64). London: Sage.

Fiske, John (1997). Populäre Texte, Sprache und Alltagskultur. In Andreas Hepp & Rainer Winter (Hrsg.), Kultur – Medien – Macht. Cultural Studies und Medienanalyse (S. 65-84). Opladen: Westdeutscher Verlag.

Flach, Karl-Hermann (1967). Macht und Elend der Presse. Mainz: v. Hase & Koehler.

Flesch, Rudolf (1962). The art of readable writing. New York: Collier Books.

Foltin, Hans-Friedrich (1994). Die Talkshow. Geschichte eines schillernden Genres. In Hans-Dieter Erlinger & Hans-Friedrich Foltin (Hrsg.), Geschichte des Fernsehens in der BRD, Bd. 4: Unterhaltung, Werbung und Zielgruppenprogramme (S. 69-111). München: Fink.

Forsyth, Donelson R. (2000). Social Comparison and influence in groups. In Jerry Suls & Ladd Wheeler (Hrsg.), Handbook of Social Comparison (S. 81-103). New York: Kluwer Academic/Plenum Publishers.

Fournier, Michael, Dewson, Michael & Whissell, Cynthia (1986). The dictionary of affect in language: VI. »Sensationalism" defined in terms of affective tone. Perceptual and Motor Skills, 63, 1073-1074.

Franck, Georg (1998). Ökonomie der Aufmerksamkeit. Ein Entwurf. München: Carl Hanser.

Francke, Warren (1978). An argument in defense of sensationalism: Probing the popular and historiographical context. Journalism History, 5(3), 70-73.

Francke, Warren (1985). Sensationalism and the development of 19th-century reporting: The broom sweeps sensory details. Journalism History, 5(3), 80-85.

Frank, Karlhans (1988). Lieder für die Einbauküche. Schmalz aus der Regenbogenpresse. Reinbek: Rowohlt.

Freeman, Mike (1993, 12. April). Tabloid tip sheet has the fax. Broadcasting & Cable, S. 40.

Freud, Sigmund (1960). Das Ich und das Es und andere metapsychologische Schriften. Frankfurt/M.: Fischer.

Freud, Sigmund (1978). Massenpsychologie und Ich-Analyse. Frankfurt/M.: Fischer.

Freud, Sigmund (1980). Briefe 1873-1939 (ausgew. u. hrsg. von Ernst Freud). Frankfurt/M.: S. Fischer.

Friedrichsen, Mike & Jenzowsky, Stefan (1995). Methoden und Methodologie: Ein Vergleich ausgewählter Studien der 90er Jahre zur Gewalt in den Medien. In Mike Friedrichsen & Gerhard Vowe (Hrsg.), Gewaltdarstellungen in den Medien. Theorien, Fakten und Analysen (S. 292-330). Opladen: Westdeutscher Verlag.

Fritzsche, Peter (1996). Reading Berlin 1900. Cambrigde: Harvard University Press.

Frömel, Susanne (2001, 24. Januar). Die Macht des kleinen Mannes. BZ-Chefredakteur Georg Gafron ist der einflußreichste Lokal-Journalist der Republik. In Süddeutsche Zeitung, S. 19.

Fromm, Erich (1983). Die Furcht vor der Freiheit. Frankfurt/M.: Europäische Verlagsanstalt.

Früh, Werner (1980). Lesen, Verstehen, Urteilen. Untersuchungen über den Zusammenhang von Textgestaltung und Textwirkung. Freiburg: Karl Alber.

Früh, Werner, Kuhlmann, Christoph & Wirth, Werner (1996). Unterhaltsame Information oder informative Unterhaltung? Zur Rezeption von Reality-TV. Publizistik, 41, 428-451.

Früh, Werner & Schönbach, Klaus (1982). Der dynamisch-transaktionale Ansatz. Ein neues Paradigma der Medienwirkungen. Publizistik, 27, 74-88.

Früh, Werner & Wirth, Werner (1997). Positives und negatives Infotainment. In Günter Bentele & Michael Haller (Hrsg.), Aktuelle Entstehung von Öffentlichkeit (S. 367-381). Konstanz: UVK.

Führer, Karl Christian (1995). Skandal, Moralität und die »Ruhe der Familien«. Sensationspresse und Zensur im vormärzlichen Hamburg (1815-1846). Zeitschrift des Vereins für Hamburgische Geschichte, Bd. 81, 75-102.

Fulda, Ludwig (1913). Berlin und das deutsche Geistesleben. Der Greif. Cotta'sche Monatsschrift, 1(3), 185-199.

Füllgrabe, Jörg (1992). Die »Hitler-Tagebücher« – Rückblick auf eine mißglückte Recherche. Medium, H. 2, 38-40.

Funkhouser, G. Ray & Maccoby, Nathan (1971). Communicating specialized science information to a lay audience. Journal of Communication, 21, 58-71.

Furnham, Adrian & Gunter, Barrie (1985). Sex, presentation mode and memory for violent and non-violent news. Journal of Educational Television, 11(2), 99-105.

Fürstenau, Theodor (1942). Das Feuilleton der Berliner Boulevardpresse von 1918-1933. Dissertation an der Philosophischen Fakultät der Friedrich-Wilhelm Universität Berlin.

Galtung, Johan & Ruge, Marie Holmboe (1965). The structure of foreign news. The presentation of the Congo, Cuba and Cyprus crises in four Norwegian newspapers. Journal of Peace Research, 2, 64-91.

Gangloff, Tilmann P. (1992). Ein bißchen Wahrheit. »Akut«. Das gesellschaftspolitische Magazin mit Karlo Malmedie. epd medien, Nr. 6, 20-21.

Gangloff, Tilmann P. (1994). Augenzeugen-Möpse. »Hautnah«... epd medien, Nr. 64, 22-23.

Gangloff, Tilmann P. (1995a). Bitte lächeln! »SAM« Magazin mit Susan Atwell. epd medien, Nr. 97, 25-26.

Gangloff, Tilmann P. (1995b). Die inneren Werte zählen. »Exklusiv – Die Reportage«... epd medien, Nr. 67, 27.

Gangloff, Tilmann P. (1996a). Tränen im Zoom. Journalist, H. 12, 56 u. 73.

Gangloff, Tilmann P. (1996b). TV-Vulgaritis. Beobachtungen bei den Boulevard-Magazinen. epd/Kirche und Rundfunk, Nr. 63, 3-6.

Gangloff, Tilmann P. (1997). Gemischte Gefühle. »Akte spezial« und »exklusiv – die Reportage«. epd medien, Nr. 61, 30.

Gangloff, Tilmann P. (1999). Emotionen sind Quoten. Tages-Talkshows: Fröhliche Verstöße gegen den »Code«. epd medien, Nr. 54, 3-6.

Gannon, James P. (1994, 27 August). Warning: Entertainment values threaten journalism's health. The Editor and Publisher, 48, 39.

Gans, Herbert J. (1980). Deciding what's news. New York: Vintage.

Gebhardt, Hartwig (1989). Die Pfennig-Magazine und ihre Bilder. Zur Geschichte und Funktion eines illustrierten Massenmediums in der ersten Hälfte des 19. Jahrhunderts. In Rolf W. Bredwich & Andreas Hartmann (Hrsg.), Populäre Bildmedien (S. 19-41). Göttingen: Schmerse.

Gebhardt, Hartwig (1994). Sex-and-crime-Journalismus in der Weimarer Republik. Ergebnisse einer Spurensuche (nicht nur in Bremen). In Bremisches Jahrbuch, 73, 129-201.

Gebhart, Irmgard (1990). Schlagzeile Vergewaltigung. Analyse der Berichterstattung über sexuelle Gewaltdelikte in der Münchener Tagespresse. In Gitta Mühlen-Achs (Hrsg.), Bildersturm. Frauen in den Medien (S. 63-78). München: Frauenoffensive.

Gerhard, Paul (1990). Aufstand der Bilder. Die NS-Propaganda vor 1933. Bonn: JHW Dietz Nachf.

Gerhards, Jürgen (1988). Soziologie der Emotionen. Fragestellungen, Systematik und Perspektiven. Weinheim: Juventa.

Gerhards, Jürgen (1998). Konzeptionen von Öffentlichkeit unter heutigen Medienbedingungen. In Otfried Jarren & Friedrich Krotz (Hrsg.), Öffentlichkeit unter Viel-Kanal-Bedingungen (S. 25-48). Baden-Baden: Nomos.

Gerhardt, Rudolf (2000). Journalisten: Besser als ihr Ruf? Plädoyer für einen »gefahrengeneigten Beruf«. In Rudolf Gerhardt & Hans-Wolfgang Pfeifer (Hrsg.), Wer die Medien bewacht. Medienfreiheit und ihre Grenzen im internationalen Vergleich (S. 187-200). Frankfurt/M.: Gemeinschaftswerk der Evangelischen Publizistik.

Gerlach, Jürgen von (2000). Der Schutz der Privatsphäre von Personen des öffentlichen Lebens. Eine rechtsvergleichende Betrachtung. In Rudolf Gerhardt & Hans-Wolfgang Pfeifer (Hrsg.), Wer die Medien bewacht: Medienfreiheit und ihre Grenzen im internationalen Vergleich (S. 11-42). Frankfurt/M.: Gemeinschaftswerk der Evangelischen Publizistik.

Gernsheim, Helmut (1983). Geschichte der Photographie. Die ersten hundert Jahre. Frankfurt/M.: Propyläen.

Gibson, Rhonda & Zillmann, Dolf (1994). Exaggerated versus representative exemplification in news reports. Perception of issues and personal consequences. Communication Research, 21, 603-624.

Giesz, Ludwig (1971). Phänomenologie des Kitsches. München: Fink.

Gladen, Albin (1974). Geschichte der Sozialpolitik in Deutschland. Eine Analyse ihrer Bedingungen, Formen, Zielsetzungen und Auswirkungen. Wiesbaden: Steiner.

Gleich, Uli (2001). Populäre Unterhaltungsformate im Fernsehen und ihre Bedeutung für die Zuschauer. Media Perspektiven, H. 10, 524-532.

Gleich, Uli et al. (1998). Sensation-Seeking, Fernsehverhalten und Freizeitaktivitäten. In Walter Klingler, Gunnar Roters & Oliver Zöllner (Hrsg.), Fernsehforschung in Deutschland. Themen – Akteure – Methoden (S. 661-688). Baden-Baden: Nomos.

Glynn, Carroll J. & Tims, Albert R. (1982). Sensationalism in science issues: A case study. Journalism Quarterly, 59, 126-131.

Glynn, Kevin (1993). Reading supermarket tabloids as Menippean Satire. Communication Studies, 44, 19-37.

Gmür, Mario (2002). Der öffentliche Mensch. Medienstars und Medienopfer. München: dtv.

Goldberg, Vicki (1998). Death takes a holiday, sort of. In Jeffrey Goldstein (Hrsg.), Why we watch. The attractions of violent entertainment (S. 27-52). New York, Oxford: Oxford University Press.

Goldstein, Jeffrey (1998). Why we watch. In Jeffrey Goldstein (Hrsg.), Why we watch. The attractions of violent entertainment (S. 212-226). New York, Oxford: Oxford University Press.

Goleman, Daniel (1997). Emotionale Intelligenz. München: dtv.

Gorer, Geoffrey (1965). Death, grief, and mourning in contemporary Britain: London: Cresset Press.

Gorney, Carole (1992). Numbers versus pictures: Did network television sensationalize Chernobyl coverage? Journalism Quarterly, 69, 455-465.

Gottberg, Joachim von (1996). Zwischen Kommerz und Moral. Sexualdarstellungen im Fernsehen. In Peter Bubmann (Hrsg.), Die Zukunft des Fernsehens. Beiträge zur Ethik der Fernsehkultur (S. 59-74). Stuttgart: Kohlhammer.

Grabe, Maria Elizabeth (1996). Tabloid and traditional television news magazine crime stories: Crime lessons and reaffirmation of social class distinctions. Journalism and Mass Communication Quarterly, 4, 926-946.

Grabe, Maria Elizabeth (1998a). Explicating sensationalism in television news: Content and the bells and whistles of form. Unveröff. Konferenzpapier anlässlich der Jahrestagung der AEJMC (Association for the Education in Journalism and Mass Communication) in Baltimore, USA, August 1998.

Grabe, Maria Elizabeth et al. (1998b). The effects of tabloid and standard television news on viewer evaluations, memory and arousal. Unveröff. Konferenzpapier anlässlich der Jahrestagung der AEJMC (Association for the Education in Journalism and Mass Communication) in Baltimore, USA, August 1998.

Graber, Doris (1976). Press and TV as opinion resource in presidential campaigns. Public Opinion Quarterly, 40, 285-303.

Graber, Doris (1980). Crime news and the public. New York: Praeger.

Graeff, Max Christian & Kaupp, Cristina Moles (1998). Ex! Was die Nation erregte. Skandalgeschichten der Bundesrepublik. München: dtv.

Graesser, Arthur C. (1981). Prose comprehension beyond the word. New York: Springer.

Graham, Gordon (1998). Sex and violence in fact and fiction. In Matthew Kieran (Hrsg.), Media ethics (S. 152-164). London: Routledge.

Greenberg, Bradley S. & Hofschire, Linda (2000). Sex on entertainment television. In Dolf Zillmann & Peter Vorderer (Hrsg.), Media entertainment. The psychology of its appeal (S. 93-111). Mahwah, NJ: Lawrence Erlbaum.

Grimberg, Steffen (2000). The News Corporation Ltd. In Lutz Hachmeister & Günter Rager (Hrsg.), Wer beherrscht die Medien. Die 50 größten Medienkonzerne der Welt (S. 74-84). München: Beck.

Grimm, Jacob & Grimm, Wilhelm (1905). Deutsches Wörterbuch (Bd. 10). Leipzip: S. Hirzel.

Grimm, Jürgen (1995). Wirklichkeit als Programm? Zuwendungsattraktivität und Wirkung von Reality TV. In Gerd Hallenberger (Hrsg.), Neue Sendeformen im Fernsehen. Ästhetische, juristische und ökonomische Aspekte (Arbeitshefte Bildschirmmedien 54) (S. 79-111). Siegen: o. V.

Gripsrud, Jostein (1992). The aesthetics and politics of melodrama. In Peter Dahlgren & Colin Sparks (Hrsg.), Journalism and popular culture (S. 84-95). London: Sage.

Gripsrud, Jostein (2000).Tabloidization, popular journalism, and democracy. In Colin Sparks & John Tulloch (Hrsg.), Tabloid tales. Global debates over media standards (S. 285-300). Lanham: Rowman & Littlefield.

Groebel, Jo (1998). The Unesco global study on media violence. In U. Carlson & Cecilia von Feilitzen (Hrsg.), Children and Media Violence (S. 155-180). Göteborg: University of Göteborg.

Groß, Rolf (1996). Redakteursmitbestimmung und Pressefusionskontrolle. Zeitschrift für Urheber- und Medienrecht (ZUM), 12, 917-934.

Großmann, Brit (1999). Medienrezeption. Bestehende Ansätze und eine konstruktivistische Alternative. Wiesbaden: Westdeutscher Verlag.

Groth, Otto (1928). Die Zeitung. Bd. 1. Mannheim: Bensheimer.

Groth, Otto (1930). Die Zeitung, Bd. 4, Mannheim: Bensheimer.

Groth, Otto (1961). Die unerkannte Kulturmacht, Bd. 2. Berlin: de Gruyter.

Groth, Otto (1963). Die unerkannte Kulturmacht, Bd. 5. Berlin: de Gruyter.

Gulyás, Ágnes (2000). The development of the tabloid press in Hungary. In Colin Sparks & John Tulloch (Hrsg.), Tabloid tales. Global debates over media standards (S. 111-127). Lanham: Rowman & Littlefield.

Gunter, Barrie (1991). Drama documentaries. The viewer‘s viewpoint. Medienpsychologie, 3, 146-161.

Gunter, Barrie (2000). Media research methods. Measuring audiences, reactions and impact. London: Sage.

Gunter, Barrie & Furnham, Adrian (1986). Sex and personality differences in recall of violent and non-violent news from three presentation modalities. Personality and Individual Differences, 7, 829-837.

Gunter, Barrie & Winstone, Paul (1993). Sensitivity to offence on television: The significance of demographic, attitudinal and programme preference factors – Wahrnehmung und Beurteilung von Gewalt im Fernsehen. Medienpsychologie, 5(3), 190-202.

Gunter, Barrie, Tohala, Tala & Furnham, Adrian (2001). Television violence and memory for TV advertisements. Communications, 26, 109-127.

Haacke, Wilmont (1969). Die Spielgärten der Erwachsenen. Zur Soziologie der Unterhaltung in den Massenmedien. Kölner Zeitschrift für Soziologie und Sozialpsychologie, 3, 543-549.

Haas, Hannes & Pürer, Heinz (1991). Berufsauffassungen im Journalismus. In Heinz-Werner Stuiber & Heinz Pürer (Hrsg.), Journalismus. Anforderungen, Berufsauffassungen, Verantwortung (S. 71-85). Nürnberg: Verlag der kommunikationswissenschaftlichen Forschungsvereinigung.

Habermas, Jürgen (1981). Die Moderne – ein unvollendetes Projekt? In Kleine politische Schriften I-IV. Frankfurt/M.: Suhrkamp.

Habermas, Jürgen (1985a). Die Neue Unübersichtlichkeit. Frankfurt/M.: Suhrkamp.

Habermas, Jürgen (1985b). Der philosophische Diskurs der Moderne. Frankfurt/M.: Suhrkamp.

Hadorn, Werner & Cortesi, Mario (1986). Mensch und Medien. Die Geschichte der Massenkommunikation, Bd. 2. Stuttgart: AT Verlag Aarau.

Hagelweide, Gert (Hrsg.) (1969) [Reprint]. Kaspar Stieler. Zeitungs Lust und Nutz. Vollständiger Neudruck der Originalausgabe von 1695. Bremen: Carl Schünemann Verlag.

Hagemann, Walter (1948). Publizistik im Dritten Reich. Ein Beitrag zur Methodik der Massenführung. Hamburg: J. Heitmann & Co.

Hagemann, Walter (1951). Vom Mythos der Masse. Ein Beitrag zur Psychologie der Öffentlichkeit. Heidelberg: K. Vowinckel.

Hagemann, Walter (1966). Grundzüge der Publizistik. Münster: Verlag Regensberg.

Hale, Jerold L., Lemieux, Robert & Mongeau, Paul A. (1995). Cognitive processing of fear-arousing message content. Communication Research, 22(4), 459-474.

Halfeld, Adolf (1927). Amerika und der Amerikanismus. Kritische Betrachtungen eines Deutschen und Europäers. Jena: Diederichs.

Hall, Alex (1977). Scandal, sensation and social democracy. The SPD press and Wilhelmine Germany 1890-1914. Cambrigde: University press.

Hall, Stuart (1980). Encoding/decoding. In Stuart Hall et al. (Hrsg.), Culture, media, language (S. 128-138). London: Routledge.

Hallenberger, Gerd (1993). »Klasse statt Masse – der neue Fernsehtrend?« Media Net Information München, 1-3.

Haller, Michael & Müller, Roger (1981). Wie »Blick« den Leser einfängt. Ein Gespräch mit »Blick«-Chefredaktor Peter Uebersax über den Boulevard-Journalismus. In Michael Haller et al. (Hrsg.), Eine deformierte Gesellschaft. Die Schweizer und ihre Massenmedien (S. 249-263). Basel: Lenos.

Haller, Michael (1995). Die Suche nach der wahren Empfindung. Sage & Schreibe, H. 3, 8.

Hamm, Ingrid (1990). Das Fernsehen als Informationsquelle. Zum Verhältnis von Gestaltung und Rezeptionserfolg. Rundfunk und Fernsehen, 38, 201-221.

Handwörterbuch der deutschen Gegenwartssprache (1984). Autorenkollektiv unter der Leitung von Günther Kempcke. Berlin: Akademie Verlag.

Hannemann, Roland (1987). Die Welt unterm Regenbogen: Massenkommunikation und Stereotype am Beispiel der unterhaltenden Wochenzeitschriften. Konstanz: Hartung-Gorre.

Hansen, Elizabeth K. (1993). Supermarket tabloids as sources of political information. Unveröff. Konferenzpapier anlässlich der Jahrestagung der AEJMC (Association for Education in Journalism and Mass Communication) in Kansas City, Missouri, USA, August 1993.

Hart, Hermann (1940). Extrablatt. In Walther Heide (Hrsg.) Handbuch der Zeitungswissenschaft, Bd. 1 (Sp. 949-954). Leipzig: Verlag Karl W. Hiersemann.

Hartmann, Frank (1995). Mit gebremstem Schaum. Sage & Schreibe, H. 3, 10-12.

Hartung, Uwe & Schlüter, Elmar (1990). Die Darstellung von Sexualmoral in den Illustrierten »Stern« und »Bunte« 1962-1977. Publizistik, 35, 304-327.

Hasebrink, Uwe (1997). Die Zuschauer als Fernsehkritiker? Anmerkungen zum vermeintlichen Mißverhältnis zwischen »Qualität« und »Quote«. In Hartmut Weßler (Hrsg.), Perspektiven der Medienkritik: die gesellschaftliche Auseinandersetzung mit öffentlicher Kommunikation in der Mediengesellschaft (S. 201-215). Opladen: Westdeutscher Verlag.

Hauck, Matthias G. (1989). Reizkonsum und Reizsuche im Alltagsleben. Analyse und Weiterentwicklung der persönlichkeitstheoretischen Ansätze der »Sensation-Seeking«-Forschung in der Sozialpsychologie. Dissertation an der Philosophischen Fakultät der Julius-Maximilians-Universität Würzburg.

Heath, Linda (1984). Impact of newspaper crime reports on fear of crime: Multimethodological investigation. Journal of Personality and Social Psychology, 47, 263-276.

Heigl-Evers, Anneliese & Salfeld, Hans-Eduard (1985). Lesen als Gegenübertragung. Veränderungen des emotionalen Rezipientenverhaltens in Transformationsphasen literarischer Texte. Eine empirische Studie. Materialien Psychoanalyse, 11, 1-49.

Heinrich, Jürgen (2001). Medienökonomie. Bd. 1: Mediensystem, Zeitung, Zeitschrift, Anzeigenblatt. Wiesbaden: Westdeutscher Verlag.

Heintzel, Alexander (1998). Propaganda im Zeitalter der Reformation. Persuasive Kommunikation im 16. Jahrhundert. St. Augustin: Gardez! Verlag.

Hennen, Manfred (1994). Motivation als Konstrukt einer Sozialtheorie. In Gebhard Rusch & Siegfried J. Schmidt (Hrsg.), Konstruktivismus und Sozialtheorie (S. 133-171). Frankfurt/M.: Suhrkamp.

Hennig, Jörg (1999). Geschichte der Boulevard-Zeitung. In Joachim-Felix Leonhard et al. (Hrsg.), Medienwissenschaft. Ein Handbuch zur Entwicklung der Medien und Kommunikationsformen (S. 955-964). Berlin: de Gruyter.

Hepp, Andreas & Winter, Rainer (Hrsg.) (1997). Kultur – Medien – Macht. Cultural Studies und Medienanalyse. Opladen: Westdeutscher Verlag.

Hepp, Andreas (1999). Cultural Studies und Medienanalyse. Eine Einführung. Wiesbaden: Westdeutscher Verlag.

Herzog, Roman (1996). Kommunikation der Zukunft. Journalist, H. 7, 56-62.

Hobsbawm, Eric J. (1975). Die Blütezeit des Kapitals. Frankfurt/M.: Fischer.

Hoffmann, Alexander von (1992). Attraktion ohne Recherche. Die Kriminalität als Stoff der Medien. Medium, H. 2, 58-61.

Hofstätter, Peter R. (1993). Gruppendynamik. Kritik der Massenpsychologie. Reinbek: Rowohlt.

Hofstetter, C. Richard & Dozier, David M. (1986). Useful news, sensational news: Quality, sensationalism and local TV news. Journalism Quarterly, 63, 815-820.

Hogg, Michael A. (2000). Social identity and social comparison. In Jerry Suls & Ladd Wheeler (Hrsg.), Handbook of Social Comparison (S. 401-421). New York: Kluwer Academic/ Plenum Publishers.

Holleis, Wilfried (1987). Unternehmenskultur und moderne Psyche. Frankfurt/M.: Campus Verlag.

Holtz-Bacha, Christina (1990). Ablenkung oder Abkehr von der Politik? Mediennutzung im Geflecht politischer Orientierungen. Opladen: Westdeutscher Verlag.

Holzer, Horst (1967). Illustrierte und Gesellschaft. Zum politischen Gehalt von »Quick«, »Revue« und »Stern«. Freiburg: Rombach.

Holzer, Horst (1971). Gescheiterte Aufklärung? Politik, Ökonomie und Kommunikation in der Bundesrepublik Deutschland. München: Piper.

Holzer, Horst (1973). Kommunikationssoziologie. Reinbek: Rowohlt.

Holzer, Horst (1980). Medien in der Bundesrepublik Deutschland. Entwicklungen 1970-1980. Köln: Pahl-Rugenstein.

Hopp, Michael (2000, April). Das Amtsblatt der österreichischen Seele. Spiegel Reporter, Nr. 4, 86-91.

Horkheimer, Max & Adorno, Theodor W. (1969). Dialektik der Aufklärung – Philosophische Fragmente. Frankfurt/M.: Fischer.

Horstmann, Carl (1940). Gerichtsberichterstattung. In Walther Heide (Hrsg.), Handbuch der Zeitungswissenschaft, Bd. 1 (Sp. 1250-1262). Leipzig: Karl W. Hiersemann.

Hortzitz, Nicoline (1997). Von den unmenschlichen Taten des Totengräbers Heinrich Krahle zu Frankenstein und andere wahrhaftige »Neue Zeitungen« aus der Frühzeit der Sensationspresse. Frankfurt/M.: Eichborn.

Howard, James L., Liptzin, Myron B. & Reifler, Clifford B. (1973). Is pornography a problem? Journal of Social Issues, 29, 133-145.

Howe, Irving (1959). Mass society and postmodern fiction. Partisan Review, 26, 420-436.

Huber, Heinz & Müller, Artur (1969). Das Dritte Reich. Seine Geschichte in Texten, Bildern und Dokumenten. Zweiter Band: Politik und Geist des NS-Staates 1933-1936. München: Kurt Desch.

Hudson, Timothy J. (1992). Consonance in depicting of violent material in television news. Journal of Broadcasting & Electronic Media, 36, 411-426.

Hughes, Helen MacGill (1981 [1940]). News and the human interest story (Reprint der Ausgabe von 1940). New Brunswick: Transaction Books.

Hughes, Helen MacGill (1986). Human Interest und Demokratie. In Dieter Prokop (Hrsg.), Medienforschung (Bd. 3) (S. 47-60). Frankfurt/M.: Fischer.

Hummel, Roman (1991). Journalistische Spielarten: Zur Einordnung des Boulevardjournalismus. In Peter A. Bruck (Hrsg.), Das österreichische Format. Kulturkritische Beiträge zur Analyse des Medienerfolges »Neue Kronenzeitung« (S. 184-197). Wien: Edition Atelier.

Hunsaker, Frank G. & Kelly, Lynne (1997). Sensation Seeking and communication apprehension: a preliminary investigation into biological and genetic correlates of approaching or avoiding communication events. Unveröff. Konferenzpapier anlässlich der Jahrestagung der International Communication Association (ICA), Montreal, Canada, Mai 1997.

Hunziker, Peter (1996). Medien, Kommunikation und Gesellschaft. Einführung in die Soziologie der Massenkommunikation. Darmstadt: Wiss. Buchgesellschaft.

Informationszentrum Dritte Welt (1976). Idi-, Scheich- und Thaimädchen-Stories. Die Dritte Welt in der Bild-Zeitung. Dortmund: IDW.

Institut für Demoskopie Allensbach (Hrsg.) (2000). Allensbacher Werbeträger Analyse (AWA 2000). Band Medien. Allensbach: IfD.

IP Deutschland Research & Communication (Hrsg.) (2000). Im Fokus der Forschung. Zielgruppen und Märkte. Research als Kundenservice. Köln: IP Deutschland.

Jäckel, Michael & Peter, Jochen (1997). Cultural Studies aus kommunikationswisenschaftlicher Perspektive. Grundlagen und grundlegende Probleme. Rundfunk und Fernsehen, 45, 46-68.

Jäckel, Michael (1999). Medienwirkungen. Ein Studienbuch zur Einführung. Wiesbaden: Westdeutscher Verlag.

Jacobi, Claus (1996). BILD – vom Groschenblatt zur nationalen Institution. In Axel Springer Verlag AG (Hrsg.), 50 Jahre Axel Springer Verlag – 50 Jahre Zeitzeuge. Festschrift zum 50jährigen Bestehen des Axel Springer Verlags (S. 87-111). Berlin: Axel Springer.

Jacobs, Hans-Jürgen, Müller, Uwe (1990). Augstein, Springer & Co. Deutsche Mediendynastien. Zürich: Orell Füssli.

Jaffe, Yoram et al. (1974). Sexual arousal and behavioral aggression. Journal of Personality and Social Psychology, 30, 759-764.

Jäger, Siegfried (1993). Der Groß-Regulator. Analyse der »Bild«-Berichterstattung über den rassistisch motivierten Terror und die Fahndung nach der RAF im Sommer 1993. Dissertation am Duisburger Institut für Sprach- und Sozialforschung der Universität Duisburg.

Jameson, Egon (1963). Mein lebenslänglicher Nachbar. (Statt einer Biographie). Publizistik, 8, 391-400.

Jameson, Fredric (1986). Postmoderne – Zur Logik der Kultur im Spätkapitalismus. In Andreas Huyssen & Klaus R. Scherpe (Hrsg.), Postmoderne. Zeichen eines kulturellen Wandels (S. 45-102). Reinbek: Rowohlt.

Jansen, Maria (1998). Auf dem Weg zur Zwei-Klassen-Redaktion? Journalist, H. 4, 56.

Jelinek, Elfriede (2002, 9./10. März). Hier sitz' ich, forme ein Menschenpaket nach meinem Bilde. In Süddeutsche Zeitung, S. 17.

Jencks, Charles (1988). Die Sprache der postmodernen Architektur. In Wolfgang Welsch (Hrsg.), Wege aus der Moderne. Schlüsseltexte der Postmoderne-Diskussion (S. 85-98). Weinheim: VCH Acta Humaniora.

Jogschies, Rainer (2001). Emotainment – Journalismus am Scheideweg. Der Fall Sebnitz und die Folgen. Münster: Lit.

Jonscher, Norbert (1995). Lokale Publizistik. Theorie und Praxis der örtlichen Berichterstattung. Ein Lehrbuch. Opladen: Westdeutscher Verlag.

Jowett, Garth S. & O'Donnell, Victoria (1992). Propaganda and Persuasion. Newbury Park: Sage.

Jürgs, Michael (1996). Der Fall Axel Springer. Eine deutsche Biographie. München: Knaur.

Kaiser, Ulrike (1997a). Brot und Spiele. Journalist, H. 2, 28-31.

Kaiser, Ulrike (1997b). Bewegte Massen (Editorial). Journalist, H. 10, 3.

Kall, Sabine (1997). Zwischen Amüsement und Aufklärung. Kann Qualitätsjournalismus von Boulevardmedien lernen? Unveröff. Diplomarbeit am Institut für Journalistik der Universität Dortmund.

Kalma, Akko (1991). Are the media the people's mirror on society? How the need of uncertainty reduction causes men to feel more unsafe than women. Medienpsychologie, 3(1), 3-15.

Karmasin, Matthias (2000). Medienethik im Kontext von Ökonomisierung und Globalisierung. In Christian Schicha & Carsten Brosda (Hrsg.), Medienethik zwischen Theorie und Praxis. Normen für die Kommunikationsgesellschaft (S. 195-207). Münster: Lit.

Kaschuba, Wolfgang (1994). 1900: Kaiserreich, Arbeiterkultur und die Moderne. In Jürgen Kocka, Hans-Jürgen Puhle & Klaus Tenfelde (Hrsg.), Von der Arbeiterbewegung zum modernen Sozialstaat (S. 71-92). München: Saur.

Katona, George (1965). Der Massenkonsum. Eine Psychologie der neuen Käuferschichten. Düsseldorf: Econ.

Katz, Elihu & Foulkes, David (1962). On the use of the mass media as »escape«. Clarification of a concept. Public Opinion Quarterly, 26, 377-388.

Katz, Jack (1987). What makes crime ›news‹? Media, Culture and Society, 9, 47-75.

Kauder, Gustav (1927). »Bezett – Bezett am Mittag!« Die Geschichte eines neuen Zeitungstyps. Zeitgeist und Sportgeist. In 50 Jahre Ullstein. 1877-1927 (S. 191-222). Berlin: Ullstein.

Kaum einer wird nach Tarif bezahlt (2000). Über die Stellung freier Journalisten. Journalistik Journal, 3(1), 47.

Kaupp, Peter (1969). Massenmedien und »Soraya-Presse«. Dissertation am Institut für Soziologie der Johannes Gutenberg-Universität Mainz.

Keen, Sam (1993). Gesichter des Bösen. Über die Entstehung unserer Feindbilder. München: Wilhelm Heyne Verlag.

Keller, Rudi (1987). Worttabu und Tabuwörter. Sprache und Literatur, Nr. 60, 2-9.

Kessemeier, Carin (1967). Der Leitartikler Goebbels in den NS-Organen »Der Angriff« und »Das Reich«. Münster: C. J. Fahle GmbH.

Kieslich, Günter (1963). »Poetische Zeitungen« im 18. Jahrhundert. Publizistik, 8, 510-516.

Kieslich, Günter (1966). Berufsbilder im frühen Zeitungswesen. Vorstudien zu einer Soziologie des Journalismus zwischen 1609 und 1650. Publizistik, 11, 253-263.

Kimmel, Regine (1995). Schmuddelkinder der Großstadt. Sage & Schreibe, H. 3, 13.

Kimmel, Regine (1996). Bild ist nicht zu bremsen. w&v plus, Nr. 40, 184-186.

Kingsbury, Susan et al. (1937). Newspapers and the news. An objective measurement of ethical and unethical behavior by representative newspapers. New York: G. P. Putnam's Sons.

Kirchner, Joachim (1960). Redaktion und Publikum. Gedanken zur Gestaltung der Massenzeitschrift im 19. Jahrhundert. In Günter Kieslich & Walter J. Schütz (Hrsg.), Publizistik. Festschrift für Emil Dovifat (S. 143-155). Bremen: Heye.

Kisch, Egon Erwin (1956). Marktplatz der Sensationen. Berlin: Aufbau-Verlag.

Klages, Helmut (1988). Wertedynamik: Über die Wandelbarkeit des Selbstverständlichen. Osnabrück: Fromm.

Klapper, Joseph T. (1960). The effects of mass communication. New York: Free Press.

Klaus, Elisabeth (1998). Kommunikationswissenschaftliche Geschlechterforschung. Zur Bedeutung der Frauen in den Massenmedien und im Journalismus. Opladen: Westdeutscher Verlag.

Kleemann, E. (Vorname nicht angegeben) (1914). Presse und Kriminalität. Archiv für Kriminal-Anthropologie und Kriminalistik, Bd. 59, 232-260.

Klein, Ansgar & Nullmeier, Frank (Hrsg.) (1999). Zu einer politischen Soziologie der Emotionen. Wiesbaden: Westdeutscher Verlag.

Klein, Stefanie (2000). Der zivilrechtliche Schutz des einzelnen vor Persönlichkeitsrechtsverletzungen durch die Sensationspresse. Frankfurt/M.: Lang.

Klein, Ulrike (2000). Tabloidized political coverage in the German Bild-Zeitung. In Colin Sparks & John Tulloch (Hrsg.), Tabloid tales. Global debates over media standards (S. 177-194). Lanham: Rowman & Littlefield.

Kliche, Josef (1930). Der Vormarsch der Boulevardpresse. Mitteilungen des Vereins Arbeiterpresse, 30, Nr. 299, 2-3.

Klingemann, Hans-Dieter & Klingemann, Ute (1983). »Bild« im Urteil der Bevölkerung. Materialien zu einer vernachlässigten Perspektive. Publizistik, 28, 239-259.

Kluge – Etymologisches Wörterbuch der deutschen Sprache (1995). (23., erw. Aufl.). Berlin: de Gruyter.

Koch, Martin (1996). Hamburg kommt zuerst. w & v, Nr. 29, 77.

Koch, Martin & Hartmann, Axel (1996). Blutrünstiges ist nicht mehr so wichtig. w&v, Nr. 48, 114-115.

Kocka, Jürgen (2000). Bürgertum und Sonderweg. In Peter Lundgreen (Hrsg.), Sozial- und Kulturgeschichte des Bürgertums (S. 93-110). Göttingen: Vandenhoeck & Ruprecht.

Kohring, Matthias (1997). Die Funktion des Wissenschaftsjournalismus: Ein systemtheoretischer Entwurf. Opladen: Westdeutscher Verlag.

Köllmann, Wolfgang (1970). Die industrielle Revolution. Quellen zur Sozialgeschichte Großbritanniens und Deutschlands im 19. Jahrhundert. Stuttgart: Klett.

Kombüchen, Stefan (1999). Von der Erlebnisgesellschaft zur Mediengesellschaft. Münster: Lit.

König, Helmut (1992). Zivilisation und Leidenschaften. Die Masse im bürgerlichen Zeitalter. Reinbek: Rowohlt.

Koschnik, Wolfgang J. (1998). Abkehr vom Boulevard. Kaufzeitungen in der Krise. Journalist, H. 11, 12-22.

Koszyk, Kurt (1966). Deutsche Presse im 19. Jahrhundert. Teil II. Berlin: Colloquium Verlag.

Koszyk, Kurt & Pruys, Karl H. (1969). Wörterbuch zur Publizistik. München: Verlag Dokumentation.

Krasser, Senta (2002, 7. Mai). Das Schloss der Lüste. Premiere will mit Pornos aus der Flaute kommen – und streitet mit Medienwächtern und Juristen um die Schamhaargrenze. In Süddeutsche Zeitung, S. 19.

Krcmar, Marina & Greene, Kathryn (1999). Predicting exposure to and uses of television violence. Journal of Communication, 49(2), 24-45.

Krenzlin, Norbert (1992). »Massenkultur« – ein Agent provocateur der Postmoderne. In Norbert Krenzlin (Hrsg.), Zwischen Angstmetapher und Terminus: Theorien der Massenkultur seit Nietzsche (S. 149-164). Berlin: Akademie Verlag.

Kriegk, Hildegard (1941). Die politische Führung der Berliner Boulevardpresse. Dissertation an der Philosophischen Fakultät der Friedrich-Wilhelm Universität Berlin.

Krill, Herbert (1993). »Luftkrieg« über Los Angeles. Hubschrauber-TV: Neue Stufe medialer Aufrüstung. Agenda, 16(6), 9-11.

Kroeber-Riel, Werner (1992). Globalisierung der Euro-Werbung. Ein konzeptioneller Ansatz der Konsumentenforschung. Marketing, 14(4), 261-267.

Kromrey, Helmut (1986). Empirische Sozialforschung. Modelle und Methoden der Datenerhebung und Datenauswertung. Opladen: Leske + Budrich.

Krüger, Udo Michael (1988). Frühstücksfernsehen: eine Programminnovation? Media Perspektiven, H. 2, 95-106.

Krüger, Udo Michael (1994). Gewalt in Informationssendungen und Reality-TV. Quantitative und qualitative Unterschiede im öffentlich-rechtlichen und privaten Fernsehen. Media Perspektiven, H. 2, 72-85.

Krüger, Udo Michael (1995). Trends im Informationsangebot des Fernsehens. Media Perspektiven, H. 2, 69-87.

Krüger, Udo Michael (1996). Boulevardisierung der Information im Privatfernsehen. Media Perspektiven, H. 7, 362-374.

Krüger, Udo Michael (1998a). Modernisierung bei stabilen Programmstrukturen. Media Perspektiven, H. 7, 314-330.

Krüger, Udo Michael (1998b). Thementrends in Talkshows der 90er Jahre. Media Perspektiven, H. 12, 608-624.

Krüger, Udo Michael (1998c). Zum Stand der Konvergenzforschung im Dualen Rundfunksystem. In Walter Klingler & Gunnar Roters (Hrsg.), Fernsehforschung in Deutschland: Themen – Akteure – Methoden (S. 151-184). Baden-Baden: Nomos.

Krüger, Udo Michael & Zapf-Schramm, Thomas (2001). Die Boulevardisierungskluft im deutschen Fernsehen. Media Perspektiven, H. 7, 326-344.

Kruip, Gudrun (1999). Das »Welt«-»Bild« des Axel Springer Verlags: Journalismus zwischen westlichen Werten und deutschen Denktraditionen. München: Oldenbourg.

Kuby, Erich (1957). Das ist des Deutschen Vaterland. 70 Millionen in zwei Wartesälen. Stuttgart: Goverts.

Küchenhoff, Erich (1972). Bild-Verfälschungen. Analyse der Berichtersttung der Bild-Zeitung über Arbeitskämpfe, Gewerkschaftspolitik, Mieten, Sozialpolitik. Frankfurt/M.: Europ. Verlagsanstalt.

Kuczynski, Jürgen (o. J.). Geschichte des Alltags des deutschen Volkes (Bd. 1: 1600-1650; Bd. 2: 1650-1810; Bd. 3: 1810-1870; Bd. 4: 1871-1918; Bd. 5: 1918-1945). Köln: PapyRossa.

Kuhnau, Petra (1996). Masse und Macht in der Geschichte. Zur Konzeption anthropologischer Konstanten in Elias Canettis Werk Masse und Macht. Würzburg: Königshausen & Neumann.

Kunczik, Michael (1998). Gewalt und Medien. Köln: Böhlau.

Küpper, Heinz (1984). Illustriertes Lexikon der deutschen Umgangssprache. Stuttgart: Klett.

Küspert, Ulla (1998a). Kosten senken. Journalist, H. 3, 39-41.

Küspert, Ulla (1998b). Mopeln mit Ernie. Journalist, H. 11, 26-27.

Kutschera, Norbert (2001). Fernsehen im Kontext jugendlicher Lebenswelten. München: KoPäd Verlag.

Lamp, Erich (2000). Massenpsychologie und öffentliche Meinung. Die soziale Natur des Menschen im Spannungsfeld von Masse und Öffentlichkeit. Habilitationsschrift am Fachbereich Sozialwissenschaften der Johannes Gutenberg-Universität Mainz.

Lang, Annie (1990). Involuntary attention and physiological arousal evoked by structural features and emotional content in TV commercials. Communication Research, 17, 275-299.

Lang, Helmut W. (1987). Die Neue Zeitung des 15. bis 17. Jahrhunderts. Entwicklungsgeschichte und Typologie. In Presse und Geschichte II. Neue Beiträge zur historischen Kommunikationsforschung (S. 57-60). München: Saur.

Lange, Konrad (1920). Das Kino in Gegenwart und Zukunft. Stuttgart: Enke.

Lange-Eichbaum, Wilhelm (1961). Genie, Irrsinn und Ruhm. Eine Pathographie des Genies. München: Reinhardt.

Langenbucher, Wolfgang R. & Mahle, Walter A. (1975). Unterhaltung als Beruf? Herkunft, Vorbildung, Berufsweg und Selbstverständnis einer Berufsgruppe. Berlin: Volker Spiess.

Langer, Inghard, Schulz von Thun, Friedemann & Tausch, Reinhard (1993). Sich verständlich ausdrücken. Anleitungstexte, Unterrichtstexte, Vertragstexte, Amtstexte, Versicherungstexte, Wissenschaftstexte u. a. München: Reinhardt.

LaRoche, Walter von (1991). Einführung in den praktischen Journalismus. München: List.

LeBon, Gustave (1964 [1895]). Psychologie der Massen. Stuttgart: Kröner.

Lehmann, Ernst Herbert (1940). Greuelpropaganda. In Walther Heide (Hrsg.) Handbuch der Zeitungswissenschaft, Bd. 1 (Sp. 1361-1392). Leipzig: Verlag Karl W. Hiersemann.

Lehnert, Eileen & Perpich, Mary J. (1982). An attitude segmentation study of supermarket tabloid readers. Journalism Quarterly, 59(1), 104-111.

Leims, Thomas (1993). Sensationsjournalismus, Sex und Gewalt im japanischen Fernsehen – Japanologische Anmerkungen zu einem aktuellen Thema. Communications, 18(3), 355-379.

Lemmons, Russel (1994). Goebbels and Der Angriff. Lexington: University Press of Kentucky.

Leone, Christopher & D'Arienzo, Justin (2000). Sensation-Seeking and differentially arousing television commercials. The Journal of Social Psychology, 140(6), 710-720.

Lepold, Oliver (1998). Der Euro in Bild: inhaltliche Auswertung der Berichterstattung zum Thema Euro am Beispiel der Bild-Zeitung. Unveröffentlichte Diplomarbeit an der Hochschule für Musik und Theater Hannover.

Lerg, Winfried B. (1968). Die Anfänge der Zeitung für alle. In Winfried B. Lerg & Michael Schmolke, Massenpresse und Volkszeitung. Zwei Beiträge zur Pressegeschichte des 19. Jahrhunderts (S. 1-46). Assen: van Gorcum & Comp. N.V.

Levin, Harry (1960). »What was Modernism?« Massachusetts Review, 1, 609-630.

Leyendecker, Hans (1999a, 6./7. Februar). Das Blatt wendet sich. Bild ist nicht mehr Bild. Aber Grass, Wallraff und Staeck trauen der Sache nicht. In Süddeutsche Zeitung, S. 18.

Leyendecker, Hans (1999b, 3. Februar). Der Pannendienst von Seite 2. Die Bild-Zeitung führt einen täglichen Korrektur-Kasten ein. In Süddeutsche Zeitung, S. 21.

Leyendecker, Hans (2001, 1. Februar). Phantasie in Doll. Das Trittin-Foto – »Bild«-Chef Diekmann bestreitet eine Manipulation, die nicht zu bestreiten ist. In Süddeutsche Zeitung, S. 21.

Leyendecker, Hans & Ott, Klaus (2000, 21./22. Oktober). Im Rausch der neuen Zeit. Trau keinem über 40: Bei Springer wird das »old boys network« durch eine »young boys connection« ausgetauscht. In Süddeutsche Zeitung, S. 22.

Liebe, Werner (1956). Die Deutschnationale Volkspartei 1918-1924. Düsseldorf: Droste.

Lindemann, Margot (1969). Deutsche Presse bis 1815. Geschichte der deutschen Presse Teil I. Berlin: Colloquium Verlag.

Link, Jürgen (1986). Elementare narrative Schemata in der Boulevardpresse. In Rolf Kloepfer & Karl-Dieter Möller (Hrsg.), Narrativität in den Medien (S. 209-230). Münster: MAkS Publikationen.

Linz, Daniel, Donnerstein, Edward & Penrod, Steven (1988). Effects of long-term exposure to violent and sexually degrading depiction of women. Journal of Personality and Social Psychology, 55, 758-768.

Lippert, Herbert (1953). Die Sensation. Eine kulturpsychopathologische Studie. Dissertation an der Medizinischen Fakultät der Ludwig-Maximilians-Universität München (Klinisches Institut der Deutschen Forschungsanstalt für Psychiatrie).

Lippmann, Walter (1949 [1922]). Public Opinion. New York: The Free Press.

Liska, Allen E. & Baccaglini, William (1990). Feeling safe by comparison: Crime in the newspapers. Social Problems, 37(3), 360-374.

Livingstone, Sonia M. (1994). Talk on television: Audience participation and public debate. London: Routledge.

Lohmeyer, Henno (1992). Springer. Ein deutsches Imperium. Geschichte und Geschichten von Henno Lohmeyer. Berlin: Edition Q.

Lorch, Elizabeth Pugzles et al. (1994). Program context, sensation seeking, and attention to televised anti-drug public service announcements. Human Communication Research, 20(3), 390-412.

Lüke, Reinhard (1995). Ein halber Meter Ethik. »Exakt«. Das Reportagemagazin. Funkkorrespondenz, Nr. 43, 31.

Lüke, Reinhard (1997). Geschmackloses Süppchen. »Spot – das Magazin«. Funkkorrespondenz, Nr. 38, S. 36.

Lukis, Helmut (1982). Revolutionen. Düsseldorf: Schwann.

Lule, Jack (2001). Daily News, Eternal Stories. The mythological role of journalism. New York: Guilford Press.

Lungmus, Monika (1996). Begrenzte Freiheiten. Alfred Neven DuMont, Verlagschef in Köln, hat ein seltsames Verständnis von Pressefreiheit [...]. Journalist, H. 9, 34-36.

Lynch, Mervin D. & Kaufman, Maurice (1974). Creativeness – its meaning and measurement. Journal of Reading Behavior, 6, 375-394.

Lynch, Mervin D., Kent, Brian D. & Carlson, Richard P. (1967). The meaning of human interest: Four dimensions of judgment. Journalism Quarterly, 44, 673-678.

Lynch, Mervin D., Nettleship, Hazel M. & Carlson, Richard P. (1968). The measurement of human interest. Journalism Quarterly, 45, 226-234.

Lyotard, Jean-François (1982). Das postmoderne Wissen: ein Bericht. Bremen: Verlag Impuls & Association.

Lyotard, Jean-François (1986). Philosophie und Malerei im Zeitalter ihres Experimentierens. Berlin: Merve-Verlag.

Maase, Kaspar (1997). Grenzenloses Vergnügen. Der Aufstieg der Massenkultur 1850-1970. Frankfurt/M.: Fischer Taschenbuch Verlag.

Maier, Marion (1999). Das Wesen der Boulevardzeitung in Theorie und Praxis. Unveröff. Diplomarbeit am Institut für Journalistik und Kommunikationswissenschaft der Universität Fribourg.

Maiwald, Stefan & Mischler, Gerd (1999). Sexualität unter dem Hakenkreuz. Manipulation und Vernichtung der Intimsphäre im NS-Staat. Hamburg: Europa Verlag.

Makowsky, Arno (1988). Die »Prominenten« des Unterhaltungsjournalismus. Eine explorative Studie über Klatschkolumnisten bei Boulevardzeitungen. Unveröff. Diplomarbeit an der sozialwissenschaftlichen Fakultät der Ludwig-Maximilians-Universität München.

Makowsky, Arno (1996, 27. Januar). Menschenfresser gehen lieber ins Fernsehen. In Süddeutsche Zeitung, S. 3.

Malcolm, Gregory (1991). Am Busen des Erfolgs. In Peter A. Bruck (Hrsg.), Das österreichische Format. Kulturkritische Beiträge zur Analyse des Medienerfolges »Neue Kronenzeitung« (S. 162-168). Wien: Edition Atelier.

Maletzke, Gerhard (1963). Psychologie der Massenkommunikation. Hamburg: Verlag Hans-Bredow-Institut.

Maletzke, Gerhard (1998). Kommunikationswissenschaft im Überblick. Grundlagen, Probleme, Perspektiven. Opladen: Westdeutscher Verlag.

Mandler, Jean M. & Johnson, Nancy S. (1980). Remembrance of things parsed: Story structure and recall. Cognitive Psychology, 9, 111-151.

Mangold, Roland (2000). Der abendliche Horror? Unterhaltung und Emotionen bei Fernsehnachrichten. In Gunnar Roters, Walter Klingler & Maria Gerhards (Hrsg.), Unterhaltung und Unterhaltungsrezeption (S. 119-140). Baden-Baden: Nomos.

Mangold, Roland et al. (1998). Veränderung des zerebralen Blutflusses bei der Rezeption emotionalisierender Filmausschnitte. Medienpsychologie, 10, 51-72.

Marr, Mirko et al. (2001). Journalisten in der Schweiz. Eigenschaften, Einstellungen, Einflüsse. Konstanz: UVK.

Martens, Alexander U. (1995). Zurück in die Unmündigkeit. Grenzüberschreitungen in und mit den Medien. Bertelsmann Briefe, Juni 1995, 18-21.

Martschukat, Jürgen (2000). Inszeniertes Töten. Eine Geschichte der Todesstrafe vom 17. bis zum 19. Jahrhundert. Köln: Böhlau.

Marx, Peter (1999, 7. August). Dämmerung auf dem Boulevard. Die Zukunft der Massenpresse. Hörfunkfeature Deutschlandradio Berlin (Reihe ZeitReisen 2000), gesendet am 7. August 1999, 19.05 Uhr. Manuskript von Sonja Scholz und Patrick Garber.

Mast, Claudia (1999). Berufsziel Journalismus. Aufgaben, Anforderungen und Ansprechpartner. Opladen: Westdeutscher Verlag.

Mattheiß, Uwe (2001, 29. Januar). Der König. Kanzler kommen und gehen, Hans Dichand und seine »Krone« bleiben – Österreichs Medienmachthaber wird 80 Jahre alt. In Süddeutsche Zeitung, S. 21.

Mayer, Trude (1993). Emotionen und Informationsverarbeitungsmodi: die Anregung zweier Informationsverarbeitungsmodi durch die Basisemotionen Angst und Freude und deren Einfluß auf evaluative Urteile. Frankfurt/M.: Lang.

McCauley, Clark (1998). When screen violence is not attractive. In Jeffrey Goldstein (Hrsg.), Why we watch. The attractions of violent entertainment (S. 144-178). New York: Oxford University Press.

McDougall, William (1920). The group mind: A sketch of the principles of collective psychology with some attempt to apply them to the interpretation of national life and character. Cambridge: University Press.

McLachlan, Shelley & Golding, Peter (2000). Tabloidization in the British press: A quantitative investigation into changes in British newspapers, 1952-1997. In Colin Sparks & John Tulloch (Hrsg.), Tabloid tales. Global debates over media standards (S. 75-89). Lanham: Rowman & Littlefield.

McLeod, John M. & Becker, Lee B. (1974). Testing the validity of gratification measures through political effects analyses. In Jay G. Blumler & Elihu Katz (Hrsg.), The uses of mass communications: Current perspectives on gratifications research (S. 137-164). Berverly Hills, CA: Sage.

McManus, John H. (1994). Market-driven journalism. Let the citizen beware? Thousand Oaks, CA: Sage.

McQuail, Denis (1985). With the benefit of hindsight. Reflections on uses&gratifications research. Mass Communication Review Yearbook, 5, 125-141.

McQuail, Denis (1992). Media performance: Mass communication and the public interest. London: Sage.

McQuail, Denis (1994). Mass communication theory. An introduction. London: Sage.

McQuail, Denis (1995). Media Performance. Mass communication and the public interest. London: Sage.

McQuail, Denis (2000). McQuail‘s mass communication theory. London: Sage.

Mead, George Herbert (1926). The nature of aesthetic experience. International Journal of Ethics, 36, 382-393.

Mende, Marcus (1996). Sensationalismus als Produktgestaltungsmittel. Eine empirische Analyse über die verlegerische und journalistische Orientierung am Sensationsbedürfnis in der deutschen Presse zwischen 1914 und 1933. Köln: Botermann & Botermann.

Mendelsohn, Harold (1964). Sociological perspectives on the study of mass communication. In Lewis A. Dexter & David M. White (Hrsg.) People, society and mass communication (S. 29-36). London: Collier-Macmillan.

Mendelssohn, Peter de (1959). Zeitungsstadt Berlin. Berlin: Ullstein.

Mendelssohn, Peter de (1982). Zeitungsstadt Berlin. Menschen und Mächte in der Geschichte der deutschen Presse (überarb. u. erw. Aufl.). Frankfurt/M.: Ullstein.

Menrath, Janina (1998). Neuere Entwicklungen des Boulevardjournalismus in Deutschland. Unveröff. Diplomarbeit im Fach Medienwissenschaften des Studiengangs Öffentliches Bibliothekswesen der Fachhochschule Stuttgart.

Merten, Klaus (1983). Inhaltsanalyse. Einführung in Theorie, Methode und Praxis. Opladen: Westdeutscher Verlag.

Merten, Klaus (1991). Artefakte der Medienwirkungsforschung: Kritik klassischer Annahmen. Publizistik, 36, 36-55.

Merten, Klaus (1992). Darstellung von Gewalt im Fernsehen. Inhaltsanalyse 11.-17.11.92. Abschlußbericht. Münster: Comdat Medienforschung GmbH.

Merten, Klaus (1994). Konvergenz der deutschen Fernsehprogramme: eine Langzeituntersuchung 1980-1993. Münster: Lit.

Merten, Klaus (1999). Einführung in die Kommunikationswissenschaft. Bd. 1: Grundlagen der Kommunikationswissenschaft. Münster: Lit.

Mesic, Amira (2000). Das Recht am eigenen Bild. Entstehung, Entwicklung, Perspektiven. Ein Leitfaden für die Praxis. Berlin: Vistas.

Mestmäcker, Ernst-Joachim (Hrsg.) (1990). Selbstkontrolle und Persönlichkeitsschutz in den Medien. Gütersloh: Verlag Bertelsmann Stiftung.

Mestrovic, Stjepan G. (1997). Postemotional society. London: Sage.

Meunier, Ernst (1932). Der Sportteil der Zeitung. Anmerkungen zu seiner Reform. Zeitungs-Verlag, 33, Nr. 27, 464-465.

Meyn, Hermann (1995). Verludern die publizistischen Sitten? In Walter J. Schütz et al. (Hrsg.), Publizistik: Beiträge zur Medienentwicklung (S. 245-253). Konstanz: UVK.

Meyn, Hermann (1997). Nur nicht knausern. Beim »Spiegel« finden Journalisten günstigere Arbeitsbedingungen vor als andernorts.... Journalist, H. 2, 44-45.

Meyn, Hermann (1999). Massenmedien in Deutschland. Konstanz: UVK.

Mikos, Lothar (1989). Live aus dem Heysel-Stadion. Der aktive Zuschauer und die Moral des Fernsehens. Medium, H. 2, 49-51.

Mikos, Lothar (1998). Flanieren auf dem Boulevard zwischen Stars und Mordbuben. Themen und Präsentationsformen in Boulevardmagazinen. tv diskurs, H. 7, 64-71.

Minzberg, Martina (1999). Bild-Zeitung und Persönlichkeitsschutz. Baden-Baden: Nomos.

Mitscherlich, Alexander & Mitscherlich, Margarete (1967). Die Unfähigkeit zu trauern. Grundlagen kollektiven Verhaltens. München: Piper & Co.

Mittelberg, Ekkehard (1967). Wortschatz und Syntax der BILD-Zeitung. Marburg: Elwert.

Molkenthin-Böhme, Jürgen (1955). Die Verzerrung und Verfälschung des Lebens in der Sensationspresse. Eine Untersuchung der illustrierten Zeitschriften Stern, Revue und Deutsche Illustrierte des Jahrgangs 1952. Dissertation an der Philosophischen Fakultät der Freien Universität Berlin.

Mommsen, Wolfgang J. (1969). Das Zeitalter des Imperialismus. Frankfurt/M.: Fischer.

Morgenthaler, Julia (2000). Facts oder Fiction? Eine Kommunikatorstudie zu den Determinanten für Fakes in Fernseh-Boulevardmagazinen. Bochum: Bochumer Universitäts-Verlag.

Mosch, Horst (1964). Zunehmende Bedeutung der Kaufzeitungen in Deutschland. ZV + ZV, 61, 1416-1418.

Moscovici, Serge (1984). Das Zeitalter der Massen. Eine historische Abhandlung über die Massenpsychologie. München: Hanser.

Moser, Klaus (1990). Werbepsychologie. Eine Einführung. München: Psychologie-Verlags-Union.

Moskowitz-Mateu, Lysa & LaFontaine, David (1996). Poison Pen. The true confessions of two tabloid reporters. Los Angeles: Dove Books.

Moss, Christoph (1998). Die Organisation der Zeitungsredaktion. Wie sich journalistische Arbeit effizient koordinieren läßt. Opladen: Westdeutscher Verlag.

Mott, Frank Luther (1962). American journalism – a history. 1690-1960. New York: Macmillan.

Müller, H. (Vorname nicht angegeben) (1990). Sittlichkeitsverbrechen. In Adalbert Erler & Ekkehard Kaufmann (Hrsg.), Handwörterbuch zur Deutschen Rechtsgeschichte, Bd. IV (Sp. 1672-1679). Berlin: Schmidt.

Müller, Hans-Dieter (1968). Der Springer-Konzern. Eine kritische Studie. München: Piper.

Müller, Hans-Peter (1992). Sozialstruktur und Lebensstile. Der neuere theoretische Diskurs über soziale Ungleichheit. Frankfurt/M.: Suhrkamp.

Mullin, Charles R. & Linz, Daniel (1995). Desensitization and resensitization to violence against women: Effects of exposure to sexually violent films on judgement of domestic violent victims. Journal of Personality and Social Psychology, 69, 449-459.

Mundorf, Norbert et al. (1990). Effects of disturbing news on recall of subsequently presented news. Communication Research, 5, 601-615.

Mundorf, Norbert, Zillmann, Dolf & Drew, D. (1991). Effects of disturbing televised events on acquisition of information from subsequently presented commercials. Journal of Advertising, 1, 46-53.

Münster, Hans A. (1961). Boulevardblätter und Kaufzeitungen. Verlagspraxis, 8(9), 256-258.

Naeher, Gerhard (1991). Axel Springer. Mensch, Macht, Mythos. Erlangen: Straube.

Nahnsen, Otto (1922). Der Straßenhandel mit Zeitungen und Druckschriften in Berlin. Dissertation an der Philosophischen Fakultät der Hessischen Ludwigs-Universität Gießen.

Nassehi, Armin & Weber, Georg (1989). Tod, Modernität und Gesellschaft. Entwurf einer Theorie der Todesverdrängung. Opladen: Westdeutscher Verlag.

Neissl, Julia (2001). Tödliche Bergwelt? Zur Katastrophenberichterstattung in Boulevard- und Qualitätsmedien. In Hans Heinz Fabris & Franz Rest (Hrsg.), Qualität als Gewinn: Salzburger Beiträge zur Qualitätsforschung im Journalismus (S. 267-273). Innsbruck: Studien-Verlag.

Neukirchen, Thomas (1995). Zwischen allen Stühlen. Sage & Schreibe, H. 3, 14-15.

Neumann, Sieglinde (2000). »...und als das Bett anfing zu schweben, da saßen Sie drin?« Boulevardzeitungen bei der Recherche ganz vorn. Journalistik Journal, 3(1), 10.

Neverla, Irene & Walch, Susie (1994). Strukturen und Entscheidungen. Medien-Journal, 18(3), 121-128.

Newhagen, John E. & Reeves, Byron (1992). The evening's bad news: Effects of compelling negative television news images on memory. Journal of Communication, 42(2), 25-41.

Niederfrieden, Alina (1991). Der Journalist im Kommerz – Arbeit und Alltag in der Neuen Kronen Zeitung. In Peter A. Bruck (Hrsg.), Das österreichische Format. Kulturkritische Beiträge zur Analyse des Medienerfolges »Neue Kronenzeitung« (S. 24-33). Wien: Edition Atelier.

Niedersächsische Landesmedienanstalt (NLM) (Hrsg.) (1999). Die Tyrannei der öffentlichen Intimität und Tabubrüche im Fernsehen: Boulevardmagazine, Talkshows und Comedy. Berlin: Vistas.

Niggemeier, Stefan (1997, 15. Oktober). »Bedarf an ›Mami‹ ist gedeckt«. Warum haben Spielfilme so seltsame Titel? In Süddeutsche Zeitung, S. 27.

Niggemeier, Stefan (1998, 12./13. Dezember). Die Netz-Beschmutzer. In Süddeutsche Zeitung, S. 20.

Nipperdey, Thomas (1998). Deutsche Geschichte 1866-1918. Bd. I: Arbeitswelt und Bürgergeist. München: C. H. Beck.

Nisbett, Richard E. & Ross, Lee (1980). Human inference: Strategies and shortcomings of social judgment. Englewood Cliffs, NJ: Prentice-Hall.

Noelle-Neumann, Elisabeth & Köcher, Renate (Hrsg.) (1993). Allensbacher Jahrbuch der Demoskopie 1984-1992. München: Saur.

Noelle-Neumann, Elisabeth & Köcher, Renate (Hrsg.) (1997). Allensbacher Jahrbuch der Demoskopie 1993-1997. München: Saur.

Noelle-Neumann, Elisabeth & Neumann, Erich Peter (Hrsg.) (1974). Jahrbuch der öffentlichen Meinung 1968-1973. Allensbach: Verlag für Demoskopie.

Nolte, Barbara (1998, 16. Juli). Bei Anruf Mord. Pro Sieben suchte für eine ›taff‹-Recherche per Zeitungsanzeige einen Killer. In Süddeutsche Zeitung, S. 15.

Nordin, Kenneth (1979). The entertaining press. Sensationalism in eighteenth-century Boston newspapers. Communication Research, 6, 295-320.

Nußberger, Ulrich (1984). Das Pressewesen zwischen Geist und Kommerz. Konstanz: UVK.

Nusser, Peter (1982). Entwurf einer Theorie der Unterhaltungsliteratur. Sprache im technischen Zeitalter, 81, 28-58.

Nusser, Peter (1991). Trivialliteratur. Stuttgart: Metzler.

Nutz, Walter (1999). Trivialliteratur und Popularkultur. Wiesbaden: Westdeutscher Verlag.

O'Keefe, Garrett J. (1984). Television exposure, credibility and public views on crime. Communication Yearbook, 8, 513-536.

O'Keefe, Garrett J. & Reid-Nash, Kathaleen (1987). Crime news and real-world blues. The effects of the media on social reality. Communication Research, 14, 147-163.

Oatley, Keith & Johnson-Laird, Philip N. (1987). Towards a cognitive theory of emotions. Cognition and Emotion, 1(1), 29-50.

Ohne Scham- und Schmerzgrenzen? (1994) Diskussion im HR über Sex & Crime auf dem Bildschirm. Funk-Korrespondenz, Nr. 10, 23-25.

Olasky, Marvin (1985). Late 19th-century Texas sensationalism: Hypocrisy or biblical morality? Journalism History, 12(3-4), 96-100.

Oliver, Mary B. & Armstrong, G. Blake (1995). Predictors of viewing and enjoyment of reality-based and fictional crime shows. Journalism Quarterly, 72(3), 559-570.

Ong, Walter J. (1987). Oralität und Literalität. Die Technologisierung des Wortes. Opladen: Westdeutscher Verlag.

Ortega y Gasset, José (1958). Der Aufstand der Massen (erw. u. aus dem Nachlass erg. Neuausgabe). Hamburg: Deutsche Hausbücherei.

Osang, Alexander (1996). Indiana Jones und Bundesliga. Über Hans-Hermann Tiedje, Chefredakteur im Wartestand. In Roger Anderson et al., Medien Macher. Journalisten beschreiben die Herrscher der Vierten Gewalt (S. 201-211). Hamburg: Rasch und Röhring.

Östgaard, Einar (1965) Factors influencing the flow of news. Journal of Peace Research, 2, 39-63.

Ott, Klaus (1984). Von Springers »Bild« soll der neue Chefredakteur kommen: Wird die Münchner Abendzeitung bald nicht mehr wiederzuerkennen sein? Alfred Neven DuMont zieht im Hintergrund die Fäden. Die Feder, H. 2, 12-13.

Ott, Klaus (2000a, 12. Oktober). Die Smarties kommen. Michael Spreng muß die »Bild am Sonntag« verlassen, bei Springer regiert konservatives Jungvolk. In Süddeutsche Zeitung, S. 23.

Ott, Klaus (2000b, 11. Oktober). Wechselfieber in der roten Gruppe. In Süddeutsche Zeitung, S. 24.

Ott, Klaus (2002, 31. März). Aus Minus mach Plus. Georg Koflers ehrgeizige Rettungspläne für Premiere. In Süddeutsche Zeitung, S. 21.

Ott, Klaus & Ramelsberger, Annette (2000, 27./28. Mai). Der Fall Tom Kummer: Eine Dokumentation in eigener Sache. Ein Mann und sein ganz besonderer Draht. In Süddeutsche Zeitung, S. 21-22.

Palmgreen, Philip (1984). Der »Uses and Gratifications Approach«. Theoretische Perspektiven und praktische Relevanz. Rundfunk und Fernsehen, 32, 51-60.

Palmgreen, Philip, Wenner, Lawrence & Rosengren, Karl (1985). Uses and gratifications research: The past ten years. In Karl Rosengren, Lawrence Wenner & Philip Palmgreen (Hrsg.), Media gratifications research: Current perspectives (S. 11-40). Beverly Hills, CA: Sage.

Palmgreen, Philip et al. (1991). Sensation seeking, message sensation value, and drug use as mediators of PSA effectiveness. Health Communication, 3, 217-227.

Palmgreen, Philip et al. (2001). Television campaigns and adolescent marijuana use: Tests of sensation seeking targeting. American Journal of Public Health, 91(2), 292-296.

Pannen, Stefan (1987). Die machtlosen Meinungsmacher. Zur politischen Rolle und zum Berufsbild des Journalisten in der Prosaliteratur der Bundesrepublik Deutschland. Journalistische Diplomarbeit an der sozialwissenschaftlichen Fakultät der Ludwig-Maximilians-Universität München.

Papalekas, Johannes C. (1961). Masse. In Erwin v. Beckerath et al. (Hrsg.), Handwörterbuch der Sozialwissenschaften (S. 220-226). Tübingen: Mohr.

Park, Robert E. (1927). The Yellow Press. Sociology and Social Research, 12, 3-11.

Pasadeos, Yorgo (1984). Application of measures of sensationalism to a Murdoch-owned daily in the San Antonio market. Newspaper Research Journal, 5(4), 9-17.

Pasadeos, Yorgo & Renfro, Paula (1988). Rupert Murdoch's style: the New York Post. Newspaper Research Journal, 9(4), 25-34.

Paul, Gerhard (1990). Aufstand der Bilder. Die NS-Propaganda vor 1933. Bonn: Verlag J. H. W. Dietz. Nachf.

Pawek, Karl (1965). Boulevardblätter und Illustrierte. In Harry Pross (Hrsg.), Deutsche Presse seit 1945 (S. 135-158). Bern: Scherz.

Petersen, Klaus (1995). Zensur in der Weimarer Republik. Stuttgart: Metzler.

Pfarr, Kristina (1994). Die Neue Zeitung. Empirische Untersuchung eines Informationsmediums der frühen Neuzeit unter besonderer Berücksichtigung von Gewaltdarstellungen. Dissertation am Fachbereich Sozialwissenschaften der Universität Mainz.

Pfeifer, Wolfgang (Hrsg.) (1993). Etymologisches Wörterbuch des Deutschen. Berlin: Akademie Verlag.

Pfetsch, Barbara (1991). Politische Folgen der Dualisierung des Rundfunksystems in der BRD. Konzepte und Analysen zum Fernsehangebot und zum Publikumsverhalten. Baden-Baden: Nomos.

Pflicht zur Freundschaft (2001, 14. September). Springer ergänzt Leitlinien, die für Verlag und Redakteure gelten. In Süddeutsche Zeitung, S. 23.

Piringer, Bianka (1989). Der investigative Journalismus im Urteil von Journalisten. Magisterarbeit an der sozialwissenschaftlichen Fakultät der Universität München.

Plasser, Fritz & Ulram, Peter A. (1992). Ausländerangst als Parteien- und medienpolitisches Problem. Ein Forschungsbericht des Fessel + GfK-Institutes und des Zentrums für angewandte Politikforschung. Wien: Fessel + GfK.

Pöppel, Ernst (1982). Lust und Schmerz. Grundlagen menschlichen Erlebens und Verhaltens. Berlin: Severin und Siedler.

Porter, Michael E. (1992). Wettbewerbsstrategie: Methoden zur Analyse von Branchen und Konkurrenten. Frankfurt/M.: Campus.

Portisch, Hugo (1965). Boulevardpresse in Österreich? In Richter und Journalisten. Über das Verhältnis von Recht und Presse (S. 271-284). Wien: Europa Verlag.

Posche, Ulrike (1996). Glaube, Liebe, Hoffnung – die ganze Welt in zwölf Zeilen. In Roger Anderson et al., Medien Macher. Journalisten beschreiben die Herrscher der Vierten Gewalt (S. 95-104). Hamburg: Rasch und Röhring.

Pöttker, Horst (1999). Wieviel Blut verträgt der Fern-Seher? Journalistik Journal, 2(2), 28-29.

Presse- und Informationsamt der Bundesregierung (1974, 1978, 1986). Kommunikationspolitische und kommunikationswissenschaftliche Forschungsprojekte der Bundesregierung (1971-1974; 1974-1978; 1978-1986). Eine Übersicht der wichtigen Ergebnisse. Bonn: Presse- u. Inform.amt d. Bundesreg.

Price, Vincent & Czilli, Edward J. (1996). Modelling patterns of news recognition and recall. Journal of Communication, 46(2), 55-78.

Prokop, Dieter (1995). Medien-Macht und Massenwirkung: ein geschichtlicher Überblick. Freiburg: Rombach.

Pürer, Heinz (1990). Einführung in die Publizistikwissenschaft. Systematik, Fragestellungen, Theorieansätze, Forschungstechniken (4., überarb. Aufl.). München: Ölschläger.

Pürer, Heinz (1992). Ethik in Journalismus und Massenkommunikation. Versuch einer Theoriensynopse. Publizistik, 37, 304-321.

Pürer, Heinz (1997). Zwischen Tradition und Wandel: Zum Stand der Kommunikatorforschung in Deutschland. In Hermann Fünfgeld & Claudia Mast (Hrsg.), Massenkommunikation (S. 89-123). Opladen: Westdeutscher Verlag.

Pütter, Christiane (1996). Die Schöne und der Sex-Strolch. Das Frauen- und Männerbild in der Presse-Berichterstattung zum Thema sexuelle Gewalt. In Christiane Hackl, Elizabeth Prommer & Brigitte Scherer (Hrsg.), Models und Machos? (S. 95-119). Konstanz: UVK.

Quanz, Lothar (1974). Der Sportler als Idol: Sportberichterstattung. Inhaltsanalyse und Ideologiekritik am Beispiel der Bild-Zeitung. Gießen: Focus-Verlag.

Quinkert, Andreas & Jäger, Siegfried (1991). »Warum dieser Haß in Hoyerswerda?« Die rassistische Hetze von »Bild« gegen Flüchtlinge im Herbst '91. Duisburg: Duisburger Institut für Sprach- und Sozialforschung.

Rarick, Galen & Hartman, Barrie (1966). The effects of competition on one daily newspaper's content. Journalism Quarterly, 43, 459-463.

Real, Michael (1992). The challenge of a culture-centered paradigm: Metatheory and reconciliation in media research. Communication Yearbook, 15, 35-50.

Redelfs, Manfred (1996). Investigative Reporting. Opladen: Westdeutscher Verlag.

Reents, Edo (2001, 27./28. Januar). Weine nicht, wenn der Wagner schreibt. Die deutsche Seele und der linke Terror: Ein Streifzug durch die Kommentarlandschaft der Springer-Blätter. In Süddeutsche Zeitung, S. 22.

Renckstorf, Karsten (1973). Alternative Ansätze der Massenkommunikationsforschung: Wirkungs- vs. Nutzenansatz. Rundfunk und Fernsehen, 21, 183-197.

Renckstorf, Karsten (1977). Alternative Ansätze der Massenkommunikationsforschung: Wirkungs- vs. Nutzenansatz. In Karsten Renckstorf (Hrsg.), Neue Perspektiven in der Massenkommunikationsforschung (S. 119-135). Berlin: Spiess.

Renckstorf, Karsten (1989). Mediennutzung als soziales Handeln. In Max Kaase & Winfried Schulz (Hrsg.), Massenkommunikation. Theorien, Methoden, Befunde (S. 314-336). Opladen: Westdeutscher Verlag.

Renger, Rudi (1997). Spaß an Information. Journalismus als Populärkultur. Medien-Journal, 21(4), 23-38.

Renger, Rudi (2000a). Geringfügige Nachrichten. Populärer Journalismus zwischen wissenschaftlicher Agnosie und theoretischem Pluralismus. In Ingrid Paus-Haase, Dorothee Schnatmeyer & Claudia Wegener (Hrsg.), Information, Emotion, Sensation (S. 12-29). Bielefeld: GMK.

Renger, Rudi (2000b). Populärer Journalismus: Nachrichten zwischen Fakten und Fiktion. Innsbruck: Studien-Verlag.

Reschke, Renate (1989). Die Angst vor dem Chaos. Friedrich Nietzsches Plebiszit gegen die Masse. In Ernst Behler, Wolfgang Müller-Lauter & Heinz Wenzel (Hrsg.), Nietzsche-Studien. Internationales Jahrbuch für die Nietzsche-Forschung (S. 290-300). Berlin: de Gruyter.

Reschke, Renate (1992). »Pöbel-Mischmasch« oder vom notwendigen Niedergang aller Kultur. Friedrich Nietzsches Ansätze zu einer Kulturkritik der Masse. In Norbert Krenzlin (Hrsg.), Zwischen Angstmetapher und Terminus: Theorien der Massenkultur seit Nietzsche (S. 14-42). Berlin: Akad. Verlag.

Reulecke, Jürgen (1980). »Veredelung der Volkserholung« und »edle Geselligkeit«. Sozialreformerische Bestrebungen zur Gestaltung der arbeitsfreien Zeit im Kaiserreich. In Gerhard Huck (Hrsg.), Sozialgeschichte der Freizeit (S. 141-160). Wuppertal: Hammer.

Reus, Gunter (1995). Ressort: Feuilleton. Kulturjournalismus für Massenmedien. Konstanz: UVK.

Rheingold. Institut für qualitative Markt- und Medienanalysen (1997). Qualitative Grundlagenstudie Jugendschutz und TV-Erotik. Eine tiefenpsychologische Studie zur Wirkung von TV-Erotik auf Jugendliche und zu den familiären Jugendschutzformen. Köln: Rheingold.

Rhoufari, Mathieu M. (2000). Talking about the tabloids: Journalists' views. In Colin Sparks & John Tulloch (Hrsg.), Tabloid tales. Global debates over media standards (S. 163-176). Lanham: Rowman & Littlefield.

Richter, Günter (1987). Zwischen Revolution und Reichsgründung (1848-1870). In Wolfgang Ribbe (Hrsg.), Geschichte Berlins. Bd. 2 (S. 605-687). München: Beck.

Richter, Wolfgang & Straßmayr, Eduard (1978). Leserforschung und Schülerlektüre. Wien: Österreichischer Bundesverlag für Unterricht, Wissenschaft und Kunst.

Riedmiller, Thomas (1988). Arbeitslosigkeit als Thema der Bild-Zeitung. Tübingen: Vereinigung f. Volkskunde.

Riehl, Wilhelm Heinrich (1854). Die bürgerliche Gesellschaft. (2, neu bearb. Aufl.). Stuttgart: Cotta.

Riepe, Manfred (1995). Gründlich. »Die Redaktion«. Nachrichten-Magazin. Funkkorrespondenz, Nr. 1, 24-25.

Riepe, Manfred (1997). Das Grauen mit der Fistelstimme. »SchreinemakersTV«. Das Wochenmagazin. Funkkorrespondenz, Nr. 3, 23-24.

Riesman, David, Denney, Reuel & Glazer, Nathan (1968). Die einsame Masse. Eine Untersuchung der Wandlungen des amerikanischen Charakters. München: Rowohlt.

Roegele, Otto B. (1982). Neugier als Laster und Tugend. Zürich: Ed. Interfrom.

Roegele, Otto B. (2000). Neugier als Laster und Tugend. In Petra E. Dorsch-Jungsberger, Walter Hömberg & Walter J. Schütz (Hrsg.), Plädoyer für publizistische Verantwortung. Beiträge zu Journalismus, Medien und Kommunikation (S. 119-139). Konstanz: UVK.

Rogge, Jan-Uwe (1988). Gefühl, Verunsicherung und sinnliche Erfahrung. Zur Aneignung von populären Medien im Prozeß der Zivilisation. Publizistik, 33, 243-263.

Roll, Evelyn (1999, 16. Juni). Vorschreiben, was die Leute denken. Wer Macht hat (II): Udo Röbel, Chefredakteur der »Bild«-Zeitung. In Süddeutsche Zeitung, S. 3.

Rollka, Bodo (1992). Das Verhältnis von Presse und Obrigkeit in der Berichterstattung über die Französische Revolution. In Holger Böning, Französische Revolution und deutsche Öffentlichkeit. Wandlungen in Presse und Alltagskultur am Ende des achtzehnten Jahrhunderts (S. 325-340). München: Saur.

Römer, Dieter (1997). Liebe, Triebe, Hiebe. Den Kaufzeitungen laufen die Leser weg: Das Fernsehen stillt mit seinen Boulevardmagazinen die Lust des Publikums auf Sex & Crime. In Focus, Nr. 29, S. 140-142.

Rose, Andreas (1991). Die Wirkung erotischen und pornographischen Bildmaterials auf junge Erwachsene. Dissertation an der sozialwissenschaftlichen Fakultät der Universität Bamberg.

Rosengren, Karl E. & Windahl, Sven (1972). Mass media consumption as a functional alternative. In Dennis McQuail (Hrsg.), Sociology of mass communication (S. 166-194). Middlesex: Penguin.

Rubin, Alan M. (1994). Media uses and effects: A uses-and-gratifications perspective. In Jennings Bryant & Dolf Zillmann (Hrsg.), Media effects. Advances in theory and research (S. 417-436). Hillsdale, NJ: Lawrence Erlbaum.

Rubin, Alan M. & Perse, Elizabeth M. (1987). Audience activity and television news gratifications. Communication Research, 14, 58-84.

Rubin, Alan M. & Windahl, Sven (1986). The uses and dependency model of mass communication. Critical Studies in Mass Communication, 3, 184-199.

Rudé, George (1977). Die Volksmassen in der Geschichte, England und Frankreich 1730-1848. Frankfurt/M.: Campus-Verlag.

Ruggiero, Thomas E. (2001). Uses and gratifications theory in the 21st century. Mass Communication & Society, 3(1), 3-37.

Rühl, Manfred (1979). Die Zeitungsredaktion als organisiertes soziales System. Freiburg: Universitätsverlag.

Rühl, Manfred (1980). Journalismus und Gesellschaft. Bestandsaufnahme und Theorieentwurf. Mainz: v. Hase & Koehler.

Rühl, Manfred (1989). Organisatorischer Journalismus. Tendenzen der Redaktionsforschung. In Max Kaase & Winfried Schulz (Hrsg.), Massenkommunikation (S. 253-269). Opladen: Westdeutscher Verlag.

Rühm, Gerhard (2001, 27./28. Oktober). Sehnsucht nach Refugien der Stille. Von der heilsamen Anarchie der Sprache und anderen Tabubrüchen: Plädoyer für die intelligente Provokation. In Süddeutsche Zeitung, S. II.

Rüther, Werner (2001). Behördliche, politische und mediale Einflüsse auf Sicherheitslagen. Beitrag für die Zeitschrift »Die Kriminalprävention«. Quelle: http://www.jura.uni-bonn.de/institute/krimsem-/krim-sem.html (Abrufdatum: 19.07.2001).

Rüttgers, Jürgen (2000, 31. Oktober/1. November). Gegen die fatale Begierde. Kommerzielle Werbung und politische Parteien haben in ARD und ZDF nichts mehr zu suchen. In Süddeutsche Zeitung, S. 26.

Rushkoff, Douglas (1996). Life in the Tube. Futures, 28(1), 87-90.

Ruß-Mohl, Stephan & Seewald, Berthold (1991). Die Diskussion über journalistische Ethik in Deutschland – eine Zwischenbilanz. In Michael Haller & Helmut Holzhey (Hrsg.), Medien-Ethik: Beschreibungen, Analysen, Konzepte für den deutschsprachigen Journalismus (S. 22-36). Opladen: Westdeutscher Verlag.

Ruß-Mohl, Stephan (Hrsg.) (1986). Wissenschaftsjournalismus. Ein Handbuch für Ausbildung und Praxis. München: List.

Ruß-Mohl, Stephan (1992). Am eigenen Schopfe... Qualitätssicherung im Journalismus – Grundfragen, Ansätze, Näherungsversuche. Publizistik, 37, 83-96.

Ruß-Mohl, Stephan & Stuckmann, Heinz D. (Hrsg.) (1991). Wirtschaftsjournalismus. Ein Handbuch für Ausbildung und Praxis. München: List.

Ryu, Jung S. (1982). Public affairs and sensationalism in local TV news programs. Journalism Quarterly, 59, 74-78, 137.

Saldern, Adelheid von (1993). Massenfreizeitkultur im Visier. Ein Beitrag zu den Deutungs- und Einwirkungsversuchen während der Weimarer Republik. Archiv für Sozialgeschichte, 33, 21-58.

Salomon, Ludwig (1973 [1906]). Geschichte des deutschen Zeitungswesens. Von den ersten Anfängen bis zur Wiederaufrichtung des deutschen Reiches. Bd. 3. Das Zeitungswesen seit 1814 (Neudruck der Ausgabe Oldenburg 1906). Aalen: Scientia Verlag.

Salwen, Michael B. & Anderson, R. (1984). The uses and gratifications of supermarket tabloid reading by different demographic groups. Unveröff. Konferenzpapier anlässlich der Jahrestagung der AEJMC (Association for Education in Journalism and Mass Communication), Gainesville, Florida, USA.

Sanftenberg, Simone (1998). Klasse statt Masse! Stärkung öffentlich-rechtlicher Rundfunkanstalten als Mittel zur nationalen Vielfaltsicherung im Rahmen grenzüberschreitender Programmangebote in Europa; eine Analyse des Zielkonfliktes zwischen nationalen Qualitätsansprüchen, technischem Fortschritt und europäischen Marktprinzipien. Frankfurt/M.: Lang.

Saxer, Ulrich et al. (1979). 20 Jahre Blick. Analyse einer schweizerischen Boulevardzeitung. Zürich: Publizistisches Seminar der Universität Zürich.

Saxer, Ulrich & Märki-Koepp, Martina (1992). Mediengefühlskultur: Zielgruppenspezifische Gefühlsdramaturgie als journalistische Produktionsroutine. München: Ölschläger.

Scanlon, T. Joseph, Luukko, Rudy & Morton, Gerald (1978). Media coverage of crises: Better than reported, worse than necessary. Journalism Quarterly, 55, 68-72.

Schaffer, Deborah (1995). Shocking secrets revealed! The language of tabloid headlines. Et cetera, 52(1), 27-46.

Scharf, Catrin (1997). Die unerträgliche Leichtigkeit des Seins. Boulevard-Formate. Sage & Schreibe, Nr. 3, 10-13.

Schatz, Heribert (1994). Rundfunkentwicklung im »dualen System«: die Konvergenzhypothese. In Otfried Jarren (Hrsg.), Politische Kommunikation in Hörfunk und Fernsehen (S. 67-79). Opladen: Leske + Budrich.

Schatz, Heribert, Immer, Nikolaus & Marcinkowski, Frank (1989). Der Vielfalt eine Chance? Empirische Befunde zu einem zentralen Argument für die »Dualisierung« des Rundfunks in der Bundesrepublik Deutschland. Rundfunk und Fernsehen, 37, 5-24.

Schatz, Heribert & Schulz, Winfried (1992). Qualität von Fernsehprogrammen. Kriterien und Methoden zur Beurteilung von Programmqualität im dualen Fernsehsystem. Media Perspektiven, H. 11, 690-712.

Schenk, Michael (1987). Medienwirkungsforschung. Tübingen: Mohr.

Scheuring, Christoph (1998, Mai). Der Aufmacher. In Max, Nr. 5, S. 94-102.

Schiller, Dan (1981). Objectivity and the news. The public and the rise of commercial journalism. Philadelphia: University of Pennsylvania Press.

Schilling, Michael (1990). Bildpublizistik der frühen Neuzeit. Aufgaben und Leistungen des illustrierten Flugblatts in Deutschland bis um 1700. Tübingen: Niemeyer.

Schirmer, Stefan (2001). Die Titelseiten-Aufmacher der BILD-Zeitung im Wandel. Eine Inhaltsanalyse unter Berücksichtigung von Merkmalen journalistischer Qualität. München: R. Fischer.

Schmid, Pia (1985). Zeit des Lesens – Zeit des Fühlens. Anfänge des deutschen Bildungsbürgertums. Berlin: Severin.

Schmidt, Hendrik (1992). Vom Parnaß zum Boulevard – Fernsehen als Unterhaltungsmedium. Bertelsmann Briefe, H. 128, 44-48.

Schmidt, Siegfried J. & Spieß, Brigitte (1997). Die Kommerzialisierung der Kommunikation. Fernsehwerbung und sozialer Wandel 1956-1989. Frankfurt/M: Suhrkamp.

Schmidt, Thomas E. (1994). Konsolidierung oder Stillstand? Die Stellung des Axel Springer Verlages auf dem gegenwärtigen Pressemarkt. Medium, H. 2, 44-46.

Schmidt-Atzert, Lothar (1981). Emotionspsychologie. Stuttgart: Kohlhammer.

Schmidt-Atzert, Lothar (1996). Lehrbuch der Emotionspsychologie. Stuttgart: Kohlhammer.

Schmitt-Beck, Rüdiger & Schrott, Peter R. (1992). Dimensionen der Mediennutzung in West- und Ostdeutschland. Eine vergleichende Untersuchung zu Rezeptionsmustern von Tageszeitung und Fernsehen. Media Perspektiven, H. 6, 376-392.

Schmitz, Stefan, Gless, Florian & Streck, Michael (2000). Unser täglich Rot. In Stern, Nr. 50, S. 27-34.

Schnatmeyer, Dorothee (2000). Wie Journalisten versuchen, den Rezipienten zu fesseln. Eine Befragung von Mitarbeitern ausgewählter Boulevardmagazine. In Ingrid Paus-Haase, Dorothee Schnatmeyer & Claudia Wegener (Hrsg.), Information, Emotion, Sensation (S. 92-113). Bielefeld: GMK.

Schneider, Beate, Schönbach, Klaus & Stürzebecher, Dieter (1993a). Journalisten im vereinigten Deutschland. Strukturen, Arbeitsweisen und Einstellungen im Ost-West-Vergleich. Publizistik, 38, 353-382.

Schneider, Beate, Schönbach, Klaus & Stürzebecher, Dieter (1993b). Westdeutsche Journalisten im Vergleich: jung, professionell und mit Spaß an der Arbeit. Publizistik, 38, 5-30.

Schneider, Beate, Schönbach, Klaus & Stürzebecher, Dieter (1994). Ergebnisse einer Repräsentativbefragung zur Struktur, sozialen Lage und zu den Einstellungen von Journalisten in den neuen Bundesländern. In Frank Böckelmann, Claudia Mast & Beate Schneider (Hrsg.), Journalismus in den neuen Ländern. Ein Berufsstand zwischen Aufbruch und Abwicklung (S. 145-190). Konstanz: UVK.

Schneider, Franz (1966). Pressefreiheit und politische Öffentlichkeit. Studien zur politischen Geschichte Deutschlands bis 1848. Neuwied, Berlin: Luchterhand.

Schneider, Irmela (1994). Hybridkultur. Eine Spurensuche. In Christian W. Thomsen (Hrsg.), Hybridkultur. Bildschirmmedien und Evolutionsformen der Künste (S. 9-24). Siegen: DFG-Sonderforschungs-bereich 240.

Schneider, Wolf & Raue, Paul-Josef (1998). Handbuch des Journalismus. Reinbek: Rowohlt.

Schneider, Wolf (1990). Unsere tägliche Desinformation. Wie die Massenmedien uns in die Irre führen. Hamburg: Gruner & Jahr.

Schnibben, Cordt (1993, 23. August). Oma springt vom Dach. Der Spiegel, Nr. 34, S. 160-170.

Scholl, Armin & Weischenberg, Siegfried (1998). Journalismus in der Gesellschaft. Theorie, Methodologie und Empirie. Opladen: Westdeutscher Verlag.

Schönbach, Klaus (1991). Erträge der Medienwirkungsforschung für eine Medienethik. In Michael Haller & Helmut Holzhey (Hrsg.), Medien-Ethik: Beschreibungen, Analysen, Konzepte für den deutschsprachigen Journalismus (S. 97-103). Opladen: Westdeutscher Verlag.

Schönbach, Klaus (1997a). Zeitungen in den Neunzigern: Faktoren ihres Erfolgs. In Bundesverband deutscher Zeitungsverleger (BDZV) (Hrsg.), Zeitungen '97 (S. 136-149). Bonn: ZV Zeitungsverlag.

Schönbach, Klaus (Hrsg.) (1997b). Zeitungen in den Neunzigern – Faktoren ihres Erfolgs: 350 Tageszeitungsausgaben auf dem Prüfstand. Bonn: ZV Zeitungsverlag.

Schönbach, Klaus (2000). Does tabloidization make German local newspapers successful? In Colin Sparks & John Tulloch (Hrsg.), Tabloid tales. Global debates over media standards (S. 63-74). Lanham: Rowman & Littlefield.

Schönbach, Klaus et al. (1997). Faktoren des Zeitungserfolgs. In Klaus Schönbach (Hrsg.), Zeitungen in den Neunzigern – Faktoren ihres Erfolgs: 350 Tageszeitungsausgaben auf dem Prüfstand (S. 61-112). Bonn: ZV Zeitungsverlag.

Schorb, Bernd & Theunert, Helga (Hrsg.) (2000). »Ein bisschen wählen dürfen....« Jugend, Politik, Fernsehen. Eine Untersuchung zur Rezeption von Fernsehinformation durch 12- bis 17-jährige. München: KoPäd.

Schorr, Angela & Schorr-Neustadt, Martina (2000). Wer ist das Publikum von Reality-TV? Zuschauermerkmale und Nutzungsmotive. In Angela Schorr (Hrsg.), Publikums- und Wirkungsforschung. Ein Reader (S. 337-362). Wiesbaden: Westdeutscher Verlag.

Schorr, Angela (1995). Realitätsmanagement beim Fernsehkonsum. Ein Beitrag zur Wirkung von Reality-TV-Sendungen auf das emotionale Befinden. Medienpsychologie, 7, 184-204.

Schottenloher, Karl (1922). Flugblatt und Zeitung. Berlin: Richard Carl Schmidt & Co.

Schramm, Wilbur (1949). The nature of news. Journalism Quarterly, 26, 259-269.

Schreiber, Georg (1971). Die medizinische Sensation. Über das Spannungsverhältnis zwischen Ärzten und Journalisten. Journalist, H. 11, 30-33.

Schreyögg, Georg & Sydow, Jörg (Hrsg.) (2001). Emotionen und Management. Wiesbaden: Gabler.

Schröder, Herbert (1969). Die Sensation im sozialistischen Journalismus. Dissertation an der Sektion Journalistik der Karl-Marx-Universität Leipzig.

Schröder, Heribert (1990). Tanz- und Unterhaltungsmusik in Deutschland 1918-1933. Bonn: Verlag f. Systematische Musikwissenschaften.

Schröder, Thomas (1995). Die ersten Zeitungen. Textgestaltung und Nachrichtenauswahl. Tübingen: Narr.

Schudson, Michael (1978). Discovering the news: A social history of American newspapers. New York: Basic Books.

Schüller, Heidi (1993). Die Gesundmacher. Berlin: Rowohlt.

Schulte, Regina (1984). Sperrbezirke. Tugendhaftigkeit und Prostitution in der bürgerlichen Welt. Frankfurt/M.: Syndikat.

Schulte-Willekes, Hans (1978). Schlagzeile: ein Bild-Reporter berichtet. Reinbek: Rowohlt.

Schultheiss, Britta M. & Jenzowsky, Stefan A. (2000): Infotainment: Der Einfluss emotionalisierend-affekt-orientierter Darstellung auf die Glaubwürdigkeit. Medien & Kommunikationswissenschaft 48(1), 63-84.

Schulz, Rüdiger (1974). Entscheidungsstrukturen der Redaktionsarbeit. Eine vergleichende empirische Analyse des redaktionellen Entscheidungshandelns der regionalen Abonnementzeitungen unter besonderer Berücksichtigung der Einflußbeziehungen zwischen Verleger und Redaktion. Dissertation am Fachbereich Sozialwissenschaften der Universität Mainz.

Schulz, Winfried (1976). Die Konstruktion von Realität in den Nachrichtenmedien. Freiburg: Alber.

Schulz, Winfried (1989). Massenmedien und Realität. Die »ptolemäische« und die »kopernikanische« Auffassung. In Max Kaase & Winfried Schulz (Hrsg.), Massenkommunikation. Theorien, Methoden, Befunde (S. 135-149). Opladen: Westdeutscher Verlag.

Schulz, Winfried (1994). Medienwirklichkeit und Medienwirkung. Aktuelle Entwicklungen der Massenkommunikation und ihre Folgen. In Hilmar Hoffmann (Hrsg.), Gestern begann die Zukunft: Entwicklung und gesellschaftliche Bedeutung der Medienvielfalt (S. 122-144). Darmstadt: Wissenschaftliche Buchgesellschaft.

Schulz, Winfried (1995). Nachricht. In Elisabeth Noelle-Neumann, Winfried Schulz & Jürgen Wilke (Hrsg.), Das Fischer Lexikon Publizistik Massenkommunikation (S. 307-337). Frankfurt/M.: Fischer.

Schulze, Gerhard (1992). Die Erlebnisgesellschaft. Kultursoziologie der Gegenwart. Frankfurt/M.: Campus Verlag.

Schulze, Gerhard (1999). Inszenierte Intimität und kollektiver Glücksdiskurs. Über die Zukunft der Sinnlichkeit. In NLM (Nieders. Landesmedienanstalt für Privaten Rundfunk) (Hrsg.), Die Tyrannei der öffentlichen Intimität und Tabubrüche im Fernsehen (S. 19-35). Berlin: Vistas.

Schütz, Walter J. (1969). Zeitungsstatistik. In Emil Dovifat (Hrsg.), Handbuch der Publizistik. Bd. 3 (S. 348-359). Berlin: de Gruyter.

Schütz, Walter J. (1991). Der Zeitungsmarkt in den neuen Ländern. In Bundesverband deutscher Zeitungsverleger e. V. (Hrsg.), Zeitungen '91 (S. 106-112). Bonn: BDZV.

Schütz, Walter J. (1994). Deutsche Tagespresse 1993. Media Perspektiven, H. 4, 168-215.

Schütz, Walter J. (1999). Entwicklung der Tagespresse. In Jürgen Wilke (Hrsg.), Mediengeschichte der Bundesrepublik Deutschland (S. 109-134). Bonn: Bundeszentrale für Politische Bildung.

Schütz, Walter J. (2000). Zeitungsprognosen und Zeitungsentwicklung – historisch und aktuell. In Otfried Jarren, Gerd G. Kopper & Gabriele Toepser-Ziegert (Hrsg.), Zeitung – Medium mit Vergangenheit und Zukunft. Eine Bestandsaufnahme (S. 209-230). München: Saur.

Schütze, Johann K. (1994). Von der mangelnden Fremdheit der Moderne. In Albert Berger & Gerda E. Moser (Hrsg.), Jenseits des Diskurses. Literatur und Sprache in der Postmoderne (S. 57-75). Wien: Passagen.

Schuyler, Philip (1926, 27. Februar). Just what is this yellow journalism? The Editor and Publisher, 9, 47.

Schwab, Frank (1996). Reality-TV – Die Wirklichkeit der Medien. Realität, Wirklichkeit und Wahrheit. In Bernd Schorb & Hans-Jörg Stiehler (Hrsg.), Medienlust – Medienlast? Was bringt die Rezipientenforschung den Rezipienten (S. 79-92). München: KoPäd Verlag.

Schwacke, Bettina (1983). Kriminalitätsdarstellung in der Presse. Frankfurt/M.: Lang.

Schwarze, Michael (1984). Ein Volk begegnet seiner Schuld. Die Reaktionen auf »Holocaust«: Das Fernsehen und sein Publikum. In Volker Hage (Hrsg.), Michael Schwarze – Weihnachten ohne Fernsehen. Kulturpolitische Essays, Glossen, Porträts (S. 22-26). Frankfurt/M.: Suhrkamp.

Schwibbe, Michael et al. (1981). Zum emotionalen Gehalt von Substantiven, Adjektiven und Verben. Zeitschrift für experimentelle und angewandte Psychologie, 28(3), 486-501.

Séguin, Jean P. (1959). Nouvelles à sensation, canards du XIXe siècle. Paris: Armand Colin.

Severin, Werner J. & Tankard, James W. (1992). Communication theories: Origins, methods, and uses in the mass media. New York: Longman.

Sherer, Mark & Rogers, Ronald W. (1984). The role of vivid information in fear appeals and attitude change. Journal of Research in Personality, 18, 321-324.

Shils, Edward (1969). Massengesellschaft. In Wilhelm Bernsdorf (Hrsg.), Wörterbuch der Soziologie (S. 670-673). Stuttgart: Enke.

Showalter, Elaine (1999). Hystorien. Hysterische Epidemien im Zeitalter der Medien. Berlin: Aufbau.

Sibbison, Jim (1988). Covering medical »breakthroughs«. Columbia Journalism Review, Juli/August, 36-39.

Sichtermann, Barbara (1996a). Der Massengeschmack – Wer hat ihn? In Barbara Sichtermann, Fernsehen (S. 85-93) (2. Aufl.). Berlin: Wagenbach.

Sichtermann, Barbara (1996b). Wieviel Katastrophe verträgt der Mensch? Fernsehen als Sensationsmaschine. In Barbara Sichtermann, Fernsehen (S. 52-66) (2. Aufl.). Berlin: Wagenbach.

Siegert, Gabriele (1997). Shareholders als neue Zielgruppe der Medien? In Helmut Scherer & Hans-Bernd Brosius (Hrsg.), Zielgruppen, Publikumssegmente, Nutzergruppen. Beiträge aus der Rezeptionsforschung (S. 76-96). München: R. Fischer.

Siemons, Mark (1998, 3. Dezember). Berliner Bosheit. Nach dem Internetaufstand der Redaktion: Die neue »B.Z«. In Frankfurter Allgemeine Zeitung, S. 41.

Sies, Susanne & Mahlau, Gudrun (1997). Das Image der Landwirtschaft. Ergebnisse von Assoziationstests (Arbeitsbericht Nr. 6). Kiel: Institut für Agrarökonomie der Universität Kiel, Lehrstuhl für Agrarmarketing.

Sighele, Scipio (1897). Psychologie des Auflaufs und der Massenverbrechen. Dresden: Reissner.

Sighele, Scipio (1898). La foule criminelle. Essay de psychologie collective. Paris: Alcan.

Silbermann, Alphons (1982). Handwörterbuch der Massenkommunikation und Medienforschung (Teil 2: L-Z). Berlin: Volker Spiess.

Sjurts, Insa (1996). Die deutsche Medienbranche. Eine unternehmensstrategische Analyse. Wiesbaden: Gabler.

Slater, Michael (1997). Persuasion processes across receiver goals and message genres. Communication Theory, 7, 125-148.

Slater, Michael D. & Rouner, Donna L. (1996). Value-affirmative and value-protective processing of alcohol education messages that include statistical evidence or anecdotes. Communication Research, 23, 210-235.

Slattery, Karen (1994). Sensationalism versus news of the moral life: Making the distinction. Journal of Mass Media Ethics, 9(1), 5-15.

Slattery, Karen & Hakanen, Ernest A. (1994). Sensationalism versus public affairs content of local TV news: Pennsylvania revisited. Journal of Broadcasting & Electronic Media, 38, 205-216.

Slattery, Karen, Doremus, Mark & Marcus, Linda (2001). Shifts in public affairs reporting on the network evening news: A move toward the sensational. Journal of Broadcasting & Electronic Media, 45(2), 290-302.

Sloterdijk, Peter (1983). Kritik der zynischen Vernunft (Bd. 2). Frankfurt/M.: Suhrkamp.

Smith, Anthony (1979). The newspaper. An international history. London: Thames & Hudson.

Smith, Richard H. (2000). Assimilative and contrastive emotional reactions to upward and downward social comparisons. In Jerry Suls & Ladd Wheeler (Hrsg.), Handbook of Social Comparison (S. 173-200). New York: Kluwer Academic/ Plenum Publishers.

Smith, Susan-J. (1984). Crime in the news. British Journal of Criminology, 24(3), 289-295.

Sombart, Werner (1915). Händler und Helden. Patriotische Besinnungen. München: Duncker & Humblot.

Sombart, Werner (1924). Der proletarische Sozialismus [1897 unter dem Titel: Sozialismus und soziale Bewegung im 19. Jahrhundert. Jena.]. Jena: Fischer.

Sontheimer, Michael (1995). Ein hartes Blatt. Journalismus an der Grenze der Geschmacklosigkeit. Spiegel Special. Die Journalisten, Nr. 1, 38-43.

Soothill, Keith (1991). Sex crime in the news. London: Routledge.

Sparks, Colin (1988). The popular press and political democracy. Media, Culture & Society, 10(2), 209-233.

Sparks, Colin (2000). The panic over tabloid news. In Colin Sparks & John Tulloch (Hrsg.), Tabloid tales. Global debates over media standards (S. 1-40). Lanham: Rowman & Littlefield.

Sparks, Glenn G. & Sparks, Cheri W. (2000). Violence, mayhem, and horror. In Dolf Zillmann & Peter Vorderer (Hrsg.), Media entertainment. The psychology of its appeal (S. 73-91). Mahwah, NJ: Lawrence Erlbaum.

Sparks, Glenn G. & Spirek, M. M. (1988). Individual differences in coping with stressful mass media. Human Communication Yearbook 15(2), 195-216.

Spengler, Oswald (1959). Der Untergang des Abendlandes. Umrisse einer Morphologie der Weltgeschichte (gek. Ausg.). München: Beck.

Sperlich, Waltraud (1975). Der Beruf des Journalisten und Redakteurs im Spiegel von Autobiographien und Memoiren. Magisterarbeit an der Ludwig-Maximilians-Universität München.

Staab, Joachim Friedrich (1990). Nachrichtenwert-Theorie: formale Struktur und empirischer Gehalt. Freiburg: Alber.

Staab, Joachim Friedrich (1996). Emotionale Stimmung und Rezeption von Fernsehnachrichten. Eine experimentelle Studie zur Informationsverarbeitung. In Peter Ludes (Hrsg.), Informationskontexte für Massenmedien: Theorien und Trends (S. 149-168). Opladen: Westdeutscher Verlag.

Stannies, Jan Aslak (2001). Totale auf die Trümmer. Jede Nacht streifen Videoreporter und Fotografen durch Berlin auf der Jagd nach Blut und Leichen. Message, H. 2, 50-56.

Stapler, Harry (1985). The one-sentence/long-sentence habit of writing leads and how it hurts readership. Newspaper Research Journal, 7(3), 17-27.

Stapper, Florian (1995). Namensnennung in der Presse im Zusammenhang mit dem Verdacht strafbaren Verhaltens. Berlin: Arno Spitz GmbH.

Starkulla, Heinz (1993). Marktplätze sozialer Kommunikation. Bausteine zu einer Medientheorie. München: R. Fischer.

Steadman, Michael (1969). How sexy illustrations affect brand recall. Journal of Advertising Research, 9, 15-19.

Steffen, Thomas (1991). Sexualität in Illustrierten. Eine quantitativ-qualitative Themenanalyse. Münster: Lit.

Steinberg, Frank (1998, 24. Okt.-6. Nov.). Nichts ist unmöglich. Das Fernsehen hat die menschliche Existenz entprivatisiert. Alles live von der Geburt bis zum Sterben – echte Tabus gibt es nicht mehr. TV-Spielfilm, Nr. 22, S. 11-12.

Steinbrecher, Michael & Weiske, Martin (1992). Die Talkshow. 20 Jahre zwischen Klatsch und News. München: Ölschläger.

Steinmann, Matthias (1991). Infotainment im Urteil der Zuschauer. Medienwissenschaft Schweiz, 2, 18-26.

Stephenson, Michael T. & Palmgreen, Philip (2001). Sensation Seeking, perceived message sensation value, personal involvement, and processing of anti-marijuana PSAs. Communication Monographs, 68(1), 49-71.

Stern-Rubarth, Edgar (1958). Mißbrauch der Zeitung. Publizistik, 3, 79-85.

Stern-Rubarth, Edgar (1960). Der Konflikt zwischen der Zeitung als moralischer Anstalt und als Wirtschaftsunternehmen. Publizistik, 5, 561-570.

Stevens, John D. (1985). Social utility of sensational news: Murder and divorce in the 1920's. Journalism Quarterly, 62, 53-58.

Stevens, Mitchell (1997). A history of news. Fort Worth: Harcourt Brace College Publishers.

Stiewe, Willy (1933). Das Bild als Nachricht. Nachrichtenwert und –technik des Bildes. Ein Beitrag zur Zeitungskunde. Berlin: Carl Duncker.

Stöber, Rudolf (1994). Der Prototyp der deutschen Massenpresse. Der »Berliner Lokal-Anzeiger« und sein Blattmacher Hugo von Kupffer. Publizistik, 39, 314-330.

Stöber, Rudolf (1998). Die erfolgverführte Nation. Deutschlands öffentliche Stimmungen 1866 bis 1945. Stuttgart: Franz Steiner Verlag.

Stöber, Rudolf (1999). Axel Springer. Ein Medienunternehmer mit Fortune. In Günther Schulz (Hrsg.), Geschäft mit Wort und Meinung. Medienunternehmer seit dem 18. Jahrhundert (S. 291-310). München: Harald Boldt Verlag (R. Oldenbourg).

Stöber, Rudolf (2000). Deutsche Pressegeschichte. Einführung, Systematik, Glossar. Konstanz: UVK.

Stock, Martin (1990). Konvergenz im dualen Rundfunksystem. Media Perspektiven, H. 12, 745-754.

Stodiek, Oskar (1999). Zwischen Popularität und Populismus. Zur Popularisierung von Medizin durch (Massen-)Medien. In Heiner Drerup & Edwin Keiner (Hrsg.), Popularisierung wissenschaftlichen Wissens in pädagogischen Feldern (S. 125-144). Weinheim: Deutscher Studienverlag.

Straßner, Erich (1991). Mit BILD fing es an. Mediensprache im Abwind. In Hans-Jürgen Bucher & Erich Straßner, Mediensprache, Medienkommunikation, Medienkritik (S. 113-230). Tübingen: Narr.

Streuli, Jakob (1964/65). Presse, Information, Sensation. Schweizer Monatshefte, 44, 210-218.

Stubbe, Hannes (1985). Formen der Trauer. Eine kulturanthropologische Untersuchung. Berlin: Reimer.

Stuiber, Heinz-Werner (1991a). Distanzverlust: Journalismus zwischen Information, Sensation und Ideologisierung. In Heinz-Werner Stuiber (Hrsg.), Journalismus: Anforderungen, Berufsauffassungen, Verantwortung (S. 121-133). Nürnberg: Verlag d. Kommunikationswiss. Forschungsvereinigung.

Stuiber, Heinz-Werner (1991b). Unterhaltungsjournalismus – Profile und Entwicklungschancen. In Heinz-Werner Stuiber & Heinz Pürer (Hrsg.), Journalismus: Anforderungen, Berufsauffassungen, Verantwortung (S. 41-55). Nürnberg: Verlag d. Kommunikationswiss. Forschungsvereinigung.

Sturm, Hertha (1968). Masse – Bildung – Kommunikation. Stuttgart: Ernst Klett.

Stutzer, Emil (1917). Die deutschen Großstädte einst und jetzt. Berlin: Westermann.

Suls, Jerry & Willis, Thomas A. (1991). Social comparison: Contemporary theory and research. Hillsdale, NJ: Erlbaum.

Swanson, David L. (1990). Popular art as political communication. In Robert L. Savage & Dan Nimmo (Hrsg.), Politics in familiar context: Projecting politics through popular media (S. 13-61). Norwood, NJ: Ablex.

Szallies, Rüdiger & Wiswede, Günter (Hrsg.) (1991). Wertewandel und Konsum: Fakten, Perspektiven und Szenarien für Markt und Marketing. Landsberg/Lech: Verlag Moderne Industrie.

Taine, Hippolyte Adolphe (1936 [1876-1894]). Die Entstehung des modernen Frankreich. 3 Bde. (Autorisierte deutsche Bearbeitung von Leopold Katscher). Meersburg am Bodensee: Hendel.

Tamborini, Ron (1991). Responding to horror: Determinants of exposure and appeal. In Jennings Bryant & Dolf Zillmann (Hrsg.), Responding to the screen (S. 305-328). Hillsdale, N.J.: Erlbaum.

Tamborini, Ron, Stiff, James & Zillmann, Dolf (1987). Preference for graphic horror featuring male versus female victimization: Personality and past film viewing experiences. Human Communication Research, 13(4), 529-552.

Tankard, James W. & Ryan, Michael (1974). News source perception of accuracy of science coverage. Journalism Quarterly 51, 219-225, 334.

Tannenbaum, Percy H. & Lynch, Mervin D. (1960).Sensationalism: The concept and its measurement. Journalism Quarterly, 37, 381-392.

Tannenbaum, Percy H. & Lynch, Mervin D. (1962). Sensationalism: Some objective message correlates. Journalism Quarterly, 39, 317-323.

Tarde, Gabriel (1910). L'opinion et la foule. Paris: Félix Alcan.

Taylor, S. J. [Vornamen nicht angegeben] (1991). Shock! Horror! The tabloids in action. London: Bantam Press.

Taylor, Shelley E. & Thompson, Suzanne C. (1982). Stalking the elusive »vividness« effect. Psychological Review, 1.989, 155-181.

Teichert, Will (1993). Das Beschleunigungskarussell. Der Wettbewerb um Aktualität. Medium spezial. Nachrichten- und Informationsprogramme im Fernsehen, 25-28.

Teichert, Will (1997). Markt-Schreier. Journalist, H. 2, 31-33.

Tesser, Abraham, Murray, Millar & Moore, Janet (1988). Some affective consequences of social comparison and reflection processes: The pain and pleasure of being close. Journal of Personality and Social Psychology, 54(1), 49-61.

Theunert, Helga (1995). »Mordsbilder«. Kinder und Fernsehinformation: eine Untersuchung zum Umgang von Kindern mit realen Gewaltdarstellungen in Nachrichten und Reality-TV. Berlin: Vistas.

Theunert, Helga (1996). »Da kann ich lernen, was ich nicht machen soll«. Kinder rezipieren Reality-TV. In Bernd Schorb & Hans-Jörg Stiehler (Hrsg.), Medienlust – Medienlast. Was bringt die Rezeptionsforschung den Rezipienten? (S. 17-30). München: KoPäd-Verlag.

Theunert, Helga et al. (1999). Gespräch: Boulevardmagazine. »Der Bruder der Polaroid-Mörderin« oder die öffentliche Privatheit in Boulevardmagazinen. In Niedersächsische Landesmedienanstalt (NLM) (Hrsg.) (1999). Die Tyrannei der öffentlichen Intimität und Tabubrüche im Fernsehen: Boulevardmagazine, Talkshows und Comedy (S. 77-107). Berlin: Vistas.

Thiel, Angelika (1993). Thema und Tabu. Körperbilder in deutschen Familienblättern von 1880-1900 oder »Im Nebenzimmer ertönte eine bärtige Männerstimme«. Frankfurt/M.: Lang.

Thomann, Jörg (2001a, 8. August). Die Kluft. Schiefes Selbstbild: ARD und ZDF lassen sich schönmalen. In Frankfurter Allgemeine Zeitung, S. 41.

Thomann, Jörg (2001b, 6. März). Dem Zauberlehrling schlägt keine Stunde. Aufsteiger: Wie Claus Strunz mit der ›Bild am Sonntag‹ den Boulevard der Morgendämmerung betritt. In Frankfurter Allgemeine Zeitung, S. 58.

Tichenor, Philip J. et al. (1970). Mass communication systems and communication accuracy in science news reporting. Journalism Quarterly, 47, 673-683.

Titscher, Stefan et al. (1998). Methoden der Textanalyse. Leitfaden und Überblick. Wiesbaden: Westdeutscher Verlag.

Trägerverein des Deutschen Presserats e.V. (Hrsg.) (1990). Schwarz Weiss Buch. Spruchpraxis des Deutschen Presserats. Bonn: Deutscher Presserat.

Tremel, Barbara (1985). Die »Münchner Abendzeitung«. Magisterarbeit am Fachbereich Sozialwissenschaften der Ludwig-Maximilians-Universität München.

Tunstall, Jeremy (1983). The media in Britain. London: Constable.

Türcke, Christoph (1994, 26. August). Die Sensationsgesellschaft. In Die Zeit, Nr. 35, S. 32.

Tversky, Amos & Kahneman, Daniel (1973). Availability: A heuristic for judging frequency and probability. Cognitive Psychology, 5, 207-232.

Tversky, Amos & Kahneman, Daniel (2000). Choices, values and frames. Cambridge: University Press.

Tzankoff, Michaela (2001). Der Transformationsprozeß in Bulgarien und die Entwicklung der postsozialistischen Medienlandschaft. In Barbara Thomaß & Michaela Tzankoff (Hrsg.), Medien und Transformation in Osteuropa (S. 65-94). Wiesbaden: Westdeutscher Verlag.

Uebersax, Peter (1995a). Blick zurück. Erinnerungen eines Chefredakteurs. Zürich: Scalo Verlag.

Uebersax, Peter (1995b, 14. September). Wie ich täglich neu um die Gunst des Lesers buhlte. In Weltwoche, Nr. 37.

Ulich, Dieter (1989). Das Gefühl. Eine Einführung in die Emotionspsychologie. Müchen: Psychlogie-Verlag-Union.

Valkenburg, Patti M. & Patiwael, Marguérite (1998). Does watching court TV ›cultivate‹ people's perceptions of crime? Gazette, 60(3), 227-238.

Vattimo, Gianni (1992). Die transparente Gesellschaft. Wien: Passagen-Verlag.

Vincent, Sacco (1995). Media constructions of crime. The Annals-of-the-Academy-of Political-and-Social-Science, 539, 141-154.

Vitouch, Peter (1989). Spezifische Rezipientenvariablen als Grundlage stereotyper Mediennutzung. In Jo Groebel & Peter Winterhoff-Spurk (Hrsg.), Empirische Medienpsychologie (S. 90-104). München: Psychologie Verlag Union.

Vom Zeitungswesen der Gegenwart (1912). In Der Zeitungsspiegel. Mitteilungen des Evangelischen Preßverbandes für Württemberg, o. Jg., H. 1, 1-16.

Vorderer, Peter (1992). Fernsehen als Handlung: Fernsehfilmrezeption aus motivations-psychologischer Perspektive. Berlin: Ed. Sigma.

Vorderer, Peter (1996). Rezeptionsmotivation: Warum nutzen Rezipienten mediale Unterhaltungsangebote? Publizistik, 41(3), 310-326.

Vorderer, Peter (1997). Action, Spannung, Rezeptionsgenuß. In Michael Charlton & Silvia Schneider (Hrsg.), Rezeptionsforschung (S. 241-253). Opladen: Westdeutscher Verlag.

Voss, Cornelia (1999). Textgestaltung und Verfahren der Emotionalisierung in der BILD-Zeitung. Frankfurt/M.: Peter Lang.

Wagner, Erich (1976). Wertfreie Betrachtungen zum Thema »Generalanzeiger«. ZV+ZV, 73, Nr. 14/15, 416-420.

Wagner, Hans (1991). Medien-Tabus und Kommunikationsverbote. Die manipulierbare Wirklichkeit. München: Olzog.

Wagner, Hans (1993). Kommunikationswissenschaft – ein Fach auf dem Weg zur Sozialwissenschaft. Eine wissenschaftsgeschichtliche Besinnungspause. In Publizistik, 38, 491-526.

Wallraff, Günter (1977). Der Aufmacher. Der, der bei BILD Hans Esser war. Köln: Kiepenheuer & Witsch.

Wallraff, Günter (1979). Zeugen der Anklage. Die BILD-Beschreibung wird fortgesetzt. Köln: Kiepenheuer & Witsch.

Wallraff, Günter (1981). Bild-Störung. Das BILD Handbuch. Köln: Kiepenheuer & Witsch.

Walter, Tony, Littlewood, Jane & Pickering, Michael (1995). Death in the news: The public invigilation of private emotion. Sociology, 29(4), 579-596.

Wanta, Wayne (1988). The effects of dominant photographs: An agenda-setting experiment. Journalism Quarterly, 65, 107-111.

Wanta, Wayne & Gao, Dandan (1994). Young readers and the newspaper: Information recall and perceived enjoyment, readability, and attractiveness. Journalism Quarterly, 71, 926-936.

Wartella, Ellen et al. (1998). Children and television violence in the United States. In U. Carlson & Cecilia von Feilitzen (Hrsg.), Children and media violence (S. 55-62). Göteborg: University of Göteborg.

Wearing, Michael (1993). Professional discourse and sensational journalism: Media constructions of violent insanity. Australian Journal of Communication, 20(1), 84-98.

Weaver, James B. (2000). Personality and entertainment preferences. In Dolf Zillmann & Peter Vorderer (Hrsg.), Media entertainment. The psychology of its appeal (S. 235-248). Mahwah, NJ: Lawrence Erlbaum.

Weber, Erich (1963). Das Freizeitproblem. Anthropologisch-pädagogische Untersuchung. München: Reinhardt.

Weber, Klaus (1980). Die Sprache der Sexualität in der Bild-Zeitung. Ein interdisziplinärer Versuch über formal-synthetische Literatur. Berlin: Verlag K. Guhl.

Weber, Manfred (1997). Kohle vom Kadi. Immer dreister sahnen Adelige, Sänger und Filmstars bei People-Magazinen ab. In Focus, Nr. 45, S. 308-309.

Weber, Max (1904). Die »Objektivität« sozialwissenschaftlicher und sozialpolitischer Erkenntnis. Archiv für Sozialwissenschaft und Sozialpolitik, 19, 22-87.

Weber, Rolf H. (2000). Schutz der öffentlichen Person vor den Medien. In Otfried Jarren, Kurt Imhof & Roger Blum (Hrsg.), Zerfall der Öffentlichkeit? (S. 189-197). Wiesbaden: Westdeutscher Verlag.

Weber, Stefan (1995). Nachrichtenkonstruktion im Boulevardmedium: die Wirklichkeit der »Kronen-Zeitung«. Wien: Passagen-Verlag.

Wegener, Claudia (1994). Reality-TV: Fernsehen zwischen Emotion und Information. Opladen: Leske & Budrich.

Wegener, Claudia (2001). Informationsvermittlung im Zeitalter der Unterhaltung. Eine Langzeitanalyse politischer Fernsehmagazine. Wiesbaden: Westdeutscher Verlag.

Wehler, Hans-Ulrich (1989). Deutsches Bildungsbürgertum in vergleichender Perspektive – Elemente eines »Sonderwegs«? In Jürgen Kocka (Hrsg.), Bildungsbürgertum im 19. Jahrhundert. Teil IV (S. 215-237). Stuttgart: Klett-Cotta.

Weischenberg, Siegfried (1988a). Nachrichtenschreiben. Opladen: Westdeutscher Verlag.

Weischenberg, Siegfried (1988b). Zwischen Information und Sensation. Distanz-Verlust. Journalist, H. 10, 8-14.

Weischenberg, Siegfried (1992). Journalistik. Bd. 1: Mediensysteme, Medienethik, Medieninstitutionen. Opladen: Westdeutscher Verlag.

Weischenberg, Siegfried (1994). Journalismus als soziales System. In Klaus Merten, Siegfried J. Schmidt & Siegfried Weischenberg (Hrsg.), Die Wirklichkeit der Medien (S. 427-454). Opladen: Westdeutscher Verlag.

Weischenberg, Siegfried (1995a). Journalistik. Bd. 2: Medientechnik, Medienfunktionen, Medienakteure. Opladen: Westdeutscher Verlag.

Weischenberg, Siegfried (1995b). Vom Leithammel und den Angsthasen. Legenden um den Journalismus in Deutschland. Spiegel Special: Die Journalisten, H. 1, 20-22.

Weischenberg, Siegfried (1999). Journalismus unter neuen Geschäftsbedingungen. In Lothar Rolke & Volker Wolff (Hrsg.), Wie die Medien die Wirklichkeit steuern und selber gesteuert werden (S. 35-48). Wiesbaden: Westdeutscher Verlag.

Weischenberg, Siegfried, Löffelholz, Martin & Scholl, Armin (1994). Merkmale und Einstellungen von Journalisten: Media Perspektiven, H. 4, 154-167.

Weiß, Andreas (1998). Motivationsmuster der Rezipienten von Daily-Talkshows. Magisterarbeit am Institut für Publizistik der Johannes Gutenberg-Universität Mainz [veröffentlicht 1999 unter dem Titel: Wer sieht sich das nur an? Den Zuschauern von Daily Talkshows auf der Spur. Eine Rezipientenbefragung. München: R. Fischer.]

Welke, Martin (1997). Kritik der Sensationspresse. In Sage & Schreibe, H. 7&8, 58.

Weller, B. R., Roberts, C. R. & Neuhaus, C. (1979). A longitudinal study of the effect of erotic content upon advertising brand recall. Current Issues and Research in Advertising, 2, 145-161.

Welsch, Wolfgang (1997). Unsere postmoderne Moderne (5. Aufl.). Berlin: Akademie Verlag.

Welsch, Wolfgang (Hrsg.) (1988). Wege aus der Moderne. Schlüsseltexte der Postmoderne-Diskussion. Weinheim: VCH, Acta Humaniora.

Wenderoth, Andreas (1999, 12. März). Ist die Sau gut, fliegt die Mieze. Die Zeiten ändern sich – also auch die Bild-Zeitung. Mit kalter Professionalität verteidigt Deutschlands führendes Boulevard-Blatt seine Sonderstellung. In Die Woche, Nr. 11, S. 19.

Westerbarkey, Joachim (1994). Unterhaltungsliteratur: das Triviale als hegemonialer Diskurs. Communications, 19(1), 23-31.

Wetzel, Hans-Wolfgang (1975). Presseinnenpolitik im Bismarckreich (1874-1890). Das Problem der Repression oppositioneller Zeitungen. Frankfurt/M.: Lang.

Wiedemann, Verena A.-M. (1993). Die 10 Todsünden der freiwilligen Presse-Selbstkontrolle. Rundfunk und Fernsehen, 41, 82-94.

Wiegman, Oene et al. (1989). Newspaper coverage of hazards and the reactions of readers. Journalism Quarterly, 846-852.

Wieland, Christoph Martin (1794). Sämtliche Werke. Leipzig: Göschen.

Wilensky, Harold D. (1973). Massengesellschaft und Massenkultur. In Dieter Prokop (Hrsg.), Massenkommunikationsforschung (Bd. 2: Konsumption) (S. 116-151). Frankfurt/M.: Fischer.

Wilke, Jürgen (1984). Nachrichtenauswahl und Medienrealität in vier Jahrhunderten. Berlin: de Gruyter.

Wilke, Jürgen (1993). Spion des Publikums, Sittenrichter und Advokat der Menschheit. Wilhelm Ludwig Wekhrlin (1739-1792) und die Entwicklung des Journalismus in Deutschland. Publizistik, 38, 322-334.

Wilke, Jürgen (2000). Grundzüge der Medien- und Kommunikationsgeschichte. Von den Anfängen bis ins 20. Jahrhundert. Köln: Böhlau.

Wilke, Jürgen & Noelle-Neumann, Elisabeth (1997). Pressegeschichte. In Elisabeth Noelle-Neumann, Winfried Schulz & Jürgen Wilke (Hrsg.), Das Fischer Lexikon Publizistik Massenkommunikation (S. 417-452). Frankfurt/M.: Fischer.

Williams, Paul & Dickinson, Julie (1993). Fear of crime: Read all about it? The relationship between newspaper crime reporting and fear of crime. British Journal of Criminology, 33(1), 33-56.

Wills, Thomas A. (1981). Downward comparison principles in social psychology. Psychological Bulletin, 90, 245-271.

Wills, Thomas A. (1991). Social comparison process in coping and health. In Charles R. Snyder & Donelson R. Forsyth (Hrsg.), Handbook of social and clinical psychology: The health perspective (S. 376-394). New York: Pergamon Press.

Winterhoff-Spurk, Peter (1999). Medienpsychologie. Eine Einführung. Stuttgart: Kohlhammer.

Winterhoff-Spurk, Peter (2000). Der Ekel vor dem Leichten. Unterhaltungsrezeption aus medienpsychologischer Perspektive. In Gunnar Roters, Walter Klingler & Maria Gerhards (Hrsg.), Unterhaltung und Unterhaltungsrezeption (S. 77-98). Baden-Baden: Nomos.

Winterhoff-Spurk, Peter, Heidinger, Veronika & Schwab, Frank (1994). Reality TV. Formate und Inhalte eines neuen Programmgenres. Saarbrücken: Logos.

Wirth, Werner (2000). Infotainment. Chancen für die politische Sozialisation Jugendlicher? In Ingrid Paus-Haase, Dorothee Schnatmeyer & Claudia Wegener (Hrsg.), Information, Emotion, Sensation (S. 62-91). Bielefeld: GMK.

Wirth, Werner & Früh, Werner (1996). Sich ergötzen an der Not anderer: Voyeurismus als Zuschauermotiv. In Bernd Schorb & Hans-Jörg Stiehler (Hrsg.), Medienlust – Medienlast. Was bringt die Rezeptionsforschung den Rezipienten? (S. 31-67). München: KoPäd.

Wirth, Werner & Früh, Werner (1997). Positives and negatives Infotainment. Zur Rezeption unterhaltsam aufbereiteter TV-Information. In Günter Bentele & Michael Haller (Hrsg.), Aktuelle Entstehung von Öffentlichkeit (S. 367-381). Konstanz: UVK.

Wiswede, Günter (1998). Soziologie: Grundlagen und Perspektiven für den wirtschafts- und sozialwissenschaftlichen Bereich (3., neubearb. Aufl.). Landsberg am Lech: Verlag Moderne Industrie.

Wittwen, Andreas (1995). Infotainment. Fernsehnachrichten zwischen Information und Unterhaltung. Frankfurt/M.: Lang.

Wolf, Fritz (1999). Die Vier von der Sitzgruppe. »Newsmaker«. Aktuelles Info-Magazin... epd medien, Nr. 34, 27-28.

Wolfle, Lotte (1943). Beiträge zu einer Geschichte der deutschen Zeitungstypographie von 1609-1938. Dissertation an der Ludwig-Maximilian-Universität München.

Wolter, Hans-Wolfgang (1981). Generalanzeiger – das pragmatische Prinzip: Zur Entwicklungsgeschichte und Typologie des Pressewesens im späten 19. Jahrhundert. Bochum: Brockmeyer

Wright, Charles R. (1960). Functional analysis and mass communication. Public Opinion Quarterly, 24, 605-620.

Wunden, Wolfgang (2000). Medienwirkungsforschung und Medienethik: Fallbeispiel Gewaltdarstellungen im Fernsehen. In Matthias Rath (Hrsg.), Medienethik und Medienwirkungsforschung (S. 149-166). Wiesbaden: Westdeutscher Verlag.

Yerkes, Robert M. & Dodson, John D. (1908). The relation of strength of stimulus to repetity of habit formation. Journal of Comparative Neurological Psychology, 18, 459-482.

Zaleski, Zbigniew (1984). Sensation-seeking and preference for emotional visual stimuli. Personality & Individual Differences, 5, 609-611.

Zielinski, Siegfrid (1993). Klarheit und Mysterium. Zur Dialektik von Tabu und Tabuverletzung. Agenda, 10, 48-51.

Zillmann, Dolf (1971). Excitation transfer in communication-mediated aggressive behavior. Journal of Experimental Social Psychology, 7, 419-434.

Zillmann, Dolf (1989). Erregungsarrangements in der Wissensvermittlung durch Fernsehen. In Bertelsmann Stiftung (Hrsg.), Wissensvermittlung, Medien und Gesellschaft (S. 77-99). Gütersloh: Bertelsmann.

Zillmann, Dolf (1991). Empathy: Affect from bearing witness to the emotions of others. In Jennings Bryant & Dolf Zillmann (Hrsg.), Responding to the screen. Reception and reaction processes (S. 135-167). Hillsdale, N.J.: Lawrence Erlbaum.

Zillmann, Dolf (1998). The psychology of the appeal of portrayals of violence. In Jeffrey H. Goldstein (Hrsg.), Why we watch. The attractions of violent entertainment (S. 179-211). New York: Oxford University Press.

Zillmann, Dolf & Bryant, Jennings (1982). Pornography, sexual callousness and the trivialization of rape. Journal of Communication, 32(4), 10-21.

Zillmann, Dolf & Bryant, Jennings (1984). Effects of massive exposure to pornography. In Neil M. Malamuth & Edward Donnerstein (Hrsg.), Pornography and sexual aggression (S. 115-138). Orlando, FL: Academic Press.

Zillmann, Dolf & Bryant, Jennings (1988). Effects of prolonged consumption of pornography on family values. Journal of Family Issues, 9, 518-544.

Zillmann, Dolf & Gan, Su-lin (1996). Effects of threatening images in news programs on the perception of risk to others and self. Medienpsychologie, 8, 288-305.

Zillmann, Dolf, Hoyt, James L. & Day, Kenneth D. (1974). Strength and duration of the effect of aggressive, violent, and erotic communications on subsequent aggressive behavior. Communication Research, 1, 286-306.

Zillmann, Dolf & Weaver, James B. (1995). Gender-socialization theory of horror. In James B. Weaver & Ron Tamborini (Hrsg.), Horror films: Current research in audience preferences and reactions. Hillsdale, N.J.: Lawrence Erlbaum.

Zillmann, Dolf et al. (1986). Effects of an opposite-gender companion's affect to horror on distress, delight, and attraction. Journal of Personality and Social Psychology, 51, 586-594.

Zillmann, Dolf et al. (1994). Effects of upbeat stories in broadcast news. Journal of Broadcasting & Electronic Media, 38, 65-78.

Zohlnhöfer, Werner (1989). Zur Ökonomie des Pressewesens in der Bundesrepublik Deutschland. In Michael Schenk (Hrsg.), Medienökonomie (S. 35-75). München: Fischer.

Zuckerman, Marvin (1996). Sensation seeking and the taste for vicarious horror. In James B. Weaver & Ron Tamborini (Hrsg.), Horror films: Current research on audience preferences and reactions (S. 147-160). Mahwah, NJ: Erlbaum.

Zuckerman, Marvin & Litle, P. (1986). Personality and curiosity about morbid and sexual events. Personality and Individual Differences, 7, 49-56.

Zwahr, Hartmut (1981). Zur Konstituierung des Proletariats als Klasse. Strukturuntersuchung über das Leipziger Proletariat während der Industriellen Revolution. München: Beck.

Tabellen und Abbildungen

Anhang: Kategorienschema

Kategorienschema zur Erfassung der freien Assoziationen zu den Begriffen "Boulevardjournalismus" und "Sensationsjournalismus"

Text I: Printmedium

1 Regenbogenpresse (auch Klatschblättchen, Beispiele wie Frau im Spiegel, Das goldene Blatt etc.)
2 Publikumszs/People's magazines (Bunte, Gala, Men's Health etc.)
3 Sexpostillen (Neue Revue, Wochenend etc.)
4 Stern
5 Spiegel
6 Fokus
7 Boulevardblätter (ohne Bild)
8 Bild-Zeitung
9 "seriöse" Presse regional oder überregional (Mainzer Allgemeine, SZ etc.)
10 Verlags-/oder Verlegernamen (Axel Springer, Burda etc.)

II: Fernsehen

11 Privatfernsehen allg.
12 RTL
13 Sat1
14 Pro7
15 RTL2
16 MTV/Viva
17 anderer Sender (ausländisch)

III. Sendungstypen

18 Boulevardmagazine (taff, brisant, explosiv, blitz)
19 Die Reporter
20 Akte X
21 Nachrichtenmagazine (Stern TV, Spiegel TV, etc.)
22 Sexmagazine
23 Talkshows
24 Reality-TV
25 Nachrichten (priv.)

IV: Inhalte

26 Rekorde (herausragende Leistungen, Rekorde, Preise etc.)
27 Prominenz allg.
28 Schauspieler
29 Sänger (Popstars)
30 Adel
31 TV-Stars (Moderatoren)
32 Sportler
33 Politiker
34 Klatsch/Tratsch (auch Ausplaudern, Gerüchte, Geheimnisse etc.)
35 Tod/Krankheit, Leid, Elend
36 Naturkatastrophen
37 Unfälle (menschl. Versagen)
38 Gewalt/Verbrechen (Mord, Entführung, Raub etc.; auch Brutalität, Aggressivität, Blut, Tränen etc.)
39 Sex (z. B. Brüste, Sperma, Intimsphäre von..., Geilheit etc.)
40 Politische Skandale (Barschel, Clinton-Lewinsky etc.)
41 Tod Lady Diana

V: Journalistische Arbeitsweisen

V1: Darstellungsweisen

42 Lüge, Betrug, Fälschung (auch Beipiele wie Born, Kujau...)

43 Verzerrung der Realität (unausgewogen, unsachlich, subjektiv, unglaubwürdig)
44 Verleumdung, Beleidigung, Diffamierung, Rufschädigung
45 Einfachheit (leicht zu lesen, versteht auch der Dümmste, niedriges Niveau etc.)
46 Aktualität/Schnelligkeit
47 Negativismus (»nur schlechte Nachrichten sind gute Nachrichten« etc.)

V2: Fotojournalismus
48 Paparazzi, Teleobjektiv, Bilder, Bilderflut o.ä.

V3: Recherchepraktiken
49 Distanzverlust (skrupellos, ohne Moral, Eindringen in Privatsphäre, draufhalten, Leichenfledderei)
50 Oberflächlichkeit (schlecht recherchiert ...)

V4: Äußerungen zum Layout
51 Schlagzeilen (reißerisch, groß, schrill...)
52 Farbe (bunt, rot...)

VI: Ursachensuche
VI1 Sensationsgier
53 Sensationsgier allg.
54 Sensationsgier der Journalisten (auch mangelnde Ethik, Moral...)
55 Sensationsgier des Publikums (auch Begriffe wie: massenattraktiv, beliebt, Leute wollen das, Gaffer, Voyeure etc.)

VI2 Ökonomische Ursachen
56 Quote/Auflage
57 Konkurrenzdruck
58 allg.: Geld, Vermarktung, Profitgier, Macht

VII: adjektivische Bewertungen
59 negative Urteile (im Sinne starker moralischer Verurteilung: widerlich, billig, ekelhaft etc.)
60 Gleichgültigkeitsurteile (langweilig, »interessiert mich nicht«)
61 neutrale/positive Urteile (interessant, anregend, Unterhaltung)

VIII: Konsequenzen/Forderungen
62 Folgen für den einzelnen (Isolation)
63 Folgen für die Gesellschaft (Verdummung, Werteverfall, Manipulation der Massen)
64 Forderungen (Ethikdiskussion, müßte verboten werden, bessere Ausbildung...)

IX: explizite Gleichsetzung(en) mit Boulevard- resp. Sens.journalismus
65 Gleichsetzung mit Sensationsjournalismus
66 Gleichsetzung mit Boulevardjournalismus

X: Rezipienten/Rezeptionsweisen
67 Hausfrauen
68 Rentner
69 Arztpraxis, Wartezimmer
70 Frisör

XI: Restkategorie
71 Äußerungen, die den o. g. Kategorien nicht zuzuordnen sind (Urlaub, Palme, Autobahn etc.)